Ines Pohlkamp
Genderbashing

UNRAST

Mein besonderer Dank gilt den 22 Interviewpartner_innen, die mir von Diskriminierungs- und Gewaltsituationen berichteten. Ohne ihre Offenheit und ihren Mut zum Erzählen hätte diese analytische Auseinandersetzung mit *Diskriminierung und Gewalt an den Grenzen der Zweigeschlechtlichkeit* nie stattfinden können.

Die vorliegende Publikation ist eine leicht überarbeitete Fassung der gleichnamigen Dissertationsschrift, die vom Fachbereich Sozialwissenschaften der Universität Hamburg 2014 angenommen wurde. Erstgutachterin war Prof. Dr. phil. Susanne Krasmann und Zweitgutachterin Prof. Dr. iur. Konstanze Plett. Die Disputation fand am 21. Juli 2014 statt.

In Erinnerung an meinen Vater.

Ines Pohlkamp, Sozialarbeitswissenschaftlerin & Kriminologin, seit 1999 in der politischen Bildung tätig, Themenschwerpunkte: Queer-Feminismus, Social Justice und intersektionale Bildung; Mitgründerin des *Gender Institut Bremen*.

Ines Pohlkamp

Genderbashing

Diskriminierung und Gewalt
an den Grenzen der Zweigeschlechtlichkeit

UNRAST

Bibliografische Information der Deutschen Bibliothek
Die Deutsche Bibliothek verzeichnet diese Publikation in der Deutschen
Nationalbibliografie; detaillierte bibliografische Daten sind im Internet über
http://dnb.ddb.de abrufbar.

Ines Pohlkamp
Genderbashing
1. Auflage, März 2014
ISBN 978-3-89771-305-5

© UNRAST-Verlag, Münster
Postfach 8020, 48043 Münster – Tel. (0251) 66 62 93
www.unrast-verlag.de – kontakt@unrast-verlag.de
Mitglied in der assoziation Linker Verlage (aLiVe)

Umschlag: UNRAST Verlag, Münster
Cover Fotografie: © Alex Giegold, www.alexgiegold.com
Grafiken: Uta Ratz, www.utaratz.de
Satz: UNRAST Verlag, Münster
Druck: CPI – Ebner & Spiegel, Ulm

Inhalt

Hinweise zum Lesen der Studie

Ich verwende in der gesamten Arbeit für geschlechtliche Indikationen die queer-feministische Schreibweise, die durch einen Unterstrich (_) gekennzeichnet ist (Sh_e 2003). Der Unterstrich ist ein Platzhalter und Hilfskonstrukt, um Raum für verschiedene Geschlechter an den Grenzen der Zweigeschlechtlichkeit zu symbolisieren. Wird ein Geschlecht eindeutig genannt (z.B. Interviewpartner oder Interviewpartnerin), so ist dies aus Sicht der Autorin für das Verstehen und/oder die Interpretation bedeutsam.

Die Kursivschreibung betrifft explizite Betonungen und eigene Wortschöpfungen. Letztere sind bei der ersten Nennung mit meinem Kürzel (Ipk) versehen.

Fachtermini in Bezug auf Geschlecht und Sexualität werden im Glossar erläutert. Es erleichtert den Lesefluss und das Verständnis, das Glossar vorab zu sichten.

In Klammern gesetzte Jahreszahlen in Literaturhinweisen geben das Datum des Originals an.

Die Transkription der Interviews erfolgte weitgehend standardorthografisch.

Alle Namen der Interviewpartner_innen und deren persönliche Bezüge wurden anonymisiert. Dabei wird für alle die gleiche Reihenfolge der Pronomen und Artikel (z.B. sie_er, ihr_m, ihr_sein, der_s) verwendet. Diese Begriffe sind Hilfskonstruktionen, die über geschlechtliche Pronomen hinausweisen sollen und zugleich deutlich machen, wie Sprache zweigeschlechtlich verhaftet bleibt. Wenn Interviewpartner_innen für sich ein eindeutiges Pronomen gewählt haben, verwende ich dies analog ihrer geschlechtlichen Selbstverortung.

Einleitung

> »Brauchen wir wirklich ein wahres Geschlecht? Mit einer
> Beharrlichkeit, die an Starrsinn grenzt, haben die Gesellschaften
> des Abendlandes dies bejaht« (Foucault 1998 (1978): 7).

1. Problemaufriss: Vergessen gemachte Geschlechter

Geschlecht ist eine Routine, ritualisierte Erfahrung und »soziale Institution«
(Lorber 1994) in westlichen Gesellschaften, in denen wie selbstverständlich
nur Frauen und Männer existieren (vgl. Kessler/McKenna 1998 (1978): 3; Gil-
demeister/Wetterer 1992). Das hegemoniale dichotome Geschlechterwissen
kann sich auf zahlreiche lebensweltliche Erfahrungen berufen: Ist es nicht so,
dass Männer stets größer als Frauen sind, dass Frauen Babys kriegen und dass
Mädchen die Farbe Rosa lieben, während Jungen blaue Kleidung bevorzugen
und gerne mit Autos und Baggern spielen? Ist es nicht so, dass sich ein weibliches Baby emotionaler und zurückhaltender entwickeln wird, während ein
Junge aggressiver im Verhalten ist? – Die kursorischen Beispiele veranschaulichen, dass die Existenz und Verschiedenheit von (nur) zwei Geschlechtern als
unhinterfragtes Faktum gilt. Geschlecht zuweisenden Begriffen wohnt dabei
ein hohes Reduzierungs- und Homogenisierungspotenzial inne (z.B. den Begriffen Frau oder Heterosexualität) und fördert so die Illusion einer geschlechtlichen Wahrheit. Dabei schließt die Kultur der Zweigeschlechtlichkeit andere
geschlechtliche Positionen entweder aus oder kennzeichnet sie als defizitär
(Hageman-White/Rerrich 1988; Gildemeister/Wetterer 1992). Die Eindeutigkeit von Geschlecht ist dabei nach Judith Butler eine zentrale Grundlage gesellschaftlicher Subjektwerdung (Butler 1991, 1997 (1993), 2001) und beeinflusst die Möglichkeit und Unmöglichkeit zur Teilhabe an gesellschaftlichen
Prozessen.

Gleichzeitig werden andere Subjektkonstituierungen jenseits der Zweigeschlechtlichkeit, wie beispielsweise Transsexuelle, Transgender, intersexuell geborene Personen, Frauen mit Bart, Drag Queens oder Drag Kings, zunehmend
sowohl im soziokulturellen Alltag als auch in wissenschaftlichen Auseinandersetzungen sichtbarer (z.B. Lindemann 1993; Hirschauer 1993; Butler 1997
(1993)); Halberstam 1998; polymorph 2002; Brauckmann 2002; Girshick
2008; Zehnder 2010). Dabei stellen diese geschlechtlich gekennzeichneten
Personengruppen an sich kein neues Phänomen dar. Aber ihre Präsenz im
Alltag, in Bewegungspolitik, in sozialen Netzwerken, in der Kunst und gelegentlich auch in der Wissenschaft hat eine neue Qualität angenommen. Mehr

noch, die individuelle Zugehörigkeit zu einem Grenzgeschlecht hat möglicherweise auch an Quantität zugenommen, weil immer mehr Personen sich trauen (können), ihr Geschlecht sichtbar zu leben oder es für sich selbst (neu) zu definieren. Valide Zahlen zur Anzahl der Grenzgeschlechter existieren nicht, weil in Erhebungen, in Studien und in Statistiken in der Regel nur nach zwei Geschlechtern gefragt wird, sodass soziale Geschlechtergruppen entlang biologischer und medizinischer Klassifizierungen gezählt werden. Grenzgeschlechter werden zumeist nicht berücksichtigt.

Es ist davon auszugehen, dass die soziale Gruppe geschlechtlich nonkonformer Personen (bislang) eine Minderheit der geschlechtlichen Existenzweisen darstellt und dass Individuen vielfach im Verborgenen und/oder unter dem Deckmantel eines eindeutigen Geschlechts leben (müssen). Aber das Phänomen geschlechtlicher Nonkonformität als ein Aspekt geschlechtlicher Selbstkonstituierungen ist im Leben aller Menschen relevant, weil alle mit den flexiblen, kontextbezogenen Grenzziehungen der Binarität von Geschlecht leben (müssen).

Der Ausdruck ›geschlechtliche Nonkonformität‹ ist in dieser Studie der Oberbegriff für alle geschlechtlichen Lebens- und Existenzweisen, die sich nicht eindeutig binär, das heißt nicht weiblich oder männlich zuordnen lassen (wollen), oder die weder weiblich noch männlich sind.[1] Bis heute besitzen geschlechtlich nonkonforme Personen keine soziale und kaum eine rechtliche Anerkennung (Plett 2003; Schmidt 2006; Kolbe 2010; Adamietz 2011).[2] Sie sind demzufolge trotz ihrer zunehmenden Sichtbarkeit aufgrund der flächendeckenden Dethematisierung noch immer vor allem eines: *die vergessen gemachten Geschlechter.*

> »There is not only no social space for such individuals, there is no way of being known except as highly stigmatized social deviants. Nonetheless, such alternatively gendered individuals find ways to challenge and resist the gender binary, even as their conformity is compelled. Their efforts both destabilize and reify the gender binary« (Gagné/Tewksbury 1998: 82).

---

1 In vielen Studien wird hierfür der Begriff ›Transpersonen‹ oder ›Transgender‹ genutzt (vgl. z.B. Gagné/Tewksbury 1998: 81; Namaste 2000: 1; Bettcher 2007: 46). Dabei werden geschlechtliche Existenzweisen wie intersexuell geborene Personen oder Frauen mit Bart nicht oder nur marginalisiert betrachtet, weswegen hier der Terminus ›geschlechtliche Nonkonformität‹ bevorzugt wird.

2 Daran ändert auch in absehbarer Zeit die – mit Blick auf die Binarität der Geschlechter – additive Anerkennung von intersexuell geborenen Menschen im Personenstandsgesetz nichts. Seit dem 1. November 2013 müssen Kinder, die nicht eindeutig einem Geschlecht zugeordnet werden können, im Personenstand berücksichtigt werden (§ 22 (3) PStG). Vgl. 1.1.3 Geschlechtliche Nonkonformität im deutschen Recht.

Geschlechtlich nonkonforme Personen sind alltäglich von Diskriminierungs- und Gewaltwiderfahrnissen[3] betroffen, sie üben selbst Gewalt aus, sie sind widerständig und sie müssen sich tagtäglich behaupten. Sie sind nach Patricia Gagné und Richard Tewksbury nicht das Andere im Geschlechterverhältnis, sondern sie destabilisieren die Zweigeschlechtlichkeit und materialisieren sie zugleich, wobei sie ver-andert werden. Grenzgeschlechter erleben Geschlecht oft dynamisch und veränderbar. Damit positionieren sie sich im Kontrast zur hegemonialen Annahme, dass die Zugehörigkeit zu einem Geschlecht statisch und unveränderbar sei. Aber trotz der zunehmenden Sichtbarkeit werden ver- anderte geschlechtliche Subjektpositionen und ihr Erleben in der Wissenschaft und Forschung bisher weitestgehend ignoriert. Die Interviewpartner_innen dieser Studie waren sich einig darin, dass den meisten Mitmenschen weder ihre geschlechtliche und sexuelle Existenz noch die Dimension und das Ausmaß der Diskriminierung und Gewalt, die ihnen in Deutschland zugefügt wird, be- kannt sind.

2. Vom ritualisierten Crossdressing zur Forschungsfrage

Auf einer Kanutour im Spreewald begegnete ich einer Personengruppe, die ei- nen Junggesellenabschied in einer Ausflugsgondel feierte. Einer der Gäste rief mir lachend zu: »Die Frau dort vorne gehört nicht zu uns.« Er wies auf eine in der Gondel vorne sitzende Person, die mit einem rosa Kleid und einem weißen Hut mit großer Krempe gekleidet war. Die Person trug außerdem eine lang- haarige Perücke, grinste und trank Bier. Diese Form des rituellen Crossdres- sings ist Bestandteil lokaler Alltagskulturen in vielen Regionen Deutschlands: Insbesondere Männer werden in diesen Ritualen von ihrem Freundes_innen- kreis weiblich eingekleidet.[4] Die oben zitierte Inszenierung überformte eine stereotypierte Weiblichkeit und zeigte sich so als Weiblichkeit verspottendes Moment eines Geschlechtergrenzen überschreitenden Rituals.

Temporäre Grenzgeschlechter sind auch in Karnevalskulturen, wie bei- spielsweise in der Figur des Funkenmariechens, oder in Travestie-Shows zu fin-

---

3 In dieser Studie verwende ich den Begriff ›Gewaltwiderfahrnisse‹. Er kennzeichnet ei- nen gegen eine Person gerichteten Vorfall, um den missverständlichen Begriff der ›Ge- walt*erfahrung*‹ zu vermeiden (vgl. Jungnitz et al. 2007: 22).

4 In diesen Ritualen (wie z.B. beim Junggesell_innenabschied oder zum 30. Geburtstag) werden die Personen, die Geburtstag haben, zumeist in Kostüme gekleidet, sodass sie als konträres Geschlecht, aber auch als historische Figuren, als Außerirdische, als Bienen oder Bären verkleidet an Marktplätzen, in Zügen oder an anderen öffentlichen Orten auftreten. Im Beisein der Freund_innen sollen die Kostümierten dann von einer Jungfrau oder einem anderen Mann durch einen Kuss erlöst werden. Regional existieren starke Unterschiede in der Ausführung und Gestaltung dieser Initiationsriten.

den. Sie verweisen als ironisierte Geschlechterrepräsentationen auf Konzepte eindeutiger Weiblichkeit und Männlichkeit, um in der Abweichung zugleich über diese Eindeutigkeit hinauszugehen. Dabei parodieren die verkleideten Personen zugleich Transsexuelle, Transgender und Crossdresser_innen, oft ohne sie benennen zu können, da ihr Fokus auf eine Darstellung der geschlechtlichen Nonkonformität liegt. Durch ihre als Witz oder Parodie konzipierte Geschlechterinszenierung und durch die zeitliche Begrenzung ist ihr Subjektstatus in diesen Situationen nie gefährdet, zumal ihre geschlechtliche Inszenierung – wie beim Mann im rosa Kleid – entweder gezielt brüchig oder – wie bei Geschlechtergrenzen überschreitende Künstler_innen in Travestie-Shows – mit einer Perfektion einhergehen kann, die dann vom Publikum mit Bewunderung und Anerkennung honoriert wird. Mit anderen Worten: Der Spott, der Spaß und die künstlerische Anerkennung der Perfektion zeitlich begrenzter, geschlechtlicher Grenzüberschreitung stellen eine alltägliche, ritualisierte und konstituierende Komponente der hierarchischen Geschlechterverhältnisse dieser Gesellschaft dar. In den zeitlich begrenzten Überschreitungen normativ eindeutiger Geschlechtlichkeit werden diese zur Ausnahme deklariert. Damit konstituieren sie eine vermeintliche Natürlichkeit von Geschlecht, die sich im alltäglichen Regelfall der geschlechtlichen Wahrnehmung dichotom und komplementär zeigt.

Doch Grenzgeschlechter existieren längst nicht mehr nur als jene Ausnahmeerscheinungen, die der Lächerlichkeit oder der Bewunderung preisgegeben werden, denn geschlechtlich nonkonforme Personen werden im Alltag zunehmend sichtbarer. Allerdings berichteten mir nahestehende Personen, die ihr Geschlecht weder eindeutig weiblich noch männlich leben (wollen), von massiven alltäglichen Ausgrenzungs- und Gewaltwiderfahrnissen: Ein Freund wurde, als er auf seinem Fahrrad eine belebte Einkaufsstraße entlangfuhr, von jugendlichen Passant_innen mit verfaultem Gemüse beworfen. Er trug einen Rock. Ein_e transgender Barkeeper_in wurde kurz vor dem Ende der Nachtschicht von zwei Männern bedrängt. Die Angreifenden wollten wissen, mit wem sie_er gerne Sex habe und ob sie_er nun eine ›Lesbe‹ oder ein ›Kerl‹ sei. Eine Bekannte war beunruhigt, weil ihr fünfjähriges Kind ein transsexuelles Coming-out hatte und fortan als Mädchen leben wollte. Die Mutter wurde mehrmals von den zuständigen Erzieher_innen und der Kindergartenleitung aufgefordert, den anderen Eltern und Erziehungsberechtigten den »Zustand« ihres Kindes zu erklären. Sie hatte große Sorge, dass ihr Kind bereits im Kindergarten diskriminiert werden würde. Eine Frau mit Bart wurde vom Arbeitgeber abgemahnt, sie solle sich doch bitte wieder rasieren, sonst würde möglicherweise ihr bisher befristetes Arbeitsverhältnis nicht verlängert.

In allen Beispielen deutet sich bereits in (der Sorge vor) konkreten Diskriminierungs- und Gewaltwiderfahrnissen das anvisierte Untersuchungsthema an. Es äußert sich aus Sicht der Betroffenen im Erleben von Respektlosigkeit, Demütigungen, Sorgen, Verletzungen und Schmerz. Die zentrale Untersuchungsfrage der vorliegenden Forschungsarbeit lautet demzufolge: Wie erleben dauerhafte[5] Grenzgeschlechter, wie Transsexuelle, Transgender, intersexuell geborene Personen und andere geschlechtliche Existenzweisen an den Grenzen der Zweigeschlechtlichkeit Diskriminierung und Gewalt in dieser Gesellschaft und wie gehen sie mit dieser Bedrohung um? Um mich der Antwort auf diese Frage zu nähern, war es mir ein zentrales Anliegen, die Stimmen von verschiedenen geschlechtlich nonkonformen Personen einzufangen: Alle befragten Personen verorteten ihre geschlechtliche Orientierung an den Grenzen der Zweigeschlechtlichkeit. Im Interview erhielten sie die Möglichkeit, sich und ihre Erfahrungen in den Mittelpunkt der Erzählung zu rücken.

3. Verortung: Geschlechtersensible Gewaltforschung

Die Studie fußt auf den Erkenntnissen geschlechtersensibler Gewaltforschungen, die überwiegend in der Tradition feministischer Analysen stehen. Seit Ende der siebziger Jahre beschäftigen sich einzelne feministische Forscher_innen aus Kriminologie und Soziologie mit dem Themenkomplex Gewalt gegen Mädchen/Frauen (z.B. Adler 1979; Leonard 1982; Althoff/Kappel 1995; Naffine 1997; Groombridge 1999; Löschper/Smaus 1999; Daly 2004 (1997); Britton 2004 (2000); Messerschmidt 2006; Renzetti et al. 2006, Belknap 2007 (2001); Silvestri/Crowther-Dowey 2008; Renzetti/Goodstein 2009).[6] In diesem Zusammenhang werden die an der Interaktion beteiligten Personen betrachtet und das Phänomen der Gewalt gegen Frauen wird als ein (normativer) Ausdruck gesellschaftlicher Geschlechterverhältnisse verstanden. Carol Hageman-White betont demzufolge, dass auf »Gewalt zu zeigen [bedeutet], (...) Machtverhältnisse zur Diskussion zu stellen« (Hageman-White 2002: 29). Die Gewalt gegen Mädchen und Frauen ist demnach ein strukturelles

---

5 Der Begriff ›dauerhaft‹ meint eine geschlechtliche Zugehörigkeit, die über den zeitlichen Rahmen eines Rituals oder eines Bühnenauftritts hinausgeht. ›Dauerhaft‹ schließt eine zeitliche Begrenzung aber nicht aus und meint demzufolge nicht ›für die Dauer eines ganzen Lebens‹.

6 Feministische und frauenspezifische Perspektiven in der Kriminologie befassen sich neben der Gewalt gegen Mädchen/Frauen auch mit Themen wie häusliche Gewalt, kriminologische Theorien, Pornografie, Frauen als Täterinnen, Prostitution/Sexarbeit, Vergewaltigung, Kindesmisshandlungen und Sexkontrolle. Allerdings betont Dana M. Britton (2004 (2000): »Given the history of criminology as one of the most thoroughly masculinizes of all social science fields (...) the phrase feminist criminology may well seem something of an oxymoron« (Britton 2004 (2000): 58, zit. nach Belknap 2007 (2001): 24).

Merkmal der Geschlechterverhältnisse, was sich beispielsweise in der Häufigkeit der Gewalt im heterosexuellen Beziehungskontext und in der sozialen Akzeptanz der Übergriffe zeigt. Gewalt gegen Frauen umfasst daher die Analyse der ökonomischen und sozialen Ungleichheit der sozialen Gruppe der Frauen (vgl. Hageman-White 2002: 126ff). Geschlechterbezogene Gewalt ist somit eine »Normverlängerung« (Hageman-White et al. 1997: 19) des dualistisch-hierarchischen Prinzips der Zweigeschlechtlichkeit.

Im Kontrast zur Gewalt gegen Mädchen und Frauen wurde vergleichsweise spät das Thema der Gewalt gegen Jungen und Männer aufgegriffen (vgl. Jungnitz et al. 2007: 11ff).[7] Jungen und Männer als Opfer von Diskriminierung und Gewalt mussten als eigenständiges Thema in den achtziger Jahren erst entdeckt werden. Mit der Veröffentlichung der *Gewalt gegen Männer*-Studie von Jungnitz et al. 2007 wurde deutlich, dass Männer massiv von physischen wie psychischen Gewaltwiderfahrnissen betroffen sind. Die Wahrnehmung von Männern als Opfer von Gewalt musste sich aber gesellschaftlich erst durchsetzen. Darüber hinaus wurde Homosexuellenfeindlichkeit in den letzten Jahrzehnten als drittes Feld der geschlechterbezogenen Gewaltphänomene sichtbarer: Dank der dokumentarischen Arbeit im sozialen Hilfesystem wurde sie als eine Form der geschlechterbezogenen Diskriminierung und Gewalt thematisiert. Dies veranschaulicht beispielsweise eine steigende Anzahl von Studien seit Anfang der neunziger Jahre (z.B. Dobler 1993; Stein-Hilbers et al. 1999; Ohms 2000, 2003; LesMigraS 2012). Lesben und Schwule galten in diesem Kontext zunächst als jene soziale Gruppe, die wegen ihrer *deviantisierten* (Ipk)[8] sexuellen Orientierung an den Grenzen der Zweigeschlechtlichkeit lebt (leben muss). Seit zwei Jahrzehnten erfahren Lesben und Schwule allerdings rechtlich und sozial »flexible Einschlüsse« (Engel 2002: 25) bei gleichzeitigen interpersonalen Ausschlussmechanismen (vgl. ebd.: 192). Das bedeutet, dass Homosexuelle nach und nach ihre Außenseiter_innen-Position an den

---

7 Diese zeitliche Diskrepanz basiert auf mindestens zwei historisch signifikanten Begebenheiten: Die feministischen Aktivist_innen hatten in der zweiten Frauenbewegung auf die fehlende Thematisierung von Mädchen und Frauen und deren geschlechterbezogenen Gewaltwiderfahrnissen aufmerksam gemacht. Demgegenüber existierte nie eine breite, sich solidarisch verstehende Männerbewegung. Außerdem war Männlichkeit als Identitätskonzept im androzentristischen Diskurs der Soziologie, der Sozialwissenschaften und der Kriminologie lange Zeit kein eigenständiges Thema sondern Voraussetzung der Disziplinen. Wenn Männlichkeit in feministischen Diskussionen erwähnt wurde, unterlag das Konzept häufig einer defizitären Betrachtung. So wurde Männlichkeit eindimensional und negativ mit der Gewaltausübung und dem Konzept des Täters verbunden.

8 Das Adjektiv ist eine Wortschöpfung, die sprachlich den Prozess des Deviant-gemacht-werdens betont. Es handelt sich demnach beim oben genannten Beispiel um eine sexuelle Orientierung, die in der sozialen Konstruktion zum abweichenden Anderen gemacht wird.

Grenzen der Zweigeschlechtlichkeit verlieren oder bereits verloren haben und dass sie zu inkludierten, sozial und rechtlich formal gleichgestellten Subjekten werden (können). Eine erste rechtliche Gleichstellung zur heterosexuellen Mehrheitsgesellschaft ist in Deutschland formal erfolgt.[9] Gleichzeitig werden Homosexuelle in vielen Lebensbereichen als die sexuell Anderen stigmatisiert und ausgegrenzt (vgl. z.B. LesMigraS 2012).

Diesen drei geschlechterbezogenen Gewaltforschungsdimensionen (Gewalt gegen Mädchen/Frauen, gegen Jungen/Männer und Homosexuellenfeindlichkeit) ist gemein, dass sie sich verstärkt auf die eindeutige Opferperspektive und auf eine Eindeutigkeit von Geschlecht und damit auf ein identitäres Verständnis von Geschlecht, Sexualität und dessen Verhältnis zur Gewalt beziehen. Sie teilen allerdings auch, dass ihre Erkenntnisse von der Mainstream-Gewaltforschung kaum beachtet werden (vgl. Bereswill 2011: 11f).

Aber nicht nur die geschlechtersensible Gewaltforschung hat Probleme mit der Anerkennung ihrer Forschungsergebnisse: Innerhalb der Gewaltsoziologie und Kriminologie existiert eine Vernachlässigung jener fokussierten Analyse, die sich mit der Gewalt in der jeweiligen Situation beschäftigt: In der deutschsprachigen Kriminologie mangelt es beispielsweise an reflektierten Auseinandersetzungen mit dem eigentlichen Phänomen der Gewalt, während in der klassischen Kriminologie Gewalt vorrangig im Sinne des normativen Strafrechts, in der Suche nach den Täter_innen, nach den Motiven und Ursachen auftaucht (vgl. Krasmann/Scheerer 1997: 6f). In der Kritischen Kriminologie wurden die Gewaltphänomene selbst vernachlässigt, weil sie sich im Kontrast zur klassischen Kriminologie dem »Prinzip der Täterabgewandtheit« (ebd. 1997: 8f) verschrieb, den kritischen Blick auf Normierungsinstanzen bevorzugte und die Kritik am Gewaltpopulismus dominierte. In der soziologischen Gewaltforschung überwogen analog zur traditionellen Kriminologie die Typisierung der Gewalt und die Ursachensuche, um nicht zuletzt eine Gewalt minimierende Prävention zu konzeptionieren (vgl. Trotha 1997: 9; Bereswill 2011: 11). Insgesamt gilt: Ein analytischer Blick auf konkrete Gewaltsituationen wurde vernachlässigt. Trutz von Trotha kritisiert, dass die Gewaltsoziologie eine »falsche Fährte« lege, wenn sie in ihrer Suche nach den Ursachen stehen bleibt, weil dies zu einer »Soziologie von Tätern ohne Verantwortung« führe

---

9 Nach wie vor existieren formale Ungleichheiten von Lebenspartner_innenschaften und Eheschließungen, obwohl 2008 der Europäische Gerichtshof im Kontext der Hinterbliebenenrente die Gleichstellung forderte. Bis heute existieren Ungleichheiten z.B. in den Rechtsgebieten Erbschaft, Adoptionsrecht, Steuerrecht und Rentenansprüche. (vgl. Antidiskriminierungsstelle des Bundes 2012; http://www.lsvd.de/newsletters/newsletter-2014/wieder-keine-gleichstellung-im-adoptionsrecht.html, Stand: 29.12.2014; Dethloff 2014).

(Trotha 1997: 9ff, 19). Trothas Entwurf der *Soziologie der Gewalt* befasst sich demgegenüber mit der Analyse der Phänomenologie, indem er Gewalt als eine spezifische Form sozialer Verhältnisse betrachtet. Dies entspreche dem Wandel von der Fragestellung >Warum kommt es zur Gewalt?< zu Fragen wie >Was ist Gewalt?< und >Wie passiert Gewalt?< (vgl. ebd.: 20, 22). Zu den Grundlagen der *Soziologie der Gewalt* gehört die Suche nach den »Tatsachen« im Gewalt-geschehen, die Einblicke in eine »Gewaltdynamik« bieten (ebd.: 25ff). Für Trotha ist der Körper und mit ihm der Aspekt des Erleidens zentral, denn Ge-walt ist ihm zufolge »körperlicher Einsatz, physisches Verletzen und körperli-ches Leid« (ebd.: 26), das bei den Opfern Schmerz verursacht. Der Schmerz wiederum ist nach Trotha die »Quelle zur Erfahrung der Macht des Täters« und führt zur »Ohnmacht des Opfers gegenüber dem Gewalttätigen« (ebd.: 31). Im Schmerz schreibt sich demzufolge die gewaltsame Erinnerung in den Körper des Opfers ein. Damit bezieht sich Trotha auf den emotionalen und verletzenden Aspekt, der zeitlich über die situative Gewalt hinausgeht.[10]

Auffallend an dominierenden kriminologischen und soziologischen Ge-waltdiskussionen ist zum einen die Fokussierung auf körperliche, legalisti-sche Gewalt und zum anderen das späte Auftauchen bzw. das Missachten geschlechtersensibler Perspektiven und Erkenntnisse. Während geschlech-tersensible Ansätze die situative Gewalt vernachlässigen und der Gefahr ob-liegen, monokausal-identitär zu argumentieren, ist der *Mainstream*-Gewalt-forschung aus Sicht feministischer Forscher_innen vorzuwerfen, dass ihr ein »geschlechtsvergessen(er)« Charakter innewohnt (Dackweiler/Schäfer 2002: 49; vgl. Künzel 2005: 127ff).[11]

Einzelne Vertreter_innen der geschlechtersensiblen Gewaltforschung äu-ßern sich selbstkritisch, wenn sie wie z.B. Mechthild Bereswill dazu raten, nach »Anschlussstellen, Verwerfungen und neue(n) Verknüpfungen (zu) suchen, um zu erkunden, wie Gewalt und Geschlecht ineinandergreifen« (Bereswill 2011: 11). Diesem Anliegen folgt die Konzeption dieser Studie in der Absicht,

---

10 Dabei grenzt sich der Autor systematisch von der >strukturellen Gewalt< Johan Gal-tungs (1975) ab und wirft Galtung wegen der Unschärfe des postulierten Begriffs man-gelndes soziologisches Erkenntnisinteresse vor (vgl. Trotha 1997: 14).

11 Ein Blick in das *Internationale Handbuch zur Gewaltforschung* (Heitmeyer/Hagan 2002), in den Sammelband zur *Soziologie der Gewalt* (Trotha 1997) und in das *Krimi-nologische Journal* (KrimJ) zu *Gewalt in der Kriminologie* (Krasmann/Scheerer 1997) bestätigt die Marginalisierung geschlechtersensibler Gewaltforschung. Das strukturelle Verhältnis von Gewalt und Geschlecht wird allerdings in den KrimJ-Ausgaben mit den Titeln *Geschlechterverhältnis und Kriminologie* (Althoff/Kappel 1995), *Das Patriarchat und die Kriminologie* (Löschper/Smaus 1999) und in *Gewalt- und Geschlechterverhältnisse* (Wissenschaftlicher Beirat im Namen des Arbeitskreises Junger KriminologInnen (2011)) aufgegriffen.

der simplifizierenden Kausalität von Geschlecht(sidentität), sexueller Orientierung und Gewalt zu entgehen (vgl. ebd.: Hagemann-White 2002).

4. Termini: Diskriminierung, Gewalt und Genderbashing

Die Wahrnehmung und Bewertung von Situationen als Diskriminierung und Gewalt obliegt in dieser Studie den Befragten als geschlechtlich ver-anderten Subjekte. Korrespondierend wurde die folgende begriffliche Fassung von Diskriminierung und Gewalt der Analyse zugrunde gelegt: Diskriminierung bezeichnet eine degradierende Praxis, die auf der Basis der (angenommenen) Zugehörigkeit zu einer sozialen Gruppe erfolgt, wobei sie mit der Höherbewertung der einen Gruppe und der negativen Bewertung der anderen Gruppe einhergeht (vgl. Hormel/Scherr 2010: 7). Diskriminierung umfasst demnach soziale, ökonomische, politische und/oder rechtliche Benachteiligungen (vgl. ebd.: 11).[12] Im Sinne von Carol Hageman-White wird interpersonale, geschlechtsbezogene Gewalt als eine »Verletzung der körperlichen oder seelischen Integrität eines Menschen durch einen anderen (...), die mit der Geschlechtlichkeit des Opfers wie des Täters zusammenhängt« (Hageman-White et al. 1997: 28) aufgefasst.[13] Die untersuchte Diskriminierung und Gewalt wird dabei als »Normverlängerung« (Hagemann-White) der *heterosexuellen Matrix* (Butler 1997 (1993): 328) verstanden: Der Forschungsgegenstand existiert vor dem Hintergrund einer geschlechtlichen Kohärenz, Kontinuität und Konformität, in der eine konstante geschlechtliche Identität und eine heterosexuelle Orientierung dominiert. Die *heterosexuelle Matrix* wird in der Gesellschaft stets ausgehandelt, verteidigt, reproduziert oder stabilisiert (vgl. Butler 1991: 219; Soine 2002). Gewalt ist dabei stets »ein Urteil, das sich auf Normen bezieht, und impliziert Deutungsarbeit« (Krasmann 2004: 110). Das wiederum bedeutet, dass die Antwort auf die Frage, wann etwas Gewalt ist,

---

12 In Deutschland werden statt Diskriminierung bevorzugt die Begriffe ›Benachteiligung‹ oder ›Un-‹ bzw. ›Gleichbehandlung‹ genutzt (vgl. Hieronymus 2007: 17). So wird im Allgemeinen Gleichbehandlungsgesetzes (AGG) der zivil- und arbeitsrechtliche Antidiskriminierungsschutz der BRD gewährleistet. Darin wird in § 3 der Begriff der Benachteiligung definiert, und in § 1 heißt es: »Ziel des Gesetzes ist, Benachteiligungen aus Gründen der Rasse oder wegen der ethnischen Herkunft, des Geschlechts, der Religion oder Weltanschauung, einer Behinderung, des Alters oder der sexuellen Identität zu verhindern oder zu beseitigen.«

13 Der Gewaltbegriff ist im Gegensatz zum Terminus der ›Diskriminierung‹ im deutschsprachigen Raum umstritten (vgl. Imbusch 2002: 30f; Trotha 1997). Diskussionsgegenstand ist beispielsweise, was genau als Kriterium und/oder als Charakteristika der Gewalt gilt, wer bestimmen darf, was als Gewalt bezeichnet wird und wie Anerkennung, Sprache und Gewalt zusammenhängen (Herrmann et al. 2007; Butler 1998).

von den subjektiven Perspektiven der Befragten auf eine Situation oder auf eine Darstellung abhängig ist und im Kontext von normativer Wertung steht. Susanne Krasmann schlägt vor, »Gewalt« als ein »semantisches Feld zu begreifen, über das sich Phänomene der Gewalt gleichwohl dämonisieren wie auch verschweigen lassen« (Krasmann 1997: 88). Das bedeutet auch, dass sich Gewalt der Wahrnehmung und der Beschreibung auch entziehen kann, und dass Technologien und Mechanismen der Gewalt als Normalität oder Tabuisierung unsichtbar sein können.

Neben der subjektiven Annäherung an das Gewaltverstehen im normierten Geschlechterverhältnis, werden die intersektionalen Geschlechter- und Machtverhältnisse berücksichtigt, die durch die Interdependenz verschiedener Ungleichheitsverhältnisse die singuläre Analyse eines Kausalzusammenhangs zwischen Gewalt und Geschlecht ablösen (vgl. Crenshaw 1989; Burgess-Proctor 2006; Walgenbach et al. 2007; Winkler/Degele 2009). Das bedeutet, dass die empirische Untersuchung sich mit psychischer, physischer sowie gesellschaftlich institutionalisierter Diskriminierung und Gewalt in Normalisierungsinstanzen befasst und ebenso die Verschränkungen der als diskriminierend erlebten Ungleichbehandlungen in Bezug auf Geschlecht, Sexualität, soziale Klasse, Gesundheit und Ethnizität berücksichtigt. Dabei wird davon ausgegangen, dass die institutionalisierte Wahrnehmung von Gewalt und mit ihr das staatliche Gewaltmonopol sowie die rechtliche Auffassung von Zweigeschlechtlichkeit Einfluss auf die Wahrnehmung von alltäglicher Diskriminierung und Gewalt hat (vgl. Krasmann 2004: 111f).

Gleichzeitig wird die Gewalt in ihrer Phänomenologie (in der Situation) an den Grenzen der Zweigeschlechtlichkeit analysiert, indem in Anlehnung an Trothas Überlegungen Antworten auf die Fragen ›Was ist Gewalt?‹ und ›Wie geschieht Gewalt in diesem Kontext?‹ gesucht werden (vgl. Trotha 1997: 22). Dabei steht jene Gewalt im Mittelpunkt, die von den Interviewpartner_innen als solche verstanden wird. Das heißt, dass die von Trotha angeratene Reduzierung des Gewaltbegriffs auf körperliche Verletzungen zugunsten des Gewalthandelns als Normhandeln und Erfahrung der Diskriminierungs- und Gewaltwiderfahrnisse aus der Sicht der Befragten aufgelöst wird. Dies geschieht, um jene Verletzungen und Schmerzen in den Blick nehmen zu können, die sich im Datenmaterial keinesfalls nur als verletzende und emotional belastende Effekte aus Situationen körperlicher Gewalt darstellen lassen. Denn Gewaltwiderfahrnisse zeigen sich beispielsweise auch als Folge von nicht beabsichtigten Verletzungen der Intimsphäre. Um den Zusammenhang individueller Verletzungen (Mikroebene) und die gewaltsamen Geschlechterverhältnisse (gesellschaftliche Norm-Ebene) analytisch zusammen denken zu können, nutze ich in Anlehnung an Susanne Krasmann die foucaultsche Raumkonzeption, die es ermöglicht, diese Ebenen nicht getrennt, sondern interagierend zu denken. Das Soziale im Raum umfasst bei Foucault soziale, politische und juridische Praktiken und materialisiert sich in Macht- und Wissensbeziehungen. Dies ermöglicht nach Susanne Krasmann, die soziale Ordnung als eine An-Ordnung von Praktiken zu verstehen, in der Gewalt als Materialität platziert ist (vgl. Krasmann 2004: 113f). Gewalt als Werturteil ist damit von hegemonialen Diskursen[14] und dem hegemonialen Verständnis von Gewalt in Gesellschaft abhängig.[15]

Der Titel *Genderbashing* rahmt den Inhalt dieser Studie. Geprägt wurde er ursprünglich von der kanadischen Soziologin Viviane K. Namaste, die darauf aufmerksam macht, dass im Feld der homosexuellenfeindlichen Gewalt die Analyse der Kategorie Sexualität selbstverständlich ist, wohingegen die Analyse der Kategorie ›Gender‹ (als soziokulturelles und repräsentatives Geschlecht) vernachlässigt wird (vgl. Namaste 2000: 139): Während Lesben und Schwule als sexuelle Identitäten und eindeutige Geschlechter auftauchen, werden transgeschlechtliche Selbstkonstituierungen im Diskurs der homosexuellenfeindlichen Gewalt kaum beachtet. Um auf diese Lücke aufmerksam zu machen, nutzt Namaste den Begriff *Genderbashing* und veranschaulicht, dass die Gewalt gegen Lesben und Schwule eben nicht nur Menschen mit homosexuellen Orientierungen betrifft, sondern eben auch jene Personen(gruppen), deren Geschlecht nicht eindeutig lesbar ist (vgl. Namaste 2000: 135ff). Diese zentrale Beobachtung zu übertragen, bedeutet, dass die Gewaltwiderfahrnisse von geschlechtlich nonkonformen Personen an der Intersektion von Sexualität und Geschlecht stattfinden und sich deshalb bislang der geschlechtersensiblen Gewaltforschung, die sich mit der Verletzung von Frauen/Mädchen, Männer/ Jungen und Homosexuellen beschäftigt, entziehen. So findet eine geschlecht-

---

14 Unter Diskurs verstehe ich in Anlehnung an Michel Foucault ein Netz aus sprachlichen und nicht-sprachlichen Praktiken und Technologien, die sich gegenseitig beeinflussen. Dazu zählen z.B. das Denken, das Fühlen, Körperpraxen, Literatur, Wissenschaft, Rechte, Gesetze, staatliche Institutionen. Ein Diskurs kann eine Gesellschaft, eine Region, eine Gruppe von Personen oder auch Individuen beeinflussen. Dabei ist er keine Einbahnstraße eines Inhalts oder einer Absicht, denn: »Wenn als Diskurs einerseits die Regelförmigkeit und Determination des Sprechens, Handelns und Verhaltens gilt, dem der Einzelne nicht vorgreifen und entrinnen kann, so bezeichnet er andererseits auch jene Kraft, die sich der Determination widersetzt« (Konersmann 2003 (1991): 82).

15 Susanne Krasmann argumentiert in ihrem Aufsatz *Die Materialität der Gewalt*, dass duch die Anschläge von »9/11« nicht nur individuelle Personen und Kollektive verletzt wurden, sondern dass erstmals eine westliche Staatlichkeit der »Verletzlichkeit (..) auf eigenem Boden« gewahr wurde, die sie bis dato in ein Außen abschieben konnte (Krasmann 2004: 122). Für diesen Zusammenhang inspirierend, ist die foucaultsche Raumkonzeption, die Krasmann als theoretisches Konzept für die Integration von Praktiken, Mensch, Staat und Gesellschaft mit Blick auf eine politische Gewaltsoziologie entwirft (vgl. ebd.: 116-120).

sidentitäre Festschreibung in der geschlechterbezogenen Gewaltforschung zu Diskriminierung und Gewalt dann statt, wenn behauptet wird, Personen seien aufgrund der konkreten binären Geschlechtlichkeit (als Frau oder Mann) und/oder der sexuellen Orientierung (als Homosexuelle_r) von Gewalt betroffen. Das hat zur Folge, dass andere geschlechtliche Orientierungen innerhalb der geschlechtersensiblen Gewaltforschung vergessen gemacht werden. Kurz: Es existiert in der geschlechtersensiblen Gewaltforschung bislang ein Primat der geschlechtlichen und sexuellen Eindeutigkeit. Die vorliegende Studie trägt den Titel *Genderbashing*, weil sie an die veruneindeutigenden und identitätskritischen Überlegungen von Namaste anknüpft. >Gender< bezieht sich hier konzeptionell auf verschiedene Formen nonkonformer Geschlechtlichkeit des_r Beschädigten, und der englische Begriff *Bashing* (zu Deutsch: Runtermachen, Abschotten, Beschimpfen) umfasst eben nicht nur physische Gewalt, sondern inkludiert auch psychische Demütigungen und Diskriminierungen sowie andere Formen der Integrität verletzenden Ausgrenzungen. Sexualität und Geschlecht werden als interdependente Kategorien verstanden, die interagieren und beide für die hier untersuchte Diskriminierung und Gewalt relevant sind (vgl. Namaste 2000: 141). Somit setzt die Analyse an der Intersektion von geschlechtlicher Nonkonformität und unsagbarer, nicht benennbarer Sexualität an. Namaste bezieht sich in ihren Überlegungen zum Genderbashing allerdings auf Gewalt im öffentlichen Raum[16], den sie zweigeschlechtlich in privat und öffentlich und analog dazu in weiblich und männlich dominiert einteilt (vgl. Namaste 2000: 141ff). In dieser Studie wird dieses dualistische Raumkonzept erweitert: Gewalt und Diskriminierung findet im Gegensatz zu Namastes Beschränkung auf den öffentlichen Raum in verschiedenen sozialen Räumen statt und kann sowohl in interpersonalen als auch in institutionellen Beziehungen auftreten. Genderbashing ist deshalb in diesem Kontext ein Synonym für die Gesamtheit der widerfahrenen Einschränkungen geschlechtlich nonkonformer Lebenssituationen und Existenzweisen, die von den Betroffenen als Verletzung dargestellt wurden. Es meint die komplexe Vielschichtigkeit der Diskriminierung und Gewalt in verschiedenen sozialen (Grenz-)Räumen, in denen Heterosexualität und Zweigeschlechtlichkeit intersektional und normativ wirken.

---

16 Nach Namaste ist der öffentliche Raum territorial, dualistisch und statisch gedacht (Namaste 2000). Der öffentliche Raum meint hier demgegenüber soziale, dynamische Orte, die von Begegnungen gekennzeichnet sind. Begegnungen können sowohl physisch, strukturell als auch virtuell sein. Die Grenzen zum privaten und halböffentlichen Territorialraum (Bahnhöfe, Kliniken oder Moscheen) sind fließend. Zusätzlich geht das Verständnis vom Raum in Anlehnung an Foucault über die territoriale Zuordnung hinaus. Als prozessuale An-Ordnung wird er zu einem Ort, an dem soziale (Gewalt-)Wirklichkeiten in Praktiken hergestellt werden, wobei Subjekte, Gesellschaft und Staatlichkeit betroffen sind (Krasmann 2004).

Ferner wohnt dem Titel ein Wortspiel im doppelten Sinne inne: So dekonstruiert die Studie auf der einen Seite Geschlecht als binäre soziale Konstruktion;
mit anderen Worten: Gender wird zerlegt, indem es, beispielsweise durch die
Präsenz der Befragten, seiner normativen Eindeutigkeit entledigt wird. Auf
der anderen Seite kann sich eine nonkonforme Geschlechterrepräsentation in
Situationen und im Erzählen der Situation normativ stabilisierend auswirken
und selbst zu einem zentralen Moment im Diskriminierungs- und Gewalthandeln werden, um bestehende Geschlechterverhältnisse zu stabilisieren. Damit
verweist die Untersuchung auf zwei Stränge gesellschaftlicher Praxis und Interaktion: Auf die Möglichkeit der Existenzweisen vieler Geschlechter und auf
die Alltäglichkeit der Reifizierung der ausschließlichen Zweigeschlechtlichkeit
im Diskriminierungs- und Gewalthandeln.

5. Konzept

Meine Studie beruht auf der Analyse von insgesamt 18 Einzelinterviews und einer Gruppendiskussion mit geschlechtlich nonkonformen Personen.[17] Die insgesamt 22 Befragten wählten verschiedene geschlechtliche Selbstbezeichnungen
wie beispielsweise: »Transfrau«, »Transmann«, »Androgyne Lesbe«, »Lesbian
Boy«, »Crossdresser_in«, »Intergeschlechtliche Person«, »Intersexuelle«
»Frau mit Bart«, »Butch«, »Transident«, »Interqueer« oder »Transgender«, während andere Interviewpartner_innen geschlechtliche Selbstverortungen bewusst ablehnten oder kontextuell unterschiedliche Benennungen bevor-
zugten. Demzufolge befasse ich mich mit einer Leerstelle der kriminologischen,
soziologischen Gewaltforschung, weil erstmalig die Diskriminierungs- und Gewaltwiderfahrnisse von Menschen an den Grenzen der Zweigeschlechtlichkeit
als gemeinsame soziale Gruppe analysiert werden und sie narrativ-episodisch die
Gelegenheit erhielten, ihre Widerfahrnisse in einen biografischen Kontext zu
stellen. Als eine Konsequenz aus der fehlenden sozialen Wahrnehmung der vergessen gemachten Geschlechter, der fehlenden Geschlechtersensibilität in der
Gewaltforschung und der Identitätsfixierung bisheriger geschlechtersensibler
Gewaltforschungen, werden hier die Diskriminierungs- und Gewaltwiderfahrnisse geschlechtlich nonkonformer Menschen fokussiert.

Es ist offensichtlich, dass die Lebensrealitäten der Grenzgeschlechter im
Alltag, in der Bildung und in der Wissenschaft gar nicht oder nur selten be-

---

17 Die Untersuchung baut auf Material und Erkenntnissen der Vorstudie »Gewalt an den
Grenzen der Zweigeschlechtlichkeit. Selbstkonstituierungen und Heteronormativität im
öffentlichen Raum aus der Sicht geschlechtlich nonkonformer Personen« auf, die ich als
Masterarbeit 2007 im Fach *Internationale Kriminologie* an der Universität Hamburg vorgelegt habe.

achtet werden. Disziplinen wie die Pädagogik, die Medizin, die Soziologie, die Kriminologie, die Psychologie und die Rechtswissenschaften tragen dazu bei, dass das Thema >Geschlecht< mehrheitlich als ausschließender Rückbezug auf Zweigeschlechtlichkeit verhandelt wird, was sich nicht zuletzt auch in den Problematisierungen und Pathologisierungen der Grenzgeschlechter zeigt.[18] Neben vergessen gemachten Untersuchungsfeldern der Gewalt, existieren erschwerend verschiedene Auffassungen von Zusammenhängen und Termini im Feld von Gewalt und Geschlecht: So befassen sich internationale Studien zumeist mit einer ausgewählten sozialen Geschlechtergruppe, und/oder Forscher_innen fokussieren eine ausgewählte Gewaltform. Dabei beziehen sie sich zumeist auf einen spezifischen geografischen, zeitlichen oder soziokulturellen Kontext. Deshalb warnt Carol Hageman-White davor, Studien aus anderen Ländern auf den eigenen Kontext zu beziehen und die Erkenntnisse zu übernehmen, ohne ihre Spezifika – und ich ergänze: ihre Begrifflichkeiten – in den Blick zu nehmen (vgl. Hageman-White 2002: 127). Dies ist insofern von Bedeutung, als dass ein Großteil des Forschungsstands aus dem europäischen und angloamerikanischen Sprachraum kommt und sich damit einer unmittelbaren Übertragung in den deutschsprachigen Raum entzieht. Die länderbezogenen Spezifika, die Historizität im Umgang mit Grenzgeschlechtern sowie die vergangene, sich verändernde und aktuelle Rechtsprechung und Entwicklung medizinischer Aufgaben und Funktionen bleiben in der Rezeption zum Zwecke des wissenschaftlichen Vergleichs zumeist unberücksichtigt.

Obendrein sorgt die Nähe des Untersuchungsthemas zur Homosexuellenfeindlichkeit dafür, dass Genderbashing nur analog oder ergänzend zu homosexuellenfeindlicher Gewalt wahrgenommen wird (Namaste 2000). Denn, so zeigen aktuelle Entwicklungen der deutschsprachigen Forschungslandschaft, während der Gewalt gegen Schwule und Lesben zunehmend mehr Beachtung geschenkt wird, werden Aussagen zu geschlechternonkonform-feindlicher Diskriminierung und Gewalt nur als Teilthemen unter Homosexuellenfeindlichkeit subsumiert, oder es wird als eigenständiges Phänomen gar nicht erst angeführt.

Meine Studie bezieht sich deshalb auf ein neues, eigenständiges Feld, in welchem ein Spannungsverhältnis von Subjektkonstituierung, Sprache, Raum, Sichtbarkeit, Diskriminierung und Gewalt an der Schnittstelle von Geschlecht und Sexualität entsteht. Am Beispiel der befragten geschlechtlich nonkonformen Personen versuche ich, in diesem Verhältnis dem komplexen

---

18 Wenn Geschlecht in Forschungen berücksichtigt wird, so werden zumeist Frauen und Männer differenziert, Weiblichkeiten und Männlichkeiten berücksichtigt oder geschlechtsspezifische Phänomene analysiert, die im Zusammenhang mit einem binären Geschlecht gestellt werden.

Zusammenhang von Gewalt, Sexualität und Geschlecht näher zu kommen. Das vorrangige Ziel der Untersuchung lautet demzufolge: Die Erschließung des neuen Forschungsfeldes der geschlechtlichen Nonkonformität. Das heißt es sollen empirisch fundierte Einblicke in das situative Feld der geschlechternonkonform-feindlichen Diskriminierung und Gewalt aufgezeigt werden und das Erleben diskriminierender und gewaltsamer Widerfahrnisse aus der Sicht der Grenzgeschlechter erfasst und analysiert werden. Hierfür werden neue Wege in der geschlechtersensiblen Gewaltforschung eingeschlagen, indem die Gewaltsituationen und die biografischen Bezüge aus der Perspektive der Betroffenen analysiert werden, ohne deren spezifische Unentscheidbarkeit, das heißt ohne ihre geschlechtliche Einzigartigkeit, infrage zu stellen. Außerdem wird die Spannung zwischen poststrukturalistischer Theoriebildung und empirischer Praxis aufgegriffen, um nicht nur die sozialen Differenzen zwischen Opfer und Täter_in, sondern auch jene zwischen Frau und Mann, Natürlichkeit und Technik, Objekt und Subjekt sowie zwischen Wahrheit und Lüge für die Analyse zu entselbstverständlichen und auf ihre Machtverbindungen hin zu betrachten (vgl. Villa 2013: 59).

Allerdings unterliegt die Forschung inhaltlichen Grenzen: Sie stellt beispielsweise keine Ergebnisse für eine (teil-)gruppenspezifische Phänomenologie der Diskriminierung und Gewalt dar. Beispielsweise erfolgt außerhalb ausgewählter Themenkapitel keine singuläre Betrachtung der Diskriminierung und Gewalt intersexuell geborener Personen. Da die Studie die Perspektiven der geschlechtlich nonkonformen Personen aufgreift, können außerdem nur geringe Erkenntnisse zu den Täter_innen und heteronormativen Akteur_innen der Diskriminierung und Gewalt dargestellt werden. Außerdem bietet sie keine hinreichenden Erkenntnisse bezüglich der Widerfahrnisse von geschlechtlich nonkonformen Kindern und Jugendlichen heute, da die Interviews ausschließlich mit erwachsenen Personen durchgeführt wurden. Darüber hinaus bietet das Datenmaterial keine Erkenntnisse bezüglich sekundärer Folgen bei Angehörigen und Freund_innen der von Diskriminierung und Gewalt Betroffenen.

Stattdessen bietet die Studie einen Einblick in die ambivalenten Subjektkonstituierungen, zahlreichen Erfahrungen und Positionen von geschlechtlich nonkonformen Personen und ermöglicht fundierte Einblicke in die diskriminierenden und gewaltsamen Lebenswelten an den Grenzen der Zweigeschlechtlichkeit. Die widerfahrene Diskriminierung und Gewalt, von der die Befragten berichteten, korrespondiert mit der sozialen Konstruktion heteronormativer Geschlechterverhältnisse, die für alle Geschlechter – geschlechtlich konform, nonkonform oder anders geschlechtlich – als Ordnungs- und Gewaltverhältnisse bewusst oder unbewusst von Bedeutung sind.

1. Forschungsstand, Methodologie und Methodik

Zu Beginn betrachte ich die zentralen Erkenntnisse der Forschungen im Themenkomplex und gebe einen kurzen Überblick zur Rechtslage in Bezug auf geschlechtliche Nonkonformität (1.1). Im zweiten Unterkapitel entwickele ich eine queer-feministische Forschungsperspektive und stelle die gegenstandsbezogene Forschungsmethodologie sowie die verwendeten Forschungsmethoden vor, die mich in die Lage versetzten, das Thema geschlechternonkonform-feindliche Diskriminierung und Gewalt im Anschluss an die bisherigen Erkenntnisse zu vertiefen (1.2). Bezogen auf den Forschungshintergrund entwickelte ich aus Ermangelung an Vorbildern einen eigenen Zugang zum Feld der geschlechternonkonform-feindlichen Diskriminierung und Gewalt. Schließlich kennzeichne ich die Besonderheit dieser Herangehensweise mit dem Begriff des Skripts zur Unentscheidbarkeit (1.3). Ziel des Kapitels ist es, die relevanten (internationalen) Forschungserkenntnisse, die Forschungsphasen in der Datenerhebung und -auswertung sowie richtungsweisende Entscheidungen im Forschungsprozess transparent zu machen.

1.1 Zunehmende Aufmerksamkeit in Forschung und im Recht

Forschungen und Theorien um geschlechtliche Nonkonformität sind ein akademisch marginalisiertes Feld im Aufbruch. Die internationalen Studien unterscheiden sich in den geschlechtlichen Begrifflichkeiten, den geschlechtlichen Zielgruppen, den unterschiedlichen Methodologien sowie in der Auslegung des Geschlechts- und des Gewaltbegriffs. Trotz der geringen Vergleichbarkeit skizziere ich in diesem Unterkapitel zunächst die deutschsprachige Forschungslandschaft, die sich als ein Neuland darstellt, und extrahiere jene Erkenntnisse aus internationalen Studien, die für die vorliegende Ausarbeitung bedeutsam sind, um schließlich einen Überblick zu rechtlichen Fragen und Auseinandersetzungen der geschlechtlichen Nonkonformität im deutschsprachigen Raum zu geben. Das Resultat dieser Recherche und Überlegungen zeigt eine Notwendigkeit des Weiterdenkens in der (geschlechtersensiblen) Gewaltforschung.

1.1.1 Deutschsprachiges Forschungsneuland

Bis dato existiert keine deutschsprachige, repräsentative oder qualitative Studie zum Forschungsthema geschlechternonkonform-feindliche Gewalt und Diskriminierung. Die bisherigen Forschungsarbeiten beschäftigen sich zumeist mit den Widerfahrnissen von geschlechtlich nonkonformen Personen als zusätzliches oder gleichgestelltes Phänomen neben homosexuellenfeindlicher Gewalt (z.B. Maneo 2009; Landeshauptstadt München Koordinierungsstelle für gleichgeschlechtliche Lebensweisen 2011; LesMigraS 2012) oder berücksichtigen insbesondere die Lebenssituation transsexueller Menschen und befassen sich aus dieser Perspektive mit persönlichen Erfahrungen von Einschränkungen und Diskriminierungen (Fuchs et al. 2012). Die meisten Gewaltstudien aber subsumieren geschlechternonkonform-feindliche Gewalt unterschiedlich unter Gewalt gegen Homosexuelle. Während in den Erhebungen des Anti-Gewalt-Projekts Berlin vorrangig das Phänomen der Gewalt gegen schwule und bisexuelle Jugendliche und Erwachsene betrachtet wird und Transpersonen kaum auftauchen[19], gelingt es in der LesMigraS[20]-Diskriminierungs- und Gewaltstudie von 2012, das Zusammenspiel von Mehrfachdiskriminierungen[21] von lesbischen, bisexuellen und Transpersonen in Deutschland auf gleicher Ebene zu analysieren. Die quantitative und qualitative LesMigraS-Gewaltstudie fokussiert dabei gezielt das Verhältnis von »Rassismus, (Hetero-)Sexismus und Trans*Diskriminierung« (LesMigraS 2012: 20).[22] Die Ergebnisse zeigen, dass die Widerfahrnisse der Transpersonen sowohl von ihrer Lebensweise als auch von der Sichtbarkeit und Bekanntheit ihrer geschlechtlich nonkonformen Orientierung abhängig sind (vgl. ebd.: 20ff). Fokussiert auf eine geschlechtliche Gruppe ist die Studie zur Lebenssituation von Transsexuellen in Nordrhein-Westfalen. Sie basiert auf einem subjektzentrierten Erhebungsverfahren, weshalb die Perspektiven und Bedürfnisse der transsexuellen Befragten besonders berücksichtigt wurden.

> »Die subjektive Erfahrung der ungerechtfertigten Ungleichbehandlung allerdings ist, wie die Interviews und Fragebögen zeigen, eine Tatsache. Im Lebensalltag von transsexuellen Menschen sind diese sozialen Erfahrungen in Vergangenheit und Gegenwart handlungsleitend« (Fuchs et al. 2012: 11).

---

19 Die Anti-Gewalt-Studien (Maneo 2009) wurden besonders für ihre – in der Pressearbeit zur Studie deutlich zu Tage tretenden – rassistische Kopplung von Homosexuellenfeindlichkeit und ›Migrationshintergrund‹ kritisiert (vgl. Buchterkirchen 2007: 6f).

20 LesMigraS ist das Namenskürzel für: Lesbische/bisexuelle Migrant_innen, Schwarze Lesben und Transmenschen. Der Verein präsentiert sich auf seiner Homepage unter www.lesmigras.de, Stand: 29.12.2014.

21 Die Autor_innen der Studie betonen, dass dem Begriff der Mehrfachdiskriminierungen die Gefahr einer additiven Vorstellung von Diskriminierung zugrunde liegt. In der Studie wird demgegenüber versucht, spezifische Formen der Unterdrückung sowie deren Ineinandergreifen gleichermaßen zu berücksichtigen (vgl. LesMigraS 2012: 13ff).

22 Der Studie liegen 2.143 beantwortete Online- und Papier-Fragebögen, sechs biografische Interviews und eine Gruppendiskussion mit Lesben und Trans of Color-Personen zugrunde. Insgesamt bezeichneten 228 der befragten Personen sich als Trans (vgl. LesMigraS 2012: 20ff).

Diese NRW-Studie bezieht sich zwar ausschließlich auf die soziale Gruppe der Transsexuellen, hat aber dennoch Potenzial, für diese Studie wegweisend zu sein. Sie veranschaulicht, dass es sich bei der Bewertung der Lebenssituation der untersuchten Gruppe um ein Bedingungsgefüge aus sozialen Konventionen, Gesetzen, Auslegungen von Behörden und individuellen Handlungsmächten handelt, die interagieren, potenzierend wirken und Problemlagen verschlimmern können (vgl. Fuchs et al. 2012: 13-20). Durch den qualitativen und quantitativen Blick in die Lebenssituationen dieser geschlechtlich nonkonformen Gruppe stellen die Autor_innen sechs »Problemdimensionen« heraus: Mangel an Wissen zur Transsexualität, fehlende Anerkennung der Identitäten Transsexueller, aggressives Verhalten in Interaktionen, subtile Diskriminierung durch Gesetze und soziale Konventionen, der erschwerte Zugang für Transsexuelle zu Bildung und materiellen Ressourcen sowie den Statusgewinn bzw. den -verlust beim Verlassen des zugewiesenen Herkunftsgeschlechts (vgl. ebd.: 16). Mangels weiterer repräsentativer sozialwissenschaftlicher Forschungen im deutschsprachigen Raum beziehe ich mich im Folgenden auf jüngere Menschenrechtsberichte und Expertisen, die das Forschungsfeld geschlechternonkonform-feindlicher Diskriminierung und Gewalt umreißen. 2010 erschien von Jannik Franzen und Arn Sauer im Auftrag der *Antidiskriminierungsstelle des Bundes* die Expertise *Benachteiligung von Transpersonen insbesondere im Arbeitsleben*. Dieser Expertise liegt eine Diversität der Trans-Identitäten zugrunde, zu der die Autoren beispielsweise Transsexuelle, Transfrauen, Transmänner, Personen mit einer transsexuellen bzw. transidenter Vergangenheit, Drag Kings, Drag Queens, intersexuelle Personen ebenso wie Tunten und queer lebende Personen zählen (vgl. Franzen/Sauer 2010: 7-12). Sie bietet einen internationalen Überblick zur Diskriminierung von geschlechtlich nonkonformen Personen im Arbeitsleben, im Recht, im Gesundheitswesen und in der Bildung. Zudem gibt sie Einblicke in die soziale Situation, das Erleben von Gewalt sowie das Verhältnis zur Polizei, zur Justiz und zum Strafvollzug sowie Einsichten zu Trans und Migration/Asyl und zu den psychosozialen Auswirkungen von Diskriminierungen (Franzen/Sauer 2010). Über die soziale Situation von Transpersonen ist, so zeigt die Expertise deutlich, außerhalb des medizinischen und beratenden Kontextes bislang wenig bekannt (vgl. ebd.: 5). Die Autoren verweisen auf eklatante Forschungslücken, wie beispielsweise beim Mobbing am Arbeitsplatz[23], beim Thema häusliche Gewalt[24], bei der Er-

---

23 *Mobbing* steht für die Diskriminierung und psychische Ausgrenzung am Arbeitsplatz, in der Schule und in Peer-Gruppen. Das Ziel ist Demütigung, Schikane und Exklusion der betroffenen Person aus der sozialen Gruppe (Gebauer 2007; Wasilewski 2012).
24 *Häusliche Gewalt* findet im sozialen Nahfeld, das heißt in der Regel zwischen einander nahestehenden Personen statt. Sie umfasst die verbale und körperliche Gewalt gegen

ziehung geschlechtlich nonkonformer Kinder, beim zweigeschlechtlich organisierten Strafvollzugssystem und bei der Marginalisierung von Intersexualität im Feld geschlechtlich nonkonform-sensibler Forschung (vgl. ebd.: 64-68).

Das Feld der medizinischen Intersexualität ist eng mit dem medizinischen Dogma der Pathologisierung geschlechtlicher Varianzen verbunden: Seit den fünfziger und sechziger Jahren werden in Deutschland intersexuell markierte Babys und Kinder operiert, wenn ihre zumeist äußeren Geschlechtsorgane nicht der Normgröße einer Klitoris bzw. eines Penis entsprechen. In vielen Fällen werden auch heute noch z.B. Teile der Klitoris entfernt und Vaginaldehnungen (Bougieren) angeordnet und Neovaginas konstruiert, um intersexuell geborene Babys und Kinder dem weiblichen Geschlecht zuordnen zu können. Darüber hinaus werden Gonadenektomien[25] z.B. bei Menschen, bei denen CAIS[26] diagnostiziert wurde, durchgeführt, die mit der Argumentation des Risikos einer Tumorentwicklung begründet werden (vgl. Plett 2014: 11f).[27] Michel Reiter verweist auf den Zusammenhang von medizinischer Machbarkeit und der realen körperlichen, medizinischen (Zwangs-)Konstruktion von Geschlecht. Die oftmals von politischen Aktivist_innen[28] als ›Verstümmelung‹ bezeichneten und erlebten Behandlungen wirken sich auf die Psyche und das Erleben der eigenen Geschlechtlichkeit belastend und beeinträchtigend aus (Reiter 1998, 2000; Schmidt 2006; Woweries 2009; Verein Intersexuelle Menschen e.V. 2011; Verein Intersexuelle Menschen e.V./XY-Frauen/Hum-

---

Kinder, in Partner_innenschaften oder zwischen Angehörigen. Diese Form der Gewalt wird seit 2002 in Deutschland durch das Gewaltschutzgesetz unter Strafe gestellt (Jurtela 2007; Brandstetter 2009). Sie umfasst im weiteren Sinne auch die Gewalt gegen Pflegebedürftige und andere unterstützungsbedürftige Personen.

25 Der Begriff Gonade bezeichnet ausgebildete Geschlechtsdrüsen (vgl. Hoffmann-La Roche Aktiengesellschaft et al. 2003: 731).

26 CAIS ist die Abkürzung für *Complete Androgen Insensitivity Syndrome* und steht für komplette Androgenresistenz (vgl. Deutscher Ethikrat 2012: 190).

27 Konstanze Plett weist auf die geringe Aussagekraft durch niedrige Fallzahlen von Studien hin, die ein erhöhtes Tumorrisiko für Gonaden von intersexuell geborenen Menschen belegen sollen. Die Schlussfolgerung des Ethikrats, dass prophylaktischen Entnahmen der Gonaden zuzustimmen sei, könne aus den vorliegenden Ergebnissen nicht gefolgert werden (vgl. Plett 2014: 11ff).

28 Zum Stichwort der solidarischen, politischen Organisierung von Aktivist_innen im Feld geschlechtlicher Nonkonformität siehe z.B.: ABQueer – Aufklärung und Beratung zu lesbischen, schwulen, bisexuellen und transgender Lebensweisen: www.abqueer.de; Transgender Europe: tgeu.org, Transgenialer CSD in Berlin: transgenialercsd.blogsport.de, TransInterQueer e.V.: www.transinterqueer.org, Lesbische/bisexuelle Migrant_innen und Schwarze Lesben und Transmenschen, Homepage des Vereins: www.lesmigras.de, Verein Intersexuelle Menschen: www.intersexuelle-menschen.net, Wigstöckel: www.wigstoeckel.com, Zwischengeschlecht: www.zwischengeschlecht.org. Stand: 29.12.2014.

boldt Law Clinic 2011).[29] Auch eine später ›entdeckte‹ Intersexualität oder geschlechtliche Irregularität, die in der Adoleszenz oder im Erwachsenenalter diagnostiziert wird, kann zu Operationen ohne medizinische Indikationen und zu dauerhaften Hormonbehandlungen führen.

Die Pathologisierung intersexuell geborener Menschen ist sozialwissenschaftlich betrachtet eine Form des Otherings (Ver-Andern) (Reuter 2002) durch Eingriffe in den Körper und in die Psyche, die zu gewaltsamen Widerfahrnissen und chronischem Leid führen können (Schweizer/Richter-Appelt 2012). Es existieren zwei zentrale klinische Studien, die sich primär mit klinisch-medizinischen, gesundheitsrelevanten Fragestellungen zur Intersexualität beschäftigen: Die *Hamburger Intersex-Studie* befasst sich mit der Behandlungszufriedenheit intersexueller Personen (Brinkmann et al. 2007) und die Lübecker Studie vom Netzwerk DSD von 2009 (Verein Netzwerk Intersexualität o.J.), die sich mit dem medizinischen *Outcome*, der »gesundheitsbezogenen Lebensqualität« und der »psychosexuellen Entwicklung« operierter und nicht-operierter Personen mit Intersexualität beschäftigt.[30] 2012 erschien der Sammelband *Intersexualität kontrovers* der Hamburger Forschungsgruppe *Sexualität und Geschlecht*, in dem die widerstreitenden Diskurse zum Thema diskutiert werden (Schweizer/Richter-Appelt 2012).[31] Interpersonale Diskriminierung und Gewalt tauchen in dem Sammelband und in der *Hamburger Intersex-Studie* als Effekte der systematisch juristischen und medizinischen Normierung auf. In diesen Studien ist allerdings die Perspektive von intersexuell geborenen Menschen unterrepräsentiert. Im *Parallelbericht zum 5.*

---

29 Operative Eingriffe an Kindern sind im Sorgerecht § 1627 BGB dann legitimiert, wenn das Wohl des Kindes geschützt ist. Kann das Kind noch nicht entscheiden, weil es minderjährig ist, so ist nichtsdestotrotz von einem Vetorecht des betroffenen Kindes auszugehen, vorausgesetzt, dass dies keine schwerwiegenden Schäden für das Kind zur Folge hat (vgl. Deutscher Ethikrat 2012a: 174f; Lembke 2011: 3). Zur Diskussion um das Wohl des intersexuell geborenen Kindes siehe Plett 2014: 12 ff. Der *Deutsche Ethikrat* sieht in der inhaltlichen Aufklärung der Eltern/Erziehungsberechtigten von intersexuell geborenen Kindern Handlungsbedarf. Je grundlegender der Eingriff, desto höher muss das Maß der Aufklärung sein (vgl. Deutscher Ethikrat 2012a: 145ff). Zahlreiche Studien und juristische Stellungnahmen verweisen auf den Menschenrechte verletzenden Impetus dieser Behandlungen, auf die nicht zu prognostizierenden Langzeit-Verletzungen und chronischen Erkrankungen, mit denen die Betroffenen konfrontiert sind und auf die mangelnde wissenschaftlichen Fundierung medizinischer Annahmen (z.B. Adamietz 2011; Bora 2012, Plett 2014).

30 Zur Kritik an der Lübecker Studie aus Aktivist_innen-Perspektive: siehe Kreuzer (2007), Veith (2007) und www.zwischengeschlecht.org. Stand: 29.12.2014.

31 Die Forschungsgruppe ist unter der Leitung von Hertha Richter-Appelt am Universitätsklinikum Hamburg Eppendorf angesiedelt. Sie ist auch verantwortlich für die Hamburger Intersex-Studie (Brinkmann et al. 2007).

Staatenbericht der Bundesrepublik Deutschland zum Internationalen Pakt der Vereinten Nationen über wirtschaftliche, soziale und kulturelle Rechte (CESCR) des Vereins Intersexuelle Menschen e.V./XY-Frauen[32] (2011) werden Menschenrechtsverletzungen von Personen mit Intersexualität in der BRD dokumentiert.[33] Die Autor_innen führen exemplarisch für die Menschenrechtsverletzungen geschlechtsnormierende Operationen an minderjährigen Kindern und Gonadenektomien bei intersexuell geborenen Personen, Genitalamputationen, post-operative lebenslange Medikation und Pathologisierungen von Intersexualität an (vgl. Verein Intersexuelle Menschen/XY-Frauen 2011: 23).[34] Im *Parallelbericht zum 5. Staatenbericht der Bundesrepublik Deutschland zum Übereinkommen gegen Folter und andere grausame, erniedrigende Behandlung oder Strafe* (CAT) von 2011 verurteilen die Herausgebenden den »gesellschaftlichen Druck zur Normalität«, der Intersexualität pathologisiert und die Betroffenen medizinischen Behandlungen zuführt (Verein Intersexuelle Menschen e.V./Humboldt Law Clinic 2011: 5) an. Die Autor_innen sehen die Bundesregierung in der Verantwortung gegen Folter und Degradierungen intersexuell geborener Personen aktiv zu werden. Normatives Handeln und Anpassen in die Zweigeschlechtlichkeit ist in diesen Publikationen die Grundlage für die Menschenrechtsverletzungen und die Gewalt, die intersexuell geborenen Personen zugefügt wird.

Darüber hinaus existieren im deutschsprachigen Raum sozialwissenschaftliche und medizin-historische Einzelstudien, die sich mit geschlechtlich nonkonformen Existenzweisen, aber nicht gezielt mit Gewalt und Diskriminierung beschäftigen. Trotzdem erweitern sie gewinnbringend die Erkenntnisse der deutschsprachigen Standardwerke *Die soziale Konstruktion* der Transsexualität von Stefan Hirschauer (1993) und *Das paradoxe Geschlecht* von Gesa Lindemann (1993), indem sie die Perspektiven auf geschlechtliche Nonkonformi-

---

32 Der Verein *Intersexuelle Menschen e.V.* vertritt seit 2004 die Anliegen intersexueller Personen und deren Angehöriger. Die Aktivist_innen sind mehrheitlich XY-Frauen mit verschiedenen intersexuellen Variationen (vgl. Intersexuelle Menschen e.V./Humboldt Law Clinic 2011: 7). Informationen zum Verein www.intersexuelle-menschen.net, Stand: 29.12.2014.

33 Dabei fokussieren die Verfasser_innen die lückenhafte Umsetzung der Artikel 2-5 des Sozialpakts sowie des Menschenrechts auf Gesundheit (Art. 12), auf soziale Sicherheit (Art. 9), auf den Schutz der Familie (Art. 10) und Teilhabe an den Errungenschaften des wissenschaftlichen Fortschritts und dessen Anwendungen (Art. 15) der UN-Menschenrechtscharta (Verein Intersexuelle Menschen e.V./XY-Frauen 2011).

34 Dabei verurteilen die Autor_innen auch »menschenrechtsverletzende Geschlechtertheorien«, die zur Grundlage für operative Eingriffe wurden (Verein Intersexuelle Menschen e.V./XY-Frauen 2011: 15-18) und kritisieren die »veraltete Fachliteratur« zum Thema (ebd.: 18).

tät heterogen und interdisziplinär aufarbeiten sowie inhaltlich vervielfältigend wirken.[35] Sie befassen sich mit den Lebenswelten von Drag Kings oder mit der historischen Konstruktion von Intersexualität in Medizin und Justiz. In ihnen tauchen vereinzelt Erkenntnisse zum hiesigen Forschungsthema auf: Uta Schirmer (2010) beschäftigt sich beispielsweise in ihrer ethnografischen Studie *Geschlecht anders gestalten* mit der sozialen Konstruktion von Drag King-Räumen, wobei die Autorin auch – empirisch fundiert – Diskriminierung und Gewalt gegen Drag Kings als interdependentes Phänomen vorurteilsbezogener Gewalt darstellt (vgl. Schirmer 2010: 329). Die Irritation einer »zweigeschlechtlichen Wirklichkeit« berge Risiken, weil abwertende Reaktionen von Distanzierung und Missachtung bis hin zur körperlichen Gewalt erfolgen können (ebd.: 403). Die geschlechtliche Nonkonformität (als Drag King) kann den Verlust von Karrierechancen und sozialer Anerkennung am Arbeitsplatz bedeuten. Ausbildungen, Qualifikationen und der mögliche Rückgriff auf soziale Ressourcen seien Faktoren, die diese Benachteiligung und Gewalt reduzieren (können) (vgl. ebd.: 371). In der ethnografischen Studie *Gender-Outlaw-Triptychon* vergleicht Carsten Balzer (Carla LaGrata) Transgender-Subkulturen in Rio de Janeiro, New York und Berlin (Balzer (LaGrata) 2008).[36] Die_der Autor_in befasst sich mit der Gewalt als »Diktatur des Normalen«, die Trans- und intersexuelle Personen gleichermaßen betrifft, wenngleich sie bei letzteren direkt und unverhohlen erscheint, wie sie_er ebenfalls am Beispiel der Operationen intersexuell geborener Kinder darstellt (ebd.: 110-139).[37] Balzer (LaGrata) hebt hervor, dass die Täter_innen eine Position der Überlegenheit beziehen,

---

35 Die mikrosoziologische Studie von Stefan Hirschauer 1993 war für diese Studie einflussreich, weil sie u.a. veranschaulicht, wie die Normierungsinstanzen der Medizin und Psychologie dazu beitragen, geschlechtliche Nonkonformität (Transsexualität) im System der Zweigeschlechtlichkeit sozial zu konstruieren. Auch Michel Foucault hat in seinem Vorwort zur Fallgeschichte von Herculine Barbin das Aufeinandertreffen von Normierungsinstanz (Medizin) und einer intersexuell markierten Person als »das grausame Spiel der Wahrheit« bezeichnet (Foucault 1998 (1978): 12). Angelehnt an diese Idee dechiffriert die Studie die Produktion der geschlechtlichen Wahrheit, indem ihre grausamen Momente als Diskriminierung und Gewalt analysiert werden.

36 Ferner existieren weitere ethnografische Publikationen aus dem deutschsprachigen Wissenschaftskanon zu den Transgender- Konstruktionen der *Femminelli in Neapel* (Atlas 2010), eine ethno-psychoanalytische Feldstudie, sowie Susanne Schröters 2002 erschienenes Buch *FeMale*. Schröter befasst sich vor dem Hintergrund konstruktivistischer Geschlechtertheorie mit geschlechtlicher Nonkonformität in verschiedenen europäischen und außereuropäischen Kulturen und blickt schließlich auch auf den deutschen Kontext mit Schwerpunkt Berlin.

37 Die Operationen intersexuell geborener Kinder scheinen zu einem zentralen Argument der Verurteilung der Pathologisierung von Intersexualität zu werden. Allerdings verstellt diese zentrale Empörung zugleich die Sicht auf die Vielschichtigkeit der Menschenrechtsverletzungen gegenüber intersexuell geborenen Menschen.

welche sich auf eine geschlechterhierarchische Grundüberzeugung zurückführen lässt (vgl. ebd.: 139).

Ulrike Klöppel (*XX0XY ungelöst Hermaphroditismus – Sex und Gender in der deutschen Medizin*) und Kathrin Zehnder (*Zwitter beim Namen nennen. Intersexualität zwischen Pathologie, Selbstbestimmung und leiblicher Erfahrung*) fokussieren die Historizität und Aktualität von Intersexualität. Während Klöppel sich u.a. mit der Erforschung des »Hermaphrodismus« im deutschsprachigen Raum in der zweiten Hälfte des 20. Jahrhunderts beschäftigt, stellt Zehnder die Körpererfahrungen von »Zwittern« in Foren und Blogs in den Mittelpunkt ihrer Betrachtungen (Klöppel 2010; Zehnder 2010). Ulrike Klöppel fokussiert das Wechselspiel und die Bedeutung von Medizin und Justiz im Diskurs zu Hermaphroditismus:

> »Die Medizin erfüllte (und erfüllt bis heute) die juristische Vorgabe, wonach eine eindeutige Zuweisung von Intersexualität zum männlichen oder weiblichen Geschlecht zu erfolgen habe. Sie untermauerte damit auch ihren Anspruch, eine Expertise in Fragen des sozialen Status von Menschen zu besitzen und die Geschlechterklassifikation wissenschaftlich kontrollieren zu können« (Klöppel 2010: 595).

Klöppel arbeitet heraus, wie die Abgrenzung der Trans- von Intersexualität auch eine Hierarchie zwischen Körper und Psyche im Verhältnis Medizin und Justiz mitbehandelt (vgl. ebd.: 547-584). Beide Instanzen stabilisieren zweigeschlechtliche Normen trotz geschlechtlicher Transformationen wechselseitig:

> »Die rechtlich-medizinischen Rahmenbedingungen eröffnen innerhalb des zweigeschlechtlichen Klassifikationssystems einen Spielraum für Veränderungen, doch diese Modifikationen, die liberalere Handhabungen für den Geschlechtswechsel mit sich gebracht haben, affimieren im neuen Gewande den Geschlechterbinarismus« (Klöppel 2010: 584).

Außerdem ist der Dualismus von Sex und Gender aus der medizinischen Normierung intersexuell geborener Personen hervorgegangen, wie Ulrike Klöppel eindrücklich aufzeigt (vgl. ebd.: 2010: 95-127, 303-336). Nina Schuster (2011) untersucht in ihrer soziologisch-ethnografischen Studie *Andere Räume* (2011) anhand des Forschungsgegenstandes von Drag King- und Transgender-Räumen das Verhältnis von Heteronormativität und Raum. Dabei befasst sie sich mit dem systematischen Ausschluss von Personen, die nicht in diesen Räumen auftreten und sich dort nicht aufhalten dürfen.[38] Erst dieser Ausschluss stabilisiert nach Schuster die materiellen und sozialen Räume und lässt sie mit

---

38 Nina Schuster schreibt dazu: »So existiert eine proklamierte, aber gleichzeitig für Ausschlüsse blinde Offenheit der Szene. Diese ist maßgeblich durch die weiße, akademisch gebildete Mittelschicht und teilweise unsichtbare, über den Habitus vermittelte Normen und Werte geprägt« (Schuster 2011: 285).

Hilfe von eigener, sozialer Normierung, eigenen Codes und Regeln zu einer »Heterotopie« werden, das heißt nach Michel Foucault zu einem speziellen Ort mit eigenen (Geschlechter-)Regeln (vgl. Schuster 2011: 285; 287f). Der soziale Raum, an dem Drag Geschlechter existieren können, wird somit zu einem Raum besonderer Codes und Regeln.

Ferner existieren zur geschlechtlichen Nonkonformität zahlreiche Sammelbände, die sich überwiegend mit queeren bzw. transgeschlechtlichen Lebensweisen beschäftigen (z.b. polymorph 2002; Scott-Dixon 2006; Bauer et al. 2007; Thilmann et al. 2007; Coffey et al. 2008). Das Potenzial von Diskriminierung und Gewalt wird dabei in fast allen Sammelbänden als mindestens strukturell-normierendes Phänomen in Sprache, in Gesetzgebung und Rechtswissenschaften, in Liebesbeziehungen, in geschlechtlichen Repräsentationstechniken, im sexuellen Begehren, in Wissenschaften und in Geschlechterkonstruktionen selbst angesprochen.

Das Thema ›Intersexualität‹ gewinnt auch in der Politik an Aufmerksamkeit. Im Deutschen Bundestag wurden seit 1996 sogenannte Kleine Anfragen von der PDS/Die Linke und von den GRÜNEN gestellt, in denen die soziale und rechtliche Situation von intersexuell geborenen Menschen in Deutschland hinterfragt wurde.[39] Trotzdem kam es erst am 24. November 2011 zu einer ers-

---

39 Siehe z.B. 1996: *Genitalanpassungen in Deutschland* (BT-Drs. 13/5757), 2001: *Intersexualität im Spannungsfeld zwischen tatsächlicher Existenz und rechtlicher Unmöglichkeit* (Anfrage: BT-Drs. 14/5425; Antwort: BT-Drs. 14/5627), *Forschungen zur Lebenssituation intersexueller Menschen* (Antrag: BT-Drs. 14/6259), 2007: *Zur Situation Intersexueller in Deutschland – Medizinische Aspekte und die Förderung Betroffener* (Anfrage: BT-Drs. 16/4287, Antwort der Bundesregierung: BT-Drs. 16/4786), 2009: *Zur Situation intersexueller Menschen in der Bundesrepublik Deutschland – Rechtliche und statistische Aspekte,* (Anfrage: BT-Drs. 16/12769, Antwort: BT-Drs. 16/13269); 2011: *Grundrechte von intersexuellen Menschen wahren* (Antrag: BT-Drs. 17/5528); 2012: *Umsetzung der den Bereich Medizin betreffenden Empfehlungen des Deutschen Ethikrats aus der Stellungnahme zur Intersexualität* (Anfrage: BT-Drs. 17/11624, Antwort: BT-Drs. 17/11855); 2013: *Grundrechte intersexueller Menschen wahren* (BT-Drs. 17/12851), *Beschlussempfehlung und Bericht vom 14. Juni 2013* (BT-Drs. 17/14014). Inhalte dieser Anfragen, Anträge, Antworten und Beschlussempfehlungen waren die vereindeutigende Praxis intersexuell geborener Babys und Kinder, das Personenstandsgesetz, die von der Bundesregierung unterstützten klinischen Forschungen zu Intersexualität und der Umgang mit intersexuell geborenen Menschen in der bundesdeutschen Gesellschaft. In den Antworten der jeweiligen Bundesregierungen wird ausdrücklich der Diskriminierungsschutz betont (vgl. BT-Drs. 16/13269: 2) und die unsichere Sachkenntnis zum Phänomen Intersexualität (vgl. ebd.: 4) deutlich gemacht. Beispiele für Anfragen in den Landesparlamenten: Im Abgeordnetenhaus Berlin wurde die Kleine Anfrage *Umgang mit Intersexualität und Intersexuellen in Berlin* (2010) von Anja Kofbinger vom Bündnis 90/Die Grünen (Abgeordnetenhaus Berlin 2010 Drs. 16/14436) gestellt und in der Bremer Bürgerschaft wurde als Antrag *Die Rechte intersexueller Menschen schützen und gesellschaftliche Akzeptanz schaffen* (2010) der Fraktionen von Bündnis 90/Die Grünen, der SPD, der CDU, DIE LINKE

ten Plenarsitzung zum Thema Intersexualität (vgl. Deutscher Bundestag, 143. Sitzung 2011: 17174-17181).[40] Noch 2011 befasste sich der *Deutsche Ethikrat* im Auftrag der Bundesregierung mit der Situation von Menschen mit Intersexualität (vgl. Bora 2012; Deutscher Ethikrat 2012, 2012a; Lembke 2011; Plett 2009, 2011). Er kam dabei zu dem Schluss, dass hinter der medizinischen Bezeichnung der Intersexualität eine Diversität an Personen existiert, und empfiehlt, dass Menschen mit Intersexualität vor weiteren falschen Behandlungen gesellschaftlich geschützt werden müssen (vgl. Deutscher Ethikrat 2012a: 172ff). Ferner sei zur »Förderung des Respekts und der Unterstützung Intersexueller in der Gesellschaft (...) eine breite Wissensvermittlung erforderlich« (ebd.: 173). Der *Deutsche Ethikrat* unterstützt, Kinder – entlang des Kindeswohls – möglichst früh in die Entscheidungsprozesse bezüglich ihrer Behandlung oder Nicht-Behandlung einzubeziehen, um ihnen eine möglichst selbstbestimmte Entscheidung zu ermöglichen (vgl. ebd.: 173-176). Das Personenstandsgesetz soll, so die Empfehlung weiter, um die Kategorie »anderes« erweitert werden und intersexuellen Personen soll die Eheschließung ermöglicht werden (vgl. ebd.: 177f).[41] In der Kleinen Anfrage der Fraktion Bündnis 90/Die Grünen

---

und der FDP (Bremische Bürgerschaft Drs. 17/1561) gestellt. 2012 als Kleine Anfrage der Fraktion Bündnis 90/Die Grünen *Unterstützung für intersexuelle Menschen und deren Angehörige* (Bremische Bürgerschaft Drs. 18/537), sowie im Thüringer Landtag die Große Anfrage (2012) der Fraktion Bündnis 90/Die Grünen zur *Situation von lesbischen, schwulen, bisexuellen, transgender und intersexuellen Menschen (LSBTI) in Thüringen* (Thüringer Landtag 2012 Drs. 6/927, ebd. 2012a Drs. 6/1240).

40 Vorausgegangen war der Antrag *Grundrechte intersexueller Menschen wahren* der Fraktion Bündnis 90/Die Grünen (BT-Drs. 17/5528), der das Ziel verfolgte, die Anerkennung intersexueller Menschen gesellschaftlich zu verankern. In der Debatte wurde auf die Stellungnahme des *Deutschen Ethikrates* verwiesen, der sich mit dem Thema befassen sollte. Der Antrag wurde nach der Plenarsitzung in die Ausschüsse (Ausschuss für Familie, Senioren, Frauen und Jugend (federführend), Ausschuss für Gesundheit, Ausschuss für Menschenrechte und Humanitäre Hilfe, Innenausschuss, Rechtsausschuss) überwiesen (BT-Plenarprotokoll 17/143 (2011)).

41 In der Presseerklärung der *Internationalen Vereinigung Intergeschlechtlicher Menschen* (IVIM) vom 23. Februar 2012 wird die Stellungnahme des *Deutschen Ethikrates* begrüßt, weil der Beschluss die Absicht verfolgt, Operationen an intersexuellen Kindern zu reduzieren. Der gleiche Verein bemängelt allerdings, dass der *Deutsche Ethikrat* darauf verzichtet habe, alle nicht lebensnotwendigen Operationen intersexuell geborener Personen moralisch zu deklassieren (Internationale Vereinigung Intergeschlechtlicher Menschen (IVIM) 2012). Die geschlechtliche Option »anderes« zu implementieren, wenn das Geschlecht im Sinne der Medizin nicht eindeutig sei, wird ebenfalls von der IVIM kritisiert, weil damit der diagnostischen Medizin wieder eine Schlüsselposition für geschlechtliche Zuweisung zugesprochen werde. Dies führe bisherige Standards der medizinischen Geschlechterbestimmung fort, denn die Medizin habe die Justiz im Laufe des letzten Jahrhunderts als wesentliche Instanz für die Bestimmung von Geschlecht abgelöst und sei damit aktuell noch maßgeblich an der sozialen Konstruktion beteiligt (siehe auch: Foucault

(vgl. BT-Drs. 17/11624) wurde 2012 nach der Umsetzung der Empfehlungen des Deutschen Ethikrats gefragt und noch in der Antwort der Bundesregierung vom 12. Dezember 2012 hieß es, sie sei für die Umsetzung der meisten Empfehlungen nicht zuständig und eine Überprüfung der Empfehlungen des Deutschen Ethikrates sei noch nicht abgeschlossen, ob die Umsetzung überhaupt erfolgen solle (vgl. BT-Drs. 17/11855: 2). 2013 entstand plötzlich ein politischer Druck, der dazu führte, dass in einem »gewissen Hauruckverfahren« (Plett 2014: 7) der Gesetzgebenden eine Gesetzesänderung erwirkt wurde: Seit dem 1. November 2013 werden Neugeborene im Personenstand ohne Geschlechtseintrag registriert, wenn sie medizinisch als intersexuell geborenes Babys zur Welt kommen. Im Personenstandsgesetz heißt es: »Kann das Kind weder dem weiblichen noch dem männlichen Geschlecht zugeordnet werden, so ist der Personenstandsfall ohne eine solche Angabe in das Geburtenregister einzutragen« (PStG § 22 (3)). Mit dieser Gesetzgebung wurde nur ungefähr den Empfehlungen des Deutschen Ethikrats gefolgt, denn dieser hatte die Möglichkeit der Eintragung »anderes« im Personenstand geraten, die Loslösung von den alleinig anerkannten Beziehungsformen zwischen Mann und Frau und gleichgeschlechtlichen Paaren sowie die generelle Überprüfung der Notwendigkeit des Geschlechtseintrags im Personenstand empfohlen (vgl. Deutscher Ethikrat 2012a: 177f).

Die Studien, Menschenrechtsberichte und politischen Debatten in Deutschland markieren ein gesteigertes wissenschaftliches und politisches Interesse an geschlechtlich nonkonformen Personengruppen, an deren Lebensweisen und punktuell an Menschenrechtsverletzungen sowie an ihren Widerfahrnissen von Diskriminierung und Gewalt. Gemessen an der steigenden Anzahl der Veröffentlichungen in Printmedien, Internet, Fernsehen und Radio zu Transgender und Intersexualität werden geschlechtlich nonkonforme Personen und ihre Belange insgesamt sichtbarer.[42] Dennoch blieben bislang

---

1998 (1978); Voß 2010; Klöppel 2010). Die politischen Forderungen von zahlreichen intersexuell geborenen Menschen und Aktivist_innen zielen stattdessen auf die Abschaffung der Geschlechtseintragung im Personenstand.

42 Mediale Thematisierungen sind z.B. folgende Zeitungsartikel: Interview: *Plädoyer für ein drittes Geschlecht* (Possemeyer 2000), *Ihre Tochter ist ein Sohn* (Lakotta 2002), *Und Gott schuf das dritte Geschlecht* (Von Supp/Brandt 2007), *Fehler in der Himmelsfabrik* (Lakotta 2007), *Androgyner Anarchist* (Schmidt 2010), *Jede Bluse eine Mondlandung* (Strothmann 2012), *Das graue Geschlecht* (Seubert 2012) und *Wie eine Kastration* (Spiewak/Verlinden 2012) und *Normal, anders, stolz* (Stothmann 2012a) zu Christiane Völlings Widerfahrnissen. Zu Travestie/Transpersonen bspw. *Tunte sein ist ein schönes Werkzeug* (Kreuzträger 2011). Dazu zählen Medienkampagnen von prominenten Personen wie beispielsweise der ehemaligen deutschen Stabhochspringerin, Balian Buschbaum, der mit seinem autobiografischem Buch *Blaue Augen bleiben blau* (Buschbaum 2011) seine Erfahrungen als transsexueller Mann mitteilt. Christiane Völling in ihrem_seinem Buch

trotz partieller Umsetzung der Empfehlungen des *Deutschen Ethikrats* wichtige Forderungen von Interessenverbänden, wie die Verbotsforderung für Genitaloperationen an Kindern, unberücksichtigt. Obwohl die kursorischen Ausführungen zeigen, dass fast alle Publikationen außerhalb der Auseinandersetzungen um Intersexualität nie primär Diskriminierung und Gewalt in den Mittelpunkt stellen, befassen sich doch viele auffallend kritisch mit der normierenden Zweigeschlechtlichkeit und mit der normativen Verstetigung von Heteronormativität. Trotzdem bleibt Genderbashing in der deutschsprachigen Forschungslandschaft ein insgesamt abstraktes, fragmentiertes und nicht erschlossenes Forschungsfeld. Deshalb blicke ich für den Forschungskontext der vorliegenden Studie nun auf internationale Ergebnisse.

1.1.2 Ausgewählte internationale Erkenntnisse

In der Erforschung von Lebenswelten und Gewaltverhältnissen für geschlechtlich nonkonforme Personen (insbesondere jenseits der homosexuellen- und bisexuellenfeindlichen Diskriminierung und Gewalt) müssen aus europäischer Perspektive US-amerkanische Forscher_innen als Vorreiter_innen anerkannt werden. In den USA entstanden in den neunziger Jahren insbesondere im Bereich des Gesundheitswesens zahlreiche Studien, die sich mit der Lebenssituation von Transpersonen beschäftigen (z.B. Reback et al. 2001; Nemoto et al. 2004; Wyss 2004, Kenagy 2005; Risser et al. 2005; Wilchins/Taylor 2007, Browne/Lim 2008). Exemplarisch zeigt der *Human Rights Report 50 under 30* von Riki Wilchins und Taneika Taylor (2007) die Lebensgeschichten von 50 Transpersonen, die zwischen 1995 und 2005 in den USA ermordet wurden und zum Zeitpunkt des Todes unter 30 Jahre alt waren. Bei den meisten Taten spielte die ethnische Zugehörigkeit und die nonkonforme Geschlechtlichkeit der Getöteten für die Täter_innen eine zentrale Rolle (vgl. Wilchins/Taylor 2007: 8):

(mit Co-Autorin Britta Julia Dombrowe) *Ich war Mann und Frau* von ihren Erfahrungen als intersexuell geborener Mensch (2010). Außerdem erscheinen erste deutschsprachige Ratgeber, die sich verstärkt mit Transsexualität und Transgender auseinandersetzen (Brill/Pepper 2011). Eine neue Wirkmächtigkeit zeigen ebenso drei Fernsehproduktionen der Krimiserie *Tatort* aus dem Jahr 2011: *Altes Eisen* von der Produzentin Sonja Goslicki (Erstausstrahlung am 18. September 2011) und *Zwischen den Ohren* von Franziska Meletzky und Jutta Müller (Erstausstrahlung am 4. September 2011), im Polizeiruf 110 aus dem Jahr 2013 *Der Tod macht Engel aus uns allen* von Jakob Claussen und Uli Putz (Erstausstrahlung am 13.Juli 2013). Auf Arte erschien die Dokumentation *Tabu Intersexualität* von Britta Julia Dombrowe und Fernsehserien wie *The L-Word* integrieren Transpersonen in ihren Plot. Der Transmann Max Sweeney – dargestellt von Daniela Sea – spielt in den Staffeln 3-6 eine feste Rolle. Kinofilme wie *Laurence Anyways* (2012) von Xavier Dolan sind im Mainstream Kino zu sehen und Transgender Festivals finden z.B. in London oder San Francisco statt.

»Most of these young victims were biologically male; they were Black or Latina/o; and they were transgressing gender boundaries in some profound way. Almost all were killed by young males about their own age, who assaulted them in extraordinary attacks and often mulitple acts of violence« (ebd.: 2).

Geschlechtliche Nonkonformität, ethnische Zugehörigkeit, Hautfarbe, *Race*[43] und soziale Klasse interagieren in diesen Situationen kontextuell miteinander. Es zeigte sich, dass beispielsweise die Mehrheit der Ermordeten aus sehr armen Verhältnissen stammten (vgl. ebd.: 4). Nur knapp zwei Jahre später musste diese Studie um 20 Getötete erweitert werden. Der Titel der ergänzten Studie lautet *70 under 30* (Wilchins/Taylor 2008). Ein besonderer Fokus liegt ferner im Zuge der HIV-Prävention auf der gesundheitlichen Belastung von Trans-Sexarbeiter_innen (z.B. Weinberg et al. 1999; Valera et al. 2000; Cohan et al. 2006). Doch noch 2009 gibt Rebecca L. Stotzer in ihrer *Review* zur *Transgender Violence* im US-amerikanischen Kontext folgende Einschätzung:

> »Despite the growing anecdotal knowledge that violence is a significant problem in the transgender community, data about this issue are not readily available« (Stotzer 2009: 171).

In Europa entstanden im letzten Jahrzehnt verschiedene Studien zur Diskriminierung von Transpersonen (vgl. z.B. *Human Rights Watch* 2008; ebd. 2011; Motmans et al. 2010; *Frketić*/Baumgartinger 2008; Whittle et al. 2007; ebd. 2008; Turner et al. 2009; *Council of Europe/Commissioner for Human Rights* 2011; *European Union Agency for Fundamental Rights* 2013).[44] Bedeutend

---

43 Der Begriff beziehungsweise das Konzept ›Race‹ ist eine sozial konstruktivistische, diskriminierende Differenzierung der Menschen auf der Basis von Rassismus. Der Bezug auf ›Race‹ lenkt als ethnisierendes oder rassifizierendes Konzept von sozioökonomischen Grundlagen für Differenzierungen ab. Aktuell ist dieses Konzept, wider besseres Wissen, nicht aus der biomedizinischen Forschung wegzudenken, obwohl sich seine Bezeichnungen durchaus verschieben können (vgl. Fausto Sterling 2009: 87). Nach Donna Haraway hat sich die Erforschung von ›Race‹ am Anfang des 20. Jahrhunderts auf die Untersuchung von Populationen und schließlich auf die Ergründung der Gene verschoben, wobei die rassifizierende Differenzierungsebene beibehalten wurde (Haraway 1997). Der englische Begriff wird verwendet, weil der deutschsprachige Ausdruck stets unmittelbar mit der nationalsozialistischen Massenvernichtung von Menschen verbunden ist.

44 Exemplarisch für die zahlreichen Länderstudien zur Gewalt gegen Transpersonen ist der türkische *Human Rights Watch*-Report *We Need a Law for Liberation: Gender, Sexuality and Human Rights in a Changing Turkey* von 2008. Die Studie zeigt, dass sich verändernde gesellschaftliche Bedingungen in der Türkei und das Erstarken der türkischen Zivilgesellschaft auch das Leben von Transgendern und Homosexuellen positiv beeinflussen. Gleichzeitig verstärkt die zunehmende Sichtbarkeit das Risiko der Gewalt (vgl. Human Rights Watch 2008: 4). In der Türkei existieren bislang keine Antidiskriminierungsgesetze zum Schutz dieser Personengruppen. Inoffizielle Daten berichten laut der Studie von 89 % erfahrener physischer Gewalt und 52 % sexualisierter Gewalt unter Transvestiten und Transsexuellen (vgl. ebd.: 5). Eine Großzahl der Transpersonen sind (illegalisiert) in

für den europäischen Kontext ist das Themenpapier[45] *Menschenrechte und Geschlechtsidentität* des Menschenrechtskommissars Thomas Hammarberg (2009) gewesen. Dies ist – und das ist ein Novum – unter Mitwirkung von Aktivist_innen entstanden und wurde nach der Veröffentlichung von der Trans-Bewegung als Meilenstein in den Auseinandersetzungen um soziale Anerkennung gefeiert. Es befasst sich mit der europäischen Rechtssituation von Personen, die »Probleme mit [der] bei der Geburt eingetragenen Geschlechtszugehörigkeit« haben (Hammarberg 2009: 5). Zudem gibt es einen Überblick zu »Transphobie und Gewalt gegen transgender Menschen« (ebd.: 22f), wobei ausdrücklich auf den Mangel an Daten, Forschungen und Berichten aus den Mitgliedstaaten des Europarates hingewiesen wird. Auf der Basis bisheriger Erkenntnisse wird den Mitgliedsstaaten zu »dringenden Maßnahmen« geraten (ebd.: 7). Mit der Studie *Discrimination on grounds of sexual orientation and gender identity in Europe* legte deshalb das Kommissariat für Menschenrechte die bislang größte europäische Studie im Themenfeld vor (*Council of Europe/Commissioner for Human Rights* 2011). Aus dieser Vielzahl internationaler Studien ergeben sich folgende Erkenntnisse für die Betrachtung von geschlechternonkonform-feindlicher Diskriminierung und Gewalt:

(1) Die Befragten in den Studien beziehen sich auf eine Vielzahl verschiedener geschlechtlicher Selbstkonstituierungen (Identitäten), Geschlechterinszenierungen und geschlechtlicher Ausdrucksformen (*Gender Expressions*). Verschiedene Studien nutzen deshalb Transgender als Sammelbegriff für geschlechtlich nonkonforme Personen (z.B. Moran/Sharpe 2004, Turner et al. 2009). Leslie Moran und Andrew N. Sharpe verlassen dabei die essenzialisierende und totalisierende Annahme von Identitäten als Grundlage für das Verstehen dieser vorurteilsmotivierten Gewalt und schließen daraus, dass die Eigenbezeichnung ›transgender‹ bzw. ›transsexuell‹ als geschlechtliche Kategorie im komplexen Verständnis der Diskriminierungs- und Gewaltphänomene ein zentrales Moment darstellt (vgl. Moran/Sharpe 2004: 399). Ge-

---

der Sexarbeit tätig (vgl. ebd.: 8, 61ff). Dort sind sie nicht nur der Gefahr der Gewalt durch Kund_innen ausgesetzt, sonden sie sind auch mit massiver Polizeigewalt konfrontiert (vgl. ebd.: 65f). Das *Sample* besteht aus insgesamt 95 Befragungen von homosexuellen und transgender Personen und sieben offiziellen Regierungsangestellten (vgl. Human Rights Watch 2008: 12). Dabei wird Homosexualität nicht von geschlechtlicher Nonkonformität unterschieden.

45 Themenpapiere werden im Auftrag des Kommissars für Menschenrechte erstellt und spiegeln nicht seine eigene Meinung wider. Sie sollen die Beschäftigung mit Menschenrechtsbelangen von Bedeutung vorantreiben (vgl. Hammarberg 2009: 4). »Dieses Themenpapier ist dazu gedacht, die Debatte über transgender Menschenrechtsthemen weiterzuführen und die Probleme, denen transgender Menschen begegnen, weiter bekannt zu machen« (ebd.: 6).

schlechtlich nonkonforme Selbstverständnisse und das Widerfahren von Diskriminierung und Gewalt verweisen demzufolge aufeinander.

(2) Die Alltäglichkeit von Diskriminierung und Gewalt gegen geschlechtlich nonkonforme Personen wie Crossdresser_innen, Transpersonen und Transsexuelle ist offenkundig (vgl. z.B. Gender-Pac 1997, Gagné/Tewksbury 1998; Lombardi et al. 2001; Moran/Sharpe 2004; Sugano et al. 2006; Clements-Nolle et al. 2006; Whittle et al. 2007; Wilson/Taylor 2007; Turner et al. 2009; Stotzer 2009; Motmans et al. 2010; Franzen/Sauer 2010; Commissioner for Human Rights 2011; LesMigraS 2012). Alle Studien zeichnen ein ähnliches Bild: Die Gewalt gegen Personen, deren *geschlechtliche Repräsentation* und/oder *Geschlechtsidentität* von der zweigeschlechtlichen Norm abweicht, sind der Gefahr von Gewalt und Diskriminierung alltäglich ausgesetzt. Die Gewalttaten reichen von Beleidigungen, Benachteiligungen und Diskriminierungen über körperliche und sexualisierte Gewalt bis hin zu Mord (vgl. Wilson/Taylor 2007, 2008; Project *Remembering Our Dead*, www.gender.org/remember, Stand: 29.12.2014).

(3) Andrew N. Sharpe und Leslie Moran (2004) plädieren, die Pluralität von Transgender-Identitäten ernst zu nehmen und die Heterogenität von Trans-Gewaltwiderfahrnissen aus der Perspektive mehrfacher Subjektkonstituierungen zuzulassen. Dazu zählt, die Kategorie Geschlecht als interdependente Kategorie zu verstehen[46], die Bedeutung von sozialer Klasse in den Blick zu nehmen und die Interdependenzen von Homosexuellenfeindlichkeit und transgender Widerfahrnissen zu ergründen (vgl. Moran/Sharpe 2004: 403, s.a. Namaste 2000).[47] Andrew N. Sharpe und Leslie Moran schlagen mit Blick auf die Erforschung der Diskriminierung und Gewalt vor, dem Konzept der Intersektionalität mehr Raum zu geben:

»Intersectionality is a conceptual tool that exposes the differences, the heterogeneity, within what are assumed to be homogeneous identity categories and groups. It draws attention to the impact of existing multiple structures of social division in the production of social hierarchy upon each individual, in some in-

---

46 »The challenge of our analysis and approach to identity politics is that the different distinctions of gender, sexuality, class, race, ethnicity, religious and national identity are all part of the experience of being transgender. As such they need to be taken as a necessary part of that identity. They also need to be recognized as being implicated in any identity category« (Moran/Sharpe 2004: 408).

47 »Our data suggest that prejudice associated with (homo)sexuality is an important dynamic within transgender experiences of hostility and exclusion« (Moran/Sharpe 2004: 403). »Transgender appears to be a context in which violence informed by gender bias and violence informed by prejudice in relation to particular sexualities co-exists and is co-implicated. At the same time it also potentially produces distinct effects in the transgender context« (Moran/Sharpe 2004: 403).

stances compounding a person's experience of social disadvantage and in other cases qualifying the impact of that disadvantage, placing that person in a position of relative advantage« (Moran/Sharpe 2004: 400).

Dieses Konzept böte die Chance, Vereinfachungen in der Gewaltforschung aus dem Weg zu gehen. Die Mehrdimensionalität verschiedener sozialer Praktiken könne somit zu Tage treten und Reduzierungen vorbeugen.[48] Es richte sich auch gegen die Reduktion von vorurteilsbezogener Gewalt gegen Transpersonen auf Homosexuellenfeindlichkeit. Zwar existiere eine Verbindung, wie auch Gail Mason (1996, 2002) und Viviane K. Namaste (2000) ausführen, aber das Phänomen Transgender sei vielen Angreifenden zumeist gar nicht bekannt (vgl. ebd.: 409). Für diese Studie gilt demnach, dass auch Genderbashing nur aus einer intersektionalen Perspektive zu betrachten ist, indem sowohl die Mehrfachzugehörigkeiten der Befragten als auch die Mehrfachdiskriminierungen als Intersektionen Raum erhalten.

(4) In der europaweiten Studie *Transgender EuroStudy* vergleichen die Autor_innen die Trans-Erfahrungen im Gesundheitswesen in den verschiedenen europäischen Ländern (vgl. Whittle et al. 2008).[49] Die Befragten berichten unisono von vorurteilsmotivierten Behandlungen durch Fachkräfte im Gesundheitswesen, weshalb sogar Routineuntersuchungen gemieden werden (vgl. Whittle et al. 2008: 11). In der LesMigraS-Studie geben 124 von 197 Trans-Befragten an, dass sie die Pathologisierung belastend finden, und 70 Personen sehen sich durch das Transition-Verfahren so stark beansprucht, dass sie ihr alltägliches Leben nur erschwert bewältigen können (vgl. LesMigraS 2012: 23). Deutlich zeigen die Ergebnisse, dass die Pathologisierung und die missbräuchliche, unangemessene medizinische Behandlung von Transpersonen zusammenhängen (vgl. Whittle 2008: 11; Commissioner for Human Rights 2011).

(5) Über 50 % der befragten US-amerikanischen Transpersonen hatten nicht eingewilligten sexuellen Kontakt. Sexualisierte Widerfahrnisse erfolgen vor allem im jungen Alter mit hoher Frequenz (vgl. Stotzer 2009: 172). Auch ein Drittel der im Rahmen der deutschsprachigen LesMigraS-Studie befragten Transpersonen berichtet von Widerfahrnissen sexualisierter Gewalt (vgl. LesMigraS 2012: 23). Für den US-amerikanischen Raum konstatiert Rebecca L.

---

48 Ein erstes deutschsprachiges Beispiel für die Berücksichtigung identitätskritischer und ausdifferenzierter Selbstverständnisse der Befragten in Bezug auf Ethnizität, *Race* und Gender stellt die Studie von LesMigraS (2012) dar.

49 Die Daten bezogen Whittle et al. aus einer Online-Befragung (Rücklauf n=2575) und aus ausgewählten Daten von Fokusgruppen mit *Female to Male-* und *Male to Female-*Personen in verschiedenen europäischen Ländern (vgl. Whittle 2008: 9, 43). In der Studie von 2008 stellten die Teilnehmenden aus Deutschland (mit n=565) die zweitgrößte nationale Kohorte (nach Großbritannien) dar. Angelehnt ist diese Studie im Forschungsdesign und im Format an *Engendered Penalties* von Whittle et al. (2007).

Stotzer allerdings, dass die sexualisierte Gewalt die am besten dokumentierte Gewalt darstellt, weil die meisten Studien zu Transgender im Gesundheitswesen angesiedelt sind (vgl. Stotzer 2009: 171). Sie resümiert:

>In summary, studies conducted since 1999 have shown that transgender people are the victims of a great deal of sexual violence, specifically sexual assault, attempted sexual assault, rape, and attempted rape. In addition, this violence is often being perpetrated specifically because of their gender identity or expression. Perhaps most painful, in only about a third of cases the perpetrator is a complete stranger, suggesting that a large volume of the sexual victimization of transgender people is at the hands of people they know, and that this victimization begins at an early age< (Stotzer 2009: 173).

Das Phänomen sexualisierter geschlechternonkonform-feindlicher Gewalt ist demgegenüber im deutschsprachigen und europäischen Kontext bislang nicht gezielt betrachtet worden.

(6) Insgesamt ist das Vertrauen in die Polizei und Justiz gering (vgl. z.B. Moran/Sharpe 2004; Mizcock/Lewis 2008; Stotzer 2009: 174ff; *Human Rights Watch* 2011; LesMigraS 2012). Ein Fünftel der Befragten der *Studie Engendered Penalties* fühlt sich beispielsweise von der Polizei ungerecht behandelt (Whittle et al. 2007: 16).[50] Die Mehrheit der Befragten der Studie *Transphobic Hate Crime* traut Polizist_innen nicht und erwartet wegen ihrer geschlechtlichen Nonkonformität keinen angemessen Umgang. Vermutlich fällt deswegen die Zahl der Anzeigen deutlich geringer aus als die Zahl der Taten (vgl. Turner et al. 2009: 2).[51] Viele berichten von Widerfahrnissen mit der Polizei und schildern, dass ihre Strafanzeigen nicht ernst genommen wurden, was zu sekundären Viktimisierungen führte (vgl. ebd.: 24f; Motmans et al. 2010: 127). Im Themenpapier des ehemaligen europäischen Menschenrechtskommissars Thomas Hammarberg heißt es, dass die Strafverfolgungsbehörden wie Polizei und Justiz zumeist selber als transfeindlich zu charakterisieren seien (vgl. Hammarberg 2009: 26). Anhand einer britischen Fallstudie *Transphobic Hate Crime in the European Union* von 2005 zeigen die Autor_innen, dass es im Strafverfolgungssystem zusätzlich zu Schuldzuweisungen gegenüber den

---

50 Die Ergebnisse stammen aus der Analyse von 872 Antworten von Transpersonen aus einer Online-Befragung und berücksichtigten außerdem 86.000 E-Mails, die an das Netzwerk *Press For Chance* gerichtet waren, sowie 16.000 Nachrichten, die beim *FTM-Network* zwischen 1999 und 2006 eingingen (vgl. Whittle et al. 2007: 26, 90).

51 Unter dem Begriff >Hate Crimes< sind vorurteilsmotivierte Gewalttaten zu verstehen, in denen die soziale Zugehörigkeit der Opfer und der Täter_innen zu Diskriminierung und Gewalt führt. Homosexuellen- und transsexuellenfeindliche Gewalt und die Diskriminierung von Frauen, Obdachlosen oder Migrant_innen werden als solche *Hate Crimes* bezeichnet. Die meisten US-amerikanischen und europäischen Studien zum Forschungsthema beziehen sich auf diesen Begriff (z.B. Stotzer 2009; Turner et al. 2009).

Opfern einer gewaltsamen Situation kommen kann, während die Täter_innen Entlastung erfahren (Turner et al. 2009).[52]

(7) Über die Täter_innen der geschlechternonkonform-feindlichen Diskriminierung und Gewalt ist bisher nur wenig bekannt. Die Herausgeber_innen der vergleichenden Evaluation *Who Hates Gender Outlaws?* stellen heraus, dass die Gewaltbereitschaft davon geprägt sei, dass die Täter_innen tendenziell sozial konform leben, heterosexuell, fundamental religiös, homosexuellenfeindlich und/oder dogmatisch denkend sind, sich männlich (aber nicht notwendigerweise maskulin) zeigen und über mangelndes Selbstbewusstsein verfügen. Ferner sei die jeweilige Transfeindlichkeit im Einzelfall maßgeblich davon beeinflusst, ob jemand eine Transperson persönlich kenne oder nicht (vgl. Willoughby et al. 2010: 269).

Die Erkenntnisse aus internationalen Forschungen veranschaulichen mindestens drei Leerstellen: Die Begriffsspektren um Geschlecht, Sexualität, Diskriminierung und Gewalt werden unterschiedlich gefasst, sodass die Ergebnisse kaum vergleichbar sind. Vertiefende qualitative Aussagen der Betroffenen wurden jenseits der formalisierten Studien kaum erhoben und die Motive der Täter_innen der Diskriminierung und Gewalt sind weitestgehend unbekannt.

1.1.3 Geschlechtliche Nonkonformität im deutschen Recht

Geschlechterdifferenzen sind ein Gegenstand der Rechtswissenschaft. So bietet die Gleichheit der Geschlechter im Grundgesetz einen ersten Diskriminierungsschutz binärer Geschlechter (vgl. Plett 2003: 323; Art. 3 GG, Art. 21 Grundrechte-Charta der Europäischen Union). Konstanze Plett kritisiert, dass mit dem Recht der Eindruck entstehe, es existiere eine natürliche Zweigeschlechtlichkeit, wobei der sozial konstruierte Charakter derselben verdeckt werde (vgl. Plett 2003: 324). Dabei ist die Gesetzgebung eine Normen regulierende und konstituierende Instanz, in die zugleich Hoffnungen für die Unterstützung emanzipatorischer Bestrebungen gelegt werden (Holzleithner 2012).[53] Deswe-

---

52 Die Autor_innen berichten vom folgenden Beispiel: Die Transfrau Jocelyn wurde von einer Gruppe junger Personen geschlagen und spät in der Nacht von der Polizei mit dem Vorwurf verhaftet, die gewaltsame Auseinandersetzung provoziert zu haben. Ihr Auto stand zu diesem Zeitpunkt demoliert und mit dem Schriftzug »pervert« versehen vor ihrem Wohnhaus. Erst in der Gerichtsverhandlung konnte geklärt werden, dass Jocelyn nicht als Täterin vor Gericht stand (vgl. Turner et al. 2009: 27).

53 Elisabeth Holzleithner fragt treffend, inwiefern das Recht dazu geeignet ist, die Situationen von Benachteiligten zu verbessern, ohne sie in ihrer Identität festzuschreiben (vgl. Holzleithner 2012: 228). Sie geht von einem »Dilemma der Differenz« aus, denn »rechtliche Regelungen knüpfen notwendig an bestimmte Merkmale und typische Situationen an, die aufgrund sozialer Vorverständnisse unvermeidlich geschlechtlich konnotiert sind« (ebd.: 235). Die rechtliche Argumentation stärkt marginalisierte Subjektkonstituierun-

gen sind die rechtlichen Grundlagen für geschlechtlich nonkonforme Aktivist_innen im Kampf gegen Diskriminierung von geschlechtlicher Nonkonformität ein zentrales politisches Feld. Fast alle Interviewpartner_innen hatten bereits Erfahrungen mit dem Rechtssystem gemacht und viele berichteten von Widerfahrnissen im Kontext von Recht, Justiz und Anerkennung. Das Unterkapitel fokussiert deshalb erstens das Personenstandsgesetz (PStG), zweitens das Transsexuellengesetz (*Gesetz über die Änderung der Vornamen und die Feststellung der Geschlechtszugehörigkeit in besonderen Fällen*, kurz: TSG) und drittens das Allgemeine Gleichbehandlungsgesetz (AGG) als Berührungspunkte von Recht und geschlechtlicher Nonkonformität, wobei auf eine disziplinäre, rechtswissenschaftliche Diskussion verzichtet wird (Sharpe 2006 (2002); Currah et al. 2006; Plett 2003, 2012; Kolbe 2008, 2010; Sharpe 2010; Elsuni 2011; Adamietz 2011). Es ist davon auszugehen, dass die rechtlichen Grundlagen in den folgenden Jahren einer umfassenden Neuregelung unterzogen werden, denn die Arbeiten von Angela Kolbe (2008, 2010), Sarah Elsuni (2011) und Laura Adamietz (2011), die im Anschluss vorgestellt werden, bieten erste Diskussionsbeiträge für Neufassungen und Interpretationen im internationalen Recht.

In der deutschen Gesetzgebung regelt das Personenstandsgesetz (PStG) die Geschlechtszugehörigkeit. Im Personenstand wird der Familienstand angegeben. Dazu zählen die Angabe der Eltern, des bzw. der Vor- und Nachnamen des Kindes, der Geburtszeit, des Geburtsortes und des Geschlechts. Registriert wird der Geschlechtereintrag seit 1876. Als Eintrag hierfür ist die Bezeichnung männlich oder weiblich vorgesehen, die Eintragung ›Zwitter‹ ist unzulässig (vgl. Plett 2003: 326). Bereits 2009 wurde ergänzt, dass der Personenstand und damit die Geschlechtszugehörigkeit auf unbestimmte Zeit offen gelassen werden kann, wodurch sich allerdings der Erhalt einer Geburtsurkunde ebenfalls auf unbestimmte Zeit verschob (vgl. Intersexuelle Menschen e.V/XY-Frauen 2011: 11f).[54] Seit dem 1. August 2010 sieht die Allgemeine Verwaltungsvorschrift in Nr. 21.4.3 (VwV – PStG) vor, dass im Geburtenregister nur männlich oder weiblich einzutragen ist. Vorab war die Eintragung nicht normativ geregelt (vgl. Plett 2014: 8). Allerdings wird seit dem 1. November 2013 das Geschlecht intersexuell geborener Kinder im Personenstand offengelassen (PStG § 22 (3)).[55] Dies hat zur Folge, dass auch eine neue Verwaltungsvorschrift

---

gen, obwohl sie damit zur stereotypierenden Darstellung und zur Verfestigung von struktureller Ungleichheit beitragen kann (vgl. ebd.: 240).

54 Eine Geburtsurkunde muss beispielsweise vorgelegt werden, um einen Personalausweis beantragen zu können.

55 Im Gesetz heißt es im Wortlaut: »Kann das Kind weder dem weiblichen noch dem männlichen Geschlecht zugeordnet werden, so ist der Personenstandsfall ohne eine solche Angabe in das Geburtenregister einzutragen« (PStG § 22 (3).

erarbeitet werden muss. Die Frage nach der Bestimmung der Intersexualität, die Verfahrensweisen und die Anwendung für die jeweilige Personengruppe sind trotz der Änderungen des PStG vom 1. November 2013 bislang ungeklärt (Plett 2014).[56] So sieht Konstanze Plett zahlreiche offene Fragen, die durch das ›Hauruckverfahren‹ entstanden sind. Dazu zählt beispielsweise das Fehlen einer Übergangsregelung für ältere Personen mit mehrdeutigem Geschlecht und die Regelung der Eheschließungen bzw. der Lebenspartner_innenschaften (vgl. Plett 2014: 8ff). Die Entwicklungen im Personenstandsgesetz und der historische Hinweis Pletts, dass der Eintrag ›Zwitter‹ im Preußischen Allgemeinen Landrecht von 1794 zulässig war und dass die Eltern bestimmten, welches Geschlecht das sogenannte ›Erziehungsgeschlecht‹ sein sollte, verweist nicht zuletzt darauf, dass Geschlechterverhältnisse und juristische Vorgaben sowie medizinische Klassifizierungen und Kontrollfunktionen sich stetig verändern (Plett 2003, 2003a; Klöppel 2010).

Das Transsexuellengesetz wurde 1980 im Deutschen Bundestag verabschiedet und hat bis 2012 neun Änderungen erfahren, die durch das Bundesverfassungsgericht (BVerfG) bewirkt wurden.[57] Es ist das einzige Gesetz im deutschen Recht, welches den formalen Wechsel einer Geschlechtszugehörigkeit ermöglicht.[58] Dies ist damit auch als eine soziale und rechtliche Anerkennung derjenigen zu verstehen, die ihr Geschlecht verändern wollen. Nach Plett ist die Umsetzung dieses Rechts auch eine Folge der medizinischen Machbarkeit von Geschlechtern (vgl. Plett 2003a: 27). Es basiert auf Zweigeschlechtlichkeit und stimmt mit der allgemeinen Rechtsauffassung überein, dass ein

---

56 Trotz verschiedener Geschlechtsbestimmungsverfahren für einen binären Geschlechteintrag ist die körperliche Beschaffenheit/Sichtbarkeit ausschlaggebend (vgl. Deutscher Ethikrat 2012: 125). Sollte ein Neugeborenes in dieser Zeit geschlechtlich uneindeutig gewesen sein, so ergab sich trotz der VsV-PStG von 2010 bis zur Neuregelung des PStG von 2013, dass im Zweifelsfall noch immer eine Hebamme oder ein_e Ärzt_in über das Geschlecht des Neugeborenen entschieden hat (vgl. Plett 2003: 326; Deutscher Ethikrat 2012: 124f).

57 Siehe: BVerfGE 60, 123 (1982); BVerfGE 88, 87 (1993); BVerfG 2 BvR 1833/95 (1996); BVerfGE 115, 1 (2005); BVerfGE 116, 243 (2006); BVerfGE 121, 175 (2008); BVerfG 1 BvR 666/10 (2010); BVerfGE 128, 109 (2011); BVerfG 1 BvR 2027/11 (2011).

58 Zum Zeitpunkt seiner Entstehung war die BRD das vierte Land, das ein Gesetz für Transsexuelle verabschiedete (vgl. EuGH, Rs. C-117/01, Plett 2004). Damals galt es als ein progressives Gesetz. Aktuell (2014) ist das TSG nicht nur aus Betroffenenperspektive überholt. Neuere Gesetzesregelungen existieren z.B. in Argentinien und in Nepal. In Argentinien verabschiedete das Parlament 2012 das *Gender Identiy Law*, das allen Bürger_innen erlaubt, ihr Geschlecht ohne medizinisch-juristische Stellungnahme(n) selbst zu bestimmen (Global Action For Trans Equality 2012). In Nepal ist die Eintragung eines dritten Geschlechts (›anya‹) für Lesben, Schwule, Transpersonen und intersexuell geborene Personen möglich. Weitere Länder mit Eintragungen eines dritten Geschlechts in offiziellen Dokumenten sind z.B. Bangladesh (›eunuchs‹), Indien (›eunuchs‹ und ›transgender‹), Australien und Neuseeland (›X‹ und ›third gender‹) (Bochenek/Knight 2012).

Geschlecht eindeutig binär zu bestimmen ist. Im Zuge des TSGs kommt es infolgedessen zu eindeutigen Geschlechterwechseln von einem in das andere binär vorgesehene Geschlecht. Im TSG sind zwei Formen der Geschlechtsangleichung vorgesehen, die in der rechtlichen Logik aufeinander aufbauen sollen: (1) Die Vornamensänderung[59] und (2) die Änderung der geschlechtlichen Eintragung im Personenstand. Für diese zwei Formen müssen verschiedene Voraussetzungen erfüllt sein. Prinzipiell gilt, ohne die Vornamensänderung keine Personenstandsänderung, wobei die Vornamensänderung nicht notwendigerweise zu einer Personenstandsänderung führen muss. Das Vorgehen kann ein_e Antragsteller_in individuell bestimmen. Entscheidend sind die im Gesetz formulierten Bedingungen für die Geschlechtsangleichungen, wie z.B. der Alltagstest[60], die Vorlage medizinischer und psychologischer Gutachten und die Bereitschaft zu Anhörungen vor Gericht. Bis zum 11. Januar 2011 gehörte zu diesen Bedingungen auch die (menschenrechtswidrige) Sterilisation/Kastration[61]. Im Januar 2011 rügte das Bundesverfassungsgericht die Voraussetzung der geschlechtlichen Operationen, die im TSG über den § 8 (1)

---

59 Die Vornamensänderung ist in Deutschland im Transsexuellengesetz (TSG) geregelt. Hier heißt es im § 1 des Gesetzes: »Die Vornamen einer Person sind auf ihren Antrag vom Gericht zu ändern, wenn (1) sie sich aufgrund ihrer transsexuellen Prägung nicht mehr dem in ihrem Geburtseintrag angegebenen Geschlecht, sondern dem anderen Geschlecht als zugehörig empfindet und seit mindestens drei Jahren unter dem Zwang steht, ihren Vorstellungen entsprechend zu leben, (2) mit hoher Wahrscheinlichkeit anzunehmen ist, dass sich ihr Zugehörigkeitsempfinden zum anderen Geschlecht nicht mehr ändern wird, und (3) sie a) Deutscher im Sinne des Grundgesetzes ist, b) als Staatenloser oder heimatloser Ausländer ihren gewöhnlichen Aufenthalt im Inland hat, c) als Asylberechtigter oder ausländischer Flüchtling ihren Wohnsitz im Inland hat oder d) als Ausländer, dessen Heimatrecht keine diesem Gesetz vergleichbare Regelung kennt, aa) ein unbefristetes Aufenthaltsrecht besitzt oder bb) eine verlängerbare Aufenthaltserlaubnis besitzt und sich dauerhaft rechtmäßig im Inland aufhält.«

60 Mit dem Alltagstest im Transsexuellengesetz ist kein Test im eigentlichen Sinne gemeint. Der Ausdruck beschreibt vielmehr das Erproben und Repräsentieren der anvisierten sozialen Geschlechterrolle im Alltag. Die Antragsteller_innen müssen über einen festgelegten Zeitraum in der sozialen Rolle des angestrebten/bevorzugten Geschlechts sichtbar gelebt haben. Dabei will der Gesetzgeber sichergehen, dass das formale Geschlecht dauerhaft dargestellt wird. Dieser Prozess wird psychotherapeutisch begleitet, denn Transsexualität wird nach der ICD-10 und dem DSM-IV als Geschlechtsidentitätsstörung klassifiziert. Parallel dazu kann die Vornamensänderung beim zuständigen Amtsgericht beantragt werden und/oder es können losgelöst vom juristischen Antrag, Hormone eingenommen werden. Das Gericht entscheidet nach einer Anhörung unter Zuhilfenahme der psychologischen Gutachten über den Antrag der Vornamensänderung.

61 Kastration ist im deutschen Recht »eine gegen die Auswirkungen eines abnormen Geschlechtstriebes gerichtete Behandlung, durch welche die Keimdrüsen eines Mannes absichtlich entfernt oder dauernd funktionsunfähig gemacht werden« (§ 1 Gesetz über die freiwillige Kastration und andere Behandlungsmethoden (KastrG; s.a. Plett 2011).

Nummer 3 und 4 für einen personenstandsrechtlichen Geschlechterwechsel bis dato geregelt wurde. Der Paragraf ist aktuell bis zur Verabschiedung eines neuen Gesetzes nicht mehr anwendbar (vgl. BVerfG 1 BvR 3295/07 (2011)). Die Reform beziehungsweise die Abschaffung des TSGs ist ein politisches und menschenrechtliches Anliegen zahlreicher Aktivist_innen (TransInterQueer (Triq) 2011, 2011a; TransMann 1999). Das TSG verbindet soziale, medizinische und juristische Regulationen miteinander und weist trotzdem bislang als einziges Gesetz darauf hin, dass Geschlechtszugehörigkeiten veränderbar sind. Einer Vielfältigkeit der geschlechtlichen Varianzen und der Implementierung eines Diskriminierung reduzierenden Verfahrens für die beantragende Person wird das Gesetz allerdings nicht gerecht.[62]

Das seit 2006 verabschiedete Allgemeine Gleichbehandlungsgesetz (AGG) hat zum Ziel, Benachteiligungen auf dem Arbeitsmarkt und in anderen privatwirtschaftlichen, zivilrechtlichen Bereichen aufgrund von ethnischer Herkunft, Geschlecht, Religion, Weltanschauung, Behinderung, Alter und sexueller Identität zu beseitigen. Der Antidiskriminierungsschutz ist auch auf intersexuell geborene Personen anwendbar, weil der Begriff der ›sexuellen Identität‹ auf die individuelle geschlechtliche und sexuelle Orientierung verweist (Kolbe 2010; Plett 2011; Adamietz 2012). Besonders umstritten ist dabei im juristischen Sinne die Auslegung der sexuellen Identität und die Auslegung des Merkmals Geschlecht. Die Bundesregierung wies bereits 2006 auf Anfrage darauf hin, dass mit dem Allgemeinen Gleichbehandlungsgesetz (AGG) eine Form geschaffen worden sei, intersexuelle Personen anzuerkennen:

> »Der Begriff der sexuellen Identität entspricht der bereits zur Umsetzung der Richtlinie 2000/78/EG in § 75 des Betriebsverfassungsgesetzes erfolgten Wortwahl. Erfasst werden homosexuelle Männer und Frauen ebenso wie bisexuelle, transsexuelle oder zwischengeschlechtliche Menschen« (BT-Drs. 16/1780: 31).

In der Expertise der Antidiskriminierungsstelle des Bundes wird die Schwäche des Begriffs der sexuellen Identität kritisiert (Franzen/Sauer 2010). Um dieser rechtlichen Begriffsungenauigkeit im Diskriminierungsschutz entgegenzuwirken, in welcher sexuelle und geschlechtliche Orientierungen vermischt werden, schlägt die Rechtswissenschaftlerin Laura Adamietz für das deutsche Recht den Begriff der »Geschlechtsidentität« vor (Adamietz 2011: 16). Eine rechtliche Auslegung mit Hilfe von geschlechtertheoretischen, heteronormativitätskriti-

---

62 Eine besondere Position kommt in diesem Verfahren nicht nur den behandelnden Mediziner_innen und den Richter_innen, sondern auch den Gutachter_innen zu. Im Jahr 2008 verfassten deswegen Aktivist_innen der *Deutschen Gesellschaft für Transidentität und Intersexualität* (dgti) einen offenen Brief an die Gutachter_innen im TSG-Verfahren, in dem sie die Menschenrechte verletzenden Praktiken von Gutachter_innen thematisierten (Deutsche Gesellschaft für Transidentität und Intersexualität 2008).

schen Überlegungen zu Geschlecht müsse neu gefasst werden, um Diskriminierungen von geschlechtlicher Nonkonformität zu berücksichtigen. Mit ihrem Konzept von »Geschlecht als Erwartung« plädiert die Rechtswissenschaftlerin dafür, sich aus der binären Betrachtung von Geschlecht im Recht zu lösen, und argumentiert gegen eine reduzierende Verwendung der Kategorie Geschlecht (Adamietz 2011). Zwei weitere rechtswissenschaftliche Studien thematisieren geschlechtliche Nonkonformität: Angela Kolbe (2010) befasst sich interdisziplinär mit der fehlenden Beachtung von Intersexualität im Verfassungsrecht und analysiert die Grundrechtswidrigkeit des Personenstandgesetzes und die Operationen an intersexuell geborenen Kindern als Verletzung des Rechts auf körperliche Unversehrtheit. Und Sarah Elsuni (2011) analysiert in ihrer Studie *Geschlechtsbezogene Gewalt und Menschenrechte* Geschlechterdiskriminierung und die Berücksichtigung von geschlechtlicher Nonkonformität im internationalen Recht. Sie überprüft anhand ausgewählter Dokumente der Vereinten Nationen, inwiefern eine »menschenrechtliche Inklusion differenter sexueller und geschlechtlicher Identitäten und Lebensweisen« (Elsuni 2011: 17f) möglich ist. Dabei erweitert sie den Begriff der geschlechtsbezogenen Gewalt um geschlechtliche Nonkonformität und versucht, dieses Verständnis angesichts der bestehenden Rechtslage fruchtbar zu machen. Ihr Ziel ist es, die gleichen Rechte von Frauen, Männern und geschlechtlich nonkonformen Personen auf der Basis internationaler Rechte und Übereinkommen zu stärken (Elsuni 2011).

Geschlechtliche Nonkonformität schreibt sich dank zunehmender Aufmerksamkeit und Forschung langsam in bislang manifeste zweigeschlechtliche Selbstverständlichkeiten der deutschen und internationalen Rechtsauffassungen ein, wie die Beiträge zur Rechtsdiskussion von Angela Kolbe, Laura Adamietz, Sarah Elsuni und Konstanze Plett eindrücklich zeigen. Es ist ein unerlässlicher und zugleich mühsamer Weg, die Zweigeschlechtlichkeit mit Rechtswissenschaften, Rechtsdiskussionen, Gesetzesreformen sowie in und trotz Rechtsprechung zu hinterfragen, um zum notwendigen Diskriminierungsschutz geschlechtlicher Nonkonformität beizutragen.

1.1.4 Von der Notwendigkeit des Weiterdenkens

Die androzentristischen[63] und zweigeschlechtlichen Rechtsnormen, das Subsumieren geschlechtlicher Nonkonformität unter homosexuellenfeindliche Gewalt, die Verschiedenheit der bisherigen Studien und auch die zweifelhafte

---

63 Androzentrismus stammt von dem griechischen Wort ›andro‹ ab, was ›Mann‹ bedeutet. Androzentrismus bezeichnet die Annahme, dass männliche Perspektiven andere Perspektiven dominieren (dürfen). Im Androzentrismus stehen männliche Erfahrungen und Perspektiven stellvertretend für eine Norm, an der sich das Andere als zweigeschlechtliches Gegenüber (demzufolge das Weibliche) in Abgrenzung konstituieren kann.

Übertragung der internationalen Ergebnisse in den deutschsprachigen Kontext (Hagemann-White 2002; Mbombi 2010) führen dazu, dass geschlechternon-konform-feindliche Diskriminierung und Gewalt im deutschsprachigen Raum bislang kaum beachtet worden ist. Die zunehmende Aufmerksamkeit in der Forschung und in den Auseinandersetzungen in den Rechtswissenschaften gibt jedoch Anlass zur Hoffnung, dass heteronormative Perspektiven in Wissenschaft und Gesetzgebung zunehmend hinterfragt werden. Die bedeutenden Erkenntnisse aus internationalen Studien und Überlegungen zum Schutz vor geschlechternonkonform-feindlicher Diskriminierung und Gewalt für diese Studie lauten zusammengefasst:

▷ Es zeigt sich, dass eine geschlechtliche, ethnische, soziale Heterogenität der Befragten an den Grenzen der Zweigeschlechtlichkeit existiert.

▷ Es besteht für die Mehrzahl der Befragten eine Alltäglichkeit im Widerfahren geschlechternonkonform-feindlicher Diskriminierung und Gewalt.

▷ Es existiert eine diffuse Nähe zur Homosexuellenfeindlichkeit, die sich auch in der Konzeption internationaler Studien widerspiegelt.

▷ Neben der Phänomenologie der Diskriminierung und Gewalt steht eine Theoretisierung des Phänomens noch aus.

▷ Studien belegen ein fehlendes Vertrauen der Befragten in Polizei und Justiz, und die Befragten berichten von Täter_in-Opfer-Verdrehungen durch diese Instanzen.

▷ Die medizinische oder psychologische Pathologisierung geschlechtlicher Nonkonformität wird von den Betroffenen als Diskriminierung bzw. als Gewalt wahrgenommen.

▷ Über die Täter_innen dieses Gewaltphänomens ist jenseits eines restriktiven und konformen Denkschemas wenig bekannt. Allerdings wurden dabei Täter_innen interpersonaler, physischer Diskriminierung und Gewalt berücksichtigt. Demgegenüber bleiben heteronormative Akteur_innen und ihr Diskriminierungshandeln in Medizin und Justiz unbenannt.

▷ Es existiert die Notwendigkeit intersektionaler Perspektiven in der Gewaltforschung, um die komplexen Beziehungen von Gewalt und Geschlecht zu betrachten.

▷ Bemühungen, Zweigeschlechtlichkeit in der internationalen Gesetzgebung zu dekonstruieren, stecken noch in den Anfängen. Obwohl die Kategorie Geschlecht auch in den Rechtswissenschaften und in der Gesetzgebung an normierender Bedeutung einbüßt (Adamietz 2011), ist sie auf der Ebene der Diskriminierung und Gewalt weiterhin wirkmächtig. Eine neue rechtswissenschaftliche Bestimmung dieser Kategorie jenseits der Zweigeschlechtlichkeit steht noch aus.

Ausgehend von diesen ersten internationalen Erkenntnissen und der Notwendigkeit, sie weiterzudenken, wird im Folgenden eine methodologische Herangehensweise an den Forschungsgegenstand entwickelt, die es ermöglicht, Genderbashing als neues soziales Phänomen zu ergründen, um Perspektiven geschlechtlich nonkonformer Personen auf Diskriminierung und Gewalt im deutschsprachigen Raum analysieren zu können.

1.2 Queer-feministische gegenstandsbezogene Methodologie

Die gegenstandsbezogene Analyse der Daten der von Gewalt Betroffenen erfolgt aus einer queer-feministischen Forschungsperspektive.[64] Zunächst stelle ich deswegen zentrale Aspekte der gegenstandsbezogenen (*grounded*) feministischen Forschungsperspektive dar und befasse mich mit der Denkfigur der Dekonstruktion und der Strategie der VerUneindeutigung als methodologischem Rahmen. Dies ermöglicht eine gegenstandsbezogene, geschlechtersensible und identitätskritische Annäherung an das Forschungsfeld. Nachdem ich die ausgewählten qualitativen Forschungsmethoden vorgestellt habe (1.2.3), charakterisiere ich die queer-feministische Gewaltforschung insgesamt auf der Basis meiner praktischen Erfahrungen als intersubjektive Beziehungsforschung und reflektiere abschließend die Grenzen dieser Herangehensweise.

1.2.1 Feministische *Grounded Theory*

Diese Studie basiert auf Erkenntnissen aus der feministischen Wissenschaftskritik. Damit betone ich den Aspekt der gesellschaftskritischen Betrachtung normierender und hierarchisierender Prozesse (vgl. Tübinger Institut für frauenpolitische Sozialforschung 1998: 4; Hesse-Biber et al. 2004: 3). Ein Werkzeug dieser Wissenschaftskritik war die Entwicklung feministischer Methodologien, die in der Lage waren, neue Perspektiven in eine Forschungspraxis zu überführen. Der Plural (feministische Methodologien) verweist auf die verschiedenen beteiligten Disziplinen sowie Theoretiker_innen und impliziert, dass Methodologien nie losgelöst von gesellschaftlichen Verhältnissen sind und sich somit verändern können (vgl. Fonow/Cock 1991: 20). Trotz der zahlreichen Variationen feministischer Methodologien kategorisieren Tina Skinner u.a. folgende Gemeinsamkeiten: (1) Die Kritik an ungleichen Geschlechterverhältnissen und die vorrangige Bezugnahme auf ein Erfahrungswissen von

---

64 In der Praxis der deutschsprachigen qualitativen Gewaltforschung beziehen sich sozialwissenschaftliche und kriminologische Erkenntnisse vorrangig auf biografische Daten, die gegenstandsbezogen (*grounded*) erhoben wurden. Dabei werden die sozialen Praxen und biografischen Bezüge der Befragten als (potenzielle) Täter_innen in den Blick genommen (z.B. Sutterlüty 2003; Sitzer 2009; Neuber 2009; Hüttermann 2010).

Mädchen oder Frauen (vgl. Skinner et al. 2005: 10f; Ramazanoğlu/Holland 2002: 16); (2) die fehlende strikte Unterscheidung zwischen Forscher_in und Beforschten; (3) die Erforschung von weiblichen und anderen marginalisierten Lebenserfahrungen mit dem Ziel, deren Sichtbarkeit zu fördern (vgl. Skinner et al. 2005: 11). Eine feministische Methodologie entlarvt außerdem den »sexistischen Charakter traditioneller Methodologie« (Degele 2008: 127). Aus diesen Überlegungen übernehme ich insbesondere die Interdisziplinarität, indem ich mich auf Theorien und Praktiken aus Sozialwissenschaft, Kriminologie, *Queer-* und *Gender Studies* beziehe. Außerdem greife ich die fluide Grenze zwischen Forscher_in und Forschungsteilnehmer_in auf, die mit dem Anspruch an Selbstreflexivität im gesamten Forschungsprozess einhergeht. Reflexion ist eine notwendige Voraussetzung, weil sie den Blick auf die eigenen bewussten und unbewussten Vorannahmen und die Eigenbeteiligung an der Konstruktion des Forschungsgegenstandes schärft. Ebenso ist für mich die Skepsis gegenüber androzentrischen, objektivierenden Forschungsdesigns ausschlaggebend dafür, mein empirisches Vorgehen in die Tradition feministischer Methodologien zu setzen, allerdings nicht ohne sie in meinem Sinne queer weiterzudenken.[65]

Doch was meint gegenstandsbezogene Forschung eigentlich? *Grounded Theory Methodology* (GTM) entstand in den sechziger Jahren aus Protest gegen die zu jener Zeit populäre quantitative Sozialforschung innerhalb der US-amerikanischen Wissenschaften. Barney Glaser und Anselm L. Strauss positionierten sich mit einer auf Empirie basierenden Forschungsmethodologie wider die Metatheorien. Sie wollten nicht zuletzt die Kluft zwischen Theoretiker_innen und Anwender_innen einer sozialen Theorie verringern (Mey/Mruck 2007). Die Methodologie wird gegenstandsbezogen (grounded) genannt, weil ein Wechselspiel zwischen Erfahrungswissen (Datenerhebung) und wissenschaftlicher Analyse (Datenauswertung) zur Theoriegewinnung führen soll (vgl. Mey/Struck 2007a: 13; Breuer 2009: 39). Das theoretische Ergebnis soll demzufolge Aussagen über den zu untersuchenden Gegenstand bieten. Das Ziel ist somit eine gegenstandsbezogene Theorie des Sozialen. Gesellschaftliche Strukturen werden dabei in der Analyse anerkannt, wobei zugleich die individuelle Handlungsmacht der Akteur_innen berücksichtigt wird (vgl. Hildenbrand 2005 (2000): 33). GTM unterbricht dafür klassisch-lineare Forschungsstile, und bedeutet in der Praxis ein zirkuläres Wechselspiel

---

65 Regine Gildemeister plädiert bereits 2000 für eine Weiterentwicklung der Geschlechterforschung, indem sie betont, dass »Cross-gender-Aktivitäten und -Räume untersucht werden [sollten], um sich für Vielfalt, Widersprüche und Ambiguitäten alltäglicher Praxis zu öffnen und die Praxis der Unterscheidung selbst zu analysieren« (Gildemeister 2005 (2000): 221).

von Induktion, Deduktion und Abduktion (vgl. Hildenbrand 2005 (2000): 34). Nach Anselm L. Strauss sind für die Praxis der Grounded Theory (GT) drei Forschungsphasen wesentlich: (1) das theoretische Sampling, (2) das theoretische Kodieren und (3) die komparative Analyse, wodurch theoretische Modelle für ihre jeweiligen sozialen Wirklichkeitsbereiche entwickelt werden (können) (Strauss 1987).[66]

Adele E. Clarke unterstreicht, dass die Herangehensweise der GTM für feministische Perspektiven geeignet ist, weil der Ansatz von der sozialen Konstruktion der gesellschaftlichen Verhältnisse, einer dekonstruktiven Analyse und verschiedenen Bedeutungen einer Situation ausgeht und in der Tradition des symbolischen Interaktionismus[67] steht (vgl. Clarke 2007: 347ff). Adele E. Clarkes Kritik an der traditionellen GT lautet, dass diese sich nach dem »postmodern turn« den Vorwurf der Vereinfachung gefallen lassen müsse (vgl. Clarke 2005: xxi). In ihrem Verständnis führen Parteilichkeit, Positioniertheit, Komplexität, Instabilität, Unregelmäßigkeit, Widersprüchlichkeit, Heterogenität, Situiertheit und Fragmentiertheit zu komplexen Wirklichkeitsformen (vgl. Clarke 2005: xxvi). Für die hier vorliegende Studie verwende ich zwei zentrale Ideen aus Clarkes Konzeption der *Postmodernist Grounded Theory*: (1) Das Konzept des *Situierten Wissens* (Haraway 1995 (1985a)), in der die Reflexion der Forschenden im gesamten Forschungsprozess entscheidend ist und in der die Einzelfragmente der Situation immer miteinander interagieren, sodass ein Ensemble entsteht, welches in der Produktion einer objektiv-situierten »Gestalt« zu verstehen ist; (2) die Betonung der Relationalität, indem eine Mehrdimensionalität der Forschung beabsichtigt ist und nach keiner Nor-

---

66 Seit den 1990er Jahren wurden im deutschsprachigen Raum gemeinhin nur zwei Richtungen der GTM wahrgenommen: die klassische Ausrichtung nach Barney Glaser auf der einen Seite und die praktisch orientierte Variante von Juliet Corbin und Anselm L. Strauss auf der anderen Seite (Glaser 1992; Strauss 1987; Corbin/Strauss 2008 (1990)). Aufgrund der frühen Übersetzungen der Werke von Anselm L. Strauss und seiner hiesigen Vortrags- und Forschungstätigkeiten fand eine Bevorzugung seiner Entwicklungslinie im deutschsprachigen Raum statt (vgl. May/Mruck 2007a: 19f). Jedoch sind Anselm Strauss und Barney Glasers GTM nur jeweils eine Ausdifferenzierung der Methodologie. Bekannt geworden sind beispielsweise die konstruktivistische, die postmoderne und die reflexive GTM (Clarke 2005, 2007; Charmaz 2006; Breuer 2009).

67 Der symbolische Interaktionismus ist eine soziologische Interaktionstheorie, die auf auf Georg Herbert Mead zurückgeht. In ihm spielen die sprachlichen (symbolischen) Bedeutungen im Zusammenleben und Handeln (Interaktion) eine zentrale Rolle (Denzin 2005 (2000)). Die Begründer der GTM standen in der Tradition der Chicagoer Schule, der Mead ebenfalls angehörte. Ihre Methodologie steht damit dem symbolischen Interaktionismus ebenso nahe wie der pragmatischen Philosophie. Glaser und Strauss forschten zu Beginn zum Umgang des Krankenhauspersonals mit Sterbeprozessen und entwickelten im Prozess des Forschens ihr methodisches, empiriebasiertes Vorgehen (Glaser/Strauss 1965, 1967).

malität, Typisierung oder Regel gesucht wird. Es geht stattdessen darum, eine »Heterogenität der Positionen« (Clarke 2007: 356) in einer Situation zu erkennen. Neben diesen beiden zentralen methodologischen Ideen nach Clarke, betone ich in Anlehnung an Jo Reichertz besonders die Abduktion im gegenstandsbezogenen Forschungsprozess:

> »Abduction proceeds, therefore, from a known quantity (= result) to two unknowns (= rule and case). Abduction is therefore a cerebral process, an intellectual act, a mental leap, that brings together things which one had never associated with one another: a cognitive logic of discovery« (Reichertz 2010: 7).

Das abduktive Moment einer Forschung gleicht plötzlichen Einfällen, in denen neue Sinnzusammenhänge, neue Räume zum Denken entstehen.[68] Die Abduktion »ist (...) ein mentaler Prozess, ein geistiger Akt, ein gedanklicher Sprung« (Reichertz 2005 (2000): 281), der neue Verbindungen zulässt. Sie ist somit ein künstlerischer Freiraum in der empirischen Analyse. Das Ergebnis eines abduktiven Schlussmodus ist somit die De- und (Re-)Konstruktion der Wirklichkeiten unter einer bestimmten einzigartigen Perspektive. Sie erschließt neue Dimensionen der Interpretation, die im nächsten Augenblick verworfen werden können. Jo Reichertz unterstreicht deshalb die prozesshafte und temporäre Bedeutung abduktiver Erkenntnisse (Reichertz 2005 (2000): 284f). Die Abduktion ist deshalb eine methodische Variante der Umsetzung des dekonstruktiven Paradigmas, denn sie gewährleistet eine modellhafte Interpretation der Daten.[69] Zusammenfassend sind in dieser gegenstandsbezogenen Analyse neben den Grundlagen der GT (theoretisches Sampling, Kodieren und Vergleich), die feministischen Paradigmen des *Situiertem Wissen*und der Relationalität, die Reflexivität im gesamten Forschungsprozess und die Abduktion von besonderer Bedeutung. Das heißt, für die Erforschung von Genderbashing werden die Interpretationen stets im zirkulären Prozess an die Daten rückgekoppelt, erweitert oder verworfen.

---

68 Nach Charles Sanders Peirce existieren zwei kreative Formen, die abduktive Schlussmodi erfahrbar machen: (1) Im Zweifel und in der Unsicherheit mit den Daten erfährt die_der Forscher_in eine Art »abduktiven Blitz«, der es möglich macht, per Zufall Neues zu entdecken und (2) in Tagträumerei sei es möglich, den Geist wandern zu lassen. Mit Muße und befreit vom normativen Forschungsdruck könnten sich dann neue Einfälle einstellen (vgl. Reichertz 2005 (2000): 283, ebd. 2010).

69 Udo Kelle schreibt dazu: »If an innovative research process should be successful this framework must not work as a Procrustean bed into which empirical facts are forced. Instead, the framework which guides empirical investigations should be modified, rebuilt and reshaped on the basis of empirical material« (Kelle 2005: 14).

1.2.2 Deconstruct! VerUneindeutigung als Denkfigur

Eine queere Perspektive in Ergänzung zur feministischen gegenstandsbezogenen Methodologie zu entwerfen, ist nicht ohne Brisanz: Queere Methodologien und heteronormativitätskritische Perspektiven sind bislang wissenschaftlich nicht anerkannt. Kennzeichnend ist, dass eine Erfassung queerer Subjekte und Forschungsgegenstände aufgrund fluider Grenzen nicht abschließend möglich ist (Browne/Nash 2010). Damit entbehrt diese Perspektive der Ansprüche traditioneller Sozialforschung, in welcher eine genaue Bestimmung des Untersuchungsgegenstandes Ausgangspunkt der Überlegungen und Fragestellungen ist Das Forschungsfeld Genderbashing muss hier im Gegensatz zu traditioneller und feministischer Sozialforschung wegen der Dethematisierung der geschlechtlichen Nonkonformität identitätskritisch gefasst werden, da eindeutige Begriffen, Konzepte und Theorien fehlen. Es ist nicht möglich, ein statisches Untersuchungsfeld zu beschreiben, weil dieses erst innerhalb seiner variablen und temporären Grenzen erfahrbar wird.[70] Zwei methodologische Figuren spielen in diesem Zusammenhang des *Queerens* qualitativer und feministischer Sozialforschung eine zentrale Rolle: die Dekonstruktion und die Wahrnehmung der Unentscheidbarkeit als Möglichkeit zur Intervention.

Das philosophische Konzept der Dekonstruktion wurde von Jacques Derrida begründet, der in seinem Werk *Die Schrift und die Differenz* (2000 (1972)) die Bedeutung von Zeichen und Sinn auseinanderdividiert. Nach Derrida existieren in Gegensatzpaaren metaphysische Sinnstrukturen, die in ihrer Logik, in einer Hierarchie und in einem gegenseitigen Ausschluss zueinander stehen (vgl. Wartenpfuhl 2000: 128). Dabei existiert eine gegenseitige Abhängigkeit der Begriffe voneinander, sodass Widersprüchliches und Nicht-Entsprechungen ausgeschlossen werden. Derrida entwickelte daraufhin ein Verfahren, um dem Zwang zur Eindeutigkeit, Homogenität und Identität zu entgehen. Dieses nennt er Dekonstruktion, was einen begrifflichen Zusammenschluss von Destruktion und Konstruktion darstellt und Kritik und Bejahung der Perspektive gleichermaßen einschließen soll (Derrida 1999 (1972a)). Voraussetzungen für die Dekonstruktion sind die Anerkennung von Heterogenität und die Grund-

---

70 Nina Degele betont demgegenüber, dass besseres Wissen sich nicht allein auf einen negierenden Umgang mit bisheriger Methodenlehre beziehen sollte. Dem setzt das hier vorgelegte Forschungsdesign methodologische, queer-feministische Schwerpunkte gegenüber. Statt aber in die Falle eines Farbebekennens (Degele 2005) zu tapsen und klare Methodologien zu benennen, nutze ich die Vagheit des Vorgehens, um zu neuen Erkenntnissen zu gelangen. Der Autorin ist allerdings zuzustimmen in dem Punkt, dass die Sprachlosigkeit angesichts der Macht der Sprache nicht zur Handlungsunfähigkeit führen darf. Wenn Queer Theory Teil der »Wissensproduktion und nicht nur der Wissens- und Wissenschaftskritik« (ebd.: 315) ist, dann bedarf es geeigneter queerer Methoden und nicht einer prinzipiellen Offenheit für alles.

lage des Textes, wobei Derrida Text als Metapher für die Vielzahl der Realitäten wie Körper, Institution und Rede versteht (Derrida 1999 (1972)). Dekonstruktion als Denkfigur meint das Verlassen metaphysischer Sinnstrukturen, indem Bedeutungsverschiebungen in Gegensatzpaaren und Begriffen Raum gegeben wird. Nach Derrida unterlaufen die Konzepte der *Différance* und der *Iteration* die Stille zwischen Gegensatzpaaren. *Différance* verweist im Gegensatz zur *Différence* auf den Prozess der Bedeutungsverschiebungen in jeder Differenz (vgl. Derrida 1999 (1972a): 31-36). Der gegenwärtige Sinn stimmt damit nicht mit der vorherigen Bedeutung überein, wohingegen im Text aber stets Spuren[71] der vorangegangenen Bedeutungen zu erkennen sind (vgl. Rauchut 2008: 33ff). Die *Différance* meint das Unentscheidbare der Dekonstruktion, in der das Weder-Noch, weder Identität noch Differenz, weder Einschluss noch Ausschluss, zum Ausdruck kommt (vgl. Wartenpfuhl 2000: 137). *Iteration* verbindet nach Derrida die Veränderung mit der Wiederholung. Diese sich wiederholenden Verschiebungen machen es erst möglich, dass Veränderungen und andauernde Konventionen (Sinnstrukturen) parallel auftauchen.

> »Différance und Iteration sowie die ihnen zugrundeliegende Auffassung, dass Sprache stets von Neueinschreibungen und Verschiebungen von Bedeutungen geprägt ist, sind relevante Stützpfeiler queerer Überlegungen zum politischen Veränderungspotential in und durch Sprache« (Rauchut 2008: 37).

Dekonstruktion als Denkbewegung misstraut der historischen und metaphysischen Konvention. Sie erwartet zugleich neue Bedeutungszusammenhänge und fokussiert die Momente der Unentscheidbarkeit, des Weder-Nochs. Sie ermöglicht damit nach Birgit Wartenpfuhl im Subjekt die »Freilegung des Nicht-Identischen aus seiner Verdrängung« (Wartenpfuhl 2000: 135). Das Nicht-Identische ist damit etwas, was sich – wie die Geschlechter an den Grenzen der Zweigeschlechtlichkeit – in den Texten und den Diskursen nicht oder nur mit reduzierendem Rückgriff auf Binaritäten darstellen lässt. Judith Butler verwendet die Denkfigur der Dekonstruktion für ein Lektüreverfahren, um die Begriffe und Gegensatzpaare in Schrift und Sprache in verschiebende Bedeutungs-Bewegung zu setzen. Binären Gegensätzen wie Hetero- und Homosexualität wohnt ohne diese intervenierende Bewegung eine Stille inne, die der Annahme einer Kohärenz gleicht, welche wiederum einen Effekt von Machtverhältnissen darstellt (vgl. Butler 1991: 46). Für Judith Butler ist Dekonstruktion in Anlehnung an Derrida die Tätigkeit, durch die Voraussetzungen infrage gestellt werden. Dabei stellt sie nicht die Materialität von Machtver-

---

71 Spuren haben nach Derrida keinen Ursprung und keine Quelle und damit keine ontologische Begründung. Sie verweisen auf den Prozesscharakter einer Bedeutung oder einer Identität (vgl. Derrida/Engelmann 1986: 106).

hältnissen infrage, sondern sie fokussiert die Möglichkeiten der Veränderung (vgl. Butler 1995 (1993): 52). Übertragen auf das Forschungsfeld bedeutet dies, dass in der Datenanalyse durch Perspektivenwechsel bekannte Dimensionen, Sichtweisen, Aussagen, Wörter, Begriffe und deren Bedeutung (ent-) kontextualisiert werden, um Verschiebungen konventioneller und temporärer Wahrheiten überhaupt wahrnehmen zu können. Dekonstruktion als Methode ist eine Suche nach dem Verdeckten, dem noch Verborgenen und dem noch Ausgeschlossenen. Dekonstruktion als Denkfigur löst dabei Kategorienkrisen durch Unentscheidbarkeit aus. Dabei ist sie ständig auf der Suche nach einer angemessenen Sprache, um die Ergebnisse zu beschreiben, die stets eine verfehlte Gleichsetzung von Sprache und Bedeutung implizieren. Sie fördert die Auseinandersetzung mit Selbstverständlichkeiten, um nach dem Zerlegen derselben neue Einblicke bezüglich der potenziellen konstituierenden Zusammensetzungen und Veränderungsmöglichkeiten von Macht- und Herrschaftsdimensionen zu entdecken. Dekonstruktion als Denkfigur zum Paradigma einer Forschung zu erheben, ermöglicht es, die Strategie der VerUneindeutigung als politische Strategie und Methode anzuwenden (vgl. Engel 2002: 224ff; ebd. 2005: 297). Nach Antke Engel können dadurch »heterogene Selbst- und Weltverständnisse und Existenzweisen denkbar werden« (ebd.: 285).[72] VerUneindeutigende Praxen entziehen sich binären Ordnungssystemen und wirken in der Stille in Gegensatzpaaren der Bedeutungsfixierung entgegen. VerUneindeutigung zum Ausgangspunkt zu nehmen, bedeutet deshalb eine Forschungsperspektive einzunehmen, in der Lücken und Nicht-Erklärbares erwünscht sind. Das heißt, dass jene Ergebnisse, die sich dem einfachen Verstehen widersetzen, besonders gewürdigt werden. Die Absicht der queer-feministischen Forschung ist, neue Phänomene zu entdecken, diese besprechbar zu machen und gleichsam die darin immanenten Machtverhältnisse zu benennen, ohne sie zu vereindeutigen oder zu essenzialisieren.

Auf der Suche nach Normalisierungs- und Hierarchisierungsprozessen lauert allerdings stets die Gefahr der zu starken Betonung der Differenz. Sabine Hark schlägt deshalb vor, »im Sinne eines queerens von Theorie« die »Anstrengung des Begriffs« niemals aufzugeben (Hark 2005: 299f). Ziel ist

---

72 Mit dieser Herangehensweise beabsichtigt Engel die Identitäts- und Subjektkritik, den Verzicht auf universelle Normen und das Aufsuchen einer Wahrheit queerer Theorie »gesellschaftspolitisch produktiv« zu machen (Engel 2002: 286). Die VerUneindeutigung hat das Destabilisieren der Binarität von Geschlecht und Sexualität zum Ziel und eignet sich damit zur Intervention in der gesellschaftlichen Normsetzung von Zweigeschlechtlichkeit und Heterosexualität (vgl. ebd.: 286). Nach Engel muss das Denken der VerUneindeutigungen als politische Intervention zugleich kritisch gegenüber Normalisierung und Hierarchisierungsprozessen sein, um der neoliberalen Vereinnahmung der Beliebigkeit zu entgehen (vgl. ebd.: 298).

es demzufolge, »zu einer komplexeren Analyse der Herstellung und Stabilisierung geschlechtlicher Realität und Normalität bei[zu]tragen« (Hark 2005: 299).

1.2.3 Methodisches Vorgehen

Das methodische Vorgehen beruht auf den folgenden Datenerhebungs- und Datenauswertungs-Instrumenten der qualitativen Sozialforschung: *Grounded Theory* (Corbin/Strauss 2008 (1990); Clarke 2005), narrative bzw. episodische Interviews (Schütze 1983; Rosenthal 1995; Flick 1996), Gruppendiskussion (Bohnsack 1996), *Zirkuläres Dekonstruieren* (Jaeggi, Faas und Mruck 1998). Alle Methoden wurden für die spezifische Forschung modifiziert angewandt. Mit Hilfe der spezifischen Datenerhebung und -auswertung und der Methodentriangulation[73] gelang es mir, mich dem Themenfeld vertiefend zu nähern.

Im Sampling der Grounded Theory werden die Auswahl der einbezogenen Personen, der Daten und des Datenumfangs theoretisch getroffen sowie fortlaufend im Forschungsprozess reflektiert und ergänzt, bis das jeweilige Sample gesättigt ist. Die Grounded Theory ist damit vom jeweiligen Erkenntnisstand abhängig und ermöglicht eine prozessorientierte Forschungspraxis. Beim theoretischen Sampling steht nicht die Suche nach Gewissheiten, sondern das Aufspüren von Lücken und neuen Themen im Vordergrund (Clarke 2007; Breuer 2009), womit sie mit der Haltung der VerUneindeutigung in der Forschungspraxis korrespondiert.

Im Mai 2007 und im November 2009 veröffentlichte ich Suchanzeigen in zahlreichen regionalen und überregionalen Zeitschriften, die ich verstärkt einem queer-feministischen oder alternativen Spektrum zugeordnet habe, um potentielle Interviewpartner_innen für die Studie zu gewinnen.[74] Außerdem nahm ich Kontakt zu einschlägigen Vereinen, Initiativen und Internetportalen auf, wie z.B. zur Butch-/Femme-Homepage, Konnys Lesbenseiten[75] oder dem Transmann-Forum[76], die schließlich mein Anliegen auf ihren Seiten publizierten. Bedeutsam für die Interviewpartner_innen-Suche waren persönliche

---

73 Eine Methodentriangulation ist die Verbindung von verschiedenen Methoden, hier der sozialwissenschaftlichen und psychologischen Forschungspraxis, um den Untersuchungsgegenstand durch verschiedene Herangehensweise mehrdimensional zu beleuchten (Flick 2011 (2004)). Sie ist nach Norman K. Denzin eine zentrale »Strategie auf dem Weg zu einem tieferen Verständnis des untersuchten Gegenstandes« (zit. n. Flick 2001 (2000): 311).

74 Die Anzeigen erschienen im L-MAG (ein überregionales Magazin für Lesben), in der Siegessäule (Zeitschrift für homosexuelles Leben in Berlin) und im Mixx (kostenloser Veranstaltungskalender in Bremen).

75 www.lesben.org. Stand: 29.12.2014.

76 www.transmann.de. Stand: 29.12.2014.

und internetbasierte, soziale Netzwerke, mit deren Hilfe ich meine Anfrage bundesweit streuen konnte. Dank des Vertrauens der ersten Interviewpartner_ innen landete mein Gesuch auch mit Empfehlung auf internen Mailinglisten von Intersex- und Trans-Initiativen. Der Rücklauf der positiven Antworten mit einer grundsätzlichen Bereitschaft zum Interview lag bei 55 Personen. Anhand der kurzen Selbstdarstellungen im Erstkontakt gelang es mir, Personen mit verschiedenen, geschlechtlichen Selbstkonstituierungen auszuwählen. Oft standen mir durch die kurzen Telefonate bzw. durch die ersten E-Mail-Korrespondenzen nur wenige Informationen zur Verfügung. Dies war bedauerlich, unterstützte aber zugleich meine Absicht, die identitäre Diversität in Form von Ethnizität, sexueller Orientierung, sozialer Herkunft, Gesundheit etc. bewusst nicht vertiefend zu verfolgen.[77] Denn darin liegt für mich im Rahmen qualitativer Sozialforschung stets die Gefahr der Dramatisierung einer Zugehörigkeit zu einer sozialen Gruppe und der Generalisierung der Erkenntnisse. Obwohl das theoretische Sampling hier in der Absicht erfolgte, das Feld der geschlechternonkonform-feindlichen Diskriminierung und Gewalt zum ersten Mal zu beschreiben, war das Sample logisch nicht gesättigt. Aus der Perspektive der theoretischen Sättigung wurden mehrere Personengruppen nicht befragt: z.B. fehlen Stimmen von geschlechtlich nonkonformen *People of Color*[78]. Ebenso war keine_r der Interviewpartner_innen in der Prostitution/Sexarbeit tätig, welche als Arbeitsplatz mit hoher geschlechternonkonform-feindlicher Diskriminierung und Gewalt gilt. Trotzdem existiert im Sample eine Diversität in Bezug auf die soziale Herkunft, den sozialen Status, das Alter (23-55) und in Bezug auf den Ist-Zustand der geschlechtlichen Transition und der medizinischen Behandlungen aufgrund von Geschlecht (z.B. keine, eine beginnende oder abgeschlossene Transition sowie Behandlungen als intersexuell geborene Person). Außerdem existiert eine geringe Diversität in Bezug auf Ethnizität: vier

---

77 Aus methodologischen Überlegungen habe ich nicht gezielt nach den sozialen und ethnischen Zugehörigkeiten gefragt. Eine Selbstbezeichnung habe ich explizit nur in Bezug auf Geschlecht erfragt. Somit beruhen diese Angaben auf den versprachlichten Personenskizzen, die ich aufgrund der Datenlage erstellen konnte (vgl. 3.1 Charakteristka der Interviewpartner_innen).

78 Die Begriffe >Schwarze Person(en)< und >*People of Color*< beziehen sich nicht auf die Hautfarbe, sondern auf eine politische Position einer Person. Sie drücken sprachlich aus, dass Schwarze Person(en)/Schwarze/*People of Color* politische Subjekte sind, aber der Gefahr der rassistischen Diskriminierung und Gewalt unterliegen. Personen, die sich selbst so bezeichnen, kennzeichnen damit ihre subjektive Verortung. Sie werden potenziell als Angehörige einer sozialen Gruppe diskriminiert und/oder sind von rassistischer Gewalt betroffen, die mit anderen Formen der Diskriminierung und Gewalt interagieren kann (Nghi Ha 2010; Nduka-Agwu/Sutherland 2010). >Trans-of-Colors< ist die Selbstbezeichnung jener geschlechtlich nonkonformen Personen, die sich politisch als Trans und als Person of Color bezeichnen.

der Interviewpartner_innen berichteten von migrantischen, bikulturellen oder ethnischen Zugehörigkeiten jenseits einer weiß-deutschen Dominanzkultur.[79]

Die Gesprächspartner_innen erhielten die Möglichkeit, sich zu inszenieren und zu konstruieren, ohne dass dabei der Gegenstand des Forschungsvorhabens aus dem Blick geriet. Deshalb wählte ich die Möglichkeit des narrativen Interviews und kombinierte dies mit der Methode des episodischen Interviews (Schütze 1983; Rosenthal 1995; Flick 1996). Diese Intra-Triangulation ermöglichte es mir, in der jeweiligen Situation ein Vertrauensverhältnis herzustellen, einen möglichst sensiblen, das heißt narrativen Einstieg in die Thematik zu ermöglichen und bei Bedarf auf das Thema Diskriminierung und Gewalt fokussieren zu können. Zur Orientierung erhielten die Interviewpartner_innen, sofern sie dies wünschten, einen Aufbau des Interviews in drei Frageabschnitten: (1) Was fällt Ihnen zum Thema Geschlecht ein? (2) Welche Gewalt- und Diskriminierungserfahrungen haben Sie gemacht, von denen Sie mir erzählen wollen? Und welche Strategien nutzen Sie zur Vermeidung von Diskriminierung und Gewalt? (3) Was sind Ihre gesellschaftlichen Utopien? Diese Struktur war für einige der Interviewpartner_innen sinnvoll und wirkte sich entlastend auf das Interview-Setting aus.

Insgesamt wurden 18 narrativ-episodische Einzelinterviews durchgeführt. Diese fanden in den Bundesländern Berlin, Hamburg, Nordrhein-Westfalen, Brandenburg, Bremen und Niedersachsen statt und wurden zwischen 2007 und 2011 durchgeführt. Die letzten Einzelinterviews mit einer_m intersexuellen Aktivist_in und einer Transfrau mit Gefängniserfahrung fanden im Frühjahr und im Herbst 2011 statt und ergänzten die Perspektiven des bisherigen theoretischen Samples. Alle Interviews wurden digital aufgezeichnet und vollständig transkribiert. Meinen Transkriptionen liegt eine literarische und nicht phonetische Umsetzungsstrategie zugrunde, damit die Leser_innen möglichst genau den jeweiligen Interview-Verlauf und die Interview-Inhalte nachvollziehen können (Kowal/O'Connell 2005 (2000)).[80] Das Hören des Gesagten und die Umsetzung in ein Schriftbild ist die erste, entscheidende Interpretation. Mit dieser Praxis werden die Sekundärdaten[81] auf Schrift reduziert, weil At-

---

79 Zum theoretischen Sampling vgl. 1.2.3 Methodisches Vorgehen.

80 Dazu zählen z.B. folgende Regeln: Die Sprache wird dem Schriftdeutsch angeglichen; Lautäußerungen der Interviewpartner_innen werden nicht transkribiert, es sei denn, sie sind für den Ablauf des Interviews relevant; Seufzen, Räuspern, lautes Atmen oder Lachen der_s Interviewpartner_in werden in Klammern notiert, nonverbale Merkmale wie Körperhaltungen, Blicke, Gesten und andere Verhaltensweisen waren für die Analyse nur relevant, wenn sie im Forschungstagebuch festgehalten worden sind.

81 Primärdaten sind die Originalgespräche. Sekundärdaten sind die aufgezeichneten Versionen und die Tertiärdaten die Transkriptionen (vgl. Kowal/O>Connell 2005 (2000): 440).

mosphären, Stimmungen, Körperhaltungen, spontanes Interagieren gar nicht oder nur begrenzt aufgezeichnet werden können (Ochs 1979; Cook 1990; Bucholtz 2000). Auch das parallel angelegte Forschungstagebuch konnte diese Lücken nicht schließen. Obwohl ich darin die zentralen nicht verbalisierten Momente der empirischen Forschung festhielt, diente es schließlich vorrangig der Erinnerung an z.b. offene Fragestellungen, spontane Gedanken, die Gefühle zur Forschungssituation, Gedanken vor den Interview-Begegnungen und Erinnerungen an das Interview auch jenseits der digitalen Aufzeichnungen. Reflexiv wurde darüber hinaus die eigene Positionierung inklusive einer möglichen eigenen Betroffenheit oder Nicht-Betroffenheit sowie der eigenen Verwobenheit mit dem Forschungsgegenstand in den Blick genommen.

Die Auswertung der transkribierten Interviews erfolgte mittels ›Zirkulären Dekonstruierens‹. Diese Methode ist in Anlehnung an die Forschungsperspektive der GTM entwickelt worden und stellt die Kreativität und die Produktivität der Forscher_innen in den Mittelpunkt (Jaeggi et al. 1998). Die Datenanalyse der Einzelinterviews beinhaltete die Erstellung der Motti für das jeweilige Interview, die zusammenfassende Nacherzählung und Markierung der im Text auffallenden Schlüsselwörter und -sätze. Für die anschließende Codierung arbeitete ich mit dem computergestützten Hilfsprogramm MAXQDA. In einem Themenkatalog wurden erste Vorkategorien erstellt. Als modifizierte Variante der Zirkulären Dekonstruktion sammelte ich zusätzlich die Diskriminierungs- und Gewaltnarrationen aus den Interviews und listete sie parallel zu den Codierungen unter sinngebende Überschriften. Anschließend paraphrasierte ich die zentralen Codierungen und erstellte Fallbeschreibungen, in denen die thematischen Argumentationen und internen Logiken der Befragten deutlich wurden. Spätestens in der vergleichenden Analysephase verdichteten sich zentrale Kategorien, wie beispielsweise die Bedeutung von geschlechtlicher Wahrheit, die Figur der Täuschung und die Relevanz der geschlechtlichen Normativität. Auf diesen Verdichtungen basierten schließlich die neuen Analysephasen. Die Methode des Zirkulären Dekonstruierens erlaubt dabei eine Wellenbewegung, in welcher sich Nähe und Distanz zum analysierenden Text abwechseln. Mit diesem dekonstruktiven Vorgehen wird Multiperspektivität erreicht, die aus dem dynamischen Prozess des stetigen Rückkoppelns an das empirische Material und des Loslösens von demselben entsteht. Zirkuläres Dekonstruieren bietet die Möglichkeit, (sich) selbstreflexiv, erkenntnisorientiert und abduktiv in die Tertiärdaten einzuarbeiten.

Nach der Durchführung von 18 Einzelinterviews und der vergleichenden Auswertung der Interviews stellte ich mir die Frage, welche impliziten Annahmen mir noch verborgen geblieben waren und wie die Betroffenen die Dringlichkeit des Themas aktuell (2012) einschätzen. Im Januar 2012 führte ich deswegen zur thematischen Kontrolle eine Gruppendiskussion mit vier >Gender-Outlaws< durch, um das Sprechen über den Forschungsgegenstand und die Aktualität des Forschungsfeldes zu überprüfen (Bohnsack 1989). Die Analyse der Gruppendiskussion erfolgte nach einer dekonstruktiven Lesart im Sinne des Zirkulären Dekonstruierens, wobei die Einzel- und die Gruppenpositionen der Befragten herausgearbeitet wurden. Allerdings wurde die zuvor bestimmte inhaltliche Kontrollfunktion der Datenerhebung zugunsten der Erfassung und Erweiterung des Forschungsfeldes geschlechternonkonform-feindlicher Diskriminierung und Gewalt verlassen. Die Ergebnisse basieren demzufolge auf der Analyse der 18 Einzelinterviews und der Gruppendiskussion.

1.2 4. Gewaltforschung als intersubjektive Beziehungsarbeit

Dieser Abschnitt bietet erste Einblicke in die Forschungspraxis. Die vorliegende Gewaltforschung ist das Produkt situativer Beziehungsarbeit, in der temporäre Beziehungen zu den Interviewpartner_innen erst das Entstehen der Daten-Pools an *Situiertem Wissen* (Haraway 1995 (1985a)) möglich machten. Indem ich diese queer-feministische Gewaltstudie als Beziehungsforschung begreife, betone und berücksichtige ich die Gefühle und kommunikativen Verhaltensweisen im gesamten Forschungsprozess. Die Relevanz von Misstrauen, Traurigkeit, Freude, Erotik und Trauer in der Phase der Datenerhebung wird im Folgenden anhand ausgewählter Interviewpassagen veranschaulicht.

Die Interviewpartner_innen begegneten mir und/oder dem Forschungszweck gegenüber zunächst mit Misstrauen. Daher waren in den Interview-Begegnungen der Vorkontakt, die Einleitung in die Gesprächssituation vor Ort, meine Sprache, mein Auftreten und mein Informationsstand für die Interview-Interaktionen bedeutsam. Exemplarisch veranschaulicht dies die Interaktion mit einer_m Interviewpartner_in, die_der bereits kurz nach der Begrüßung berichtete, dass sie_er in Forschungen zum Themenbereich Intersexualität nur wenig Vertrauen hätte, weil Intersexualität – auch auf Initiative von intersexuell geborenen Personen – vermehrt in der Presse thematisiert werde:

> »Es [Intersexualität] war ja immer schon da, aber es ist sichtbarer. Und jetzt interessieren sich halt viele dafür, sind neugierig, jetzt gibt es auch massiv Bücher und andauernd irgendwelche Sendungen dazu. Die Inter selber reden jetzt von der sogenannten Zwitteroffensive, aber das finde ich voll idiotisch. Also irgendwie, da möchte ich gar nicht mitmachen. Also ich habe gesagt: Macht eure sogenannte Zwitteroffensive alleine, aber das finde ich völlig behämmert. Also ich möchte mich nicht unter so einer Schublade vermarkten lassen. Ich möchte mich auch selber nicht zur Verfügung stellen für jede Show.«

Die_der Interviewpartner_in wollte sich weder durch Medien noch durch Forschungen zum »Superzwitter der Nation« küren lassen. In der Eingangssequenz gab sie_er außerdem freimütig zu, dass sie_er im Internet vor der Zusage zum Interview nachgeforscht habe: »Ich habe halt auch schon so ein bisschen geguckt, wer ist denn so die Ines Pohlkamp«. Erst als sie_er erfuhr, dass andere mich als »seriös« und »vertrauenswürdig« einschätzten, war sie_er bereit, mich zu treffen. Später berichtete sie_er, dass sie_er selbst mich daraufhin in der »Inter-Szene« weiterempfohlen hat. Misstrauisch wurden andere Interviewpartner_innen besonders dann, wenn sie erfuhren, dass ich Kriminologie studiert habe. Die Reaktionen reichten von Unverständnis bis hin zu vorsichtigen und skeptischen Fragen, ob ich im Polizeidienst wäre oder eine höhere Polizeikarriere anstreben würde. Exemplarisch zeigt dies die folgende dialogische Sequenz mit einer Interviewpartnerin, die zum Zeitpunkt des Interviews als Transfrau in Transition lebte und die sich mit anarchistischen Theorien beschäftigte: »Was kann man denn damit [mit Kriminologie] machen? (...) Kannst du nachher nicht Polizeipräsidentin werden?« Ich reagierte auf die Anfrage verneinend und nach dem Interview erzählte mir die Interviewpartnerin, dass ihre anarchistischen Genoss_innen sie gewarnt hätten, dass das Interview bestimmt von einem Polizeispitzel durchgeführt würde, um sie als Anarchistin auszuhorchen.Exemplarisch zeigt sich hier eine Verunsicherung und Skepsis der Befragten gegenüber Polizist_innen und Wissenschaftler_innen.

Grundsätzlich begegnete ich den Interviewpartner_innen mit einer großen Offenheit und der Bereitschaft, mich auf verschiedene, auch dialogische, Gesprächssituationen einzulassen. Wenn ich aufgefordert wurde, mich individuell und persönlich zu zeigen, so kam ich dieser Bitte in der Regel nach. Somit konnten die Einseitigkeit der Intimität in der Befragung und der Eindruck des vermeintlichen Aushorchens meines Gegenübers relativiert werden, wie der folgende dialogische Ausschnitt aus dem Interview mit einem Transmann veranschaulicht:

> »Fragen habe ich nicht. Jetzt habe ich gerade die Hosen runtergelassen, mach doch auch mal. [...] Welche Erfahrungen bringst du halt selber mit? In Gewalterfahrungen und mit Uneindeutigkeit?«

Die Aufforderung des Interviewpartners zum Ende des Interviews zeigt seine Neugierde und sein Unbehagen, die auch mit dem Gefühl des verbalen Entblößens im Interview zusammenhingen. Ich antwortete auf seine Frage und berichtete von eigenen homosexuellenfeindlichen Diskriminierungs- und Gewaltwiderfahrnissen und geschlechtsbezogenen Widerfahrnissen auf Partys. Atmosphärisch wurde dadurch die Hierarchie zwischen mir als Interviewerin und dem Interviewpartner zum Ende des Gesprächs hin neu ausbalanciert und entspannte die Situation merklich.

Neben dem Misstrauen und dem Gefühl des Ausgehorchtwerdens existierte manchmal eine (subtile) erotische Komponente in der Begegnung. Erotik ist als atmosphärisches Gefühl nur bedingt in der Transkription zu finden, denn sie fand ihren Widerhall zumeist in der dichten Atmosphäre aus Gesagtem und sozialen Handlungen im Interviewsetting selbst. Veranschaulichen möchte ich dies anhand des folgenden Beispiels: Bis zur folgenden Sequenz hatte die_der Interviewpartner_in von Ausgrenzungswiderfahrnissen am Arbeitsplatz berichtet, als ihr_m plötzlich auffiel, dass mein Teeglas leer war:

»Fiel mir gerade so auf [dass das Teeglas leer ist]. (...) Ich mache mal dieses Feuerchen an. Ich gucke mal, ob ich das hinkriege, ohne mich zu verbrennen.« [Gemurmel] »Wenn es mal gebrannt hat, da stehe ich ja auch mal sehr drauf.«

Die Atmosphäre intensivierte sich an dieser Stelle im Interview. Ich nahm das Angebot des Tees dankend an, woraufhin die_der Befragte sich sehr mit dem Warmhalten des Tees beschäftigte und betonte, sich daran »nicht verbrennen« zu wollen. Die_der Befragte spitzte die Situation zu, indem sie_er sagte, sie_er stehe sehr darauf, wenn das Feuer (Erotik) mal gebrannt habe. Die Atmosphäre wurde gemütlicher. Eine Kerze brannte nun auf dem Tisch, der heiße Tee dampfte in den Tassen und draußen stürmte es winterlich. Plötzlich stellte die_der Befragte die folgende Frage, die für mich unvermittelt kam: »Wobei ich ja jetzt die spannende Frage stellen könnte, worüber du nachgedacht hast?« In meiner Antwort umging ich die Intimität der Situation gezielt, aber ungeschickt, indem ich plötzlich ein völlig neues Themenfeld ins Gespräch brachte und nach der Bedeutung von Schule, Ausbildung und anderen Normierungsinstanzen fragte. Die Themenanfrage stand in keinem Verhältnis zum bisher Erzählten, sondern war Ausdruck meiner Verunsicherung. Die_der Interviewpartner_in nahm diesen Gesprächsfaden nicht auf, sondern berichtete, ohne weiter nachzudenken, von ihren_seinen Erfahrungen im Sport. Stark war das Gefühl der Erotik in jenen Momenten, in denen Interviewpartner_innen, sich während oder nach dem Interview ein Wiedersehen mit mir wünschten. Manchmal äußerten sie den freundschaftlichen Wunsch, mich in politisch-aktivistische Kreise einzuführen und/oder einen freundschaftlichen Kontakt mit mir zu pflegen. Diese verschiedenen Formen von Beziehungsangeboten sind ein Ausdruck der vertrauenswürdigen Atmosphäre, der Intimität in den Situationen und der Besonderheit der Begegnung im Interviewsetting. Als Interviewpartnerin reagierte ich verschieden, mal war ich berührt, amüsiert, verunsichert, abgelenkt und ging auf vertiefende Beziehungsangebote nicht ein.

Außerdem spielte die Traurigkeit beim Erzählen eine große Rolle. Es gab viele Situationen, in denen die Interviewpartner_innen im Erzählen innehalten mussten, in denen die Tränen liefen und in denen mühsam nach Worten gerungen wurde. In diesen Situationen versuchte ich empathisch zu sein, war aber auch selbst von den Narrationen oft überwältigt und emotional berührt. Gefühle der Ernsthaftigkeit und des gegenseitigen Respekts prägten dabei die Begegnungen.

Überraschend war für mich die Präsenz von Humor und Komik im Datenerhebungsprozess. In der Begegnung und im Sprechen über Diskriminierung und Gewalt spielten neben Misstrauen, Trauer, Erotik der Humor, der Witz und das Lachen eine herausragende Rolle. Wie konnte es sein, fragte ich mich in der Analyse, dass die Datenerhebungen von Witzen und Lachen begleitet und zum Teil sogar von ihnen geprägt waren? Denn trotz des Gewaltthemas entstanden in der Interview-Beziehung Momente der Begegnung in gemeinsamer Freude.[82] Gelacht wurde nach Gewaltnarrationen, die der Erzählstruktur des Witzes folgten und gelacht wurde unmittelbar nach Erzählungen des widerfahrenen Gewalthandelns. Dabei diente das Lachen der Entlastung oder Auflockerung einer Anspannung; war Ausdruck der Resignation, der Verlegenheit und der Verunsicherung und wirkte als Verstärkung der zwischenmenschlichen Gemeinsamkeiten. Darüber hinaus sorgten plötzliche Pannen oder ungünstige Rahmenbedingungen für situative Komik. Dazu zählten meine andauernde Sorge um die Batterien des Aufnahmegeräts, tropfende Kaffeekannen, Slapstick-Einlagen nach der Rückkehr von der Toilette, fallende Bestecke, sich sorgende Kellner_innen, plötzliche, laute Musik aus den Lautsprechern eines Cafés, spontane Gäste oder Telefonanrufe. Der Umgang mit diesen unerwarteten Situationen war häufig von beiderseitigem Amüsement geprägt. Meistens stärkten diese Situationen der Verunsicherung und plötzlichen Irritation das Vertrauen zwischen mir und der_m Interviewpartner_in und lösten emotionale Anspannungen auf beiden Seiten.

In der Gruppendiskussion hingegen nahm das Lachen der Gruppe einen ausgeprägt lauten und massiven Charakter an. An vielen Stellen dominierte es plötzlich und unvermittelt das Gespräch, was in der digitalen Wiedergabe der Diskussion dazu führte, dass längere Passagen kaum oder gar nicht zu transkribieren waren. Ironisierende und Empörung ausdrückende Zwischenrufe wurden in die Erzählungen anderer platziert, die dann mit lautem Lachen einer_s anderen oder mehrerer Teilnehmer_innen quittiert wurden. Das Lachen diente in der Gruppendiskussionen dem Überspielen der Verunsicherung, der Stärkung der Zugehörigkeit zur Diskussionsgruppe, der Kennzeichnung der

---

82 Dass Spaß für den Forschungsprozess zentral ist, betont auch Anselm L. Strauss im Interview mit Heiner Legewie und Barbara Schervier-Legewie: »Forschung ist harte Arbeit, es ist immer ein Stück Leiden damit verbunden. Deshalb muss es auf der anderen Seite Spaß machen« (Legewie/ Schervier-Legewie 2007: 69).

kollektiven Infragestellung der geschlechtlichen Normalität, der empörenden Wiedererkennung und dem kollektivem Ironisieren einer Gewalterzählung.[83]

Queer-feministische Gewaltforschung ist demnach in der Datenerhebungsphase eine interaktive Beziehungsarbeit, in der verschiedene Formen emotionaler Begegnungen entstehen können. Der inhaltliche Verlauf der Interviews lebte von diesen misstrauischen, erotischen, skeptischen, traurigen, lachenden und humorvollen Aushandlungen in der Begegnung, der meistens im Dialogischen fortgeführt wurde und in der die gemeinsame Suche nach Erklärungen für Genderbashing und nach persönlichen und strukturellen Ähnlichkeiten und/oder Unterschieden zwischen Forscherin und Befragter_m im Vordergrund stand.

1.2.5 Mehrdimensionale Spurensuche

Die queer-feministische Methodologie verbindet die parteiliche, gegenstandsbezogene Analyse empirischer Daten mit der allgegenwärtigen und reflexiven Offenheit im Datenerhebungs- und -auswertungsprozess. Damit nimmt sie die Unbestimmtheit und Uneindeutigkeit zum Ausgangspunkt und zum Ziel, um Raum für abduktives Denken und dekonstruktive Analyse zu lassen. In diesem Vorgehen liegen die Chancen, Prozesse der ›Denormalisierung‹ und ›Enthierarchisierung‹ an der Schnittstelle von Sexualität und Geschlecht wahrzunehmen (vgl. Engel 2005: 285f). Die folgende Abbildung veranschaulicht den dargestellten methodologischen und methodischen Rahmen.

Die Annäherung an das Feld ohne gezieltes Wissen war insofern eine Herausforderung, weil nicht nur das Phänomen Genderbashing erfasst werden sollte: Der Forschungsansatz sollte außerdem das Verständnis von Geschlecht, Diskriminierung und Gewalt aus der Perspektive der Interviewpartner_innen nachvollziehbar machen um diese für die Theoriefortschreibung zu analysieren. Angelehnt an eine poststrukturalistische Skepsis der Bedeutung der Sprache gegenüber, existierte ein den Prozess bestimmendes Misstrauen gegenüber den Begriffen und den Bedeutungen, die diesen Begriffen zugeschrieben werden. So führte das Infragestellen von Worten, von Interpretationen und Bedeutungen zu einem Misstrauen gegenüber dem Datenmaterial und seinen Narrationen. Es speiste sich stets aus der Sorge, wegen der Unbestimmtheit und Unsagbarkeit

---

83 Grundsätzlich wäre ein fortgeführtes Projekt zum Thema Lachen, Schmunzeln, Loslachen und Kichern in der Gewaltforschung interessant. Dafür wären die Art und Weise sowie die Dauer des Lachens in dem empirischen Material und in einer akustischen Analyse zu untersuchen. Dies erfolgte in Rahmen dieser Arbeit leider nicht. Die Interpretationen basieren auf dem transkribierten und damit verschriftlichten Material, in dem nur zwischen Kichern und Lachen respektive gemeinsamem Lachen in der Gruppendiskussion unterschieden wurde.

Abbildung 1: Methodologie und Methode

des Untersuchungsgegenstandes aufgeben zu müssen. Dies war die Kehrseite des nicht nach einer Wahrheit oder Typologie suchenden Forschungsprozesses. So folgte beispielsweise allein der Frage nach dem Ergebnis der Studie ein langer Prozess der abermaligen Sichtung des Datenmaterials. Erst in der Anerkennung der Lücken konnten das Misstrauen gegenüber der Sprache und die Spurensuche im Datenmaterial in ein Vertrauen in die schließlich sagbaren Ergebnisse der Studie überführt werden. Dadurch gelang es, ein fragmentarisches aber dennoch charakteristisches Bild der geschlechternonkonform-feindlichen Diskriminierung und Gewalt zu zeichnen, in dem die Parteilichkeit für die Interviewpartner_innen und ihre Emotionen von zentralem Gewicht sind. Der Forschung liegt somit eine queer-feministische Prozesshaftigkeit zugrunde, in der flüchtige und verdeckte Momente der sozialen Wirklichkeit wie die Phänomenologie des Genderbashings Raum erhalten. Dabei bleibt die Ausschnitthaftigkeit des Forschungsfeldes bestehen, die sich aus der Analyse der Daten als Beziehungsprodukte ergibt. Die vorliegende Arbeit wendet die GTM nicht in der Absicht an, eine eigene Theorie zu erstellen, denn dazu ist sie aufgrund der Begrenztheit des Samples nicht in der Lage. Im Ergebnis entstehen stattdessen Theoriefragmente (Truschkat et al. 2007), die eher als *Situiertes Wissen* (Haraway 1995 (1985a)) zu verstehen sind und denen eine eigene Objektivität im Rahmen des Feldes geschlechternonkonform-feindlicher Diskriminierung und Gewalt zugrunde liegt.

1.3 Das Skript der Unentscheidbarkeit

Das Untersuchungsfeld existiert bislang nur in der Negation der Zweige-schlechtlichkeit und in den situativen Gewaltwiderfahrnisssen, von denen im Datenmaterial berichtet wird. Ihm haftet etwas Unsagbares an. Das kon-zeptionelle Skript der Unentscheidbarkeit steht deshalb im Zentrum der Untersuchung.[84] Es bedeutet hier »Verzicht auf stabile Identitätskategorien, universelle Normen und allgemeingültige Wahrheiten« (Engel 2005: 286).[85] Unentscheidbarkeit steht für die Unmöglichkeit im identitätslogischen Sinne. Es meint die Option des Weder-Nochs oder nähert sich der Unbenennbarkeit der vermeintlichen Negation ohne Negation zu sein. Sie verweist auf politische und methodische Möglichkeitsformen jenseits des Benennbaren und jenseits des Identischen, die stets in Sprache und Subjektpostionen mitverhandelt wer-den. Das Skript der Unentscheidbarkeit ist das noch nicht Geschriebene und das noch nicht Entdeckte oder das Verdeckte, das sich oft unerkannt der wahr-genommenen Wirklichkeit entzieht. Es kann dazu beitragen, die bisherigen normativen Selbstverständlichkeiten zu »de-normalisieren« und zu »ent-hie-rarchisieren«, um einer Vereinnahmung neoliberaler Logiken entgehen zu kön-nen (Engel 2005: 285). Dem Forschungsprozess wohnt deshalb das Erwarten von Unerwartetem, das Aushalten der Unlogik und der Mehrdeutigkeiten und die Berücksichtigung von sozialen Ungleichheitsverhältnissen und hegemoni-alen Diskursen inne. Denn es zeigt nicht nur die Unlösbarkeit der sprachlichen Beschreibung des untersuchten Phänomens mit den zur Verfügung stehenden Begriffen, sondern es stellt auch den nicht-identitären Bezug zu individuellen und politischen Interventionsformen in hegemonialen Diskursen dar.

Demgegenüber ist Genderbashing ein Untersuchungsfeld, in dem die Ansammlung von Gewaltformen und situativen Gewalterfahrungen selt-sam real und eindeutig erscheint. So sind die empirischen Widerfahrnisse in ihrer Kategorisierung durchaus bestimmten Formen der Gewalt, wie z.B. der Beleidigung, der sexualisierten, häuslichen oder institutionellen Gewalt zuzuordnen. Und die diskriminierenden Taten sind durchaus mit und in Sprache beschreibbar, sodass es den Interviewpartner_innen gelingt, sie zu

---

84 In der Logik der Mathematik und insbesondere in der Informatik lässt sich eine Ent-scheidung mit 0 oder 1 bzw. mit Ja oder Nein kennzeichnen. Diese Eindeutigkeit macht in der Regel Entscheidungen möglich. Selbstverständlich hat deshalb auch die Mathematik und die Informatik mit dem Phänomen der Unentscheidbarkeit zu tun (Stegmüller 1970). Ebenso wie die Biologie mit der Entscheidbarkeit von Geschlecht als binäre Kategorie mit der eigenen Unmöglichkeit konfrontiert ist (Fausto-Sterling 1988 (1985); Voss 2010).

85 Anne Waldschmidt geht davon aus, dass eine »Denormalisierungsangst« die Subjekte der Gesellschaft beschäftigt, da eine »Lust am Nicht-Normalsein« nur temporär existiert (vgl. Waldschmidt 2004: 195f).

veranschaulichen. Dieses Spannungsfeld zwischen der Suche nach erklärenden und darstellenden Worten und der Anerkennung des Unentscheidbaren
kennzeichnet diese Studie.

2. Poststrukturalistische Theoriepositionen und Grenzfiguren

Theoretisch verstehe ich in Anlehnung an Michel Foucault und Judith Butler nicht nur die Diskriminierung und Gewalt, sondern auch das geschlechtliche Subjekt als ein Produkt der heteronormativen Macht, genauer, nach Gundula Ludwig, als einen Effekt der *heteronormativen Hegemonie* (vgl. Ludwig 2012: 115). Das geschlechtliche Subjekt ist zugleich Angriffsfläche, Spielraum geschlechtlicher Selbstkonstituierung und umkämpftes Terrain. Es steht im Zentrum der Untersuchung, weil es in der geschlechtlichen Unentscheidbarkeit der Erzähler_innen auftaucht, die Betroffene von Diskriminierung und Gewalt sind. In diesem Kapitel werden deshalb die poststrukturalistischen Grundlagen für das Verhältnis von Subjekt, Geschlecht, Macht und Wahrheit ausgeführt (2.1). Heteronormativität kann sich als flexible Stabilisierung in widersprüchlichen Aushandlungsprozessen gesellschaftlich durchsetzen (Ludwig 2012). Die *heterosexuelle Matrix* (Butler) und die *heteronormative Hegemonie*, wie Ludwig sie in Anlehnung an Butler definiert, zeigen sich im Datenmaterial in hegemonialen Stereotypen, die im zweiten Schritt skizziert werden. Als sprachlich materialisierte Wiederholungen markieren sie die Grenzen des sprachlich erfassbaren Untersuchungsfeldes. Diese Grenzfiguren tauchten als Homosexuelle_r, als monströser Zwitter, als Cyborg sowie als Betrüger_in auf (2.2).[86] Das Kapitel schließt mit der Überlegung, ob die Gewaltforschung ein intervenierender Versuch ist, der als foucaultsche Fiktion fungiert (2.3).

2.1 Zur Konstituierung hegemonialer Geschlechter

Geschlecht als Ort von Geschlechtsidentitäten, geschlechtlichen Orientierungen, Körpern, Ausdrucksweisen und Repräsentationen ist in dieser Gesellschaft Teil hegemonialer Geschlechterverhältnisse, die sich nach Butler vor allem zweigeschlechtlich und heterosexuell präsentieren (Butler 1991, 1997). Um das Wirken von Geschlecht als Materialisierung der Heteronormativität zu verstehen, bedarf es einer grundlegenden Betrachtung des Verhältnisses von Subjekt, Macht und geschlechtlicher Wahrheit. Zunächst werden die zentralen, poststrukturalistischen Begriffe von Macht und Subjekt und das zugrundeliegende Verständnis von Geschlecht als performative, melancholische Praxis nach Judith Butler konkretisiert. Darauf aufbauend stelle ich die Bedeutung der

---

86 Die empirische Auswertung der Studie, der diese Figuren entnommen wurden, umfasst die Kapitel drei bis einschließlich acht.

Anerkennung bei Butler vor und befasse mich mit der geschlechtlichen Wahrheit und *heteronormativen Hegemonie*. Im Resümee werfe ich einen kritischen Blick auf heteronormative Wahrheiten als eine tradierte Gewaltformation.

2.1.1 Macht und Subjekt

Michel Foucaults dezentrale Vorstellung von Macht ist ein im Rahmen von Diskursen stattfindendes Wirken verschiedener Kräfte.[87] Ein Diskurs wiederum ist ein Ensemble aus verschiedenen Positionen und Meinungen zu einem Themenkomplex. Der Diskurs kann in sich widersprüchlich sein, aber er hinterlässt stets zahlreiche Spuren, die in verschiedene Richtungen weisen können (Foucault 2005 (1984), Nr. 343). In der mehrdimensionalen diskursiven Machtkonzeption kommt es zu Reibungen und Interaktionen. Machtverhältnisse unterliegen dabei einem System der verbalen und non-verbalen »Differenzierungen, das es gestattet, auf das Handeln anderer einzuwirken« (Foucault 2005 (1982), Nr. 306: 289).[88] Das Differenzieren der sozialen Wirklichkeit hat somit Einfluss darauf, wie soziales Handeln stattfindet. In diesem Verständnis der Macht besitzt keine soziale Gruppe und keine Person eine konstante Herrschaft, stattdessen verschieben sich die Dominanzen in den Machtdiskursen. Dem Kräftereigen liegen keine einheitlichen Machtprinzipien zugrunde, gleichwohl existieren sie nicht unabhängig von ökonomischen Verhältnissen (Foucault 2003 (1977a), Nr. 197: 304).[89] Machtverhältnisse basieren deshalb nach Foucault nicht vorrangig auf Unterdrückung und regulativem Recht.[90] Foucault widerspricht so

---

87 Foucault befasst sich in frühen Werken mit einer juristischen Machtkonzeption, wendet sich aber spätestens mit dem Werk *Der Wille zum Wissen* (1977) einem produktiven Verständnis von Macht zu. Darin befasst er sich mit der Biomacht, die sich auf das Phänomen der Sexualität richtet (Foucault 1997 (1977)). Sein späteres Konzept der Gouvernmentalitätsmacht verweist hingegen auf das Zusammenspiel von Subjektkonstituierungen, Sicherheitsdispositiven, Regierungstechniken und politischer Ökonomie (Foucault 2003 (1977-1978), Nr. 239).

88 Foucaults Bausteine für die Analyse der Machtbeziehungen bestehen aus dem »System der Differenzierungen«, aus den Zielsetzungen, aus der Betrachtung der eingesetzten Instrumente und Umstände, aus den »Formen der Institutionalisierung« und dem »Grad der Rationalisierung« (Foucault 2005 (1982), Nr. 306: 289f).

89 »Die Macht lässt sich von Mächten, von Mannigfaltigkeiten an Fragen und Machteffekten her konstruieren und funktioniert da heraus. Diesen komplexen Bereich muss man untersuchen. Das heißt nicht, dass sie unabhängig ist, und dass man sie außerhalb des ökonomischen Prozesses und der Produktionsbeziehungen entschlüsseln könnte« (Foucault 2003 (1977a), Nr. 197: 304)

90 Eine Gesellschaft ohne Machtbeziehungen ist deswegen für Foucault undenkbar: »In Gesellschaft leben bedeutet: Es ist stets möglich, dass die einen auf das Handeln anderer einwirken. Eine Gesellschaft ohne Machtbeziehungen wäre nur eine Abstraktion« (Foucault 2005 (1982): Nr. 306: 289).

der Repressionshypothese, die ein dichotomes Top-Down-Prinzip beinhaltet.[91] Er löst den Begriff der Macht aus der Gleichsetzung mit Herrschaft und Gewalt.[92] Die Macht schreibt sich nach Foucault in die Subjekte ein, sodass das Subjekt selbst mit der Macht verwoben ist. Diesem komplexen Prozess der ›Subjektivation‹ wohnt ein Doppelcharakter inne: Das Subjekt entwirft und konstituiert sich selbst, aber es ist im selben Moment gezwungen, sich zu unterwerfen. Foucault widerspricht der Vorstellung eines bürgerlichen Subjektes, das sich jenseits von Macht- und Herrschaftsverhältnissen präsentieren kann.[93] Judith Butler arbeitet in Anlehnung an Foucault heraus, wie die Handlungsfähigkeit eines Subjekts an dessen eigene Unterwerfung gekoppelt ist:

> »Das Subjekt läßt sich durchaus so denken, daß es seine Handlungsfähigkeit von eben der Macht bezieht, gegen die es sich stellt, so unangenehm und beschämend das insbesondere für jene sein mag, die glauben, Komplizenschaft und Ambivalenz ließen sich ein für allemal ausrotten. Wenn das Subjekt weder durch die Macht determiniert ist noch seinerseits vollständig die Macht determiniert (sondern beides immer zum Teil), dann geht das Subjekt über die Logik der Widerspruchsfreiheit hinaus, es ist gleichsam ein Auswuchs, ein Überschuß der Logik. Die Behauptung, das Subjekt gehe über das Entweder-Oder hinaus, besagt nicht, daß es in irgendeiner selbstgeschaffenen Freizone lebt. Das Hinausgehen ist kein Entkommen, und das Subjekt geht genau über das hinaus, an was es gebunden ist« (Butler 2001: 20).

Das Subjekt ist demzufolge in seiner geschlechtlichen Position ebenso wie in seiner Handlungsfähigkeit in Machtproduktionen der Heteronormativität eingebunden. Es ist weder autonom strukturiert noch von gesellschaftlichen Verhältnissen vollständig determiniert. Das (geschlechtlich eindeutige) Subjekt ist der Eintritt eines Individuums in die gesellschaftliche soziale Praxis (Warner 1991; Butler 2001; Walgenbach 2007). Auch für geschlechtlich nonkonforme Personen bedeutet dies, dass sie in ihrer Sprecher_innenposition als anerkannte Subjekte den hegemonialen Geschlechterverhältnissen unterworfen sind, weil sie sich als geschlechtlich nonkonforme Subjekte konstituierten. Der Umgang

---

91 Die Repressionshypothese vermittelt nach Foucault die Behauptung, dass die Sexualität im Abendland einem Tabu unterliegt. Nach Foucault ist das Gegenteil der Fall, denn die Erscheinung der Unterdrückung ist bei ihm ein Ausdruck des Sexualitätsdispositivs. Das Tabu kindlicher Sexualität »sexualisierte den kindlichen Körper, man sexualisierte das Verhältnis des Körpers der Kinder zu dem der Eltern, man sexualisierte den familiären Raum. Die Macht hat die Sexualität positiv hervorgebracht, anstatt sie zu unterdrücken« (Foucault 2003 (1976), Nr. 192: 199).

92 Herrschaft ist nach Foucault eine erstarrte Form der Machtverhältnisse, in der keine Bewegung mehr möglich ist (Foucault 2005 (1984a), Nr. 356: 878).

93 Foucaults Anliegen in seinem Werk war es, die »Geschichte der verschiedenen Formen der Subjektivierungen des Menschen« in den Blick zu nehmen (Foucault 2005 (1982): Nr. 306: 269).

mit dieser stets ambivalenten Subjektposition wird damit zu einem Thema dieser Studie, denn in dieser Subjekttheorie ist die Macht »zugleich der Ort des Subjekts selbst« (Butler 2001: 20). Deshalb ist eine Analyse der Diskriminierung und Gewalt an den Grenzen der Zweigeschlechtlichkeit ebenso eine Analyse der Selbstkonstituierungen der Befragten.[94]

2.1.2 Performativität und Melancholie

In Anlehnung an Foucault entsteht bei Butler das Subjekt durch die Produktivität der Machtverhältnisse im Diskurs. In dem Versuch, das Verhältnis von Sprache und Subjekt zu beschreiben, entwickelt Judith Butler das Konzept der Performativität.[95] Butler prägt den Begriff des performativen Sprechaktes, der – orientiert an Austins Sprechakttheorie[96] – eine Beziehung von Sprechen und Handlung markiert, in der das Sprechen Handlung ist, vorbereitet, ausmacht, auszeichnet und darstellt. Dabei vollzieht sich die Subjektwerdung im System der sprachlichen Kategorien, in denen eine Anrufung beispielsweise als Mann oder Frau, als Angeklagte, als Migrantin oder Rollstuhlfahrerin gelingt. Diesen Anrufungen wohnen allerdings stets Ausschlüsse inne, die auf das Andere verweisen, was das Subjekt durch diese Anrufung und im Moment der Anrufung nicht darstellt.

> »Das Ich entsteht unter der Bedingung, daß es seine Formierung in Abhängigkeit, daß es seine eigenen Möglichkeitsbedingungen verleugnet« (Butler 2001: 14f).

---

94 vgl. 4. Materialisierung der Dethematisierung als Einschreibungen in das Selbst

95 Dies erfolgt in Anlehnung an John L. Austins Vorlesung *How to do things with words* (1962) sowie an Jacques Derridas Konzeption der Zitatförmigkeit. Austins Titel verweist schon auf das Spannungsfeld der Frage, inwiefern Sprechen ein Handeln ist, und inwiefern mit Sprechen und Angesprochen-werden eine Handlungsmacht entsteht (vgl. Butler 1997 (1993): 35-41). Mit Handlungsmacht ist dabei die Möglichkeit gemeint, im Diskurs als Subjekt handeln zu können (vgl. Distelhorst 2007: 32). Jacques Derrida argumentiert, jedes Element der Sprache sei z.B. als Konvention wiederholbar und zitierbar. Der Begriff verbindet sich in der Wiederholung jedoch mit der Andersheit (Derrida 1999 (1972a)).

96 Austin unterscheidet zwischen illokutionären und perlokutionären Sprechakten. Illokutionäre performative Sprechakte sind zugleich sowohl Sprech- als auch Konstituierungsakte. Dazu zählt z.B. das staatliche Heiratsritual, das jüdische Fest der Bar Mitzvah (»Heute werde ich ein Mann«) oder das Verkünden eines Urteils durch eine_n Richter_in. Im Sprechen vollzieht sich eine unmittelbare Änderung des sozialen Status einer Person (vgl. Butler 1997 (1993): 309; Stryker 2006). Perlokutionäre Sprechakte sind in alltäglichen, in staatlichen oder in religiösen Ritualen zu finden. Sie tragen als ständige Wiederholung zu Wirklichkeitskonstruktionen bei. Damit wirken sie in der Regel normbestätigend, weil sie dominante Konventionen zitieren und gesellschaftlich akzeptiert werden. Die Wirkung der perlokutionären Sprechakte fällt nicht mit dem Sprechakt zusammen (Butler 1998).

Das Selbst kann sich konstituieren, weil es ein Anderes nicht zur gleichen Zeit darstellen kann. In einer permanenten Wiederholung der Anrufung trägt diese dazu bei, den Diskurs um ein Phänomen zu verstetigen, ihn zu regulieren oder ihn neu entstehen zu lassen (vgl. Butler 1997 (1993): 22). Performativität verweist daher nicht auf die Abbildung eines Originals, sondern auf die Wiederholung einer Wiederholung. Sie kann unmittelbar an Konventionen anknüpfen, direkt konstituierend sein oder verzögert wirksam werden. Dabei sind die den Normen und Konventionen innewohnenden Regulierungsmechanismen in performativen Sprechakten zumeist verborgen und nicht offensichtlich (vgl. Butler 1997 (1993): 36). Dadurch, dass in den Anrufungen nie ein Original wiederholt werden kann, sind Bedeutungsverschiebungen im Tarnmantel der gleichen Benennungen möglich. Damit liegt in der performativen Herstellung von Geschlecht das Potenzial, Geschlecht in »parodistischen Wiederholungen« zu de-essenzialisieren (Butler 1991: 215). Die Wiederholungen schaffen Räume für »Fehlaneignungen« (Butler 1998: 64), in denen Geschlechter sich neu zeigen und in denen sich ihre Bedeutung verschieben kann. Diese Prozesse haben das Potenzial, zu »subversiver Territorialisierung und Resignifizierung einer herrschenden gesellschaftlichen Ordnung« (Butler 1998: 217) zu führen.

> »Die Resignifizierung des Sprechens erfordert, daß wir neue Kontexte eröffnen, auf Weisen sprechen, die noch niemals legitimiert wurden, und damit neue und zukünftige Formen der Legitimation hervorbringen« (Butler 1998: 65).

Die Performativität von Geschlecht ist keine innere Wahrheit eines statischen Geschlechterarrangements oder einer biologischen Veranlagung, sondern ein Zitieren mit der Möglichkeit, auf Veränderungen des bisher Legitimierten einzuwirken. Zweigeschlechtlichkeit und Heterosexualität sind dementsprechend nur temporäre hegemoniale Übereinkünfte, derer sich viele durch Anrufung bedienen. Sie sind Effekte der Materialisierung heteronormativer Macht. Denn obwohl Geschlechterzugehörigkeiten performativ als Kopie der Kopie hergestellt werden, existiert die konventionelle Illusion von Geschlecht als essenzialistischem Phänomen fort (vgl. Butler 2001: 135f).[97] Allerdings räumt Butler in *Die Psyche der Macht* ein, dass ihr Konzept der Performativität von Geschlecht nur auf eine Oberfläche verweise und dass die Psyche darin bislang unbeachtet geblieben sei. Ihr Anliegen sei es, die Praxis der Subjektivation und der geschlechtlichen Performativität angelehnt an Sigmund Freud mit der psychischen Dimension der Geschlechtermelancholie zusammenzudenken (vgl. Butler 2001: 125ff). Damit gelingt es ihr, zu erklären, wie sich die geschlechtliche Unterwerfung der Subjekte innerhalb einer *heterosexuellen*

---

97 zur Kritik an der biologistischen Auffassung von Geschlecht: vgl. z.B. Fausto-Sterling 1988 (1985); Voß 2010.

Matrix psychisch niederschlägt. Dabei ist die Melancholie eine Möglichkeit unabgeschlossener Trauer:

> »Wenn in der Melancholie ein Verlust nicht angenommen wird, so verschwindet er deshalb noch nicht. Die Verinnerlichung bewahrt den Verlust in der Psyche, genauer: Die Verinnerlichung eines Verlustes gehört zum Mechanismus seiner Verweigerung« (Butler 2001: 127).

Der Verlust ist aus dem eigentlichen Bewusstsein entschwunden und verbirgt sich in psychischen Prozessen. Butler wendet sich zwar gegen Freuds – Anfang des letzten Jahrhunderts aufgestellten – essenzialistischen Logiken von Geschlecht, folgt ihm aber in der Annahme, dass Geschlechtszugehörigkeit sich aus einer »heterosexuellen Positionierung« (vgl. Butler 2001: 128) speise. Demzufolge werden Bedrohungen der Heterosexualität zugleich zu einer Gefahr für die eigene Geschlechtszugehörigkeit (vgl. ebd.). Dem Subjekt wohnen deshalb stets ein Unbehagen und eine »heterosexuelle Melancholie« (Butler 2001: 135) inne, weil es die Enge der Kategorien spürt, denen es unterworfen ist. Die Grundlage für eine geschlechtliche Subjektkonstitution ist daher stets die Verwerfung[98], die in Anlehnung an Freud einen »emphatischen und irreversiblen Verlust« (Butler 2001: 27) darstellt. Die Melancholie »spaltet das Subjekt, indem sie die Grenze dessen markiert, auf was es sich noch einstellen kann« (ebd.: 28). Damit ist eine eindeutige Geschlechtszugehörigkeit ein Effekt einer Melancholie. Butler spricht deshalb von »melancholischem Geschlecht« und bezeichnet den heterosexuellen Mann als den eigentlichen »schwulen Melancholiker« und die heterosexuelle Frau als eine »lesbische Melancholikerin« (ebd.: 138). Heterosexuelle Zugehörigkeiten werden somit ebenso wie geschlechtlich konforme Zugehörigkeiten zu einem performativen Ausdruck des Verlustes der geschlechtlichen und sexuellen Möglichkeitsformen (vgl. ebd.: 138). Die Melancholie verweist auf die psychischen Grenzen, die sich zwischen konstituierenden und unterwerfenden Kräfteverhältnissen zeigen (vgl. Butler 2001: 19). Paula Irene Villa pointiert Butlers Konzept des melancholischen, geschlechtlichen Subjekts mit den Worten: »Das Subjekt geht demnach aus einer Verlustspur hervor« (Villa 2010: 425). Dieser Spur der melancholischen Geschlechter folgte ich in der Interpretation des empirischen Materials, denn der Schmerz der Verlustspuren in Selbstkonstituierungsprozessen zeigte sich z.B. in einer Sehnsucht nach geschlechtlicher Konformität.

Die Subjektivation, die Performativität, die Wahrheit und die Melancholie von Geschlecht sind stets an den Körper gebunden. Der Körper ist als Ort

---

98 Verwerfungen sind jene Momente, die von der Konstituierung eines Subjekts ausgeschlossen sind und unberücksichtigt bleiben. Von diesen Verwerfungen sind alle betroffen, denn jede Subjektposition verweist auf andere, ausgeschlossene Positionen. Damit ist eine jede Subjektposition notwendigerweise brüchig und instabil (vgl. Butler 1997 (1993): 262ff).

des Subjekts gleichsam dessen geschlechtliches Produkt und darüber hinaus dessen rassifizierte, ethnisierte, klassifizierte Darstellung der Macht. Performatives Sprechen wirkt demnach auf die Materialität und die Wahrnehmung von Körpern (vgl. Butler 1997 (1993): 22). Der Körper erhält somit den Status des Beweises im Diskurs der Wahrheit der Heteronormativität. Hierin zeigt sich seine Begrenztheit, denn seine Lesbarkeit ist von der Sprache heteronormativer Machtverhältnisse, dem was denkbar und besprechbar ist, abhängig. Und auch die Bedürfnisse an und für den Körper speisen sich aus dem heteronormativen Dispositiv. Dies zeigt sich grundsätzlich in der Wahrnehmung von zwei »biologischen« Geschlechtern und der Sehnsucht nach einer eindeutigen Zugehörigkeit, wobei die Zweigeschlechtlichkeit als Materialisierung logisch einer »natürlichen Geschlechterdifferenz« entbehrt. Butler schlägt deshalb vor, sich der Frage zu nähern, weshalb diese Materialität als ein unumstößliches Phänomen erscheint, dass sich allen Infragestellungen entziehen kann (vgl. Butler 1997 (1993): 53ff).

2.1.3 Anerkennung und *Zone der Unbewohnbarkeit*

Deutet man Butler politisch, so ist die *heterosexuelle Matrix* eine rigide Norm, an der sich Anerkennung und fehlende Anerkennung von geschlechtlichen Subjekten in und durch Sprache festmacht. Butler spricht im Zusammenhang mit Anerkennung zumeist von dem »Menschlichen« oder dem »Ich«. Ihr Anliegen ist es, die Techniken und Mechanismen der Grenzziehungen von intelligiblen Geschlechtern zu kennzeichnen, denn sie entscheiden über den Grad der Anerkennung:

> »Bestimmte Menschen werden als eingeschränkt menschlich erkannt, und diese Form der eingeschränkten Anerkennung führt nicht zu einem bewältigbaren Leben. Bestimmte Menschen werden überhaupt nicht als menschlich anerkannt, und das führt zu einer weiteren Ordnung nicht lebbaren Lebens« (Butler 2009 (2004a): 10f).

Anerkennung ist eine gesellschaftliche und individuelle Voraussetzung für ein geschlechtliches Subjekt und die Voraussetzung für gesellschaftliche Teilhabe. Intelligible Geschlechter nennt Butler jene handlungsmächtigen Subjekte, die gedacht, angerufen und sozial anerkannt sind (vgl. Butler 1991: 38, ebd. 1998: 198). In ihrem Artikel *Sehnsucht nach Anerkennung* (2009 (2004e)) stellt sie heraus, dass die zwischenmenschliche Anerkennung mehr als eine interpersonale Begegnung zweier Personen ist. Dabei orientiert sie sich an den Anerkennungstheorien der Psychoanalytikerin Jessica Benjamin, für welche Anerkennung ein Prozess ist, der sich einstellt, »wenn das Subjekt und der Andere sich als gegenseitig reflektiert begreifen« (Butler 2009 (2004e): 216), wobei das Eigene und das Andere unterschieden bleiben. Anerkennung zeigt sich als eine

Idealform von Kommunikation und Begegnung, der nach Benjamin ständig das destruktive Moment einer möglichen Nicht-Anerkennung innewohnt (vgl. ebd.: 218).[99] Nach Butler existiert eine notwendige Unvereinbarkeit zwischen staatlicher Normierung und der Anerkennung zahlreicher sozialer Lebensweisen (vgl. Butler 2009 (2004d): 191f).[100] Soziale Anerkennung, die nach Legitimität strebt, befindet sich in einem Dilemma: Während sie nach politischer Anerkennung strebt, kann sie nicht die normativen Konventionen aus einer kritischen Distanz infrage stellen, sondern nutzt sie affirmativ, um sie zum eigenen Nutzen auszulegen und partiell zu erweitern. Die Sorge für die eigene Anerkennung fördert den Ausschluss anderer. Judith Butler wird deshalb zur Advokatin jener, die sich von diesem Prozess der Gleichbehandlung ausgeschlossen sehen. Ihr Ziel im Kontext von Anerkennung ist nicht Selbstbestimmung oder der Autonomie des Subjekts zu umzeichnen, sondern ihr Ziel ist die Gleichbehandlung aller Personen, ohne dass durch eine »Dehumanisierung« die Ebene der Gewalt für nicht-intelligible Subjekte zulässig erscheinen kann (Butler 2009 (2004b): 46). Doch der Mensch lebt in Sehnsucht nach Anerkennung, denn aus ihr zieht er seine Handlungsfähigkeit: »[Die] Abhängigkeit ist die Basis unseres Durchhaltens und unserer Überlebensfähigkeit« (Butler 2009 (2004b): 57). Sich außerhalb von sozialen Normen und damit außerhalb der sozialen Anerkennung zu platzieren, bedeutet »den Tod zu hofieren« (ebd.: 61).

> »Die Kritik an den Geschlechternormen muss im Kontext der Menschenleben situiert werden, so wie diese Leben gelebt werden, und sie muss von der Frage geleitet sein, was die Möglichkeiten, ein lebenswertes Leben zu führen, maximiert und was die Möglichkeit eines unerträglichen Lebens oder sogar eines sozialen oder buchstäblichen Todes minimiert« (Butler 2009 (2004a): 20).

In der Analyse entziehe ich mich einem affirmativen Begriff der Anerkennung, der die Gefahr der Destruktion in der Anerkennung außer Acht lässt. Mit Blick auf die Forschung bedeutet dies, dass empirische Diskriminierungs- und Gewaltsituationen zwar vom Verlust oder einer Verweigerung der Anerkennung gekennzeichnet sind, dass aber zugleich im Zuge sozialer Anerkennung, eine

---

99 Zur Anerkennung bei Benjamin: vgl. *Das Schatten des Anderen. Intersubjektivität. Gender. Psychoanalyse* (2002); *Die Fesseln der Liebe, Psychoanalyse, Feminismus und das Problem der Macht* (1996).

100 Am Beispiel der Homoehe verdeutlicht Butler, wie der Kampf um staatliche Anerkennung für die Existenz der Heirat Homosexueller Vielen wesentlich erscheint. Es zeige sich darin die Lossagung von einer Promiskuität, die Homosexuellen nahe gelegt werde. Butler selbst wertet den Bezug zur staatlichen Anerkennung als ein Hindernis, sich andere Formen der sozialen Anerkennung zu schaffen. Dieses Streben nach Ausweitung des Geltungsbereichs bestehender Normen führe zu einer »selektiven Entlegitimierung« (Butler 2009 (2004d): 189).

ambivalente oder widersprüchliche Wirkung erzielt werden kann, weil ihr die Destruktivität als Gefahr des gesellschaftlichen Ausschlusses durch Diskriminierung und Gewalt, innewohnt.[101] Anerkennung als zentrales Ziel, das zur Minimierung von Diskriminierung und Gewalt beitragen soll, kann so stets nur ein partieller Erfolg sein, weil er einen anderen Ausschluss legitimiert. Judith Butler sieht die Bewohner_innen der *Zone der Unbewohnbarkeit* von der geschlechtlichen Mehrheitsgesellschaft ausgeschlossen. Sie leben ohne intelligiblen Subjektstatus:

> »Diese Matrix mit Ausschlußcharakter, durch die Subjekte gebildet werden, verlangt somit gleichzeitig, einen Bereich verworfener Wesen hervorzubringen, die noch nicht ›Subjekte‹ sind, sondern das konstitutive Außen zum Bereich des Subjekts abgeben. Das Verworfene [the abject] bezeichnet hier genau jene ›nicht lebbaren‹ und ›unbewohnbaren‹ Zonen des sozialen Lebens, die dennoch dicht bevölkert sind von denjenigen, die nicht den Status des Subjekts genießen, deren Leben im Zeichen des ›Nicht-Lebbaren‹ jedoch benötigt wird, um den Bereich des Subjekts einzugrenzen. Diese *Zone der Unbewohnbarkeit* wird die definitorische Grenze für den Bereich des Subjekts abgeben; sie wird jenen Ort gefürchteter Identifizierung bilden, gegen den – und Kraft dessen – der Bereich des Subjekts seinen eigenen Anspruch auf Autonomie und Leben eingrenzen wird« (Butler 1997 (1993): 23).

Subjektivationen nicht lebbarer Personen finden nach Butler an einem Ort jenseits der Grenzen anerkannter Geschlechter statt. Bewohner_innen der *Zone der Unbewohnbarkeit* wohnen ohne sozialen Subjektanspruch. Sie werden aus der Sicht der Mehrheitsgesellschaft nicht als (geschlechtlich) legitimierte Subjekte anerkannt. Sie leben in abgegrenzten Zonen, wobei die *Zone der Unbewohnbarkeit* notwendig auf die Sphäre der Anerkennung verweist. Der legitimierte Bereich der Subjekte ist ein geschlossener Ort, der sich vor dem Außen schützt. Die subjektlosen Personen aus der *Zone der Unbewohnbarkeit* erfahren, dass »Unterordnung als Bedingung der Subjektwerdung (...) eine zwangsweise Unterwerfung« bedeutet (Butler 2001: 12). Antke Engel kritisiert das dualistische Modell der *Zone der Unbewohnbarkeit*, da die Lebbarkeit geschlechtlich nonkonformer Identitäten jenseits dieser Zone bereits gelebter Alltag und nicht in der Utopie oder der Parodie zu suchen sei (vgl. Engel 2002: 23-35). Engels Kritik führt zur vertiefenden Perspektive auf den Forschungsgegenstand: Was kennzeichnet die Orte, an denen geschlechtlich nonkonforme Personen sich als Subjekte konstituieren (können)? Als *Zonen der Bewohnbarkeit* (Ipk) bezeichne ich demgegenüber jene Orte, an denen die permanente Aushandlungspraxis der von Zweigeschlechtlichkeit verworfenen Subjekte, stattfindet. Geschlechtlich-nonkonforme Selbstkonstituierungen

---

101 vgl. 4. Materialisierung der Dethematisierung als Einschreibungen in das Selbst

sind darin längst zu intelligiblen Subjekten geworden, obwohl sich ihre Selbst-konstituierungen nur latent, brüchig und im Widerspruch zu heteronormati-ven Geschlechternormen zeigen können. *Zonen der Bewohnbarkeit* existieren im Diesseits der Grenze normativer Zweigeschlechtlichkeit. Charakteristika der bewohnbaren Zonen sind ihr dynamisches Erscheinen und das Ermögli-chen der Sagbarkeit und Sichtbarkeit inmitten der Sphären der Unsagbarkeit und Unsichtbarkeit. Sie sind für geschlechtlich nonkonforme Personen Orte der Ruhe, in denen Sicherheit und Entlastung vom diskriminierenden und ge-waltsamen Alltag erfahren werden kann, obschon sie sich der Eindeutigkeit als wohltuende Insel im heteronormativen Alltag entziehen, weil sie sich als ambi-valente Orte zeigen können.[102]

2.1.4 Geschlechtliche Wahrheit und *heteronormative Hegemonie*

Die »Produktion von Wahrheit« fördert Kriterien und Bereiche zu Tage, in denen die Unterscheidung von richtig und falsch das Zusammenspiel der Men-schen, der Diskurse reguliert und gültig werden lässt (vgl. Foucault 2005 (1980), Nr. 278: 34). Zu diesen Bereichen zählt nach Foucault die Eindeutigkeit von Geschlecht: In seinem Vorwort zu den Aufzeichnungen des Hermaphroditen *Herculine Alexina Barbin*[103] kritisiert er die binäre Konstruktion von Zweige-schlechtlichkeit, die aus dem Zusammenspiel der biologischen Sexualtheorien, der juristischen Bestimmungen und der administrativen Kontrolle im 19. Jahr-hundert produziert wird (vgl. Foucault 1998 (1978): 8f). Die Zugehörigkeit zu einem Geschlecht wurde im Zweifelsfalls an ein Expertentum gekoppelt, das damit beauftragt war, »fortan jedem ein Geschlecht, und nur ein einziges« (ebd.: 9) zuzuordnen.[104] Wahre und damit auch unwahre Geschlechter ent-stehen bis heute in ihrer (Un-)Eindeutigkeit am Kristallisationspunkt aus Ex-

---

102 vgl. z.B. 5.3. »Ich bin ja nicht cooler, weil ich Trans bin.« – Im Zwiespalt soziokultu-reller Szenen; 8.2 »Da hat kein Hahn nach gekräht« – Wider der eigenen Erwartung
103 Herculine Alexina Barbin lebte im 19. Jahrhundert in Frankreich. In ihren Erinnerun-gen dokumentiert sie_er ihre Zwangstransition als Hermaphrodit von der sozial markier-ten jungen Frau zum jungen Mann. Herculine Alexina, später Abel Barbin nahm sich im Alter von 30 Jahren das Leben (Foucault 1998 (1978)). Herculine/Abel Barbin schrieb kurz vor dem Suizid: »Den anderen und mir selbst eine Last, ohne alle Liebe, ohne eine jener Hoffnungen, deren milder, reiner Strahl zuweilen die sorgenvolle Stirn der Leiden-den aufhellt. Doch nein, nichts. Immer nur Verlassenheit, Einsamkeit, kränkende Verach-tung« (Foucault 1998 (1978): 122).
104 Foucault stellt in der Medizin des 19. und 20. Jahrhunderts zahlreiche Verschiebungen fest, durch die Geschlecht und Wahrheit als eindeutiges Ensemble infrage gestellt wurden, wobei er betont, dass die Wahrheit trotzdem ein zentrales Moment im Mächtespiel der geschlechtlichen Konformität und der Subjektivierung geblieben ist (vgl. Foucault 1998 (1978): 8-11).

pertenwissen, juristischen Regeln, medizinischen Annahmen, soziokulturellen Techniken, und geschlechtlich (non-)konformen Selbstkonstituierungen. An der Grenze der anerkannten, wahren Geschlechtlichkeit existieren – so zeigt Foucault mit seiner Studie – verschiedene spezifische Machtmechanismen, die diskursiv eine Hegemonie der Zweigeschlechtlichkeit produzieren. In Bezug auf geschlechtliche Wahrheit bleibt Michel Foucaults ironische Antwort auf die Frage, ob eine Gesellschaft ein wahres Geschlecht braucht, aktuell, denn starrsinnig wird an der Wahrheit von Geschlecht festgehalten (vgl. Foucault 1998 (1978): 7): Sie wird bis dato in der sozialen Wirklichkeit auf die Existenz von Männern und Frauen reduziert und ist mit der Authentizität, des Echtseins, der Ehrlichkeit und des Vertrauens verbunden. Sie bietet außerdem hierarchische Binnen- und Außen-Differenzierungen, in denen eine Grenze zwischen wahr und falsch gezogen wird (vgl. Foucault 2005 (1980), Nr. 278: 37f). Trotz der vermeintlichen Klarheit von Geschlecht als sozialer Kategorie, scheint die Suche nach einer eindeutigen Wahrheit dem geschlechtlichen Denken und Wahrnehmen immanent zu sein.

Es muss demzufolge kein Widerspruch sein, dass Geschlecht als Begriff Unzweifelhaftigkeit ausdrückt und doch die ständige Suche nach Wahrheit voraussetzt. Nach Foucault ist die Wahrheit eine Erweiterung der Macht. Sie besitzt einen problematischen Bezug zur Wirklichkeit, denn sie erscheint als Strukturprinzip, ohne ein Produkt von Erkenntnisprozessen zu sein. Die »Produktion der Wahrheit« erfolgt ohne Absicht, obwohl sie das gültige vom nicht-gültigen Sprechen über Dinge, Personen oder Positionen differenziert. Das Prinzip der Wahrheit ist damit ein Regulierungsinstrument der Macht (vgl. Foucault 2005 (1980), Nr. 278: 34). Foucault beabsichtigte, »Wahrheitsspiele« zu dechiffrieren, um Mechanismen der Macht, die hinter der Wahrheit verborgen liegen, erkennen zu können.[105] Das bedeutet im Umkehrschluss, dass Wahrheit die Eigenschaft hat, bestimmte Machtmechanismen verdecken zu können, und dass die Produktion von Wahrheit stets lokal situiert ist.[106] Mit

---

105 »Mein Problem besteht darin herauszufinden, wie die Menschen sich, und zwar sich selbst und die anderen durch die Produktion von Wahrheit regieren. Unter Produktion von Wahrheit verstehe ich, (...) nicht die Produktion wahrer Aussagen, sondern die Einrichtung von Bereichen, in denen die Praktik von wahr und falsch zugleich reguliert und gültig sein kann« (Foucault 2005 (1980), Nr. 278: 34).

106 In Foucaults Werk wird die Wahrheit unterschiedlich interpretiert (Günzel 2008). Foucault selbst sagt 1982 dazu: »Bisher habe ich traditionelle Probleme untersucht: (1) Welches Verhältnis haben wir zur Wahrheit durch wissenschaftliche Erkenntnis, zu jenen Wahrheitsspielen, die so große Bedeutung in der Zivilisation besitzen und deren Subjekt und Objekt wir gleichermaßen sind? (2) Welches Verhältnis haben wir aufgrund dieser seltsamen Strategien und Machtbeziehungen zu den anderen? (3) Welche Beziehungen bestehen zwischen Wahrheit, Macht und Selbst?« (Foucault 2005 (1988), Nr. 362: 965f).

anderen Worten, die Dominanz des Machtdiskurses der wahren Geschlechter verdeckt und dethematisiert die Existenzen anderer Geschlechter.

In diesem Zusammenhang ist die diskursive Deutungshoheit und Hegemonie einzuführen, denn erst durch die Wahrheit werden hegemoniale Sichtweisen absichtsfrei produziert. Foucault gelingt es nicht, zu ergründen, wann ein Diskurs zum dominanten, hegemonialen Diskurs wird, obwohl er sich stets auf die Bedingungen der Machtverhältnisse und auf die Beziehung von Subjekt und Macht fokussiert. Ihm liegt nicht daran, die Voraussetzungen für eine spezifische diskursive Deutungshoheit zu ermitteln.[107]

Mit Blick auf die fehlende politische Ausrichtung der sich konstituierenden Hegemonie von Diskursen, erklärt Gundula Ludwig in Anlehnung an Judith Butlers und Antonio Gramscis hegemonietheoretischen Ausführungen, wie sich *heteronormative Hegemonie* (vgl. Ludwig 2012: 106) entwickeln kann.

Judith Butler bezeichnet die Kongruenz von Sex, Gender und gegengeschlechtlichem Begehren (*Desire*), die sich in Geschlechtsidentitäten, Körpern und Begehren scheinbar »naturalisiert« widerspiegelt, als *heterosexuelle Matrix*[108], welche die grundlegende Geschlechterordnung prägt (Butler 1991: 219f). Butler selbst schlägt in *Körper von Gewicht* den Begriff der »heterosexuellen Hegemonie« vor, um Machtverhältnisse flexibler betrachten zu können. Dennoch sei sie nach Ludwig nicht in der Lage, den Begriff außerhalb einer juridischen Machtkonzeption zu erfassen und seine Wirkmächtigkeit jenseits der geschlossenen Kohärenz einer Matrix zu begründen (vgl. Ludwig 2012: 111). Nach Ludwig ist mit ›Hegemonie‹ in Anlehnung an Antonio Gramsci und an Laclau/Mouffe (2000) eine spezifische Form der Macht gemeint, die in westlichen Gesellschaften verschiedene Ungleichheitsverhältnisse regiert (ebd.: 112).[109] Die spezifische Macht beruht nach Gramsci nicht nur auf Zwang und auf Gesetzen, sondern zudem auf einem zivilgesellschaftlichen Konsens, dem die Mehrheit der Gesellschaftsmitglieder zustimmt. Hegemonie ist ein stetiger Aushandlungsprozess in »Kompromissen und Artikulationen heterogener Forderungen und Weltauffassungen« (ebd.: 115), der dadurch seine spezifische Langlebigkeit erhält. Dabei findet eine Transformation der hegemonialen Diskurse in die Alltäglichkeit des Erlebens und Bewertens statt, die sowohl eine Selbsttätigkeit der Subjekte, als auch zugleich eine zentrale Voraussetzung

---

107 Zur feministischen Perspektive und Kritik: vgl. Bührmann 1995: 197ff; Raab 1998: 52-90

108 Butler benutzt analog dazu den Begriff der »Matrix der Intelligibilität« (Butler 1991: 39, 219).

109 Gundula Ludwig löst den Hegemoniebegriff aus der ökonomischen Klammer Gramscis und greift damit die postkoloniale und feministische Kritik von Laclau/Mouffe 2000, Habermann 2008 und Castro Varela et al. 2011 auf (vgl. Ludwig 2012: 112f).

für Handlungsmächtigkeit darstellt (vgl. ebd.: 113). In Anlehnung an Butlers Begriff der *heterosexuellen Matrix* und der *heterosexuellen Hegemonie* fokussiert Ludwig hegemoniale Diskurse und rekurriert auf die Gewaltförmigkeit der Normativität (vgl. Ludwig 2012: 108ff; Butler 1991, 1995, 2009 (2004)).

> »Die Art und Weise, wie das Subjekt sich zu hegemonialen Weltauffassungen ins Verhältnis setzt, kann somit als widersprüchliche Gleichzeitigkeit von Unterwerfung und Aneignung von Möglichkeitsspielräumen gedacht werden« (Ludwig 2012: 113f).

Das gesamte Wirken dieser spezifischen Macht in Staatsinstitutionen, in Gesetzen, in zivilgesellschaftlichem Handeln und in Subjektkonstituierungen begreift Ludwig als »staatliche Machtformation« (ebd.: 115). *Heteronormative Hegemonie* entstehe damit innerhalb und mit den verschiedenen Praktiken und Normen einer Gesellschaft als langlebige, fluide Formation, die als dominantes Wissen in einflussreichen Wirkungsfeldern wie in Subjektkonstituierungen, im Recht, in Bildung und in alltäglichen sozialen Konventionen produziert wird.

Gundula Ludwig erklärt die Dominanz der Diskurse – wie z.B. der Dominanz des Wissenskomplexes biologischer Zweigeschlechtlichkeit – mit dem Konzept der *heteronormativen Hegemonie* (vgl. Ludwig 2012: 115ff). Die alltägliche Erfahrung von Zweigeschlechtlichkeit sei eine »Orientierung an hegemonialen Deutungsmustern« (ebd.: 117) und damit als Effekt der Macht zu verstehen. Hegemonie zeige sich widersprüchlich und offen und sorge so für die Artikulation und Repräsentation der Heteronormativität.

> »Konsequenterweise ist die *heteronormative Hegemonie* auch keineswegs so kohärent, rigide und historisch unveränderlich, wie Butler dies für die *heterosexuelle Matrix* beschreibt. Hegemonie ist widersprüchlich. Gerade weil Hegemonie auch Versprechen beinhaltet, an welche die Subjekte Perspektiven und Hoffnung heften können, kann Hegemonie nicht auf Unterwerfung reduziert werden. Diese Versprechen bergen auch die Möglichkeit, sich dieser zu bemächtigen und hegemoniale Weltauffassungen und Führungsweisen subversiv zu besetzen, zu verschieben und widerständig anzueignen« (Ludwig 2012: 118).

Butler sieht in der subversiven Resignifizierung von Bedeutungen die Chance, handlungsmächtig zu sein, womit sie nach Ludwig in der sprachphilosophischen Auseinandersetzung verbleibe (vgl. Butler 1991: 213, 1995 (1993): 125; 1998: 218; s.a. Engel 2002: 88-95). Die intersektionale Idee der *heteronormativen Hegemonie* hingegen ermögliche es, über die sprachtheoretische Betrachtung hinauszugehen, indem es den sozialen Konsens infrage stellt und die Konstruktion binär geschlechtlicher Subjekte mit gesellschaftlichen und staatlichen Regulierungsprozessen verbindet (Ludwig 2012: 119ff). *Heteronormative Hegemonie*, so Ludwig, sei das Ergebnis gesellschaftlicher Aushandlungsprozesse, die über die sprachliche Praxis hinausgehen (vgl. ebd.: 122).

2.1.5 Heteronormative Wahrheit als Gewaltformation

Heteronormativität ist eine gesellschaftliche Ordnungsform, in der geschlechtlicher Ausschluss produziert wird. Als Gewaltformation ist sie zu erkennen, wenn von ihr eine unumstößliche Wahrheit ausgeht, welche die Präsenz anderer Wahrheiten verunmöglicht. Die Geschlechterverhältnisse kennzeichnet eine *heteronormativen Hegemonie* (Ludwig 2012): Die geschlechtliche Wahrheit erscheint als Eindeutigkeit. Während das Zusammenspiel von Geschlecht, Macht, Subjekt, Wahrheit und hegemonialen Diskursen die theoretische Kulisse darstellt, ist die Infragestellung des Konzepts der heteronormativen Wahrheit und Eindeutigkeit das Fundament der Studie. Durch die gesellschaftliche inhaltliche Kohärenz und Naturalisierung des hegemonialen Geschlechterdiskurses werden Veränderungspotenziale unsichtbar(er) gemacht. Denn schon die Verschiebungspotenziale der Normfolgen von Zweigeschlechtlichkeit in performativen Sprechakten sind Kopien einer Kopie (vgl. Butler 1997 (1993): 35-41), weshalb in geschlechtlichen Repräsentationen und Wahrheiten lokale Geschlechterspielräume entstehen und existieren. Dies ermöglicht im sozialen Handeln und in den politischen Interventionen eine Folge von sich verschiebenden Abbildungen von Geschlecht innerhalb eines anerkannten Normspektrums. Die Spektren selbst werden lokal situativ und gesellschaftlich ausgehandelt, wobei sie sich nur innerhalb der *heteronormativen Hegemonie* flexibel zeigen können. Das macht die soziale Konstruktion der Geschlechterordnung zu einem Effekt aus sich widersprechenden Dispositiven. Im normativen Konzept der Heteronormativität werden somit die Anzahl der Geschlechter und das sexuelle Begehren festgelegt, was nicht bedeutet, dass Ereignisse jenseits dieser Geschlechter und dieses sexuellen Begehren nicht lokal anerkannt existieren können. Anders formuliert trägt Heteronormativität produktiv dazu bei, dass sich Zweigeschlechtlichkeit konstituiert, obgleich sich Grenzphänomene jenseits der normativen Konvention von Geschlecht und Sexualität zeigen können. Diese Phänomene unterliegen einer Gewalt durch Nicht-Thematisierung. Sie sind Produkte und Produzierende geschlechtlicher Wahrheiten, der sie sich versuchen zu entziehen, obwohl sie durch die gesellschaftliche Durchsetzung der *heteronormativen Hegemonie* an sie gebunden sind. Ihren Selbstkonstituierungen wohnt eine normative Regulierungsmacht inne, die sich nicht nur in den sozialen Konventionen auf die geschlechtlichen Selbstkonstituierungen[110], sondern auch auf das Erleben des Alltags[111] und auf die Widerfahrnisse von geschlechternonkonform-feindlicher Diskriminierung

---

110 vgl. 3. Die Sicht der Interviewpartner_innen auf Geschlecht, Gewalt und Widerstand
111 vgl. 5. Sprache, Architektur und Szenen als verletzungsoffene Sphären

und Gewalt[112] auswirken. Die Befragten konnten demnach in den Interviews nur über das hinausgehen, an das sie innerhalb der *heteronormativen Hegemonie* gebunden sind. Hierin liegt die verdeckte Gewaltförmigkeit der Heteronormativität, die sich nicht nur in den Widerfahrnissen von subjektiven, singulären oder gruppenspezifischen geschlechtlichen Ausschließungsprozessen in Diskriminierung und Gewalt zeigt, sondern die sich ebenso als mehrdimensionales Zusammenspiel von Widersprüchen und speziellen Subjektkonstituierungen im intersektionalen Geschlechterverhältnis auf der Seite geschlechtlich nonkonformer und konformer Positionierungen zeigt. Geschlechtliche Wahrheiten und die Wahrheit der Heterosexualität bilden eine Basis der Gewaltförmigkeit der heteronormativen Geschlechterverhältnisse.[113]

2.2 Figurative Grenz-Materialisierungen im Gewalt- und Diskriminierungshandeln

In *Hass spricht* macht Judith Butler darauf aufmerksam, dass der Zusammenhang von Sprache und Gewalt einer Historizität unterliegt: Zwar trage die sprechende Person die Verantwortung für das verletzende Gesagte, aber die Verletzung gehe aus dem diskriminierenden Gehalt der Wiederholung des Gesagten hervor, die der Geschichtlichkeit der Anrufung entspringt (vgl. Butler 1998: 57f).[114] Dieses Kapitel richtet die Aufmerksamkeit auf jene diskriminierenden Figuren, die im Untersuchungsfeld häufig und regelmäßig wiederkehrten. Als Stereotype verbildlichten sie zentrale hegemoniale Denkweisen zur geschlechtlichen Nonkonformität. Als figurative Grenz-Materialisierungen stellten sie sprachliche, inhaltliche Grundlage in der Mehrzahl des Diskriminierungs- und Gewalthandelungen dar: Die_der Homosexuelle, der monströse Zwitter, der postgender Cyborg und die_der Betrüger_in. Die Figuren sind zentrale historische Denkmuster im Dispositiv der geschlechtlichen Nonkonformität. Ihre konkrete Relevanz für den Untersuchungsgegenstand wird in

---

112 vgl. 6. Sexualisierte Gewalt als Instrument der Eindeutigkeit und 7. Effekte der Dethematisierung in Medizin und Justiz

113 In ausgebauter, intersektionaler Perspektive sind Geschlechterverhältnisse komplexer und gehen über die hier fokussierte Schnittstelle von Geschlecht und Sexualität hinaus.

114 »Offenbar haben die verletzenden Namen eine Geschichte, die im Augenblick der Äußerung aufgerufen und wieder gefestigt, jedoch nie ausdrücklich erzählt wird. Es geht nicht einfach um eine Geschichte ihres Gebrauchs in bestimmten Kontexten und zu bestimmten Zwecken. Es geht vielmehr darum, wie diese Geschichten durch Namen gleichsam eingesetzt und stillgestellt werden. Der Name besitzt also eine Geschichtlichkeit in dem Sinne, daß seine Geschichte in den Namen selbst eingezogen ist und seine aktuelle Bedeutung konstituiert« (Butler 1998: 57f).

der empirischen Analyse veranschaulicht. Abschließend wird der historische Bedeutungsrahmen der figurativen Materialisierungen im Diskriminierungs- und Gewalthandeln thematisiert.

2.2.1 Die_der Homosexuelle

Homosexualität als sozio-pathologisches Phänomen ist eine neuzeitliche Erfindung. Der Ausdruck wurde zum ersten Mal 1869 vom Schweizer Arzt Karoly Maria Benkert verwendet.[115] Homosexualität als medizinische Abweichung wurde zum ersten Mal zwei Jahre vor der Erfindung der Heterosexualität genutzt und löste den mittelalterlich geprägten Begriff der Sodomie[116] ab (vgl. Kraß 2003a: 10ff, 2011 (2007): 137ff).[117] Michel Foucault erkannte im Wechsel von der Sodomie zur Homosexualität einen Wandel in der Betrachtung Homosexueller: »Der Sodomit ist ein Gestrauchelter, der Homosexuelle eine Spezies« (Foucault 1997 (1977): 58). Dies verdeutlicht den Perspektivenwechsel auf Homosexualität, welche sich nach Foucault in der Expertensicht vom erwerbbaren Laster zum anormalen Sein wandelte. Homosexualität wurde Anfang des 20. Jahrhunderts vom Sexualwissenschaftler Magnus Hirschfeld als »drittes Geschlecht« bezeichnet, das physiologisch androgyn oder zwittrig konzipiert wurde (vgl. Kraß 2003a: 15). Die Diskussionen um die Frage der angeborenen und physiologisch feststellbaren Homosexualität erreichten eine breitere Öffentlichkeit, und das entsprechende Gesetz (§ 175 StGB) zur Verhinderung und Kriminalisierung von Homosexualität wurde zur Denunziation und zur gesellschaftlichen Ausgrenzung genutzt. Eine biologische Begründung der Homosexualität wurde allerdings von der homophilen Bewegung argumentativ aufgegriffen, um gegen den diskriminierenden Paragrafen 175 StGB zu protestieren (vgl. Lautmann 1977: 11ff; Kraß 2003a: 14). Während der § 175 von 1871 bis 1994 in verschiedenen Abstufungen[118] das rechtliche Fundament für die Kriminalisierung der Homosexualität bedeutete, war Homosexualität zugleich psychiatrische Krankheit und damit wesentlich für Prozesse des Otherings (Bleibtreu-Ehrenberg 1977; Kraß 2011

---

115 Andere Mediziner_innen, die sich mit Homosexualität, bzw. ›Inversion‹ oder ›Uranismus‹ beschäftigten, kamen aus der deutschsprachigen Sexualmedizin und Psychiatrie am Ende des 19. Jahrhunderts, wie z.B. Sigmund Freud, Richard von Krafft-Ebing, Albert Moll und Magnus Hirschfeld (Weber 2008).

116 Der Begriff beschreibt im deutschen Sprachgebrauch Sexualität mit Tieren (vgl. Kraß 2003: 11).

117 Die Frage, was ist Homosexualität und wer sind die Homosexuellen beantwortet diese Skizze nicht. Zu männlicher Homosexualität: Halperin 2003

118 1871 wurde er eingeführt, im Nationalsozialismus 1935 verschärft, 1949 zur Staatsgründung übernommen, 1969 entschärft und erst 1994 aus dem Gesetzbuch genommen (vgl. Kraß 2011 (2007): 137).

(2007)).[119] Die Figur der_s Homosexuellen basiert somit historisch auf Kriminalisierungen und Pathologisierungen, die sein geschlechtlich und sexuell Anderes konstituierten. Dem Konzept folgten unterschiedliche Diskriminierungs- und Ausgrenzungsmechanismen, die nach einer Verschärfung des Gesetzes im Nationalsozialismus zu 50.000 verurteilten Männern und geschätzt zu 15.000 Toten in Konzentrationslagern zwischen 1933 und 1945 beitrugen (vgl. Kraß 2003a: 13; Müller 2012: 132). Hier deutet sich bereits eine komplexe Verschränkung von *deviantisierter* Geschlechtlichkeit und *deviantisierter* Sexualität an. Außerdem wirkt darin der Glaube an eine eindeutige und unveränderbare geschlechtliche und sexuelle Daseinsform als Maßgabe. Bemerkenswert ist von Forschungsbeginn an, dass sich das Interesse an der Abweichung stets vor das Interesse an der Mehrheit der geschlechtlichen und sexuellen Positionierungen geschoben hat. So war es nie erklärungsbedürftig, warum Heterosexualität zum Massenphänomen wurde. Die Klassifizierung als >anders< ist eng an Regulierung, Verfolgung, Normierung bis hin zur Tötung gekoppelt worden. Stereotype als Bedingungen und Folge von Ressentiments haben sich stets weiterentwickelt und angepasst, wobei sich individuelle, kulturelle und strukturelle Diskriminierungen verstetigen konnten. In der Denktradition des Kaiserreichs und der Weimarer Republik stand beispielsweise der männliche Homosexuelle im Nationalsozialismus als Staatsfeind im Fokus. Homosexualität wurde als eine sich verbreitende Seuche betrachtet, die zur Gefahr für den »Volkskörper« würde werden können (vgl. Nieden 2012: 23ff; Sarre/Tomsen 1997). Die Seuche als inhaltliches Fragment des Stereotyps prägt Diskurse bis in die Neuzeit: Im Zuge der AIDS-Krise der achtziger Jahre wurden schwule Männer zur zentralen Risikogruppe für den HIV-Erreger deklariert:

> »In der paranoiden Logik der Homophobie ist Homosexualität kontagiös, und zwar nicht erst in ihrer physischen Ausübung, sondern schon in der verbalen Artikulation« (Kraß 2011 (2007): 144).

Der figurative Glaube daran, dass Homosexualität sich wie ein Virus übertragen lasse, hält sich nicht nur soziokulturell als stereotype Annahme. Auch auf der Ebene der individuellen Diskriminierung, zeigt sich dieser Gedanke in den weit verbreiteten Ausrufen jener Personen, die betonen, dass ein_e Homosexuelle_r sie »bloß nicht anfassen soll«. Homosexuellenfeindlichkeit birgt dann eine Angst vor einer Ansteckung (vgl. Kraß 2011 (2007): 145). Zusätzlich ist sie eng mit der Mysogynie verbunden ist, denn der schwule Mann gilt aus heteronormativ reduzierter Perspektive als Träger einer im Stereotyp

---

119 Rüdiger Lautmann merkt an, dass diese Argumentation später zur Entkriminalisierung der Homosexuellen beigetragen habe (vgl. Lautmann 1977: 131).

feminisierten (verweiblichten) Männlichkeit. Ihm wird ein ureigener Kern des Mannseins abgesprochen, was dazu führt, dass weibliche Verhaltensweisen und Aussehen, homosexuell gedeutet werden. Demgegenüber ist im heteronormativen Stereotyp die lesbische Frau eine virilisierte (vermännlichte) Weiblichkeit. Das Sprechen über eine Frau als Mannweib kennzeichnet den Verlust an Weiblichkeit, wobei dieser Verlust im Diskriminierungshandeln Personen mit und ohne lesbische Orientierung angehängt wird. In beiden Fällen wird die Homosexuelle nicht als eindeutiges Geschlecht gelesen und entbehrt der Zugehörigkeit zu der Kategorie der vermeintlich richtigen und echten Frauen. Die lesbische Frau gilt darin als frigide, wenig sexuell aktiv und hässlich.[120] Ihr werden jene Eigenschaften zugesprochen, die sie aus heterosexueller Perspektive zu einer Person non grata werden lässt. Zugleich gilt die lesbische Frau aber auch als die sexuell autonom Handelnde, die sich der heterosexuellen Verfügbarkeit aktiv entzieht (vgl. Ruthchild 1997: 3). Außerdem werden sexuelle Praktiken männlicher Homosexueller aus hegemonialer Perspektive häufig mit dem Empfinden von Ekel abgewertet (vgl. Kraß 2011 (2007): 145). Dieses Gefühl wird als Beweis für die Natürlichkeit der Heterosexualität herangezogen, um nicht zuletzt die Abweichung bewusst oder unbewusst festzuschreiben. Dabei sind Gefühle sozial erlernt und sozial konstruiert; gerade Ekel stellt nach Andreas Kraß ein »habituell gewordenes Regulativ der Heteronormativität« dar (Kraß 2011 (2007): 145). Denn betrachten wir das Liebesspiel einer lesbischen Frau mit einer anderen Frau, so wird diese Form gleichgeschlechtlicher Sexualität in zahlreichen pornografischen Mainstream-Darstellungen genutzt, um die erotischen Sinne aller Zuschauer_innen beflügeln. Der Ekel bleibt hier in der Regel aus. Er beschränkt sich somit oft auf eine fantastische Vorstellung der homosexuell-männlichen Zuneigung und Sexualität.[121] Darin zeigt sich aber ein anderes Ungleichgewicht, das in der Figur der_s Homosexuellen innewohnt: die Homosexuellenfeindlichkeit wird in der Regel als Diskriminierung und Gewalt gegen männliche Homosexuelle interpretiert. Der Feindlichkeit wohnt verkürzt ein Männlichkeiten konstituierendes Moment der Zweigeschlechtlichkeit inne.

Insgesamt ist Homosexualität als marginalisiertes Pendant der Heterosexualität eine an Heimlichkeit, Verhüllung und Versteck gekoppelte sexuelle Ka-

---

120 Damit verweist sie auf die alten stereotypen Frauenbilder, die zunächst in Männerfantasien und androzentristischen Perspektiven wirksam wurden. Frauen wurden zwischen Heilige und Hure unterschieden, und somit wurde es möglich gemacht, Frauen zu mystifizieren (z.B. Unbeschmutzte als Mutter Gottes, als die heilige Maria, als Familienmutter) und sie zugleich zu unterwerfen (als Ungehorsame, Widerspenstige und Untergeordnete aber sexuell Begehrenswerte) (vgl. Richter-Appel 2005: 196).

121 vgl. 6.1 »Ey, bist du schwul?« – Die Nähe zur Homosexuellenfeindlichkeit

tegorie, die eines Coming-out-Prozesses bedarf, um sichtbar zu werden (Sedg-wick 1993 (1985)). Das Versteck und das Sich-verstecken werden zu einem konstituierenden Moment der Figur und der Existenzweisen von Homosexu-ellen (vgl. Sedgwick 1993 (1985): 120ff). In der hegemonialen Vorstellung und Fantasie einer homosexuellen Lebensrealität liegt der Verdacht verborgen, Homosexualität könnte sich in der sozialen Wirklichkeit der Heterosexualität verstecken und verdeckt agieren. Sie wird zu einer Chiffre des Verborgenen; zu einer Wahrheit jenseits der anerkannten Wahrheit. Obendrein wird sie mit der sogenannten ›Knabenliebe‹ im alten Griechenland in Verbindung gebracht. Die Figur des Pädophilen stellt dabei eine historische »gleichgeschlechtliche erotische Präferenz« dar (Halperin 2003: 192), die allerdings nicht mit der Homosexualität gleichzusetzen ist, da es sich um ein sexuelles Liebesspiel zwi-schen jüngeren und älteren Männern handelt.[122] Während Homosexualität seit 1994 entkriminalisiert ist und Normalisierungsprozessen unterliegt, ist Pä-dophilie pathologisiert und kriminalisiert.[123] Durch die diskursive Nähe von schwuler Homosexualität und Pädophilie rückt die Homosexualität zusätzlich in den Bereich des gesellschaftlich Unerwünschten.

Bestimmte Formen der geschlechtlichen und sexuellen Orientierungen wurden von Beginn ihrer Thematisierung an unmittelbar mit Homosexuel-lenfeindlichkeit gekoppelt, die darauf abzielte, wie hier kursorisch dargestellt wurde, Abweichungen zu thematisieren, zu degradieren und sie zum Ver-schwinden zu bringen. Dabei richtet Homosexuellenfeindlichkeit die Auf-merksamkeit primär auf die Ablehnung der männlichen Homosexualität, womit im Feld der homosexuellenfeindlichen Diskriminierung und Gewalt zugleich ein Verschweigen und Dethematisieren lesbischer Homosexualität evoziert wird. Dabei unterliegt die Homosexualität und mit ihr ihre Ableh-nung (Homosexuellenfeindlichkeit) einer gedanklichen Statik des Entweder-Oder. Die Figur der_s Homosexuellen hat den Verdacht auf Homosexualität, das Verstecken der »Neigung«, und die Nähe zur Pädophilie zum Inhalt. Sie stellt einen zentralen inhaltlichen Baustein der hier untersuchten Ablehnungs-, Diskriminierungs- und Gewaltmotivation dar.[124]

---

122 Auffallend im Themenfeld der Pädophilie ist die Kopplung von männlichem Ge-schlecht und Homosexualität. Heterosexuelle und lesbische Pädophilie sowie anderer Ge-schlechter und Sexualitäten werden kaum thematisiert.

123 vgl. 5.1 »Du Zwitter!« – Figuren der sprachlichen Diskriminierung

124 vgl. 5.1.2 Homo- und transfeindliche Beleidigungen; 6.1 »Ey, bist du schwul?« – Die Nähe zur Homosexuellenfeindlichkeit; 9. ›Neue‹ Geschlechter und Gewaltforschung

2.2.2 Der monströse Zwitter

In der Rubrik »Menschenmonster« befasst sich Foucault mittels einer historischen Analyse mit Prozessakten im 18. und 19. Jahrhundert, die von Hermaphrodismus und Justiz handeln. Foucault macht deutlich, dass die historische Figur des ›Monsters‹ aus dem Bruch eines rechtlichen Verständnisses von Subjekt und eines ordnenden Verständnisses der Natur entstanden ist:

> »Der Bezugsrahmen des Monsters war die Natur und Gesellschaft, die Gesamtheit der Gesetze dieser Welt: Das Monster war ein kosmologisches oder anti-kosmologisches Wesen« (Foucault 2007: 79).[125]

Monster forderten das jeweilige Rechtssystem durch ihre Nonkonformität und Anormalität heraus. War das Monster bis zum 18. Jahrhundert ein Mischwesen aus Tier und Mensch, so verschob sich dies auf die Gemenge aus zwei Teilen, wie beispielsweise eine Person mit zwei Köpfen, mit zwei Leibern oder mit zwei Geschlechtern (vgl. ebd.: 86). Die rechtliche Kategorie des Monsters verweist auf Kategoriengrenzen und überschreitet diese.[126] Foucault spricht von einem »Mixtum zweier Arten« oder auch von der »Mischung zweier Geschlechter« (Foucault 2007: 86).[127] Hermaphrodismus konzipiert Foucault in seiner Vorlesungsreihe *Die Anormalen* als eine zentrale, rechtliche Figur des 18. Jahrhunderts, an der exemplarisch ein Bruch zwischen Natur und Kultur deutlich gemacht werden sollte.[128] Durch das Recht legitimiert, wurde die Figur des

---

125 Achim Geisenhanslüke und Georg Mein betonen: »Das Monströse hat Konjunktur« (Geisenhanslüke/Mein 2009: 9). Somit erfolgt hier keine umfassende Darstellung der Geschichte oder der verschiedenen Theorien von Monströsitäten und Freaks (z.B. Geisenhanslüke/Mein 2009; Parr 2009; Stammberger 2011; Könemann/Stähr 2011). Eine Definition des Monströsen ist darin themen- und kontextabhängig. Er scheint sich als Sammelbegriff für zahlreiche Phänomene zu eignen und eine eigene Faszination auszuüben.

126 Dabei unterscheidet Foucault zwischen »Gebrechlichkeit« und »Monströsität«. Erstere wird mit dem Gesetz durchaus abgebildet. Letztere würde sichtbar, wenn das Monster als die »notwendige Kasuistik, an die Unordnung der Natur im Recht appelliert« (Foucault 2007: 87). Hiermit wird der Einzelfall bedeutend und bricht mit dem Recht, weil die Person im juristischen Sinne nicht existiert. Das Monster wird dann zu einer Metapher für die Nicht-Ordnung der Natur, die sich nicht im Recht abbilden lässt (Foucault 2007).

127 Diese ›Mischungen‹ verweisen auf die Konzepte postkolonialer Theorien nach Homi Bhabha und Edward K. Brathwaite. Hybridität meint ein Verwischen kultureller Differenzen, sodass diese nicht mehr zu identifizieren sind. Hybridität ist eine Kritik an einer ›Reinheit‹ kultureller Differenzen und verhindert so Vereinnahmungen. Hybridität ist der Verweis auf ein Gegenteil von Wahrheit im Sinne einer dominanten Differenzlinie. Allerdings ist das Konzept der Hybridität vielfach kritisiert worden, weil sie eine Strategie kolonialer Herrschaft verfolgen kann (vgl. Castro Varela/Dhawan 2005: 89ff, 100ff).

128 In seinen Vorlesungen *Die Anormalen* von 1974-1975 beschäftigte Foucault sich mit den Monstern, wie den Hermaphroditen und den siamesischen Zwillingen, mit den Korrekturbedürftigen, wie den Straftätern und den Onanisten. Sie stellten für ihn exemplari-

Monsters zu der zentralen Variablen, um Menschliches von Unmenschlichem zu unterscheiden. Weil sich das Recht um diese Differenzlinie sorgte, führte sie zu legalistischen Exklusionen. Andrew N. Sharpe unterstreicht, dass die Kategorie des Monsters als »Masterkategorie« für die Betrachtung aktueller Formen von Differenz und Exklusion dienen kann (vgl. Sharpe 2010: 23). Nach Sharpe ist Foucaults Theorie des Monsters deshalb eine gelungene Basis für eine soziale Theorie der Außenseiter_innen im Rechtssystem.[129] Diese Figur wirke sich auch auf das heutige Rechtssystem aus und trage zur Produktion von Außenseiter_innen bei (vgl. Sharpe 2010: 3). Obwohl die Figur des Monsters auch im deutschen Rechtssystem seit über einem Jahrhundert keine Entsprechung mehr besitzt, gibt es Denkmomente, die darauf verweisen, dass sie als geschlechtliche Nonkonformität weiterhin Bestand hat und den Bruch zwischen Natur und Kultur darstellt (Foucault 2007; Parr 2009).[130] Im deutschsprachigen Raum stand die Figur des Monsters für das Jenseits körperlicher Normalitäten. Sie wurde damit zu einem konstituierenden Bestandteil körperlicher Normalisierungsprozesse zu Beginn des 19. Jahrhunderts. An klassifizierten Monstern wurde eine Grenze zwischen ›normal‹ und ›nicht normal‹ illustriert, sowie die »Unregelmäßigkeit der Natur« zur Schau gestellt, die dann in der Suche nach wissenschaftlichen Klassifizierungen und Aufzeichnungen mündete (vgl. Stammberger 2011: 15). Birgit Stammberger geht davon aus, dass »moderne Monströsitäten« in den Normalisierungsdiskursen in einem intersektionalen Verständnis von Geschlecht und Race zu finden sind. (vgl. ebd.: 28ff, 209ff). Für das 20. Jahrhundert konstatiert die Autorin, dass die Figur des Monsters mit instabilen Identitäten gleichgesetzt werde (ebd.: 312). Monströses zeige sich dort, wo der Eindruck entsteht, dass das körperlich Normative massiv überschritten worden ist.

Im geschlechternonkonform-feindlichen Diskriminierungs- und Gewalthandeln taucht die Figur des Zwitters als eine aus der heteronormativen Sicht morphologische Ungereimtheit auf. Der Zwitter wurde als Opfer seines

---

sche Beispiele der Anomalen bis ins 19. Jahrhundert dar (Foucault 2007). Die Normalisierungstechniken, die auf diese Personengruppen abzielten, beeinflussen nach Foucault aktuelle Vorstellungen von Normalität.

129 Andrew N. Sharpe untersucht verschiedene Außenseiter_innentheorien, wie jene des Sündenbocks und der_s Fremden, bevorzugt aber die Theoriekonzeption des Monsters aufgrund seiner analytischen Schärfe (vgl. Sharpe 2010: 145).

130 Rolf Parr entwirft eine Matrix der »Thematisierung des Monströsen«, die sich aus den Oppositionspaaren, Normalitätskonzepten und Spezialdiskursen zusammensetzt (vgl. Parr 2009: 21f). Obwohl Parr sich nicht mit der geschlechtlichen Komponente der Figuren beschäftigt, konstatiert er eine Nähe des Monströsen zur »hypernormale[n] Selbstanpassung« (ebd.: 33), die sich medial monströs beispielsweise in exhibitionistischem Schönheitshandeln zeigt.

Körpers gesehen, dem eine Unterweisung in ein Geschlecht oder eine Integration in die Gesellschaft durch seinen Körper versagt blieb. Deshalb wurden Hermaphroditen seit dem 19. Jahrhundert an Experten zur Geschlechtsunterweisung verwiesen (Foucault 1998 (1978); Klöppel 2010; Zehnder 2010). Im Stereotyp besitzen sie stets morphologische Anteile beider Geschlechter, was eine eindeutige Geschlechtszuweisung verunmöglicht. Das Ressentiment gegenüber der Figur des Zwitters beinhaltet das Unsagbare, die Schwelle zum Nicht-Erfassbaren. Im Zwitter manifestiert sich eine natürliche Andersheit als Spezies, die sich auch in der Faszination für diese soziale, geschlechtlich nonkonforme Personengruppe ausdrückt.[131] Zwittern werden besondere Fähigkeiten und ein hohes Maß an Spiritualität zugewiesen und mancherorts gelten sie deshalb auch als Heiler_innen (Schröter 2002; Klöppel 2010). Der Figur des monströsen Zwitters ging kein Straucheln voraus, vielmehr wohnt ihr stets die (körperlich) materialisierte Andersartigkeit inne, die sich in der Neuzeit besonders durch Medizin, Kriminologie und Justiz manifestieren konnte. Die Figur des monströsen Zwitters als heteronormative Faszination, als ein Mahnmal der morphologischen Devianz, als Unmöglichkeit, als Absurdität der Natur und als personalisierte Übersinnlichkeit trug dazu bei, dass die Belange intersexuell geborener Personen über Jahrzehnte nur im Angesicht der sozialen, medizinischen und rechtlichen Möglichkeiten der binären Anpassung virulent wurden und ihre Existenz sonst vergessen gemacht wurde.

2.2.3 Der postgender Cyborg

Aktuelle Machbarkeitsdiskurse durch medizinisch-plastische Chirurgie ermöglichen und erzwingen ein Neudenken der Geschlechter in der Moderne. Technologie und Körper interagieren miteinander und werden im Feld des Diskriminierungs- und Gewalthandelns bedeutsam.

Der Cyborg in feministischen Diskussionen basiert auf Donna Haraways Erkenntnis Mitte der achtziger Jahre, dass Technologie, Körper und Geschlecht längst eine enge Verbindung eingegangen sind. Haraway betrachtet insbesondere drei Grenzziehungen, jene zwischen Mensch und Tier, jene zwischen Tier, Mensch und Maschine und zuletzt jene zwischen Physikalischem und Nicht-Physikalischem (Haraway 1995 (1985)).[132] Der Cyborg aus den postgender

---

131 Faszination als ver-andernde Reaktion zeigt sich nicht nur in der gesteigerten Anzahl an Publikationen, denn sie taucht auch in der Wahrnehmung der Interviewpartner_innen auf (vgl. 4.3.2 Die Faszination des Anderen).

132 In *A Cyborg Manifesto* versucht Donna Haraway eine provokante Verbindung aus Feminismus, Sozialismus und Materialismus zu entwickeln, die sich mit Humor neuen Sichtweisen zuwendet: »Im Zentrum meiner ironischen Treue, meiner Blasphemie, steht das Bild der Cyborgs« (Haraway 1995 (1985): 33).

Diskursen wurde zu einer Figur des Möglichen, welche die Grenzen von Natur/ Kultur infrage stellt. Sie steht für »kybernetische Organismen, Hybride aus Maschine und Organismus, ebenso Geschöpfe der gesellschaftlichen Wirklichkeit wie der Fiktion« (Haraway 1995 (1985): 33). Die Grenzüberschreitung ist in diesem Konzept eine grundlegende Formation, in der sich ein Optimismus und eine Möglichkeitsform zeigen, bestehende Verhältnisse von Geschlecht, Race und Kapitalismus weiterzudenken. Haraway entwirft eine Cyborg-Welt jenseits dieser Grenzziehungen, in der »niemand mehr vor dauerhaft partiellen Identitäten und widersprüchlichen Positionen zurückschrecken muß« (ebd.: 36). Ihr Cyborg ist ein ironischer Entwurf, um der alltäglichen Reproduktion gesellschaftlicher Differenz-Verhältnisse zu entkommen. Sie weist die »Dämonisierung der Technologie« und die Produktion universaler Theorien zurück, nicht zuletzt um den Weg für eine »monströse Welt ohne Gender« frei zu machen (ebd.: 16). Die Figur des Cyborgs knüpft in diesem Kontext allerdings nicht nur an die selbstermächtigenden Überlegungen Haraways an, sondern sie erlangte auch dann Bedeutung, wenn im Untersuchungsfeld die Grenzen von Natur und Kultur uneindeutig wurden und sich die individuelle geschlechtliche Orientierung beispielsweise durch neue Technologien und Hilfsmittel neu ausrichten und entwickeln konnte. Geschlechtliche Zugehörigkeiten werden durch Reproduktionstechnik, Brust- und Genitaloperationen, durch technische Unterstützungsmittel wie Packer[133] oder Abbinder medizinisch und sozial neu konstituiert. Hier entstehen veränderte Wirklichkeiten und neue Grenzen zwischen Körper und der Annahme von Natürlichkeit und Künstlichkeit. Die Philosophin Beatrix Preciardo geht beispielsweise davon aus, dass der Dildo eine notwendige Verlängerung des Körpers darstellt, und sie betont in ihrem provokanten *Kontrasexuellen Manifest*, dass nur die Soziologin Donna Haraway es vermochte, mit der »Verteufelung der Technologie« zu brechen, um politisch zu intervenieren (Preciardo 2003: 125). Nach Preciardo »erschafft [jede neue Technologie] unsere Natur von Neuem« (ebd.: 125).[134] Mit anderen Worten befinden wir uns mitten in einer sich fortlaufend verändernden Utopie von Geschlechterverhältnissen. Technologien spielen nicht nur in der vorgeburtlichen Selektion von Menschenleben (z.B. in medizinisch induzierter Abtreibung) und in der Auslese der Embryonen (In-vitro-Fertilisation, Pränataldiagnostik) eine Rolle, sondern auch in den erweiternden Möglich-

---

133 Ein Packer (auch Stuffer genannt) ist ein zumeist aus Plastik hergestelltes Implantat, das eine Prothese für Penis und Hoden darstellt. Alternativ werden auch andere Materialien wie z.B. Socken oder gefüllte Kondome für den Zweck verwendet.

134 Beatrix Preciados *Kontrasexuelles Manifest* zeigt sich pro-technisch, contra-linguistisch, kontra-sexuell und negiert provozierend die Trennung von Körper und Technologie, von Natur und Technik (Preciado 2003).

keiten, Körperteile und Geschlechter zu ändern. Technologische Erkenntnisse haben heute das Potenzial Heteronormativität infrage zu stellen, da sie die vermeintliche Natürlichkeit von Geschlecht dekonstruieren kann. Dies kann sie, weil sie Fortpflanzung, Geschlechter und Fähigkeiten bestimmter Körper technisch kontrollieren kann. Gleichzeitig wohnt den Resultaten technischer Machbarkeit die Gefahr zum Zwang oder Konsens der Selbstoptimierung inne. Deshalb zeigt sich das geschlechtliche Spannungsverhältnis zwischen Essenzialismus und sozialer Konstruktion von Sexualität und Geschlecht plötzlich als ein Verhältnis zwischen Machbarkeit und Selbstbestimmung. Da Menschen das vorhandene Wissen und die entsprechenden Techniken nutzen, verkaufen, verfeinern, verbessern, ist Geschlecht heute offensichtlich nicht mehr auf eine vermeintliche Natürlichkeit reduzierbar. Das Verstehen, die sozialen Wirklichkeiten und Grenzziehungen von Geschlecht werden beeinflusst. Die Möglichkeiten das individuelle Geschlecht technisch zu beeinflussen sind als relevante Faktoren aus dem Geschlechterdiskurs nicht mehr wegzudenken. Die Möglichkeit zum Cyborg ist eine Realität. Der geschlechtliche Körper kann dabei auch dem Zweck der Selbstoptimierung dienen. Am Beispiel geschlechtlicher Transitionen und Schönheitsoperationen kann der eigene Körper einer eigenen Utopie von Aussehen und Repräsentation nähergebracht werden, indem es tendenziell – so die individuelle Hoffnung – erfahrbar(er) wird, mit sich eins und zufrieden zu sein. Dieser sozialen Praxis wohnt nicht die Vorstellung von körperlicher Freiheit inne, sondern sie steht für die Vorstellung, dass durch das Modellieren des Körpers das Selbst eine Entsprechung findet. Der Körper wird zu einem Projekt im Selbstmanagement der eigenen Subjektivation und der lokalen Wahrheit. Obwohl eindeutigen Kategorien und Grenzen eine erweiterte Form der Differenzierung gegenübersteht, wie Donna Haraway bereits Mitte der achtziger Jahre formuliert hat, verlagern sich die Grenzen in flexible Normalitäten, ohne dass sie ihre strikte Bedeutung verlieren. Der Cyborg taucht im Diskriminierungs- und Gewalthandeln als eine Bedrohung der geschlechtlichen Authentizität auf und stellt im Kontext der Selbstkonstituierungen eine das Selbst optimierende Möglichkeitsform dar.

2.2.4 Die_der Betrüger_in

Für die Philosophin Talia M. Bettcher stellt die Feindschaft und der Hass gegenüber Transpersonen eine grundlegende Infragestellung von Authentizität dar (vgl. Bettcher 2006: 204). Jene Transpersonen, die nicht von außen mit einem ›authentischen‹, eindeutigem Geschlecht identifiziert werden (können), sind demzufolge von dieser Anfeindung bedroht. Deshalb werden sie als Betrüger_innen und Täuschende gelesen, die ihr ›wahres‹ Geschlecht verstecken und verbergen (Bettcher 2006, 2007). Dies korrespondiert mit der versteckten homosexuellen Orientierung als Bedrohung, die der beschriebenen Figur der_s Homosexuellen immanent ist. Täter_innen, die Transpersonen zuvor attackiert haben, geben an, wegen der geschlechtlichen Täuschung ihrer Opfer Gewalt angewendet zu haben. Sie hätten nicht gewusst, so ihre Legitimation der Gewalt, welche geschlechtliche Orientierung das Opfer der Gewalttat gehabt habe. Die Figur der_s Betrüger_in oder der_s Täuschenden taucht unabhängig davon auf, ob eine Person sich überhaupt als Transperson konstituiert oder nicht. Wichtig ist, ob die Angegriffenen von den Täter_innen als Transperson gelesen werden oder dem Verdacht eines ›falschen‹ Geschlechts ausgesetzt sind.

> »I am concerned with the rhetoric of deception. Rage at having been deceived may play a role in some transphobic hostility, interwoven, of course, with homophobic and possibly sexist attitudes. More generally, the persistent stereotype of transpeople as deceivers and the equation of deception with rape need explanation. In addition to contributing to transphobic hostility, the stereotype plays a significant role in blame-shifting discourse that can be deployed to justify or excuse violence against transpeople« (Bettcher 2007: 47).

Die Wut der Täter_innen darüber, vermeintlich betrogen worden zu sein, interagiert mit transphoben, homophoben und sexistischen Haltungen. Eine heteronormative Grundlage der Gewalt beruht auf der Annahme, dass die geschlechtliche Repräsentation die Zugehörigkeit zu einem eindeutigen Geschlecht (als Teil der *heterosexuellen Matrix*) kommuniziere. Es geht maßgeblich um das Verhältnis zwischen einer körperlichen und repräsentativen Verfasstheit von Geschlecht und der Interpretation derselben. Die Figur der_s Betrüger_in wird in Diskriminierungs- und Gewaltsituationen dann wirksam, wenn der geschlechtliche Status auf die Interpretation des Körpers oder der Genitalien reduziert wird. Bettcher betont das ironische Moment dieser betrügerischen Annahme, denn gerade jene Teile des geschlechtlichen Körpers werden im Gewalthandeln virulent, die wie z.B. die Genitalien in der Regel zumeist bedeckt gehalten werden. Nach Bettcher basiert die Figur auf einem sexuellen System erzwungener Offenlegung des genitalen Geschlechts (vgl. ebd.: 206). Ist eine Person der geschlechtlichen Täuschung verdächtig und verweigert sie sich dem Beweisen dieser Eindeutigkeit, so ist sie der Gefahr ausgesetzt, von außen gewaltsam zur Präsentation des genitalen Status gezwungen zu werden.[135] Doch die Figur der Betrüger_in zeigt sich nicht nur in der Zwangsoffenlegung der Genitalien, sondern sie zeigt sich in der Inter-

---

135 Siehe auch die Verfilmung des Lebens von Brandon Teena im Film *Boys dont cry* von Kimberly Peirce (1999) und die Gewaltwiderfahrnisse die_der Protagonist_in Alex im Film *XXY* von Lucía Puenzo (2007) sowie die Widerfahrnisse der Filmfigur Laurence Alia im Film *Laurence Anyways* von Xavier Dolan (2012).

pretation der Angreifenden, wie sie diese Genitalien wahrnehmen und klassifizieren. Während es Talia M. Bettcher um die von den Täter_innen anvisierte Legitimation der Gewalt durch das Stereotyp geht, zeigt sich die Figur der_s Betrüger_in auch als ein Effekt der Subjektivation in den Aussagen der Interviewpartner_innen. Die geschlechtliche Varianz als Betrug zeigt sich in den Diskriminierungs- und Gewaltnarrationen auf der Seite der Täter_innen und ebenso in den geschlechtlich nonkonformen Selbstkonstituierungen als internalisierte Form der Heteronormativität.[136] Der ethische Wert der geschlechtlichen Authentizität und der Realität, die gleichgesetzt wird mit der eigenen Wahrnehmung und der erwarteten Entsprechung von einem geschlechtlichem Innen (Psyche, Geschlechtsmerkmale eines Körpers, geschlechtliche Identität) und Außen (Repräsentation von Geschlecht) beeinflusst das Diskriminierungs- und Gewalthandeln. Denn erst durch eine moralische Legitimation im hegemonialen Geschlechterdiskurs können Empörung, Irritation, Lachen, Sexualisierung, Verunsicherung und Gewalt überhaupt zur legitimen Reaktion auf uneindeutige Körper, Geschlechter, Subjekte werden.

2.2.5 Alles bleibt anders: Historische Diskriminierung

Vorgestellt wurden in diesem Unterkapitel vier figurative Materialisierungen, die als Grenzphänomene der Diskriminierung und Gewalt wiederholend auftauchten: Die_der Homosexuelle, der monströse Zwitter, der Cyborg und die_der Betrüger_in. Sie sind explizierte Surrogat-Figuren der Unsagbarkeit in situativen Diskriminierungs- und Gewaltmomenten, und sie tragen dazu bei, dass die Betroffenen als Außenseiter_innen und als *Subjekte der Fälschung* (Ipk) interaktiv konstituiert werden. Die Analyse hat gezeigt, dass die Historizität bestimmter Figuren in den hier untersuchten Gewaltphänomenen eine bedeutsame Rolle im Auftauchen der geschlechternonkonform-feindlichen Diskriminierung und Gewalt spielt. Die historisch-soziale Kontextualisierung zeigt, dass die wiederkehrenden Ressentiments sich auf eine lange Tradition berufen können. Dennoch zeigt die empirische Analyse, dass sich diese Ressentiments tradiert und modifiziert zeigen. Mit Hilfe der Surrogat-Figuren werden konventionelle Annahmen über binäre Verhältnisse von Natur-Kultur, Mann-Frau, Wahrheit-Täuschung und Heterosexualität-Homosexualität im Gewalthandeln reproduziert. Die genannten Figuren berufen sich auf diese Binaritäten und verweisen auf *Subjekte der Fälschung*. Sie sind mehr als bloße Begleitmusik im Untersuchungsfeld, denn sie stellen die Sagbarkeiten der Außenseiter_innen-Positionen im Gewalthandeln dar, die wiederum verschiedenen Normalisierungsprozessen unterliegen.

---

136 vgl. 4. Materialisierung der Dethematisierung als Einschreibungen in das Selbst

Ihre Bekanntheit beziehen die figurativen Grenz-Materialisierungen aus der historischen Abweichung von der heteronormativen Wahrheit. Einige sind zentrale Figuren, die durch ihre medizinische, kriminologische und juristische Normierung und *Deviantisierung* als Stereotyp in das alltägliche Wissen und in die Praxis der Diskriminierung und Gewalt eingeflossen sind. Andere wie der Cyborg sind unbekannter. Dabei werden differenzierende Gegensatzpaare als Kontrast zum Allgemeinen versus das Nicht-Beachten des Besonderen stets reproduziert. Dies wiederum liegt in der Logik des neoliberalen Individualismus verborgen, in dem das Besondere stets dem Allgemeinen zu weichen hat. Der Rückgriff auf die Surrogat-Figuren im Diskriminierungs- und Gewalthandeln bedeutet nicht weniger als ein Explizieren des Nicht-Wissens um geschlechtliche und sexuelle Varianzen und eine Bezugnahme auf historische, soziale Konventionen. Auf der Ebene der eigenen Selbstkonstituierung der Befragten schließt dies den möglichen Versuch ein, sich (wieder) an dichotomen Ordnungsmustern zu orientieren, um die eigene Subjektposition restabilisieren zu können.[137]

2.3 Gewaltforschung als Grenzbeschreibung und foucaultsche Fiktion

Diskriminierungen und Gewalt werden in der Analyse als historisch vermittelte, soziale Konventionen und lokal kontextualisierte Interpretationen einer Situation verstanden, in der eine Identifizierung von Grenzgeschlecht stattfindet, welches im heteronormativen und hegemonialen Zwangskorsett der spezifischen Wahrheit und Historizität stattfindet. Die Gewalt wird aus einer hegemoniekritischen Perspektive untersucht, was zur Folge hat, dass die Begrenzung des Untersuchungsfeldes gegenstandsbezogen aus dem empirischen Material erfolgt. Denn was *heteronormative Hegemonie* meint und inwiefern sie im Feld der Diskriminierung und Gewalt präsent ist, zeigt sich in dem Erleben, den Erfahrungen und gewaltsamen Widerfahrnissen der Befragten. Der Studie liegt somit weder eine identitäre theoretische Verortung noch die eine ausgewählte Gewaltform als Engführungen zugrunde. So wird die vorliegende Gewaltforschung zu einer Grenzbeschreibung ohne eindeutige, definitorische Begrenzung des Untersuchungsgegenstands. Im Aufflackern der geschlechtlichen Wahrheit, die zum Schmerz beiträgt, zeigt sich die Grenze von Sagbarem und Unsagbarem, die hier das temporäre Feld markiert.

---

137 Zur theoretischen Ausarbeitung der »Destabilisierungen von Heteronormativität« aus queer-feministischer, philosophischer Perspektive vgl. Engel 2002: 23-85.

Dabei ist die Grenze wesentlich für die Analyse, denn »die Geschichte der Grenze ist die Voraussetzung für eine Geschichte der Ausgegrenzten«, wie Sverre Raffnsøe u.a. (2008: 105) mit Blick auf Foucaults Werk *Wahnsinn und Gesellschaft* betonen. Isabell Lorey schreibt weitergehend: »Erst an der Grenze wird das Wahre in seiner Zwanghaftigkeit und damit seiner historischen Zufälligkeit erkennbar« (Lorey 2010: 271). In ihrer Analyse von Foucaults Werk *Ordnung des Diskurses* stellt sie heraus, dass diskursive Ordnungssysteme erst entstehen können, wenn zuvor Grenzen im Inneren festgelegt wurden, die kein Außen markieren (vgl. ebd.: 271). An den Grenzen sind Lorey zufolge gesellschaftlich dominante Wahrheitskonstruktionen deutlich erfahrbar und können, angelehnt an Foucault, als »gewaltförmig« bezeichnet werden (Lorey 2010: 261). Das Pochen auf eine Wahrheit an den Scheidepunkten entblößt den Gewaltcharakter von Diskursen. Den Grenzen kommt hier eine Art Konstruktions- sowie Kontrollfunktion zu, weil sie den diskursiven Rahmen begrenzen und gleichsam erst entstehen lassen. Sie schließen das Außen und damit jenen Teil der »Bändigung des Zufalls und des Unvorhersehbaren der Ereignisse« (Lorey 2010: 262) aus. Am Beispiel des Monsters zeigt Lorey, dass die »Lehre von den fehlgebildeten Gestalten (...) innerhalb der Ordnung gelehrt [wird]« und damit ihr »konstitutives Außen« darstellt (ebd.: 263). Die Grenzen stehen in der Folge jenseits einer binären Konzeption. Sie sind nicht nur ein kontrollierendes und konstituierendes Instrument im konstitutiven Außen, sondern bieten nach Isabell Lorey außerdem Chancen von Handlungsmacht:

> »Die Grenze ermöglicht (...) die Handlungsfähigkeit von Subjekten. Denn Machtbeziehungen sind umkehrbar, weil sie begrenzt sind. Die Grenze markiert die Endlichkeit, die begrenzte Wirkmächtigkeit von Machtverhältnissen. Es gibt immer die Möglichkeit des Widerstands und der Flucht, es gibt immer etwas, das den Machtverhältnissen entgeht« (Lorey 2010: 270).

Mit einer Begrenzung tauchen jene Effekte und Materialisierungen auf, die Einflussnahmen auf hegemoniale Diskurse erst ermöglichen. Da diese Grenzen deshalb stets flexibel und nur selten statisch sind, auch wenn sie so erscheinen, können sie in sich gebrochen sein, Lücken aufweisen und inkonsistent sein, wie die nachfolgenden Ergebnisse der empirischen Analyse veranschaulichen werden.

Die vorliegende Studie ist ein Versuch, zur Verschiebung der heteronormativen Perspektive auf die Geschlechterverhältnisse beizutragen, indem ich den flexiblen Ausschlusscharakter der *heterosexuellen Matrix* bzw. der *heteronormativen Hegemonie* analysiere. Michel Foucault bezeichnet seine Werke als eine *Fiktion*, mit denen er (historische) Wahrheiten versucht habe zu »induzieren«. Er hält es somit für möglich, die Fiktion in einer Wahrheit »arbeiten zu lassen«, wobei die Fiktion nie außerhalb des Prinzips der Wahrheit stehe.

Dadurch könne es gelingen, Zukünftiges in die Existenz zu rufen und zu gestalten (Foucault 2003 (1977a), Nr. 197: 309). Vor diesem Hintergrund ist diese Forschungsarbeit als eine Fiktion zu verstehen, die versucht, in herrschende Diskurse um geschlechtliche Wahrheiten und heteronormative Gewalt neues Wissen zu >induzieren<: Sie befasst sich mit der Analyse von Genderbashing aus Sicht der geschlechtlich nonkonformen Subjekte. Genauer formuliert betrachte ich in den folgenden, empirischen Kapiteln der Arbeit jenes Erleben und Widerfahren heteronormativer Hegemonie, in dem >Doing Nonconformity Gender<[138] zu einer selbstkonstituierenden Wirklichkeit wird und analysiere jene Momente, in denen >Doing Nonconformity Gender<« in diskriminierenden oder gewaltsamen Situationen auftaucht und zur Angriffsfläche wird.

---

138 Diese Überlegung knüpft an das ethnomethodologische Analysekonzept des *Doing Gender* des Sozialkonstruktivismus von Candance West und Don H. Zimmerman von 1987 an (West/Zimmerman 1987).

3. Die Sicht der Interviewpartner_innen auf Geschlecht, Gewalt und Widerstand

>»Die Behauptung, dass Butch, Femme und Transgender keine wesentlichen Bezugsgrößen für eine Umgestaltung des politischen Lebens und für eine gerechtere und fairere Gesellschaft sind, verkennt die Gewalt, der Individuen mit untypischem Gender in der Öffentlichkeit ausgesetzt sind, und verkennt ebenfalls, dass die Verkörperung eine Reihe umstrittener Normen zum Ausdruck bringt, die darüber bestimmen, wer in der Sphäre der Politik als ein existenzfähiges Subjekt zu gelten hat« (Butler 2009 (2004b): 51).

Unter der methodologischen Maßgabe, dass die Befragten als handlungsmächtige Subjekte und Expert_innen anerkannt werden und nicht vorrangig als Opfer von Diskriminierung und Gewalt zu betrachten sind, bietet dieses Kapitel eine Gesamtschau des empirischen Datenmaterials und verfolgt die Absicht, einführend einzelne Befragte vorzustellen (3.1) und die subjektiven Positionen zu Geschlecht (3.2), Gewalt (3.3) und Widerstand (3.4) darzustellen. Die befragten Persönlichkeiten und ihre Perspektiven sind für die Darstellung der Ergebnisse grundliegend. Dabei biete ich keine eindeutigen Bilder und reproduziere keine identitären Typisierungen z.B. von Crossdresser_innen, von Transgender-Personen oder intersexuell geborenen Menschen, denn das Feld wird entlang jener empirischen Inhalte umzeichnet, die sich aus der Analyse des vorliegenden Datenmaterials und nicht aus einer spezifischen Fallanalyse ergeben haben.

3.1 Charakteristika der Interviewpartner_innen

Im Interview sind demografisch-soziologische Daten (wie z.B. ethnische Herkunft, Alter, soziale Klassenzugehörigkeit, Religion, etc.) nicht gezielt erhoben worden, um für die von den Befragten gewählte Auswahl der Inhalte offen zu sein und den Blick auf das Datenmaterial nicht entlang stereotyper Vorgaben vorzustrukturieren. Außerdem war das *Sample* von vornherein nicht repräsentativ angelegt. Deshalb sind die hier aufgezeigten Charakteristika ein Ergebnis aus dem inhaltlichen Vergleich der transkribierten Einzelinterviews und der Inhalte in der Gruppendiskussion. Anschließend werden der Transmann Lee Parker, die_der intersexuell geborene Freya Jung und der Crossdresser Kim Valentin in Fallrekonstruktionen vorgestellt. Die exemplarischen Fall-Rekonstruktionen stehen für die Vielfalt der aufgezeichneten Erfahrungen der geschlechtlich Marginalisierten, welche die Basis für die vorliegende Analyse bilden.

3.1.1 Geschlechtliche und sexuelle Mehrfachzugehörigkeiten

Die Interviewpartner_innen standen als sozial nicht legitimierte Subjekte in bestimmten Lebensphasen und Begegnungen vor dem Problem, sich mit ihrer eigenen geschlechtlichen Orientierung in einer Umgebung zurecht zu finden, die ihnen nur männlich oder weiblich anbot. Die selbst gewählten Eigennamen und die geschlechtlichen Selbstbezeichnungen waren für die Befragten eine erste Möglichkeit, ihren Subjektstatus öffentlich zu machen. Dabei bezogen sie sich auf verschiedene geschlechtliche und sexuelle Orientierungen, oder sie entzogen sich bewusst jeglichen reduzierenden Termini und verzichteten auf eine Selbstbezeichnung. Die Selbstbezeichnung verstehe ich im performativen Sinne als einen Ausdruck einer lokalen und kontextbezogenen geschlechtlichen Orientierung, die sich im tagtäglichen Sprechen und Handeln konstituiert (Butler 1991; Koch 2008).[139] Geschlecht verstehe ich zusätzlich ethnomethodologisch als ein Produkt interaktiver Herstellungsprozesse (West/Zimmerman 1987). Die geschlechtlichen Selbstbezeichnungen der Befragten repräsentieren den eigenen geschlechtlichen Status und die fehlende oder erwünschte Zugehörigkeit zu einer heteronormativen Umwelt. Die meisten Interviewpartner_innen wählten eine temporäre, andere eine längerfristig gültige geschlechtliche Selbstbezeichnung aus. Ich gehe davon aus, dass manche der Befragten aktuell dieselbe Selbstbezeichnung wählen würden. Andere wiederum würden sich sicherlich anders oder ergänzend bezeichnen, weil ihre geschlechtlichen Positionierungen einem Wandel unterlagen. Dies betrifft allerdings nicht nur die Personen, die sich zum Zeitpunkt des Interviews in einer Transition befanden, sondern kann auch jene betreffen, die ihre geschlechtliche Zugehörigkeit nicht statisch erleben und leben.

Für viele geschlechtlich nonkonforme Personen bedeutet dies, den Eigennamen (in der Regel den Vornamen) und das Pronomen im Laufe ihres Le-

---

139 Michaela Koch sieht in der sprachlichen Subjektwerdung Räume jenseits starrer Identitäten: »The question of speaker agency ist crucial in this regard. Speakers are, on the one hand, constrained by hegemonic discourses and power structures, on the other hand, they subvert them with creativity. These processes are the center of queer linguistic research. They require scholars to examine closely how speakers manage the multiple discursive demands around them and which strategies they apply in the ongoing production of their selves. The subject positions under scrutiny are not limited to broad hegemonic identity categories« (Koch 2008: 80). Nach den Linguist_innen Penelope Eckert und Sally McConnel handelt es sich bei den sprachlichen Bezeichnungen jenseits dominanter Kategorien um wissenschaftliche und aktivistische Prozesse, die in der Lage sind, soziale Praktiken zu verschieben (Eckert/McConnel-Ginet 2003).

bens mindestens einmal zu wechseln.[140] Denn das Pronomen ordnet in der deutschen Sprache eine Person einem Geschlecht zu. Es markiert dabei sprachlich eine zweigeschlechtliche, binäre Position. Somit sind die Anrufungen des Namens und die entsprechenden Pronomen eine selbstgewählte Folge der geschlechtlichen Selbstkonstituierung oder der fremdbestimmten Lesart der geschlechtlichen Repräsentation. Weil es in der deutschen Sprache für eine Vielzahl der Positionen keine sprachliche Entsprechung gibt, wird in dieser Studie diese Lücke beispielsweise mit dem Pronomen sie_er gekennzeichnet. In der Akzeptanz oder der Missachtung der gewünschten Pronomen kann soziale Anerkennung erteilt bzw. abgelehnt werden.[141] Ich verwende im Folgenden die gewählten Pronomen der Interviewpartner_innen, auch wenn sie nach der deutschen Standardgrammatik nicht zum Vornamen passen.

Die folgende Mehrdimensionalitätstabelle zeigt die im Datenmaterial verbalisierten geschlechtlichen und sexuellen Orientierungen im Überblick. Dabei ist davon auszugehen, dass die Kategorien vereinfacht und nicht erschöpfend dargestellt werden. Bisexuelle Orientierungen stellten im Datenmaterial keine Begleitkategorie dar, denn keine Person hat sich direkt auf diese Kategorie bezogen. Ebenso blieben Bezüge zur Pansexualität und Asexualität aus. Vereinzelt wurden sadomasochistische Formen der Sexualität und Polyamory als Liebesform thematisiert, wobei diese Bezüge in der empirischen Analyse dann berücksichtigt wurden, wenn sie für den Forschungsgegenstand relevant wurden.[142] Die Angaben in der nachfolgenden Tabelle beziehen sich somit auf die Schnittstellen von Geschlecht und Sexualität und beruhen sowohl auf direkte Aussagen als auch auf Interpretationen der Interview-Daten. Darüber hinaus sind jene geschlechtlichen oder sexuellen Orientierungen mit dem Zeichen [e] für >ehemals< markiert, die im narrativ-episodischen Interview als eine relevante Bezugsgröße auftauchten, aber zum Zeitpunkt des Interviews keinen Anteil der individuellen Selbstkonstituierung darstellten.

Die Tabelle zeigt zwei zentrale Aspekte: (1) Die Selbstbezeichnungen waren Versuche, sich der heteronormativen Klassifizierung zu entziehen, wobei geschlechtliche Bezüge wie >Transmann< sich auf heteronormative Verhältnisse

---

140 Vier der Interviewpartner_innen hätten es bevorzugt, mit ihrem realen Vor- und Nachnamen in der Studie aufzutauchen. Die Befragten erhofften sich dadurch, als Person und geschlechtliche Position sichtbar zu werden. Trotzdem habe ich mich für eine Anonymisierung aller Daten entschieden; auch um der Gefahr zu entgehen, dass die hier interpretierten Daten als biografische Geschichtszeugnisse einer bestimmten Person gelesen werden.

141 vgl. 5.1.1 Vom Schweigen, von Spitznamen und Pronomen

142 vgl. 5.3.2 Die Queer-Szene als ambivalenter Raum

Tabelle 1: Geschlechtliche und sexuelle Mehrfachzugehörigkeiten der Befragten

anonymisierte Namen	Selbstbezeichnung	Transfrau (Frau)	Transmann (Mann)	intersexuell/ interqueer	geschlechtlich nicht-ident	lesbisch /bi	schwul /bi	heterosexuell	sexuell nicht-ident
SonyaBen Ferner	»Transfrau in Transition«	X							
Tamma Katz	»nicht-ident«				X				X
Lee Parker	»nicht-identer Transmann«		X		X				
Felicitas Meransi	»Transfrau in Transition«	X				X	X [e]		
Zoe Rheas	»Frau mit Bart«	X		X				X	
Cornelia Ionesc	»Transfrau«	X	X [e]			X		X [e]	
Kendra Fraschen	»interqueer«			X	X				
Lucky Kankoke	»Transmann«		X			X	X		
Reik Schneider	»Transmann«		X	X		X [e]			
Manuel Rosenberg	»Transmann«		X			X [e]		X	
Freya Jung	-			X			X	X	
Johanna Vosen	»androgyne Lesbe«	X				X		X [e]	
Ron Lemon	»Mann im Rock«		X				X	X	
Yve Bernstein	»Transfrau«	X						X	
Kim Valentin	»Lesbian boy«		X			X	X	X	
Luk Winter	»Transmann«		X						
Francis Wagner	»queerer Transboy«				X		X		
Tom Herz	»Transmann«		X						
Ann Aulitz*	-				X	X			
Brad Berg*	»Butch«					X			
Charly Croce*	-					X			
David Dreyer*	-					X			X
anonymisierte Namen	Selbstbezeichnung	Transfrau (Frau)	Transmann (Mann)	intersexuell/ interqueer	geschlechtlich nicht-ident	lesbisch /bi	schwul /bi	heterosexuell	sexuell nicht-ident

Mit Sternchen (*) versehene Namen sind jene Personen, die an der Gruppendiskussion teilgenommen haben.

beziehen und erst dadurch verständlich werden. Dabei stellten die Selbstbezeichnungen keine Erfindungen eines Selbst dar, sondern sie waren Resultate der Bemühungen, sich mit Hilfe einer zweigeschlechtlichen Sprache und der eigenen körperlichen Materialisierung in einer sozialen Wirklichkeit zu beschreiben und zu kennzeichnen. (2) Die Interviewpartner_innen bezogen sich mehrfach auf Zugehörigkeiten, die sich scheinbar widersprachen. Außerdem wechselten einige die selbstbezeichnenden Zugehörigkeiten in ihren biografischen Rekonstruktionen oder sie rezipierten entsprechend der Perspektive, aus der sie von anderen Personen gelesen wurden, eine andere Selbstkonstituierung. Ich folgere daraus, dass Mehrfachzugehörigkeiten für die meisten geschlechtlich nonkonformen Interviewpartner_innen innerhalb geschlechtlicher und sexueller Orientierungen und darüber hinaus in Bezug auf Alter, Ethnizität, Mobilität, Gesundheit und soziale Klasse, den gelebten Alltag bestimmen. Die Benennung einer kontextabhängigen, selbstgewählten Lokalität von Geschlecht und Sexualität durch Sprache war die zentrale Handlungsoption vieler Interviewpartner_innen, um sich als Person aus der *heteronormativen Hegemonie* der gesellschaftlichen Dethematisierung von Geschlechtervarianzen zu lösen.

Im Datenmaterial sind darüber hinaus temporäre Differenzlinien zu erkennen, die entscheidend mit den Selbstkonstituierungen und sprachlichen Selbstbezeichnungen zusammenhingen. (1) Eine Differenzlinie ist die Transition nach dem Transsexuellengesetz (TSG): Während über die Hälfte der Interviewpartner_innen Erfahrungen mit dem TSG gemacht haben, haben andere entschieden, sich >nicht offiziell< körperlich oder geschlechtlich zu verändern.[143] Letztere kamen nicht mit dem TSG in Berührung. Die Selbstbezeichnung als Transperson erfolgte unabhängig von den Erfahrungen mit dem TSG. (2) Die Ziele geschlechtlicher (Transitions-)Prozesse waren verschieden: Während für einige Interviewpartner_innen eine Transition nicht infrage kam oder nach einer Transition keine geschlechtliche Eindeutigkeit existierte, wünschten sich andere eine geschlechtliche Eindeutigkeit bzw. hatten sie eine Eindeutigkeit längst hergestellt, wobei die Grenzen zwischen den Zielen der (Transitions-)Prozesse fließend waren. Die Interviewpartner_innen Tamma Katz, Lee Parker, Zoe Rheas, Kendra Fraschen, Reik Schreiber, Freya Jung, Ron

---

143 Die meisten Erfahrungen mit dem TSG sind im Datenmaterial jüngeren Datums gewesen, weil sich sieben Interviewpartner_innen zum Zeitpunkt des Interviews in der Transition befanden. Nur zwei Befragte hatten ihre Transitionserfahrungen in den 1990er Jahren gemacht. Alle Transitionserfahrungen (zumindest der Start der Transition) lagen vor dem signifikanten Datum des 11. Januar 2011, an dem das Bundesverfassungsgericht die Reform des TSG anordnete (BVerfG 1 BvR 3295/07 2011). Körperliche Veränderungen wurden aber auch jenseits der >offiziellen Wege< durchgeführt oder fanden im Rahmen der medizinischen Experimente mit intersexuell geborenen Personen statt.

Lemon, Kim Valentin, Ann Aulitz, Brad Berg und Charly Croce betonten, dass sie ihre geschlechtliche Nonkonformität offen leben und dass sie zukünftig einen Umgang damit finden (müssen) oder bereits einen Umgang gefunden haben. Geschlechtliche Eindeutigkeit war für sie explizit kein erwünschtes oder mögliches Ziel. (3) Einige Interviewpartner_innen berichteten davon, dass sie die medizinische Markierung Intersexualität erhielten, während jene Personen, die Transitionserfahrungen im Rahmen des TSG gemacht hatten, mit dem Label der Transsexualität etikettiert wurden. Manche Personen hatten beide Markierungen erhalten, andere keine dieser Zuschreibungen.

Die meisten der Befragten wählten die Anonymität der Großstadt und ihre Netzwerke, die Sichtbarkeit und Akzeptanz von künstlerischen und avantgardistischen Lebensentwürfen anbietet. Viele verwiesen auf die vergleichsweise geringen Lebenshaltungskosten, denn ohne festen oder sicheren Arbeitsplatz waren sie darauf angewiesen. Mehr als die Hälfte der Befragten verorteten sich in linksalternativen, politischen Netzwerken, Szenen und politischen Gruppierungen. Die Zusammenschlüsse reichten von selbstorganisierten Arbeitsgruppen, Selbsthilfe- und politischen Ortsgruppen bis hin zu politischen Gruppen oder Gewerkschaften die sich mit anderen Themen wie beispielsweise Arbeitsrecht, Umweltschutz oder mit Anarchismus auseinandersetzten.[144]

Die geschlechtlichen Selbstbezeichnungen beruhten auf bekannten Diskursen oder wurden (situativ) eigenständig neu zusammengesetzt. Die Befragten ermöglichten mir als ihrem Gegenüber im Interview damit, zu verstehen, wie sie sich geschlechtlich und sexuell lokalisierten. Der Terminus ›Trans‹ verwies dabei auf eine Zweigeschlechtlichkeit und wies zugleich über sie hinaus. Das bedeutet, dass das sich geschlechtlich Benennen oder sich sexuell Benennen prozesshaft geschieht, weil es in einem heteronormativen Kontext stattfindet und sich unmittelbar auf die enge Rahmung der eindeutigen Geschlechtlichkeit bezieht, um paradoxerweise über sie hinaus zu verweisen. Die geschlechtliche Orientierung und ihre Sagbarkeit wurden allerdings bei vielen Befragten von den medizinischen Zuschreibungen aus Justiz, Psychologie und Medizin beeinflusst, welche wiederum auf die Selbstkonstituierungen der Befragten wirkten.

3.1.2 Mittendrin und ausgeschlossen. Exemplarische Interview-Rekonstruktionen

In diesem Abschnitt stelle ich Auszüge aus den Interview-Rekonstruktionen von Lee Parker, Freya Jung und Kim Valentin vor. Die Auswahl der Interview-

---

144 vgl. 3.4.2 Politische Strategien und Organisation; 5.3. »Ich bin ja nicht cooler, weil ich Trans bin « – Im Zwiespalt soziokultureller Szenen

partner_innen richtete sich nach den Kriterien der geschlechtlichen Diversität. Die Fallbeispiele bieten eine erste Annäherung an das Feld der geschlechtlichen Nonkonformität, indem eine nicht-idente Transperson, eine intersexuell markierte Person, sowie eine crossdressende Person vorgestellt werden. Die ausgewählten Personen sind allerdings in keiner Weise repräsentativ für potenzielle geschlechtliche Gruppen. In den Rekonstruktionen der Interviews stelle ich biografische Bezüge dar und weise auf ausgewählte Positionen der Interviewpartner_innen hin. Zu beachten ist dabei, dass die Interview-Rekonstruktionen zwar auf den biografischen und situativen Erinnerungen aus den Interviews beruhen, aber dass sie keine biografische Genauigkeit anstreben. Stattdessen erfolgen die Fallrekonstruktionen in der Absicht, zumindest exemplarisch die Befragten aus der generalisierenden Anonymität zu holen.

Lee Parker: »Ich habe das Gefühl, ich komme in dieser Gesellschaft einfach nicht vor.«

Lee Parker hat zum Zeitpunkt des Interviews in einer westdeutschen Großstadt studiert und in einer Wohngemeinschaft gelebt. Er wurde bei seiner Geburt als Mädchen anerkannt und wuchs in den Kinderjahren in der DDR auf. Bereits als Kleinkind wurde er als Junge wahrgenommen. In seiner Erinnerung war ihm bereits damals die Vorstellung, ein Mädchen oder ein Junge sein zu müssen, »gruselig«. Lee Parker bezeichnete sich als »transident«. Schon als weibliche Jugendliche hat er sich mit männlichen Frauen identifiziert, wobei ihm unklar war, ob das vor seiner Transidentität lag oder ob das Interesse durch seine Transidentität erst entstanden ist. Er befand sich zum Zeitpunkt des Interviews in einem Transitionsprozess und nahm seit einigen Monaten Hormone, die seinen Körper bereits verändert hatten. Seine Entscheidung für eine Therapie und Hormonbehandlung hat er als »Selbstläufer« bezeichnet. Nach vielen Jahren der Verdrängung, kümmerte er sich um eine Hormonbehandlung, und als er dann endlich das lang ersehnte erste Rezept für Testosteron[145] in den Händen hielt, empfand er starke Glücksgefühle und startete an seinem Geburtstag mit Begeisterung und »Adrenalinschübe[n]« die Hormoneinnahme. Eine geschlechtlich eindeutige Körperlichkeit bedeutete für ihn vor allem Wohlfühlen und Schutz vor Diskriminierung, Gewalt und Ausgrenzung.

---

145 Testosteron gilt fälschlicherweise als das männliche Hormon, was aus biologisch-medizinischer Perspektive nicht stimmt. Alle Geschlechter produzieren verschiedene Anteile der Hormone, die sich auch nicht nur auf zwei geschlechtliche Variationen beziehen oder diese dominieren (vgl. Hoffmann-La Roche Aktiengesellschaft et al. 2003: 1810f; zum medizinischen Forschungsbedarf zur Defizitperspektive bei Frauen: Jaursch-Hanke 2011).

Dennoch beabsichtigte er in seinem zukünftigen Leben nach der Transition nicht eindeutig als Mann zu leben. Er war davon überzeugt, dass er auch zukünftig nie so geschlechtlich gelesen werde, wie er sich verorte, selbst dann nicht, wenn er als Mann gelesen werde:

>Ich finde es insofern nicht einfach, weil ich das Gefühl habe, die Leute sehen eh nicht das, was ich bin. Ich werde mich –, also wenn sie nicht wissen, dass ich Trans bin, weil sie mich einfach als Typ sehen, und das bin ich einfach auch nicht. Das ist nicht meine Geschichte. Das –, da fehlt einfach ein Riesenteil von meiner Geschichte. Ja, und es passt auch einfach irgendwie nicht, aber es ist einfacher als irgendwie als Frau gesehen zu werden.«

Lee Parker ist sich trotzdem unsicher gewesen, wie er zukünftig von Dritten geschlechtlich gelesen werden will. Durch seine fortschreitende Transition zum Mann hat er erwartet, zukünftig vor allem als Mann gelesen zu werden. Aber auch diese Vorstellung behagte ihm wenig, weil dies seine weibliche Sozialisation verdecken würde, die seine Selbstkonstituierung ebenfalls beeinflusst hat. Außerdem lehnte er männliches Konkurrenzverhalten und »Typen, die Bücher schleppen und alles reparieren müssen« ab, womit er seine Abneigung gegen stereotype Männlichkeiten ausdrückte. Für ihn bedeutete die eigene Männlichkeit als Transmann das Leben in einer Art »Zwickmühle«. Er hat trotz seiner geschlechtlichen Uneindeutigkeit die Vorstellung zurückgewiesen, sich selbst als etwas Besonderes zu sehen, denn »ein Exot zu sein, darauf stehe ich eh nicht so«.

Der Interviewpartner bewegte sich zum Zeitpunkt des Interviews in feministischen und linksalternativen Szenen. Dort erfuhr er geschlechtliche Freiräume, obwohl er kritisch anmerkte, dass er die linksalternative Szene trotzdem sehr heteronormativ erlebt habe.[146] Lee Parker berichtete von sexualisierten Gewaltwiderfahrnissen und betonte, dass man einer »strukturellen Gewalt« als »Transperson ständig ausgesetzt« sei.[147] Sein Verständnis von Gewalt bewegte sich damit jenseits legalistischer Vorstellungen. Er fühlte sich diskriminiert, wenn er beispielsweise auf Fragebögen männlich oder weiblich ankreuzen musste oder wenn er sich vor Gutachter_innen für seine nicht-idente geschlechtliche Orientierung rechtfertigen musste. Diese Nicht-Wahrnehmung seiner geschlechtlichen Orientierung erlebte er als Verletzung. In seiner Utopie war das Hormon Testosteron eine Kraftquelle, die jenseits geschlechtlicher Zugehörigkeiten allen Personen auf Wunsch zur Verfügung stehen sollte. Geschlechtliche Orientierungen sollten außerdem nicht an geschlechtliche Kör-

---

146 vgl. 5.3 »Ich bin ja nicht cooler, weil ich Trans bin.« – Im Zwiespalt soziokultureller Szenen

147 vgl. 6. Sexualisierte Gewalt als Instrument der Eindeutigkeit

per gekoppelt werden und die individuell gewählte Position sollte weder den Status noch den Lebensweg einer Person determinieren.

Freya Jung: »Also, nicht die Intersexualität ist falsch, sondern es ist tatsächlich der Umgang mit der Intersexualität.«

Freya Jung hat zum Zeitpunkt des Interviews als Künstler_in gearbeitet, war verheiratet und bezeichnete ihren Ehepartner als ihren »Fels in der Brandung«. Sie_er war sich stets bewusst, dass sie_er »nicht Mädchen oder Junge«, sondern dass sie_er »immer so ein bisschen anders« war. Als sie_er Mitte 20 war, wurde sie_er mit dem Label der Intersexualität konfrontiert:

> »Bei mir war es eben eine komplette Androgenintensität, das bedeutet XY-chromosomal, rein männlich eigentlich. Meine Eltern haben eigentlich einen Knaben gezeugt. Haben aber aufgrund einer Androgenresistenz ein Mädchen bekommen, ein scheinbares Mädchen.«

Freya Jung besitzt männliche Chromosomen[148] und ihre_seine geschlechtliche Repräsentation ist von anderen Personen überwiegend weiblich gelesen worden. Bereits mit 14 Jahren erfuhr Freya Jung, dass sie_er keine eigenen Kinder gebären könne, weil sie_er keine Menstruation haben werde. Mit 16 verließ sie_er das Elternhaus, weil sie_er spürte, dass die Eltern ihr_m etwas verheimlichten. Niemand unterstützte sie_ihn als Kind und Jugendliche_n und obendrein fühlte sich die Mutter nachhaltig schuldig, weil sie ein Kind mit Intersexualität geboren hatte.[149] Als Freya Jung im Erwachsenenalter eine Blutung bekam, fuhr sie_er in ein Krankenhaus. Dort wurde sie_er von dem behandelnden Arzt darüber informiert, dass sie_er ein »falsches Geschlecht« habe, XY-chromosomal sei und dass die Hoden »vergrößert« seien. Mit zunehmenden medizinischen Kontakt wurde ihr_sein Körper im Laufe der folgenden Jahre mehr und mehr enteignet, indem er zu einem Forschungsobjekt für Mediziner_innen wurde.[150] In dieser Phase ihres_seines Lebens wuchs ihre_seine innere Isolation. Freya Jung erhielt als Folge der Gonadenentnahme kontinuierlich eine hohe Dosis an Testosteron, weil ihr_sein Körper nun chronisch unterversorgt war und nicht mehr genügend Testosteron produzieren

---

148 In der klassischen Biologie und Medizin ist der männliche Chromosomensatz XY und der weibliche wird mit XX beschrieben. Zur Kritik an dieser binären Annahme: Voß 2010.

149 vgl. 7.1.3 Exkurs: Die Verantwortung von Erziehungsberechtigten

150 In einer Situation begutachteten 28 Mediziner_innen die_den Interviewpartner_in gleichzeitig. In der Erinnerung erlebte sie_er diese Untersuchung einer »Vergewaltigung« gleich. Diese Narration wurde im Forschungstagebuch festgehalten und war nicht Teil des transkribierten Interviews, sondern wurde im Anschluss erzählt (vgl. 7.1.2 Operative Eingriffe bei intersexuell markierten Personen).

konnte. Die Medikamente virilisierten (vermännlichen) ihren_seinen Körper nicht, sondern ermöglichten, die hormonelle Balance im eigenen Körper wiederherzustellen.

> »Das heißt, ich hätte gar keinen anderen Weg, ich kann gar nicht anders sein. Ich kann die zehnfache Menge an Testosteron bekommen -, dann vermännliche ich auch nicht mehr äußerlich«.

Die entnommenen Organe, so erfuhr Freya Jung Jahre später, waren gesund, und in ihnen konnten sogar Spermien reifen (Spermatogenese). Die Kastration und die nachfolgenden medizinischen Eingriffe führten zu starken psychischen Belastungen und machten eine lebenslange Medikamenteneinnahme notwendig. Freya Jung litt unter einem posttraumatischen Belastungssyndrom, weil sie_er jahrelang als medizinisches Forschungssubjekt benutzt wurde und zahlreichen medizinischen Fehlbehandlungen unterlag. Viele Jahre hatte Freya Jung die Diagnosen der ärztlichen Befunde nicht kritisch hinterfragen können, weil ihr_m dafür die Informationen fehlten. Deshalb versuchte sie_er jahrelang, das Weibliche zu »imitieren« und als Frau zu leben, obwohl sie_er sich nach der Diagnose Intersexualität isolierter fühlte als zuvor.

Im Interview machte Freya Jung vorrangig auf die »staatlich strukturelle Gewalt« in der Medizin, im Rechts- und Bildungssystem aufmerksam. Eine hohe Verantwortung schrieb sie_er einer »kleinen Clique an Ärzteschaft« und der »Bundesregierung« zu, die intersexuell geborenen Minderheiten keinen Schutz gewähren und damit Intersexualität unsichtbar machen. Sie_er äußerte sich zu den Verletzungen der Menschenrechte und des Grundgesetzes, denen intersexuell geborene Personen ausgesetzt sind und stellte heraus, dass die Potenziale der Intersexuellen bislang in der Gesellschaft nicht wahrgenommen würden, weil Intersexuelle bislang ohne Ort seien:

> »Bei Frauen ist das klar. Die sollen Kinder gebären. Männer sollen dafür sorgen, (...) dass da Nachwuchs geschaffen wird. Das ist so, diese Uraufgaben. Intersexuelle fallen da ganz raus. Ich weiß, wo die hingehören: Die gehören mitten rein.«

Diskriminierungen und Gewalt üben nach Freya Jung jene Personen aus, die Intersexualität in eine Tabuzone rückten und die Sprachlosigkeit des Phänomens verfestigen. Im persönlichen Werdegang gelang es der_m Interviewpartner_in nach vielen Jahren des Verheimlichens, Versteckens und Aushaltens, sich aus der Isolation der Diagnose Intersexualität zu befreien. Sie_er hatte sich hierfür auf eine Reise zu sich selbst gemacht und war schließlich dank der Unterstützung und Begleitung vom Ehemann, von (neuen) Freund_innen und anderen intersexuell geborenen Personen, bei sich angekommen. Ihre_seine Lebensphilosophie, um den Weg zu meistern, befasste sich mit der Sichtbarkeit der eigenen geschlechtlichen Existenz:

»Vertraue doch mal auf dich selbst. Du hast die Kraft, das zu schaffen, sonst hättest du dich gar nicht erst auf den Weg gemacht. Du bist jetzt so weit gekommen, du bist kurz vorm Gipfel, dass du dir einen Überblick verschaffen kannst. Willst du da zehn Meter vorm Gipfel stehenbleiben? Aus Angst, du könntest da oben gesehen werden? Du hast dich auf den Weg gemacht, um gesehen zu werden«.

Freya Jung musste laut eigener Auskunft erst wieder lernen, auf sich selbst zu vertrauen und anderen wieder vertrauen zu können. Ihren_seinen Lebensweg verglich sie_er mit einer Berg- und Gipfelbesteigung mit zahllosen Zweifeln. Doch das Verlangen nach Sichtbarkeit und politischer Intervention siegte, denn zum Zeitpunkt unseres Gesprächs setzte sie_er sich für die Rechte Intersexueller und gegen die Diskriminierung und Gewalt ein, die intersexuell geborenen Personen widerfahren. Im Interview zeigt sie_er sich optimistisch, lebensfroh und vor allem kämpferisch.

Kim Valentin: »Mittlerweile bin ich der Meinung, dass ich nirgendwo meine Ruhe habe.«

Kim Valentin war zum Zeitpunkt des Interviews ein Student, der sich als »lesbian boy« oder auch Crossdresser bezeichnete. Laut Wörterbuch sei er ein »Transvestit«. Er hat bereits in seiner Jugend Mädchenkleidung getragen, weil ihm die bunte Kleidung aus der Mädchenabteilung besser gefiel und sein Vorname war für andere stets geschlechtlich zweideutig. Mit 17/18 Jahren war er Punk, und er erinnerte sich: »Ja, zu der Zeit, das war so achtziger. Da konnten Männer auch noch mit Leggins rumlaufen«. Kim Valentin mochte seinen Körper, aber »die Gesellschaft« habe ein Problem mit ihm. Er selbst betonte amüsiert, dass es für ihn auch egal sei, was er zwischen den Beinen habe, weil er in allen Fällen Freude damit haben würde. Mit Blick auf seine eigenen biografischen Erfahrungen widerstrebte es ihm, sich geschlechtlich einzuordnen, weil er »das Gefühl [habe], dass man sich die Geschichte auch im Nachhinein immer so umschreibt«. Für Kim Valentin war die »Ringelstrumpfhose«, die er im jungen Erwachsenenalter gerne trug, das Symbol für seine Geschlechtlichkeit. Die Ringelstrumpfhose war sein Bild für Jugend, Ausgelassenheit, Spaß, Freude, Humor, Weiblichkeit, Stärke, Unabhängigkeit und Unangepasstheit. Zu besonderen Anlässen kleidete er sich gerne in »Nylonröcke(n)« und »High Heels«. Zudem rasierte er seine Beine, lackierte seine Fingernägel und lehnte den eigenen Bartwuchs ab. Humorvoll fügte er hinzu, dass er im Idealfall mit Hilfe einer »Beammaschine« dafür Sorge tragen würde, dass sein Bartwuchs in der Teleportation nicht rematerialisiert werden würde.[151] Wegen seiner ge-

---

151 Die Imagination für utopische Vorstellungen von Geschlecht wird in zahlreichen Science-Fiction-Romanen und -Verfilmungen dargestellt. Hierin finden sich auch Versuche, emanzipatorische Geschlechterordnungen darzustellen. Die Utopie und der Versuch,

schlechtlichen Repräsentation ist er oft als Frau gelesen worden, weshalb er in tagtäglichen Interaktionen oft wie eine Frau behandelt wurde. Von daher war er mit heterosexistischen Anmachen vertraut, in denen er als Frau von Männern angesprochen wurde. Kim Valentin berichtete von interpersonaler Gewalt und Diskriminierungen im öffentlichen Raum sowie von eigenem widerständigem Verhalten. Alltagspraktiken, wie die Vermeidung des öffentlichen Personennahverkehrs, das crossdressende, feminisierende Ankleiden erst an Zielorten oder, wenn möglich, die eigene Wohnung erst in der Dämmerung zu verlassen, nutzte er präventiv, um sich vor Diskriminierung und Gewalt zu schützen. Durch viele Widerfahrnisse sei er eine misstrauische und leicht zu verletzende Person geworden. Für seine Haltung gegenüber Diskriminierungs- und Gewaltwiderfahrnissen wünschte er sich deshalb mehr Gelassenheit, eine »dickere Haut« oder mehr Schlagfertigkeit im Alltag. Er hat temporär sogar das Vertrauen in den eigenen Freund_innenkreis verloren, weil dort mehrfach hinter seinem Rücken über ihn geredet wurde. Beispielsweise hat ihm ein Freund vorgeworfen, dass er sich nicht wie eine Frau, sondern wie eine »Nutte« kleide. In diesem Zusammenhang bewertete der Interviewpartner die Spielräume von weiblichen und männlichen geschlechtlichen Repräsentationen auch entlang der Vielzahl seiner diskriminierenden Erfahrungen unterschiedlich:

> »Ich habe ein bisschen die Hypothese, (...) dass es Frauen, die sich eher burschikos [geben] oder so kleiden, dass diese es noch einen Tacken einfacher haben, weil (...) die unterste Stufe ein Mann ist, der sich selber die Macht nimmt. (...) der sich sozusagen verletzlich macht, weil gut, es gibt ja auch Frauen, die auch Schnauzbärte tragen, [die] sind extremen Anfeindungen ausgesetzt, aber ich glaube, dass Frauen, die sich burschikoser geben, es einfacher haben als ein Mann auf Stöckelschuhen und im Minirock.«

Mit der Vorstellung eines entmachteten Mannes spielte Kim Valentin auf die Figur des effiminen Mannes an, das heißt auf die Figur des Mann(es) im Rock Er zeigt sich überzeugt, dass die eigene Männlichkeit durch Bezüge zur Weiblichkeit an Status verliert. Und in Bezug auf Lesben und Schwule stellte er fest, dass sie den Vorteil haben, dass viele von ihnen ihre Homosexualität unsichtbar machen können, weil sie ein eindeutiges Geschlecht repräsentieren. Er hingegen werde als Crossdresser wie auf einem »Präsentierteller« wahrgenommen. Kim Valentin vermutete darüber hinaus, dass seine geschlechtliche Repräsentation anderen Personen Angst einflöße, denn sie irritiere und verunsichere Personen mit zweigeschlechtlichen Sehgewohnheiten. Der Interviewpartner zog nach vielen Jahren als Crossdresser die ernüchternde Bilanz: »Mittlerweile

---

sich aus den hiesigen Verhältnissen wegzudenken und den (geschlechtlichen) Körper zu relokalisieren, verweisen dann auf die Kritik an den aktuellen Geschlechterverhältnissen (z.B. *He, She And It* von Marge Piercy 1991).

bin ich der Meinung, dass ich nirgendwo meine Ruhe habe«. Geschlechtliche Grenzen hätten sich stets verschoben, ohne dass dabei die Binarität der Zweigeschlechtlichkeit gebrochen worden wäre. Daran anknüpfend lautete Kim Valentins Geschlechterutopie, dass der Zwang zum geschlechtlichen Einordnen endlich wegfalle müsse.

3.1.3 Stimmen geschlechtlich Marginalisierter

In den drei Interview-Rekonstruktionen deutet sich an, was sich später als zentrale Charakteristik aller Interviews erwies: Die Daten sind inhaltlich davon bestimmt, dass sich die Personen stets, häufig, manchmal oder in bestimmten Phasen ihres Lebens von der Gesellschaft ausgeschlossen, alleingelassen und einsam fühlten. Ihre Verletzlichkeit und ihre Verletzungen waren Querschnittsthemen der Narrationen.

Für ihre geschlechtlichen Orientierungen existierten keine adäquaten, sondern stets nur annähernde Begriffe; in Bezug auf ihre medizinischen Diagnosen erhielten sie keine oder kaum Informationen; und ihr Verhalten sowie auch ihr Aussehen entbehrten in den Augen Dritter einer geschlechtlichen Normalität. Ihre Existenz wurde zum Schweigen gebracht und sie fühlten sich darin als Marginalisierte_r verloren. Es sind demzufolge die Stimmen geschlechtlich Marginalisierter, deren Erleben und Erfahrungen im Mittelpunkt der Analyse stehen. Dabei sind diese Stimmen nicht nur biografisch geprägt, sondern sie sind zugleich von zweigeschlechtlichem Denken strukturiert. Das bedeutet, die Selbstbezeichnungen und Auseinandersetzungen mit der eigenen geschlechtlichen Verortung bilden sie vor dem Hintergrund einer begrenzt sagbaren Wirklichkeit ab. Das führt dazu, dass die Interviewpartner_innen ihre eigene Wirklichkeit nicht nur sprachlich neu beschreiben mussten. Für die eigene subjektive Wirklichkeit mussten Begriffe neu geprägt werden oder Umschreibungen zu Hilfe gezogen werden, um die eigene geschlechtliche Orientierung zu verdeutlichen und um sich zu verorten. Geschlecht wurde zu einer Suchbewegung. Denn die hier Befragten nahmen ihr Geschlecht jenseits der Starrheit und Eindeutigkeit zum Ausgangspunkt. Der Preis für diese Erfahrung war der Rückgriff auf die zweigeschlechtliche Sprache und die Möglichkeit der Umschreibung, um das eigene Selbst sichtbar(er) werden zu lassen. Die eigene Existenz innerhalb heteronormativer Geschlechterverhältnisse darzustellen, bedeutet, sprachliche Möglichkeiten und Grenzen auszubalancieren. In den Interviews entwarfen die Interviewpartner_innen ihre eigenen Existenzräume und wurden angefragt, ihre Sichtweisen auf den Forschungsgegenstand und ihr Erleben von Geschlecht, ihre Erfahrungen von Diskriminierung, Gewalt und von Widerstand als geschlechtliche Außenseiter_innen und Subjekte der geschlechtlichen Nonkonformität zu schildern.

3.2 Geschlecht aus Sicht der Interviewpartner_innen

Die meisten Interviewpartner_innen hatten sich bereits über einen längeren Zeitraum, meist über Jahrzehnte, mit geschlechtlicher und sexueller Konformität auseinandergesetzt. Ihr unterschiedliches Verstehen von Geschlecht begreife ich analytisch als Spuren von Geschlechtertheorien und -postulaten im Alltags- und Expert_innenwissen. Dabei unterscheide ich entlang der empirischen Befunde vier Aspekte: Geschlecht als Norm im Kontext von Geschlechtsidentität, Geschlechterrollen und im Bezug zu Sozialisationstheorien, das biologisch determinierte Geschlecht, Geschlecht als Perspektive eines radikal pluralistischen Individualismus und Geschlecht als (Ver-)/Bekleidung. Diese Aspekte werden in den folgenden Abschnitten getrennt dargestellt, obwohl sie im empirischen Material zumeist in Kombinationen auftreten. Im Ergebnis zeugen sie von einem multiplen Verständnis von Geschlecht, das an die Erfahrungswelten der Interviewpartner_innen anknüpft, sie begleitet oder dem Erleben von Nonkonformität vorausgeht.[152]

3.2.1 Geschlecht als dichotome Normvorgabe

Der Begriff der Geschlechtsidentität beschreibt den Selbstbezug auf die Frage: Wer bin ich geschlechtlich? Ihm wohnt Kohärenz inne, die sich auf Erinnerung und Kontinuität bezieht (Breger 2005).[153] Psychologische und erziehungswissenschaftliche Ansätze sehen in der Identität eines Kindes als Mädchen oder Junge eine grundlegende Voraussetzung dafür, als Subjekt in die Gesellschaft zu treten.[154] Gelingt die Ausprägung einer geschlechtlichen Identität nicht, so liegt entlang dieser heteronormativen Logik eine individuelle Störung vor. Diese wird medizinisch-psychologisch als dissoziative Geschlechtsidentitätsstörung (*Gender Identity Disorder*, GID) geführt. Ausdifferenzierte Ausprägungen sind in der *International Statistical Classification of Diseases and*

---

152 In welcher zeitlichen Wechselwirkung Theorie, geschlechtliche Körperlichkeiten und geschlechtliche Selbstkonstituierungen stattfanden, kann leider nicht rekonstruiert werden, weil es nicht gezielt erfragt wurde.

153 Es existiert die Annahme, dass eine Geschlechtsidentität im Bewusstsein gebildet wird und deshalb im Gehirn abgebildet wird. Spätestens in dieser populärwissenschaftlichen Gleichsetzung verbindet sich die Geschlechtsidentität mit der Annahme von binär organisierten, weiblichen und männlichen, Gehirnen.

154 Diesem Prozess gehen beispielsweise die dominierende Akzeptanz der Ich-Psychologie nach Erik Erikson und der Soziologie nach Herbert Mead voraus (Heinrichs 2001; Breger 2005). Als identitätskritisch hingegen gelten die Arbeiten von und in Bezug auf Jaques Lacan, Jacques Derrida sowie von und in Bezug auf die Feminist_innen Julia Kristeva, Hélène Ciyous, Luce Irigaray und Judith Butler.

Related Health Problems (ICD 10-F64) der Weltgesundheitsorganisation[155] klassifiziert.

Psychologische und medizinische Klassifizierungen und Behandlungsmaßnahmen orientieren sich bis heute an nur zwei Geschlechtern, die als dualistische Geschlechtsidentitäten oder komplementäre Geschlechterrollen auftauchen (z.B. Schweizer/Richter-Appelt 2012; Franzen/Sauer 2010; Klöppel 2010). Dieses jahrzehntealte und stetig in Psychologie, Pädagogik und Medizin und der entsprechenden Praxis modifizierte zweigeschlechtliche Geschlechterwissen ist in Theorie, Gender-Praxis und Alltagswissen verankert (Stoller 2008; Wetterer 2009).[156]

Der Begriff der geschlechtlichen und sexuellen Identität wurde von den Interviewpartner_innen vielfältig verwendet: Eine geschlechtliche Identität zu haben, wurde zumeist mit dem Alltagsverständnis von männlicher und weiblicher Zugehörigkeit gleichgesetzt. Sie entstand als ein Effekt der Zweigeschlechtlichkeit und der an Geschlecht gekoppelten normativen Vorstellungen sozialer Wirklichkeit. Aus der Sicht der Befragten wurde binäre Geschlechtsidentität grundlegend abgelehnt. Allerdings berichteten einige Interviewpartner_innen (z.B. Manuel Rosenberg; Felicitas Meransi; Johanna Vosen) von der Wichtigkeit einer sexuellen Identität in bestimmten Lebensphasen und bezogen sich damit positiv auf eine schwule oder lesbische Lebensweise. Bedingt durch die eigene geschlechtliche und/oder sexuelle Orientierung grenzten sich zwei Drittel der Interviewpartner_innen von normativer Heterosexualität ab, was bedeutet, dass sie sich jenseits dieser Vorgabe verorteten. Für die_den Interviewparter_in Kendra Fraschen stellte beispielsweise weder eine geschlechtliche Eindeutigkeit als Frau noch die Zugehörigkeit zur Heterosexualität eine Identitätsoption dar. Ihre_seine sexuelle Orientierung war nur in der Negation zu bestimmen:

---

155 Die Weltgesundheitsorganisation (WHO) ist eine Suborganisation der Vereinten Nationen, die für die Analysen und für zentrale Empfehlungen für die globale Gesundheit zuständig ist. Sie hat damit Einfluss auf die globale Bevölkerungspolitik und ist die Herausgeberin der standardisierenden Diagnosefibel ICD-10. In der Medizin in Deutschland werden diese diagnostischen Kennziffern als Standard verwendet (vgl. SGB V § 295).

156 Die Soziologin Angelika Wetterer macht darauf aufmerksam, dass sich sowohl die Wissenschaft als auch die politischen Kräfte in Bezug auf die Inhalte des Geschlechterwissens weit vom alltäglichen Erleben der Nicht-Expert_innen distanziert haben. Das persönliche Erleben ist davon geprägt, dass der Rolle von Geschlecht keine Relevanz zugeschrieben wird und Geschlecht nur in Bezug auf Gleichheit diskutiert wird: »Das alltagsweltliche Geschlechterwissen ist also, und das gilt in besonderem Maße für die individualisierten Milieus, widersprüchlich und heterogen« (Wetterer 2009: 86). In ritualisierten und reflexiven Handlungsweisen reproduziert sich dann Geschlechtlichkeit jenseits der möglichen Thematisierung, was dazu führt, dass diese Prozesse eine Leerstelle markieren, die »gegen Kritik immunisiert« (ebd.: 85ff).

»Und [ich] war dann so von wegen Identität und auch sexuelle Identität, dass ich nicht so wirklich Frau bin und dass ich nicht hetero bin, das war mir irgendwie relativ früh klar.«

Auch andere Interviewpartner_innen verorteten sich geschlechtlich und sexuell jenseits der binären Identitätsschemata. Exemplarisch dafür steht der »queere Transboy« Francis Wagner:

»Ich glaube, ich habe da nicht so eine Identität, wo ich sagen kann, das bin ich jetzt. Sondern eher, dass das immer so eine Suche war, (...) so ein Gefühl von ›Ich bin vielleicht gar nicht das, was die anderen sehen.‹ Oder einfach auch so eine Distanz in dem, was andere in mir sehen.«

Der Befragte äußerte ein kritisches Verhältnis zur Identität, indem er sich davon distanzierte, wie andere ihn wahrnahmen. Dennoch zeugt diese Sequenz von einer Unsicherheit, die das gelesene und das selbst konstituierte Geschlecht betrifft. Denn hier ist eine potenzielle Diskrepanz zwischen Eigen- und Fremdwahrnehmung sichtbar, in der Räume für Suchbewegungen entstanden. Eine stetige Unruhe des Suchens kennzeichnete die geschlechtlichen Erfahrungen der meisten Interviewpartner_innen. Die geschlechtliche Orientierung wurde darin zu einem materiellen Effekt in der Diskrepanz zwischen Eigen- und Fremdwahrnehmung. Die Suchbewegungen orientierten sich in Ablehnung heteronormativer Vorgaben und standen im Kontrast zur eindeutig definierten Geschlechtsidentität. Allerdings konnten sie sich auch auf die Ablehnung rigider Konzepte der Transsexualität beziehen, wie das folgende Beispiel veranschaulicht:

»Also es gab, so Ende der neunzehnneunziger – auch nur so transsexuelle Selbsthilfegruppen, die dann auch nochmal extrem aufgesplittet waren zwischen Transmänner und Transfrauen. Wo dieser OP-Zwang so hoch war und wo auch vorherrschend die Meinung vertreten wurde: ›Ein richtiger Mann ist so, eine richtige Frau ist so.‹ – ›Um wirklich transsexuell zu sein, musst du unbedingt Hormone wollen und eine OP wollen, (...) sonst ist es dir ja nicht wirklich ernst.‹ Das war mir alles nichts, da konnte ich mich nie mit identifizieren. Und deswegen habe ich wohl so lange gebraucht, um zu meiner eigenen Transidentität in Anführungsstrichen zu kommen.«

Da das Transsexuellengesetz 1981 in Kraft trat, waren die achtziger Jahre das erste Jahrzehnt der rechtlich legitimierten Transsexualität in Deutschland. Der zitierte Interviewpartner nahm die Transsexualität zu dieser Zeit als einen das geschlechtliche Selbst optimierenden Zwang zur zweigeschlechtlichen Anpassung wahr. Viele transsexuelle Personen beugten sich dem »OP-Zwang«, um die Ernsthaftigkeit ihres Anliegens zu unterstreichen und um ihre Transition nicht zu gefährden. Für die Vorstellung einer Trans-Identität ohne geschlechtliche Vereindeutigung war darin kein Raum. Seine geschlechtliche

Entwicklung verzögerte sich durch diesen Normativitätsdruck, den er auch in der Selbsthilfegruppe erlebt hatte. Er verstand Geschlechtsidentität als einen Prozess. Geschlecht wurde für viele der Befragten zu einem Prozess, wenn die Felder von Zweigeschlechtlichkeit, Transsexualität und Transgender rigide, formal und normativ besetzt wurden. Das Sprechen über und die Erfahrungen von Geschlechtsidentitäten war deshalb im Datenkorpus an das Erleben von Zweigeschlechtlichkeit gekoppelt. Die eigenen geschlechtlichen Orientierungen wurden im Kontrast dazu platziert und zumeist als unsicherer sozialer Status erlebt.

Außerdem existierte ein analoger Bezug zu normativen Rollenverständnissen. Geschlechterrollen bezeichnen das soziologische Konzept, dass den Geschlechtern (in der Regel als Zweigeschlechtlichkeit gedacht) jeweils soziale Verhaltensweisen zugeordnet werden können, die einer Norm entsprechen.[157] Geschlechtliche Formen von Weiblichkeit und Männlichkeit wirken normativ. Die Interviewpartner_innen lehnten starre Geschlechtsidentitäten und Geschlechterrollen ab. Sie wurden allerdings genutzt, um im Erzählen Geschlechtsattribute zu beschreiben. So wurden für eine weibliche Rolle Attribute >wie lieb sein<, >Röcke tragen<, >schön sein<, >Mädchenkleidung tragen< aufgezählt und zu der männlichen Geschlechterrolle Attribute wie >körperliche Stärke<, >raumaneignendes Verhalten<, >provokantes Sexualisieren<, >Durchsetzungsvermögen< und >erhöhte Lautstärke< gezählt. Viele der Interviewpartner_innen grenzten ihre eigene geschlechtliche Nonkonformität von diesen Vorstellungen bipolarer Geschlechterrollen ab. Sie erlebten ihre geschlechtliche Selbstkonstituierung deshalb als eine Abweichung von einer sozialen geschlechtlichen und/oder sexuellen normativen Rolle.

In den Sozialisationstheorien spielt die Rekonstruktionen der eigenen Kindheit eine herausragende Rolle. Denn obwohl die Narrationen zur Kindheit inhaltlich sehr unterschiedlich waren, beschrieben sich die Interviewpart-

---

157 Der Terminus der Geschlechterrolle ist an die theoretischen Denkrichtung der soziologischen Rollentheorien angelehnt, welche im ersten Drittel des 20. Jahrhunderts für gesellschaftliche Analysen bestimmend war. In Rollentheorien wird davon ausgegangen, dass soziale Rollen mit gesellschaftlich besetzten, normativen Erwartungen versehen werden. Die Rollentheorie wurde wesentlich von George Herbert Mead (1863-1931), Ralph Linton (1893-1953), Talcott Parsons (1902-1979) und Robert K. Merton (1910-2003) beeinflusst. Diese Rollen stehen – wie beispielsweise die Mutter-, Vater- und Kindrolle, die Lehrer_in- und Schüler_inrolle – komplementär zueinander. Soziale Rollen wirken auf die Persönlichkeit, wobei die Rollenerwartungen abgelehnt oder angenommen werden können. Im Diskurs der Geschlechterrollen spielen die Auseinandersetzungen von Talcott Parsons, Erving Goffman und in Deutschland von Carol Hagemann-White eine herausragende Rolle. Kritik an den Rollentheorien wurde bereits in den siebziger Jahren beispielsweise durch Ralf Dahrendorf oder Frigga Haug geäußert (Dahrendorf/Abels 2010 (1970); Haug 1975).

ner_innen, vielfach unerwartet übereinstimmend, als ein »wildes« oder als ein mit Puppen spielendes Kind, um jeweils ihre geschlechtliche Zuweisung als Mädchen oder als Junge mit ihrer aktuellen geschlechtlichen Orientierung komplementär zu kontrastieren. Dem westlichen Verständnis von Wildheit unterliegt aus postkolonialer Perspektive eine zugeschriebene Fremdheit, in der sich durchaus eine Naturnähe sowie eine triebgesteuerte Sexualität zeigen, und die mit körperlicher Nacktheit assoziiert wird (vgl. Schaper 2010: 211). Aktuelle geschlechtliche Orientierungen der Interviewpartner_innen jenseits der normativen Zweigeschlechtlichkeit wurden so zum ver-anderten Ergebnis von Kindheitserfahrungen gemacht oder zum Beweis der Kontinuität der geschlechtlich nonkonformen Entwicklung dargelegt, wobei sie auf die Nicht-Domestizierbarkeit und Natürlichkeit verwiesen, die der Darstellung eines wilden Charakters zugrunde liegen. Diese naturalistische Verbindung der Kindheits- und Erwachsenenposition nenne ich im Folgenden die *Figur der geschlechtlichen Kontinuität* (Ipk). Der eigene Blick auf die Biografie wird rekonstruiert, sodass die Aussagen weniger die Vergangenheit beleuchten, als das aktuelle Verständnis von Geschlecht zu präsentieren. Damit vermittelten die Interviewpartner_innen in ihren biografischen Rekonstruktionen durch die *Figur der geschlechtlichen Kontinuität* sozialisationtheoretische und normative Rollen sowie essenzielle Botschaften, die ihr aktuelles geschlechtliches Sein als logische Konsequenz und/oder Natürlichkeit der frühen geschlechtlichen Ver-Änderung legitimieren sollten.[158]

Die *Figur der geschlechtlichen Kontinuität* wirkt außerdem im Beschreiben der eigenen Beziehungskonzepte fort. Kendra Fraschen stellte die Wirkmächtigkeit von Rollenverständnissen in zahlreichen lesbischen und heterosexuellen Begegnungen der mangelnden Wirkmächtigkeit dieser Vorgaben in ihrem veruneindeutigten Beziehungsleben gegenüber:

> »Es gibt ja auch zum Beispiel lesbische Beziehungen, wo die eine Butch ist und die andere Femme. So, das habe ich auch nicht. Das möchte ich auch nicht. Wenn ich ein Mann wäre, dann wäre ich ein sehr emanzipierter Mann in Anführungsstrichen. Also ich finde Frauen klasse, ich finde Frauen total toll, aber ich finde Puppen schrecklich, also diese Frauen, die Hetero-Männer so toll finden. Die, fast schon, sage ich mal, magersüchtig sind, ja, die finde ich schrecklich, die sind nicht attraktiv. Die finde ich nicht toll. Und ich finde auch diese überzogenen Ken-Typen nicht toll. (...) Also Gender und Rollenverteilung hat es bei mir nie gegeben.«

Das Butch/Femme-Prinzip[159] als komplementäres Beziehungsmodell zwischen lesbisch lebenden Personen entspräche dem dualistischen Prinzip ähnlich der

---

158 vgl. 5.2.1 Frühe Erfahrungen von geschlechtlicher Ordnung
159 Gemeint sind Beziehungsformen, die vorrangig zwischen Femmes und Butches eingegangen werden. Dieses Prinzip ist längstbrüchig, sodass sich verschiedenste Beziehungs-

Heterosexualität. Eine Butch ist in diesem Verständnis eine sich eher männlich orientierende Person/Frau und die Femme eine sich feminin orientierende Person/Frau. Beide Positionen werden in dieser Sequenz mit einer lesbischen sexuellen Orientierung gekoppelt.[160] Die_der Interviewpartner_in sah sich selbst demgegenüber in der Rolle eines »emanzipierte(n) Mann(es)«, womit sie_er versuchte, sich aus einem normativen Rollenverständnis zu lösen. Dann aber schwenkte die_der Interviewpartner_in auf ihre_seine eigene Begehrensstruktur um (»Ich finde Frauen toll.«) und grenzte sich sofort von »Hetero-Männer(n)« ab, die »Puppen« oder auch »magersüchtige« Frauen attraktiv finden. Damit bedient sie_er plötzlich Rollenklischees, von denen sie_er sich zuvor deutlich abgegrenzt hatte. Interessant ist daran, dass die_der Interviewpartner_in sowohl in heterosexuellen als auch homosexuellen Erfahrungswelten dualistische Praktiken der Geschlechterdifferenzierung entdeckte, sie ablehnte und zugleich selbst reproduzierte. Ähnlich argumentierte die Transfrau SonyaBen Ferner, wenn sie unterstrich, dass sie nach ihrer Transition nicht vorhabe, eine »Klischeefrau zu spielen«. Diesen Annahmen liegen normative und starre Vorstellungen von Geschlecht zugrunde, die sich an historischen stereotypen Rollenmustern orientieren. Über die Kritik an der geschlechtlichen Inszenierung der Zweigeschlechtlichkeit und über die eigene Betroffenheit hinaus zeigten einige Interviewpartner_innen ein selbstironisches und parodistisches Verhältnis zum Stereotypieren von Geschlecht: Die_der Befragte Freya Jung amüsierte sich als XY-Frau beispielsweise über ihre_seine eigene männliche Dominanz. Sie_er berichtete, dass andere Aktivist_innen sie verurteilt hatten, weil sie_er zu dominant wäre und kommentierte dies lachend:

»Und das [die Ursache für diese Dominanz] ist das Männchen in uns [XY-Frauen], da können wir nichts für. Das ist das Y. (Lachen).«

Geschlechtsidentität und Geschlechterrolle tauchten als diffuse und zugleich abstrakte begriffliche Abgrenzungen auf, die einen konkreten Einfluss auf die

---

formen zwischen Femmes ebenso wie zwischen Butches und mit anderen Geschlechtern entwickelt haben.

160 Die Kritik am Butch/Femme-Prinzip lautete auch innerhalb der lesbischen Szene, dass die Beziehungen zwischen Butches und Femmes sich nicht der Heterosexualität entziehen würden, sondern diese mit ihrer geschlechtlichen und sexuellen Repräsentation reproduzieren würden. Nicht nur Butches und Femmes widersprechen diesem Vorwurf mit dem Hinweis auf die nicht-heterosexuelle Grundlage ihrer geschlechtlichen und sexuellen Repräsentationen und verweisen auf die Vielfalt der möglichen Weisen, Butch oder Femme darzustellen und sexuelle Beziehungen einzugehen. Demzufolge sind Beziehungen zwischen Butches und Femmes nicht auf ein dualistisches Prinzip zu reduzieren, denn es ist mit ihnen beispielsweise längst eine »Fem(me)inität« entstanden, die sich gegen die Geschlechternormen positioniert (vgl. Fuchs 2009a: 12ff; Fuchs 2009; Munt 1998; Halberstam 1998).

eigenen Selbstkonstituierungen ausübten. Auf Sozialisationstheorien und auf die *Figur der geschlechtlichen Kontinuität* wurde Bezug genommen, um die eigene geschlechtliche Gegenwart zu erklären und zu legitimieren. Vereinzelt wurde die Kontinuität allerdings auch infrage gestellt. Auffallend ist, dass die Reproduktion normativer Zweigeschlechtlichkeit als Rollen- und Identitätsmodell in ein kritisches Reden über Geschlecht und in ein Erklären der eigenen geschlechtlichen Orientierung als Selbstverständlichkeit eingebunden wird.

3.2.2 Von biologischer Zweigeschlechtlichkeit

Einige der Befragten unterschieden zwischen ›biologischem und sozialem Geschlecht‹. Dies entspricht dem US-amerikanischen feministischen Sex-Gender-Theorem der siebziger Jahre (vgl. Rubin 1975; kritisch dazu: vgl. Butler 1991, 1997). Drei Funktionen der biologischen Thematisierung konnten erarbeitet werden: (1) Affirmation biologischer Zweigeschlechtlichkeit, (2) Ablehnung und Zweifel an biologischer Zweigeschlechtlichkeit und (3) Kontrastierung der eigenen geschlechtlichen Orientierung mit anderen biologischen Geschlechtern.

Das Sprechen über das ›biologische Geschlecht‹ bestätigte zweigeschlechtliche Körper und diente der körperlichen Unterscheidung von zwei Geschlechtern. Jene Interviewpartner_innen, die sich vermehrt auf biologische Zweigeschlechtlichkeit bezogen, unterschieden ihre geschlechtliche Persönlichkeit und ihren geschlechtlichen Körper von dem ihnen zugewiesenen Geschlecht. Sie strebten zumeist eine Vereindeutigung des eigenen Körpers an oder hatten ihren Transitionsprozess bereits abgeschlossen. Die körperliche Differenzierung in zwei komplementäre Geschlechter erfolgte in der Referenz auf Brüste, Penis, Vagina, Gebärfähigkeit, Muskulatur, Chromosomensätze, Hormonspiegel und Gehirnstrukturen. Obwohl Biologie und Medizin im Bemühen um eine Bestätigung der Zweigeschlechtlichkeit stets versagten (Fausto-Sterling 1988 (1985); Voß 2010), wird gerade die Natur als Beweis für das Vorhandensein von nur zwei Geschlechtern herangezogen. Dabei sind es keinesfalls ausschließlich populärwissenschaftliche Auseinandersetzungen, die zu belegen versuchen, wie sich ein männliches von einem weiblichen Gehirn unterscheiden lässt, sondern Vertreter_innen der Neurowissenschaften und ihre Vorgänger_innen beschäftigen sich seit mehr als einhundert Jahren mit der Suche nach dem entscheidenden Beweis geschlechtlicher Differenz (z.B. Lautenbacher et al. 2007; Cohen-Kettenis et al. 2007; Jordon 2010).[161] Spuren

---

161 Kirsten Jordon behauptet aus der Perspektive der Neurokognitionswissenschaften, dass die Unterschiede zwischen den weiblichen und männlichen Gehirnen zwar »relativ klein [sind], aber sicher nicht vernachlässigbar«. Sie resümiert: »Ausgehend von dem heutigen Wissen um die Plastizität des Gehirns ist insbesondere von einer ständigen

dieses dualistischen Denkens, in dem männliche und weibliche Gehirne unterschieden werden, zeigen sich auch im Datenmaterial: Eine der Befragten hatte zuvor viele Jahre als Mann und Familienvater gelebt und stellte im Interview heraus, dass sie ontologisch schon immer mindestens partiell weiblich war. Sie sah beispielsweise ihre geschlechtlichen Erfahrungen als Transfrau durch die Theorien der Neurokognitionswissenschaften bestätigt:

>»Also für mich ist das einfach wichtig, weil, wie ich am Anfang sagte, da [im Gehirn] ist was programmiert. (...) Aber was sie wissen in der Wissenschaft, dass weibliche und männliche Gehirne unterschiedlich sind und dass sie sie erkennen können mit – was weiß ich –, mit 99prozentiger Sicherheit könnte also ein Experte sagen, anhand der Aufnahmen vom Gehirn, das ist ein weibliches Gehirn oder ein männliches Gehirn.«

Die Interviewpartnerin bezog sich auf wissenschaftliche Geschlechterwissen, welches ihre Erfahrungen stützte. Ihr Körper besaß in ihrer Wahrnehmung seit ihrer Geburt ein weibliches Gehirn, sodass ihre psychische Zugehörigkeit zu der sozialen Gruppe der Frauen im Verborgenen stets legitimiert war.[162] Die Vorstellung vom >Gehirngeschlecht< tauchte im gleichen Interview an anderer Stelle abermals auf. Mit Blick auf eine Erkrankung ihres Sohnes schilderte sie: »Komischerweise [verschwindet diese Erkrankung] leider nur bei Jungs, [denn da] ändert sich das Gehirn in der Pubertät so stark«. Die Ärzt_innen hatten ihr erklärt, dass bei Jungen die Hoffnung bestehe, dass in der Pubertät die Erkrankung wieder verschwinden würde. In beiden Narrationen bot die Differenzierung der Gehirne ein produktives Moment, um eigene Erfahrungen wie z.B. die Gesundung des Sohnes, rational erklären zu können.

Doch auch ohne den direkten Bezug zum eigenen Körper oder zu Erkrankungen wurde im Datenmaterial dann von einem biologischen Geschlecht ausgegangen, wenn es dem Kontrast zum sozialen Geschlecht diente: Die lesbisch lebende Interviewpartnerin Johanna Vosen bezeichnete beispielsweise ihre geschlechtliche Repräsentation als »androgyn«:

---

neurofunktionell und strukturell nachweisbaren Interaktion zwischen biologischen, psychologischen und sozialen Faktoren auszugehen, die permanent unser Gehirn und damit unser Denken und Verhalten modulieren« (Jordon 2010: 100, kritisch dazu: Voß 2010).
162 Nach Hirschauer könnte die Annahme konträr geschlechtlicher Gehirne als eine Adaption medizinischer Argumentationen zur sozialen Konstruktion der Transsexualität verstanden werden, denn er schreibt in Bezug auf die Unterscheidung der Geschlechter in Mann/Frau und Transsexualität: »Differenzbildung um das Thema der Normalität verbindet die soziale Konstruktion der Zweigeschlechtlichkeit mit der sozialen Konstruktion der Transsexualität« (Hirschauer 1993: 321). Die Differenzbildung geschlechtlich zugewiesener Gehirne kann als ein Moment der Trennung von und Verbindung mit geschlechtlicher Normativität gelesen werden.

»Und manchmal hat so eine [geschlechtliche] Uneindeutigkeit auch damit zu tun, dass Menschen, die eine hohe Stimme haben, die ein relativ fein geschnittenes Gesicht und sich mit ›er‹ bezeichnen, man genau merkt: Okay, da gibt es so ein soziales Geschlecht und es gibt ein biologisches Geschlecht.«

Johanna Vosen wendete das Sex-Gender-Theorem auf ihre alltäglichen Beobachtungen von geschlechtlicher Nonkonformität an. Wenn ein eindeutiges Geschlecht nicht zu erkennen sei, weil bei diesen Personen zu offensichtlich Sex und Gender nicht übereinstimme (»hohe Stimme« vs. männliches Pronomen), dann unterscheide sich dies von jenen geschlechtlichen Repräsentationen, die unauffällig seien. In diesen auffälligen Momenten der Diskrepanz zwischen Anrufung und geschlechtlicher Repräsentation griff für die Interviewpartnerin die theoretische Konstruktion der Unterscheidung. Sie konstatierte darüber hinaus Unterschiede zwischen kleinen und großen Irritationen (Androgynität versus Transgender und Intersexualität). Androgynität weise die Möglichkeit zur Sex-Gender-Unterscheidung nicht auf. Auf der Alltagsebene differenzierte sie ihre Erfahrungen, wobei sie eine körperlich, zweigeschlechtliche Lesbarkeit reproduziert. Dies ist die Rückführung des gelesenen, irritierenden Geschlechts auf eine wissenschaftlich, biologische Grundlage.[163] Die_der Interviewpartner_in Freya Jung sah, ähnlich wie Johanna Vosen, körperliche Grundlagen für bestimmte soziale Verhaltensweisen. Allerdings lehnte sie_er trotzdem den Dualismus geschlechtlicher Körper ab und differenzierte das Zusammenspiel von Körper und Sozialem anhand der eigenen Erfahrungen:

»Ich habe mich lieber mit Jungs gehauen, als mit Mädchen mit Puppen gespielt. Und ich war zwar die Stärkste in der Klasse, ich habe sie alle verwamst, das ist so, diese in der Pubertät, in der frühen Pubertät, wenn die Hormone, wenn das Testosteron wirklich wirksam wird. (...) [Das es] im Gehirn und ja, in dem (...) auch eine Wirkung hat. Was ja bis vor ein paar Jahren noch bestritten wurde. Aber eindeutig so ist, wenn man die Gehirnforscher zum Beispiel so sieht, das ist auch wieder eine ganz gefährliche Geschichte, dass man das jetzt auch auf anatomische Geschichten bezieht. Ich glaube, es ist immer eine Geschichte des Gesamtpakets.«

Freya Jung argumentierte, dass ihre_seine Geschlechtlichkeit schon in ihrer_ seiner Rolle als Mädchen auffällig gewesen sei, weil sie_er nicht den Erwartungshaltungen der Erwachsenen entsprach. Indirekt legte sie_er nahe, dass

---

163 Der Erfolg des Sex-Gender-Theorems liegt darin, dass es in seiner Einfachheit eine hohe Plausibilität besitzt. Deswegen ist der hier erfolgte Rückgriff sicherlich exemplarisch für jene Personen, die sich in geringem Maße mit Geschlechtertheorien auseinandergesetzt haben. Vermutlich sind der handlungsrelevante Aspekt und die einfache Übersetzung auf das Alltagserleben der Zweigeschlechtlichkeit ausschlaggebend für die Wirkmächtigkeit dieses (wissenschaftlich überholten) Theorems (zur Kritik des Theorems: Butler 1991, 1997 (1993), 2009 (2004)).

die Hormonwirkungen dafür gesorgt haben, dass dieses Verhalten bei ihr_m womöglich stärker war, als bei Mädchen, die weniger Testosteron produzierten. Die_der Interviewpartner_in war erleichtert, dass Fachkräfte nicht mehr leugnen müssen, dass Hormone einen Einfluss auf das Erleben des Körpers und der Umwelt haben. Dennoch grenzte sie_er sich von der Behauptung ab, die Struktur, die Größe oder die Prozesse eines Gehirns seien Grundlagen einer eindeutigen Geschlechtlichkeit. Dies bezeichnete die_der Befragte als eine »gefährliche« Annahme, denn Geschlecht sei die »Geschichte eines Gesamtpakets«, womit sie_er eine Komplexität von Geschlecht der dichotomen Sicht auf Gehirne und Körper gegenüberstellte. Kendra Fraschen war sich sicher, das durch die Existenz von intersexuell geborenen Personen das eindeutige biologische Geschlecht infrage gestellt sei, auch wenn die geschlechtlichen Variationen in dem vorherrschenden »System von Ken und Barbie« eine Minderheit in der Gesellschaft darstellen. Darin sah sie_er Möglichkeiten, körperliche Grenzen subversiv zu verschieben. Subversives Handeln bedeute Agieren und Parodieren wider die binäre Geschlechterkonformität, wobei sie_er einräumte, dass die geschlechtlich konformen Mehrheiten in der hiesigen Gesellschaft das dualistische Geschlechterdenken außerhalb flexibler Minimalverschiebungen keinesfalls missen würden wollen.

Neben der Affirmation biologischer Annahmen und der Kritik am biologischen Geschlecht lag eine dritte Funktion der Thematisierung von biologischem Geschlecht darin, die eigene geschlechtliche Orientierung von der Position ›biologischer Frauen‹ zu unterscheiden:

> »Diese Kleider [die ich trage] sind, also würde diese Kleider eine biologische Frau, was auch immer das sein mag, tragen, würde ich nicht sagen, dass dieses Kleid irgendwas Cooles aussagt. Ich finde es aber ganz schick, ich will es tragen.«

Der Interviewpartner zog bewusst eine Grenze zwischen sich und der nicht bestimmbaren Kategorie der ›biologischen Frauen‹. Er schränkte den Terminus ›biologische Frau‹ ein, indem er den Zweifel an dieser sozialen Gruppe verbalisierte (»was auch immer das sein mag«) und nutzte trotzdem die Kategorisierung der biologischen Frau, um sein eigenes Verständnis von Schönheit abzuleiten, mit welchem er Cis-Frauen nicht brüskieren wollte. Seine Kleidung symbolisierte für den Befragten Heteronormativitätskritik.

Das Sprechen vom ›biologischen Geschlecht‹ steht im Datenmaterial analog zum Gebrauch der Geschlechtsidentität und der Geschlechterrolle vorrangig für die Zuschreibung und Zuweisung der Körper als männlich oder weiblich. Alle Bezeichnungen wurden zumeist in dem Versuch einer kritischen Distanz verwendet, wobei sie sich oft unbeabsichtigt affirmativ auf die normative Zuweisung von Geschlecht bezogen haben bzw. beziehen mussten, um argumentieren zu können. Das Sprechen vom ›biologischen Geschlecht‹ wirkt dabei stets normativ, weil es ausschließlich mit der Bedeutung der zweigeschlechtlichen Bezugnahme funktioniert. Dies ist auch dann der Fall, wenn über Intersexualität gesprochen wird, die als natürlicher Beweis für Geschlechtervariabilität herangezogen wird. Diese Argumentationslinie verstärkt sogar die Annahme zweier biologisch natürlicher Geschlechter, weil Intersexualität als eine natürliche Abweichung und Ausnahme die Regel der Zweigeschlechtlichkeit bestätigen kann.[164]

3.2.3 Radikaler Pluralismus – Alle sind (nicht nur körperlich) verschieden

Eine weitere Form des Geschlechterverständnisses im Datenmaterial kann mit dem Begriff des ›radikalen Pluralismus‹ umschrieben werden. In dieser Geschlechtertheorie vereinen sich geschlechtliche Pluralität und die Vorstellung von der Gleichheit aller geschlechtlichen Positionen. Theoretische Vertreter_innen dieser Geschlechterutopie sind beispielsweise die US-amerikanischen Autor_innen und Aktivist_innen Kate Bornstein und Riki Anne Wilchins. Sie sehen in der Pluralisierung von Geschlecht Möglichkeiten, der Zweigeschlechtlichkeit zu entkommen, der Vielfalt der Geschlechter Raum zu geben und damit Hierarchien zu vervielfältigen und abzuschwächen (Wilchins 2004; Bornstein/Bergman 2010). Die utopische Vorstellung einer pluralistischen Geschlechterordnung jenseits der dualistischen Kategorien fand in zahlreichen Interviews großen Anklang. Der Transmann Reik Schreiber begründete den radikalen Pluralismus mit der Verschiedenheit der Körper und machte sich für die Perspektive stark, dass Geschlechtertheorien stärker den Körper in den Blick nehmen müssten und sich nicht einer Art Körpervergessenheit anschließen sollten. Er lehnte eine »Gleichmacherei (...), was einfache Körperreaktionen angeht« ab, weil diese unabhängig von der geschlechtlichen Orientierung einer Person seien. Die Verschiedenheit der geschlechtlichen Körper lasse sich nicht in dualistische Klassifizierungen zwängen. Er favorisierte deshalb eine plurale Geschlechtlichkeit, die auf die Einzigartigkeit eines jeden Körpers verweise. Ähnlich argumentierte Freya Jung, die_der jeder Person einen eigenen (nicht nur geschlechtlichen) Platz auf der Erde zuwies. Für sie_ihn war dieses Bild allerdings weniger ein utopischer Entwurf als eine Realität, die bislang durch die Dominanz der Zweigeschlechtlichkeit im Verborgenen liege:

---

164 Intersexualität ist kein Beweis für die Dekonstruktion biologischer Zweigeschlechtlichkeit. Der ständige Verweis auf Intersexualität führt zu einer Instrumentalisierung intersexuell geborener Personen und kann zugleich als eine Reproduktion von Zweigeschlechtlichkeit gelesen werden, die sich dann als Normalität der Abweichung konstituiert. Diese Argumentation birgt die Gefahr der Re-Essenzialisierung von Geschlecht.

»Ich erkläre das heute so: Man kann sich Geschlecht wie eine Weltkugel vorstel-
len. Mit zwei Polen, aber an den Polen wohnt keiner. Und wir wohnen alle verteilt
auf diesem Erdball, dann gibt es da auch kein Richtig und kein Falsch, sondern
wir sind irgendwo. Und wo jeder ist, das muss er selbst herausfinden.«

Jede Person erhalte einen Platz auf der Erde und dieser entziehe sich einer
Etikettierung als Wahrheit oder Lüge (»kein Richtig und kein Falsch«). Jede
Person habe einen eigenen (nicht nur geschlechtlichen) Platz auf dieser Erde
und dieser würde nicht infrage gestellt. Gesellschaft als Ensemble eines geschlechtlichen Wertekanons aber polarisiert Geschlecht. Die Existenz zweier
Geschlechter ist nach Freya Jung ein gesellschaftlicher Trugschluss, denn die
Wirklichkeit bestehe bereits aus der Pluralität der Geschlechter. Deshalb existierte Gewalt für Freya Jung in einem unmittelbaren Zusammenhang mit der
zweigeschlechtlichen Dominanz, denn sie verdecke diese Wirklichkeiten. Erst
wenn jede Person ihren Platz und ihre soziale Anerkennung erhalten habe,
werde es unmöglich, Personen wegen eines vermeintlich falschen Platzes zu bestrafen, zu drangsalieren, zu operieren und einzupassen, wie dies mit Hilfe der
medizinischen Diagnose Intersexualität bis heute oft geschieht.

»Dass [aus der Unwahrheit der Zweigeschlechtlichkeit] ein Recht entwickelt
wird, jemand anderen zu unterdrücken oder ihm seine körperliche Unversehrtheit zu nehmen oder ein Geschäft daraus zu machen, das dann unter Umständen
auch gegen diese Person gerichtet ist. Das halte ich für kriminell. Das halte ich
eigentlich für das Unrecht, was dahintersteckt.«

Das »Unrecht« des dualistischen Geschlechtersystems liegt nach Freya Jung
darin, dass es keine »körperliche Unversehrtheit« für alle gewährleistet. Im
Kontrast dazu steht ihr_sein Bild der »Weltkugel« für einen Ort, an dem jede_r
geschlechtlich akzeptiert wird. Dieses plurale und zugleich individualisierende
Geschlechterverständnis, will Hierarchien durch Pluralität auflösen. In ihr hätten verschiedene Körper ohne Einschränkungen ihren Raum, wobei allerdings
jede Interdependenz von Geschlecht mit anderen gesellschaftlichen Platzanwei-
sern wie Sexualität, Ethnizität, Nationalität, Alter etc. ausgeklammert erscheint.
Freya Jung postulierte ein Geschlechterverständnis, in dem die Phänomene
Körper/körperliche Ausprägungen und Geschlecht entkoppelt sind. Damit
argumentierte sie_er ähnlich wie Reik Schreiber: Der Körper ist plural und er
ist kein Indiz für ein Geschlecht. Die_der Interviewpartner_in stellte stattdessen parodierend und humorvoll fest, dass die Menschen oft vergessen, dass das
eigene Wesen durch viel mehr bestimmt werde, als durch eine geschlechtliche
Kategorisierung, die der Körper schließlich als Schein gewährleiste:

»Ich kann mich da richtig drüber amüsieren manchmal. Auch über dieses bisschen Geschlecht wie gesagt. Das ist, ach,– wir sind soviel mehr, wir sind unsere
Sprache, wir sind unser Beruf, wir sind unser Körperbild, wir sind,– auf der ande-

ren Seite sind wir unsere Wünsche und unsere Vorstellungen. Ich finde was,– eine Begierde kann vielmehr Angst machen, als ein bisschen Körper. Eine Fantasie ist viel geheimnisvoller und viel Angst machender als nur die reine Körperlichkeit oder irgendein Organ, da lache ich mich doch kaputt. Ein Hoden ist ein Hoden. Na und? Eine Keimdrüse, mehr nicht. Eine Hormon produzierende kleine Fabrik, die jeder Mensch eigentlich hat. Bei dem einen ist sie ein bisschen besser ausgeprägt, bei dem anderen nicht. Ich finde so Erziehung und soziales Umfeld, Werte, so was, Werte ist ja auch wieder so ein großes Wort, aber ich glaube schon, auch so soziale Kompetenz und soziale Intelligenz, ich finde die ist viel viel wichtiger, die hat mit Geschlecht schon mal gar nichts zu tun.«

Geschlecht sei nicht bestimmend für die Persönlichkeit. Ein Mensch sei mehr als ein »Hoden«, der letztlich nur eine »Keimdrüse« sei. Die Persönlichkeit mache den Menschen aus und die sei schließlich komplexer als eine »Hormon produzierende kleine Fabrik«. Die zweigeschlechtlichen Interpretationen von Körpern und Organen werden in dieser Passage zur Nebensache. Freya Jung blickte kritisch auf das geschlechtliche Ordnungssystem, denn es verhindere persönliche und selbstbestimmte Entwicklung und fördere stattdessen die Verletzungen und den Schmerz einzelner Personen. Die Pluralität der Persönlichkeiten werde in eine binär geschlechtliche Form gepresst. Damit findet nach Freya Jung eine Kopplung von Geschlecht und Körper und eine Kopplung von Persönlichkeit und Geschlecht (und Körper) statt. Dieser radikale Pluralismus würdigt und respektiert die Verschiedenheit der Körper und der Persönlichkeiten aller Personen. Jede Person sei in ihrer jeweils einzigartigen Ausprägung bedingungslos zu akzeptieren. Das radikale pluralistische Geschlechterverständnis dekonstruiert Selbstverständlichkeiten über geschlechtliche Orientierungen. Jene Interviewpartner_innen, die Vertreter_innen des radikalen Pluralismus waren, stellten die Einzigartigkeit jeder einzelnen Person und ihre Verschiedenheit von anderen Personen ausdrücklich heraus. Ihre eigene geschlechtliche Orientierung war nie für ihre eigene Persönlichkeit zentral, wenngleich sie sich in bestimmten Lebensphasen intensiv mit Geschlecht auseinandergesetzt hatten und/oder sich auseinandersetzen mussten. Für sie existierte keine Kontinuität zwischen geschlechtlichem Körper, Persönlichkeit und geschlechtlicher Selbstkonstituierung. Ihr pluralistisches Verständnis von Geschlecht war vielleicht deshalb zugleich ein Hoffen und Herbeisehnen einer geschlechtlichen Enthierarchisierung und Reduzierung geschlechtlicher Diskriminierung und Gewalt, die der *heteronormativen Hegemonie* konträr gegenübersteht.

3.2.4 Kleidung macht Geschlecht

Das individuelle Geschlecht der Befragten war vereinzelt ein Produkt geschlechtlicher Verkleidung oder geschlechtlicher Inszenierung. Dabei stellten die Interviewpartner_innen pointiert eine Nähe zwischen (Ver-)/Bekleidung,

Körper und Geschlecht her, die für sie lebensweltlich einen hohen Stellenwert besaßen. Exemplarisch werden die Erfahrungen von Ron Lemon als Mann im Rock und von Kim Valentin analysiert, der sich als Crossdresser bezeichnete. Für Ron Lemon war seine geschlechtliche Inszenierung ein Möglichkeitsraum, den er mit und durch Kleidung nutzte. Der Interviewpartner wollte mit seinem geschlechtlichen Aussehen auf die eigene brüchige Männlichkeit hinweisen.[165] Durch geschlechtliche Brüche in der Repräsentation, könne er sich als Mann dem heteronormativen Raum entziehen. So nutzte er glitzernde, rosa Gürtel und auffallende, samtene Kleider, um die eigene Männlichkeit in »Albernheit« zu transformieren. Damit versuchte er rigide Männlichkeitsvorstellungen anzugreifen, die er in der Punk-Szene vorgefunden habe, der er sich zugehörig fühlte (Nehring 1997; Grimm 1998; Leblanc 1999).[166] Eine besondere Rolle spielte bei Ron Lemon der Begriff der »Hässlichkeit«. Sie ermögliche ihm, geschlechtliche Eindeutigkeit zu parodieren. Damit war »Hässlichkeit« für ihn eine Gewinnseite seiner nonkonformen Männlichkeit:

> »Aber diese Hässlichkeit, glaube ich, kommt daher, weil es was mit Geschlechtlichkeit zu tun hat. Viele andere Leute könnten ähnliche Sachen tragen, aufgrund eines anderen, wie auch immer gearteten, biologischen Geschlechts. Und das ist dann für mich, na klar ist das Männlichkeit, ich sehe es für mich als Mann, wie ich sozialisiert bin, ist das hässlich. Weil ich mir selber darin albern vorkomme. Und das finde ich gut, ich mag dieses Gefühl, meine Albernheit oder meine eigene Grenze damit ein bisschen zu übergehen.«

Als ein konstituierendes Moment der Punk-Szene wurde mit der ›Ästhetik der Hässlichkeit‹ eine Kritik an der Wohlstandsgesellschaft formuliert (vgl.

---

165 Sich durch Kleidung einem sozialen Status, einem Stil oder einer Szene zugehörig zu fühlen und politische oder persönliche Aussagen zu treffen, ist ein Aspekt von Szenen (Baacke et al. 1988; Hitzler 2010 (2001)). Kleidung kann explizit Ausdruck der Ablehnung beispielsweise einer geschlechtlichen Orientierung, sozialer Herkunft, einer Ethnizität, einer Szene oder einer anderen sozialen Gruppenzugehörigkeit sein. Kleidung kann in manchen Fällen selbst gewählt oder aber Ausdruck sozialer Segregation sein, zum Beispiel wenn aus Mangel an finanziellen Ressourcen die Wahl der Kleidungsstücke eingeschränkt ist.

166 Punk hatte als eine *Do-it-yourself* (DIY)-Bewegung viele Facetten. Ihn kennzeichnete aus heutiger Sicht der eigene Anspruch, sich der Vereinnahmung durch die Konsumgesellschaft zu widersetzen und sich mit Blick auf die bürgerlichen und akademischen Kreise einer Gesellschaft unversöhnlich, radikal und provokativ zu zeigen. Ihm wohnte eine melancholische und radikale Perspektivlosigkeit (›no future‹) ebenso inne, wie die Liebe zur Punk-Musik, die mit britischen Musikbands wie den *Sex Pistols*, *The Clash* und *Wire* begann. Mit den Jahren verlor aber auch Punk sein provokatives und politisches Potenzial (Ferchhoff 2013). Die Kritik an der Männlichkeit im Punk bzw. in der Musikbranche stand in den neunziger Jahren in der *Riot-Grrrl*-Bewegung als ein zentrales Thema im Mittelpunkt. Die Riot-Grrrl-*Bewegung* verband feministische Geschlechterpolitiken mit Punk-Musik. Bekannte Bands sind beispielsweise *Bikini Kill*, *The Butchies*, *Team Dresch*, *Le Tigre* (Huber 2010; Peglow 2011; Marcus 2011).

Ferchhoff 2013: 60). Der Interviewpartner schilderte einen humorvollen und fast schon clownesken Blick auf die eigene geschlechtliche Repräsentation: So entsprach es seiner geschlechtlichen Vorstellung vom eigenen Mannsein, sich »hässlich« zu zeigen, um in der »Albernheit« zugleich zufriedener zu werden. Ron Lemon war es ein Anliegen, störende Signale für heteronormative Männlichkeiten zu senden. Geschlecht sei dabei für ihn ein ernsthaftes Spiel des Verkleidens und damit ein Teil einer politischen Mission, deren Ziel im – für andere sichtbaren – Destabilisieren von Männlichkeiten liege. Im Vergleich zu anderen Befragten, deren geschlechtliche Repräsentationen zwangsläufig ihren spielerischen Charakter verloren hatten, betonte Ron Lemon die Leichtigkeit seines geschlechtlichen Handelns. Für ihn standen neben dem Wohlfühlen politische Gründe im Vordergrund, wie sein folgendes Beispiel der gewaltsamen Einschränkungen durch geschlechtsspezifische Kleidung deutlich macht. Darin verglich er das Tragen von Kopftüchern mit dem Tragen von Büstenhaltern:

> »Ja, und ich hatte Spaß an so Thesen wie (...): Wenn man über Kopftücher redet, muss man auch über BHs reden. Warum die Männer nicht tragen. Und warum ich [mit dem] Oberkörper nackt über die Straße laufen kann und die Frau es nicht tut, nicht tun kann. Und das waren so Themen, die haben mich beschäftigt.«

Der Befragte argumentierte hier kulturalistisch, indem er beide Kleidungsstücke gleichsetzt und beide als Symbole für die gesellschaftlichen Einschränkungen von Frauen begreift. Damit reduzierte er die Bedeutungsebenen der Kleidungsstücke auf ihre Relevanz im feministischen, okzidentalen Geschlechterdiskurs. Dem kulturalistischen Sprechen über Kopftücher setzt er provozierend die fehlende weibliche Bewegungsfreiheit durch einengende Kleidung gegenüber (»BHs«). Er kritisierte einen zweigeschlechtlich differenzierten Umgang mit entkleideten Oberkörpern und hinterfragte die Einschränkung von Frauen, die daraus folgt. Denn dort werden der BH (besonders in den Auseinandersetzungen in den siebziger Jahren) und das Kopftuch (in aktuellen Diskussionen) zumeist als Symbole für die Unfreiheit von Frauen gelesen. Die eigene Kleidung repräsentierte für Ron Lemon die gewünschte Brüchigkeit der Eindeutigkeit (als Mann) und war für ihn eine Darstellung von Protest. Aber ausgewählte Kleidung ist für den Befragten Ausdruck einer geschlechtlichen Unfreiheit. Kleidung wird zum wirkmächtigen geschlechtlichen und ethnischen Träger von Botschaften, unabhängig davon, ob diese intendiert oder nicht-intendiert sind.

Der Interviewpartner Kim Valentin bezeichnete seine geschlechtliche Nonkonformität durch das Experimentieren mit Kleidung als eine »seiner ersten Neigungen«, die er auslebte. Er entwarf mit extravaganter femininer Kleidung und weiblichen Accessoires seine individuelle Geschlechtlichkeit. Bei ihm war die Kleidung im Gegensatz zu Ron Lemon vielmehr ein Mittel, um sich wohl und schön zu fühlen. Er genoss es, sich mit Stöckelschuhen und kurzen Röcken schick und modisch zu kleiden. Für ihn war dabei Geschlecht nicht nur die Kleidung, sondern die Kleidung war Ausdruck seiner Persönlichkeit und seines ästhetischen Empfindens. Trotz dieser Unterschiede nutzten beide Interviewpartner, Ron Lemon und Kim Valentin, Kleidung auch als ein Mittel der Parodie, um ihre geschlechtlichen Selbstinszenierungen darzustellen, wobei sie bewusst herkömmliche Wahrnehmungen von Zweigeschlechtlichkeit durchkreuzten.

Ebenso vertraten beide Interviewpartner_innen die Meinung, dass die Wahl der Kleidung kein Ausdruck ihrer Geschlechtlichkeit darstelle, sondern dass dies vorrangig als politisches Statement (Ron Lemon) und als Schönheits- und Ausdruckshandeln (Kim Valentin) zu verstehen sei. Beide Interviewpartner sind deshalb exemplarische Akteure eines parodistischen Charakters von Geschlecht. Ihre geschlechtlichen Repräsentationen stellen Subversionen des dualen Geschlechtersystems dar. Ron Lemon und Kim Valentin fühlten sich dabei in und mit ihren Körpern wohl und stellten ihre geschlechtliche Orientierung als Cis-Mann trotz der zusätzlichen Selbstbezeichnungen als ›Crossdresser‹, ›lesbian boy‹ oder ›Mann im Rock‹ nicht infrage. Die Interpretation der geschlechtlichen Nonkonformität als (Ver-)/Bekleidung entsprang einem positiven Bezug zum eigenen Körper, dem Wunsch nach individuellem Wohlbefinden und der politischen Kritik an herrschenden Geschlechterverhältnissen.

3.2.5 Erklärung des geschlechtlichen Selbst

Das Datenmaterial bietet vielfältige Einblicke in das persönliche Verständnis der Kategorie Geschlecht und in die vielfältigen, indirekten Bezugnahmen auf verschiedene Geschlechtertheorien. Es zeigt sich ein hohes Maß individueller Kenntnis der Materie und es zeigt sich das Ausmaß eigenen Erfahrungswissens. Es ist naheliegend, dass die Befragung einer geschlechtlich konformen Kontrollgruppe nicht diese Komplexität des Geschlechterwissens aufweisen würde. Somit ist das multiple Fachwissen zu Geschlecht und Sexualität für die Gruppe der geschlechtlich nonkonformen Befragten charakteristisch. Geschlecht stellte in diesem Sample kein deterministisches Faktum dar, vielmehr waren sowohl die Infragestellung der Zweigeschlechtlichkeit als auch die Reflexion des eigenen, dynamischen geschlechtlichen Selbst selbstverständlich. Die Analyse zeigt allerdings, dass zwischen den wissenschaftlichen Geschlechtertheorien und dem empirischen Alltagsverstehen trotzdem eklatante Verständnis-Lücken existieren. Das multiple Fachwissen wurde individuell modifiziert. Es diente der Rationalisierung des eigenen geschlechtlichen Selbst und machte nonkonforme Positionierung an den Grenzen der Zweigeschlechtlichkeit besprechbar. Doch wie sind diese Verständnis-Lücken zu erklären?

(1) Das individuelle Wissen knüpft unmittelbar an die biografischen Erfahrungswelten der Interviewpartner_innen an, bzw. die Erfahrungswelten gestalten das temporäre und kontextuelle Geschlechterwissen mit. Die geschlechtertheoretischen Bezüge entsprangen demzufolge dem Bedürfnis, Erklärungen für die eigene geschlechtliche Orientierung, für das subjektive Erleben, für geschlechtliche und sexuelle Erfahrungen und für die widerfahrene Diskriminierung und Gewalt zu finden.

(2) Im queeren methodologischen Sinne ist das Datenmaterial ein Produkt einer Interview-Beziehung. Die rezipierten und angedeuteten Geschlechtertheorien wurden möglicherweise in der Absicht platziert, mir (bzw. den anderen Gruppendiskussionsteilnehmer_innen) als Gegenüber das eigene Geschlechterverständnis so zu erklären, dass es nachvollziehbar bleibt. Deshalb sagt die Analyse nur bedingt etwas über die theoretischen Bezüge der einzelnen Befragten aus. Sie gibt vielmehr einen Einblick in das Sagbare im gemeinsamen Sprechen zum Thema Geschlecht. Dabei garantierte der kleinste gemeinsame Nenner, das auffallend häufige, direkte und indirekte Sprechen über Geschlechterrollen und Geschlechtsidentität, für das Verstehen und das Gelingen der Kommunikation.

(3) Geschlechtliche Orientierungen als subversive Protestformen rückten mit Blick auf das gesamte Datenmaterial in den Hintergrund: Die Absicht einer geschlechtlichen Subversion zur Destabilisierung der Heteronormativität ist von (nur) zwei Interviewpartner_innen ausdrücklich formuliert worden. Allerdings gab etwa die Hälfte der Befragten an, dass ihre geschlechtliche Repräsentation keiner Eindeutigkeit unterliegen muss. Statt Protest standen die alltäglichen Auseinandersetzungen mit heteronormativen Machtverhältnissen, in denen sich die Befragten lebensweltlich verorten mussten, im Vordergrund. Die meisten Befragten sehnten sich danach, Beziehungen zu führen bzw. weiterzuführen, ungestört ihren Alltag leben zu können sowie finanziell und sozial überleben zu können. Die alltäglichen Auseinandersetzungen um Geschlecht waren, wie sie in der weiteren empirischen Analyse ausbuchstabiert wird, vielfach von Resignation und Schmerz gekennzeichnet. Diese Gefühle bildeten oft keine stabile Basis, um subversive Veränderungspraxen zu initiieren oder Utopien entwickeln zu können.

Zusammenfassend war die soziale Kategorie Geschlecht von den individuellen biografischen Erfahrungen, von dem (Teil-)Wissen um geschlechtertheoretische (biologische, medizinische, sozialisationstheoretische, sozialkonstruktivistische, performative und/oder individualisierte/pluralistische) Erklärungen und von der interaktiven Interview-Situation sowie von den Auseinandersetzungen im Alltag geprägt.

3.3 Gesamtschau der Diskriminierung und Gewalt

Im Folgenden soll das vielfältige Verständnis von Diskriminierung und Gewalt seitens der Interviewpartner_innen im Überblick dargestellt werden. Die zugrundeliegenden Fragestellungen lauteten: Was wurde von den Befragten als Diskriminierung und Gewalt verstanden und in welche Bedeutungsrahmen wurden sie gestellt? Sind die Gewalt- und Diskriminierungswiderfahrnisse einer spezifischen Gewaltform zuzuordnen oder werden zumeist interagierende Formen dargestellt?

Zunächst wird die Diversität der Situationen, die als Diskriminierung und Gewalt wahrgenommen wurden, tabellarisch zusammengefasst. Anschließend veranschaulicht eine schematische Gesamtschau jene Argumentationsmuster und Rahmenbedingungen, auf die im Gesamtmaterial im Zusammenhang mit Widerfahrnissen von Diskriminierung und Gewalt hingewiesen wurde. Im Resümee wird bekräftigt, was sich aus der Gesamtschau logisch ergibt: Als Diskriminierung und Gewalt wird anerkannt, was die Interviewpartner_innen als solche erlebten und was damit empirisch ins Gewicht fiel.

3.3.1 Diskriminierungs- und Gewaltformen im Überblick

Die Interviewpartner_innen unterschieden nicht zwischen Diskriminierung einerseits und Gewalt andererseits. Trotzdem können im Datenmaterial sechs Schwerpunkte der Diskriminierung und Gewalt unterschieden werden: systematisch-institutionelle Diskriminierung, sprachliche Diskriminierung, psychische Gewalt, physische Gewalt und sexualisierte Gewalt, sowie Gewalt als Selbstermächtigungsstrategie. Darüber hinaus erlebten die Interviewpartner_innen alltägliche, sprachliche Auslassungen und Dethematisierung als Diskriminierung. Die verschiedenen Diskriminierungs- und Gewaltformen tauchten in der Regel nie isoliert auf, sondern interagierten, gingen ineinander über oder überlappten einander. Die konkreten Diskriminierungs- und Gewaltformen reichten von Beleidigungen und Mobbing, über sexualisierte Nötigung bis hin zur Androhung von Mord. In der folgenden Tabelle ist die Diversität der Gewaltformen, die sich hinter dem Untersuchungsgegenstand verbirgt, exemplarisch dargestellt. Auffallend ist das erschreckend hohe Ausmaß an sprachlicher Diskriminierung und sexualisierter Gewalt, wobei zu berücksichtigen ist, dass im ersten Erhebungszeitraum (2007) der Themenschwerpunkt auf Gewaltwiderfahrnissen im öffentlichen/halb-öffentlichen Raum lag und das gezielte Nachfragen nach sexualisierter und häuslicher Gewalt in allen Erhebungsphasen unterlassen wurde. Die verwendeten Differenzierungen der Gewalt dienen zur Orientierung im Datenmaterial. Sie stehen nicht im Kontrast zueinander, sondern sind interdependent zu verstehen, denn als interdependentes Geflecht tauchten sie in den Narrationen der Situationen der Gewalt auf.

Tabelle 2: Empirische Formen der geschlechternonkonform-feindlichen Diskriminierung und Gewalt

Diskriminierungs- und Gewaltformen	Konkrete Widerfahrnisse im Datenmaterial (exemplarisch angeführt)
sexualisierte Gewalt	Sexuelle Nötigungen, Vergewaltigungen, (hetero-)sexistische Ansprachen (z.B. »Na, Süße?!«).
Mobbing	Kolleg_innen vermeiden Kontakt am Arbeitsplatz; Morddrohung von einem Mitschüler.
häusliche Gewalt	Schläge durch die Eltern; Herunterstoßen von der Treppe; psychische Degradierungen und Psychiatrie-Einweisung durch die Eltern.
physische Gewalt im öffentlichen Raum/Straßengewalt	Schlägereien; Verfolgungsjagd; Bewerfen mit Pflastersteinen.
intersexuellenfeindliche Gewalt	Beleidigungen; physische Angriffe; Operationen ohne Einwilligung; genital-chirurgische Operationen; Entnahme gesunder Organe (bei Keimdrüsen: Kastration); körperregulierende Dichotomisierung als Zwangsmaßnahme.
homosexuellenfeindliche Gewalt	homosexuellenfeindliche Sprüche (z.B. »Du schwule Sau«) und physische Angriffe.
transfeindliche Gewalt	transsexuellen- und transgenderfeindliche Sprüche, Beleidigungen (z.B. »Du blöde Tunte!«) und physische Angriffe.
sprachliche Diskriminierung und Gewalt	homosexuellen-, trans- und intersexuellenfeindliche Anrufungen, Geschlechterdualismus in Fragebögen; Nicht-Benennung von Geschlechtervarianzen; Witze; Ignorieren der gewählten Namen und Pronomen
systemische und institutionalisierte Diskriminierung und Gewalt	institutionalisierte Pathologisierung durch die ICD-10 (z.B. Intersexualität und Transsexualität als Diagnose); Auslassungen von anderen Geschlecht-ern in wissenschaftlichen Auseinandersetzungen.
eugenische Gewalt	Verhinderung von Reproduktion durch Hoden- oder Gebärmutterentfernung (Hysterektomie).
Menschenrechtsverletzungen	Entnahme gesunder Organe; Diskriminierungen am Arbeitsplatz.
Lookism	Spott und Beleidigung wegen der Bekleidung (Mann in Leggins, Mann im Rock).
Kriminalisierungen	im Polizeikontakt vom Opfer zur_m Täter_in gemacht werden; als Pädophiler bezeichnet werden.
rassistische Gewalt	Angriffe einzelner Interviewpartner_innen auf »Türkengangs«, weil diese generalisiert für homosexuellenfeindlich gehalten werden.
Selbstverteidigung	sich mit den Angreifenden zumeist nach homosexuellen- und/oder transfeindlichen Attacken prügeln; Pizzawurf ins Gesicht des zuvor beleidigenden Angreifers.
Autoaggression	bulimische Heißhungerphasen; Hand an der Wand blutig schlagen; Suizidabsichten.

Die Auflistung entspricht dem Kodierverfahren der Datenanalyse. Die Reihenfolge in dieser Tabelle folgt keiner inhaltlichen Hierarchie.

Die verschiedenen Formen der empirischen Diskriminierung und Gewalt richteten sich nicht gezielt gegen einzelne Gruppen geschlechtlich nonkonformer Personen. Das bedeutet beispielsweise, dass von intersexuellenfeindlicher Diskriminierung und Gewalt eben nicht nur intersexuell geborene Menschen betroffen sind, sondern auch jene, die intersexuell gelesen und damit in herabwürdigender Absicht infrage gestellt werden. Von den jeweiligen Gewaltformen sind jeweils die Personen betroffen, die als eine geschlechtlich nonkonforme Person oder Teil einer Subgruppe gelesen wurden. Diskriminierung und Gewalt können sich demnach auch gegen Personen richten, die sich selbst vorwiegend als lesbisch/schwul/hetero lebende Person, als Frau oder als Mann bezeichnen.

3.3.2 Diskursive Rahmenbedingungen

Ein heteronormatives Dispositiv beinhaltet Rahmenbedingungen, die Diskriminierung und Gewalt gegen geschlechtlich nonkonforme Personen begünstigen. Zu diesen Rahmenbedingungen zählen beispielsweise Gesetze, hegemoniale Annahmen, besondere Schnittstellen und Macht-Wissenskomplexe. Im Folgenden werden jene Facetten aufgezeigt, die für die vorliegende Untersuchung signifikant waren. Diese Bedingungen bieten einen (unvollständigen) Einblick in die Komplexität des Dispositivs und in Einflussfaktoren, die zur untersuchten Diskriminierung und Gewalt beitragen können. Zur besseren Übersicht sind die Rahmenbedingungen in fünf Themenfelder unterteilt: (1) Heteronormative Basis, (2) Individuelle Ressourcen (Wo existieren Handlungsspielräume in heteronormativen Machtverhältnissen?), (3) Institutionalisierte und interpersonale Begegnungen (Welche Rolle spielen die verschiedenen Formen der Begegnung?), (4) Diskursive Komplexität (Auf welche Themenfelder und Schnittmengen verweist das Dispositiv?) und (5) Historizität (Welche historischen Momente beeinflussen das Dispositiv?). Jene Themen, die in dieser Studie analysiert wurden, sind mit Kapitelnummerierungen versehen. Nicht analysierte Themen, die hier genannt werden, waren in den Narrationen der Befragten nur am Rande ein Thema und sind mit [x] gekennzeichnet.

Tabelle 3: Rahmenbedingungen für Genderbashing als Facetten eines heteronormativen Dispositivs

heteronormative Basis
hegemoniale geschlechtliche Subjektkonstituierungen [Vorwort, 2.1]
geschlechtliche Repräsentationen [3.1, 4]
dethematisierende Sprache [2.1, 5.1]
Bedeutung von Raum und Architektur [5.2, 5.3]
Dominanz der wahrnehmbaren geschlechtlichen Eindeutigkeit im Alltag [4; 5]
Pathologisierungen geschlechtlich nonkonformer Menschen [7]
Die Verdachtsfigur der Betrüger_in [2.2.4, 4.3.3]
Coming-out als Geständnis [4.2, 5.1]
Versuche der Entmenschlichung und Sexualisierung geschlechtlich nonkonformer Menschen [5.1.3, 6, 7.1]
geschlechtliche Nonkonformität als erlebtes Außenseitertum [gesamte Empirie]
rechtliche Grundlagen: Transsexuellengesetz, AGG, Personenstandgesetz [1.1.3, 7.2]
Geschlechternormativität als fiktionale Wirklichkeit [3]
heteronormativer Konformitätsdruck [5, 6.2, 7]
Das Privileg geschlechtlicher Eindeutigkeit [6.3, 7]
Intersektion von Sexualität und Geschlecht [gesamte Empirie]

individuelle Ressourcen
individuelle *Technologien des Selbst* [gesamte Empirie]
Handlungsmacht (Agency) der an Diskriminierung und Gewalt Beteiligten [gesamte Empirie]
Gewalt als Ressource und Mittel zur Selbstverteidigung [3.3, 3.4, 8]
individuelle Möglichkeiten und Grenzen geschlechtlicher Repräsentationen [4, 5, 6, 7]
Positionen, Verhalten und Dominanz der heteronormativen Funktionsträger_innen [7]
performative Selbstbezeichnungen zwischen Chance und Anpassung [3.1]
Modellierung des Körpers zwischen Chance und Anpassung(szwang) [4.1, 7, 7.1.2]

diskursive Komplexität
Gewalttheorien und verwendeter Gewaltbegriff, Einschätzungen zur Gewalt [3, 3.3, 4.4, 8]
Stand der wissenschaftlichen Auseinandersetzungen [1.1]
Nähe, Verwechslung und Gleichsetzung von Homosexualität, Transsexualität, Transgender, Intersexualität [2.2, 6.1]
Interdependenzen von Geschlecht mit sozialer Klasse, Ethnizität, Körper [3.4.3; 4.3.2]
Darstellung und Wahrnehmung von geschlechtlicher Nonkonformität in der medialen Öffentlichkeit [x]
anerkannte Diskriminierungs- und Gewaltheorien [x]
Interdependenz der Gewaltformen [gesamte Empirie]
sich verdrehende Täter-Opfer Dichotomie [x]
Verhältnis von neoliberaler Vielfalt und Flexibilisierung von Geschlecht [x]
Renitenz sozialer zweigeschlechtlicher Konventionen/Selbstverständlichkeiten [3.1, 4, 5, 6, 7]

institutionalisierte und interpersonale Begegnungen
Reaktionen innerhalb von Szenen/Selbsthilfegruppen [3.2.5, 5.3]
Bedeutung von soziokulturellen Szene-Codes [5.3]
Kontakt(-zwang) mit Medizin und Krankenkassen [7.1]
Kontakt(-zwang) bei öffentlicher Transition mit der Justiz [7.2]
Bildung als Dethematisierungsinstanz [3.1.2, 9]
rigide Sexual-/Geschlechtermoral und Diskriminierungs und Gewalt-Affinität der Täter_innen [x]
stereotype Denkweisen der heteronormativen Akteur_innen und Funktionsträger_innen [x]
Situationen in totalen Institutionen [x]

Historizität
Der eindeutige Körper als Geschlechterbeweis [4.1, 6.2.1, 6.2.2, 7.1]
Verständnis von Geschlecht, geschlechtlicher und sexueller Orientierungen [2.2.5]
Figur der geschlechtlichen Kontinuität [3.2]
Diskriminierungsfiguren an der Intersektion von Sexualität und Geschlecht [2.2, 5.1.4]
Destabilisierung des Dualismus Natur/Kultur [2.2.2, 2.2.3, 7.1.2, 8.1]

3.3.3 Reflexionen des Gewaltbegriffs

Der vorangegangene Abschnitt hat gezeigt, dass verschiedene Gewaltformen im Diskriminierungs- und Gewaltspektrum empirisch virulent sind und die Etikettierungen der Diskriminierungs- und Gewaltformen sowie der diskursiven Bedeutungsrahmen interagieren und sich überlappen. Die Etikettierungen sind deshalb als unterstützende Hilfskonstruktionen der Analyse zu verstehen, die den Zugang zum Verständnis von Genderbashing erleichtern sollen. Um die Vielzahl der empirischen Erfahrungen analytisch fassen zu können, werden die Widerfahrnisse von Diskriminierung und Gewalt nicht auf eine Dimension reduziert. Denn wäre diese Untersuchung auf eine ausgewählte Diskriminierungs- und Gewaltform beschränkt, so würde sie nicht in der Lage sein, Genderbashing aus der Sicht der Befragten zu veranschaulichen und zu gegenstandsbezogenen Erkenntnissen zu führen.

Insgesamt hat sich die Analyse im Forschungsprozess stets weiterentwickelt, weil sich das Diskriminierungs- und Gewaltfeld als facettenreiches Kontinuum gezeigt hat, das bis in den heteronormativen Alltag hineinreicht. Es stellte sich heraus, dass die verletzenden Geschehnisse nicht am Rande sondern vielmehr im Kern der Gesellschaft stattfanden. Gerade durch die Vielfalt der analysierten Taten und Ereignisse verwischt die vorliegende Gewaltanalyse nicht den notwendigen Begriff der legalistischen Gewalt. Stattdessen wird das Forschungsfeld mit Blick auf verschiedene Gewaltformen und auf die Mehrdimensionalität des Phänomens ausbuchstabiert. Ein Anliegen ist es, die Diskriminierungs- und Gewaltformen dabei nicht zu hierarchisieren und das Widerfahren von Verletzungen und Schmerz aus der Perspektive der Befragten nicht auszuklammern, um die Verschiedenheit und Vielschichtigkeit des Phänomens erfassen zu können.

3.4 Widerstandsformen und Ermächtigungsstrategien

Die Befragen entwickelten längerfristige Handlungsweisen, um den heteronormativen Anforderungen im Alltag gerecht zu werden. Dazu zählen mit Blick auf den Untersuchungsgegenstand vorrangig präventive Strategien, Widerstandsformen und Ermächtigungspraktiken. Alle verfolgten das Ziel, sich vor Diskriminierung und Gewalt zu schützen. Diese zeigten sich in konkreten Diskriminierungs- und Gewaltsituationen, sie tauchten als gezielte Handlungsstrategien und in Formen politischer Organisation auf, und sie spielten in der Konstituierung der eigenen Dominanz durch rassistische Ressentiments eine wesentliche Rolle. Abschließend betrachte ich die vom Spannungsbogen *Zeit und Erfahrung* beeinflusste Handlungsmacht.

Ich stelle die verschiedenen widerständischen und selbstermächtigenden Praktiken bewusst vor die detaillierte Analyse der Diskriminierungs- und Gewaltwiderfahrnisse, um deutlich zu machen, dass die Interviewpartner_innen sowohl von Diskriminierung und Gewalt Betroffene als auch Akteur_innen im Sinne einer Handlungsmacht waren. Widerstand und Ermächtigungsstrategien wirkten für die Befragten subjektkonstituierend.

3.4.1 Widerstand in konkreten Diskriminierungs- und Gewaltsituationen

Obwohl die diskriminierenden und gewaltsamen Angriffe auf die Interviewpartner_innen oft unerwartet geschahen, waren viele der Befragten spontan in der Lage, sich in der konkreten Situation zu wehren. Es gelang ihnen, der situativen Gefahr zu entkommen oder sich der Gefahr zu erwehren. Sie widersetzen sich der sprachlichen Diskriminierungen, der körperlichen Straßengewalt und der Diskriminierung und Gewalt an medizinischen oder juristischen Orten. Ihr Repertoire reichte dabei vom Ignorieren und Aus-dem-Weg-Gehen über Widerrede bis hin zu körperlicher Gegenwehr. Sie wehrten sich verbal im direkten Kontakt mit den Angreifer_innen, setzten sich mit ihnen auseinander oder behaupteten sich körperlich. Defensive Verhaltensweisen bestanden darin, gefährliche Situationen frühzeitig zu verlassen oder potenziell gefährdenden Situationen präventiv aus dem Weg zu gehen. Der Interviewpartner Tom Herz bemerkte beispielsweise, dass es sich für ihn bewährt hat, »nicht den Helden zu spielen«. Ihm war es wichtig, nach den Bedürfnissen der im Konflikt schwächsten Person der eigenen Gruppe zu handeln und brenzlige Gefahrensituationen frühzeitig zu verlassen. Sich selbst zu schützen, verhinderte bei ihm erfolgreich, zur Angriffsfläche für Gewalt zu werden. Eine besondere Form des Widerstandes war die spontane Intervention. Exemplarisch hierfür steht die folgende Interviewsequenz. Der sich crossdressende Interviewpartner Kim Valentin war frisch verliebt, als er mit seiner Lebensgefährtin flanierte und plötzlich von einem Passanten beleidigt wurde:

> »Es gab einen Abend, da hat uns auch einer so dumm angelabert, und wir waren beide so verliebt, händchenhaltend, fröhlich (...) und ich habe die Krätze gekriegt, und ich hatte gerade so eine Pizza in der Hand, und ich habe dem halt die Pizza ins Gesicht geworfen. Wir sind halt weitergelaufen, aber der Abend war gelaufen.«

Dass Kim Valentin die Szene im Interview erzählte, macht es wahrscheinlich, dass es sich um eine Beleidigung zur Degradierung seiner geschlechtlichen Repräsentation und Orientierung als Crossdresser und effiminiertem Mann handelte. Es bleibt unklar, welche Worte der Passant äußerte. Klar ist, dass Kim Valentin das Gesagte als massive Beleidigung erlebte und seinem Gegenüber seine Pizza ins Gesicht warf. Das scheinbar Überraschende in dieser Situation bestand nicht in den Handlungsweisen von aktiver Beleidigung, sondern in der tatkräftigen Reaktion. Eine Diskrepanz entstand außerdem zwischen Kim Valentins Verliebtheit und seiner Aggression und Wut der Situation gegenüber (»ich habe die Krätze gekriegt«). Der Pizzawurf ersetzte die Sprachlosigkeit des Betroffenen und stellte eine spontane Intervention dar, die vom Gegenüber vermutlich nicht erwartet wurde. Die Reaktion auf die Beleidigung erscheint ungewöhnlich, weil körperliche Antworten auf verbale Degradierungen sozial selten akzeptiert werden. Im hegemonialen Gewaltdiskurs werden körperliche Gewalt und sprachliche Diskriminierung unterschiedlich gewichtet: Sprachliche Diskriminierung sei in dieser Logik hinzunehmen, weil sie sich weniger schmerzhaft als körperliche Gewalt auswirke. Wird gegen diese moralische Konvention verstoßen, führt dies zu Debatten über die Schuldfrage, für welche die beginnende körperliche Gewalt als Maßstab zur Vorverurteilung herangezogen wird. In diesem eingeschränkten Sinne wäre der Pizzawurf ein direkter körperlicher Angriff, der nicht zu legitimieren wäre und dann gemeinhin als Überreaktion oder empfindliche Reaktion gewertet werden könnte. Unstrittig aber ist, dass Sprache verletzt und Schmerz verursacht (vgl. Butler 1998: 47-61; Krämer 2007: 31-43). In der Beleidigung, im Fluchen, im Diskreditieren, im Reduzieren und beim Mobbing ist Sprache ein konstituierendes Mittel der Gewalt. Mehr noch: Sprache selbst ist stets in Form von Überreden, Manipulieren, Klassifizieren eine Gewalt, oft »noch bevor überhaupt ein Wort gefallen ist« (vgl. Herrmann et al. 2007: 16). Sprache ist nicht nur das verletzende Wort, sondern es ist an sich Gewalt.[167]

Doch zurück zur Situation, die von zielgerichteten, verletzenden Worten handelt: Spätestens, wenn man vorausgesetzt, dass die Demütigung des Interviewpartners kein singuläres Ereignis darstellte, sondern dass das eigene Subjekt, die eigene Attraktivität und die eigene Persönlichkeit nicht zum ersten Mal unerwartet und öffentlich lächerlich gemacht wurden, wird die Reaktion nachvollziehbar. Kim Valentin brach aus der Opferrolle aus und kommentierte die verbale Degradierung seines Gegenübers unmittelbar ablehnend mit der Pizza-Attacke. Allerdings beschrieb der Interviewpartner, dass er anschließend in eine schlechte Stimmung verfiel (»der Abend war gelaufen«). Die gewaltsame Beleidigung hinterließ emotionale Spuren, denn Kim Valentin plagten Schuldgefühle und der Gedanke, zu aggressiv vorgegangen zu sein. Obwohl er sich widersetzt hatte, gelang es ihm nicht, sich moralisch im Recht zu fühlen.

Neben spontanen Interventionen können paradoxe Interventionen selbstermächtigende Handlungsoptionen darstellen. Kendra Fraschen nutzte den verletzenden und erweiternden Spielraum der Sprache, indem sie_er fiktional in

---

167 vgl. 5.1 »Du Zwitter!« – Figuren der sprachlichen Diskriminierung

der Begegnung mit einem Arzt familiäre Bedeutungszusammenhänge verschob. Der behandelnde Arzt hatte ihr_m zuvor die Diagnose Intersexualität eröffnet.

>»Und als ich zu dem gesagt habe: >Naja, wenn ich mir das so recht überlege, also, was könnten wir nicht für eine lustige Patchwork-Familie bilden.< Ich bin ja dann immer auch provokativ und fies zum Teil. Habe ich ihm gesagt: >Wäre das nicht mal eine Familie? In der ich sozusagen Mutter wäre, die auch Vater ist vielleicht. Und dann haben wir noch einen schwulen Freund, der auch mitmischt bei dem Ganzen. Und eine Transfrau vielleicht, die sozusagen Vater, die auch Mutter ist. Die hat vielleicht vorher als Mann noch ein Kind gemacht, ist gleichzeitig später aber auch Vater und Mutter also Väterin. Ja, ich bin dann Mutter, Väterin und das ist eine Väterin. Was haben wir denn noch? Und das alles in einer großen bunten Wohngemeinschaft.< Dieser Arzt fing an zu zittern.«

Die paradoxe Intervention lag in der pointierten Absurdität der nicht-heteronormativen Familie und insbesondere in der Vielfalt der Elternkonzeptionen, die Kendra Fraschen im Gespräch entwarf. Sie_er und der behandelnde Arzt waren Teil dieser Familienkonzeption, in der Homossexuelle, intersexuell geborene – und Transgender-Personen als Mütter und Väter_innen auftauchen. Eine solche Vorstellung von Familie jenseits jeglicher Normativität ließ den Arzt erzittern. Die geschlechtliche Vielfalt und das skizzierte Familienmodell verunsicherten ihn, was im starken Kontrast zu Kendra Fraschens lebendiger, kreativer Erzählung der Möglichkeitsformen von Familie steht. Die_der Interviewpartner_in kritisierte mit dieser Narration die konventionellen Bewertungen geschlechtlicher Varianzen, die metaphorisch ins Gruselige und Unheimliche verlagert werden (»zittern«).[168] Die paradoxe Intervention wirkte entlarvend. Die_der Interviewpartner_in wandelte die ärztliche Erwartung von Ohnmacht, die die_den Empfänger_in der Botschaft hätte handlungsunfähig machen können, in einen handlungsmächtigen Erfahrungsraum um. Die Fähigkeit der_s Befragten zur Schlagfertigkeit eröffnete einen Ausweg, sich in der unangenehmen, hierarchischen Situationen zwischen Patient_in und Arzt zu wehren.

In diesen Beispielen der spontanen und paradoxen Intervention nutzten die Interviewpartner_innen Momente der Offenheit und der Schlagfertigkeit, der Überraschung (wie der Pizzawurf) und des Verlassens konventioneller Denkfiguren (die Patchwork-Familie). Somit gelang es ihnen, in einer unbehaglichen Situation oder in der Gefahr der (potenziellen) Diskriminierung oder geschlechtlichen Ver-Anderung (Othering) zu reagieren und die eigene Handlungsmacht zu behalten. Diese protestierenden und parodierenden Praxen stellten stets eine wichtige persönliche Ressource dar. Trotzdem wurden

---

168 Aus psychologischer Perspektive kann es sich bei dieser Passage um ein in den Arzt projiziertes Gruseln handeln, in dem die eigene Angst vor den Konsequenzen der Intersexualität auf ein Außen projiziert wird.

die widerständigen Situationen häufig retrospektiv negativ bewertet, weil sie von eigenen Scham- und Schuldgefühlen überschattet wurden. Negative Gefühle tauchten insbesondere dann auf, wenn sprachliche Demütigungen nicht nur verbal, sondern auch körperlich abgewendet wurden. Die Infragestellung widerständiger Handlungspraxen verweist wiederum auf die brüchigen Selbstkonstituierungen, die innerhalb der hegemonialen Heteronormativität den Alltag der Befragten bestimmten. Obwohl viele der Befragten situativ selbstermächtigend reagierten, waren sie im Nachhinein häufig emotional und psychisch erschüttert. Ihr Selbstbewusstsein hatte in der Situation gelitten. Blieb das Selbstbewusstsein allerdings während verbaler Attacken bestehen, so wirkten sich die Fragen und Irritationen der heteronormativen Akteur_innen und Angreifer_innen weniger oder gar nicht beleidigend und degradierend aus. Die Wahrnehmung von Diskriminierung und Gewalt, die Reaktionen darauf und die Interpretationen der eigenen Reaktionen waren in den Gewaltnarrationen stets von der situativen psychischen Selbstkonstituierung der Befragten abhängig.

3.4.2 Politische Strategien und Organisation

Die Organisation von Konferenzen, die Teilnahme an Netzwerktreffen sowie der Besuch von Internet-Gemeinden waren wichtige Voraussetzungen für Erfahrungsaustausch, Selbsthilfe, gegenseitige Unterstützung, politische Aktivitäten, gemeinsames Positionieren, Skandalisieren und Sichtbarmachen von geschlechtlicher Nonkonformität.[169] In Netzwerken wurden gesellschaftspolitische Analysen, lebensweltliche Umstände, praktische Tipps, Selbsthilfestrukturen und Diskriminierungen sowie Gewaltwiderfahrnisse thematisiert. Das Internet spielt seit seiner Einführung eine herausragende Rolle, wie das folgende Beispiel von Freya Jung verdeutlicht. Im Jahr 2000 war das Internet für die_den Interviewpartner_in Neuland und sie_er setzte sich zum ersten Mal an den Computer und nutzte den privaten, kürzlich eingerichteten Internetanschluss. Sie_er gab den Begriff » testikuläre Feminisierung «[170] ein, denn dies war der ihr_m zugewiesene medizinische Fachbegriff:

---

169 vgl. 7.2.4 Exkurs: Strategisches Informieren, Vernetzen und Sprechen

170 ›Testicularis‹ bedeutet den Hoden betreffend. Aus medizinischer Perspektive ist die ›testikuläre Feminisierung‹ eine Version der Androgenresistenz (vgl. Hoffmann-La Roche Aktiengesellschaft et al. 2003: 602). Testikuläre Feminisierung ist deshalb eine Erscheinungsform des sogenannten Pseudohermaphrodismus. Mit dieser Diagnose werden medizinische Krankheitsbilder wie beispielsweise das Klinefelter-, Reifenstein-, Albright-, Gordan-Overstreet-Syndrom sowie die testiculäre intraepitheliale Neoplasie (TIN) verbunden (vgl. Hoffmann-La Roche Aktiengesellschaft et al. 2003: 1810).

»Und dann habe ich ›testikuläre Feminisierung‹ gegoogelt. Und bin dann auf die XY-Frauen gestoßen. Und was das bedeutet hat, kann ich heute gar nicht mehr beschreiben. Das war eigentlich so ein Befreiungsakt. Damals war ich aber immer noch in dieser Opferrolle. Und ich war erst mal erleichtert, überhaupt, dass es da jemanden gab, der mich aufklärte, über das, was wirklich Sache ist. Also, was diese Diagnose überhaupt bedeutet.«

Die Passage verweist auf die Einsamkeit der_s Befragten vor der Zeit des Internets. Die_der Befragte machte sich auf die Suche nach sich selbst, weil sie_er mit einem medizinischen Begriff (›testikuläre Feminisierung‹) eingesperrt wurde. Trotzdem konnte sie_er sich paradoxerweise an diesem Begriff festhalten. Einen Ausweg bot das Internet, und durch eine Suchmaschine fand die_der Befragte Kontakte zu Personen, die eine ähnliche Geschichte erlebt hatten. Freya Jung fand eine Selbsthilfegruppe und erfuhr die Annäherungen als Befreiung. Ihr_m gelang es, ihr_sein inneres Begriffs-Gefängnis zu verlassen. Das Internet erwies sich als individueller Entlastungsort und wurde zum Ausgangspunkt für Aufklärung und Vernetzung. Die Rolle des Internets ging empirisch jedoch über die fachliche Aufklärung und Verbindung mit anderen Betroffenen hinaus, weil es als virtueller Raum erste Möglichkeiten zur Cyber-Subjektivierung bot, in der die eigene Geschlechtlichkeit plötzlich variabel und austauschbar erschien. Der Transmann Reik Schreiber traf im virtuellen Raum beispielsweise zum ersten Mal Personen, die ähnlich fantasievolle Rollenspiele liebten, wie er selbst:

»Und das liegt natürlich daran, dass Leute, die gerne irgendwelche Elfen oder irgendwie Drachen mit fünf Schwänzen oder irgendwie Gnome spielen, dass die irgendwie von ihrem Mindset her ein bisschen entspannter sind.«

Das Internet bot Raum zum Ausprobieren und zum Loslassen. Dort fanden Interviewpartner_innen Figuren, Avatare, Charaktere der Hypersexualität (»Drachen mit fünf Schwänzen«) und der elfenhaften Androgynität, die geschlechtslos und göttlich wirken können. Die Begegnungen mit anderen Spieler_innen löste für Reik Schreiber temporär die widerfahrene soziale Isolierung.[171] Virtuelle sexuelle und geschlechtliche Existenzweisen konnten sich zweigeschlechtliche Konventionen entledigen.

---

171 Das gilt für geschlechtlich nonkonforme Personen, für anders Geschlechtliche und für sexuell marginalisierte Gruppen wie z.B. sado-masochistische Sexualitäten, für homosexuelle Menschen, für religiöse und ethnische Minderheiten und für politische Oppositionsgruppen. Das Internet bietet Raum für das Entstehen sozialer Netzwerke, der sich für Minderheiten, Verfolgte und Widerstandsbewegungen positiv auswirken kann. Inwiefern dieser Vorteil mit den Diskussionen um aussetzende Privatheit im Internet, mit fehlendem Datenschutz sowie mit Diskursen um präventive Überwachung und Sicherheit im 21. Jahrhundert (Hempel et al. 2010; Singelnstein/Stolle 2006) korrespondiert, bleibt eine offene Frage.

Soziale Netzwerke hatten für die Befragten das Potenzial, Politisierung, Selbsthilfe und soziale Anerkennung zu verfolgen. Mit zunehmender Ausdifferenzierung der Netzwerke entwickelten zahlreiche Gruppen ihre Eigenständigkeit, die sich positiv auf das Unterstützungsangebot auswirkte: Transgender-Organisationen waren beispielsweise laut Reik Schreiber nun endlich (2007) kein alleiniges »LGBT-Anhängsel« mehr. Sie wirkten fortan autonom und verfügten in der Folge z.b. über eigene Räume mit gezielten Beratungsangeboten.[172]

Auf lokaler Ebene entstanden seit Anfang 2000 zahlreiche politische Organisationen, die sich dafür einsetzten, dass trans- und intersexuelle Themen beispielsweise in örtliche Christopher-Street-Day-Paraden (CSD)[173] aufzunehmen sind. Es entstanden außerdem Gegenveranstaltungen wie der *Transgeniale-CSD* in Berlin[174]. Mehrere der Interviewpartner_innen nahmen an Arbeitsgruppen teil, in denen Richtlinien für eine Reform des Transsexuellengesetzes entworfen bzw. für seine Abschaffung plädiert wurde. Die lokalen Ogranisierungsformen der Befragten fanden überwiegend in Berlin statt. Es

---

172 Konkurrenzen zwischen Trans- und schwul-lesbischen Vereinen und Zusammenschlüssen entstanden nicht zuletzt angesichtsfehldender finanzieller und staatlicher Unterstützung. Die politisch queere Praxis in diesem Spannungsfeld zwischen geschlechtlicher und sexueller Identitätsbezogenheit ist ein umstrittenes Thema (z.B. Warner 1991; Engel 2002; AG Queer Studies 2009; Höll et al. 2013).

173 Die Christopher-Street-Day-Parade (CSD) ist eine Demonstration, in der Homosexuelle, Transpersonen und andere sexuell und geschlechtlich marginalisierte Menschen offensiv für ihre Rechte einstehen und sichtbar werden. Zusätzlich wird der Opfer von Diskriminierung und Gewalt gedacht und die gesellschaftliche Ausgrenzung angeprangert. Der CSD findet international in verschiedenen Städten statt. Während in vielen Ländern die Paraden unter Polizeischutz gestellt werden müssen (wie z.B. in Bulgarien oder Ungarn), um die Teilnehmer_innen vor den Angriffen der Passant_innen und konservativer, kirchlicher oder faschistischer Gruppierungen zu schützen, ist er andernorts zu einer fast kommerziellen Veranstaltung geworden (wie z.B. in den bundesdeutschen Großstädten Berlin und Hamburg). Der Name der Demonstration verweist auf das Gedenken an den Aufstand Homosexueller und Transsexueller im *Stonewall Inn* 1969. Das *Stonewall Inn* ist eine Kneipe, die in der New Yorker Christopher Street liegt. Die Aktivist_innen wehrten sich seinerzeit in Straßenkämpfen erfolgreich gegen willkürliche Polizeirazzien (Edsall 2003; Carter 2004). Diese *Stonewall Riots* müssen trans-inklusiv gedacht werden und kann historisch nicht ausschließlich der Befreiungsbewegung der Schwulen zugeschrieben werden.

174 Der *Transgeniale-CSD* steht in einer queeren, antikapitalistischen und antifaschistischen Tradition (http://transgenialercsd.blogsport.de, Stand: 7.12.2014). Er gelangte zu einer überregionalen Berühmtheit jenseits queerer Szenen, als die Philosophin Judith Butler den Zivilcouragepreis des *Berlin CSD e.V.* 2010 ablehnte und stattdessen den antirassistischen Aktivismus der T-CSDs, sowie die Berliner Gruppen *GLADT* (www.gladt. de. Stand: 7.12.2014), *LesMigraS* (www.lesmigras.de. Stand: 7.12.2014), *Suspect* und *ReachOut* (www.reachoutberlin.de. Stand: 7.12.2014) mit Anerkennung versah (http://transgenialercsd.wordpress.com/2010/06/19/judith-butler-lehnt-zivilcouragepreis-ab. Stand: 7.12.2014).

ist anzunehmen, dass die Zentralisierung von geschlechtlich nonkonformen Anliegen mit der Diskriminierung, Gewalt und Vereinzelung geschlechtlich nonkonformer Personen zusammenhängt.[175]

Die politischen Themen und Tätigkeitsfelder der Befragten lauteten: Beratung von Ärzt_innen und Eltern(-teilen) zur Intersexualität, Abschaffung des TSG, Reform des TSG, Durchführung von Empowerment-Workshops für Transpersonen, Engagement in der lokalen kulturellen Musik- und Clubszene, Gründung von queeren, drag- und transfreundlichen Räumen, Gründung bzw. Unterstützung von Selbsthilfegruppen, Verfassen von thematischen Blogs für Betroffene und Interessierte, Einfordern des Opferschutzes für intersexuell geborene Menschen, Einrichtung von Beratungshotlines für intersexuell Geborene und deren Angehörige, Betreuung von Internetportalen, Organisation von Demonstrationen, politische Arbeit gegen Menschenrechtsverletzungen und die Unterstützung von Elterninitiativen zum Wohle geschlechtlich nonkonformer Kinder. Als großer Gewinn wurde von allen – Aktivist_innen wie Nicht-Aktivist_innen – die zunehmende internationale Vernetzung gesehen. Neue Vereine entstanden, und internationale Konferenzen wurden zu Treffpunkten zahlreicher Aktivist_innen, Wissenschaftler_innen und Personen, die zum Thema arbeiteten. Dass dabei Interessenskonflikte entstanden, weil das Thema geschlechtliche Nonkonformität verschiedene soziale Gruppen umfasst, die sich auch strategisch und politisch verschieden organisieren und verschiedene Ziele verfolgen (können), war für die Befragten selbstverständlich. Einzelne betonten, dass es insbesondere zwischen Transpersonen und intersexuell geborenen Menschen Konfliktlinien gäbe, die sich aus den unterschiedlichen Problemlagen speisten. So würden die einen leichteren Zugang zu Operationen fordern, um ihre Körper gestalten zu können, während die anderen sich für das Recht auf Unversehrtheit des eigenen Körpers stark machen. Trotz dieser Konfliktlinien gelang es zahlreichen geschlechtlich nonkonformen Aktivist_innen im letzten Jahrzehnt sichtbarer zu werden.

Vernetzung und politische Organisation waren die Voraussetzung, um politische Arbeit, Intensivierung der Aufklärung und Bildung zu fördern. Diese Facetten waren für das Erkennen der eigenen Handlungsmacht der Betroffenen sowie für politische Organisation und demokratische Teilhabe überlebensnotwendig. Sie bildeten die Grundlage, um für sich und andere Rechte einzufordern und um Diskriminierung sowie Gewalt entgegentreten zu können. Oder mit anderen Worten, wie Lucky Kankoke es mit Blick auf die Transition betonte, »du [musst] dir überhaupt erst eine Sprecherposition erarbeiten«.

---

175 Berlin weist bis dato die höchste Dichte an Beratungsstellen, Selbsthilfegruppen und sozialen Orten wie Clubs und Bars auf, an denen geschlechtliche Nonkonformität akzeptiert und begrüßt wird.

3.4.3 Hegemonie in der Marginalisierung

Handlungsmacht äußerte sich nicht nur im Abwehren oder Verhindern einer Gewalttat, sondern tauchte auch in den Narrationen darüber auf. Darin ist in der Analyse eine besondere Beschreibung der Täter_innen aufgetaucht, die sich des Mittels der Ethnisierung und Rassifzierung der Täter_innen bedient. Das Datenmaterial zeigt, dass die Konstruktion des angreifenden Anderen[176] für vier von 22 Interviewpartner_innen eine zentrale Erfahrung darstellte. Deshalb werden zunächst exemplarisch ethnisierende Passagen des Ver-Anderns (Othering) aufgeführt, anhand derer ihre Funktionen analysiert werden.

Insbesondere in vier Interviews wurde auf Bezeichnungen wie »Ausländer«, »Menschen mit Migrationshintergrund«, »Araber«, »Türkengang«, »Farbige« oder »Schwarze« zurückgegriffen, um Täter_innen(-gruppen) im öffentlichen Raum zu beschreiben. Die Bezeichnungen haben eine ver-andernde Funktion; das heißt sie markieren kulturell anders Denkende und Handelnde und sie ermöglichen sie von der eigenen sozialen Gruppe ethnisch zu differenzieren. Den Bezeichnungen liegt ein statischer Kulturbegriff zugrunde, in dem eine Kultur der Anderen sich von der eigenen Kultur signifikant unterscheidet. Die soziale Konstruktion des »Wir – und die kulturell Anderen« ist eine hegemoniale Figur des Othering.

In einer exemplarischen Sequenz berichtete eine befragte Transfrau, dass ein »junger ausländischer Mitbürger« ihr spontan im Vorbeigehen ins Gesicht gespuckt hat. Sie war in der Situation zu perplex, um direkt auf den plötzlichen Angriff reagieren zu können und lief irritiert weiter. Im Interview vermutete sie, dass der Täter womöglich »seine Leute irgendwo hinter der Ecke stehen« hatte. Später machte sie den Täter sprachlich zu einem »ausländischen Mitbürger«, womit sie seine Zugehörigkeit zu ihrer eigenen sozialen Gruppe (Bürger_innen) markierte, die sie durch das Adjektiv zugleich abschwächte. Ihre Sorge, dass andere Männer mit dem Täter vor Ort gewesen seien, steht für ihre Angst vor potenzieller Gruppengewalt. Ihre Begleitung hatte das Anspucken nicht wahrgenommen. Als sie davon erfuhr, war der Täter bereits verschwunden. Diese Freundin betonte, dass sie durch ihre Tätigkeit als Trans-Sexarbeiterin wisse, dass »komischerweise das Klientel, was bei ihr als Kunde

---

176 Das Andere ist von jeher die Grundlage aller geschlechtlichen Forschung. Schon Simone de Beauvoir zeigte auf, wie die Frau zum Anderen in der Gesellschaft konstituiert wird (de Beauvoir 1968 (1949)). Die Anderen zu Anderen machen, basiert auf der Durchsetzung von Hegemonie und Hierarchisierung von sozialen Personengruppen, von zugeschriebenen Eigenschaften und Werten. Es ist ein Instrument, um die eigene Position als Person, als Geschlecht, als Ethnie oder als Nation zu festigen. Die Konstituierung vom ethnisierten Anderen wirkt auf die eigene ethnische Selbstkonstituierung zurück und stabilisiert damit westliche Gesellschaften in ihrem Dominanzdenken (Young 2003; Castro Varela/Dhawan 2005).

kommt, genau die sind, die dir auf der Straße ins Gesicht spucken und dich an-pöbeln«. Der Begleitung waren Demütigungen von ihrem Kund_innenstamm bekannt. Obwohl die Freundin die Tat und damit den Täter nicht bewusst wahrgenommen hatte, ging sie anhand ihrer eigenen Erfahrungen davon aus, dass der Angreifer mit ihrer Klientel aus der Sexarbeit identisch sein könnte. In diesem Fall würde sich in dem Täter Widersprüchliches vereinen: sexuelle Sehnsucht und Verlangen nach Transpersonen im Privaten auf der einen Seite sowie Ablehnung und Hass ihnen gegenüber im öffentlichen Raum auf der anderen Seite. Die Männer würden sich im öffentlichen Raum gewaltsam dis-tanzierten und damit ihr eigenes Begehren konterkarieren. Hier zeige sich eine Doppelmoral der (männlichen) Täter. Durch diese Täterbeschreibungen und die Ausführungen der Freundin wird der Täter zum ethnisch und sexuell der Doppelmoral unterliegenden Anderen gemacht. Der Interviewpartnerin ge-lang es in der Narration, sich hegemonial im Kontext der eigenen Marginalisie-rung zu re-konstituieren und das Widersprüchliche des gewaltsamen Anderen zum Thema zu machen. Gleichzeitig steht diese Passage für eine individuelle Angst vor ethnischer und sexueller Doppelmoral des konstituierten Anderen.

Weitergehend in der Wahrnehmung der Täter_innen als ethnisch Ver-an-derte ist die folgende Sequenz. Eine andere Transfrau berichtete davon, dass sie auf der Straße verbal beleidigt worden war und beschrieb die Täter als

> »kriminelle Türken oder so Zuhälter-Typen, die ein dickes Auto haben. So in der Art wie diese Bodyguards von den Typen, die in der Großstadt besetzte Häuser kaufen. (Lachen).«

Zunächst nahm die Interviewpartnerin die Täter als Männer, Rechtsbrecher und Angehörige einer ethnischen Minderheit wahr (»kriminelle Türken«), die zusätzlich Sexarbeit organisieren oder zumindest ein ähnliches kriminel-les Milieu bedienen (»Zuhälter-Typen«).[177] Finanziell seien diese Personen durch kriminelle Aktivitäten unabhängig und erfolgreich (»dickes Auto«) und würden linksalternative Projekte mit ihrer Geldgier schädigen (»besetze Häuser kaufen«). Die Passage ist an mehreren Stellen für ebenfalls rassistische und darüber hinaus antisemitische Ressentiments anschlussfähig, denn ob-wohl es keine Notwendigkeit gibt, eine ethnische und berufliche Beschreibung und Einschätzung der Täter zu liefern, erfolgt diese umgehend. Die Bedrohung der Befragten beruht auf der beleidigenden Anrufung und wird durch das po-tentielle Geschäftshandeln der Männer verstärkt. Im Vergleich würde dies dem

---

177 Die Rolle des Zuhälters im Sexgewerbe ist vielfältig und steht nicht immer nur in einem negativen Ausbeutungsverhältnis zu den Sexarbeiter_innen. Allerdings ist der Beruf des Zuhälters meistens von Abhängigkeitsverhältnissen und von Ausbeutung der Arbeiter_innen geprägt, wobei die berufliche Rolle in der männlichen Sexarbeiter-Szene bezeichnenderweise nicht existiert (vgl. Dücker 2005: 48ff).

Handeln jener Personen ähneln, die Häuser der linksalternativen Szene auf-kaufen (»besetzte Häuser kaufen«). Die Interviewpartnerin verarbeitete in ihrer Fantasie über die ethnisierten Anderen damit Gentrifizierungen linker Projekte, derer sie sich zugehörig fühlt.

Analog zum Ticketdenken bezüglich der ethnisierten Anderen tauchten im Datenmaterial rassifizierende Aussagen zu Schwarzen Personen/*People of Color* auf. In einigen Sequenzen wurden männliche *People of Color* als Bedro-hung und potenzielle Täter dargestellt. In der kulturellen Homogenisierung Schwarzer Personen/*People of Color* wurde in Interviews das Stereotyp der kulturellen Unfähigkeit von männlichen *People of Color*, Homosexualität und nonkonforme Geschlechtlichkeiten zu akzeptieren, platziert. Durch diese re-duzierende Generalisierung wurde behauptet, dass Schwarze Personen »die [Homosexuellen] auch ganz schrecklich [finden]«. Als Beleg führte ein_e Interviewpartner_in eine Freundin an, die es wissen müsse, weil sie keinen weiß-deutschen Hintergrund habe und queer lebe. Die Freundin werde von Schwarzen Personen/*People of Color* häufiger gefragt, welches Geschlecht sie habe, oder ob sie lesbisch lebe (»von den Schwarzen selber [gefragt]«). Die_derselbe Interviewpartner_in machte darauf aufmerksam, dass sich die feindlichen Denkweisen besonders bei stigmatisierten Einwanderer_innen verstetigen würden.

Die skizzierten Passagen geben zentrale Hinweise auf die Momente der Ablehnung, die als Erfahrung der Begegnung und als Reproduktion im Stereotyp im öffentlichen Raum aufeinandertreffen. Die Täter_innen wa-ren aus der Perspektive der Interviewpartner_innen fast immer männlich, sie wurden ethnisiert oder rassifiziert wahrgenommen und einer nicht eigenen sozialen Gruppe zugewiesen. Außerdem wurde ihnen eine konservative oder janusköpfige Sexualmoral zugeschrieben, die durch ein Leben in der Fremde manifestieren hatte können. Ihre sexuellen Orientierungen unterlagen der Annahme, dass sie sich vorwiegend heterosexuell und/oder verdeckt homo-sexuell orientieren. Das Alter dieser Täter_innen wurde zumeist als jung (»Jugendgang«) und zweimal als »älter« (z.B. »ältere arabische Männer«) beschrieben, wobei die Differenzlinie Alter im gesamten Datenmaterial aus-schließlich in Kombination mit ethnisierten Zuschreibungen auftauchte. In einer Interviewpassage berichtete ein_e Befragte_r von älteren Männern, die sie_er abends getroffen habe und die ihr_m mit der Absicht gleichgeschlecht-licher Sexualität nachstellten. Im Alltagsleben würden dieselben Personen, so die_der Interviewpartner_in weiter, »natürlich« als heterosexueller »Fami-lienvater« leben. Diese für Rassismus anschlussfähige Lesart der Interviews entspricht dem Stereotyp einer patriarchalisch organisierten Familienstruktur mit ethnisierter Zugehörigkeit.

Doch was beabsichtigen die Interviewpartner_innen mit diesen Beschreibungen? Zunächst gaben sie ihr Erfahrungswissen wieder und beschrieben, was sie in der Situation wahrgenommen haben und wie sie die Täter gelesen haben. Sehr deutlich zeigt sich, dass sie die Täter als Vertreter einer Ethnie/ethnischen Zugehörigkeit lesen, aus der heraus sie Folgeinterpretationen ableiten. In den Wahrnehmungen gewinnt das positivistische Erfahrungswissen an Bedeutung, während die eigene – oft betonte – antirassistische Haltung an Gewicht verliert. Denn »ich habe persönlich so gar nichts gegen Ausländer«, versicherten sinngemäß alle Interviewpartner_innen, die sich kritisch zur gelesenen ethnischen Zugehörigkeit der Täter_innen äußerten. Sie unterstrichen mehrmals, dass sie sich auf ihre Erfahrungen bezögen, in denen sie zu ihrem Bedauern auf eine Kopplung von Diskriminierung und Gewalt gegen geschlechtliche Nonkonformität im öffentlichen Raum und ethnisierter oder rassifizierter Andersheit stießen. Exemplarisch dafür stehen die folgenden Aussagen:

> »Genau an der Stelle kamen mir zwei Jugendliche entgegen. Leider auch schon mit Migrationshintergrund. Manchmal stört mich das. Dass ich Klischees finde und die sich dann noch bewahrheiten. Also dort [wo das passiert ist] gibt es eine große arabische Minderheit, ähnlich wie hier die türkische.«[178]

> »Und [ich] bin halt in so eine Seitenstraße, wo ich dann auf eine kleine – ich muss es wieder erwähnen – kleine Jugendgang mit migrantischem Hintergrund stieß. Wieder, also wie bitte schön soll mensch sich, wie soll ich sagen, Ausländern, Menschen mit Migrationshintergrund gegenüber neutral verhalten, wenn so ein Scheiß immer mit solchen Fremden passiert.«

Die_der Interviewpartner_in stellte in ihrer_seiner Darstellung den Migrationshintergrund der Jugendlichen explizit heraus. Ihr_m sei es zuwider, dass sich »Klischees« in den Situationen »bewahrheiten«. Sie_er wolle eigentlich keine Ressentiments bedienen, sei aber mit Widerfahrnissen konfrontiert, aufgrund derer sie_er nicht anders könne, als die jungen Menschen zu ethnisieren. Damit liegt dieser Argumentation eine Erklärung für die Widerfahrnisse von Gewalt und Diskriminierung in der zugeschriebenen Ethnizität und in der Fremdheit der Angreifenden zugrunde. Dass es sich in diesen Sequenzen um eine internalisierte Figur des ›Ich/Wir und die Anderen‹ handelt, zeigt nicht zuletzt der Ausspruch: »wenn so ein Scheiß immer mit solchen Fremden passiert«. Die_der Fremde ist darin eine alte Figur, die sich auf das Unbekannte aus anderen Ländern und Kulturen bezieht. Die_der Fremde ist aus postkolo-

---

178 Die_der Interviewpartner_in befand sich zum Zeitpunk des Gewaltwiderfahrnisses außerhalb ihrer_seiner Herkunftsnation. Dies erklärt die Beschreibung, dass »dort« eine Minderheit existiere, die ähnlich wie »hier« – gemeint ist in Deutschland – die »türkische« strukturiert sei. Dem liegt eine eurozentristische Trennung von ›wir‹ und ›die Anderen‹ zugrunde.

nialer Perspektive eine Figur, die sich der Begegnung verweigert und die dominante okzidente (männliche) Position historisch mit konstituiert (z.B. Rommelspacher 1995; Klinger/Knapp 2005; Bischoff 2011). Die eigene (mehrfach betonte) nicht-rassistische Haltung der Interviewpartner_innen zerbricht an der Konkretheit der eigenen Erfahrungen. Interessant sind in diesem Zusammenhang folgende Erkenntnisse aus dem Datenmaterial: Ethnisierungen spielten in den Gewalttaten nur im öffentlichen Raum eine Rolle und wurden dort von einzelnen Befragten an soziale Klasse, Alter und Sexualität gekoppelt. Die Fachkräfte aus Krankenkasse, Medizin und Recht, die heteronormativ, diskriminierend, normierend oder gewaltsam handelten, unterlagen in keiner Sequenz einer ethnisierenden Beschreibung. Sie wurden durch ihre Funktionen bezeichnet. Mittels der De-Ethnisierung wurden sie als Zugehörige der Autochthonen gekennzeichnet. Bei ihnen erfolgte zwar die Infragestellung der fachlichen Leistung und ausgewähltes Verhalten wurde kritisiert, aber die Kritik war nie anschlussfähig für eine generalisierende Aussage zur Persönlichkeit der heteronormativen Funktionsträger_innen. Ihre sozialen Zugehörigkeiten verschwanden hinter der professionellen Funktion. Im Gegenteil, in den Narrationen wurde oft positiv hervorgehoben, dass es auch nette Begegnungen (mit anderen Polizist_innen, Ärzt_innen etc.) gegeben habe, sodass diese Widerfahrnisse eher die Ausnahme statt die Regel darstellen würden. Relativierungen fanden im Benennen eines ethnisierten und rassifizierten Anderen im öffentlichen Raum nicht statt. Zwar wurde die Gewaltförmigkeit der eigenen Worte im Interview wahrgenommen, aber die Befragten schienen sich dem generalisierenden Gehalt ihrer eigenen Aussagen nicht bewusst zu sein, weil sie sich durch ihre Erfahrungen bestätigt sahen oder aber eine Differenzierung unerheblich fanden. Die Befragten waren demzufolge für Diskriminierungen sensibilisiert, die sich auf Zweigeschlechtlichkeit und Heterosexualität beschränkten. Allerdings führte dies nicht automatisch zu einer sensiblen Haltung gegenüber anderen Ungleichheitskategorien.

Das Sprechen als Autochthone verfolgte drei Ziele: Erstens erlangten sie postsituativ einen gewissen Grad an Hegemonie in der eigenen Marginalisierung. Es gelang ihnen, sich in der Retrospektive der Gewaltnarration trotz des Nachhalls des verletzenden Schmerzes besser zu fühlen. Hierfür degradierten sie zweitens den Anderen post-situativ nicht nur zum ethnisch Anderen, sondern darauf aufbauend zum *Mehrfach-Anderen* (Ipk). Der Andere wurde als männlich, kriminell, finanziell erfolgreich, kulturell anders, heterosexuell lebend und homosexuell verklemmt oder lüstern dargestellt. Diese Fiktion des Anderen, die den meisten Eigenschaften und Charakteristika der Interviewpartner_innen konträr gegenüber stand, erklärte das verletzende Verhalten als Tat eines Fremden und bot die Chance zur persönlichen Abgrenzung. Das

Stereotyp minimierte somit unverständliche Brutalität. Drittens erlaubte der Bezug auf eigene kulturelle Sicherheiten, wie die Zugehörigkeit zum Autochthonen, den Interviewpartner_innen, sich auf der sicheren, hegemonialen Seite zu wähnen. Die Narrationen dienten der Hegemonialisierung in der Marginalisierung und trugen dazu bei, die Verletzungen erklärbar zu machen und zu kompensieren. Deshalb stellt der Hegemonie-Prozess im Erzählen in der Marginalisierung auch eine Ermächtigungsstrategie der Interviewpartner_innen dar. Er hatte insgesamt zum Ziel, die eigene subjektive Position zu stabilisieren und schuf durch den Rückgriff auf generalisierende Ressentiments Anschlussstellen für Klassismus, Rassismus und Antisemitismus.

3.4.4 Kompositionen von Zeit und Erfahrung

Die Widerstands- und Ermächtigungsstrategien wurden in diesem Kapitel in den drei Schwerpunkten analysiert: Wehrhaftigkeit in den konkreten, gewaltsamen Situationen, Rückgriff auf politische Strategien und politische Organisation und in der für Klassismus, Rassismus und Antisemitismus anschlussfähigen exemplarischen Hegemonialisierung der Marginalisierung im post-situativen Sprechen über Diskriminierung und Gewaltwiderfahrnisse.

Das Zusammenspiel von Zeit, Erfahrung und Sprache spielte in den verschiedenen Strategien eine herausragende Rolle. In den ersten Handlungspraktiken blieb eine kurze Zeitspanne zum unmittelbaren Reagieren und Agieren in der Diskriminierungs- oder Gewaltsituation. Den Interviewpartner_innen verschlug es in konkreten Situationen ob der Direktheit und der Respektlosigkeit der Angriffe oft die Sprache. Wer schlagfertig reagieren konnte, war in den Situationen zumeist widerständig. Diese *Handlungsmacht der Gegenwart* (Ipk) in Gewaltsituationen war von den individuellen Ressourcen der Befragten abhängig.

Die zweite Handlungsmacht war auf längerfristige Gestaltung ausgerichtet. Es ging darum das persönliche Umfeld und die gesellschaftlichen Bedingungen für heterogene Existenzweisen aktiv mitzugestalten. Die Interviewpartner_innen bedienten sich der Vernetzung, der politischen Solidarität. Dabei war ihr Blick sowohl auf Vergangenes wie auf Zukünftiges gerichtet. Die erste Perspektive ermöglichte Kritik am konkret Erlebten und die zweite zielte auf gesellschaftspolitische Veränderungen. Die politische Auseinandersetzung bot eine zentrale Möglichkeit zur Teilhabe an einer *subversiven Resignifizierung* (Butler) der geschlechtlichen Nonkonformität. Somit machten die Interviewpartner_innen aus den eigenen Positionen, Problemlagen und Anliegen eine sichtbare politische Fragestellung. Diese *Handlungsmacht der Zukunft* (Ipk) zielte auf die Möglichkeit der sozialen Anerkennung und der politischen Teilhabe an Gesellschaft ab.

Eine dritte Form der Handlungsmacht zeigte sich in der narrativen Retrospektive auf die Gewalttaten. Die *postsituative Handlungsmacht* (Ipk) ermöglicht eine Dominanz im erzählenden Rückgriff auf klassistische, rassistische und antisemitische Ressentiments. Dabei fällt besonders die Konstituierung der Täter als *Mehrfach-Anderen* auf, der stereotyp ethnisch anders, konservativ, widersprüchlich und gewaltsam dargestellt wurde.

Die Interviewpartner_innen zeigten sich nie nur als Opfer der Diskriminierung und Gewalt, sondern sie präsentierten sich widerständig im konkreten Handeln, strebten nach Sicherheit und nach Hegemonie und entwickelten zahlreiche Strategien, um einen Umgang mit dem heteronormativen Alltag zu finden. Dabei hat ihre Stimme als Betroffene von Diskriminierung und Gewalt Gewicht, wobei die Analyse gezeigt hat, dass einzelne die kulturalisierte, klassifizierte oder antisemitische Ver-Anderung (Othering) nutzten, um sich post-situativ der eigenen geschlechtlichen oder sexuellen Ver-Anderung zu entledigen.

3.5 Zwischenergebnis I: Geschlechternormativität als Fiktion

Mehrfachzugehörigkeiten, verschiedene Auffassungen zur Theorie und Praxis der sozialen Kategorie Geschlecht sowie die Vielzahl und Komplexität der Diskriminierungs- und Gewalttaten haben Einfluss auf die Subjektkonstituierungen sowie die Handlungsmacht der Interviewpartner_innen. Die Bezugnahme auf Geschlechternormativität ist als doppelte Fiktion bedeutsam. Geschlechtlich nonkonforme Selbstkonstituierungen sind zunächst Konstruktionen in einer zweigeschlechtlichen Gesellschaft, die sich von der Grundlage der Heteronormativität distanzieren. In Selbstdarstellungen, im Sprechen, im Wahrnehmen und im Erleben grenzten sich die Befragten von geschlechtlicher Konformität ab. Sowohl die Normativität von Geschlecht als auch die geschlechtliche Nonkonformität erscheint deshalb im Datenmaterial als Fiktion einer Grenze, weil außerhalb der normativen Zuschreibungen von Geschlecht keine essenziellen Bezüge zum Inhalt existierten. Die empirischen Daten zeigen, dass die Grenzen der Normativität im Erleben der Befragten selten ähnlich und nie eindeutig waren. Geschlechternormativität war stets ein relationales und situatives Moment. Es existierte aus Sicht der Befragten zwar eine übereinstimmende Fiktion geschlechtlicher Normativität, der aber Inhalte oder normative Bezugnahmen aus strikt dualistisch funktionierenden Geschlechterverhältnissen zugrunde gelegt wurden. Die eigene geschlechtliche Nonkonformität funktionierte dann auf der Basis der fiktiven Abgrenzung von einer vereinfachenden Vorstellung von geschlechtlicher Konformität. Individuell zeigte sich die Vorstellung von geschlechtlicher Normativität flexibel und selten starr. Doch was bedeutet dies für das Untersuchungsfeld?

Die empirischen Ergebnisse belegen, dass geschlechtliche Nonkonformität stets nur in der Negation existieren kann und damit die zweigeschlechtliche Grundstruktur reproduziert. Denn die Abgrenzung verweist auf das Abgegrenzte und damit auf die Grenze, die für die Abweichung konstituierend ist. Die Grenze wird zum entscheidenden Moment in der Betrachtung des Untersuchungsgegenstands. Sie wurde von einem Teil der Befragten als Fiktion einer okzidentalen Werteskala thematisiert, indem auf das weniger an geschlechtlicher Gleichheit und Homosexuellenfeindlichkeit orientierte ethnisierte/rassifizierte Andere Bezug genommen wurde. Es ist wahrscheinlich, dass diese Argumentation im Wechselspiel aus individueller Erfahrung und deren Interpretation im hegemonialen Diskurs wirksam werden kann und an Glaubwürdigkeit gewinnt. Darin wird indirekt eine liberale Geschlechterpolitik des Westens einer islamischen, arabischen oder türkischen Rückständigkeit oder Doppelzüngigkeit in Geschlechterfragen gegenübergestellt (z.B. Attia 2009; Dietze et al. 2009; Bühl 2010). Im Kontext von Liberalismus, westlicher Demokratie, Geschlecht, Nation und Ethnizität tauchten einseitige und eindimensionale Perspektiven auf, die sich empirisch in der gezielten Wahrnehmung einiger Interaktionen und Narrationen des Diskriminierungs- und Gewalthandelns widerspiegelten. Die exemplarischen Aussagen zur Geschlechternormativität der von Diskriminierung und Gewalt betroffenen Befragten stellten somit Effekte der individuellen Selbstkonstituierung an der flexiblen Grenze der Zweigeschlechtlichkeit als handlungsmächtige Abgrenzung und kolonialisierte Grenzziehung von Ethnien, Nationalitäten und Geschlechterverständnissen im okzidentalen Raum dar. Die Geschlechternormativität erhält somit in diesem Feld als nationale, okzidentale und stereotype Bezugsgröße ihre Wirkmächtigkeit als Fiktion.

4. Materialisierung der Dethematisierung als Einschreibung in das Selbst

Die Selbstkonstituierungen und geschlechtlichen Repräsentationen werden im Untersuchungsfeld der geschlechternonkonform-feindlichen Diskriminierung und Gewalt als Materialisierungen gesellschaftlicher Machtverhältnisse interpretiert. Die zugrundeliegende Frage lautet: Was geschieht, wenn sich die Erstunterwerfung des Subjekts im Spiel der Politik der Wahrheit nicht entlang der vorgegebenen Grenzen, Bedeutungen und Normen entwickelt (vgl. Butler 2001: 7ff)? Deshalb gilt es herauszufinden, ob und inwiefern »das grausame Spiel der [geschlechtlichen] Wahrheit« (Foucault 1998 (1978): 12) die Selbstkonstituierungen der Interviewpartner_innen beeinflusst hat.[179] Inwiefern zeigen sich geschlechtliche Gewaltverhältnisse nicht nur in interpersonalen Begegnungen oder institutionellen Beziehungen, sondern tauchen auch im geschlechtlichen Selbstkonstituierungsprozess auf? Um die Fragen zu beantworten, werden drei Themengebiete fokussiert, die als sich wiederholende Inhalte präsentiert wurden: der geschlechtlich-nonkonforme Körper (4.1), das Coming-out (4.2) und die Wahrnehmung taxierender Blicke durch Dritte (4.3). Die ausgewählten Inhalte werden zu einem Ensemble zusammengeführt, weil die Interviewpartner_innen sich darin mit Blick auf ihr geschlechtliches Selbst mit heteronormativen Wahrheitheitsspielen[180] und mit der Bedeutung der fehlenden Anerkennung ihrer geschlechtlichen Orientierung (4.4) befassten.

4.1 »Und ich weiß, ich bin schön.« – Körperliches Erleben jenseits der Konformität

Das System der Zweigeschlechtlichkeit schreibt sich in die körperlichen Selbstkonstituierungen der Menschen ein. Dabei ist der Körper kein unbeschriebenes Blatt, welches durch Macht beeinflusst wird, sondern er ist nach Butler an sich schon ein Produkt der Macht. Aber wie werden die eigenen Körper

---

179 Dabei gehe ich davon aus, dass dieses »grausame Spiel« (Foucault 1998 (1978): 12) alle Menschen betrifft, wobei die gesellschaftlich produzierten Ambivalenzen innerhalb der hiesigen Geschlechterverhältnisse von geschlechtlich nonkonformen Personen unmittelbar(er) wahrgenommen werden können.

180 Die Existenz der Wahrheit konstituiert die Unterscheidung zwischen falsch und richtig. In ›Wahrheitsspielen‹ bleibt dabei anderes Denken jenseits der Wahrheit stets möglich. ›Wahrheitsspiele‹ sind nach Foucault die Diskurse um die Verbindung von Wahrheit und Macht. Mit dem Begriff des Spiels meint er die »Gesamtheit von Regeln zur Herstellung der Wahrheit« (Foucault 2005 (1984a), Nr. 356: 897).

von den Interviewpartner_innen, wahrgenommen, gefühlt und verändert?[181] Und wie funktioniert der Prozess der geschlechtlich nonkonformen Subjektivation aus empirischer Perspektive? Zunächst zeigt das Datenmaterial, dass Heteronormativität zur abweichenden und Glück versprechenden Produktion von Trans-Körpern beiträgt und dass die eigene Wahrnehmung der körperlichen Veränderungen durch Hormone, Operationen und mittels geschlechtlicher Inszenierung Effekte der Materialisierung einer heteronormativen Zweigeschlechtlichkeit darstellen. Der Körper war besonders für intersexuell geborene Personen eine stigmatisierende Grundlage ihrer Außenseiter_innenposition. Zwischen Aneignung des eigenen Körpers und Entfremdung vom eigenen Körper wurde dieser allerdings außerdem für verschiedene Interviewpartner_innen zur Zielscheibe der eigenen Aggression. Zusammenfassend wird in diesem Kapitel der Körper als Ort der Subjektivation zur temporären oder dauerhaften Transitzone. Der geschlechtlich nonkonforme Körper ist dabei aus der Sicht der Befragten von Verletzlichkeit gekennzeichnet.

4.1.1 Trans(sexuelle) Körper zwischen Entsetzen und Glücksversprechen

Die Aussage vom »Leben im falschen Körper« (»*trapped in the wrong bodies*«) (Stoller 1968) bezieht sich in Wissenschaften und im Alltagsverständnis auf ein kolportiertes körperliches Erleben Transsexueller, die sich demzufolge im falschen Geschlechterkörper gefangen fühlen (Benjamin 1966; Stoller 1968). Transsexuelle Personen werden zumeist in *male to female* (Mann-zu-Frau)-Transsexuelle (MtF) und *female to male* (Frau-zu-Mann)-Transsexuelle (FtM) unterschieden.[182] Erstere waren gemäß diesem Konzept im männlich zugewiesenen und letztere im weiblich zugewiesenen Körper ›gefangen‹.

---

181 Primär beziehe ich mich auf den Geschlechtskörper nach Butler und nachgelagert auf die soziale Konstruktion von Geschlecht in Interaktionen (*Doing Gender*). Ich unterscheide nicht zwischen Körper und Leib so wie es Gesa Lindemann (1993) tut. Diese Nicht-Verwendung beruht auf einer Skepsis gegenüber Lindemanns Konzept des spürbaren Körpers. Lindemanns mikrosoziologische Studie *Das paradoxe Geschlecht* (1993) erweitert *Doing Gender* um die Rolle affektiver und leiblicher Phänomene, die Zweigeschlechtlichkeit stabilisieren. Für Lindemann sind Leiblichkeit und Affektivität konstitutive Elemente der Geschlechterordnung. Allerdings sieht sie im Spüren eine Evidenz von Geschlecht angelegt, der ich theoretisch nicht folgen kann (vgl. Lindemann 1993: 34ff, Gugutzer 2013 (2004): 108).

182 Diese Studie fokussiert nur selten auf das Phänomen der Transsexualität. Diese soziale Gruppe ist aber gezielt Inhalt der deutschsprachigen Klassiker von Gesa Lindemann (1993) und von Stefan Hirschauer (1993). Diese zentralen Werke beschäftigen sich mit der medizinisch klassifizierten und sozial konstruierten Transsexualität. Dabei kommen in beiden Studien transsexuelle Personen sowie Expert_innen der Psychologie und Medizin zu Wort (vgl. Hirschauer 1993: 17). Lindemann fokussiert explizit das körperliche Empfinden Transsexueller (vgl. Lindemann 1993: 134ff; 195ff).

Demgegenüber waren die geschlechtlichen Selbstkonstituierungen der Befragten in der Mehrzahl nicht eindeutig verortet. Einzelne Interviewpartner_innen bezogen sich auf die oben skizzierte traditionelle, dualistische Vorstellung von Transsexualität, in der nur zwei Geschlechter vorkommen können. Die Mehrzahl grenzte sich aber bewusst von einer eindeutigen Konzeption ab, die sich allerdings im Alltagsverständnis zu Transsexualität seit den sechziger Jahren beharrlich als Stereotyp hält.

Dennoch nutzen die Befragten den Begriff der Transsexualität für sich: Einige Interviewpartner_innen bezeichneten sich als transsexuell, weil sie eine Transition nach dem Transsexuellengesetz abgeschlossen hatten, sich gegenwärtig in einer solchen befanden oder sie noch durchführen würden und eine Geschlechtsangleichung anstrebten. Das medizinisch-juristische Verfahren setzt voraus, dass das zugewiesene (Geburts-)Geschlecht nicht mit der eigentlichen geschlechtlichen Selbstkonstituierung deckungsgleich ist. Einige der Befragten wünschten sich demzufolge, den eigenen Körper an das empfundene Geschlecht anzugleichen. In diesem Verfahren erhält der eigene Körper die Beweiskraft für eine selbst wahrgenommene Andersartigkeit. Einigen transsexuellen Befragten war ihr Körper stets fremd, oder er wurde in der Adoleszenz und in der Pubertät als entfremdetes Risiko wahrgenommen, das nicht zu beeinflussen war. Cornelia Ionesc veranschaulicht exemplarisch, dass sie schon seit ihrer Kindheit das Gefühl des Andersseins kannte:

»(...) aber immer, wenn es um den eigenen Körper geht und um das Annehmen des eigenen Körpers, das ist schon schwierig, das ist ganz schwer zu erklären. Das ist wirklich so, und das hatte ich schon als Kind, dass es das Gefühl ist, es ist anders einfach an mir, da oben [im Kopf] ist was anderes abgespeichert, als dass, was ich sehe, wenn ich an mir runtergucke.«

Die Interviewpartnerin erinnerte sich an das langjährige körperliche Unbehagen. Sie entdeckte an sich keine Brüste, sondern nur einen Penis und erlebte ihren Körper als Fehlentsprechung ihrer Persönlichkeit und ihres geschlechtlichen Selbsts. Auf der einen Seite zeigt sich der materialisierende zweigeschlechtliche Druck: Cornelia Ionesc erlebte ihren Körper als fremd, weil er sich entgegen ihrer weiblichen Selbstkonstituierung männlich markiert zeigte. Auf der anderen Seite war das Denken der Interviewpartnerin zugleich frei von binären, geschlechtlichen Zuschreibungen, weil sie ihre Fähigkeit zur utopischen Vorstellung nutzte, um das eigene Geschlecht unabhängig von der männlich zugeordneten körperlichen Konstituierung, weiblich zu denken. In dieser Sequenz steckt beides: Die eigene Fremdheit gegenüber dem Körper ebenso wie die Gewissheit, sich unabhängig vom Körper anders geschlechtlich konstituieren zu können. In der Argumentation dieser Interviewpartnerin war die geschlechtliche Transition eine Geschlechtsangleichung, da sie sich schon immer als Mädchen bzw. zukünftige Frau gesehen hatte. Das Ziel geschlechtsangleichender Operationen bedeutete für sie, die Übereinstimmung von geschlechtlicher Selbstkonstituierung und Geschlechtskörper herzustellen. Da die genital-chirurgische Operation der Interviewpartnerin zum Zeitpunkt des Interviews noch ausstand, mutmaßte sie, dass sie sich zukünftig »stimmiger« fühlen werde.

Zwischen Abscheu und Glücksempfinden lag der Spannungsbogen, den SonyaBen Ferner im Interview in Bezug auf ihren Körper darstellte. Für sie als Transfrau führte der Transitionsprozess ebenfalls zu einem gesteigerten Wohlbefinden und sie verlor die tiefe Ablehnung ihrem eigenen Körper gegenüber:

> »Aber der Zugewinn ist, dass ich mit meinem eigenen Körper, also dass ich nicht mehr die Abscheu vor mir selbst habe, endlich mal so sein kann, wie ich eigentlich bin. Das ist halt das Wichtigere dabei.«

Mit der Formulierung »Abscheu vor sich selbst« wird der eigene Körper problematisiert. Abscheu ist nach Christopher Demmerling und Helge Landwehr (2007) eine Form des moralischen Ekels.[183] Synonyme wie der Widerwille sowie der Hass auf einen Gegenstand verweisen darauf, dass der Körper (als Objekt) dieses starke Gefühl des moralischen Ekels auslöst. Der Ekel wird dort wirksam, »wo aus der Perspektive dessen, der sich ekelt, Grenzüberschreitungen stattfinden bzw. Grenzen verletzt werden, die den eigenen Körper oder den Körper anderer Menschen betreffen« (Demmerling/Landwehr 2007: 95). Das Sprechen der Befragten über den eigenen Körper ist von einer hohen emotionalen Belastung geprägt und signalisiert eine Distanz dem eigenen Körper gegenüber. Der Ekel ließ ihn zu einem Fremdkörper werden. Da der eigene Körper vorrangig geschlechtlich wahrgenommen wurde, wurde Abscheu zu einer Identitätsfrage. Diese erzeugte psychische Belastungen, die auch den Kontakt mit der_m oder den Partner_in(nen), mit der Familie und mit dem Freund_innenkreis erschwerte. Das Selbst und das soziale Umfeld wurden von diesen Gefühlen beeinflusst: Der Interviewpartner Manuel Rosenberg zweifelte beispielsweise ob seiner geschlechtlichen Selbstkonstituierung an seinen Begehrensstrukturen. Er legte nahe, dass die sexuellen Probleme mit seiner Lebensgefährtin mit der hohen psychischen Belastung durch die Infragestellung seiner geschlechtlichen Orientierung als Frau zusammenhingen. Später als transsexueller Mann fühlte er sich insbesondere seit der Mastektomie[184] viel »wohler«. Seine sexuellen

---

183 Der Abscheu ist mit dem Ekel verwandt. Ekel verursacht eine körperliche Reaktion, wie z.B. den Würgereflex. Dabei ist Ekel ein kulturell vermitteltes Gefühl mit entsprechender körperlicher Reaktion und kein natürlicher Reflex, wie pointiert der »Ekel aufgrund besonderer ästhetischer Abneigungen« zeigt (Demmerling/Landwehr 2007: 94ff).

184 ›Mastektomie‹ ist der Fachausdruck für die chirurgische Brust(drüsen)entfernung (vgl. Hoffmann-La Roche Aktiengesellschaft et al. 2003: 1180). Dies geschieht beispiels-

Probleme hatten sich im Zuge der körperlichen Neuorientierung weitestgehend aufgelöst oder waren in den Hintergrund getreten.

Das Streben nach einer Kongruenz von Selbstkonstituierung und geschlechtlichem Körper ermöglichte es mehreren Interviewpartner_innen, den hohen emotionalen Belastungen standzuhalten und entgegenzuwirken. Das Erreichen der Kongruenz, sofern dies möglich war, beendete ihr Entsetzen und Unbehagen, dass sie gegenüber dem eigenen Körper zuvor empfunden hatten. Dies führte zumindest bei Manuel Rosenberg, Cornelia Ionesc und SonyaBen Ferner zu einem deutlich positiveren Lebens- und gesteigerten Selbstwertgefühl.[185] Obwohl bei zwei der Befragten weitere Behandlungen und Operationen ausstanden, hofften sie, dass sich das Glücksversprechen dank neuer geschlechtlicher Körperlichkeit erfüllen würde. Sie versprachen sich neben dem gesteigerten Wohlfühlen, Erleichterungen im Alltag und sexuelle Erfüllung davon.[186] Trotzdem war die Sehnsucht nach einer mit der geschlechtlichen Selbstkonstituierung übereinstimmenden Körperlichkeit keinesfalls nur ein Thema jener transsexuellen Personen, die sich für ein zukünftiges Leben in einem eher eindeutig zugewiesenen Geschlecht entschieden hatten. Der Wunsch nach Kongruenz begleitete ebenso Interviewpartner_innen, die transident lebten und kein eindeutiges Geschlecht anvisierten. Ein_e Befragte_r nutzte Medikamente, um ihren_seinen Körper in einer Zwischenposition präsentieren zu können:

»Und ich meine klar, ich nehme Hormone, in geringer Dosis, um meinen Körper genau in diese Zwischenstellung zu bringen. Und die Zwischenstellung, [ist] die Uneindeutigkeitsstellung, die eben nicht sagt, wem dieser Körper gehören könnte.«

---

weise im Rahmen einer geschlechtlichen Transition, aber auch nach einer Brustkrebsdiagnose, wenn infolgedessen das betroffene Gewerbe entfernt werden muss.

185 In Schönheitsoperationen, plastischer Chirurgie oder in der Sport- und Fitnessbranche werden Körper ebenso verändert. In welchen Dimensionen sich diese Praxen von jenen der körperlichen Veränderungen geschlechtlich nonkonformer Personen unterscheiden, kann an dieser Stelle leider nicht untersucht werden. Deutlich ist, dass mit zweierlei Maß gemessen wird: Während für eine geschlechtliche Veränderung eine Reihe an Expert_innen zuständig ist und der körperlichen Veränderung zustimmen muss, so ist in der plastischen Chirurgie – vorausgesetzt es ist genügend finanzielles Kapital vorhanden – jede Schönheitsoperation erlaubt.

186 Gesa Lindemann betont in ihrer Untersuchung zur Transsexualität (1993): »Solange das neue Geschlecht lediglich als Wunsch existiert, ist es zwar möglich, sich in diese hineinzuträumen, aber das hat nur zur Konsequenz, daß sich Ausgangsgeschlecht und neues Geschlecht wie Reales und Irreales gegenüberstehen. (...) Aus der Differenz zwischen Realem und Irrealem wird die von Gegenwart und Zukunft« (Lindemann 1993: 78). In diesen die Zukunft betreffenden Wünschen liegt also immer ein utopisches und idealisiertes Potenzial in der Vorstellung vom eigenen geschlechtlichen Sein und der Sexualität, die dann gelebt wird.

Die Medikamente halfen der_m Befragten, sich einer eindeutigen, körperlichen geschlechtlichen Zuweisung zu entziehen. Sie_er fühlte, dass ihr_m der eigene Körper innerhalb einer zweigeschlechtlichen Ordnung durch Zuweisung enteignet wurde. Sie_er stellte den Körper als Objekt dar, der sich als Besitz einer sozialen Norm (der geschlechtlichen Eindeutigkeit) präsentierte. Doch obwohl der eigene Körper uneindeutig inszeniert wurde, blieb der Grundgedanke der Kongruenz von Körper und Selbstkonstituierung bestehen.

Der Körper wurde in den Aussagen der Interviewpartner_innen vor allem zu einem zentralen Aspekt der Selbstkonstituierung, zu einem Vehikel und Schauplatz, um sich dem Glücksversprechen der Entlastung von emotionalen Belastungen zu nähern. Dies geschah entweder durch selbst gewählte Veränderungsprozesse oder durch die Forderung nach Akzeptanz aller Körper, wie dies primär von intersexuell geborenen Personen und Aktivist_innen stark gemacht wurde.

Viele der transsexuellen und transidenten Interviewpartner_innen strebten nach einer geschlechtlichen Kongruenz von Körper und Selbst und entschieden sich, ihre Körper medizinisch, medikamentös oder kosmetisch zu verändern und zu gestalten. Dies entspricht einer Analogie des Sex-Gender-Theorems aus den siebziger Jahren: Das biologische Geschlecht (Sex) wurde vom sozialem Geschlecht (Gender) entkoppelt (Rubin 1975). Bei einigen Befragten existierte ein diesem Konzept entsprechendes Begehren nach Übereinstimmung von sozialer Zuschreibung und körperlichem Empfinden. Die Materialisierung und Wirkmächtigkeit des Geschlechtskörpers zeigt sich als unmittelbarer Bestandteil der geschlechtlichen Selbstkonstituierung. Gleichzeitig verwies die Sehnsucht nach Veränderung von Geschlecht auf die geschlechtliche Prozesshaftigkeit und damit auch auf Vielzahl technischer Möglichkeiten, Geschlechtszugehörigkeit zu beeinflussen. Allein durch die Perspektive auf eine selbstbestimmt gewählte, operative und medikamentöse Gestaltbarkeit des eigenen Körpers stellte sich bei den Trans-Befragten (eine Hoffnung auf) psychische Entlastung ein. Doch wie wurden die körperlichen Veränderungen erlebt, wenn sie selbst gewählt wurden?

4.1.2 Erfahrungen mit körperlichen Veränderungen

Das widersprüchliche körperliche Erleben in der Phase der Pubertät kontrastiere ich im Folgenden mit den geschilderten Erwartungen im Rahmen der selbstgewählten geschlechtlichen Transition.[187] Die Pubertät wurde stets als

---

187 Die körperlichen Veränderungen infolge der Behandlungen auf der Basis einer Diagnose im Kontext von Intersexualität wurden demgegenüber in allen Fällen negativ wahrgenommen und als krankmachend beschrieben. In diesen Prozessen wurden aus nicht beeinträchtigten Körpern (und Personen), funktionseingeschränkte Körper (und Personen) gemacht, die nach den Eingriffen einer dauerhaften Behandlung bedurften. Vgl. 4.1.3

problematisch wahrgenommen, wobei der geschlechtliche Körper zur Negativfolie der körperlichen Selbstkonstituierung wurde. Er stand für ein Erleben von Abscheu, Ekel und nicht gewünschtem, verändertem geschlechtlichen Aussehen und Repräsentation. Während sich andere Kinder im gleichen Alter in ihrer geschlechtlichen Zugehörigkeit sicher fühlten, wenngleich ihre körperlichen Veränderungen sie auch verunsichern konnten, beschrieben viele der Befragten die Pubertät als eine Phase der Ohnmacht[188]. Für die Transfrau Cornelia Ionesc bedeutete ihre männliche Pubertät das (vorläufige) Erlöschen ihres >Traums<, eine Frau werden zu können:

»Und ich weiß, dass es dann in der Pubertät auch eine ganz schwere Phase gab, wo ich merkte: Dir wachsen ja überall Haare. Und jetzt ist es ganz vorbei, aus der Traum, so. Und das als 14-jähriges Kind ist irgendwie bescheuert, dass man überhaupt so Gedanken hat. Also, dass man sich sagt: Jetzt ist der Traum ausgeträumt, jetzt kannst du es vergessen mit Frau werden, gerade du siehst so männlich aus, du kannst es zu den Akten legen, vergiss es. Dir wachsen Haare auf dem Rücken.«

Mit dem Einsetzen der Pubertät wurde Geschlecht zunehmend körperlich und sexualisiert wahrgenommen. Geschlechtliche Interaktionen begannen offen sexualisierter zu werden und die Wahrnehmungen der Körper durch Dritte wurden zum Brennglas eigener Unsicherheiten. Vor diesem Hintergrund stellten Pubertätsphasen im Leben der Befragten höchst ambivalente und bedrohliche Entwicklungsabschnitte dar. Allerdings wurden sie zugleich als produktive, wenngleich auch schmerzhafte, biografische Wendepunkte charakterisiert: Entweder fanden erwartete hormonell gesteuerte Prozesse im eigenen Körper nicht statt, sie nahmen eine unbekannte und ungewollte Richtung ein oder sie vollzogen eine geschlechtliche Wirklichkeit (wie bei Cornelia Ionesc), die als geschlechtliche Erfahrung nicht erwünscht war. Die pubertären Körper verdeutlichten die Diskrepanz zwischen geschlechtlicher Selbstkonstituierung und geschlechtlichem Selbstempfinden.[189] Kendra Fraschen machte in diesem

---

Intersexuell stigmatisierte Körper; 7.1.2 Operative Eingriffe bei intersexuell markierten Personen

188 Im Begriff der Ohnmacht steckt die Idee, etwas könne ohne Macht sein. Macht ist in diesem Gefühl der Ohnmacht als Repressions- und Dominanzmacht gedacht. Im foucaultschen Sinne kann es diesen Begriff so allerdings gar nicht geben. Denn nach Foucault wäre nichts ohne die Macht als produktive Kraft denkbar. Somit bezieht sich der Ohnmachtsbegriff hier auf die Verringerung der Handlungschancen und -perspektiven sowie auf das Erleben eines Gefühls der Demütigung als Folge der Beleidigung.

189 Bei diesen Ausführungen, die biografische Vergangenheit betreffend, ist zu beachten, dass sie als Retrospektiven auf Erinnerungen basieren, die möglicherweise mehr über die aktuelle Perspektive von Geschlecht und Persönlichkeit einer_s Befragten aussagen, als dass sie realitätsgetreu eine Kindheit und Jugend repräsentieren. Somit tauchen in Bezug auf das Erleben und die Erfahrungen mit dem eigenen Körper biografisch rekonstruierte Aspekte auf, welche die *Figur der geschlechtlichen Kontinuität* untermauern (können).

Zusammenhang darauf aufmerksam, dass zahlreiche Variationen von Intersexualität im Babyalter nur dann auffallen, wenn eine sichtbare Genitalvariation vorhanden ist, andere Formen würden erst mit dem Einsetzen oder Ausbleiben einer bestimmten, erwarteten geschlechtlichen Pubertät entdeckt[190]:

>»Also Inter ist so ein Thema, was echt ein ganz großes Tabuthema in der Gesellschaft ist. Es ist auch so, dass diese Formen, die wirklich sehr offensichtlich sind, nämlich die, wo dann auch der Genitalbereich in irgendeiner Form variiert. Und wo das als Baby oder als Kind sehr sichtbar ist, dann deswegen. Wenn das die inneren Organe sind, ist das ja meistens vor der Pubertät gar nicht sichtbar. Insofern bist du meistens bis zum 13./14. Lebensjahr unbehelligt.«

Es existieren zahlreiche geschlechtlich nonkonforme Inter-Varianzen, die wegen fehlender Genital-Anomalien– auch über die Pubertät hinaus – unentdeckt fortbestehen. Wenn beispielsweise fehlendes Pubertieren nicht pathologisiert oder als Ver-Anderung stigmatisiert (Othering) wird, so kann es passieren, dass diese geschlechtlichen Varianzen nicht normativ reguliert werden.

Insgesamt zeigt sich die Pubertät allerdings aus der Perspektive der Befragten als ein Wendepunkt, in dem sich die Wahrnehmung des eigenen Körpers soziokulturell besonders entwickelt, auch weil diese Phase den Wendepunkt zwischen Kindheit und Erwachsenenalter darstellt. Von einschneidenden Erfahrungen berichtete Reik Schreiber, der bis zur Pubertät als Mädchen aufwuchs, obwohl diese geschlechtliche Zuweisung zu keiner Zeit seinem geschlechtlichen Empfinden entsprach:

>»Bei mir war es dann auch gleichzeitig so, dass ich auch immer das Gefühl hatte, dass –, es war völlig klar, dass ich ein Junge bin und gleichzeitig wusste ich aber irgendwie immer dass noch –, dass irgendwie so eine körperliche Komponente –. Was sich in meinem Fall auch als richtig herausgestellt hat. Das hat dazu geführt, dass ich in der Pubertät dann halt auch ein bisschen andere Körperformen hatte als Mädchenkörper so im Allgemeinen haben.«

Der Interviewpartner war in den Augen seines Umfelds ein Mädchen, ohne einen »Mädchenkörper« zu repräsentieren. Bereits in der Adoleszenz führte seine geschlechtliche Nonkonformität zu Einsamkeits- und Isolationsgefühlen. Er war nonkonform sichtbar und er selbst, aber auch andere, verglichen seinen mit anderen Körpern und er wurde als ver-andert wahrgenommen. Er bemerkte jenseits seines Gefühls, ein Junge zu sein, die Bestätigung von außen,

---

190 Späte Diagnosen treffen auf viele Formen der Intersexualität zu. Eine Ausnahme bildet das Androgenitale Syndrom (AGS), weil diese Hormonabweichung neben anderen Früherkrankungen beim standardisierten Neugeborenenscreening untersucht wird. Es bedarf der Einverständniserklärung der Sorgerecht tragenden Personen (Universitätsklinikum Heidelberg o.J., www.klinikum.uni-heidelberg.de/fileadmin/medienzentrum/Vorlagen/downloads/Arbeitsproben/080929KIN_BR_SF_Neugeborenenscreening_klein.pdf, Stand: 7.12.2014).

dass er eigentlich keinem Bild von einem Mädchen entsprach. Mit seinen Sorgen und Nöten war der Interviewpartner alleine. Die Einsamkeit während der Kindheit und Adoleszenz teilte er, so zeigen die Daten, mit zahlreichen anderen geschlechtlich nonkonformen Befragten.

Nach der Adoleszenz und den zum Teil desillusionierenden Phasen der Pubertät entschieden sich einige der Befragten, die sich als transident, transsexuell oder transgender bezeichneten, als Erwachsene den geschlechtlichen Körper ihrer geschlechtlichen Selbstkonstituierung anzunähern. Die körperlichen Veränderungen wurden demzufolge selbstgewählt und durch Hormoneinnahme sowie chirurgische Operationen herbeigeführt. Einzelne Interviewpartner_innen berichteten von einer euphorisierenden Wirkung der Wahrnehmung der ersten körperlichen Veränderungen. Exemplarisch für diese Gruppe steht der Transmann Lee Parker, der sich zum Zeitpunkt des Interviews in der Transition befand. Er fühlte sich aktuell körperlich sehr wohl und genoss es, mit Hilfe von Testosteron der gewünschten geschlechtlichen Selbstkonstituierung näher zu kommen. Zunächst dachte er, dass er die dank Testosteron einsetzende Körperbehaarung am gesamten Körper ablehnen würde, aber »mittlerweile« gefiel es ihm. Und so führte er weiter aus:

> »Stimmbruch brauche ich nicht unbedingt, finde ich aber mittlerweile auch gut. Haarausfall habe ich zum Glück nicht bisher (Lachen), eine Umverteilung des Fettgewebes finde ich auch total super. Das fand ich aber eigentlich auch vorher die einzig positive Wirkung. Und ich bin mittlerweile gerade eher an dem Punkt, dass ich mir denke irgendwie, ich will die Mastektomie eigentlich gar nicht. Ich komme mit mir und meinem Körper total gut klar gerade. Ich habe mich selten so wohlgefühlt in meinem Körper und wenn ich sie mache, dann mache ich sie aus einem gesellschaftlichen Druck heraus, und nicht weil ich das für mein Körperempfinden brauche, was ich ganz schön scheiße finde.«

Mit dem sich verändernden Körper verschoben sich Lee Parkers Einstellungen zu den verschiedenen Körperentwicklungen. So begrüßte er beispielsweise erfreut nach dem einsetzenden Stimmbruch seine neue Stimme.[191] Obwohl er sich aktuell körperlich sehr wohl fühlte, überlegte er die Mastektomie wegen dem »gesellschaftlichen Druck« doch durchführen zu lassen. Die psychische Belastung entwickelte sich bei ihm aus der Annahme, dass Männlichkeiten nur ohne Brüste akzeptiert werden.[192] Lee Parker fürchtete sich vor der gesell-

---

191 Davon, dass »Hormonspritzen« einen »feierlichen Akt« für transsexuelle Personen darstellen können, berichtet bereits Gesa Lindemann in ihrer Studie von 1993. Sie interpretiert diese Gefühle mit der erlebten Realisierung des »neuen Geschlechts«, die sich durch Hormone und Operationen einstelle (Lindemann 1993: 139).

192 Männlichkeiten ohne Brüste sind eine fiktionale und normative Vorstellung. Viele Männer wünschen sich, haben oder bekommen Brüste. Muskulöse Brüste gelten z.B. im Bodybuilding sogar als erstrebenswert. Nicht erwünschte Brüste werden medizinisch als

schaftlichen Nicht-Akzeptanz der geschlechtlichen Nonkonformität als gelesener Mann mit Brust. Zugleich war ihm bewusst, dass die Mastektomie ein »massiver körperlicher Eingriff« ist, der »nicht ohne Nebenwirkungen und ohne Risiken« bleibt. Der Befragte musste sich entscheiden, ob er mit einem uneindeutigen Geschlechtskörper leben kann oder ob er sich doch, entgegen seiner Überzeugung, für die sicherere Variante >eindeutig männlich< entscheiden soll.

Die Transfrau Cornelia Ionesc hatte ihre Entscheidung zum Zeitpunkt des Interviews bereits gefällt: Sie wollte sich in Kürze ihre Testikel (Hoden)[193] entfernen lassen und hoffte, dass durch den dann einsetzenden Hormonschub, ihre Brüste wachsen würden. Einem zusätzlichen »Brustaufbau« stand sie skeptisch gegenüber, denn sie würde auch mit einem »nicht so großen Busen glücklich«. Sie plante, sich anschließend eine Neo-Vagina[194] konstruieren zu lassen. Ein ärztliches Aufklärungsgespräch für diese Operationen hatte sie bereits hinter sich:

> »[Und der Arzt hat gesagt:] >Es schwillt irgendwann der ganze OP-Bereich an, ich sehe gar nichts mehr.< Das heißt, erst im zweiten Schritt arbeitet er [der Chirurg] die inneren Schamlippen aus und passt die Klitoris genau an und näht auch die Hautfältchen über den Kitzler richtig so, dass alles da perfekt ist. Beim ersten Schritt ist halt alles noch ein bisschen grob.«

Die Passage illustriert das Wissen über die Konsequenzen der bevorstehenden Genitaloperation. Nach der ersten Operation würde der Genitalbereich anschwellen, so dass die Operationen in zwei Etappen durchgeführt werden müsse. In der zweiten Operation würden die Schamlippen und der Kitzler der Neo-Vagina vom Chirurgen geformt, sodass »alles da perfekt ist«. Cornelia Ionesc schilderte in dieser Sequenz nicht die Bildung des Scheiden-Eingangs, der im ersten Teil der Operation erfolgen würde, sondern sie beschrieb vor-

---

Gynäkomastie bezeichnet und bspw. auf den Konsum von Anabolika, Hormonpräparaten und Alkohol oder auf (Stoffwechsel-)Erkrankungen zurückgeführt. Das heißt, männliche Brüste werden in bestimmten Sphären angestrebt und demgegenüber im normativen Schönheitsdenken soziokulturell abgelehnt und gelegentlich pathologisiert.

193 >Testikel<, >Testiculus<, >Testis< bezeichnen den (paarigen) Hoden. Spermatogenese heißt die Möglichkeit zur Reifung der Samenzellen, die an diese Keimdrüsen gekoppelt ist (vgl. Hoffmann-La Roche Aktiengesellschaft et al. 2003: 1810, 1728).

194 Eine Neo-Vagina ist eine chirurgisch konstruierte Scheide (vgl. Hoffmann-La Roche Aktiengesellschaft et al. 2003: 1303). Ihre Konstruktion erfolgt im Rahmen einer geschlechtlichen Transition oder auch als Folge der Gynatresie, diverser »krankhafter (...) Verschlüsse des Geschlechtstraktes der Frau« (Hoffmann-La Roche Aktiengesellschaft et al. 2003: 749). Dieser Eingriff der Bildung einer Scheide wird anderenorts auch als »Vaginalplastik« bezeichnet (Deutscher Ethikrat 2012a: 196).

rangig ihre Hoffnung auf >perfekte< äußere Geschlechtsorgane.[195] So erwartete sie zwar einen temporär sehr schmerzhaften Prozess und eine zunächst noch nicht perfekte Scheide, um noch realistischer zur Frau zu werden, hoffte aber, dass sich nach der zweiten Operation die Vagina in einer Perfektion zeigen werde. In dieser Sequenz entspricht die Größe des Eingriffs durchaus der damit verbundenen, heteronormativen Hoffnung, dass sich diese Operation auf das anvisierte Frausein wohltuend und bestätigend auswirken würde.

Die individuellen Grenzen hinsichtlich der Frage >Welche Veränderungen wünsche ich überhaupt, und welche lasse ich schließlich durchführen?< waren sowohl mit Hoffnungen als auch mit Sorgen verbunden. Allerdings fehlte zumeist die Thematisierung der Schmerzen, die solche Eingriffe und Operationen ebenfalls mit sich bringen. Stattdessen lag das Gewicht der Narrationen auf der Erwartung der geschlechtlichen Anerkennung, die sich an eine noch unbestimmte körperliche Zukunft heftete. Die Entscheidung, sich binär körperlich anzupassen, erschien vielen als der einzige Ausweg, sich aus einem geschlechtlichen Unbehagen, das sich am Körper festmachte, zu befreien. Die sozialen Interaktionen in und mit dem eigenen Geschlecht, die geschlechtliche Repräsentation, die sexuelle Orientierung und das individuelle Wohlbefinden waren bezüglich der Veränderungen am eigenen Körper mit der medizinischen Normativität und Machbarkeit von Geschlecht notwendig abgestimmt.

4.1.3 Intersexuell stigmatisierte Körper

Ein Stigma ist Zeichen einer gesellschaftlichen Benachteiligung und nach Irving Goffman durch »Unehre«, eine diskreditierende, kontextuelle »Eigenschaft« oder eine »körperliche Erscheinungsweise« (vgl. Goffman 1975 (1967): 9) markiert. Es liegt im Kern eines Stigmas, dass es sich durch das Verhalten der Anderen äußert und dabei in stetiger Wechselwirkung mit der Erfahrung sozial Ausgegrenzter steht. Die intersexuell geborenen Befragten erlebten ihre Körper anders als die befragten Transpersonen die eigenen Körper erlebten, weil widerfahrene Behandlungen dem Zwang eines medizinischen Systems der Zweigeschlechtlichkeit unterlagen (Kessler 2002 (1998); Klöppel 2010). Die Erfahrungen mit medizinischen Institutionen entbehrten jeglicher Selbstbestimmung. Sie erfuhren eine juristisch-medizinische Stigmatisierung durch die hegemoniale Vorstellung eindeutiger Geschlechtskörper und einer eindeutigen

---

195 Der Kitzler (Klitoris) ist zu ca. 3 % freiliegend. Der Rest des Organs liegt subkutan. Die *Glans Clitoridis* wiederum ist zu ca. 50 % vom Frenulum (Vorhaut) bedeckt (vgl. Leonhardt et al. 1991: 306f). Sie gilt laut medizinischem Lexikon als der »dem Penis entsprechende erektile Teil des weiblichen Genitals« (Hoffmann-La Roche Aktiengesellschaft et al. 2003: 342). Die Zweigeschlechtlichkeit medizinischer Erklärungen tritt hier deutlich zu Tage.

Vorstellung von Gesundheit. In der Folge wurden die Körper der Betroffenen als anormal stigmatisiert, und nicht selten traf diese medizinische Bewertung die Betroffenen unvorbereitet. Begegnungen mit Mediziner_innen wurden in der Konsequenz als wenig vertrauensvolle, vielmehr belastende und negative Erfahrungen beschrieben.[196]

Intersexuell geborene Interviewpartner_innen, die sich zu ihren Körpern äußerten, berichteten von nachhaltigen Folgen der medizinischen Eingriffe. Ihre Äußerungen die eigenen Genitalien betreffend lauteten: »Und dass man meinen verkümmerten Penis, den ich ohne Zweifel habe, dass der [bei der Geburt] als Klitoris wahrgenommen worden ist, war ja schon die erste Fehlleistung eigentlich.« Oder: »Also dann konkret ist es einfach so, dass (...) bestimmte Untersuchungen bei mir gynäkologisch einfach nicht möglich sind. Und egal wie klein das zu benutzende Gerät ist« und »bei mir war ja von außen nichts sichtbar.« Oder: »Ich war zwar immer androgyn, wie Caster Semenya[197], aber ich hatte nie so, sage ich mal, so Genitalvarianten, was das angeht.«[198] Die Genitalien, die Chromosomen, die (innen liegenden) Gonaden und die äußere Erscheinung des genitalen Geschlechts und des Geschlechtskörpers waren die wesentlichen Beweise der intersexuellen Variationen, von denen in den Interviews berichtet wurde. Das Verhältnis zum eigenen Körper wurde bei allen

---

196 vgl. 7.1.2 Operative Eingriffe bei intersexuell markierten Personen

197 2009 gewann Caster Semenya, eine südafrikanische Leichtathletin, in Berlin den 800 m-Lauf der Frauen. Der Sieg wurde ihr nachträglich mit einem Hinweis auf ihre potentielle Intersexualität aberkannt. Ihre Erfahrung machte weltweit Schlagzeilen, weil sie aus südafrikanischer Perspektive rassistische Diskriminierung erlebte, während in den deutschen Medien vorrangig die Geschlechtszugehörigkeit behandelt wurde. Ihre Sperrung wurde 2010 wieder aufgehoben; zu ihrem Geschlecht äußerte sich keine Partei. Im olympischen Wettbewerb 2012 in London holte sie die Silbermedaille im 800 m-Lauf. Einige Zeitschriften berichteten, dass sie Östrogene genommen habe, um ihren Hormonspiegel zu beeinflussen. Beim Wettbewerb antreten durften nur eindeutige Geschlechter. Das Internationale Olympische Komitee führte zur Geschlechterbestimmung Hormontests durch, um Frauen, Intersexuelle und Männer zu unterscheiden. Geschlechtertests für weibliche Athlet_innen haben allerdings eine lange Tradition, weil Personen im Frauenwettkampf den Vorwurf der männlichen Zugehörigkeit erhielten (Wood/Stanton 2012). Die Leichtathletiker_innen Dutee Chand (aus Indien) und Margaret Wambui (aus Kenia) sind aktuelle Akteur_innen im Diskurs von Leistungssport und Intersexualität. Beide sind erfolgreiche Athletiker_innen, wobei Dutee Chand bereits jetzt mit einer Wettkampfsperre belegt ist. Nach dem Fall von Caster Semenya müssen Leistungssportler_innen einen Hormonpegel auf den Stand normaler Frauen vorweisen, sonst müssen sie sich therapeutisch behandeln lassen (vgl. http://www.planet-running.net/bin/content/details. php?id=1364, Stand: 29.12.2014).

198 Ich unterlasse hier und im weiteren Verlauf des Kapitels bewusst die namentliche Zuordnung, da dies ist für den Erkenntnisgehalt in Bezug auf die körperliche Diversität der Genitalien unwesentlich ist.

intersexuell markierten Befragten durch die Behandlungen der Funktionsträger_innen mindestens beschädigt. Ein befragter Transmann bekam als Jugendliche, obwohl er als Mädchen bezeichnet wurde, keine Menstruationsblutung. Dies zum Anlass nehmend, verschrieb ihm ein Gynäkologe ein Medikament, dessen Einnahme dazu führte, dass er sich »wie ein schwangeres Nilpferd« fühlte. Die Behandlung erfolgte in der nicht kommunizierten, verschwiegenen Absicht, ihn zu verweiblichen. Stattdessen nahm es ihm sein bis dato positives Körpergefühl. Deshalb beendete er – gegen den Rat seiner Mutter – die Medikamenteneinnahme. Erst über zehn Jahre später entdeckte er im Gespräch mit anderen Personen Überraschendes:

>Ich habe sie [die Medikamente] dann einfach weggeworfen, sehr zur Verbitterung meiner Mutter, die mich da [zum Gynäkologen] hingeschleppt hatte. ›Jetzt bist du fast 18 Jahre [alt].‹ So nach dem Motto, ›wenn du krank bist, dann muss man was nehmen‹. Da habe ich gemeint: Für mich reicht es einfach. Für mich ist es normal, dass es so ist und damit basta. Und ich habe jetzt, also vor drei Jahren [also über zehn Jahre später] habe ich zum ersten Mal mit jemanden gesprochen, der auch so was Komisches gekriegt hat Und der das die ganz Zeit genommen hatte. Und da hatte ich schon so einen starken Verdacht, was es war. und mittlerweile weiß ich ziemlich sicher, was es war, es war nämlich eine von diesen Östrogenpillen, den man Leuten mit zu viel Testos [Testosteron] gibt, damit ihr [Hormon-] Spiegel runtergeht. Bei mir ist das so, ich habe AGS [Androgenitales Syndrom][199], aber wahrscheinlich nicht nur. Es ist wahrscheinlich noch was anderes, insofern –, aber AGS-Leute kriegen das, das wird als Grundtherapie denen verordnet und es soll eben dazu dienen, dass die Muskulatur geringer wird, das quasi sozusagen der normale Östrogenspiegel einer Frau gewährleistet ist.«[200]

Die medikamentöse Behandlung hatte zum Ziel, den Östrogenspiegel[201] des Befragten dem einer Person anzunähern, die medizinisch entlang diesem Kriterium als Frau klassifiziert werden kann. Der Befragte war sich sicher, dass die Medikamente ihm eher schadeten, als dass sie sein Wohlbefinden steigerten. Bemerkenswert ist, dass er erst zehn Jahre später erfuhr, welche Medikamente ihm verschrieben worden waren. Die Absicht des Arztes und vermutlich auch

---

199 Bei dem Andrenogenitalen Syndrom (AGS) handelt es sich häufig um eine Virilisierung (Vermännlichung) der äußeren Genitalien, was bei Personen mit einem XY-Chromosomensatz zumeist nicht zu weiteren Problemlagen führt. Weitere Symptome sind ggf. Wachstumsverzögerungen oder ein früher Wachstumsstop, hoher Salzverlust im Kindesalter und eine früh einsetzende Pubertät.

200 An signifikanten Stellen aus dem Interviewmaterial entfallen zusätzlich die bereits codierten Namen, um angesichts der überschaubaren Gruppe jener, die sich zum Thema äußern, möglichst keine biografischen oder bloßstellenden Rückschlüsse zuzulassen. Dies soll die Sicherheit der Anonymisierung erhöhen.

201 Östrogene sind Hormone, die aus zweigeschlechtlicher Perspektive bei Frauen und bei Männern gebildet werden. Bei letzteren in geringerer Dosis (vgl. Hoffmann-La Roche Aktiengesellschaft et al. 2003: 1358).

der Mutter, ihn hormonell zu verweiblichen, wurde ihm verheimlicht. Erst im jungen Erwachsenenleben rekonstruierte er das medizinische Verfahren. Ein_e andere Interviewpartner_in berichtete ebenfalls von einer jahrzehntelangen Einnahme östrogener »Kombipräperate, (...) die einen Zyklus von gonaden-ektomierten Frauen vortäuschen, sozusagen. Was das bei einem XY-chromoso-malen männlichen Stoffwechsel zu suchen hat, weiß ich nicht.« In beiden Bei-spielen sollten die Hormone die potentielle Virilisierung des Körpers beenden und stattdessen ein Feminisieren begünstigen. Die Beispiele veranschaulichen: Personen mit intersexuell gelabelten Körpern waren statt der Fürsorge eher der Gefahr der zweigeschlechtlichen Experimentierfreude und der Unkenntnis von Mediziner_innen ausgesetzt. Es existierte im Umgang mit ihnen ein Ri-siko der Standard-Behandlung, welches dazu führte, dass ihnen Medikamente verschrieben wurden, um ihre körperlichen Repräsentationen und Funktionen einer geschlechtlichen Eindeutigkeit anzunähen. Dabei ging es weniger um die Stabilisierung der Persönlichkeiten der Patient_innen als vielmehr um die me-dizinische Absicht, Zweigeschlechtlichkeit zu ermöglichen und den Befragten ggf. sogar mit dem Schein geschlechtlicher Eindeutigkeit zu helfen, in der Ge-sellschaft zurechtzukommen. Das pathologisierende Label Intersexualität be-inhaltete eine Stigmatisierung, die in der Konsequenz die Fremdbestimmung der Körper durch Medizin ermöglichte. Das Stigma führte als identifizierbares Merkmal dazu, dass die Befragten sich fühlten, als seien ihnen ihre Körper ent-eignet worden. Sie wurden oft in Unkenntnis bezüglich der Behandlungsab-sichten behandelt und erlebten häufig eine Verschlechterung ihrer physischen und psychischen Lebenslage und -qualität. Doch nicht nur die Medizin wurde von den intersexuell markierten Interviewpartner_innen für die Stigmatisie-rung verantwortlich gemacht. Neben der parlamentarischen Politik wurden Disziplinen wie Biologie, Jura und Erziehung/Bildung kritisiert, die intersexu-ell markierte Existenzweisen und deren Körper systematisch verschweigen.

4.1.4 Autoaggression und Suizidabsichten

Autoaggressives Verhalten war eine Folgeerscheinung der Selbstverleugnung nonkonformer geschlechtlicher Selbstkonstituierung oder eine Handlungs-strategie im Umgang mit Diskriminierungs- und Gewaltwiderfahrnissen. Autoaggression zeigte sich im Ritzen der Haut, in Magersucht/Bulimie, in auffälligem Drogenmissbrauch und im Suizidversuch. In diesem Abschnitt dokumentiere und analysiere ich die beteiligten Gefühle der Befragten und interpretiere die Funktionen der autoaggressiven Verhaltensweisen aus dem inhaltlichen Zusammenhang. Verlässliche Zahlen oder Belege für die Bedeu-tung von selbstverletzendem Verhalten bei geschlechtlicher Nonkonformität existieren bislang nicht. Voranstellen möchte ich zunächst eine Einschätzung der_s Interviewpartner_in Freya Jung in Bezug auf intersexuell geborene Personen:

> »Und diese Gewalt, diese Gewalterfahrung halten ja auch viele Leute nicht aus. Es gibt also keine verlässlichen Suizid-Zahlen, viele Menschen entziehen sich, viele verstecken sich auch in der Normalität, in der scheinbaren Normalität, um bloß nicht nochmal aufzufallen.«

Die Angst davor, als intersexuell geborene Person aufzufallen, löst nach Freya Jung den Wunsch nach Geheimhaltung der eigenen Geschlechtlichkeit und nach Verstecken des eigenen Körpers aus. Als stigmatisierte Menschen »entziehen sich« viele intersexuell geborene Personen der Öffentlichkeit. Sie verlassen den Rahmen heteronormativer Vorgaben, in dem Körpernormen und das Unverständnis Anderer verletzend wirken. Um nicht für andere sichtbar zu werden und um sich somit vor möglichen Gewaltwiderfahrnissen zu schützen, hoffen sie als intersexuell Geborene unerkannt zu bleiben. Häufig im Prozess der Selbstverleugnung tauchte bei manchen Befragten Autoaggression und bei einigen davon gezielt der Wunsch nach Selbsttötung auf. Dieser Entschluss expliziert die erlebte Ausweglosigkeit, weil man selbst nicht in die Gesellschaft oder in die soziale Umgebung passt. Der Suizid ist damit die ausgeprägteste Form des Verschwindens als Effekt der Dethematisierung. Für einige Interviewpartner_innen stellte der Suizid eine Option für Befreiung aus psychischer Belastung dar. Die Transfrau Cornelia Ionesc deutete im Interview beispielsweise an, dass der Gedanke an eine Selbsttötung eine Möglichkeitsform war, dem Dilemma zu entkommen, als weibliche Person im männlichen Körper leben zu müssen. Doch die Interviewpartnerin entschied sich für eine Transition und damit für einen neuen Lebensabschnitt. Später nutzte sie die Erfahrungen zu ihren in der Verzweiflung entstandenen Selbsttötungsabsichten, um situativ moralisch-sozialen Druck auf den behandelnden Arzt auszuüben. Sie erhielt das Rezept für die Hormonbehandlung, weil sie im Beisein des Arztes androhte, aus dem Fenster zu springen.

> »[Die] Zusage, also gleich mit der Hormontherapie – [die] habe ich sofort bekommen, weil ich eigentlich schon lange vorher einem Arzt die Pistole auf die Brust gesetzt hatte, und gesagt habe: Entweder spring ich aus dem Fenster oder du verschreibst mir die Hormone.«

Die Sequenz zeigt die Entschlossenheit und die Not der Interviewpartnerin, denn Cornelia Ionesc machte ihr Weiterleben von der Verschreibung der Hormone und der Möglichkeit zur Transition abhängig. Andere Narrationen zu Autoaggressionen handelten vom Erleben der Einschränkungen, die sich aus dem Gefühl der Isolation gebildet hatten. Einsamkeit führte zu resignativen Gefühlen der Ohnmacht und bei manchen Befragten zu selbstverletzendem

Verhalten. Eine Transfrau berichtete beispielsweise davon, dass sie sich nach einer demütigenden, heterosexistischen Anmache die Arme an einer Glasscheibe blutig geschlagen habe:

> »Das eine Mal habe ich auch versehentlich gegen so eine Scheibe geschlagen, ich dachte, hinter mir ist eine Wand, ich wollte gegen die Wand schlagen. Ich habe dann die Scheibe zusammengeschlagen, hat auch wieder voll geblutet.«

Die Interviewpartnerin hatte sich in zweifacher Weise aus Versehen blutig geschlagen: Einmal wollte sie sich zwar verletzen, aber nur den Schmerz durch den Schlag auf eine Wand spüren. Und anderseits hatte sie mit ihren Händen im Affekt eine Schaufensterscheibe zerschlagen. Dennoch erinnerte sich die Interviewpartnerin beim Erzählen durchaus mit Stolz an die blutenden Selbstverletzungen. Denn die autoaggressive Gewalt gab dem erlebten Schmerz aus den vorangegangenen erzählten Demütigungen plastische Bilder (»hat auch wieder voll geblutet«). Die Metapher des Blutes ist gleichermaßen als Zeichen der Verletzung wie als »Lebenssaft« zu lesen (Braun 2001).[202] Die Metapher des Bluts veranschaulichte in allen Beispielen den hohen Grad an Schmerz und Verletzung. Sie wurde von der Interviewpartnerin mehrmals verwendet und steht in einem Bezug zu einer späteren Passage im selben Interview. Dort berichtete die Interviewpartnerin von einem Streit mit einer Freundin, die ihr vorgeworfen hatte, dass die körperlichen Konfrontationen, mit denen sie im Alltag umgehen muss, mit ihrem Aussehen zu tun haben (»Selbst dran schuld, wenn du so rumläufst.«) Dieser Vorwurf der Freundin[203] erinnerte die Interviewpartnerin an das antisemitische Ressentiment der vermeintlichen Selbstverschuldung der Verfolgung und des Massenmords der Jüd_innen im Nationalsozialismus:

> »Haben sie [die Bürger_innen des Deutschen Reichs im Nationalsozialismus] bei den Juden damals auch gesagt: ›Selbst dran schuld.‹ Ich meine, ich kann doch nicht dauernd so rumlaufen, wie ich es selber total fürchterlich finde, nur um es entsprechenden Männern recht zu machen? Ich fühle mich dann selber total schlecht. Mein ganzes Leben ist total fürchterlich, aber damit die Männer sich gut fühlen –, einfach nur damit die mich in Ruhe lassen, muss ich das dann machen, oder was?«

---

202 Die Blutmetapher hat eine religiöse sowie kunsthistorische Bedeutung. Sie erinnert im Sinne der jüdischen Tradition an die Aufgabe und den Verzicht der Blutopfer gegenüber Jahwe, dem Gott. Das Blutopfer wurde im Mittelalter zu einem antisemitischen Stereotyp, das bis zur Neuzeit erhalten blieb: Jüd_innen, die das Blut von Kindern im Ritualmord trinken. Das Blut war also in den verschiedenen Epochen ein Signal für Unrecht, Leid und Märtyrertum (Braun 2001), aber das Trinken von Blut wird als Signal für eine Andersartigkeit ausgelegt.

203 Die Freundin leugnete später, das gesagt zu haben.

Die Befragte verglich ihre Diskriminierung als Transfrau mit der Schuldver-
leugnung der reichsdeutschen Bevölkerung in der NS-Zeit und der nachfolgenden Generationen, die für die Massenverfolgung und Tötung von Jüd_in-
nen eine kleine Elite verantwortlich machen wollten. Sie fühlte sich durch die
Aussage der Freundin, daran erinnert, dass die Opfer zu Schuldigen gemacht
wurden.

Für die meisten Befragten verlief ihr Lebensweg nicht geradlinig, und sie
waren zum Zeitpunkt des Interviews auf der Suche nach mehr Wohlbefinden,
nach Glück und nach einer gesicherten Ausgangsposition. Das Gefühl, sich
selbst nicht mehr spüren zu können, anderen Personen ausgeliefert zu sein und
fremdbestimmt zu leben, kennzeichnet zentrale Interviewpassagen. Identitäre
und in der Folge lebensweltliche Verunsicherungen beherrschten den Alltag
vieler: Die XY-Frau Freya Jung berichtete beispielsweise von Entmutigung und
Lebensmüdigkeit nachdem sie_er die Diagnose Intersexualität erhalten hatte
und deswegen operiert worden war:

> »Ich konnte auch nicht mehr ich selbst sein, sondern war dann, das ist so, als
> wenn man immer auf dem Mittelstreifen gehen will. Ja nicht den Mut zu haben,
> ganz rechts außen oder links außen zu gehen, sondern immer auf dem Mittelstrei-
> fen, weil da fällt man ja am wenigsten auf. Und dass das die ganze Lebensqualität
> nimmt. Bis man dann irgendwann überhaupt nicht mehr kann. Bis es dann egal
> ist, sozusagen.«

Die_der Interviewpartner_in stellte sich als eine_n Grenzgänger_in dar.
Rechts und links von ihr_m waren Personen unterwegs, denen gegenüber sie_
er nicht auffallen wollte. Sie_er befand sich dabei in der ständigen Gefahr, die
Spur zu verlieren und doch aufzufallen. Aber trotz ihrer_seiner Unauffälligkeit
befand sie_er sich in Lebensgefahr, denn der Mittelstreifen der Fahrbahn war
ein schmaler Grat. Durch diese unsichtbare und balancierende Lage der vorge-
gaukelten Zugehörigkeit zur Zweigeschlechtlichkeit (als Frau), wurde ihr_m
die »ganze Lebensqualität« genommen. Freya Jung lebte zu diesem Zeitpunkt
zurückgezogen und es beschlich sie_ihn ebenfalls eine allgegenwärtige Lebensmüdigkeit durch das Bemühen, nicht aufzufallen. Auch der Transmann
Reik Schreiber hatte als junge, weiblich verortete Erwachsene »keine Ener-
gie« mehr und betonte, dass er »eigentlich total depressiv« war. Depressive
Lebensphasen wurden in vier Interviews von intersexuell geborenen Personen
und Transpersonen thematisiert. Ihre psychische Verzweiflung führte dazu,
dass sie destruktiv und autoaggressiv gegen ihren Körper und/oder gegen ihr
soziales Umfeld agierten. Andere wiederum zogen aus der Bearbeitung der Depression und der Konfrontation mit verletzenden Übergriffen die psychische
Stärke, sich nicht weiter einschüchtern zu lassen, wie der folgende Einschüch-
terungs- und Mordversuch im Frauengefängnis veranschaulicht. Eine Befragte

erlebte als Gefängnisinsassin einen Erpressungsversuch durch Vollzugsbeamt_
innen. Drei maskierte Vollzugsbeamt_innen drangen nachts in ihre Zelle ein
und wollten sie mit einer Waffe zu einer Unterschrift zwingen, um eine, von
ihr eingereichte, Beschwerde fallen zu lassen. Die Interviewpartnerin über-
lebte diesen Gewaltausbruch, weil die Beamt_innen scheinbar >nur< einen
Einschüchterungsversuch unternommen hatten und plötzlich von ihrem Vor-
haben abließen und lachend den Raum verließen.[204] Die Befragte war nach
der Gewaltattacke traumatisiert. Eine andere Gefängnisinsassin hat ihr später
davon berichtet, wie sie am Tag nach dem Angriff reagiert hat, denn sie selbst
konnte sich nicht mehr daran erinnern:

> »Ja, die [maskierten Volllzugsbeamt_innen] sind abgezogen. Die sind einfach
> gegangen. Haben sich totgelacht und sind einfach gegangen. Ich habe so gelitten.
> Ich habe so gelitten, dass kann ich gar keinen –, ich habe am nächsten Tag, das hat
> [mir] meine Mitgefangene beschrieben. Ich hätte auf dem Bett gesessen und hätte
> geweint. Und ich hätte gesagt: Ich will nicht mehr leben, auf Polnisch. Obwohl es
> uns verboten war, miteinander Polnisch zu reden. Wir sind in Deutschland. Und
> hier wird Deutsch geredet. Da habe ich gesagt: Ich rede Polnisch. Weil Polen,
> polnische Frauen haben Stolz. Und polnische Frauen haben Stil. Und wir wissen,
> wie wir mit Nazis umgehen müssen.«

Die Mitgefangene berichtete der Interviewpartnerin, dass sie auf »polnisch«
gesagt habe, dass sie nicht mehr leben wolle.[205] Sie erinnerte sich, dass sie nach
dem Angriff lebensmüde und erschöpft war, aber indem sie auf den Stolz pol-
nischer Frauen verwies, zeigte sie einen Widerstands- und Überlebenswillen.
Die Angreifer verglich sie mit »Nazis«, womit sie auf deren autoritäre Denkstrukturen und brutale Gewalttätigkeit hinweisen wollte. Allerdings stellte das
Vorhandensein von ermutigenden Gedanken und Handlungsweisen als Konsequenzen von besonderen Ausnahmesituationen im Material eine Ausnahme
dar. Sie entstanden nicht vorrangig in lebensbedrohlichen Situationen, sondern wurden vorrangig in zweifelnden Lebensphasen entwickelt: Eine Transfrau hatte bis zu ihrem 30. Lebensjahr als Ehemann und Familienvater gelebt.
Sie bezeichnete ihre damalige geschlechtliche Orientierung als »Lebenslüge«,
die »lebenswichtig (...) Zum Überleben irgendwie [wichtig]« war. Allerdings

---

204 Das Originalzitat lautet: »Drei Beamte mit Hauben reingekommen. Haben mir einen Stift, die Bibel und ein Blatt Papier und wenn ich die Klage [gegen Misshandlung im
Gefängnis] nicht zurücknehme, werde ich erschossen. (...) Und das würden sie jetzt ausführen. Und deswegen musste ich in die Therapie bei B. Sonst hätte ich es nicht überlebt.
Das waren die schlimmsten Minuten meines Lebens. Und B. fand, das war ein Mordversuch.«
205 Inwiefern die Transfrau einen Bezug zu Polen oder zur polnischen Sprache hatte, blieb
im Interview offen. Allerdings betonte sie an mehreren Stellen verschiedene Sprachen zu
sprechen, weit gereist zu sein und in anderen Ländern gelebt zu haben.

blickte sie zum Zeitpunkt des Interviews auf ihre geschlechtliche Orientierung als Frau mit einer Spur von Bedauern und Resignation:

>Ja, man bleibt immer irgendwo was Spezielles, weil man das Neue nicht mehr so ausfüllen kann, weil man anders sozialisiert wurde. Und weil die körperlichen Voraussetzungen halt immer dagegen sprechen. Das ist halt schon ja ein Kampf, da muss man sich drauf einstellen, dass immer wieder was durchblitzt und dass man immer wieder mit Menschen zu tun haben könnte, die das nicht ganz so nachvollziehen können.<

Die traurig stimmende Erkenntnis der Transfrau war, dass sie für bestimmte Dritte etwas »Spezielles« bleiben werde, egal wie sie ihren Körper ändere. Es bestehe die Gefahr, dass etwas »durchblitzt«, etwas an ihr erkennbar werde, etwas, das sie von dem sozialisierten Frauenleben trenne. Die Traurigkeit und die permanente Anstrengung geschlechtlicher Nonkonformität nährten bei zahlreichen Interviewpartner_innen unabhängig von ihrer geschlechtlichen Position den Zweifel an der eigenen Selbstkonstituierung. Sie vergegenwärtigten in einer heteronormativen Gesellschaft, dass ihre Bedürfnisse, ihre Geschlechter und ihre Anliegen nicht wahrgenommen werden. Deshalb zeigten sich im auto-aggressiven Handeln sowohl die Verzweiflung als auch das Recht auf Selbstbestimmung, indem ihrem Schmerz ein sichtbarer Ausdruck verliehen wurde.

Mit Hilfe von destruktiven Selbstermächtigungsstrategien gelang es den Befragten, sich des eigenen Selbst zu vergewissern und sogar auf der symbolischen Ebene (des Blutes beispielsweise) sichtbar zu werden und sich zu spüren. Die gesammelten Narrationen verraten, dass bei einigen Befragten in bestimmten Lebensphasen Lebensmut und -wille gebrochen wurden und zum Teil schwere Depressionen in den Vordergrund traten. Den depressiven Phasen waren zumeist Verunsicherungen in der geschlechtlichen Selbstkonstituierung und/oder einschneidende Diskriminierungs- und Gewaltwiderfahrnisse vorausgegangen. Bemerkenswert ist aber, dass keine_r der Interviewpartner_innen von andauerndem autoaggressivem Verhalten oder Suizidversuchen berichtete. Jene Narrationen, die von Lebensmüdigkeit und Depression gekennzeichnet waren, prägten nie die gesamte Erzählung eines Interviews. Nichtsdestotrotz war das autoaggressive Handeln einzelner Interviewpartner_innen eine Form des internalisierten heteronormativen Gewalthandelns, dass eine Facette von Genderbashing darstellt und einen gewaltsamen Effekt der heteronormativen Ordnung darstellt.

4.1.5 Verletzliche statt monströse Körper

Die Analyse des Verhältnisses von Körper und Selbstkonstituierung gehört ins Zentrum der Gewaltstudie. Das Verhältnis zeigte sich in zwei Richtungen: Der Körper bot den Befragten Möglichkeiten zur geschlechtlichen Gestaltung, z.B. durch modellierendes oder autoaggressives Verhalten. Außerdem wurde er zum Ausdruck der Selbstkonstituierung und zum Zeugnis der heteronormativen Anklage. In diesem Verhältnis manifestierte sich die eigene und die fremde Idee vom zweigeschlechtlichen Selbst. Der geschlechtliche Körper bot dabei als Ort der Subjektivation den meisten Befragten die Oberfläche und Selbstvergewisserung, die in ihrem Alltag maßgeblich über die individuelle, geschlechtliche Zugehörigkeit durch Dritte entschied.[206] Dabei stand nicht der Körper als Gesamtheit oder als Ort des Subjektivation im Zentrum, sondern im Vordergrund stand die Anpassung der Oberfläche des Körpers an soziale Normen oder das gezielte Verhindern dieser Anpassung. Brust, Penis, Vagina, Haare und alle anderen geschlechtlichen Merkmale spielten die dominante Rolle in der Repräsentation und Inszenierung von Geschlecht. Der Motor für geschlechtliche Veränderungen war nicht selten das eigene Unbehagen und die Psyche, die sich konträr oder nicht entsprechend der eigenen Wahrnehmung vom geschlechtlichen Körper zeigte. Die Befragten entsprachen in ihrer Eigenwahrnehmung keinem gesellschaftlichen Bild der monströsen Körper, die einer geschlechtlichen Fiktion der Normativität[207] gegenüberstehen (Parr 2009; Sharpe 2010). Sie sahen sich in der Mehrheit weder als »Schwellenfiguren« (Parr 2009) noch als Personen, die avantgardistisch die Dekonstruktion von Zweigeschlechtlichkeit, von Schönheit und Hässlichkeit vorantrieben. Im Gegenteil, wenn die Befragten ihren Körper als seltsam oder anders erlebten, dann passierte dies stets im Kontext des individualisierten Handelns, wobei sie die Hoffnung äußerten, endlich eine Kongruenz von Körper und geschlechtlicher Selbstkonstituierung zu finden, sofern sie sie noch nicht gefunden hatten. So wurden individuelle Wege (wie z.B. Operationen, Hormone, Weglassen bzw. Einnahme von Medikamenten/Hormonpräparaten, Ablehnen von Behandlungen) eingeschlagen.

Im Erleben waren die Körper Produkte der eigenen geschlechtlichen Selbstkonstituierung, wobei alle Interviewpartner_innen, außer den intersexuell geborenen Personen, annahmen, dass sie ihre Körper weitestgehend selbstbestimmt im Rahmen der technischen Möglichkeiten formen können. Sie nahmen dabei in Kauf, dass sie den letztendlichen Ausgang ihrer Transition noch nicht kannten, nahmen aber an, dass es sich in jedem Fall um einen verbesserten Zustand handeln würde. Dabei waren die Wünsche an die geschlechtliche Repräsentation bescheiden, wie die folgende exemplarische Aussage belegt: »Ich will mich wohlfühlen und mir selber halbwegs gefallen«. Dieser Bescheidenheit gegenüber zeigte sich der geschlechtlich konforme Körper für viele der

---

206 vgl. 4.3 »Und alle glotzen dich halt an!« – Das Dilemma der Sichtbarkeit
207 vgl. 3.5 Zwischenergebnis I: Geschlechternormativität als Fiktion

Befragten als ein nie zu erreichendes, binär-geschlechtliches Serienprodukt, als ein unspezifisches Ideal von Weiblichkeit oder Männlichkeit, das zu erreichen, ihnen im Diskurs stets verwehrt wird.

4.2 »Bei uns gibt es nur ganz oder gar nicht!« –Wahr gelogen. Das Coming-out als Geständnis

Das Coming-out wird hier mit den Worten Foucaults als eine Form des Geständnisses verstanden (vgl. Foucault 2003 (1977), Nr. 206: 415). Das Geständnis ist eines der »höchstbewerteten Techniken der Wahrheitsproduktion« (Foucault 1997 (1977): 76) geworden.

> »Wenn ich von Geständnis spreche, verstehe ich darunter, auch wenn ich sehr wohl weiß, dass das ein wenig überzogen ist, sämtliche Verfahren, mit denen man das Subjekt anstachelt, über seine Sexualität einen Wahrheitsdiskurs zu halten, der auf das Subjekt selbst Wirkungen zu erzielen vermag« (Foucault 2003 (1977), Nr. 206: 415).

Foucault selbst ging es um das Sexualitätsdispositiv[208] als eine Form produktiver Macht, wobei er das Geschlechterdispositiv[209] für die Produktion von Zweigeschlechtlichkeit, Ungleichheit und Gewalt (Bührmann 1995, Soine 2002) vernachlässigte. Spätere Theoretiker_innen kritisieren Foucault, weil er Konstruktion von Zweigeschlechtlichkeit und hierarchischer Geschlechterdifferenz nicht analysiert und er Subjekt- und Selbstbegriffe maskulin gefasst habe (Bührmann 1995, Engel 2002[210], Soine 2002, Wagenknecht 2007). Das Geständnis wird deshalb hier ergänzend als ein Wahrheitsdiskurs über das geschlechtliche Subjekt verstanden. Foucault selbst betont die Wirkmächtigkeit des Gestehens in fast allen Lebensbereichen:

---

208 Das Sexualitätsdispositiv ist nach Foucault ein Machtprodukt, bei dem die Strategien der »Spezifizierung des Perversen«, die »Sexualisierung des Kindes«, die »Hysterisierung der Frau« und die »Regulierung der Bevölkerungsgruppen« wesentlich sind (Foucault 1997 (1977): 137). Mit dieser Analyse in *Der Wille zum Wissen* stellt Foucault die Macht als eine »Vielfältigkeit von Kräfteverhältnissen« dar und löst das Phänomen der Sexualität aus den repressiven Annahmen von Gesetz, Verbot, Freiheit und Souveränität (ebd.: 113).

209 Das Geschlechterdispositiv meint diskursive und nicht-diskursive Bedingungen, die nach Andrea Bührmann in Anlehnung und Erweiterung an Foucaults Sexualitätsdispositiv Geschlecht als binäre und ausschließliche Kategorie produzieren (Bührmann 1995). Stefanie Soine betont, dass das »heterosexistische Geschlechterdispositiv« eine Ursache für die Gewalt gegen lesbische Frauen darstellt. Sie klassifiziert Gewalt gegen lesbische Frauen damit als eine »systemimmanente Ordnungs- und Normierungsstrategie« (Soine 2002: 136).

210 Foucaults Analyse der Tagebücher des Hermaphroditen Herculine Barbin kann die feministische Kritik an Foucault nicht auflösen, aber deren Rezeption erneuern (vgl. Foucault 1998 (1978), Engel 2002).

»Die Wirkungen des Geständnisses sind breit gestreut: in der Justiz, in der Medizin, in der Pädagogik, in den Familien- wie in den Liebesbeziehungen, im Alltagsleben wie in den feierlichen Riten gesteht man seine Verbrechen, gesteht man seine Sünden, gesteht man seine Gedanken und Begehren, gesteht man seine Vergangenheit und seine Träume, gesteht man seine Kindheit, gesteht man seine Krankheiten und Leiden; mit größter Genauigkeit bemüht man sich zu sagen, was zu sagen am schwersten ist (...) Man gesteht – oder man wird zum Geständnis gezwungen« (Foucault 1997 (1977): 76).

Die Interviewpartner_innen entfalteten im Geständnis eine eigene Wahrheit über sich, die im Verhältnis zu ihrer geschlechtlichen Selbstkonstituierung steht. Damit ist das Geständnis in einem heteronormativen Umfeld ein Machtinstrument und -effekt zugleich. Der Literaturwissenschaftler Volker Woltersdorf sieht im schwulen Coming-out eine Antwort auf die Frage »Wie werden Schwule gemacht?« und weist empirisch nach, dass im schwulen Coming-out nicht nur Emanzipationspolitiken stecken, sondern dass dies mit »normativen Forderungen verbunden ist« (Woltersdorf 2005: 9, 265). Coming-out-Narrationen sind deshalb als »austariertes Kompromisshandeln« zu verstehen (ebd.: 268). Damit wendet Woltersdorff sich gegen jene Stimmen, die das Coming-out entweder als das zentrale emanzipatorische Befreiungsinstrument oder als Unterwerfungsstrategie lesen. An die Idee des Kompromisshandelns und des Geständnisses anknüpfend, werden im Folgenden die Funktionen der Coming-out-Narrationen im Bezug auf Diskriminierung und Gewalt erforscht. Vorrangig werden geschlechtliche Coming-out-Prozesse analysiert[211], wobei sexuelle Outings im Einzelfall parallel dazu thematisiert wurden.[212] Abermals zeigt sich darin die empirische Kraft der Intersektion der sozialen Kategorien Geschlecht und Sexualität. Zunächst analysiere ich geschlechtliche Geständnisse dem Nahfeld gegenüber, um dann Diversität von Coming-out-

---

211 Volker Woltersdorf vertritt die These, dass es sich bei schwulen, lesbischen und transsexuellen Coming-out-Narrationen um sehr verschiedene Phänomene handelt, was er aus der Diskursgeschichte begründet. Deshalb schlägt er eine »vergleichende Bündelung dieser drei Coming-out-Diskurse« vor (Woltersdorf 2005: 21). Im Alltagsverständnis, in der Literatur und in der Wissenschaft werden bislang vorwiegend sexuelle Coming-out-Prozesse (als Lesbe, als Schwuler, als Bisexuelle_r) in den Blick genommen. Geschlechtliche Orientierungen werden bislang in der Regel nicht dazu gezählt.

212 Heterosexuelle Personen müssen sich zumeist nicht verbal zu ihrer sexuellen Orientierung bekennen. Genauso selten werden geschlechtlich konforme Personen gedrängt, ihre Zugehörigkeit zu einem eindeutigen Geschlecht zu benennen. Heterosexuelle und/ oder geschlechtlich konforme Personen bewegen sich in einer Normalität von Zweigeschlechtlichkeit und Heterosexualität. Diese dominanten Zugehörigkeiten werden vorausgesetzt und stillschweigend angenommen. Vereinzelt outen sich Heterosexuelle in lesbisch_schwulen oder Frauen-Räumen, wobei das meistens in Abgrenzung und im Wissen um die veränderten Mehrheiten der sexuellen Orientierungen vor Ort geschieht.

Prozessen am Arbeitsplatz zu veranschaulichen. Anschließend stelle ich präventive Outings außerhalb des Arbeitsplatzes vor. Zusammenfassend wird das Outing im Untersuchungsfeld als Zwang im Gewand der Selbstbestimmung interpretiert. Die zugrundeliegende Fragestellung lautet: Inwiefern unterliegen geschlechtliche Coming-out-Prozesse als eine spezielle Machttechnik des Geständnisses einem gesellschaftlichen Regulations- und Kontrollzwang, und welche Funktion erhalten sie im Feld der Diskriminierung und Gewalt?

4.2.1 Familiäres Erklären wider die soziale Isolation

Soziale Praxen zum Thema Coming-out wurden zum charakteristischen Marker der geschlechtlich nonkonformen biografischen Narrationen im Untersuchungsfeld. Das Coming-out ist in dieser Studie nicht auf selbstreferenzielles Sich-Bekennen beschränkt. Denn intersexuelle Outings erfolgten vorrangig in der politischen Absicht, einen gesellschaftlich offenen, enttabuisierten Umgang mit Intersexualität anzustreben. Vorausgegangen war alllen Outing-Prozessen die Selbsterkenntnis, eine anscheinend besondere Sexualität zu leben oder sich einem uneindeutigen oder weniger eindeutigen Geschlecht zugehörig fühlen zu können, zu wollen oder zugehörig fühlen zu müssen.

Besonders einschneidend und dramatisch waren jene Coming-out-Prozesse, in denen sich die Befragten gegenüber nahestehenden Personen, wie Familienangehörigen oder Lebenspartner_innen outeten. Nach andauernden Selbstzweifeln, Zeiten der Isolation und psychischen Auseinandersetzungen entschied sich beispielsweise Manuel Rosenberg, der bis dato als lesbische Frau gelebt hatte, für eine Transition zum Mann. In einer Trans-Selbsthilfegruppe erzählte er den Anwesenden, dass seine Lebensgefährtin noch nichts von seiner Transsexualität wisse. Die Reaktionen der anderen Teilnehmer_innen lauteten unisono, dass er sich nicht allzu große Hoffnungen machen sollte, dass seine Freundin Verständnis für seine Entscheidung zeigen werde.[213] Trotzdem beschloss er, sein Outing der Partnerin gegenüber nicht länger hinauszuzögern:

>»Jedenfalls kam sie [die Freundin] irgendwann und dann waren wir eben bei mir. Und ich weiß dann auch nicht mehr, wie lang das dann ging. Ob das dann nur an dem Abend war oder ob das sozusagen mehrere Tage dauerte, es gab jedenfalls viele Tränen auf beiden Seiten. Und auf meiner Seite eine unglaubliche Angst, dass sie mich verlässt. Und das habe ich ihr auch beständig gesagt und habe auch gesagt, ich will auch so gern mit ihr zusammen sein und will auch zusammen bleiben. – Wenn das für dich irgendwie geht, aber ich weiß natürlich auch nicht. – Und sie hatte einfach, (...) sie fand das so toll, eine Frau [Manuel Rosenberg] gefunden zu haben, eine lesbische Frau, die doch nicht so männlich rüberkommt

---

213 Zu Outings in Partner_innenschaften am Beispiel von Mtf-Transsexuellen: vgl. Gagné/Tewksbury 1998: 88f.

oder sich Mühe gibt, so burschikos oder so aufzutreten. Und nun will ich irgendwie doch ganz anders sein. Und da wusste sie gar nicht. Ja, sie wusste eigentlich überhaupt nichts. Ich wusste ja nicht, wie das dann weitergeht. Und die Entscheidung, was in welcher Reihenfolge dann zu tun ist, also liegt ja bei mir. Darauf hat sie ja, naja einen gewissen Einfluss, sie kann mit mir darüber reden, aber Einfluss darauf, was tatsächlich passiert, wie ich mich dann entwickle, wann ich mit Hormonen –, ob und wann ich mit Hormonen anfange, wie das dann wird usw. das wusste sie natürlich alles nicht. Das war so ein großes Unbekanntes. (...) Sie hatte Angst, (...) mich als die Person, die sie jetzt so kennengelernt hatte und die sie so liebte, zu verlassen, zu verlieren.«

Der Interviewpartner hatte außer an die Tränen, die flossen, keine genaue Erinnerung an die Begegnung. Die Tränen waren ein Ausdruck sowohl von Verzweiflung, Hilflosigkeit, Überforderung als auch von Trauer. Verunsicherung herrschte darüber, was aus dieser lesbischen Beziehung entstehen würde, wenn diese zukünftig nicht mehr eine Beziehung unter Frauen sein würde. Es existierte die Angst, einander zu verlieren. Der Partnerin fiel es schwer, Manuel Rosenbergs Entscheidung zu verstehen, denn schließlich habe er ihr als Freundin genau so gefallen, wie er als »lesbische Frau« war, »die doch nicht so männlich rüberkommt«. Sie befürchtete, dass er während der Transition seine Persönlichkeit ändern würde. Die Angst steht als »großes Unbekanntes« im Zentrum der Erzählung. Es existierte bei beiden Protagonist_innen eine unklare Vorstellung davon, was sich im Zuge einer geschlechtlichen Transition verändern würde und was nicht. Könnte eine körperliche Veränderung die Persönlichkeitsstruktur beeinflussen? Und wenn ja, wie?

Der drohende Verlust der Liebesbeziehung während der Transition bzw. einander eine geschlechtliche Wahrheit zuteil werden zu lassen, gefährdete allerdings nicht nur Liebesbeziehungen, sondern vertiefte ebenso Konflikte in bereits angespannten familiären Beziehungen. Ablehnende oder auch resignative Verhaltensweisen der Eltern(-teile) (bzw. ehemaligen Erziehungsberechtigten) existierten mit Blick auf die Coming-out-Prozesse der eigenen (mittlerweile erwachsenen) Kinder. Lee Parkers Vater zeigte sich nach dem Transmann-Outing seines Sohnes bestürzt und stellte fassungslos fest, er könne doch nicht »jahrelang eine Tochter gehabt haben und jetzt auf einmal einen Sohn«. Diese ablehnende Bemerkung und Überforderung war die einzige Reaktion, die der Interviewpartner erhielt. Dem Vater gelang es in der Folge nicht, sein Kind mit männlichem Vornamen anzusprechen. Im Zuge dessen brach der stets geringe Kontakt schließlich völlig ab.[214] Auch Lee Parkers Mutter und Manuel

---

214 Der Bruder der Interviewpartnerin Zoe Rheas war ebenso verunsichert und besorgt ob der Vorstellung, wie seine Ehefrau und seine Schwiegermutter auf den Bart der Schwester reagieren würden. Die Sorgen verweisen auf die Vorstellung, dass allein die Gesellschaft mit geschlechtlich nonkonformen Personen den eigenen Ruf beeinträchtigen könnte. Ein

Rosenbergs Eltern reagierten verhalten und ausweichend. Während die eine Mutter betonte, dass Lee ihr Kind sei »und da muss man auch dazu halten«, erkundigte sich die andere Mutter nach dem Outing sofort nach dem Wohlergehen der Lebensgefährtin. Beide Interviewpartner waren aufgrund der resignativen Reaktionen enttäuscht, denn eine wertschätzende Anerkennung durch die Eltern(-teile) war bei allen Befragten, sofern sie nicht den Kontakt mit der Herkunftsfamilie abgebrochen hatten, von herausragender Bedeutung.[215] Familiäre Resignation wurde oft von einer Ambivalenz begleitet, die sich als Toleranz tarnte und auch in Schweigen äußern konnte. In einem Brief hatte sich der Interviewpartner Manuel Rosenberg der Herkunftsfamilie gegenüber als transsexueller Mann geoutet. Seine Schwester meldete sich bei ihm, nachdem sie den Brief gelesen hatte und betonte:

> »Mensch, na klar, du gestaunt habe ich schon, aber ja, du wenn das –, mir ist das egal, also du bist halt meine Schwester oder dann halt mein Bruder. Das ist mir doch egal. Aber ich liebe dich trotzdem. Das spielt überhaupt keine Rolle.«

Die Schwester beteuerte, dass für sie die Unterscheidung von Schwester oder Bruder keinen Unterschied mache, denn das sei auf der Basis ihrer Zuneigung unerheblich. Im Text aber stolpert sie selbst über die Unterscheidung in den Ausdrücken (»oder dann halt mein Bruder«). Beim ersten Lesen wirkt die Passage durch den Zuspruch offensichtlich anerkennend. Erst auf den zweiten Blick fällt auf, dass ihr ein ambivalentes Moment innewohnt. Die Ambivalenz zeigt sich in den Worten »trotzdem« und »es spielt überhaupt keine Rolle«. Durch diese Ausdrucksweise wird die Transsexualität als ein Stigma im Denken der Schwester entlarvt. Sie liebe ihn »trotzdem«, verweist auf ein Hindernis im Kontakt, dass sie allerdings gewillt ist, aus dem Weg zu räumen. Ein weiteres ambivalentes und tendenziell sozial anerkennendes Verhalten zeigte Manuel Rosenbergs Vater. Dieser wurde vom Interviewpartner als Anhänger eines traditionellen Geschlechterverständnisses dargestellt. Er besitze ein »einfache(s) Weltbild« mit klassischen Rollenstereotypen vom Mann als Ernährer der Familie und der Frau als fürsorgliche und Kinder erziehende Person. Deshalb fürchtete der Interviewpartner, dass sein Vater ihn nach seinem Coming-out als Mann ablehnen würde. Aber Manuel Rosenberg gelang es, ihn schriftlich zu überzeugen, indem er an einer alten Sehnsucht des Vaters anknüpfte:

---

guter Freund des Interviewpartners Kim Valentin hatte >hintenrum< erzählt, dass es ihm manchmal unangenehm gewesen sei, mit Kim Valentin in einer Kneipe zu sitzen, weil er Angst hatte, von Geschäftskolleg_innen gesehen zu werden. Einige geschlechtlich konforme Personen reagierten verunsichert, weil sie befürchteten, dass sich die geschlechtliche Nonkonformität von befreundeten oder bekannten Personen auf die eigene Subjektivation – zumindest aber auf die eigene Reputation – negativ auswirken könnte.
215 vgl. 7.1.3 Exkurs: Die Verantwortung von Erziehungsberechtigten

»Weil ich wusste von früher her als Kind, als er immer noch zu Hause war, er hat sich eigentlich lieber einen Jungen gewünscht. Eigentlich war ich ja einer [ein Junge], nur wusste er [der Vater] das nicht. So, auf dieser Schiene habe ich dann versucht, ihn zu kriegen und das hat auch geklappt. (Lachen) (...). Er hat immer wieder gesagt: >Ja, da kenne ich mich jetzt nicht aus. Du, wenn dich das glücklich macht dann –, ja, geht es dir denn gut?< Dann habe ich ihm gesagt, dass ich glücklich bin. Dann ist er zufrieden.«

Um des Glücks willen, freute sich der Vater über einen (neugewonnenen) Sohn. Dennoch deutete er an, dass er sich vermutlich nicht näher mit dem Thema Transsexualität beschäftigen werde (»Ja, da kenne ich mich jetzt nicht aus.«). Dadurch bewahrte er sein konservatives Weltbild, ohne den eigenen Sohn zu brüskieren.[216] Der Vater grenzte sich mit seinen eigenen Wertvorstellungen vom Sohn ab, und trotzdem gelang es ihm, die Transsexualität seines Sohnes wahrzunehmen und zu tolerieren.

Unsicherheit, Resignation und Ambivalenz waren die zentralen Reaktionen auf Coming-out-Prozesse, wohingegen anerkennende Erfahrungen die Ausnahme bildeten. Die Transfrau Cornelia Ionesc hatte große Bedenken, sich ihrem Sohn gegenüber als Frau zu outen. Sie befürchtete, dass ihr pubertierendes Kind sie als »schwul« degradieren oder sich über sie lustig machen könnte. Deshalb zögerte die Interviewpartnerin lange, bevor sie mit ihm über ihre geschlechtliche Orientierung sprach. Aber eines Tages bestand der Sohn darauf, endlich Antworten auf seine Fragen zu bekommen:

»Also nach einem noch nicht mal halben Jahr hatte ich dann dieses Outing gegenüber meinem Sohn gepackt. Da war es dann einfach so, dass ich gedacht habe: Okay, oder erkannt habe, dass er schon immer Fragen stellt, dass er auch was wissen muss, schon aus dem Grund, dass ihm Sachen auffallen müssen, die zwei getrennten Kleiderschränke, die ich im Schlafzimmer hatte. Ja, und dass ich der nächsten Frage nicht mehr ausweiche. Und die kam dann irgendwie beim Einkaufen. Ich habe dann gesagt: Schlechter Moment, aber heute Abend, da erzähle ich dir alles in Ruhe. Da müssen wir in Ruhe drüber sprechen. (...) Ich weiß nicht mehr [was er gefragt hat]. Ich weiß nicht mehr, ob es der Unterschied zwischen Transvestit und transsexuell war. Oder irgendwo –, ich weiß es nicht mehr genau. Das war ja dann auch aufregend dieser Tag. Deshalb weiß ich die Frage selber nicht. Ich weiß nur, dass er sie mir am Abend nochmal gestellt hat: >Was ist denn nun?< Oh ja, dann kommst du jetzt wohl nicht mehr drumherum. Dann habe ich mich mit ihm zusammengesetzt, dann habe ich ihm erstmal ein bisschen was erklärt, was

---

216 Manuel Rosenberg stammte aus einer Arbeiter_innenfamilie. Die Sehnsucht von Eltern, ihr eigenes Glück, auch immateriell den eigenen Kindern zuteil werden zu lassen, egal, wie sie sich sexuell oder geschlechtlich verorten, steht nicht im Widerspruch zu einem traditionellen oft von bürgerlichen Werten getragenen Alltagsverständnis. Das gegönnte Glück kann dabei zugleich ein Ausdruck von Zuneigung und eine abwehrende Möglichkeit sein, um das eigene konservative Weltbild zu bewahren. Möglicherweise ist dieser Mechanismus der Toleranz an der Intersektion von Geschlecht und Klasse kein Einzelfall.

Transsexualität ist und eben auch gesagt, dass ich transsexuell bin. Und er hat das ganz super aufgenommen. War –, also dieses Gespräch ging eineinhalb Stunden. Bei uns zu Hause erst mal. So erwachsen kam er mir noch nie vor. So, und auch so offen, er hatte Fragen und so. Da war ich schon mal unheimlich beruhigt.«

Cornelia Ionesc führte mit ihrem Sohn ein Gespräch über Transsexualität und beantwortete seine Fragen. Sie hatte ihre subjektive, geschlechtliche Wahrheit zunächst visuell (»zwei Kleiderschränke«) und nun sprachlich wirksam werden lassen.[217] Die mit der Versprachlichung transparent gewordenen geschlechtlichen Grenzverschiebungen führten zu einer Entlastung der Interviewpartnerin und zu einer Entlastung ihres Verhältnisses zum eigenen Kind. Zugleich zeigt sich hier der Prozess der Angleichung von einem psychischen zu einem repräsentativen Geschlecht. Dem Sohn gelingt es, die geschlechtliche Transformation seines Vaters zu akzeptieren.[218] Indirekt verweist die Sequenz darauf, dass das Transsexuellengesetz vorsieht, dass eine Person, die einen Namenswechsel und/oder eine operative Transition vornehmen lassen möchte, »mindestens drei Jahre unter dem Zwang steht, ihren Vorstellungen entsprechend zu leben« (TSG § 8(1)). Das bedeutet im Gutachter_innenverfahren, dass die beantragende Person in der anvisierten geschlechtlichen Orientierung bereits gelebt haben muss. In diesem Sinne sind neben der äußeren Erscheinung, Namensänderungen und Outing-Prozesse im Nahfeld und am Arbeitsplatz beliebte Beweise für Gutachter_innen und Richter_innen für die Ernsthaftigkeit des Anliegens, sich körperlich bzw. geschlechtlich zu verändern. Es handelte sich dabei somit auch um ein Zwangsouting, denn die Interviewpartnerin stand unter dem Druck ihres Transitionsverfahrens, in dem die Frage nach dem Outing gegenüber ihrem Sohn bedeutsam werden würde.

Die Selbstkonstituierung gefährdenden Effekte des Coming-outs waren die Infragestellung von Liebesbeziehungen, von Freund_innenschaften, von verwandtschaftlichen Bezügen und die Unterbrechung des Transitionsverfahrens. Die Reaktionen der das Geständnis Hörenden waren sowohl wohlwollend liebevoll und unterstützend, als auch verhalten, ablehnend, resignativ oder ambivalent. Damit changierten die Outing-Prozesse im Nahbereich zwischen persönlicher Befreiung und der Erklärungsnot den Anderen gegenüber.

---

217 Volker Woltersdorff beschäftigt sich ebenfalls mit diesem Aspekt der Entlastung, indem er beschreibt, dass Coming-out-Erzählungen als »Schönheit« erlebt werden. Die Narrationen sind ästhetische Erzählungen, die eine »utopische Dimension« beinhalten, die das Coming-out selbst allerdings nicht einzulösen vermag (Woltersdorff 2005: 183ff).

218 In einer späteren Sequenz schilderte die Interviewpartnerin, dass sie ihren Sohn von einem seiner Freunde abholen wollte und meinte, dass sie selbstverständlich als Mann erscheine. Der Sohn aber bestand darauf, dass sie bitte so kommen solle, wie sie sei.

4.2.2 Geständnisse am Arbeitsplatz

Viele geschlechtlich nonkonforme Personen wechseln den Arbeitsplatz, um vor Mobbing zu fliehen oder sich davor zu schützen oder um die Transition zu verbergen (Whittle et al. 2007; Franzen/Sauer 2010; Motmans et al. 2010). Für die Mehrzahl der Interviewpartner_innen gefährdeten Coming-out-Prozesse am Arbeitsplatz die soziale Absicherung. Außerdem entschied der noch unbekannte Umgang der Chef_innen und Kolleg_innen mit geschlechtlicher Nonkonformität über das (Nicht-)Auftauchen von Mobbing und Diskriminierung am Arbeitsplatz. Die Coming-out-Narrationen von Cornelia Ionesc, Tamma Katz und Lucky Kankoke veranschaulichen exemplarisch, wie unterschiedlich die Voraussetzungen waren, wie unterschiedlich Outings durchgeführt wurden und wie unterschiedlich die Konsequenzen am Arbeitsplatz ausfielen.

Cornelia Ionecs arbeitete als Designerin in ihrem eigenen kleinen Unternehmen und konnte sich wegen ihrer finanziellen Selbstständigkeit keine Fehler im Outing gegenüber den Kund_innen erlauben. Infolgedessen war das Hauptziel ihres geschlechtlichen Geständnisses als Transfrau, keine Auftraggeber_innen zu verlieren. Sie informierte deshalb ihre Kund_innen mit einem Faltblatt über die bevorstehende Transition und betonte darin, dass ihre Arbeitsleistung von dem Prozess nicht beeinflusst werde. Sie hatte große Sorge, dass ihre Kundschaft das Vertrauen in sie verlieren könnte und sie als krank oder verrückt abstempeln würde. Ihr präventives Geständnis diente deshalb dem Ziel, den eigenen Ruf nicht zu gefährden, um ihr Unternehmen erhalten zu können. Nach Gagné und Tewksbury entspringt diese Form der Anpassung einem Selbsterhaltungsdruck:

> »Self-preservation pressures are social forces compelling individuals to conform to the gender binary in order to maintain their physical and economic security« (Gagné/Tewksbury 1998: 91).

Die notwendig erscheinende soziale Praxis der Selbsterhaltung ist insofern bemerkenswert, als es keine Notwendigkeit am Arbeitsplatz gibt, eine normative geschlechtliche Orientierung oder heterosexuelle Präferenz zu gestehen.[219] Heterosexualität und geschlechtliche Konformität unterliegen keinem Artikulationszwang. Angesichts dieser Ungleichheit können sich geschlechtlich konforme Personen auf einen gesellschaftlichen Konsens berufen, der geschlechtlich nonkonforme Personen zum Erklären zwingt. Heteronormatives Denken kann sich deshalb auf ein moralisch imaginiertes, hegemoniales Alltagsrecht berufen, um *die* geschlechtliche Wahrheit von nonkonformen Personen zu er-

---

219 Zur Situation und Diskriminierung von geschlechtlich nonkonformen Personen am Arbeitsplatz siehe z.B. Gagné/Tewksbury 1998; Frketić/Baumgartinger 2008; Franzen/Sauer 2010.

fahren. Cornelia Ionresc agierte präventiv und heteronormativ erklärend. Ihr Gewinn bestand in der eigenen psychischen und alltäglichen Entlastung sowie darin, dass ihr in der Tat ihre Kund_innenschaft erhalten blieb.

Mit dem Ziel, die eigene persönliche Verfasstheit auf der Arbeit zu verbessern, outete sich Tamma Katz gegenüber ihrem_seinem Arbeitgeber. Ihre_ seine Anstellung in einer Bank begann er als Mann. Dies geschah zu einem Zeitpunkt, als ihr_m die eigene geschlechtliche Orientierung jenseits einer Eindeutigkeit noch nicht bewusst war. Dem Chef gegenüber outete sie_er sich als nicht-ident, und damit als geschlechtlich uneindeutig:

> »Ich habe nämlich gesagt, dass ich mich nicht männlich fühle, und als dann die Gegenfrage von meinem Chef kam, ob ich mich weiblich fühlen würde, habe ich gesagt: Naja, auch. (Lachen). Aber eigentlich ist es irgendwie so ein –, ich habe dann den Begriff ›dazwischen‹ benutzt, den ich eigentlich nicht mag. Weil ›dazwischen‹ sagt auch, es gibt zwei Pole. Aber für so einen Chef, der wirklich 500% heteronormativ ist, dachte ich, ich muss es wenigstens irgendwie greifbar hinbekommen. Und seine schöne Antwort war: ›Bei uns gibt es nur ganz oder gar nicht. Was wollen Sie?‹ «

Der Chef fühlte sich qua Position dazu ermächtigt, Polaritäten einzufordern, Zweigeschlechtlichkeit zu reproduzieren und gleichsam transsexuelle Spielräume zu lassen. Transsexualität wurde hier als eindeutiger Geschlechterwechsel geduldet und damit sozial als Möglichkeit anerkannt. Nach Talia Mae Bettcher handelt es sich hierbei um die soziale Praxis des Identitätszwangs (Identity Enforcement) (vgl. Bettcher 2007: 47). Denn der_m Interviewpartner_in wurde eine identitäre Selbstbezeichnung abgesprochen, und trotz der verbalisierten nicht-identen Position gezwungen, sich auf ein Geschlecht zu reduzieren. Die_der Interviewpartner_in wählte fortan die weibliche Anrede am Arbeitsplatz. Ob und inwiefern Stigmatisierungen im beruflichen Alltag in der Folge geringer ausfielen als bei einer offenen nicht-identen Selbstkonstituierung, war dem Material nicht zu entnehmen. Die_der Interviewpartner_in betonte allerdings, dass sie_er sich trotz der schließlich gewählten weiblichen Ansprache im Arbeitsalltag nicht-ident inszenierte. Individuelle Möglichkeitsräume wurden so der vom Chef eingeforderten Eindeutigkeit gegenübergestellt. Allerdings wirkte sich das Coming-out insofern nachhaltig diskriminierend aus, weil mit der eindeutigen Selbstkonstituierung als Frau die Aufstiegschancen der_s Befragten im Unternehmen plötzlich wie selbstverständlich verschwunden waren. Der Heterosexismus im Unternehmen, der sich auch in männlich besetzten Führungspositionen widerspiegelte, schränkte damit wie selbstverständlich die_den Befragte_n ein. Ihr_sein Geständnis führte dazu, dass sie_er die strukturelle Benachteiligung von Frauen und Transfrauen im Erwerbsleben zu spüren bekam. Ein anderer Interviewpartner hatte im Bereich der *Gender Studies* geforscht. Mehrmals wurde ihm dort von Kolleginnen nahegelegt, zu erklären, warum er sich als Mann überhaupt für Geschlecht interessiere:

> »Und ich habe auch keine Lust, mich ständig als Trans zu outen. Als Quasi-Legitimation, warum ich mich dazu berufen fühle, in dem Bereich [Geschlechterforschung] zu arbeiten oder zu forschen. Das finde ich völliger Quatsch, weil ich glaube, jeder Mensch hat irgendwie Geschlechterthemen am Start.«

In der Frauen- und Geschlechterforschung arbeiten bis heute überwiegend Frauen, denn Auseinandersetzungen mit Geschlecht erscheinen vielen als Frauenthema. Der Transmann war als Transperson am Arbeitsplatz nicht geoutet und er kritisierte in der zitierten Passage diesen indirekten Zwang zum Outing, den er stets verspürte, um seine inhaltliche Schwerpunktsetzung zu legitimieren. Weil es nach Ansicht des Interviewpartners keiner besonderen geschlechtlichen Orientierung bedarf, um sich mit Geschlechterthemen zu beschäftigen, lehnte er es ab, mit einem Coming-out als Transperson die Skepsis der Kolleg_innen zu beseitigen. Der Interviewpartner weigerte sich mit legitimierenden, persönlichen Bezügen seine berufliche Anwesenheit zu erklären. Vermutlich war der Interviewpartner keiner akuten Gefährdung des Arbeitsplatzes ausgesetzt, denn erst durch ein Grundmaß an sozialer Sicherheit entstanden relative Spielräume im Verhältnis zu Kolleg_innen und Arbeitgeber_innen, die Outings oder Nicht-Outings als Entscheidung möglich machten. Im Regelfall folgte einem Outing am Arbeitsplatz eine Anpassung an die Arbeitsbedingungen oder eine Anpassung an die Bedürfnisse der Arbeitgeber_innen bzw. Auftraggeber_innen. Die Notwendigkeit des Erklärens der nonkonformen geschlechtlichen Orientierung und das Transparentmachen geschlechtlicher Entwicklungen waren Anforderungen, die dem eindeutig geschlechtlichen Arbeitsalltag entsprangen. Das Abhängigkeitsverhältnis gegenüber den Arbeit- und Auftraggeber_innen und deren Interpretation von Geschlecht konnte somit im Outing-Prozess zum Damoklesschwert für die Befragten werden.

Im Kontrast dazu zeigte sich bei den arbeitsuchenden Befragten und jenen ohne ein festes Arbeitsverhältnis ein grundlegender Zusammenhang von geschlechtlicher Nonkonformität und Diskriminierung auf dem Arbeitsmarkt, der zumeist in eine ökonomische Marginalisierung und in die Bedrohung ihrer finanziellen Existenz mündete, sodass sie auf Arbeitslosengeld II oder andere soziale Ersatzleistungen wie Wohngeld angewiesen waren.

4.2.3 Präventives Festlegen

Das Geständnis tauchte als präventives Festlegen auf, um demütigende Widerfahrnisse in der Freizeit oder im sozialen Umfeld zu reduzieren oder im Idealfall im Vorfeld zu vermeiden. Ich fokussiere deshalb jene Coming-out-Prozesse, die von den Befragten präventiv außerhalb des Arbeitsplatzes platziert wurden. Präventives Outing war ein strategisches Mittel, um mit der Angst vor Diskriminierung und Gewalt umzugehen. Ein_e Interviewpartner_in hatte beispielsweise in einem Preisausschreiben einen Tanzkurs gewonnen. Zur eigenen Sicherheit telefonierte sie_er vor Beginn des Kurses mit dem Tanztrainer und outete sich im Gespräch als geschlechtlich nonkonform. Anders als erwartet, zeigte sich der Tanzlehrer im Telefonkontakt und in der Begegnung vor Ort entspannt:

> »Die Akzeptanz und Respekt [des Tanzlehrers] (...) fand ich wirklich faszinierend. Weil mit so was hätte ich gar nicht gerechnet. Ich habe schon gedacht, dass ich den anrufe, uhah. Wird bestimmt ein interessantes Telefonat. Aber es war wirklich völlig okay. Und ich bin dann [im Tanzkurs] immer fröhlich von einer Seite auf die andere gerannt, wenn dann die Figuren einzeln gezeigt wurden (Lachen).«

Entgegen ihrer_seiner Erwartungen erlebte die_der Interviewpartner_in eine respektvolle Art des Umgangs mit ihrer_seiner geschlechtlichen Nonkonformität von Seiten des Tanzlehrers, den sie_er humorvoll als »Monster-Hetero« bezeichnete. Für die_den Befragten wurde der Tanzkurs durch die Offenheit des Tanzlehrers zu einem schönen Erlebnis: Sie_er durfte verschiedene Tanzfiguren der_des geführten und der_s führenden Partner(s)_in ausprobieren und der Tanzlehrer tanzte einzelne Figuren sogar mit ihr_m vor.

Ein Transmann wählte ein präventives Outing, um der universitären Prüfungskommission im Vorfeld eines Leistungsnachweises seinen weiblichen Vornamen im Personalausweis, den er vorzuzeigen hatte, zu erklären. Er wollte in der direkten Prüfungssituation nicht auffallen, damit weder die Lehrkräfte noch die Kommiliton_innen Gerüchte in Umlauf brachten. Das präventive Coming-out schützte ihn davor, in unliebsame und unberechenbare Situationen zu geraten. Auch Zoe Rheas überlegte als Frau mit Bart, ob es ihre Aufgabe sei, Bekannten zu berichten, dass sie nun einen Bart trage. In jeder Situation musste sie abzuwägen, ob präventives Vorbereiten nicht doch das Beste sein könnte, um sich eine »unangenehme Situation« ersparen zu können.

Präventive Coming-out-Prozesse funktionierten als Schutz nur deshalb, weil sich die Interviewpartner_innen auf jenes Modell einließen, das sich aus der heteronormativen Dominanz speist: Sie benannten und betonten Aspekte ihrer geschlechtlichen Abweichung. Damit gaben sie bereits im Nachdenken über ihre präventiven Handlungen der Befürchtung Raum, dass sie Anderen

›anormal‹ auffallen könnten. Neben dem Schutzfaktor konstruierten sie damit ihren jeweiligen besonderen Status mit, der dann von dem Tanzlehrer, der Prüfungskommission oder den Bekannten, leicht nachvollziehbar und als anders anerkannt und toleriert bzw. akzeptiert werden konnte.

Den Interviewpartner Reik Schreiber plagte viele Jahre lang ein geschlechtliches Unbehagen. Irgendetwas kam ihm bereits in der Kindheit komisch vor, obwohl er seine geschlechtliche Verortung als Mädchen bzw. Frau zu dem Zeitpunkt nie völlig verworfen hatte. Von seiner Mutter, von Ärzt_innen und von Mitschüler_innen war ihm bereits in der Pubertät und Spätadoleszenz vermittelt worden, irgendetwas sei anders mit ihm. Aber erst im Studium traf er eine vorläufige Entscheidung von Gewicht. Weil er sich in eine Frau verliebte, dachte er fortan, dass er lesbisch sei. Trotz der körperlichen und seelischen Verunsicherung entschied sich der Interviewpartner deshalb für ein sexuelles Coming-out als Lesbe. Dies bezeichnete er im Interview als einschneidende Fehlentscheidung:

> »Also das Einzige was passiert ist, als ich ins Wohnheim gekommen bin, ist, dass ich eine Frau attraktiv fand und da irgendwie beschlossen habe: Okay, wahrscheinlich bin ich nur homophob und wahrscheinlich bin ich einfach lesbisch. Auch ein dementsprechendes Coming-out hatte ich irgendwie. Also einfach nicht aktiv, aber also im Sinne von politisch und persönlich. Was mich extrem viel Energie gekostet hat. Ich habe nie verstanden, warum die Leute die ihr Coming-out hatten, meistens hinterher so erleichtert waren. Also jetzt ist mir auch klar warum. (Lachen). Was mir eigentlich schon damals klar war. Also ich wusste in dem Moment, wenn ich mich als lesbisch oute, schreibe ich mich als Frau fest, und das war eigentlich das Dümmste, was ich machen konnte und das eigentlich auch mit am meisten mein Selbstbewusstsein weg gegraben hat. (...) Ich glaube, das [lesbische Coming-out] war mit der größte –, was heißt der größte Fehler, aber war das, was mir das meiste Selbstbewusstsein abgegraben hat.«

Das Begehren, das sich auf eine Frau richtete, veranlasste den Interviewpartner zu der Annahme, er sei lesbisch. Er schrieb sich mit seinem sexuellen Coming-out nicht nur als Lesbe sondern auch als Frau fest. Der Interviewpartner kanalisierte seine Position als Außenseiterin in ein homosexuelles Coming-out. Dies geschah in der Hoffnung, es würde sich hierdurch endlich ein Zugehörigkeitsgefühl einstellen; aber er wartete vergeblich auf ein Gefühl der Entlastung. Das Beispiel zeigt, dass ein sexuelles Outing (als hetero, homo oder bi) immer ein geschlechtliches Outing als eindeutiges Geschlecht beinhaltet. Es kann aber geschlechtliche Orientierungen auch verbergen und umgekehrt, es kann – wie das Beispiel veranschaulicht – das jeweils andere Outing gleichsam (vorübergehend) verhindern. Die Dethematisierung und Unsagbarkeit anderer Geschlechter und der Unentscheidbarkeit von Geschlecht taucht als destruktive Suche einer Person nach einem eigenen sexuellen und geschlechtlichen Weg auf. Die Suche nach eindeutiger Identität führte in einen identitären Irrweg. Dem Interviewpartner blieb aus Unkenntnis ein Zugang zum eigenen Körper und zum eigenen Geschlecht verborgen, sodass er mit seinen eigenen Gefühlen der Irritation und Isolation zurechtkommen musste. Die verordnete Sprachlosigkeit transformierte einen Coming-out-Prozess zu einer selbstverletzenden Benennungs-Praxis, indem eine identitäre Fehlfestschreibung erfolgte.

Das heißt, insgesamt boten jene Outing-Prozesse, die hier zunächst in präventiver und selbstverortender Absicht erfolgten, einen individuellen Schutz und halfen den Interviewpartner_innen, sich erstmals (temporär) positionieren zu können. Präventive geschlechtliche Outing-Prozesse wurden damit zu einer Handlungsoption, um mit dem eigenen Unbehagen und mit der Angst vor Begegnungen umzugehen. Dennoch trugen sie nur im Idealfall zu einer inneren oder äußeren Befriedung oder zur Vereinfachung der Situationen bei (Tamma Katz und der Tanzlehrer); aber sie konnten genauso gut dazu beitragen, eigene identitäre Verunsicherungen zu verstärken (Reik Schreiber und die sexuelle Orientierung).

4.2.4 Zwang im Gewand der Selbstbestimmung

Outing-Prozesse sind paradoxe Effekte der Macht. Zunächst bieten sie die Möglichkeit, als Selbst in einer Gesellschaft sprachlich und individuell sichtbar zu werden. Sie sind außerdem ein Ausdruck der Dethematisierung von geschlechtlichen Positionen jenseits der Eindeutigkeit und jenseits der Sagbarkeit, weil mit ihnen versucht wird, geschlechtliche Positionen in Geständnissen und damit in Sprache zu erfassen. Dazu zählt auch die eindeutige Darstellung als transsexuelle Person, der – wie aufgezeigt – häufig eine dualistische Vorstellung von einem Geschlechterwechsel innewohnt. Nicht selten sahen sich die befragten Personen durch sozialen Druck oder Zwang veranlasst, ihre geschlechtliche Selbstkonstituierung anderen zu erklären, um sich selbst vor Diskriminierung zu schützen, um ihren Arbeitsplatz zu erhalten oder um soziale Anerkennung nicht zu verlieren. Die Outings waren stets mit der Hoffnung verbunden, Erleichterung zu erfahren oder den Status Quo (wie beim Erhalten der Kund_innenschaft oder der Liebesbeziehung) halten zu können. Ob Enttabuisierung, Selbstvergewisserung, Erkenntnisprozess oder Prävention: Outings waren eine Geständnispraxis, die eine *Technologie des Selbst* zur Bewahrung der eigenen Unversehrtheit innerhalb der Heteronormativität darstellten. Durch sie wurde die sexuelle und geschlechtliche Orientierung der Anormalität entzogen und darin zugleich manifest, weil in und durch Sprache geschlechtliche Positionen einer möglichen Normalität nähergebracht wurden, die nie deckungsgleich mit der fiktiven Normalität werden konnten. Damit blieben die meisten Geständnisse notwendig im System der Zweigeschlechtlichkeit verhaftet. Das

Ver-Anderte blieb nach der Thematisierung entgegen der subjektiven Hoffnung doch das Ver-anderte, mit dem Unterschied, dass es im Idealfall toleriert oder akzeptiert wurde.

Outing-Motivationen waren vom Wunsch nach Anerkennung, Selbstbestimmung und Sichtbarkeit der Selbstkonstituierung geprägt. Der Zwangscharakter heteronormativer Hegemonie wurde erst dann offensichtlich, wenn im Outing die Zugehörigkeit zu einem eindeutigen oder normativ verständlichen Geschlecht (wie Transsexualität als Erklärung und wie Frau oder Mann als angestrebtes Geschlecht) wieder hergestellt wurde. Das Coming-out ist somit eine spezifische Form des Geständnisses, das im Feld zu einer erzwungenen Normalisierungstechnik unter dem Deckmantel der Selbstbestimmung avancierte.[220] Dabei verlor es nicht den Charakter der individuellen Befreiung oder Entlastung, durch den biografische und individuelle Wendepunkte markiert wurden. Aber Outings stellten ein zentrales Moment einer Subjektivation *par excellence* dar. Denn in ihnen zeigten sich die Unterwerfung und die Produktivität von Macht als ein Verhältnis von performativem Sprechakt und Selbstkonstituierung. Das Coming-out ist damit eine entscheidende Facette eines heteronormativen, auf der Rhetorik der Gleichheit und Toleranz aufbauenden Wirkungsgefüges. Der zusätzliche Zwangscharakter des geschlechtlichen und sexuellen Outings in der demokratischen Gesellschaft taucht als verpflichtender Eigenbeitrag auf dem Weg zu mehr Toleranz auf. Dies ist der Doppelcharakter der Coming-out-Prozesse im Feld: Während im Stolz der Artikulation der geschlechtlichen Orientierung »das Selbst in Anwesenheit und Rede eines Anderen« (Butler 2009 (2004f): 263) hervorgebracht wird, kann diese Artikulation einer nonkonformen geschlechtlichen Orientierung, aber auch den Weg für Verletzung, Diskriminierung und Gewalt öffnen. Wenn eine Person sich geschlechtlich nonkonform markiert hat, setzt sie sich einem unkalkulierbaren Ausgang in Bezug auf die Reaktionen ihres Gegenübers aus. Dem Wunsch nach sozialer Anerkennung wohnt damit stets die Gefahr der Destruktion inne.

---

220 Woraus sich das Fortbestehen des Zwangscharakters speist, kann an dieser Stelle nicht geklärt werden. Ich vermute, dass die Liberalisierung von Homosexualität und die ersten Thematisierungen von geschlechtlicher Nonkonformität sowie die zunehmende Antidiskriminierungsarbeit den öffentlichen Geschlechterdiskurs insofern beeinflussen, als dass andere Geschlechter mehr und mehr als Möglichkeitsform existieren. Der Preis dieser Liberalisierung und vorsichtigen Thematisierung ist die legitimierte Erwartung des offenen Gestehens der Homosexualität und der anderen Geschlechtlichkeit, weil angeblich keine Diskriminierungs- und Ver-Anderungsgefahr mehr drohe. Hier greift auch die Illusion der durchgesetzten formalen Gleichstellung der Geschlechter und der Sexualitäten.

4.3 »Und alle glotzen dich halt an« – Das Dilemma der Sichtbarkeit

Panoptismus ist bei Michel Foucault eine Form der Disziplinarmacht, die er in seinem Werk *Überwachen und Strafen* anhand der Entstehung des Gefängnisses nachzeichnet (Foucault 1994 (1977)). Das Konzept geht auf den architektonischen, als »Panoptikum« bezeichneten Entwurf für den Bau eines Gefängnisses von Jeremy Bentham (1787) zurück. Der Name ist dem *panoptos* der griechischen Mythologie des Epitethons entlehnt. Er beschreibt den alles sehenden Wächter mit zahlreichen Augen (vgl. Foucault 1994 (1977): 251-292; Wolf 2008: 280ff). Der Entwurf – es wurde nie gebaut, stand aber als Prinzip vielen Gefängnis- und Fabrikgebäuden des 19. und 20. Jahrhunderts Pate– sah vor, dass alle Gefängnistrakte durch eine zentrale Position im Turm für die Wächter_innen einsehbar wären, sodass mit minimalem Personal, eine größtmögliche Bewachung hätte erfolgen können. Die Gefangenen selbst hätten aufgrund eines Sichtschutzes nicht sehen können, ob und wann sie überwacht würden oder nicht. Das Prinzip Panoptikum gewährleistet dadurch das ent-individualisierte Funktionieren von Disziplinarmacht, wobei sich die Individuen permanent erblickt und überwacht fühlen (vgl. Foucault 1994 (1977): 258). Die Absicht war die Disziplinierung aller Insassen, und das zentrale Mittel war der überwachende Blick der Wächter_innen. Der disziplinierende Machttypus hatte sich schnell in die Fabriken, in die Pädagogik, in das Gesundheitswesen und in das Militär und damit in die heutigen Lebens- und Arbeitsprozesse verlagert (Foucault 1994 (1977)). Der institutionalisierte, normierende Blick korrespondiert mit den Blicken im interaktiven Prozess der sozialen Konstruktion von Geschlecht. Denn dort obliege es stets den Betrachtenden, so Stefan Hirschauer (1993) in seinem Werk *Die soziale Konstruktion der Transsexualität,* sich Geschlechtsmerkmale auszusuchen und diese zu sexualisieren (vgl. Hirschauer 1993: 37). Die Betrachtenden entscheiden, wie sie geschlechtliche Repräsentationen lesen. Beide Konzepte des Blickens – als Disziplinarinstrument im Sinne eines Panoptikums und als reziprokes Verhältnis zwischen geschlechtlich nonkonformen Personen und dem geschlechtlichen Urteil der Wahrnehmung durch Dritte – werden im Anschluss aufgegriffen. Der Blick, so führe ich im Folgenden aus, kann im Kontext von Gewalt und Diskriminierung Intimsphären berühren; er kann im Gewaltkontext Gefühle ausdrücken; er kann zu einer Initialzündung für eine Auseinandersetzung werden oder eine wehrhafte Strategie darstellen. Die soziale Praxis des institutionalisierten und individualisierten Blickens ist ein entscheidendes Kontroll- und Differenzierungsinstrument, um geschlechtliche Repräsentation der Befragten zu regulieren. »Und alle glotzen dich halt an«, betonte der Crossdresser Kim Valentin, um die Omnipräsenz der (gefühlten) Blicke im Alltag zu verdeutlichen. Deswegen handelt dieses Unterkapitel vom Erleben und von Erfahrungen des Hin- und Wegschauens, von der von Dritten zugeschriebenen Faszination und Ver-Anderung als Exotisierung und von der Angst, durch Blicke als geschlechtliche Betrüger_in entlarvt zu werden. In der gesteigerten Sensibilität den Blicken Dritter gegenüber wird die Verletzungsoffenheit und die gefühlte Einsamkeit der Interviewpartner_innen deutlich, wobei für Minderheiten – und hier liegt das Dilemma – Sichtbarkeit als Person, als soziale Gruppe und als gesellschaftliche Kraft eine grundsätzliche Voraussetzung für politische Partizipation darstellt.

4.3.1 Vom Hin- und Wegschauen

Der Blick als Anschauen und Anstarren ist das Resultat einer Irritation, die im Denken und Wahrnehmen der Betrachter_innen dann entsteht, wenn das (un-)bewusste Wahrnehmen ins Stocken gerät. In bestimmten Momenten erblicken sie etwas, was sie nicht (spontan) interpretieren können. Das heißt, die Sichtbarkeit der Interviewpartner_innen war stets an die Interpretation der geschlechtlichen Repräsentation durch Dritte gekoppelt. Oder anders formuliert: Waren die Schauenden nicht irritiert, so war auch die geschlechtliche Nonkonformität nicht sichtbar.

Abwertende Blicke erlebten die Interviewpartner_innen als alltägliche Normalität: Kim Valentin fürchtete diese Blicke, weil sie sich für ihn schmerzhafter anfühlten als körperliche Gewalt oder sprachliche Diskriminierung. Ein Freund hatte ihm sogar einen »Rückspiegel« für das Fahrrad geschenkt, um ihm jene Blicke zu veranschaulichen, die ihm Passant_innen hinter seinem Rücken zuwarfen. Ein_e andere_r Interviewpartner_in, Kendra Fraschen, stellte resigniert fest: »Du musst es halt ertragen, dass die Leute alle starren und gucken und lachen.« Die Betrachter_innen dominierten durch Blickverhalten die sozialen Interaktionen, weshalb viele der Interviewpartner_innen sich ausgeliefert fühlten und davon berichteten, dass sie Minderwertigkeitsgefühle entwickelt hätten. Permanente Begutachtungen durch Dritte führten dazu, dass sie sich von der Normalität ausgeschlossen fühlten. Der Transmann Reik Schreiber verbalisierte seine Wut auf die Alltäglichkeit von Abwertungen in Blicken wie folgt:

> »(...) was halt passiert ist, ist so eine Form, das ist eine extreme Übergriffigkeit. Die dann passiert, also ist eine Begutachtung deines Körpers, auch jetzt zum Beispiel im Alltag, wenn dein Körper zu muskulös ist zum Beispiel, bist du ständig den Blicken ausgesetzt, die dir deutlich machen, dass du anders bist und vor allem, dass die anderen sich das Recht raus nehmen, das zu konstatieren.«

Der Interviewpartner erlebte die Blicke als ein gewaltsames Überschreiten seiner Intimsphäre (»extreme Übergriffigkeit«). Dieser Art der Aufmerksamkeit fühlte er sich >ständig ausgesetzt<. Das Gefühl, auffällig zu sein und den Blicken nicht entfliehen zu können, steigerte die Sensibilität der Befragten für dieses Angeschautwerden. Auffallend ist, dass die Betrachter_innen hinter Blicken verschwinden konnten. Dies ist ein Hinweis auf die Allgegenwart des Angestarrtwerdens. Einzelne und konkrete Situationen waren für die Befragten nicht mehr zu erinnern, weshalb aus der Sicht der Befragten die Akteur_innen an Bedeutung verlieren und nur der Machteffekt und das Gefühl übrig blieben. Reik Schreiber empörte sich über die respektlose und vermessene Haltung der Betrachtenden, die sich anscheinend legitimiert fühlten, ein (blickendes) Urteil über seinen Körper zu fällen und im Anstarren keine Scham entwickelten. Der Interviewpartner erlebte eine Kluft zwischen der eigenen und der fremden Wahrnehmung, denn sein Körper, den er als normal erlebte, wurde ihm durch dieses Verhalten als Anormalität gespiegelt. Dabei fühlte er sich den Blicken wehrlos ausgeliefert, denn außer dem Angestarrtwerden war ja nichts gewesen und ihm blieb nur das Gefühl der Herabwürdigung.

Andere Formen degradierender Blick-Kommunikation waren das Wegschauen und das Ignorieren. Die alltägliche Normalität des abwertenden Hinschauens paarte sich mit einer Alltäglichkeit des gezielten Wegschauens. In diesen Momenten erlebten sich die Interviewpartner_innen als personae non grata. Sie wurden übersehen, ignoriert und damit aktiv nicht wahrgenommen.[221] Der crossdressende Kim Valentin veranschaulichte dies anhand einer Kneipensituation. Er und seine Lebensgefährtin saßen gemeinsam an einem Tisch und plötzlich »setzt[e] sich [irgendwer] dazu, [und] baggert[e] meine Freundin an.« Er war angesichts der Dreistigkeit, durch Dritte ignoriert zu werden, fassungslos:

> »Und das ist dann so, als ob sie versuchen würden, uns auseinanderzureißen. Mit so einer Überheblichkeit, nach dem Motto: >Mit dem kann man's ja machen.< (...) Das sind oft so Leute, die sich einfach hinsetzen und gar nicht fragen oder fragen und sich dabei hinsetzen. Es gibt schon diesen Moment, wo ich sagen kann, dass sie das mit einem normalen Mann gar nicht machen würden. Dass sie sich das gar nicht trauen würden. Oder auch, wenn ich da jetzt anders angezogen wäre.«

Kim Valentin erlebte diese Situationen als ein Auseinanderreißen. Obwohl seine Freundin sich freundlich aber keineswegs interessiert verhielt, reagierten die anderen Männer nicht auf Kim Valentin. Dessen Männlichkeit und seine Beziehung zu seinem Gegenüber wurden ignoriert. Er war >nicht Manns ge-

---

221 Trotz der eigenen Wahrnehmung der Befragten könnte sich die Absicht der Betrachtenden von der Interpretation der Befragten natürlich unterscheiden. Sie könnten ihre Blicke anders gemeint haben, als sie bei den Befragten angekommen waren. Allerdings entzogen sich die Blickenden stets aus der Verantwortung, wenn sie von den Befragten auf ihr Blickverhalten angesprochen wurden.

nug‹, um als Konkurrent wahrgenommen zu werden, weniger noch, er wurde aktiv übersehen und war den anderen keines Blickes wert. In diesen Situationen fand nicht nur eine Abwertung, sondern auch eine Missachtung des Subjektstatus statt. Einen »normalen Mann« hätten diese Männer nicht ignoriert, vermutete der Interviewpartner. Er werde wegen seiner femininen Kleidung als Mann infrage gestellt, während seine Freundin in der Situation als Objekt des heterosexuellen Begehrens auf Weiblichkeit reduziert wurde. Missachtung und Objektivierung veranschaulichen die Präsenz und Hegemonie der *heterosexuellen Matrix* (Butler) im öffentlichen Raum. Das Instrument ist das durch jemanden Hindurchschauen als soziale Praxis des Ignorierens.

Im Gegenzug zum abwertenden Anblicken und Ignorieren durch Dritte nutzte ein_e andere_r Interviewpartner_in den Blick widerständig. Mit einem gezielt einsetzenden Blick drückte sie_er bei Bedarf in Gefahrensituationen Entschiedenheit, Durchsetzungsvermögen und Angriffslust aus. Für diese wehrhafte Facette ihrer_seiner Persönlichkeit wählte sie_er den Vergleich mit einem Skorpion:

»Das ist bei mir der Skorpion, der dann ein bisschen so provo ist. (Lachen). Haha, jetzt komm du her. Dann habe ich einen Grund, dich mal ordentlich zu pieksen. Ja, das habe ich nicht jahrelang gehabt. – Ich kann auch nur jedem den Rat geben, sich da auch zu wehren. Weil die Leute müssen einfach Grenzen sehen. Also, auch dieser Typ jetzt letztens. Das ist noch gar nicht so lange her. Das mit dem Spucken und mit dem Nazischwein, das hat er mir hinterher gerufen. Der war ganz komisch. Ich habe den dann so angeguckt, nämlich ein Blick, also da haben mir schon manche gesagt, da kann man richtig Angst haben vor mir. Der hat nur diesen Blick gesehen, dann ist der auf Abstand gegangen. Dabei war der auch nicht so klein und dünn. Aber der ist auf Abstand gegangen.«

Die_der Interviewpartner_in erkämpfte sich als »Skorpion« mit ihrem_seinem stechenden »Blick« den eigenen Raum. Sie_er setzte das Blicken gezielt ein, um Beachtung durch den Gegenüber einzufordern. Mit Blicken drücke sie_ er »fast schon was Diabolisches« aus. Der eigene Schutz und das Blicken als übermenschliche Gegenwehr liegen deshalb hier eng beieinander, wie auch das folgende Beispiel veranschaulicht. In der sonst leeren U-Bahn begegnete die_der Befragte einem weiteren Fahrgast, der sich ihr_m direkt gegenüber setzte:

»Und es war ziemlich spät geworden. Ich wohnte damals in einem Vorort von M. M. ist ja groß, es war so die letzte U-Bahn-Haltestelle. Und das war so, und danach war niemand mehr in der Bahn drin. Danach war sozusagen fast Stadtgrenze. Und dann sind dann alle ausgestiegen und nur ein Schwarzer ist eingestiegen. Groß und kräftig. Und der ganze Wagon war leer. Und wo hat er sich hingesetzt: Genau mir gegenüber. Und war so doof am Grinsen. Und ich denke, der hat mich für einen schwulen Typen gehalten. Und hat erst so geguckt, so von oben bis unten. Und dann fing er so an, so ganz schmierig doof zu grinsen. Sodass ganz klar war, der führte nichts Gutes im Schilde. Und da habe ich so bei mir gemerkt, wie das, ich kann das gar nicht beschreiben, wie das so kam. Eine Freundin hat mal zu mir schon gesagt, dass ich echt eine Schamanin bin. Also Schamane. Es ist wirklich ganz komisch. Und dieser Typ, das war dann auch noch ein Schwarzer. Der hat dann meinen Blick gesehen. Der ist aufgesprungen, wie von einer Tarantel gestochen. Es ist wirklich nicht gelogen. Vor Angst und Schrecken ist der gerannt, und der war nicht klein und zierlich, und der ist gerannt bis zur anderen Wagonseite und hat gegen die Tür gehämmert und hat sich immer zu mir umgedreht, ob ich ihm hinterherkomme. In Panik. Der hat gedacht, der Leibhaftige wäre hinter dem her. Und so ähnlich ist das dann auch. Der hat dann gegen die Tür getrommelt, bis dann endlich die Halte erreicht war. Das war auch so eine Elektrotür, die Tür ist auf. Und er ist raus und ist weggerannt. Und da war ja keiner im Wagon außer mir. Und hat sich umgedreht, ob ich ihm hinterherkomme. Der hat wahrscheinlich gedacht, ich bin der Leibhaftige.«

In dieser Passage zeigt sich das Blicken als ein Dispositiv verschiedener miteinander interagierender Dominanzformationen. Dabei wurde eine interdependente Form von Heterosexismen und Rassifizierungen durch Blicke verhandelt. Während auf der einen Seite ein homosexuellenfeindlicher Blick und ein Grinsen die_den Befragten verunsicherten und verängstigten, reagierte sie_er ihrer-_seinerseits mit dem Blick einer »Schamanin«, der schließlich den anderen Fahrgast zur Flucht aus dem Wagon trieb. Der übermenschliche Blick war eine Reaktion auf das unverschämte Anstarren des anderen Fahrgasts. Wahrscheinlich ist, dass aus der Perspektive des Fahrgasts zwei konkurrierende Formen der Männlichkeiten aufeinandergestoßen sind, wobei beide jenseits ›hegemonialer Männlichkeiten‹ (Connell 2010 (1999))[222] zu verorten sind. Auf der einen Seite stand die Wahrnehmung eines homosexuellen Mannes, während auf der anderen Seite ein Schwarzer Mann wahrgenommen wurde. Außer der Tatsache, dass beide Personen die einzigen Fahrgäste waren und kurz vor der U-Bahn-Endhaltestelle waren, bot die Narration keinen anderen Anhaltspunkt für das Motiv der aggressiven Begegnung außerhalb der Vermutung der_s Befragten, dass sie_er als schwuler Mann gelesen worden war. Die Selbstverständlichkeiten in der Argumentation bieten allerdings zugleich mehrere rassistische Anschlussstellen: (1) Die Position als »Schwarzer« wurde be-

---

222 ›Hegemoniale Männlichkeit‹ bezeichnet ein in der Geschlechterforschung häufig zitiertes Männlichkeitskonzept aus den 1990er Jahren. Hegemoniale Männlichkeit bedeutet einen privilegierten Zugang zu gesellschaftlichen Ressourcen zu besitzen, der sich durch eine Teilhabe an Produktionskräften auszeichnet und auf einem normativen heterosexuellen Identitätskonzept basiert. Von diesem ersten Typ zu unterscheiden sind die komplizenhafte Männlichkeit (wertkonservativ und auf Geschlechterhierarchie basierend), schwule, effiminierte und marginalisierte Männlichkeit (in Bezug auf andere Ungleichheitskategorien wie Ethnizität oder soziale Klasse) (Connell 2010 (1999)). Raweyn W. Connell und James W. Messerschmidt betonen, dass eine Komplexitätserhöhung des Konzepts erforderlich ist (Connell/Messerschmidt 2005).

nannt, wohingegen weiße Positionen weder in dieser Passage noch an anderer Stelle markiert wurden. (2) Die_der Befragte verband mit der Wahrnehmung einer Hautfarbe indirekt eine vermeintliche Sensibilität für ihre_seine Repräsentation als Geistheiler_in (»Schamanin«). Und (3) rückte die Beschreibung vom Verhalten des Mannes auf der Flucht in die Nähe einer irrationalen Handlung, denn er floh in Panik vor einem als übermenschlich charakterisierten Blick. Insgesamt verschwand die Person des zweiten Fahrgasts hinter der rassifizierenden Darstellung. Wohingegen die soziale Praxis, sich einen Blick anzueignen, zugleich eine Selbstermächtigungsstrategie der_s Befragten darstellte. Ein Blick, der Angst verursachen konnte, war eine Kompetenz, welche die_der Interviewpartner_in gegen potenzielle Angreifer_innen einsetzen konnte.

Das Erleben von und die Erfahrungen mit Blicken als Hin- und Wegschauen wirkten sich auf die Selbstkonstituierungen der Befragten aus, indem eine Kluft zwischen eigenem Erleben und der Wahrnehmung der Blickenden entstehen konnte, die sich als Erfahrung einschrieb. Dies konnte zu einem innerpsychischen Dilemma im Empfinden der Befragten führen, weil die Gefahr bestand, dass sie ihren Wahrnehmungen in der Folge grundsätzlich misstrauten. Hier bestand die Gefahr, dass die Außensicht auf die geschlechtliche Repräsentation adaptiert wurde, sodass sich die Eigenwahrnehmung mit der Außenwahrnehmung als Reaktion von diskriminierenden Blicken decken konnte. Somit beeinflussten die Blicke durch Dritte und die Wahrnehmung der Blicke durch Dritte Gefühle der (Un-)Sicherheit.

4.3.2 Die Faszination des Anderen

Bezaubert oder fesselt eine Person oder Sache, so spricht man von Faszination. Faszination ist dabei zumeist die Projektion der Außergewöhnlichkeit oder außergewöhnlichen Andersartigkeit auf eine Person oder auf einen Gegenstand (Hahnemann/Weyand 2009). Sie kann zu sehr intensiven und dringlichen Gefühlen wie Leidenschaft, Angst, Liebe oder Hass führen. Ihr liegt die Sichtbarkeit einer Ver-Anderung zugrunde, die sich in distanzierter Bewunderung, Angst oder Interesse äußern kann. Eine Begegnung mit dem durch die Faszination Ver-Anderten kann dabei die Faszination selbst sowohl expandieren als auch aushöhlen. Faszination trägt in diesem Kontext zur Verstetigung der Abweichung bei und kann somit zu einem Einfallstor für Diskriminierung und Gewalt werden. Ich unterscheide im Folgenden gemäß den Erkenntnissen aus dem empirischen Material Formen der sexualisierten, interessierten und ethnisierten Faszination.

Eine sexualisierte Faszination ist eine auf Sexualitätsfantasien beruhende Überhöhung oder Angst vor einer Person oder einer Sache, wobei zumeist nur ein Ausschnitt der Person bzw. der Sache eine projektive Faszination auslöst.

Sexualität und geschlechtliche Nonkonformität stehen in einem unmittelbaren Zusammenhang, weil der Reiz des Anderen auf viele Menschen erotisch und/oder sexuell anziehend wirkt. Exemplarisch stellte Freya Jung die Bedeutungskraft sexualisierter Reize in der hiesigen Gesellschaft heraus und verglich in diesem Zusammenhang eine Brustvergrößerung mit einer Kontaktanzeige einer intersexuell geborenen Person:

> »In einer menschlichen Gesellschaft, wo man Menschen lieben kann, wo es ist nicht mehr schlimm ist, wenn ein eher weiblicher Mensch mit einem weiblichen Menschen nett ist. Und wenn sie Spaß haben, holen sie sich auch eher noch einen eher männlichen Menschen dazu. Oder einen Menschen, der nicht so ganz klar einzuordnen ist. Alles ist gut. Das wäre gewaltfrei. Ich finde, dafür lohnt es sich zu kämpfen. Dass es eine Illusion ist, jetzt in dieser Gesellschaft, wo es darum geht, ob der Busen 200g mehr hat oder weniger, wo es eigentlich um sexuelle Reizbarkeiten geht. Ich weiß aber auch, dass es Menschen gibt, die alleine, wenn ich ins Netz gehe und würde reinschreiben: Ich bin ein Zwitter. In einer Kontaktbörse, dann würde das Ding überlaufen, weil sie das alles super spannend finden würden, super erotisch. (...) Ob ich mit diesen Perversen Kontakt aufnehmen möchte, das ist mal die zweite Frage. Ob ich so irgend so ein Bild erfüllen möchte auf dieser Basis. Weil sie sehen ja dann nur noch das Geschlecht und nicht mehr den Menschen. Ich möchte ja als Mensch geliebt werden und nicht als Geschlecht oder als Geschlechtsteil.«

Die Narration beginnt mit einer Vorstellung der einvernehmlichen Sexualität unabhängig von geschlechtlicher Orientierung und Anzahl der sich Liebenden. Doch diese »gewaltfrei(e)« Utopie liege fern aktueller Geschlechterverhältnisse, denn aktuell übe die Größe des Busens ähnlich wie die Kontaktanzeige einer intersexuell geborenen Person eine sexuelle Faszination aus. Freya Jung war sich sicher, dass eine Anzeige eines »Zwitter(s)« einen Sturm an Kontaktangeboten böte, weil die antwortenden Personen dies aufregend, attraktiv und erregend fänden. Die Faszination intersexuell geborener Körper habe dabei nur wenig mit Anerkennung und der Freude an einem Kontakt mit einer menschlichen Persönlichkeit zu tun, sondern ziele allein auf das Erleben und Begegnen geschlechtlicher Anormalität ab. Das Gefühl der Enttäuschung angesichts dieses zweifelhaften Interesses zeigte sich in dem Wunsch der_s Befragten, als »Mensch [...] und nicht als Geschlecht oder Geschlechtsteil« geliebt zu werden.[223] Sowohl die Reduzierung der geschlechtlich nonkonformen Person auf eine uneindeutige Geschlechtlichkeit als auch die Einreihung geschlechtlicher Nonkonformität in das Fetischisieren ausgewählter sexueller

---

223 Dieser sexuelle Reiz der Ver-Anderung war ebenfalls Thema in der Gruppendiskussion, wo ein_e Teilnehmer_in davon berichtete, dass eine erste Verabredung abgesagt wurde, nachdem sie_er deutlich gemacht hatte, dass sie_er kein Transmann sei. Das sexuelle Begehren ihrer Verabredung war ausschließlich auf Transmänner fokussiert (vgl. Ann Aulitz, Gruppendiskussion 247-249).

Praxen wirken verletzend.[224] Die Faszination der Andersheit basiert auf einem Sexualitätsdiskurs, in dem Perversionen, ver-anderte sexuelle oder geschlechtliche Möglichkeiten und Fetischisierungen, *deviantisiert* werden. Dieses Tabu ist damit eine Strategie des Sexualitätsdispositivs, die Michel Foucault die »Spezifizierung des Perversen« nennt (Foucault 1997 (1977): 137). Die Produktion der normativen und abweichenden Sexualitäten und Geschlechter und deren vermeintliche Repression tragen zum Funktionieren des Sexualitäts- und Geschlechterdispositivs wesentlich bei (Foucault 1997 (1977); Bührmann 1995). Die Faszination wird infolgedessen im Kontext von Diskriminierung und Gewalt zu einem verstetigenden Blick auf die Ver-Anderung. Sie zeigt sich empirisch als ein zunehmendes Interesse oder als eine Ablehnung einer Person. Ein_e Befragte_r war beispielsweise von Jugendlichen mit Pflastersteinen beworfen worden und kam nur knapp mit dem Leben davon.[225] In der Folge fühlte sie_er sich über mehrere Monate psychisch instabil. Deshalb erstattete sie_er erst drei Monate nach dem erfolgten Angriff eine Anzeige bei der Polizei wegen schwerer Körperverletzung. Die_der Befragte wünschte sich, dass diese Gewalttat mindestens in einer polizeilichen Statistik auftauchte. Im örtlichen Polizeirevier aber reagierten die Polizeibeamten herablassend und verachtend:

> »Ich stand da und sagte: Ich will das anzeigen und ich möchte da jetzt nicht noch stundenlang drüber diskutieren, weil es mir auch nicht gut geht, wenn ich das tue. – Und die haben es geschafft, mich zum Heulen zu bringen. Weil die komplett unempathisch waren. Und das Spannende war, dass die dann alle fünf irgendwann nur noch auf mich fixiert waren. Wo ich da stand und dachte: Das ist doch jetzt auch nur, weil du bist, wer du bist und wie du bist.«

Als die Polizeibeamten die_den Interviewpartner_in mit Blicken fixierten, zeigten sie ein von Faszination geprägtes Interesse, das sich vermutlich aus der Person, dem Inhalt der Anzeige und aus ihren_seinen offen gezeigten Gefühlen ergab. Die Polizeibeamten traten überlegen auf, weil sie in der_m Befragten vermutlich ein Opfer mit geschlechtlicher Nonkonformität sahen. Gedemütigt verließ die_der Befragte das Revier. Später aber entschied sie_er kämpferisch, sich bei der Behörde in höherer Instanz über diese Behandlung zu beschweren. Infolgedessen erhielt sie_er ein Entschuldigungsschreiben und die Aufforderung, sich bitte bei einer namentlich genannten Beamtin zu melden, um die Anzeige »in Ruhe« aufgeben zu können:

> »Ich habe das alles [die Anzeige] nochmal sehr dezidiert aufnehmen lassen von der Beamtin. Das war auch insofern noch sehr spaßig, weil die mich dann abends anrief zu Hause. Und meinte, sie sei so dermaßen fasziniert von mir

---

224 vgl. 5.3 »Ich bin ja nicht cooler, weil ich Trans bin.« – Im Zwiespalt soziokultureller Szenen

225 vgl. 6.1.3 Von der Brutalität der Straßengewalt

gewesen, sie macht Fotos. Ob ich nicht Lust hätte, Fotos von mir machen zu lassen. So manchmal passieren Dinge, die so eigentlich nicht passieren dürfen. Es war ja auch –, da druckste sie so nach dem Motto: >Erinnern Sie sich noch, Sie waren vorhin auf der Wache?< Und ich: Ja, ich erinnere mich noch, haben wir jetzt irgendwas vergessen? – >Nein, das ist jetzt eher so ein privater Anruf.< Wir haben sehr schöne Fotos im Stadtpark gemacht. In einer Affenkälte. Ja, das war –, manchmal passieren ganz merkwürdige Sachen. Also das hat für mich diesen ganzen, diesen gesamten Vorfall, nenne ich das jetzt mal so, ein bisschen ins Positive relativiert.«

Die Situation auf der Polizeistation war verletzend, aber die Begegnung mit der Beamtin stimmte die_den Befragte_n versöhnlicher. Gleichzeitig wurde die_der Befragte zum Motiv der Fotografin und so zum Objekt der Faszination. Die Tatsache, dass der Beamtin ihr Anruf unangenehm war (»da druckste sie so«), zeugt davon, dass sie ihr Anliegen ungewöhnlich und möglicherweise sogar grenzüberschreitend fand. Sie konnte sich nicht sicher sein, ob der Anruf als Belästigung oder als Schmeichelung aufgefasst werden würde. Aber die_der Befragte erlebte ihre Anfrage als positiv, und selbst die »Affenkälte« im Park nahm sie_er für den Fototermin gelassen hin. Faszination kann gemäß diesem Beispiel auf einen Narzissmus oder einen Wunsch nach sozialer Anerkennung treffen. Sie ist dennoch in beiden Fällen eine Spielart der sozialen Konstruktion und Verstetigung der Außenseiter_innenposition und sorgt im Zusammenhang von geschlechternonkonform-feindlicher Diskriminierung und Gewalt für die Etablierung spezieller Beziehungen zwischen Betrachter_innen und betrachteter Person. Der im Foto festgehaltene Blick dokumentiert Ver-Anderung, produziert die Existenz des Außergewöhnlichen, verstetigt diese und schafft zugleich Sichtbarkeit. Dieses Dilemma ist aus der Sicht der Befragten und aus der Perspektive der Forschungsanalyse nicht aufzuheben. Denn bereits im Beobachten, im Dokumentieren und im Blicken entstehen Momente der sich reproduzierenden, geschlechtlichen Ver-Anderung als Teil des heteronormativen Dispositivs.

Die ethnisierte Faszination meint die rassifizierte Verfremdung von Personen oder Sachen, die zumeist außerhalb der eigenen (hegemonialen) Kultur angesiedelt werden. Es meint aus sozialwissenschaftlicher Perspektive das differenzierende Ver-Andern (Othering) von Angehörigen anderer Religionen oder Ethnien und kann auch Differenzierungen des sexuell Anderen integrieren (vgl. Hirschauer 2010: 223). Dieser Prozess unterscheidet zwischen einem >Wir< und den >Anderen< und hierarchisiert dieses Verhältnis – anders als bei der allgemeinen Faszination – überwiegend rassifizierend. Mit Exotisierung ist hier die potenzierte Produktion der sexuellen und geschlechtlichen Fremdheit gemeint, die ausgehend von Dritten die Interviewpartner_innen als exotische Personen wahrnimmt und ver-andert.[226] Die folgende Überlegung einer Transfrau veranschaulicht diesen Gedanken: Die Interviewpartnerin kritisierte, dass Viele Transpersonen für >Paradiesvögel< hielten, dass nur transsexuelle Künstler_innen wie Olivia Jones oder Georgette Dee[227] bekannt seien und deren geschlechtliche Repräsentationen oft als generalisierende Prototypen für Transfrauen gelten:

> »Nervt mich natürlich schon ein bisschen, wenn ich mich jemanden anvertraue zum Beispiel und die sagt: >Ah, ich kenne ja Olivia Jones!< So, da denke ich: Hey, das ist ein ganz anderer, eine ganz andere Person. Das ist ein Mensch, der sehr viel, sehr extrovertiert ist, und einfach sich mit dieser Drag Queen ein ganzes Stück weit nach vorne spielt einfach. Und ich kenne sie nicht persönlich, ich weiß nur, dass ich sie etwas unsympathisch finde.«

Die Suche nach >Paradiesvögeln< verdeutlicht sowohl die wahrgenommene Neugierde der Betrachter_innen als auch ein hohes Verletzungspotenzial für die Befragten. Der >Paradiesvogel< ist der Gattung der Sperlingsvögel zuzurechnen, und er bevorzugt subtropische und tropische Klimazonen. Er fällt tagtäglich auf, weil er sich mit seinem farbenfrohen Gefieder von hiesigen Vogelarten unterscheidet. Paradiesvögel leben im Kontinentalklima bzw. in Zoos, in denen sie eingesperrt bewundert werden können. Sie vermitteln den Betrachter_innen im figurativen Sinne Seltenheit, fremde Schönheit und >Exotik<. Ihnen wird damit eine artifizielle Verortung zuteil. >Paradiesvögel< koppeln aus postkolonialer Perspektive gesprochen eine weiß-deutsche Sehnsucht nach Abenteuer, Reisen mit der Lust auf Verbotenes und Lustvolles.[228]

---

226 Der Ausdruck >exotisch< ist für den rassistischen Sprachgebrauch anschlussfähig und bezieht sich auf positive Konnotationen im Sprachgebrauch, wie die Ausstrahlung und das Begehrenswerte des vermeintlich Exotischen. Damit impliziert der Ausdruck stets die Normalität der weißen Perspektive, die zur eigenen Konstituierung das Andere benötigt (vgl. Hayn/Hornscheidt 2010: 122ff). Der Prozess der Exotisierung betrifft jene Personen, die als migrantische und geschlechtlich nonkonforme Personen zugleich gelesen werden. Darüber hinaus findet Exotisierung in der wissenschaftlichen Thematisierung der geschlechtlichen Nonkonformität statt, denn zum einen werden geschlechtlich und sexuell Andere ebenfalls exotisiert, und im Diskurs wird auf dritte Geschlechter und deren (historische) und aktuelle Narrative in anderen Nationalstaaten und Ethnien verwiesen. Dies hat zur Folge, dass die sozialen Positionen von geschlechtlicher Nonkonformität in Deutschland unsichtbar(er) und weniger existent gemacht werden (z.B. Schröter 2002; Atlas 2010; Kämmerer 2010). Der dominierenden Thematisierung geschlechtlicher Nonkonformität ist eine eurozentristische Sicht auf Fremdheit immanent.

227 Olivia Jones ist eine Hamburger Travestie-Künstlerin (www.olivia-jones.de/wordpress. Stand: 29.12.2014) und Georgette Dee ist eine Travestie-Sängerin (www.agentur-charis.de/georgette-dee. Stand: 29.12.2014).

228 Der >Paradiesvogel< kann außerdem als ein lustvoll besetztes Symbol beschrieben werden, das dem westlichen rassifizierenden Stereotypen des Orients oder des Harems äh-

Er steht deshalb in dieser Sequenz für das sexuell Lustvolle, das Seltene und für das Andere an sich. Dieses Anderssein wird allerdings nur auf der Bühne (z.B. in der Form von transsexuellen Künstler_innen) akzeptiert. Das bedeutet, dass geschlechtliche Nonkonformitäten als exponierte Figuren akzeptiert, ersehnt und erwünscht werden können, weil sie die Neugier und Lüste Vieler erwecken, während sie als alltägliche geschlechtlich nonkonforme Orientierungen ausgegrenzt und angestarrt werden.

Die verschiedenen Formen der Faszination ermöglichen im Zusammenhang mit Diskriminierung und Gewalt den Angreifenden und Blickenden, sich vom Gegenüber abzusondern und zu distanzieren. Dabei wohnen der Faszination stets eine reduzierende Wahrnehmung und eine anziehende Ablehnung inne. Denn in ihr findet das Besondere der geschlechtlichen Nonkonformität ihren heteronormativen Ausdruck, wobei allerdings der heteronormative Umgang der Mehrheitsgesellschaft mit der Faszination als leere Projektion oder Wiedererkennung stereotypierender Transsexualität zur Gefahr für die Befragten werden kann. Für letztere bedeutete die Figur der Faszination stets eine Reduzierung auf sexualisierte Reize, auf ihren Außenseiter_innen-Status, auf ihre potenzierte Besonderheit oder auf ihre vermeintlich inszenierte Sichtbarkeit. In der geschlechtlichen und sexuellen Reduzierung verbirgt sich die Gefahr der destruktiven Anerkennung.

4.3.3 Die Angst vor dem Entdecktwerden

>Passing< war eine zentrale Strategie, diskriminierenden oder taxierenden Blicken zu entgehen. Der Begriff stammt aus dem US-amerikanischen Raum und verweist auf das von Dritten anerkannte >Passieren einer Grenze als jemand anders<.[229] Der Begriff >Passing< meint nicht nur eine Lesbarkeit geschlechtlicher Eindeutigkeit, sondern wird ebenso in antirassistischen/postkolonialen Auseinandersetzungen genutzt. Aischa Ahmed macht darauf aufmerksam, dass dieses Konzept stets rassifiziert ist. Dabei weist sie auf Parallelen zum geschlechtlichen Passing hin, denn auch Weißsein wird (wie die binäre Geschlechtlichkeit) nicht als Privileg thematisiert. Schwarze Deutsche, die als weiße Perso-

---

nelt, in denen Weiblichkeit und deren Verfügbarkeit zelebriert werden (z.B. Lewis 2004; Mernissi 2002; Belgin 2005).

229 Die befragten Personen, die als Mädchen (Junge) geboren wurden und entsprechend der *heterosexuellen Matrix* (Butler) als Mädchen (Junge) sozialisiert aufwuchsen und sich selbst dementsprechend als Frau (Mann) bezeichneten, sprachen nicht vom Passing des eigenen Geschlechts, wobei es sich hierbei streng genommen ebenfalls um ein Passing handelt, wie z.B. bei Zoe Rheas (Frau mit Bart), Johanna Vosen (Androgyne Lesbe) oder Ron Lemon (Mann im Rock). Denn mit ihrer uneindeutigen Repräsentation von Geschlecht bewegten sie sich stets an den Grenzen der Zweigeschlechtlichkeit, die sie auch überqueren, um als eindeutiges Geschlecht zu >passen<.

nen >passen<, befinden sich in einem ähnlichen Sichtbarkeitsdilemma (wie als eindeutiges Geschlecht >passende< andere Geschlechter) (vgl. Ahmed 2005: 273). Passing verweist demzufolge auf die Lesbarkeit einer Eindeutigkeit der hegemonialen Differenz in verschiedenen sozialen Kategorien (Geschlechtszugehörigkeit, soziale Klasse, Ethnizität/Race) und steht in einem Spannungsverhältnis zur Repräsentation einer marginalisierten Position. Für das Passing ist ein Dritte überzeugendes Zusammenspiel von körperlichem Aussehen, Kleidung, Verhaltensweisen, Accessoires, Frisuren und Stimme relevant. Passing ist demzufolge ein primär visueller Diskurs, der eine Materialisierung der hegemonialen Differenzierungen von geschlechtlichem und rassifiziertem Wissen darstellt (vgl. Ahmed 2005: 170f). Personen aber, die in einem eindeutigen Geschlecht >passen<, werden als Frauen oder Männer gelesen und nicht mehr als geschlechtlich nonkonforme Person wahrgenommen. Passing steht hier somit für ein Gelingen der Inszenierung eines eindeutigen Geschlechts unabhängig von der eigenen geschlechtlichen Selbstkonstituierung. Die *Selbsttechnologien* des Passings hatten empirisch im Wesentlichen drei Funktionen: Sie ermöglichten Vielen eine geschlechtlich eindeutige Selbstkonstituierung, sie dienten dem individuellen Wohlbefinden und schützten vor Diskriminierung und Gewalt. Ein gelingendes Passing ermöglichte die Teilhabe am Privileg der binären Geschlechtlichkeit[230]. Deshalb lag im Passing immer zugleich die heteronormative Gefahr eines Falschgelesen- oder Entdecktwerdens: Stets schwang die Angst vor dem als geschlechtliche_r Betrüger_in Entdecktwerden mit, denn in der Eigenwahrnehmung waren jene, die sich eindeutig inszenieren wollten, nur selten davon überzeugt, dass ihnen dies auch gelang.

Zum Passing zählten unter anderem die Kleidung und das Verhalten. Einige Interviewpartner_innen experimentierten in unterschiedlichen Lebensphasen mit Kleidungsstilen und besonderen Kleidungsstücken, die für ihr Geburtsgeschlecht[231] nicht vorgesehen waren. So wurden Kleidungsstücke und Unterwäsche der Mutter oder der Tante getragen und einige inszenierten sich im Spektrum von Gothic-, Punk-, Skinhead-, »Radikallesben«- und Autonomen-Szenen nonkonform. Darüber hinaus wurden beispielsweise durch Schmuck, Schminke und verändertem Verhalten gezielt Feminisierungen und Vermännlichungen hervorgerufen. Bevor sich die Interviewpartner_innen öffentlich für einen geschlechtlichen Wandel, für eine Sichtbarkeit oder ein Outing ihrer geschlechtlichen Orientierung entschieden, hatten sie oft bereits verschiedene Formen der geschlechtlichen Repräsentationen (zumindest heimlich) ausprobiert. Die Interviewpartnerin Felicitas Meransi stellte allerdings heraus, dass ein

---

230 vgl. 6.3 Zwischenergebnis IV: Das Privileg geschlechtlicher Eindeutigkeit
231 Gemeint ist die Erstzuweisung eines Geschlechts bei der Geburt.

gelingendes, eindeutiges Passing stets von den individuellen finanziellen Ressourcen abhängig sei. Denn wer über genügend Geld verfüge, habe den Vorteil, sich Make-up, Schönheitsoperationen und maßgeschneiderte Kleidung leisten zu können. Dies erleichtere das geschlechtliche Passing ungemein. Hier ist ein Unterschied zur rassifizierten Ver-Anderung (Othering) zu sehen, denn bereits geringe finanzielle Ressourcen ermöglichen eine erleichterte Teilhabe am Privileg der körperlichen Eindeutigkeit. Wenn aber körperliche Differenzen sichtbarer werden – z.B. wenn eine Transfrau groß gewachsen ist –, so verbinden sich diese mit einer hegemonialen Wahrnehmung von Geschlecht – dass Frauen in der Regel kleiner sind –, die dann wiederum die geschlechtliche Ver-Anderung erleichtert. Naturalisierte, heteronormative Alltagsselbstverständlichkeiten orientieren sich an vereinfachenden binären Relationen –, wie z.B. dass Frauen kleiner sind als Männer oder Frauen weniger Körperbehaarung haben als Männer. Somit sorgten die Anzahl, Dichte, Länge, Schnitte der Haare und die Orte der Behaarung für eine eindeutige Differenzierung von männlich oder weiblich; aber auch für eine Differenzierung von autochthon und fremd. Neben der Kleidung und der Behaarung sind der Klang und die Tonlage der Stimme für das geschlechtliche Passing zentral. Dies war insbesondere für jene Personen von Bedeutung, deren Stimme tiefer oder höher lag, als mit der sozialen Norm der Tonlagen der beiden Geschlechter kontextuell assoziiert wurde.[232] Zusätzlich bestimmten das Verhalten und die Ausstrahlung über ein gelingendes oder misslingendes Passing. So gelang es einem Transmann, auf der Straße als Mann gelesen zu werden, obwohl er sich seine Brüste nicht abgebunden[233] hatte:

> »Ich meine, die Erfahrung habe ich auch: Du läufst durch die Straße und gerade je weniger selbstbewusst du selbst sein kannst, umso mehr fällst du auf. Also zum Beispiel bei mir ist es so: Ich kann mittlerweile durch die Straße gehen, sogar im Sommer und nicht abbinden und merke, dass ich richtig wahrgenommen werde. Aber das erfordert durchaus schon auch was. Es ist nicht ganz so energieunaufwändig.«

Unabhängig von verbalen, immateriellen Momenten der geschlechtlichen Repräsentation war es demzufolge mancher_m Befragten möglich, als Mann bzw. als Frau zu >passen<. Allerdings bedeutete dies zumindest für den zitierten In-

---

232 Bot der Name keine Eindeutigkeit, so wurde oftmals von der Stimme auf das Geschlecht der Person geschlossen. Das Datenmaterial zeigt: Die Einordnung des Klangs der Stimme wurde in zahlreichen Beispielen über die offizielle Kennzeichnung eines Geschlechts durch eine förmliche Anrede (wie Herr bzw. Frau) gestellt.

233 Mit >Abbinden< der Brüste ist das Anlegen einer Bandage um den Brustkorb gemeint, dessen Ziel es ist, die Brüste flacher aussehen zu lassen und sie im besten Fall der Sichtbarkeit zu entziehen. Der Begriff umfasst nicht das Tragen von Minimizern oder anderen BHs. Abbinden erfolgt mit einem sogenannten Binder, allerdings werden auch verschiedene Stoffe und Folien als Bandagen genutzt.

terviewpartner einen hohen psychischen Kraftaufwand. Dabei war es möglich, trotz der Brust als Mann zu ›passen‹. Dennoch kann dieselbe Körperform nicht dazu führen, dass sie aufgrund der Präsenz zur männlichen Lesart führt (vgl. Lindemann 1993: 51): Lindemann konstatiert, dass die Einordnung in zwei Geschlechter nicht auf der Basis von einzelnen Geschlechtsmerkmalen geschehe, sondern auf der Basis eines Gesamteindrucks, der eine geschlechtliche Richtung vorgibt, geschehe (vgl. ebd.: 50). Die *Selbsttechnologien* des Passings bestanden aus jenen Praktiken, in denen versucht wurde, geschlechtliche Eindeutigkeiten nachzuahmen, zu kopieren oder aktiv zu erlernen. Ziel war es, im Gesamteindruck zu ›passen‹. Passing war somit der Versuch einer Anpassungsleistung an sozial konstruierte gesellschaftliche Normvorstellungen mit dem Ziel, Teilhabe an geschlechtlicher Eindeutigkeit zu erfahren. Die Vorbereitung und der Prozess des Passings zeigten sich insgesamt komplex, weil es nicht nur vom Körper der Person und dem Passing durch Zeichensetzungen und Interpretationen der Betrachtenden, sondern auch von der lokalen Situiertheit der Variable Geschlecht als interdependente Kategorie (Walgenbach 2007) abhängig war. Geschlecht zeigte sich für die Interviewpartner_innen kontextabhängig verschieden. Und wenn im geschlechtlichen Passing die Gefahr des Entdecktwerdens lag, so war die Kenntnis über den jeweiligen Kontext ein notwendiges Wissen, um in Begegnungen überhaupt gezielt ›passen‹ zu können. Die *Selbsttechnologien* des Passings wurden zu Facetten eines Spiels, weil nie alle Kontexte und Ausprägungen geschlechtlicher Heteronormativität durch Wissen vorausgesetzt und angeeignet werden konnten.[234] Die Komplexität des Passings führte zu Verunsicherungen und zu selbstkritischen Einschätzungen bezüglich der Eindeutigkeit der eigenen geschlechtlichen Repräsentation. Cornelia Ionesc steht exemplarisch für jene Personen, die ihr aktuelles geschlechtliches Passing selbstkritisch infrage stellten, denn sie beschrieb sich als eine Frau, die »lange, lange nicht perfekt« aussieht. Perfektes Aussehen meint hier das eindeutige Passing als Frau. Die Interviewpartnerin war verunsichert, weil sich ihr Körper durch die Hormoneinnahme in einem rasanten Tempo veränderte. Perfektion und Normalität standen für die Befragte in einem engen Zusammenhang, denn die Vorstellung, nicht männlich aufzufallen, war für sie ein Ausdruck von Perfektion. Von der Perfektion trennten sie noch »bestimmte Ecken« und die letzten Reste ihrer sichtbaren Maskulinität.

Einige Interviewpartner_innen deuteten die Idee des Passings um und lösten das Konzept aus der geschlechtlichen Eindeutigkeit. Tamma Katz lehnte es

---

234 So unterscheidet sich ein geschlechtliches Passing im Fußballstadion von dem in einem Casino, einer Moschee oder in einem Schwimmbad. Außerdem ist es abhängig von den beteiligten Personen, von dem Grad der Vertrautheit, vom eigenen Selbstbewusstsein und den finanziellen Bedingungen.

beispielsweise entschieden ab, sich geschlechtlichen Normen anzupassen, denn ihre_seine Absicht war es, »als Ich [zu] >passen<.« Sie_er widersetzte sich der – bzw. dem Begriff >Passing< innewohnenden Tendenz zur – Repräsentation von eindeutiger Zweigeschlechtlichkeit und stellte sich und ihre_seine Persönlichkeit in den Mittelpunkt der Auseinandersetzungen. Das Ziel ihrer_seiner Passing-Prozesse war es, herkömmliche Grenzen von weiblich und männlich infrage zu stellen oder in die Bedeutungslosigkeit zu befördern. So kleidete sich die_der Befragte ihrer_seiner Stimmung entsprechend, rasierte sich nur gelegentlich und verhielt sich je nach Tagesform geschlechtlich verschieden. Dies war für sie_ihn nie ein bewusster Prozess, sondern entsprach ihrer_seiner uneindeutigen Existenzweise. Aber auch für Tamma Katz war das eigene Passing als Lesbarkeit einer Eindeutigkeit stets nur im Effekt der >Spiegelung< von Anderen erfahrbar.

Motivierend für die Entscheidung zum eindeutigen Passing war für zahlreiche Befragte die Angst vor einem Anerkennungsverlust. Dabei wurden häufig jene Kontrollinstanzen besonders gefürchtet, in denen eine temporäre Dominanz eines Gegenübers qua Funktion entstand:

> »Ich glaube, [ich habe] auch aus verschiedenen Gründen [Angst davor, entdeckt zu werden]. (...) vor so Ordnungshüter und -hüterinnen, also auch bei Kontrolleuren im Bus; finde ich das echt anstrengend, weil sie einfach einen auch so stressen.«

Wenn ein geschlechtlich markierter Ausweis (z.B. mit Bild, Namen oder Geschlechtseintrag) mit einer geschlechtlichen Repräsentation nicht übereinstimmt, so kann das zu irritierenden, unangenehmen und diskriminierenden Situationen führen. Unabhängig von den realen Widerfahrnissen berichteten viele Befragte von der Sorge vor einer vermeintlichen Entdeckung in diesen scheinbar harmlosen Situationen. Dabei fokussierten sie den eigenen Stress, den diese Situationen für sie im Sinne des Entdecktwerdens beinhalteten. Bis zum Zeitpunkt der Vornamensänderung waren die alten Vornamen und die Lichtbilder in Ausweisen ein zentrales Problem für die Befragten. Nicht-identische Ausweispapiere bargen Gefahren der Bloßstellung: Die Interviewpartnerin Zoe Rheas hatte auf ihren weiblichen Namen ein Buch in der Bibliothek bestellt. An der Theke wurde sie von einer Servicekraft wegen ihres Barts aufgefordert, einen Personalausweis vorzeigen, um ihre weibliche Identität gemäß ihres Bibliothekausweises zu belegen. Da sie keinen Lichtbildausweis bei sich trug, stellte sie ihrer Tochter die Frage: »Bin ich die Mami oder der Papi?« Ihre Tochter kuschelte sich an sie und betonte: »Mami!«, woraufhin Zoe Rheas das bestellte Buch erhielt. Die psychische Belastung, die von Situationen wie diesen ausging, beruht auf der Infragestellung der eigenen Glaubwürdigkeit. Es quält der immanente Vorwurf, nicht echt bzw. ein_e Betrüger_in zu sein (Bettcher 2006). Zoe Rheas Bart führte zu weiteren starken Reaktionen von Betrachter_innen und sie musste sich permanent erklären. Meistens entzog sie sich den Situationen schnell, weil ihr bis dato adäquate, sie selbst zufriedenstellende Handlungsoptionen, um auf diskriminierende Verhaltensweisen anderer zu reagieren, fehlten. Sie berichtete – wie zahlreiche andere Interviewpartner_innen – von der Schwierigkeit, sich gegen anmaßende Blicke, verletzende Äußerungen und Infragestellungen der eigenen Persönlichkeit zu wehren, denn der Blick der nur schaut, ist juristisch kein Eingreifen, kein körperlicher Angriff, und er ist eigentlich nie verifizierbar. Besonders schwer fiel es ihr, sich zu wehren, wenn ein hierarchisches Abhängigkeitsverhältnis zu den Angreifenden bestand. Trotzdem platzte den Befragten mancherorts der Kragen: Der_m interqueere_n Kendra Fraschen wurde von einem Arbeitsvermittler im Jobcenter nahegelegt, sich ein neues Passfoto zuzulegen, um die Arbeitsvermittlungschancen zu erhöhen:

> »Ich habe gesagt: Wissen Sie was? – Und da bin ich wütend geworden. – Wissen Sie was? Ich mache das [Bewerben] jetzt seit so vielen Jahren, ja, ich sage Ihnen ehrlich was, es bringt nichts. Es ist besser, mich als das vorzustellen, was ich bin. Ja, anstatt irgendwie zu schauspielern, in welche Richtung auch immer. Ob jetzt auf die männliche oder auf die weibliche Seite hin. Das ist völlig schnuppe. Weil die Wahrheit kommt doch immer zutage.«

Die_der Interviewpartner_in widersetzte sich dem Arbeitsamtsvermittler und berief sich auf eine Wahrheit, die sich bei ihr_m jenseits der eindeutigen Geschlechtlichkeit zeige. Eine Vereindeutigung für die Bewerbungen lehnte die_der Befragte ab. Das Foto wird zum Beleg für die geschlechtliche Unentscheidbarkeit, für welche die_der Interviewpartner_in offensiv eintrat. Außerdem fielen alte Vornamen und Geschlechtseinträge auf Schul-, Arbeits- und Abschlusszeugnissen ins Gewicht. Diese rückwirkend ändern zu lassen, war mit einem erheblichen Aufwand verbunden und kam in manchen Fällen einem Zwangsouting gleich, weil sich die Interviewpartner_innen als Bittsteller_innen an alte Schulen, Arbeitgeber_innen und akademische Institutionen wenden mussten. Die Änderungen der Dokumente und das Anpassen an die aktuelle Form der geschlechtlichen Orientierung boten allerdings für viele die Möglichkeit, in ihrer Geschlechtlichkeit einem Entdecktwerden zu entgehen und sich in einer relativen Sicherheit zu wähnen. Eine geschlechtlichen Kontinuität konnte so qua Dokumente angezeigt werden. Ein Interviewpartner konstatierte sachlich:

> »Naja, du musst ja hinterher deine Zeugnisse ändern, quasi rückwirkend, sonst fällt es ja quasi auf. Allein das ist schon ein Problem an sich, dass man nicht auch automatisch sagen kann: Okay, da hatte ich, da war ich noch als Frau, das ist doch auch kein Problem, jetzt bin ich Mann, ich bin trotzdem dieselbe Person, hier!«

Um normative geschlechtliche Erwartung zu erfüllen, müssen geschlechtlich nonkonforme Personen einen hohen organisatorischen Aufwand betreiben, der stets auch Selbstverleugnungen erforderlich machen kann. Denn indem ein Teil der eigenen Geschichte verheimlicht oder umgeschrieben werden muss, wird auf die soziale Konvention der Kontinuität, auf die eigene Angst vor dem Entdecken und die Sorge vor struktureller Diskriminierung auf dem Arbeitsmarkt reagiert. Die Angst vor der Bloßstellung bedrohte das geschlechtlich nonkonforme Selbst. Diese Angst würde allerdings verdecken, so die Meinung dreier Interviewpartner_innen (Manuel Rosenberg, Freya Jung und Zoe Rheas), dass diskriminierende und gewaltsame Widerfahrnisse im eigenen Leben kaum dieser Angst entsprechen würden.

Insgesamt wohnte dem Passing mehrheitlich das unlösbare paradoxe Bestreben inne, als geschlechtlich nonkonforme Person möglichst nicht sichtbar zu werden, um (mindestens situativ) in einer der beiden Kategorien der heteronormativen Zweigeschlechtlichkeit gelesen zu werden. Damit war das Passing eine Strategie der Prävention von Diskriminierung und Gewalt, wobei zugleich geschlechtliche Nonkonformität als Zweigeschlechtlichkeit unsichtbar gemacht wurde.[235] Passing materialisiert die gesellschaftliche Dethematisierung der geschlechtlichen Nonkonformität. Darin liegt genau seine Ambivalenz: Die fehlende soziale Anerkennung durch Dethematisierung trägt zur Unsichtbarkeit bei, wobei subjektiv gesehen, diese Unsichtbarkeit die Hoffnung auf einen gesicherten Alltag speist. Manchmal war geschlechtliches Passing der Interviepartner_innen aber auch der gezielte Versuch, sich einer binär-geschlechtlichen Lesbarkeit zu entziehen, indem sie sich quer dazu repräsentierten. Trotzdem überwog die Angst vor einem Entdecktwerden durch heteronormative Mehrheitsangehörige. Dies zeigte sich als eine eigenständige Folge der Dethematisierung geschlechtlicher Nonkonformität, wobei diese Ängste unabhängig von den Widerfahrnissen im Alltag existieren konnten.

4.3.4 Blicke als gewaltsame Reaktion

Ausgrenzende Blicke wurden als »übergriffig«, »schlimm«, »belastend« und als »Verletzung« wahrgenommen. Sie fungierten auf einer dominanzorientierten Basis, denn mit abschätzigen Blicken urteilten Betrachter_innen über geschlechtliche Repräsentationen, die sich als nicht übereinstimmend

---

235 Da keine_r der Interviewpartner_innen eine Person of Color war, ist das Passing hier auf die geschlechtliche Zugehörigkeit fokussiert. Es handelt sich hierbei um Aussagen aus weißer, mehrheitlich westlicher Perspektive, gegenüber welchen ein Passing als geschlechtlich nonkonforme Person of Color in einer weiß-deutschen Gesellschaft sicherlich zu einer Unauffälligkeit und Unsichtbarkeit als geschlechtliche Person führen kann, aber nicht zwangsläufig in Bezug auf Unsichtbarkeit bezüglich der rassifizierenden Merkmalsetzung.

mit ihrem eigenen geschlechtlichen Differenz- und Denksystem zeigten. Die Betrachtenden mussten keine Sanktionen befürchten, denn ihr (Weg-)Blicken und Urteilen war gesellschaftlich heteronormativ legitimiert und als nonverbale Kommunikation stets relativ. Das individualisierte Disziplinarinstrument des Blickes hat sich zu einem Werkzeug des Selektierens gewandelt, denn wer nicht einzuordnen war, konnte aus heteronormativer Perspektive aus der Wahrnehmung Dritter ausgeschlossen werden. Es ist davon auszugehen, dass dieser kommunikative Prozess des Blickens eine Grundlage der Dethematisierung geschlechtlicher Nonkonformität darstellt. Inhalt dieser Kommunikation ist ein Ausdruck der Irritation, der Missbilligung oder der Missachtung.

Begegnungen mit nonverbaler Kommunikation dieser Art führten aus der Sicht der Befragten zu Verletzungen bzw. sogar zu verletzenden Gewalttaten. Dies ist auch in der Interpretation von Judith Butler als gewaltsame Interaktion zu deuten, denn: »Die gewalttätige Reaktion ist eine, die nicht fragt und nicht wissen will« (Butler 2009 (2004b): 63). Eine gewaltsame Reaktion kann entstehen, wenn Beobachtung und Werturteil nicht voneinander getrennt werden oder als Selbstverständlichkeit auf den ersten Blick nicht voneinander zu trennen sind. Es kann so als gewaltsame Reaktion gedeutet werden, wenn von der bloßen Wahrnehmung auf eine Unmöglichkeit der geschlechtlich nonkonformen Wirklichkeit und Relevanz geschlossen wird.

Die Erfahrungen mit nonverbaler Kommunikation führten zu Verletzungen und ausgeprägten Gefühlen der Einsamkeit. Es entstanden Verunsicherungen, die mit der Objektivierung qua zugewiesener Faszination und Außenseiter_innenposition einhergingen. Diese wiederum steigerten die Sensibilität der Befragten in Bezug auf die Wahrnehmung der diskriminierenden und gewaltsamen Widerfahrnisse. Denn obwohl die Auslöser der geschlechternonkonformfeindlichen Diskriminierung und Gewalt nie monokausal von der Sichtbarkeit und damit von den Blicken auf eine geschlechtliche Nonkonformität abhingen, fühlten sich die Interviewpartner_innen häufig bereits durch das Anschauen, Anstarren oder das aktive Wegschauen belästigt und abgewertet.

Einige nutzten den eigenen Blick als ein Mittel der Gegenwehr, nicht zuletzt um sich der eigenen Verunsicherung zu entledigen und um sich nicht zum Opfer der Blicke machen zu lassen. Und schließlich zeigte sich im Blicken und Erblicktwerden abermals die Interdependenz von verschiedenen Macht- und Herrschaftsverhältnissen, wie das Zusammenspiel von Heteronormativität und Rassismus.

Dennoch muss die Antwort auf die Frage, ob geschlechtlich nonkonforme Sichtbarkeit zu mehr Diskriminierung und Gewalt führt, aus der hiesigen empirischen Perspektive verneint werden. Denn keine diskriminierende oder gewaltsame Situation ist allein durch eine visuelle Wahrnehmung motiviert gewesen. Entscheidend war das normative Werteraster, in das ein wahrgenommenes nonkonformes Geschlecht von den Täter_innen und heteronormativen Akteur_innen eingeordnet wurde.

Im Feld der geschlechternonkonform-feindlichen Diskriminierung und Gewalt wurde das Geschlecht zum Vexierbild.[236] In irritierenden Momenten wurde eine geschlechtliche Zugehörigkeit aus heteronormativer Perspektive unlesbar und wenn Geschlecht aus der Perspektive der Täter_innen und heteronormativen Akteur_innen als Vexierbild auftauchte, lauerte ein Gefahrenmoment für Gewalt und Diskriminierung. Die Sichtbarkeit der geschlechtlichen Nonkonformität steckt demzufolge in einem Spannungsbogen zwischen sozialer Anerkennung und gewaltsamer Initialzündung. Dies ist sicher der zentrale Grund dafür, dass sich viele der Interviewpartner_innen dafür entschieden, in einem Geschlecht eindeutig ›passen‹ zu wollen.

Allerdings berichteten jene Personen, die sich offensiv geschlechtlich nonkonform zeigten und äußerten, dass sie auf mehr Toleranz und Akzeptanz stießen, als sie zuvor erwartet hatten (z.B. Zoe Rheas, Freya Jung, Manuel Rosenberg, Tamma Katz). Dieselben Interviewpartner_innen betonten darüber hinaus, dass sie in den letzten Jahren den Wandel ihrer persönlichen geschlechtlichen Nonkonformität als eine Befreiung erlebt hatten. Zoe Rheas lebte beispielsweise aktuell selbstbewusst als Frau mit Bart, Freya Jung engagierte sich offen als XY-Frau für die Rechte intersexuell geborener Personen, Manuel Rosenberg ›passte‹ nach Jahren der Transition nun als Mann und Tamma Katz fand zur eigenen zufriedenstellenden Positionierung als nicht-idente Person. Das Selbstbewusstsein, das sie aus diesen geschlechtlichen Prozessen entwickelten, hatte vermutlich einen nicht unwesentlichen Anteil daran, warum sie weniger bzw. aktuell weniger von gewaltsamen und diskriminierenden Blicken betroffen waren als andere Interviewpartner_innen.

4.4 Zwischenergebnis II: Anerkennungsverlust als Bindeglied zur Gewalt

Drei Prüfsteine standen im Kontext der sozialen Anerkennung für die Befragten im Vordergrund: der eigene Körper, das Coming-out und die nonverbalen Reaktionen (z.B. Blicke) Außenstehender auf die eigene geschlechtliche Repräsentation.

Der Körper war zum Ort der Selbstbestimmung, zum Ziel der Verletzungen und zum Objekt der geschlechtlichen Träume geworden. Er verweist nach

---

236 Vexierbilder sind Rätsel oder optische Täuschungen, deren mehrdeutiger Inhalt sich nicht auf den ersten Blick erschließt. Ihre Botschaften erschließen sich erst beim Hinterfragen der eigenen Wahrnehmung.

Judith Butler auf das lebendige Selbst ebenso wie auf die Sterblichkeit. In all dem gaukelt die Verfügung über den eigenen Körper eine körperliche Autonomie vor, denn ein Körper ist nach Judith Butler ein »lebhaftes Paradox«, dem keine Autonomie möglich ist (vgl. Butler 2009 (2004b): 40). Er ist nie alleiniges Eigentum einer Person, denn er ist stets Produkt der inkorporierten Herrschaftsverhältnisse und trägt eine »öffentliche Dimension«, die in der Sozialität des eigenen Körpers ihren Ausdruck findet: »Als Körper sind wir immer auf etwas mehr und auf anderes aus als uns selbst« (Butler 2009 (2004b): 47). Die Körper der Befragten stellten damit Bezüge zum Außen her und waren vom Außen abhängig.[237] Sie dienten als Oberfläche der Repräsentation der geschlechtlichen Selbstkonstituierung, wobei stets – mit der Absicht, soziale Anerkennung zu erlangen – eine Kongruenz von geschlechtlicher Selbstkonstituierung und Repräsentation angestrebt wurde, welche nicht notwendigerweise binärgeschlechtlich war.

Der Sprechakt eines geschlechtlichen Coming-outs veränderte die Situationen der Begegnung und des referierenden Selbst. Im Sprechen manifestierte sich die eigene geschlechtliche Orientierung. Das selbstreferenzielle Geständnis war in der Regel das (vorläufige) Ergebnis eines vorgelagerten Prozesses. Die Geständnisse boten Schutz vor Diskriminierung und Gewalt, wenn die Handlung des Sprechens anerkannt und der Sinn des Gesagten vom Gegenüber verstanden, toleriert oder akzeptiert wurde. Sie boten demgegenüber keinen Schutz, wenn verbale Aufklärung an ihre Grenzen stieß, das heißt, wenn der Inhalt des gesprochenen Wortes sich der Vorstellungskraft des Gegenübers entzog. Trotzdem eröffneten oder revitalisierten Outing-Prozesse die Handlungsmacht der Befragten. Handlungsmacht setzt nach Butler keine Souveränität voraus, sondern geht eben erst aus einer brüchigen Souveränität hervor (vgl. Butler 1998: 28ff). Die Brüchigkeit der Souveränität zeigte sich empirisch auch in der Sehnsucht nach sozialer Anerkennung durch Unsichtbarkeit. Passing entspricht dem Wunsch, geschlechtlich nicht aufzufallen, damit die eigene physische und psychische Integrität im Alltag gewährleistet wird.

Trotzdem waren alle Interviewpartner_innen als geschlechtlich nonkonforme Personen mindestens temporär sichtbar und fast alle unterlagen in bestimmten Situationen der Gefahr, wieder als geschlechtlich nonkonforme Personen herabgewürdigt zu werden. Nach Judith Butler hinterlässt die Gewalt gegen diejenigen, die nicht betrauert werden und deren Menschenleben

---

237 Für Butler ist jede Person von der Sozialstruktur und ihren Normen abhängig: »Die Produktion der Normen der Anerkennung dienen der Produktion und Reproduktion der Vorstellung vom Menschlichen« (Butler 2009 (2004b): 57). Eine eigene Handlungsfähigkeit ergibt sich aus dieser Abhängigkeit und der eigenen Überlebensfähigkeit innerhalb der Normen und der Möglichkeit ihrer Verschiebung (vgl. ebd.).

der Missachtung preisgegeben wird, eine »Spur, die keine Spur ist« und die sie als »stilles und melancholisches Schreiben« im Diskurs beschreibt (Butler 2009 (2004b): 46). Diese Spur der Erfahrungen der nicht Betrauerten war in den Darstellungen der Interviewpartner_innen wiederzufinden: Denn die Interviewpartner_innen spielten vor dem Hintergrund des hier untersuchten Feldes das »grausame Spiel der [geschlechtlichen] Wahrheit« (Foucault 1998 (1978): 12) mit, indem sie versuchten, ihren sozial anerkannten Platz durch Gestaltung des Körpers, Erklären des Selbst und durch das Rückversichern durch Dritte mitzugestalten. Darin war oft nur wenig Raum für Trauer und Melancholie, denn die fehlende Anerkennung der geschlechtlichen Existenz war häufig, so zeigte dieses Kapitel, in die Körper, das Verhalten und die Wahrnehmungen der Interviewpartner_innen eingeschrieben. Die Verletzungen als Folge der Dethematisierung reichten damit über ein Gewaltverständnis hinaus, welches Gewalt allein als ein Produkt einer mit Dritten stattfindenden Interaktion versteht. Die Verletzungen manifestierten sich innerhalb der Selbstkonstituierungen und beeinflussten (temporär) das eigene Wohlbefinden sowie die (temporäre) (Un-)Möglichkeit, Kontakt zu Mitmenschen aufzubauen. Wer sich stetig missverstanden fühlt, körperliche Anpassungen vollzieht (vollziehen muss) oder an ihr_m vollzogen wurde und Ausgrenzungen trotz geschlechtlicher Offenbarungen erlebt, die_der lebt in der Gefahr – wenn der Verlust der Anerkennung fortgeschrieben wird –, nicht nur isoliert und einsam gemacht zu werden, sondern sich auch isoliert und einsam zu fühlen. Wenn das Geschlecht im Feld der Gewalt gegen geschlechtlich nonkonforme Personen ein Vexierbild ist, bedeutet dies bezüglich der Lesart des eigenen Geschlechts, von Prozessen und Denkweisen jener Personen abhängig zu sein, die außerhalb der eigenen Handlungsmacht stehen.[238]

---

238 vgl. 9.3 Gewaltprävention und normativitätskritische Bildung [Praktische Wendungen]

5. Sprache, Architektur und Szenen als verletzungsoffene Sphären

Verletzungsoffenheit und -mächtigkeit ist ein binär geschlechtliches Konzept der sozialwissenschaftlichen, geschlechtersensiblen Gewaltforschung, in dem gemeinhin Frauen als verletzungsoffen und demgegenüber Männer als verletzungsmächtig klassifiziert werden.[239] Dieser Annahme liegt eine zweigeschlechtliche Analyse von Macht, Geschlecht und Gewalt zugrunde, in der sich Männlichkeiten auch mit Gewalt auf »Kosten von« Weiblichkeiten konstituieren und stabilisieren (vgl. Flaake 2002: 161). Die gewaltsame Objektivierung von Mädchen und Frauen führt zu einer Manifestation der Geschlechterverhältnisse in Selbstkonstituierungen und Körpern. Sozialisierte Verletzungsoffenheit trägt a priori zu Erfahrungen von verletzenden Realitäten bei. Analog dazu erlernen Jungen bereits früh aggressives und entwertendes Verhalten z.B. gegenüber Frauen und Homosexuellen, die weiblich definiert werden (vgl. Flaake 2002: 162ff; Meuser 2009). Die Wirkmächtigkeit dieses Konzepts zeigt sich ebenfalls in der sozio-psychologischen Dimension der Zweigeschlechtlichkeit (vgl. Flaake 2002: 166ff).

Dennoch stellt das Konzept ein reduziertes Verhältnis von Gewalt und Geschlecht dar, weil es die Binarität von zwei Geschlechtern dem Konzept von Täter und Opfer entsprechend zuordnet, wobei Weiblichkeit darin stets zum potenziellen Opfer wird, während Männlichkeit zur potenziellen Täterschaft führt.[240] Das Konzept wird deshalb in dieser Studie der geschlechtlichen Binarität und der vereindeutigenden Körperlichkeit entledigt: Verletzungsoffenheit ist hier ein Charakteristikum der befragten Selbstkonstituierungen, ein immanentes Moment der Gewaltorte und der Handlungsweisen, in denen die gesteigerte Gefahr für Diskriminierung und Gewalt wahrgenommen wurde.

---

239 Das Konzept der Verletzungsoffenheit- und -macht geht auf Heinrich Popitz zurück. Da für Popitz Gewalt der körperlichen Verletzung dient, geht er von einer grundsätzlichen, das heißt in jeder Gesellschaft verankerten, Verletzungsoffenheit- und -macht aus: »(..) die potentielle Gefährlichkeit des Menschen für den Menschen [ist] grenzenlos. Zugleich ist der Mensch in vielfältiger und subtiler Weise verletzungsoffen. Allem, was lebt, kann das Leben genommen werden. Doch die Ausgesetztheit des menschlichen Körpers ist besonders sinnfällig« (vgl. Popitz 2009 (1986): 24). Verletzungsoffenheit meint die »permanente Verletzbarkeit« des Menschen (ebd.: 43f). Verletzungsmacht als Aktionsmacht der Gewalt (Popitz 2009 (1986)) wird nicht genutzt, weil der Begriff der Macht nicht dem dieser Studie entspricht. (vgl. 2.1.1 Macht, Subjekt und geschlechtliche Wahrheit).

240 Bei Michael Meuser, der das Konzept ebenfalls kritisiert, bleibt die Modifizierung binärgeschlechtlich, indem er Männer als ebenso verletzungsoffen und Frauen als ebenso verletzungsmächtig darstellt wie das komplementäre Geschlecht (Meuser 2009).

Verletzungsoffenheit ist nicht an eine weibliche Orientierung, sondern an die Erfahrungen geschlechtlich nonkonformer Orientierungen in ausgewählten Sphären gekoppelt.

Auf der Basis der empirischen Codierungen werden drei verletzungsoffene Sphären erforscht, in denen die Befragten verstärkt von Diskriminierungen bedroht waren oder durch die sie als intelligible Personen infrage gestellt wurden. Die drei Rubriken Sprache (5.1), der durch Architektur bestimmte soziale Raum (5.2) und soziokulturelle Szenen (5.3) stellten im Feld einen vielfach geteilten Erfahrungshintergrund im Kontext von Diskriminierungen dar. Damit handelt dieses Kapitel von systematisch erlebten verletzungsoffenen Sphären im Alltag, in denen Erfahrungen von interpersonalen Diskriminierungs- und Gewaltwiderfahrnissen gemacht wurden.

5.1 »Du Zwitter« – Figuren der sprachlichen Diskriminierung

Judith Butler stellt eine Nähe von verbaler und körperlicher Verwundbarkeit her, indem sie betont, dass ein Subjekt erst im Prozess der Anrufung nach Althusser[241] existieren und Anerkennung erhalten kann (vgl. Butler 1998: 10; Scharmacher 2004). Allein durch den Zusammenhang von Anrufung und Subjekt ist das Subjekt nach Butler bereits verletzbar (Butler 1991, 1998). Denn in der Möglichkeit zur Subjektwerdung steckt stets auch die Möglichkeit des Verlustes oder des nicht anerkannten Subjekts. Subjekte sind damit von der Sprache und Anrufung eines_r Anderen abhängig.

> »Obgleich die verletzende Sprache teilweise vom Gebrauch von Namen abhängt, also von der Benennung oder Beschimpfung eines Anderen, beruhen andere Formen der Verletzung eher auf Beschreibungen oder sogar auf Formen des Schweigens« (Butler 1998: 47).

Die Verletzung kann somit als Folge sprachlichen Handelns mit und ohne Stimme, also auch in der nonverbalen Kommunikation, auftreten. Sie kann sowohl intendiert als auch kaum oder nicht intendiert platziert werden. Die Funktionen der sozialen Diskriminierung reichen von Trennen, Abwerten, Distanzieren, Akzentuieren bis hin zum Festschreiben (Graumann/Wintermantel 2007). Verletzendes Sprechen als Teil der Diskriminierung zeigt sich

---

241 Der französische Philosoph Louis Althusser (1918-1990) sieht in der Anrufung das ideologische Ziel, aus Individuen Subjekte zu konstituieren. Dabei verweist er auf das heute viel zitierte Beispiel eines Polizisten der mit »Hey, Sie da!« aus einem Spaziergänger ein (potenziell zu kriminalisierendes) Subjekt machen kann, wenn diese Person die Anrufung auf sich bezieht und sich umdreht (Althusser 1977). Judith Butler kritisiert die normative Kraft dieser Annahme und erweitert sie in ihrer Philosophie zur Gewalt in und durch Sprache (Butler 1998).

empirisch als Schweigen, als degradierende Anrufung und tarnt sich im Gebrauch der ›falschen‹ Pronomen zur Anrufung einer Person, in homo- und transfeindlichen Beleidigungen sowie im Witz und im Lachen.

5.1.1 Vom Schweigen, von Spitznamen und Pronomen

Schweigen als sprachliches Ignorieren tauchte empirisch als gewaltsam widerfahrene Handlung auf. So berichtete ein_e Interviewpartner_in davon, dass die Tabuisierung der Intersexualität die eigentliche Gewalt sei, die intersexuell geborenen Personen zugefügt werde. Das Tabu sei ein gesellschaftlich sanktionierter Schweigekonsens, der sich über die Betroffenen und damit über alle anderen Subjektkonstituierungen lege. Schweigen zeigt sich als Instrument und Effekt heteronormativer Machtverhältnisse. Es markiert einen Ort, an dem sich die (De-)Thematisierung der geschlechtlichen Gewaltbeziehungen in Stille darstellen (kann). Das Schweigen ist eine lautlose Kommunikation, die beispielsweise über Geruch, über Anfassen und räumliche Nähe und Distanz sowie über Blicke stattfinden kann. Auch die Gefühle der Isolation, die von den Befragten thematisiert wurden, können als ein Resultat des Schweigens gelesen werden. Das Schweigen war empirisch eine zentrale, belastenden Dimensionen der Gewalt in Sprache. Das Schweigen markiert etwas, was nicht benannt werden kann oder nicht benannt werden soll. Entweder hat es noch keinen Namen, es existiert kein Begriff oder es existiert keine Vorstellung von dem, was benannt werden könnte. Mit Blick auf wissenschaftliche Forschung sieht Antje L. Hornscheidt in der Suche nach dem noch nicht Benannten eine besondere Aufgabe:

> »Es kann nicht nur nach dem gefragt werden, was benannt ist, sondern auch danach, was unbenannt bleibt, in die Sphäre eines Unbenennbaren verschoben wird, entnannt ist, um etwas Anderes benennbar zu machen« (Hornscheidt 2005: 231).

Das Schweigen als soziale Handlung weist auf ›entnannte‹ Phänomene hin. Es kann für eine aktive Dethematisierung oder für Desinteresse stehen. Es kann ebenso ein offensiver Ausdruck der Ablehnung oder eine Reaktion auf eine Nicht-Erfahrbarkeit sein. Sowohl das Schweigen der Täter_innen in Situationen interpersonaler Gewalt als auch das hegemoniale wissenschaftliche Schweigen zu geschlechtlicher Nonkonformität begünstigen Verunsicherung, intendierte oder nicht-intendierte Diskriminierungen, und können selbst als Ausdruck heteronormativer Gewaltverhältnisse gedeutet werden. Das Schweigen als sprachlicher Nicht-Ausdruck verweist selbst auf die Gewaltförmigkeit der Sprache. Während das situative Schweigen für viele der Befragten nicht erklärbar war, konnten fremd zugeschriebene, herabwürdigende Namen und Vergleiche zumeist eindeutig der diskriminierenden Sprache zugeordnet wer-

den. Ein_e Interviewpartner_in erhielt während einer Fortbildung von den anderen Teilnehmer_innen den Spitznamen »Orlanda« bzw. »Orlando«:

> »Aber ja, ich hieß dann [in der Fortbildung] immer Orlanda. Mein Spitzname
> war dann immer Orlando. (...) Die haben Orlando gesagt. Völlig behämmert
> eigentlich auch. Also ich muss ganz ehrlich sagen: Ich finde es schon ziemlich
> grenzwertig eigentlich. Und dann muss ich auch schon sagen, so etwas ist mir
> eher in bestimmten Kreisen passiert. So krass habe ich es früher nicht gehabt. (...)
> Ja, das ist sehr verletzend. Im Grunde genommen. Es war auch sehr ausgrenzend,
> was die Leute um mich herum gemacht haben. Sehr stark. Ich meine, das war eine
> Fortbildung. Das ist kein Job, wo ich damit leben muss.«

In der Anrufung als »Orlanda« (mit weiblicher Endung) und als »Orlando«
(mit männlicher Endung) spiegelt sich eine geschlechtlich mehrdeutige Lesart
Kendra Fraschens durch die anderen Teilnehmenden. Dem Spitznamen war
sie_er über mehrere Fortbildungstage ausgesetzt. Die Kolleg_innen bezogen
sich auf die Figur des Orlando aus dem gleichnamigen Roman der Autorin Virgina Woolf. Die Romanfigur Orlando lebte sowohl im Zeitalter von Elisabeth
I. als auch im osmanischen Reich und war somit über mehrere Jahrhunderte
auf der Suche nach Liebe und nach einem Sinn im Leben. Die Subjektposition des_r Protagonist_in ist von Virgina Woolf transzendental und transge-
schlechtlich konzipiert worden: Orlando transformiert sich nach 200 Jahren
geschlechtlich zur Frau (Woolf 1997 (1928)).[242] Die_der Interviewpartner_in
wurde durch die Anrufungen eine nonkonforme Mehrgeschlechtlichkeit zugeschrieben und ihr_m wurde zusätzlich etwas Übermenschliches zugesprochen,
denn die Figur des Orlando ist für einen gewissen Zeitraum unsterblich und
existiert über mehrere Epochen. Die sprachliche Kommentierung in der Fortbildung zielte auf eine Bewertung der geschlechtlichen Repräsentation der_s
Befragten und führte zu einem angespannten Verhältnis zwischen ihr_m und
den anderen Kursteilnehmer_innen. Kendra Fraschen empfand die Anrufungen als verletzend, und sie_er wunderte sich über die Direktheit und Unver-
blümtheit der Ausgrenzung. Es war für sie_ihn nicht nachvollziehbar, warum
dieser Mobbing-Akt von der Mehrheit der Kursteilnehmer_innen billigend
oder schweigend in Kauf genommen wurde, bzw. weshalb andere sich aktiv
beteiligten.

Die mit der Trennung verbundene Abwertung, die dieser Anrufung als
Andere_r innewohnte, hierarchisierte innerhalb der Gruppendynamik zwi-

---

242 Virgina Woolf beschreibt die Verwandlung wie folgt: »Er streckte sich. Er erhob sich.
Er stand aufrecht in völliger Nacktheit vor uns, und während die Trompeten Wahrheit!
Wahrheit! Wahrheit! schmettern, bleibt uns keine Wahl als zu gestehen – er war eine Frau.
(...) Orlando betrachtete sich von Kopf bis Fuß in einem hohen Spiegel, ohne auch nur die
geringste Spur von Fassungslosigkeit zu zeigen, und ging, vermutlich, in sein Bad« (Woolf
1997 (1928): 98f).

schen geschlechtlicher Konformität und geschlechtlicher Nonkonformität. Die Persönlichkeit der_s Befragten wurde durch diese Anrufungen ins Reich des fiktionalen Fantastischen befördert, über die aus der hegemonialen Sicht der Mehrheitsangehörigen ein Urteil im Witz und im Spaß als Enttabuisierung erlaubt erschien. Ähnliche Mobbing-Strukturen durch sprachliche Diskriminierung erfuhr der Transmann Lee Parker bereits als Kind. In der Grundschule wurde er von einigen Mitschüler_innen mit dem Spitznamen »Zwitter« gerufen, wobei ihm der abwertende Charakter dieser Anrufung stets bewusst war, denn »die hätten auch einfach Arschloch sagen können«. Der Interviewpartner fühlte sich ebenfalls von der Gemeinschaft ausgeschlossen, verletzt und gedemütigt. Beide Formen des Andersseins führten zu Minderwertigkeitsgefühlen und erreichten das Ziel des verbalisierten und manifestierten Außenseiter_innentums. Durch die Spitznamen wurden, so zeigen die Gefühle der Befragten deutlich, temporäre normative Grenzen zwischen den sagbaren und unsagbaren sowie zwischen anerkannten und abgelehnten (Repräsentationen von) Geschlechtern produziert.

Eine weitere Form der sprachlichen Diskriminierung lag in der absichtlichen Fehlnutzung der geschlechtlichen Vornamen[243], der geschlechtlichen Anreden[244] und der Personalpronomen[245]. Die bewusste Verwendung von

243 Die Vornamen verweisen im deutschsprachigen Raum in der Regel auf ein eindeutiges Geschlecht. Wenn ein geschlechtlich uneindeutiger (unisex) erster Vorname ausgesucht wird, so ist der zweite Namen geschlechtlich eindeutig zu wählen. Der Vorname »Maria« darf aus der christlichen Tradition heraus auch einem Jungen zugewiesen werden (vgl. Namensrecht, TSG). Das Vornamensrecht ist aber auch Gewohnheitsrecht und so liegt die Zulassung verschiedener Namen in der Praxis im Ermessen der Standesbeamt_innen. Das zu schützende Rechtsgut ist dabei die Persönlichkeit der_s Heranwachsenden. Das Bundesverfassungsgericht hat allerdings in seiner Entscheidung vom 5. Dezember 2008 (1 BvR 576/07) betont, dass ein binärgeschlechtlicher Zweitname für ein Kind nicht notwendig sei, wobei in der Begründung auf religiöse Selbstbestimmungsrechte der Beschwerdeführer_innen Rücksicht genommen wurde. Das Gericht argumentierte, dass es selbst innerhalb Deutschlands Vornamen gäbe, die regional andere Geschlechter bezeichneten.
244 In der deutschen Sprache sind die geschlechtlichen Anreden auf Frau und Herr beschränkt und analog dazu die Personalpronomen ›sie‹ und ›er‹ gebräuchlich. Der Sprachwissenschaftler Joachim Heinrich Campe (1746-1818) hat bereits vor über 200 Jahren analysiert, dass im Hochdeutsch, »das männliche Geschlecht als das vorzüglichere« gebraucht wird und damit »geschlechtslose« Bezeichnungen (wie »jedes von ihnen«) abgelöst habe (Frankfurter Rundschau 1988, Nr. 148: 2).
245 Gemeint sind die im Deutschen existierenden Personal-, Reflexiv- und Possessivpronomen. Obwohl die Personalpronomen beispielsweise auch das Sachnomen (es) vorsehen, kennzeichnet dies in der Regel keine Bezüge zu individuellen Personen. Demonstrativ-, Interrogativ-, Indefinitiv- und Relativpronomen sind zweigeschlechtlich in ihrem Bezug für Personen vorgesehen (Samel 2000; Reiss 2010). Es existieren Versuche und Auseinandersetzungen zur Etablierung geschlechtsneutraler Pronomen und Ideen geschlechtergerechter Sprache (z.B. http://annaheger.wordpress.com/pronomen, Stand: 29.12.2014);

Personalpronomen, die nicht der geschlechtlichen Repräsentation oder der geschlechtlichen Orientierung entsprachen, erlebten die Interviewpartner_innen als Verletzung oder Missachtung ihrer Integrität. Diskriminierende Widerfahrnisse tauchten ebenso als ignorantes Verhalten auf, wenn Kolleg_innen, Vorgesetzte oder Freund_innen wider besseren Wissens die alten Vornamen und die entsprechenden Pronomen im direkten und indirekten Kontakt verwendeten: Ein Außendienstchef offenbarte beispielsweise geschlechernonkonform-feindliche Haltungen, weil er nicht in der Lage war, eine_n Befragten nach ihrem_ seinem Outing im E-Mail-Kontakt eine geschlechtliche Anrede zukommen zu lassen. Dadurch entstanden Kommunikationsbarrieren, die nach Interpretation der_s Befragten auf internalisierte, zweigeschlechtliche Normalitätsvorstellungen zurückzuführen waren. Diese Diskriminierung könnte außerdem auf emotionale oder psychische Verunsicherungen der Diskriminierenden hinweisen und damit auf der Sorge basieren, im interaktiven Verhalten mit geschlechtlich nonkonformen Personen nicht respektvoll handeln zu können. Diese Verunsicherung und Sorge könnte zu Nicht-Verhalten, zur Verhinderung der Kommunikation und damit zu unbeabsichtigten Diskriminierungen führen. Die verschiedenen Formen der Nicht-Kommunikation und der verhinderten Begegnung wurden von den meisten Befragten als intendiertes oder auch als nicht-intendiertes, aber diskriminierendes Verhalten wahrgenommen.

Auch freundlich gemeinte geschlechtliche Anrufungen konnten Gefahrensituationen für die Befragten auslösen. Exemplarisch zeigt dies die folgende Sequenz eine situative ›Fehlanrufung‹, die zu einer Gefahrensituation hätte führen können: Die Interviewpartnerin Brad Berg bezeichnete sich als Butch und wurde geschlechtlich zumeist als Mann oder als homosexueller Mann gelesen. Sie nutzte für sich sowohl einen weiblichen (Birga) als auch einen männlichen Vornamen (Brad), die sie gleichermaßen je nach Kontext einsetzte. Durch eine anrufende Unaufmerksamkeit geriet sie allerdings in eine potenzielle Gefahrensituation:

> »Ich habe absolut kein Problem damit, als Frau angesprochen zu werden, ich habe auch kein Problem damit, von Leuten, die mich als ›Herr‹ ansprechen oder mit ›Brad‹. Es gibt Leute, die sagen ›die Brad‹, also männlich konnotierter Spitzname mit weiblichem Artikel, aber Leute, die mich kennen und das alles wissen und auf dem Schirm haben müssten und auch selber Trans sind und die mir in der Bahn so was hinterher rufen: ›die Brad‹. Ey, das geht überhaupt nicht! Das ist so, so krass, also, mich in eine Gefahrensituation bringen, so! Und da habe ich total, habe ich überhaupt kein Bock drauf. Also, so Geschichten mit ganz gu-

http://genderneutralpronoun.wordpress.com. 29.12.2014; www.lannhornscheidt.com, Stand: 29.12.2014); S_he 2003; Williams 2004; Baumgartinger 2008; Sylvain/Balzer 2008; Zentrum für Transdisziplinäre Geschlechterstudien/AK Feministische Sprachpraxis 2011).

ten Freunden, die dann in der Bahn plötzlich mich als Frau ansprechen, wo aber Leute neben mir sitzen, die ich potenziell als Bedrohung wahrnehme, weil ich die ganze Zeit, egal wo ich bin, habe ich immer Gefahrenmodus, (...) weil ich spüre, dass die mich als Typ wahrnehmen und dann sagt jemand zu mir: >Ey Birga<, und plötzlich gucken die so >Häh?<, so rüber und solche Sachen, das ist einfach total Kacke und das Leuten zu erklären.«

Die Interviewpartnerin wurde zumeist männlich gelesen und hat in der oben geschilderten Situation gemerkt, dass der Fahrgast neben ihr durch die weibliche Anrufung irritiert wurde. Seine Irritation drückte er im Herüberschauen aus, wodurch er womöglich versuchte, Brad Bergs geschlechtliche Repräsentation zu prüfen. Die Ungewissheit der Befragten, wie andere auf die geschlechtliche Irritation reagieren würden, war für Brad Berg sofort angstauslösend. Sie betonte empört, dass insbesondere Personen, die selber geschlechtlich nonkonform seien, doch von dieser Gefahr wissen müssten. Obwohl es in der konkreten Situation jenseits des irritierenden Blicks zu keiner Diskriminierung oder Gewalt kam, war die Befragte wegen des Verhaltens der_s Freund_in wütend. Sie beklagte die fehlende Sensibilität für Alltagsgefahren, die sie_er aus eigener Erfahrung als Transperson eigentlich hätte besitzen müssen. Trotz Bergs Fähigkeit, sich geschlechtlich vielseitig zu inszenieren, und trotz ihrer Gelassenheit verschiedenen geschlechtlichen Anreden gegenüber, war es ihr wichtig, öffentliche Irritationen gegenüber ihr unbekannten Personen zu vermeiden, um Diskriminierung und Gewalt zu verhindern.

Allerdings betonten die meisten der Interviewpartner_innen, die über die Bedeutung von Pronomen sprachen, dass es ihnen – ähnlich wie Brad Berg – in den meisten sozialen Räumen unwichtig sei, ob sie mit einem er/sie bzw. Herr/Frau angesprochen werden. Tamma Katz betonte gelassen: »Pfff, who cares? Was ist schon ein Pronomen?« Sie_er berichtete amüsiert, dass sich einige Personen bereits bei ihr_m für eine vermeintlich falsche Anrede entschuldigt hatten, aber eigentlich seien ja beide geschlechtlichen Ansprachen für sie_ihn als nicht-idente Person nicht zutreffend. Der Transmann Luk Winter zeigte sich ebenfalls gleichmütig im Umgang mit der universitären Verwaltung, die ihn als Studentin registriert hatte:

»Na, ich gebe Hausarbeiten und so was mit meinem Mädchennamen ab. Das ist ein Kampf, der sich nicht lohnt. (...) Mein Gott, also ich meine, das ist wirklich egal.«

Luk Winter war der Ansicht, dass sich die Auseinandersetzungen um geschlechtlichen Ansprache nicht lohnten. Von Hoffnungslosigkeit geprägt, rechnete er nicht mit der richtigen Anrede in verschiedenen Lebensbereichen. Und auch für Lee Parker war eine verfehlte geschlechtliche Ansprache nur dann bedeutsam und von Unbehagen geprägt, wenn er das Gefühl hatte, dass seine Freund_innen damit eine weibliche Vorstellung seiner Person transportierten. In diesen Momenten fühlte er sich nicht ernstgenommen und der Unsichtbarkeit anheim gestellt. Ignorierender Kontakt mit engen Freund_innen wirkte sich bei fast allen Befragten psychisch besonders verletzend aus.

Eine andere Perspektive beschrieb der Transmann Manuel Rosenberg, denn er hatte selbst Probleme mit Pronomen und Anreden, als aus seiner besten Freundin sein bester Freund wurde. Er selbst musste sich an die neuen geschlechtlichen Bezeichnungen erst gewöhnen und beschrieb im Interview die Schwierigkeit dieser Umstellung:

>Und dann war es trotzdem nicht leicht, sich daran [an die Transsexualität des Freundes] zu gewöhnen erst mal, weil naja, einfach erst mal einen anderen Namen verwenden. Eine andere Anrede verwenden, also wenn ich über ihn spreche, nicht >sie< zu sagen sondern >er< usw. Das war gar nicht ohne, aber ist einfach auch eine Gewohnheit. Und aber auch das Bild ist irgendwie noch komisch, zumal er am Anfang natürlich den weiblichen Körper noch hatte. Und (...) das irgendwie nicht zusammenzupassen scheint.«

Der Interviewpartner musste sich von seinem bisherigen geschlechtlichen Sprachgebrauch und von seiner Wahrnehmungsfolie, in der die körperliche geschlechtliche Repräsentation, Vornamen und Pronomen kongruent erscheinen, verabschieden. Ihn selbst irritierte die fehlende Kongruenz von körperlicher Repräsentation und geschlechtlicher Bezeichnung.

Umgekehrt brachte Tamma Katz in Erfahrung, wie sie_er geschlechtlich gelesen wurde, wenn andere Personen in ihrer_seiner Anwesenheit gezielt ein Pronomen wählten oder aber, wenn sie »über das Pronomen (...) stolper[te] n.« Die Art und Weise der Interpretation ihrer_seiner geschlechtlichen Repräsentation war somit automatisch in alle interaktiven, sprachlichen Handlungen eingebunden. Wenn diese Kennzeichnung wider besseren Wissens nicht mit der geschlechtlichen Orientierung übereinstimmte, oder durch die Anrufung gefährdende Situationen entstanden, so erlebten die Befragten diese als Diskriminierung und Missachtung ihrer Persönlichkeit, insbesondere wenn sie eine Intention hinter diesem Verhalten sahen oder vermuteten. Die Verletzungskraft lag in der Generalisierung und der gezielten Abwertung durch sprachliche Fremdzuschreibungen. Besonders verletzend wirkte sich das ignorierende oder vergessliche Verhalten der Fehlbenennungen für viele der Befragten im Kontakt mit Freund_innen aus. Demgegenüber wurden intendierte Fehlansprachen, in denen die zweigeschlechtliche Lesart von geschlechtlicher Repräsentation in die sprachliche Eindeutigkeit überführt wurde, häufig als automatisierte Wahrnehmung interpretiert, sodass diese zumeist nicht diskriminierend wahrgenommen wurde. Dennoch verwies eine unbewusste Intention der Fehlansprachen nicht auf das Ausmaß der Verletzungskraft, denn auch Diskriminierungen ohne Absicht konnten degradierend und demütigend wirken. Zur Reduzierung der Diskriminierung und Gewalt gehört somit die Etablierung einer geschlechter- und differenzsensiblen sozialen (Sprach-)Praxis, in der ein reflektierter Umgang mit zweigeschlechtlicher Sprache erfolgt und in der die hegemoniale Lesart eines geschlechtlichen Körpers von der Eindeutigkeit der geschlechtlichen Zuweisung in und durch Sprache entkoppelt wird.

5.1.2 Homo- und transfeindliche Beleidigungen

Die Befragten wurden als »Mädchen«, als »schwule Sau«, als »Lesbe« und als »Arschficker« bezeichnet und angerufen. Diese Ausdrücke der sprachlichen Diskriminierungen verwiesen auf die Gleichzeitigkeiten von Homo- und TransInterfeindlichkeit: Wie ich im Folgenden aufzeigen werde, wird dabei Weiblichkeit degradiert und mit Hilfe monströser Figuren geschlechtliche Nonkonformität dramatisiert. Außerdem verwiesen die diskriminierenden und gewaltsamen Anrufungen stets auf die Gefahr, dass situativ weitere psychische oder körperliche Gewalt folgen könnte.

Die Transfrau Felicitas Meransi wurde jahrelang als schwuler Mann und schließlich als Transfrau gelesen und beschimpft. Ihre geschlechtlichen Repräsentationen waren für sie ein ständiges »Stressthema«. Die ihr widerfahrenen Beleidigungen hingen dabei stets mit der aus Sicht der Angreifer_innen fehlenden geschlechtlichen Eindeutigkeit zusammen. Beispielsweise fiel sie durch ihre farbenfrohe, feminine Bekleidung mit ihrer Weiblichkeit auf.[246] Die Transfrau SonyaBen Ferner wurde im Laufe ihrer Transition mehrmals mit der Anrufung »Mädchen« beschimpft. Diese spottende Etikettierung steht für eine verjüngte und unvollständige Weiblichkeit, welche die angerufene Person auf den Status eines Kindes reduziert. Dieser sprachlichen Diskriminierung wohnen die abwertenden Attribute der Schwäche, der Wehleidigkeit, der Ohnmacht und der Bedeutungslosigkeit inne. Die Anrufung erhält kontextuell erst dann diskriminierendes Gewicht, wenn es sich bei der angesprochenen Person um eine nicht adoleszente und um eine geschlechtlich nicht eindeutig weiblich oder um eine eindeutig männlich gelesene Person handelt. Die folgende Sequenz veranschaulicht diese Spielart des heterosexistischen Adultismus[247] und bietet Einblicke in die Perspektive des Angreifers in der beschriebenen Situation:

---

246 Zum Zeitpunkt des Interviews ›passte‹ Felicitas Meransi weiblich und wurde nicht mehr als Transfrau sondern als Frau im öffentlichen Raum erkannt. Dafür hatte sie ihre farbenfrohe Kleidung abgelegt. Die diskriminierenden sexualisierten und geschlechtlichen Widerfahrnisse wurden dadurch reduziert und beschränkten sich auf jene heterosexistischen Diskriminierungen, die sie als Frau erfuhr.

247 ›Adultismus‹ ist der Fachbegriff für strukturelle Diskriminierungen von Kindern und Jugendlichen durch Erwachsene (vgl. Czollek et al. 2012: 107f). Adultismus meint

»Ein Fall war wirklich: Ich bin um die Ecke gelaufen im Stadtzentrum, nachts und dann kommen zwei Pärchen mir entgegen, halt so 0815-Style, so wie es vor einem Jahr vielleicht in war, so einen Fellkapuzen-Parka ganz in weiß und Gel in den Haaren wie blöde, und der Typ, als wäre er erst mal erschrocken vor mir: ›Bist du toll? Wie läufst du denn rum? Siehst ja aus wie ein Mädchen.‹ Da war ich erst mal total verblüfft und entsetzt, dass mir so was im Zentrum passiert, direkt am Marktplatz, wo halt immer ganz viel los ist. Ja, und danach habe ich versucht, ich war ja auch nicht alleine, ich stand auf der anderen Seite. Ich habe ihm so was zugerufen, aber er hat so getan, als würden sie es nicht hören. Ich hätte mich auch mit dem geschlagen, weil ich hatte auch ein bisschen was getrunken und ich hätte es auch entschärfen können. Ich hatte das Gefühl, ich habe auch keine Lust, immer nur einzustecken.«

Die Interviewpartnerin ›passte‹ aus der Sicht des Rufenden nicht als Frau. Dieser hatte eine Diskrepanz zwischen seinen geschlechtlichen Vorstellungen und der geschlechtlichen Repräsentation der Interviewpartnerin zum Anlass genommen, sie zu beleidigen. Auf die rhetorische Frage, ob SonyaBen Ferner »toll« sei – gemeint war verrückt oder wahnsinnig –, sich in der gewählten geschlechtlichen Repräsentation zu zeigen, reagierte die Angerufene zunächst mit einem Gefühl der Überraschung. Das Entsetzen dieses Mannes traf auf das Entsetzen der Befragten, die nicht mit einer verbalen Attacke an diesem Ort gerechnet hatte. Die Interviewpartnerin wehrte sich durch Zurückrufen und zeigte sich zu einer körperlichen Konfrontation bereit, weil sie nicht mehr »nur einstecken« wollte. Die Pärchen aber ignorierten ihr Rufen, sodass es zu keiner weiteren Auseinandersetzung kam. Im Interview beschrieb sie die Pärchen im Gegensatz zu ihrer eigenen geschlechtlichen Nonkonformität als unauffällige Passant_innen, von denen sich einer das Recht herausnahm, ihr Aussehen zu kommentieren.

Degradierungen zum Mädchen oder zur Frau tauchten im empirischen Material immer dann auf, wenn eine dargestellte Männlichkeit oder Weiblichkeit nicht eindeutig gelesen oder interpretiert werden konnte und von Seiten der Angreifenden die geschlechtliche Orientierung im Sinne einer Wahrheit eines Geschlechts tendenziell männlich gelesen wurde.[248] Weibliche Formen der Männlichkeit wurden in zahlreichen Situationen als schwule Homosexualität gedeutet. In diesem Zusammenhang stehen die diskriminierenden Anrufungen als »schwule Sau« und »Schwuchtel«. Bei der Anrufung »schwule Sau«

auch internalisierte Formen der Altershierarchien, z.B. »ich bin zu jung, um an dieser Stelle etwas Bedeutsames zu sagen«.

248 Nur dann ergibt eine solche Diskreditierung einen abwertenden Sinn. Wenn eine weiblich gelesene Person als Mädchen degradiert wird, so ist dies sexualisierte Gewalt. Die Herabwürdigung in diesem Beispiel ist aber sowohl (hetero-)sexistisch, weil sie Weiblichkeit abwertet, als auch gleichzeitig heteronormativ, weil sie an der Eindeutigkeit von Geschlecht anknüpft.

wurde dem Subjekt männliche Homosexualität im Bild eines weiblichen Tieres (»Sau«) zugeschrieben. Das Bild der Sau/des Schweins steht im Christentum für die Sünde, die Unmäßigkeit, die Selbstsucht und es wird in Hassschriften nicht selten als antisemitischer Verweis verwendet (vgl. Zerling 2012: 281-283). Ein Motiv der Homosexuellenfeindlichkeit liegt in der Degradierung der Verweiblichung der Männlichkeit, die zur Konstituierung der Männlichkeit bereits in der Kindheit und Adoleszenz erlernt wird (vgl. Flaake 2002: 163). »Schwule Sau« ist eine Wortkopplung, die demzufolge doppelt abwertet. Die verbalen Attacken zeigen die Verachtung schwuler Homosexualität ebenso wie die Ablehnung brüchiger, uneindeutiger Männlichkeiten. Die fast im Automatismus verankerte Wortkopplung »schwule Sau« reproduziert die Annahme »hegemonialer« oder dominanter Männlichkeiten, indem sie »marginalisierte« (z.B. homosexuell gelesene) Männlichkeiten abwertet (Connell 2010 (1999)). Die Transfrau Felicitas Meransi machte darauf aufmerksam, dass schwule Menschen auf der Straße nicht zu erkennen seien, weswegen das Ressentiment gegenüber Homosexualität überwiegend jene Transfrauen treffe, die dann als Homosexuelle gelesen würden. Sie beschrieb, dass auch ihre diskriminierenden Widerfahrnisse vorwiegend homosexuellenfeindlich waren: »Die Leute wussten gar nichts mit Trans so richtig anzufangen«. Und auch die_der interqueere Kendra Fraschen erlebte »komische Erfahrungen« zumeist dann, wenn sie_er als schwuler Mann oder auch als Transmann gelesen wurde:

> »In dem Moment, wo mich Leute für einen schwulen Typen halten und das passiert relativ häufig, dann ist da so dieses [Aus-]Spucken teilweise oder blöde Bemerkungen machen, sich räuspern beim Vorbeilaufen oder so blöde wegggucken. Oder an der Kasse nicht so richtig neben mir stehen wollen, so einen Abstand halten. Bis hin zu offensichtlich blöden Sprüchen, alles über Schwule. Also, ich würde es unter Homophobie packen. Es ist homophob. Weil Inter[sexualität], das kriegen die Leute gar nicht gebacken, das schnackeln die nicht. Das denken die auch nicht. Die denken dann auch es wäre Trans, Transmann. Transmann oder Homo.«

Die diskriminierenden Reaktionen reichten vom Ausspucken über sprachliche Diskriminierung, Vertonung abfälliger Geräusche, Verharren in körperlicher Distanz, bis hin zum offensichtlichen Ignorieren. Die_der Interviewpartner_ in führte die Reaktionen auf Homosexuellenfeindlichkeit (»Homophobie«) zurück, die als bekannte sprachliche Bezugsgröße für geschlechternonkonform-feindliche Gewalt von Täter_innen genutzt wurde. Gleichermaßen wurden Brad Berg und ihre Freundin, obwohl sie ein lesbisch lebendes Paar waren, nicht zuletzt durch ihre geschlechtlichen Repräsentationen in interpersonalen Begegnungen oft für ein schwules Paar gehalten und dann auch als »Schwule« beschimpft:

»Also ich habe einmal, so, da hatte ich eine Freundin, die war noch größer als ich und hatte wirklich so ganz maskuline Gesichtszüge. (....) Da sind wir immer als Schwule angemacht worden und wir fanden das natürlich wahnsinnig witzig, weil wir immer, es waren halt immer irgendwelche kleinen Jungs, die immer na ja, nicht so klein, aber, naja, die dann so aus der Entfernung so hinter uns hergerufen haben: ›Ey, ihr Schwulen!‹ Und so. Und wir dann: Ey, ihr seid ja selber schwul! und wir fanden das halt so total witzig in dem Moment, weil wir sind beide über 1,80. Sie ist 1,90! Wir sind beide mehr so Leute, mit denen man sich also nicht unbedingt so anlegen sollte und wir dann so: Ey, kommt doch her! Ey, ihr Schwuchteln! – Also, das war echt lustig, da, also im Vergleich, obwohl ich erstaunt war, mit was für einer Frequenz, also, wie häufig das gemacht wurde. Das fand ich dann wieder interessant. Da habe ich dann so ein bisschen Solidaritätsgefühle zu schwulen Männern gekriegt.«

Die Lesart der geschlechtlichen Repräsentation (z.B. anhand der Körpergröße des Liebespaars) erfolgte in zweigeschlechtlichem Denken in Bezug auf Körper. Die Irritation in der Wahrnehmung der Betrachter_innen, durch die Brad Berg und ihre Freundin als brüchige Männlichkeiten wahrgenommen wurden, führte bei den Täter_innen zur homosexuellenfeindlichen Anrufung des lesbisch lebenden Paares. Die Interviewpartnerin und ihre Freundin blieben allerdings gelassen, indem sie sich konfrontativ und wehrhaft zeigten. Sie riefen zurück und etikettierten die Rufenden selbst als »Schwuchteln«. Damit versuchten sie, den Angriff spontan umzudrehen, ihn ins Lächerliche zu ziehen und die Rufenden ebenfalls als Schwule anzusprechen. Sie unterstellten ironisch und lachend eine sexuelle Gemeinsamkeit (»Ey, ihr seid ja selber schwul.«). Ohne Bedenken konnten sich so Brad Berg und ihre Freundin als lesbische und zugleich maskuline Weiblichkeiten in der Öffentlichkeit bewegen. Dies war selbst dann möglich, wenn sie als schwules Paar gelesen und attackiert wurden. Die Interviewpartnerin fühlte sich nicht angesprochen und so fühlte sie sich auch nicht beleidigt. Sie entwickelte aber Empathie und Solidarität mit schwulen Männern, weil sie sehr oft als Schwuler beleidigt wurde.

Gelegentlich tauchte die Anrufung ›Lesbe‹ als sprachliche Diskriminierung auf, die als aggressive Reaktionen auf ein vermeintlich atypisches Verhalten von gelesenen Frauen darstellte, wenn die Angesprochenen bei sexuellen Flirt- und Kontaktsituationen nicht kooperierten. Die sich selbst als »androgyn« bezeichnende Interviewpartnerin Johanna Vosen beschrieb eine exemplarische Situation: Sie stand gemeinsam mit einer »femininen« Freundin am Tresen auf einer Party und arbeitete im Ausschank. Ein Mann kam an den Tresen und fragte die beiden Frauen direkt zum Gesprächsbeginn: »Seid ihr Lesbierinnen?« Johanna Vosen und ihre Freundin reagierten nonverbal abweisend, indem sie sich körperlich abwendeten und indem sie versuchten, den Mann fortan zu ignorieren. Dieser aber entfernte sich nicht vom Tresen, sondern begann abwertend und aggressiv zu schildern, wie weh es ihm tun würde, dass so viele Frauen lesbisch seien. Er nutzte die ablehnende Reaktion gegenüber seinen sexualisierten Avancen, um seine auf Lesben projizierte Enttäuschung und seinen Hass auf Weiblichkeit zu präsentieren, wohl auch um seinen heterosexuellen Misserfolg in der sexistischen Ansprache zu überspielen. Seine aggressive Sprache und sein aggressives Verhalten verunsicherten Johanna Vosen und ihre Freundin. Sie fühlten sich als gelesene Lesben und Frauen diskriminiert und zusehends bedroht. Der Mann blieb am Tresen sitzen und belästigte die beiden Frauen weiter, bis er schließlich betrunken die Party verließ. Das vermeintliche Erkennen von homosexuellen und transInter-geschlechtlichen Orientierungen stellte ein zentrales Motiv heteronormativer Akteur_innen und Täter_innen dar, um sich fragend oder aggressiv selbst zweigeschlechtlich zu positionieren.

Auf die Frage, welche Beschimpfungen und Beleidigungen Felicitas Meransi als Transfrau erlebt habe, antwortet diese resigniert, dass ihr schon so ziemlich alles an den Kopf geworfen worden sei, »also von blöde Lesbe, über Kinderficker oder was weiß ich. Also alles, was den Leuten pervers erscheint.« Die Aufzählung eint die heteronormative Klassifizierung als ver-anderte Perversität und sie verweist aus analytischer Sicht auf eine gemeinsame Geschichte der Kriminalisierung und der Stigmatisierung. Geschlechtlich nonkonforme Personen werden demzufolge nicht nur als männliche Homosexuelle angerufen, sondern sie werden – dem Ressentiment der Homosexualität entsprechend – als pädophile Kriminelle (»Kinderficker«) gelesen, wie das folgende Beispiel vertiefend veranschaulicht: Als Landschaftsarchitekt_in war es die Aufgabe einer_s Befragten, die Statik von Spielgeräten auf Spielplätzen zu überprüfen. Eines Tages riefen Mütter auf einem Spielplatz in ihrem_seinem Beisein die Polizei an, um sie_ihn anzuzeigen, denn sie lasen sie_ihn als schwulen bzw. pädophilen Mann, der auf Spielplätzen beabsichtigte, Kontakt zu ihren Kindern aufzunehmen. Der_m Interviewpartner_in wurde qua Aussehen und Präsenz auf dem Spielplatz ein sexualisiertes Interesse an Kindern unterstellt. Ein anderes Mal wurde sie_er Zeug_in, wie ein Junge seine Mutter fragte: »Sind alle schwulen Männer Arschficker und Kinderficker, Mami?« Das Kind war sich scheinbar nicht ganz sicher, ob Homosexualität eine Gefahr für es selbst werden würde. Das Beispiel zeigt, wie umfassend und klar die Reproduktion des Ressentiments in seiner Unschärfe bereits im Kindesalter anfängt. Die Alltäglichkeit der Diskriminierung aus der Verbindung von Homosexualität und Pädophilie war für die_den Befragten erschreckend und kränkend. Homosexuellenfeindlichkeit und Pädophilie als Unterstellung lagen im empirischen Material eng beieinander. Die Pädophilie ist aus heteronormativer Perspektive eine Form der Kriminalisierung im Stereotyp der schwulen

Homosexualität.[249] In einem Atemzug wird nicht nur eine sexuelle Abweichung, sondern auch ein sexualisiertes Monster geschaffen: Die diskriminierende Figur der_des Pädophilen knüpft an dieser Idee des Monsters an, denn Beleidigungen wie »Kinderficker« markierten das sexuell und geschlechtlich Ausgestoßene dieser Gesellschaft. Geschlechtliche Nonkonformität wurde mittels dieser Anrufung direkt und nicht zufällig an sexuelle und kriminalisierte Devianz gekoppelt.[250] Unkenntnis über Homosexualität und geschlechtliche Nonkonformität wandelte sich zu einem sichtbaren Ausdruck der *Moral Panic*[251] gegenüber Pädophilie und Sexualstraftäter_innen. An den Schwellen des sprachlich Erfassbaren beeinflussten somit altbekannte Ressentiments des Heterosexismus, der Homosexuellenfeindlichkeit und der Pädophilie den Untersuchungsgegenstand. Sprachliche Diskriminierungen verstetigen die Grenzen von sozial an- und aberkannter Geschlechtlichkeit und tragen damit zur Reproduktion binärer Ausschließungsmechanismen bei.

5.1.3 Das Ressentiment im Witz und im Lachen

Die Interviewpartner_innen waren durch Witze und Lachen der Verhöhnung und Verspottung ausgesetzt. Die verletzende Wirkung dieser Verhaltensweisen spiegelte sich in Minderwertigkeits- und Ausgrenzungsgefühlen auf Seiten der Interviewpartner_innen wider. Dabei rekurriert der Witz auf vermeintliche Tabuisierungen von sexuellen und geschlechtlichen Orientierungen. Er stellt in dieser Gewaltstudie eine Möglichkeit zur Aggressionsäußerung dar und weist analog zu den Beleidigungen auf eine flexible Grenze zwischen Legitimem und Illegitimem, zwischen Sagbarem und Unsagbarem hin.[252] Deshalb

---

249 Die Analyse zeigt, wie eng die Verdächtigungen der schwulen Homosexualität, Pädophilie und die Gewalt gegen geschlechtlich nonkonforme Personen zusammenhängen. Dabei ist die Dominanz der Auseinandersetzungen um schwule Homosexualität ebenfalls ein Produkt heteronormativer Geschlechterverhältnisse, in denen andere Sexualitäten im Diskriminierungs- und Gewalthandeln weniger Beachtung geschenkt wird. Außerdem werden andere Formen (z.B. Lesbenfeindlichkeit, Queerbashing, Gewalt gegen intersexuell geborene Personen) weniger als bedrohlich wahrgenommen oder möglicherweise deswegen ignoriert, weil sich die Annahme durchgesetzt hat, dass sie quantitativ weniger ins Gewicht fielen.

250 Pädophilie ist kriminalisiert (§ 176, Sexueller Missbrauch von Kindern (unter 14 Jahren) StGB). In der ICD-10 ist die Pädophilie eine »sexuelle Präferenz für Kinder« in der (Vor-)Pubertät (F 65.4) und damit als psychische Erkrankung definiert.

251 Das Konzept der *Moral Panic* stammt von Stanley Cohen (1972). Das mediale Aufbegehren einer *Moral Panic* hat Rufe nach sozialer Regulierung und Kontrolle des dramatisierten Problems zur Folge. Dabei existiert eine Diskrepanz zwischen der Gefahr und der medialen und moralischen Wirksamkeit eines Phänomens (Garland 2008; Hier 2011).

252 Sigmund Freud vergleicht den Witz mit dem Traum, weil sich in ihm Verdrängtes andeuten kann. Witze verbinden die sich tarnende Aggression mit dem Spiel der Lust,

entfaltet sich der Witz an der Schwelle des Erfassbaren und schlägt sich hier als ein zentrales Format der sprachlichen Diskriminierung im Alltag nieder.[253]

Die_der Interviewpartner_in Kendra Fraschen lebte seit vielen Jahren in einem Mehrparteienhaus und bewohnte eine Wohnung im dritten Stock. Ihr_m war stets bewusst, dass andere Hausbewohner_innen aufgrund ihrer_seiner geschlechtlichen Nonkonformität irritiert waren, obwohl sie_er sich zur Vereinfachung des alltäglichen Zusammenlebens von den anderen Hausbewohner_innen mit Frau anreden ließ. Eines Tages hörte sie_er, wie sich mehrere Nachbar_innen im zentralen Innenhof unterhielten. Sie standen dabei beim Kaninchenstall, der für die Kinder des Hauses aufgestellt worden war. Die_der Interviewpartner_in wurde durch ein offenes Fenster unfreiwillig Zeug_in des Gesprächs:

> »Und dann standen die da vor dem Kaninchenstall und waren dann so am Hochgucken. Und da meinte der eine dann, der so ein bisschen frech ist, so grundsätzlich auch, als Mensch einfach. Der meinte dann so: ›Bei den Kaninchen weiß man auch nicht, ob sie Männchen oder Weibchen sind, wie bei der da oben.‹ Damit war ich gemeint.«

Der Nachbar stellte mit seiner Bemerkung die geschlechtliche Orientierung der Interviewpartner_in als Frau infrage. Er verglich die geschlechtliche Uneindeutigkeit der Kaninchen mit Kendra Fraschens Geschlecht. Der als Witz getarnte Kommentar enthält einen anzüglichen Inhalt, weil Kaninchen eine rege Fortpflanzungsaktivität und damit kurze Generationendauer vorweisen (vgl. Zerling 2012: 132f).[254] Der Nachbar versprachlichte somit etwas scheinbar sexuell und geschlechtlich Tabuisiertes und entmenschlichte die_den Interviewpartner_in im Witz. Die sprachliche Diskriminierung verfehlte ihre verletzende Wirkung nicht. Allerdings unterstrich die_der Interviewpartner_in, dass keine_r der anderen Nachbar_innen über den Witz gelacht habe; aber sie_er hörte ebenso keinen verbalisierten Widerspruch. Somit hatte er

---

die seit der Kindheit befriedigt werden will (Freud 1958 (1905)). Grundsätzlich existieren neben psychoanalytischen Ansätzen (z.B. Grotjahn 1974 (1957); Hörhammer 1984) auch philosophische, ethnologische und psychologische Erklärungsversuche, um die Bedeutung von Witz und Lachen zu erklären (z.B. Kamper/Wulf 1986; Uecker 2002).

253 Die Untersuchung fokussiert die persönliche Degradierung zur Witzfigur. Soziokulturell taucht die geschlechtlich nonkonforme Person aber auch als hegemoniale Witzfigur repetitiv z.B. in den Printmedien, in Cartoons und in medialen Inszenierungen auf. Dabei wird die Figur thematisch eingesetzt, z.B. in der Werbung für Autos, in der Persiflage zum Anabolika-Konsum bei Leistungssportler_innen, in pornografischen Medien oder zur Thematisierung von Nacktscannern an Flughäfen.

254 Kaninchen und Hase symbolisieren im Christentum Wollust, Jagd auf Gelüste, Vergänglichkeit und verweisen psychologisch auf die »Gefahren der Triebhaftigkeit, [die] Kraft der Libido, [und die] spirituelle Wiedergeburt« (Zerling 2012: 133).

seine unmittelbare Wirkung bei den anderen Nachbar_innen möglicherweise verfehlt, ohne dass er als Beleidigung entschieden abgelehnt wurde. Die_der Interviewpartner_in selbst ging offensiv mit der Unsicherheit der Nachbar_innenschaft bezüglich ihrer_seiner geschlechtlichen Nonkonformität um und reagierte direkt:

>Ich habe gemeint: Pass mal auf, Junge, ich komme gleich runter, dann ziehe ich dir die Ohren lang, dann siehst du auch aus wie ein Karnickel. – Also das sind alles so fiese, dumme Dinge, die man dann so ertragen muss.«

Die humorvolle Reaktion der_s Befragten spielt mit der Gleichgesinntheit: Wenn du mich zum Kaninchen machst, mache ich dich auch zum Kaninchen. Allerdings bezog sich diese Revanche schlicht auf Kaninchenohren und enthielt keinen sexualisierten, verletzenden Subtext, der auf die geschlechtliche Orientierung oder eine mögliche sexuelle Aktivität des Nachbarn anspielte. Außerdem zeugt der Terminus des »Ertragens« von einer Resignation, die Kendra Fraschens Müdigkeit im Umgang Dritter mit ihrer geschlechtlichen Repräsentation widerspiegelt.

Insgesamt zeigt das Material, dass eine Kommentierung des Aussehens der Befragten und das Infragestellen ihrer geschlechtlichen Selbstkonstituierungen im sprachlichen Diskriminierungshandeln oft den Kern der Verspottungen darstellten. Kommentierungen durch Blicke und Beleidigungen wurden in vielen Situationen vom verspottenden Lachen der Blickenden begleitet, so dass die Interviewpartner_innen zur Zielscheibe der Aufmerksamkeit wurden. Neben der Alltäglichkeit des Anstarrens existierte die Normalität der Verhöhnung und Preisgabe zur Lächerlichkeit:

>Beim Fahrradfahren ist ja sowieso kein Problem. Bin ich zu schnell, um es richtig mitzukriegen, wenn da jemand was sagt oder die Leute sehen mich gar nicht, weil ich so schnell fahre. (...) Die [anderen Leute] sehen mich halt und dann gucken sie erst mal und dann >Höhöhö< und dann rufen sie oder rufen sofort >Schwuchtel< oder >schwule Sau<.«

Irritierte und ablehnende Blicke wurden mit spottendem Lachen und Sprüchen untermauert und mit homosexuellenfeindlichen Anrufungen verbalisiert. Das verspottende Lachen wertete in dem Beispiel gezielt SonyaBen Ferners Weiblichkeit ab und war zugleich Ausdruck der Aggressivität der Täter_innen im Diskurs geschlechtlicher Eindeutigkeit. Zumeist wurde sich über jene Befragten lustig gemacht, die nicht eindeutig als Männer gelesen wurden, denen aber eine überwiegend männliche Orientierung zugeschrieben wurde. Die Verletzung der Interviewpartner_innen lag darin, dass der selbstgewählte äußere Ausdruck der eigenen geschlechtlichen Orientierung als gescheiterter Versuch und als nicht ernstzunehmender Klamauk diskreditiert wurde. Auffallend war, dass keine_r der Interviewpartner_innen, die_der eindeutig männlich gelesen wurde, Situationen ähnlicher Verspottung schilderte. Das Lachen über eindeutige Männlichkeit war kein Bestandteil in den Erzählungen der Befragten. Brüchig wahrgenommene Männlichkeiten waren hingegen dem Spott ausgesetzt. Der Witz und das Verspotten im öffentlichen Raum hatte im Diskriminierungs- und Gewalthandeln geschlechtliches und sexualisiertes Stigmatisieren und Abwerten zum Inhalt und war der Notwendigkeit der Verbalisierung enthoben, denn der Spott folgte unmittelbar nach dem Erblicktwerden. Als Verletzung stand das Lachen der körperlichen Gewalt in nichts nach.

5.1.4 Das Paradox sprachlicher Diskriminierung

Sprachliche Diskriminierungen stigmatisierten die Interviewpartner_innen in den verschiedensten Situationen zur_m Außenseiter_in. Die empirischen Figuren reichten von rhetorischen Fragen, geschlechtlichen und sexuellen Fremdzuschreibungen, über Witze bis hin zu Vergleichen mit Tieren. Die diskriminierenden Begriffe und Phrasen erhielten ihren verletzenden Wert im Feld durch Generalisierung, Homogenisierung, Fremdzuschreibung und durch kriminalisierende und historische Bezüge. Sie zeigten Spuren der vergangenen und gegenwärtigen Kriminalisierungen, Pathologisierungen und Stigmatisierungen anderer Sexualitäten und Geschlechter sowie die jahrhundertealte und fortbestehende Ungleichbehandlung von Frauen in dieser Gesellschaft. Das diskriminierende Verhalten drückte sich in der Unkenntnis, in der Sprachlosigkeit und in der Annahme der Tabuisierung sowie in dem Vergessen geschlechtlicher Nonkonformität aus.

Dabei existiert allerdings ein Paradox, denn die meisten diskriminierenden Begriffe werten geschlechtliche Nonkonformität ab, ohne dass sich die Sprechenden des Phänomens notwendig bewusst sind. Obwohl geschlechtliche Orientierungen wie Transgender, Hermaphroditen, Crossdresser_innen, Frauen mit Bart, androgyne Personen auf eine jahrzehnte- und oft jahrhundertealte Historizität blicken können, existiert keine Benennung oder Differenzierung jener Personen. Mit anderen Worten: In der Diskriminierung von geschlechtlich nonkonformen Personen wurde zwischen verschiedenen Formen von Sexualität und Geschlecht oft nicht unterschieden. Die Ablehnung betraf allein eine wahrgenommene, unspezifische Nonkonformität der Betroffenen. Die Nonkonformität kann zum Witz, zur Beleidigung und zum Statusverlust führen, wenn sie dem Sprechenden als die Markierung gelingt, die die betroffene Person einer sozialen Randgruppe zuführt. Damit wirkt nicht (nur) der sprachliche Inhalt der Diskriminierung, sondern die Absicht der Deklassierung der wahrgenommenen Abweichung. Das erklärt die versprachlichten Vereinfachungen der Wahrnehmung bzw. die Reduzierung der Wahrnehmung auf Altbekanntes, wie z.B. auf Homosexualität. Das heißt, die sprachliche Diskriminierung trifft etwas, was existiert, was sich aber im besonderen Maße den reduzierenden Worten entzieht. Das Paradox besteht in der bisherigen Unentscheidbarkeit des Phänomens Genderbashing: Sprachlich entzieht sich das Phänomen den Täter_innen, den heteronormativen Akteur_innen, den Zeug_ innen und den Betroffenen. Die verletzenden Degradierungen funktionieren, weil sie sich auf historisch anerkannte Degradierungsfiguren beziehen und weil die Sprachlosigkeit den Subjektstatus der Betroffenen abermals ver-andert und so in Gefahr bringen kann.

5.2 »Klos sind ganz schlimm. Permanenter Kriegsschauplatz.« – Nackte Wahrheitsspiele

Die Nacktheit als gelesene Ver(Un)eindeutigung in architektonisch zweigeschlechtlichen Räumen wie öffentlichen Toiletten, Umkleidekabinen und Duschen, in Schwimmbädern, Sportvereinen, Saunen und Fitnesscentern ist eine letzte Bastion offensichtlicher Zweigeschlechtlichkeit. Sie können nach Judith Butler als materialisierte *Zone der Unbewohnbarkeit* für geschlechtliche Nonkonformität bezeichnet werden (vgl. Butler 1997 (1993): 23). Nach Butler sind bestimmte Bewohner_innen in diesen Zonen gesellschaftlich »nicht lebend« bzw. nicht existent. Die subjektlosen Personen der *Zone der Unbewohnbarkeit* erfahren nach Butler den »sozialen Tod«. Das dem Subjekt »konstitutive Außen« lässt sich auch innerhalb der Subjekte orten (Butler 2001: 23). Das als ein Außen markierte Andere und Verworfene ist somit ein Bestandteil des subjektiven Selbst eines anerkannten Subjekts. Die butlersche Binarität dieser Vorstellung entspricht nicht den methodologischen Überlegungen dieser Studie, in denen die Befragten und ihre Subjektpositionen zum Ausgangspunkt gemacht wurden.[255] Allerdings sind jene zweigeschlechtlichen Räume, die hier zum Thema werden, manifeste Relikte der normativen Zweigeschlechtlichkeit und so manifeste *Zone(n) der Unbewohnbarkeit* für geschlechtlich nonkonforme Personen. Sie waren für viele Interviewpartner_innen schon in der Kindheit als normative Vorgabe bedeutsam und in den Konfrontationen mit körperlicher Nacktheit erfahrbar. Dabei symbolisierten die öffentlichen Toiletten für die Befragten die Dominanz heteronormativer Vorstellungswelten. Die

---

255 Die Philosophin Antke Engel kritisierte Butlers Konzept bereits 2002, da die Anfechtung der stabilen Identitäten jenseits dieser Zone bereits gelebter Alltag und nicht in der Utopie oder der Parodie zu suchen sei (vgl. Engel 2002: 32). Es geht deshalb hier nicht um die Infragestellung der Intelligibilität nonkonformer Geschlechter, sondern um deren tagtäglichen widersprüchlichen geschlechtlichen Erfahrungen in einer sich hier sinnlich erfahrbaren, heteronormativen Architektur.

vertiefenden Fragestellungen lauten also: Wie erlebten die befragten Personen diese manifesten Säulen einer Zweigeschlechtlichkeit? Was passierte an diesen Orten, und inwiefern beeinflusste dies die Selbstkonstituierungen?

5.2.1 Frühe Erfahrungen von geschlechtlicher Ordnung

Frühe zweigeschlechtliche Erfahrungen in der Kindheit und in der Adoleszenz stellten erste Erfahrungen vom eigenen Anderssein dar.[256] In der Retrospektive wurden die Erfahrungen mit zweigeschlechtlichen Ordnungen als psychische Belastung beschrieben. Einer_m Interviewpartner_in widerstrebte es beispielsweise, an den ersten Flirt-Erfahrungen im sozialen Umfeld teilzunehmen. Sie_er wurde zu dieser Zeit als Junge bezeichnet und fühlte sich spätestens in der Adoleszenz deswegen von anderen Jugendlichen im gleichen Alter isoliert. Das Duschen im Sportverein war für sie_ihn mit Scham und Unbehagen verbunden:

>»Das hatte ganz viel damit zu tun, dass meine Pubertät auch sozusagen nicht existierte, weil ich in dem Moment feststellte, dass ich eigentlich gar nicht weiß, wer ich bin. Also in dem Moment, wo alle plötzlich hingingen und da wird geflirtet, geturtelt, geliebt, gepoppt, was auch immer. Und es gab natürlich auch Interessentinnen für mich. Und ich habe nicht gewusst, was ich tun soll, weil ich überhaupt nicht da war. Also geschlechtlich nicht da war. Und ich glaube, auch im gleichen Zusammenhang, fiel auch dieses ›Ich mag nicht mit den anderen duschen‹, weil ich mit dieser Nacktheit nicht konfrontiert sein muss/mochte, die ich nicht zuordnen konnte. Also für die ich quasi keine Ordnung hatte. Und Ordnung ist ja etwas, was bei Menschen ganz wesentlich ist. Und ich bin in einer Kleinstadt aufgewachsen und da spielt Ordnung ja noch eine ganz viel größere Rolle, als wenn ich jetzt beispielsweise in einer Großstadt aufgewachsen wäre.«

Bei heteronormativen pubertären Aushandlungen, welche die_der Befragte mit »da wird geflirtet, geturtelt, geliebt, gepoppt, was auch immer« andeutete, fühlte sie_er sich unbeteiligt, selbst wenn sie_er adressiert und begehrt wurde. Das Verhalten der Gleichaltrigen verunsicherte die_den Befragten, da sie_er selbst sich noch in einer geschlechtlichen Entwicklungsphase befand, ohne sich geschlechtlich einordnen, geschweige denn benennen zu können, dass sie_er sich nicht einordnen kann. Die Erfahrung zweigeschlechtlicher »Ordnung« als heterosexuelle Beziehungsanfrage und die trennende Nacktheit beim Duschen führten zu Unbehagen, den anderen und dem eigenen Körper gegenüber. Die Duschen waren ein Ort manifester Andersheit.[257] Ähnlich

---

256 Dieses Kapitel korrespondiert mit der sozialisationsbedingten Erinnerung an Geschlecht als Voraussetzung für die aktuelle geschlechtliche Orientierung, vgl. 3.2 Geschlecht aus Sicht der Interviewpartner_innen.

257 Es ist zu überprüfen, inwiefern sich pubertäre Erfahrungen mit Körper und Beziehungsanfragen als spezielle Form der Verunsicherung oder Isolation für geschlechtlich

berichtete der Interviewpartner Manuel Rosenberg von pubertären Unsicherheiten, denn er fand es als Mädchen unangenehm, sich für den Schulsport in der Mädchen-Umkleidekabine umzuziehen:

> »Ich habe dann immer mich so ins Eck und mit dem Rücken zu den anderen [gestellt] und irgendwie und die meisten, also wenn man hinterher noch noch anderen Unterricht hatte, dann haben die ja geduscht und dann wieder, da habe ich mich immer davor gedrückt irgendwie. Ich weiß noch, wie ich das gemacht habe, ich habe immer gesagt, was weiß ich: Ich habe nicht geschwitzt.«

Der Interviewpartner versuchte, sich inmitten der Mädchen in einer Ecke der Umkleidekabine zum Umziehen zu verstecken und entzog sich dem Duschen mit einer Notlüge. Der eigene Körper konnte so verborgen werden.

Frühe räumliche Erfahrungen von Zweigeschlechtlichkeit wurden fast ausschließlich von jenen Interviewpartner_innen geschildert, die in einem Dorf oder einer Kleinstadt aufwuchsen. Die Darstellungen der kleinstädtischen oder ländlichen Sozialisation waren von Enge und normativer Zweigeschlechtlichkeit geprägt. Die Befragten, die nicht in einer Großstadt aufwuchsen, entwickelten früh eine Sehnsucht, der ländlichen oder kleinstädtischen Bedrängnis zu entkommen. Tamma Katz fasste für sich die geschlechtliche Ordnung in ihrer_seiner Geburtsstadt mit dem folgenden Satz zusammen: »Tanzen in der Kleinstadt bedeutet: Männlein und Weiblein tanzen.« Damit verwies sie_er auf die Dominanz der eindeutigen Geschlechter. Im Kontrast fielen in Kleinstädten jene auf, die durch ihre geschlechtlichen Repräsentationen und/oder durch ihr geschlechtliches Handeln unerwartet agierten. Exemplarisch verbildlicht dies eine Transfrau, die mit ihren Eltern aus der Großstadt in ein Dorf zog. Diese Entscheidung führte dazu, dass sie den großstädtischen Kinderladen[258] verlassen musste, in dem ihr kindliches Verhalten nie pathologisiert

---

nonkonforme Personen zeigen. Denn auch geschlechtlich konforme Kinder und Jugendliche sind in Situationen wie dem gemeinsamen Duschen und in den ersten pubertären Beziehungsinteraktionen verunsichert und fühlen sich unwohl. Ihnen gelingt es dann aber, geschlechtlich einer Eindeutigkeit zuzustimmen, was zumeist zu einer individuellen Entlastung führt, die für die hier Befragten auch nach der Pubertät ausbleibt. Vielen homosexuellen Jugendlichen gelingt der Aufbau von sozialen Beziehungen aus Mangel an Informationen, Offenheit und der Gegenwart von Diskriminierung ebenfalls erst später, da ein Outing in der Schule ihnen wegen fehlender Anerkennung oft unmöglich ist.

258 Einige Ansätze der Kinderladen-Bewegung sind aktuell z.B. in Berlin oder Bremen zu finden. Im eigentlichen Sinne stand die Kinderladen-Bewegung in der Kontinuität der 1968-Bewegung für eine antiautoritäre und libertäre Erziehung und größtmögliche Begleitung der Kinder zur mündigen Selbstständigkeit. Elterninitiativen sind eine Form der Fortführung, wobei sie nicht mehr dieselben pädagogischen Grundsätze verfolgen und in der Regel nicht mehr antiautoritäre Erziehung praktizieren. Kinderläden existieren aktuell zumeist als selbstverwaltete Eltern-Kind-Vereine neben öffentlichen Einrichtungen (Baader 2009; Silvester 2009; Iseler 2010).

oder sonderlich gelesen worden war. In den Dorfstrukturen wurde das gleiche Verhalten als Abweichung gedeutet: Als die Befragte als männliches Kind mit Puppen spielte und ihren Kinderwagen durch das Dorf schob, reagierten die Dorfbewohner_innen mit Ablehnung. Durch diese und weitere stigmatisierende Erfahrungen wurde dieser, Ort zu einem Symbol der Unfreiheit.[259] Die heteronormative Ordnung einer Kleinstadt prägte auch Zoe Rheas Kindheit: »Ostdeutsche Kleinstadt. Katholisch. Also, wo so alles total klar ist, wie das Leben ist und was man zu tun hat.« Erst kürzlich reagierte ihr Vater im Telefonat verhalten auf die Ankündigung seiner Tochter, dass sie nun einen Bart trage und dass sie beabsichtige, ihn und ihre Mutter zu besuchen:

> »[Der Vater sagte:] So, wenn du jetzt hierher kommst, das ist wie wenn ein Raucher in ein Zimmer geht, da eine Zigarette raucht und wenn er dann wieder rausgeht, dann bleibt der Rauch da, aber der Raucher ist weg.«

Der Vater verglich den potenziellen Besuch seiner Tochter mit dem Besuch eines »Raucher[s]«, dessen unangenehmer Geruch im Raum verbleibe, selbst wenn dieser den Raum bereits wieder verlassen habe. Die Spuren würden das Wohlfühlen der Ansässigen verhindern oder zerstören. Der Vater lehnte aus Sorge um seinen Ruf und aus Sorge um das psychische Wohlergehen seiner Frau den Besuch der Tochter ab. Er fürchtete sich vor nachhaltigen, negativen Auswirkungen für sich und seine Familie. Zoe Rheas geschlechtliche Orientierung und Repräsentation wurden vom Vater als Gestank und krankmachende Belastung gelesen.

Das dörfliche und kleinstädtische Leben wurde empirisch als nicht lebbares Leben in einer *unbewohnbaren Zone* beschrieben. Einzig Lee Parker erinnerte sich positiv daran, dass er als Mädchen in seinem »Dorf im Osten« auch bis zur Pubertät seine Freiräume hatte, weil beispielsweise sein Verhalten, seine Berufs- und Lebensplanung nie auf seine geschlechtliche Position als Mädchen reduziert wurde.

Verstärkend kam hinzu, dass viele der Befragten während der Kindheit und Jugend keinen einfachen Zugang zu einschlägigen Informationen bekamen

---

259 Diese Praxen stellen aus geschlechterpädagogischer und heteronormativitätskritischer Perspektive kein untypisches Verhalten eines Kindes dar. Allerdings wird durch Erziehungsberechtigte, Erzieher_innen, Pädagog_innen sowie durch Medien in der Regel eine eindeutige Geschlechtlichkeit vorgelebt und positiv sanktioniert. So wird die Auswahl der Kleidung und der Spielzeuge zumeist auf das Geburtsgeschlecht reduziert. In nur wenigen pädagogischen Ansätzen, wie z.B. in der Kinderladen-Bewegung, ging es gezielt um eine Gleichbehandlung und Gleichberechtigung der verschiedenen Kinder. Bis heute erfolgen geschlechtliche Ungleichbehandlungen im pädagogischen Setting sowohl bewusst als auch unbewusst, und auch im elterlichen Erziehungsauftrag erscheint die Erziehung und Pädagogik zu einem Geschlecht unhinterfragt (z.B. Plebuch-Tiefenbacher/Flaake 2000; Budde 2005; Offen 2013).

und keinen bzw. kaum Kontaktpersonen hatten, denen sie vertrauten. So hatte beispielsweise die Transfrau Felicitas Meransi in ihrer Adoleszenz ein schwules Coming-out, aber in ihrer Altersgruppe »gab es da eigentlich fast niemanden damals« mit ähnlichen Erfahrungen. Und auch der Transmann Lucky Kankoke kannte Homosexualität nur durch wenige Magazin-Artikel:

> »Wenn ich in der Zeit schon gewusst hätte, da wusste ich ja noch nicht einmal, dass es schwul und lesbisch gibt, weil ich auf einem Dorf in Süddeutschland aufgewachsen bin. Ja, ich habe, Schwule und Lesben in Spiegel-Artikeln wahrgenommen als was Komisches. So, da zählte ich mich erst mal nicht dazu. Geschweige denn, von Trans zu reden. Also das ist auch eine systemische Gewalt, indem man gezielt keine Informationen zur Verfügung stellt.«

Fehlende Aufklärung und fehlende Zugänge zu Informationen wurden von Lucky Kankoke als »systemische Gewalt« klassifiziert.[260] Die kleinstädtische Ordnung wurde heteronormativ erlebt, und marginalisierte Lebensrealitäten und Vorbilder waren dort nicht präsent.[261] Das Leben außerhalb der Großstädte verzögerte den Zugang zu Auseinandersetzungen mit Homosexualität, Transsexualität, Transgender, Crossdressing und Intersexualität.[262] Mehr Informationen erhielten demgegenüber jene Interviewpartner_innen, die in Großstädten aufwuchsen, wobei sich der Zeitpunkt der Informationsbeschaffung unabhängig vom Bildungsstand der Herkunftsfamilie zeigte, stattdessen hing er überwiegend von dem Kontakt mit Peers ab.

Zweigeschlechtlich markierte Orte stellten manifeste Erklärungsstützen für die Wahrnehmung eines frühen Unbehagens mit Heteronormativität dar. Die

---

260 Während es bei Lucky Kankoke das Magazin *Der Spiegel* war, aus dem er erste Informationen erhielt, berichtete Tamma Katz davon, lange Zeit geglaubt zu haben, sie_er sei womöglich eine transsexuelle Frau, weil sie_er in den achtziger Jahren als einzige Informationsquelle die Jugendzeitschrift *Bravo* gelesen hatte, in der ein Bericht zur Transsexualität gestanden hatte. Manuel Rosenberg hingegen hatte sich als weibliche Jugendliche eine »Lesbenzeitschrift« aus Berlin an die Postadresse einer Freundin schicken lassen, um überhaupt an Informationen über Homosexualität zu kommen. Von der Suche und der Neugierde und dem Mangel der Informationen (in der Kleinstadt) berichteten insgesamt drei Befragte.

261 Alle Interviewpartner_innen waren vor dem Internetzeitalter in der Adoleszenz. Inwiefern der Zugang zum Internet und zu virtuellen, sozialen Netzwerken diese Erfahrungen der Isolation und der geringen Aufklärung in Kleinstädten verringert, muss offen bleiben. Es ist zu vermuten, dass sich durch virtuelle Netzwerke die Gefühle der Isolation weiter verringern können, weil immer neue Möglichkeiten für Kontakte entstehen. Allerdings ist anzunehmen, dass der direkte Kontakt mit Verbündeten in dieser mobilen Gesellschaft immer noch der Zeit nach der Adoleszenz vorbehalten bleibt, wenn das Dorf bzw. die Kleinstadt mit dem Auto, dem Motorrad bzw. zum Studieren/Arbeiten verlassen wird.

262 In Deutschland ist das Thema Intersexualität erst um die Jahrtausendwende (2000) durch das Engagement zahlreicher Aktivist_innen zu einem öffentlich wahrnehmbaren Thema geworden (Klöppel 2010; Zehnder 2010).

Metaphern des »Dorfes« und der »Kleinstadt« standen in der Retrospektive für das Gefühl der Enge, der Ausgrenzung und für geschlechtliches Engdenken.[263] So hatte Zoe Rheas selbst als Erwachsene noch Bedenken, sich als Frau mit Bart in der Kleinstadt ihrer Eltern zu zeigen und die Transfrau Cornelia Ionesc beschrieb ihren Wechsel aus dem Dorf in die Großstadt mit den Worten »raus aus diesem Mief«. Von Momenten einer erlebten geschlechtlichen Freiheit in der Kindheit berichteten nur zwei Interviewpartner_innen.[264] Die meisten Befragten erinnerten sich an normative Verhaltenskodexe, die für sie überwiegend belastend waren und zu ersten Gefühlen der geschlechtlichen Isolation führten. Mit Blick auf Gegenwart und Zukunft misstrauten die meisten Interviewpartner_innen der Perspektive, dass sich in naher Zukunft Diversität und Akzeptanz für geschlechtliche und sexuelle Orientierungen jenseits ausgewählter Großstädte entwickelt würden.

5.2.2 Toiletten als Metapher der Zweigeschlechtlichkeit

Widerfahrnisse und Erlebnisse in öffentlichen Toiletten oder Umkleidekabinen im (halb-)öffentlichen Raum symbolisierten für fast alle Befragten heteronormative Geschlechterverhältnisse. Öffentliche Toiletten und Umkleidekabinen zeigten sich als Orte der Vereindeutigung, denn für viele Interviewpartner_innen bedeutete der Besuch einer öffentlichen Toilette oder einer Umkleidekabine, sich zumeist für eine geschlechtliche Zuweisung entscheiden zu müssen.[265] An diesen Orten entstanden zahlreiche konflikthafte Interaktio-

---

263 Dies korrespondiert mit zahlreichen filmischen und transhistorischen Darstellungen der Dichotomie von un-queerer Kleinstadt versus queer-freiheitlicher Großstadt, wie beispielsweise im Film *Boys dont cry* von Kimberly Peirce und Leslie Feinbergs *Träume in den erwachenden Morgen*. Beide Narrationen handeln von massiver Gewalt bis hin zu Mord und Ausgrenzungswiderfahrnissen gegenüber geschlechtlich nonkonformen Personen. Ebenso ziehen die Protagonist_innen vom Land in die Stadt, in der sie sich mit ihrer Persönlichkeit entfalten können. Inwiefern diese Dichotomie des negativen Erlebens von geschlechtlicher Nonkonformität in Dörfern und Kleinstädten und des positiven Erlebens in Großstädten als Erfahrungen und analytisches Ergebnis zu halten ist, muss Gegenstand einer eigenen Untersuchung werden.

264 Manuel Rosenberg nutzte den Begriff der »Freiheit«, um zu kennzeichnen, dass er und sein_e Freund_in sich als Freund_innen im Erwachsenenalter geschlechtliche Freiheiten zugestanden hatten. Inhaltlich verwies er auf gegenseitiges Respektieren und Akzeptieren. Ron Lemon entdeckte Freiheit im Unterstrich der geschlechtergerechten Sprache: »Diese Freiheit, einfach so ein leeres Ding. Fand ich gut.« Freiheit ist hier ein Versuch der Nicht-Zuweisung zu einem Geschlecht. In anderen empirischen Fällen wurde mit »Freiheit« eine utopische Loslösung von geschlechtlichen Normen gefasst.

265 Frauen- und Männertoiletten sind mit Buchstaben, Wörtern, Bildern oder Piktogrammen markiert. Persson Perry Baumgartinger bezeichnete diese Symbole und Gegenstände, Strukturen und Personen, die das »heteronormative System exekutieren« als »Heternorm-Polizei« (Baumgartinger 2008: 24).

nen. Der Interviewpartner Francis Wagner wurde beispielsweise gewaltsam aus einer Toilettenschlange gezerrt, weil er sich in der Warteschlange zur Männertoilette angestellt hatte:

>Ja, und dann ist mir mal an einer Autobahnraststätte passiert – da kam ich halt auch von so einer queeren Veranstaltung, und war halt dementsprechend mit Selbstbewusstsein getankt. (Lachen). Da hat mich halt der Mensch, der die Kasse sozusagen gemacht hat, ziemlich heftig irgendwie –, also ich stand halt in der Schlange, die Schlangen waren total lang, da hat er mich ziemlich heftig an den Schultern genommen und mich auf das Behindertenklo geschmissen. Er hat die Tür aufgemacht, mich da reingeschmissen und die Tür zugemacht. Das war halt so ein demonstrativer Akt und noch dazu hat er mich einfach angefasst und ja, ich war da halt der Störfaktor in dem Moment.«

Der Interviewpartner war in den Augen des Angreifers offensichtlich nicht legitimiert, in der von ihm gewählten Toilettenschlange zu warten. Er verhinderte scheinbar durch seine Präsenz den reibungslosen Ablauf im Toilettenbereich und wurde in der Rollstuhlfahrer_innen-Toilette eingesperrt. In diesem Moment wurde aus dem Toilettenraum eine *Zone der Unbewohnbarkeit*, wobei die anderen Toilettenbesucher_innen, die in den Schlangen warteten, verharrten und nicht intervenierten. Dem Interviewpartner wurde durch die lokale Autoritätsperson die Rollstuhlfahrer_innen-Toilette zugeteilt, die als geschlechtsloser Raum konzipiert ist. Die soziale Kategorie der körperlichen Beeinträchtigung (durch das Piktogramm der Rollstuhlfahrer_in gekennzeichnet) überdeckt die Kategorie des Geschlechts. Nach diesem zweigeschlechtlichen Unsichtbarmachen und dem abwertenden Labeln der Behinderung verließ der Interviewpartner gedemütigt den Toilettenbereich. David Dreyer generalisierte die Zustände für geschlechtlich nonkonforme Personen auf Autobahnraststätten als »wirklich noch schlimmer als in Arztpraxen.« Durch die Anonymität der Raststätten werde ein ungezügeltes Verhalten tendenziell gefördert. Toilettenbesuche an unbekannten oder mobilen Orten stellten anerkannte Gefahrenzonen dar. Der Crossdresser Kim Valentin bezeichnete deshalb öffentliche Toiletten insgesamt als »permanenten Kriegsschauplatz«. Allerdings waren gewaltsame Übergriffe im Toilettenbereich besonders brisant, wenn sie an jenen Orten stattfanden, an denen sich die Interviewpartner_innen bislang sicher gefühlt hatten:

>Es ist jetzt auch schon ja eine der krassesten [Geschichten] in Anführungszeichen, da war ich in einer Kneipe auf dem Klo. (...) Und das ist halt so eine Kneipe, wo ich unter anderem auch arbeite, und auch die ganzen Leute gut kenne und naja, dann kam halt einer rein und meinte: ›Sag mal, bist du nicht auf der falschen Toilette?‹ Das war auch so ein sehr schöner Abend, wo ich mit ganz vielen Leuten da war und war gut gelaunt und das kam dann so zack und das war dann

klar, eigentlich ist der Abend schon wieder gelaufen. Dann hatte ich aber keine Lust, mir die Laune verderben zu lassen. Und dann war ich halt frech und habe gesagt: Nee, aber ich glaube, du bist in der falschen Kneipe. Ich bin dann halt raus. Und dann ist er auch raus und mir hinterher gelaufen und sagte halt: ›Schwuchtel‹. Und dann habe ich mich halt umgedreht und habe ihm ziemlich kräftig auf die Nase gehauen. So und dann sind wir irgendwie beide umgekippt. Er hatte dann irgendwie eine blutige Nase und ich war nur von der Wucht so umgefallen und ich bin dann wieder so an meinen Tisch und alle gleich so, ›Was war los?‹ Und so. Und da hatte ich ganz viel Rückhalt, es war so, genau, ich hatte erst einen totalen Blackout, ich wusste überhaupt nicht, die haben mich alle gefragt: ›Was war, was war?‹ Und ich wusste es nicht mehr. Ich hatte einen totalen Blackout. Und da waren auch die ganzen Tresenleute und so und die meinten dann auch, dass also: ›Kim haut nicht einfach jemanden auf's Maul, da muss irgendwas gewesen sein‹.«

Der harmlos anmutende Wortwechsel in den Toilettenräumen führte zu einer sprachlichen Diskriminierung und zu einer körperlichen Konfrontation nach dem Verlassen der Toilette. Kim Valentin wurde zum Opfer einer rhetorischen Frage und einer homosexuellenfeindlichen Beleidigung. Der Interviewpartner reagierte in der Situation zwar widerständig, zeigte sich aber zugleich verunsichert, was sich körperlich dadurch ausdrückte, dass er bereits beim Zuschlagen sein Gleichgewicht verlor. Nach der körperlichen Konfrontation konnte er sich nicht mehr an die verbale Auseinandersetzung erinnern, was als ein Anzeichen innerer Unruhe und Verletzlichkeit gedeutet werden kann. Dieses gewaltsame Aufeinandertreffen führte für den Befragten dazu, in Zukunft zweigeschlechtliche Räume nicht mehr angstfrei betreten zu können. Eine solche Angst vor den Reaktionen der anderen Anwesenden war im Alltag für viele Interviewpartner_innen bestimmend, denn die Wahl der Toiletten war für die meisten eine Frage der Selbstsorge in Bezug auf ihre eigene Sicherheit, wie die Transfrau Cornelia Ionesc veranschaulichte:

»Also dass man vielleicht mal angetoucht wird auf der Herrentoilette – ab dem Moment habe ich gesagt: ›Ich gehe jetzt doch auf die Damentoilette.‹ Und wenn irgendeine Frau damit Probleme hat, dann frage ich sie, ob sie sich mal trauen würde, auf die Herrentoilette zu gehen. Ob sie wüsste was da abginge, wenn man da so erscheinen würde. Das hatte ich mir so zurecht gelegt, brauchte ich aber nie anwenden, weil es da keine Probleme gab.«

Cornelia Ionesc hatte zunächst Sorge, dass sie ihre Toilettenwahl anderen Frauen gegenüber legitimieren müsste, was sich allerdings als unbegründet erwies. Bis dato war die Interviewpartnerin noch nie in die Bedrängnis gekommen, sich auf Frauentoiletten erklären zu müssen. Ein Grund lag möglicherweise darin, dass entweder Cornelia Ionesc in der Frauentoilette als Cis-Frau gelesen wurde oder – unwahrscheinlicher, aber möglich – dass ihre

Trans-Weiblichkeit akzeptiert wurde.[266] Oftmals war das eigene Empfinden beim Aufsuchen der zweigeschlechtlichen Räume entscheidend: Francis Wagner nutze beispielsweise in der Regel Männertoiletten, ohne sich dort jemals wohl zu fühlen. Er wusch sich zumeist nicht die Hände, um die Dauer des Aufenthalts dort zu verkürzen und ging »straight raus«, um sich keiner Gefahrensituation auszusetzen. In den Toilettenräumen war er stets aufmerksam (»weil ich das so präsent habe«), um mögliche Störungen frühzeitig wahrzunehmen. Lee Parker trieb die Sorge um, dass er beim Nutzen der Männertoilette in der Universität von früheren Bekannten, die ihn noch als Mädchen oder Frau kennengelernt hatten, irrtümlich einer falschen Nutzung überführt würde. Die *Zone der Unbewohnbarkeit* weitete sich in diesem Exempel für den Befragten auf die gesamte Universität aus, weil schließlich ein Besuch der Bildungsstätte nur dann entspannt ist, wenn ein Toilettenbesuch möglich ist. Mit anderen Worten: Lee Parker hatte keine geschützte Umgebung für seine geschlechtliche Selbstkonstituierung und musste sich mit den »banalsten« Bedürfnissen neu orientieren und eine Lösung zwischen Offenbaren und Verstecken finden.[267] Ein starres Verhältnis von Zweigeschlechtlichkeit und Geschlechterräumen wie Toiletten konnte allerdings auch durch geschlechtliche Nonkonformität ins Wanken geraten. Dies veranschaulichen zahlreiche empirische Beispiele, in denen die Präsenz der Interviewpartner_innen dafür sorgte, dass geschlechtlich konforme Personen irritiert wurden. Die Transfrau Felicitas Meransi irritierte qua Präsenz beispielsweise gelegentlich andere Badegäste eines Schwimmbades, wobei das vor allem an ihrer Begleitung gelegen habe:

> »Also ich denke, wenn sie [eine Trans-Freundin] nicht dabei gewesen wäre, wäre ich wahrscheinlich gar nicht sehr auffällig gewesen, aber dadurch, dass sie einfach noch sehr männlich aussah zu dem Zeitpunkt, waren wir die Attraktion des Schwimmbads.«

> »(...) wir [Felicitas Meransi und die Freundin] haben die Blicke natürlich auf uns gezogen. Also es hat niemand groß was gesagt, außer (Lachen) dass Leute, die in der Umkleide waren, ich weiß jetzt gar nicht, ob das jetzt bei dem war, ich hatte schon öfter so ähnliche Situationen, aber auf jeden Fall: Egal in welcher Umkleide ich bin, denken die Leute immer die reinkommen, sie sind in der falschen (Lachen). Ja.«

---

266 Denn auch in Damentoiletten finden ausgrenzende Situationen statt, wenn Besucher_innen als geschlechtlich nicht passende Eindringlinge identifiziert werden. Nur wer zweifelsfrei als Frau passt, kann im Beisein von anderen Frauen sicher sein, unkommentiert bzw. unbeschadet diese Toiletten besuchen.

267 Neben den Ängsten des Entdecktwerdens oder der Furcht davor, diskriminiert zu werden, existieren weitere Selbstverständlichkeiten im Zuge der Toilettenpolitiken, die für die meisten geschlechtlich konformen Personen nicht offensichtlich sind. Francis Wagner machte beispielsweise darauf aufmerksam, dass er in Männertoiletten irritiert sei, weil »wenn ich mein Tampon wechseln will, dass da kein Eimerchen steht.«

Beide Sequenzen veranschaulichen die temporäre Dekonstruktion der Zweige-schlechtlichkeit durch die für die anderen Badegäste irritierende Anwesenheit der Interviewpartnerin und ihrer Begleitung. Der gewählte Raum der Um-kleidekabine war dabei für Felicitas Meransi unerheblich, denn die irritierten Reaktionen fanden sowohl in Männer- als auch in Damenumkleidekabinen statt. In der Konfrontation mit geschlechtlicher Nonkonformität gelang es, die binären Schemata der anderen Schwimmbadbesucher_innen kurzzeitig brüchig werden zu lassen. Obwohl in dieser Sequenz Felicitas Meransi keinen Ort besaß, sich in Ruhe umzuziehen, wurde der Raum, den sie einnahm, ihr nicht abgesprochen. Die Wirkung einer Sichtbarkeit als geschlechtlich non-konforme Person hing somit vom Setting (Schwimmbad, Badekleidung) und den beteiligten Personen (Begleitung, Badegäste) ab. Die Interviewpartnerin und ihre Freundin konterkarierten die stets reproduzierte Annahme der Na-türlichkeit von binären Geschlechtern in der Badeanstalt durch ihre Präsenz. Oder pointierter formuliert: Ihre Existenz war zwar nirgends vorgesehen, aber dennoch existierten sie in der Wahrnehmung der anderen Badegäste als etwas vielleicht Unentscheidbares und Unbenennbares, was sich in den irritierten Reaktionen widerspiegelte.

Die manifesten Relikte der Zweigeschlechtlichkeit waren aus Sicht der Interviewpartner_innen stets potenzielle Diskriminierungs- und Gewaltorte und besaßen als binär erfassbare Struktur eine symbolische Kraft. Denn nur an wenigen Orten kann Zweigeschlechtlichkeit sinnlich so unmittelbar ausschlie-ßend erfahren werden. Sie sind manifeste Paradebeispiele für den Starrsinn der Geschlechterbinarität und den ihm innewohnenden Ausschlusscharakter. Dies gilt für den Besuch von öffentlichen Toiletten und Umkleidekabinen, die z.B. in Schwimmbädern, Sporthallen, Fitnesscentern, Universitäten, Bildungsstätten, und Behörden zu finden sind. Einige Interviewpartner_innen setzten positive Erfahrungen daneben: So war Johanna Vosen in einer Diskothek erleichtert, ein »AllGenderKlo« vorzufinden, weil sie schon oft auf den Toiletten wegen ihrer Androgynität angesprochen und belästigt worden war. Und Lee Parker formulierte hoffnungsfroh: »Es gibt [in meiner Stadt] sogar ein Kino, das hat ein Queer-Klo. Ich bin sehr begeistert.« Irritationsräume entstanden, wenn geschlechtlich konforme Personen ihre positionierte Geschlechtlichkeit statt der Geschlechtlichkeit ihres Gegenübers infrage stellten. Inwiefern sie zu einer nachhaltigen Infragestellung der Zweigeschlechtlichkeit beitragen könnten, muss offen bleiben. Deutlich geworden ist aber, dass es den Befragten durchaus gelang, selbst manifeste *Zone(n) der Unbewohnbarkeit* in temporär bewohnte Zonen zu verwandeln.[268]

---

268 Aus dieser Erkenntnis darf nicht der Kurzschluss erfolgen, dass es der Anwesenheit von geschlechtlich nonkonformen Personen bedarf, um zweigeschlechtliche Räume zu öffnen.

5.2.3 Von der Architektur des Denkens

Die manifesten Orte binärer Geschlechter weisen eine Eindeutigkeit und damit eine Unterkomplexität auf, die den Geschlechterverhältnissen als soziale Wirklichkeit nicht zu eigen sind (Bereswill 2011). Da die Interpretation des Passings der Interviewpartner_innen auch an diesen Orten von den Interpretationen anderer Personen abhängig war, blieb für die Befragten eine verunsichernde Unkalkulierbarkeit dessen, wie ihre geschlechtliche Orientierung in diesen binär codierten Räumen gelesen würde und ob sie diskriminiert werden würden.[269] In manchen Situationen entstanden produktive Irritationsräume, in denen sich geschlechtlich konforme Personen plötzlich aufgefordert fühlten, ihr Verständnis von differenzgeschlechtlichem Ort infrage zu stellen. Es blieb allerdings offen, was aus diesen Begegnungen z.B. für die Nicht-Trans-Badegäste folgte. Obwohl die Toilettenbesuche und Umkleidesituationen häufig auch glimpflich abliefen, wurde veranschaulicht, dass gerade diese Orte dazu beitragen, verschiedene Formen der geschlechtlichen Nonkonformität unsichtbar zu machen. Es ist deshalb sicherlich richtig, dass ein erster Schritt zur Reduzierung der Diskriminierung an diesen Orten ist, sich dieser einseitigen Architektur zu entledigen, indem zusätzlich Unisex-Toiletten und Duschen (beispielsweise als Duschkabinen) eingerichtet werden.[270]

Toiletten-Narrationen standen für die Statik und Komplementarität der Zweigeschlechtlichkeit. Sie wurden wegen ihrer Eindeutigkeit und aufgrund der allgegenwärtigen Präsenz öffentlicher Toiletten zur Anklage des Differenzdenkens. Allerdings symbolisieren Toiletten ein anachronistisches Verständnis von Geschlecht, dass in der gesellschaftlichen, neoliberalen Wirklichkeit als statische Form längst überholt ist. Diese klare Symbolik kann zum Denken anregen, denn Geschlecht wird aktuell auch außerhalb dieser Räume (in Sprache, in der Warenwelt und in Dominanzverhältnissen) immer wieder zweigeschlechtlich und gegensätzlich konzipiert wird.

Trotzdem verweist die Thematisierung der Räume figurativ auf das hegemoniale Geschlechterdenken. Die spontanen und ablehnenden Reaktionen, von denen berichtet wurde, können als ein geschlechternonkonform-feindlicher

---

269 Dies trifft selbstverständlich nicht nur für geschlechtlich nonkonforme Personen zu, sondern betrifft geschlechtlich konforme Personen ebenso, und jene die sich jenseits der körperlichen Normalität in westlichen Gesellschaften wähnen und Angst vor Stigmatisierungen und Verspottung haben, wie beispielsweise dicke oder dünne Personen mit körperlichen Einschränkungen, sowie (vorrangig weibliche) Personen mit ausgeprägter Körperbehaarung und People of Color.

270 Vgl. zur transfeindlichen Kritik an der Einrichtung von Unisex-Toiletten in öffentlichen Gebäuden den Kommentar, der am 2. März 2013 im Deutschlandradio gesendet wurde (Müller 2013).

Reflex im Sinne einer dichotomen Architektur des Denkens gedeutet werden. Im Denken und im Wahrnehmen werden Geschlechter stets reduziert, so dass die Mehrdimensionalität der identitären Zugehörigkeiten, Zwischenstufen, Abstufungen und Neuorientierungen keine Spur in der Erinnerung hinterlassen. Das Prinzip des Entweder-Oder der Architektur zeigt eine Fixierung der Selbstverständlichkeiten hegemonialen Geschlechterdenkens.

5.3 »Ich bin ja nicht cooler, weil ich Trans bin« – Im Zwiespalt soziokultureller Szenen

Insgesamt 16 Interviewpartner_innen fühlten sich mindestens temporär einer politischen, geschlechtlichen oder musikalischen Szene zugehörig. Zugehörigkeiten zu Szenen boten die Möglichkeit, der Isolation und den Gefühlen von Einsamkeit zu entkommen. Sie sorgten für innere Ruhe, Partys, Sexualkontakte, Freund_innenschaften, sie wurden zum Lebensinhalt und sicherten für manche sogar das Überleben.

Deshalb ist es von besonderer Bedeutung den diskriminierenden und gewaltsamen Erfahrungen in soziokulturellen Szenen Beachtung zu schenken.[271] Die leitende Frage lautet dabei: Welche Bedeutung hatten die gewählten Szene-Zugehörigkeiten im Kontext der vorliegenden Untersuchung zu der Diskriminierung und Gewalt?

5.3.1 Die Szene als Heimat und Transitraum

Für einige der Befragten der sechziger und frühen siebziger Jahrgänge boten »linksalternative«, »schwullesbische«, »feministische« oder »transsexuelle« Szenen und für später geborene Befragte vorwiegend die »Transgender-«, »Drag-« und die »Queer-Szene« Möglichkeiten, um nicht-normative geschlechtliche Orientierungen kennenzulernen und auszuprobieren.[272] Die Interviewpartner_innen hatten an diesen Orten zum ersten Mal das Gefühl, jenseits der Zweigeschlechtlichkeit experimentieren und existieren zu dürfen

---

271 Unter einer Szene verstehe ich im sozialwissenschaftlichen Sinne eine Gruppe von Personen, die sich mit einer eigenen Codierung und eigenen Verhaltensweisen als Gruppe zusammengeschlossen haben. Szenen bieten unverbindliche Kontaktmöglichkeiten und Szene-Aktivist_innen verstehen sich als ein spezifisches Kollektiv mit ähnlichen Interessen und Vorlieben (Hitzler et al. 2010 (2001)). In der Jugendkulturforschung wurde bis in die achtziger Jahre hinein über »Subkulturen«, »Milieus« und »Peer-Groups« gesprochen. Davon grenzt sich die Szene-Forschung ab, denn sie will mit den Akteur_innen der jeweiligen Gruppen forschen, statt über sie (Hitzler o.J.).

272 Szenen existieren nicht als ein einzelner Kreis an Personen, denn hinter den Begriffen steht eine Vielfalt an lokalen, (über-)regionalen und manchmal sogar internationalen Szene-Zusammenhängen.

(z.B. Kendra Fraschen; Felicitas Meransi; Cornelia Ionesc).[273] Außerdem fühlten sich sechs Befragte mindestens temporär der Punk-[274], der Gothic- oder der Techno-Szene zugehörig. Dort probierten sie verschiedene geschlechtliche Repräsentationen aus (z.B. Cornelia Ionesc; Kim Valentin). Gemein war diesen Szenen, dass sie musikalisch-kulturelle Räume für geschlechtliche Grenzüberschreitungen jenseits binärer Codierungen boten.[275] Linksradikale und linksalternative Szenen wandten sich gegen die Diskriminierung von und Gewalt gegen unterdrückte Minderheiten. Die politischen und kulturellen Inhalte, Wertvorstellungen und Rahmenbedingungen sind dabei von Szene zu Szene verschieden. Außerdem sind die Codes und Verhaltenskodexe verschieden, wobei sie selten offensichtlich erkennbar sind und in der Regel keinen primär exkludierenden Charakter haben (Hitzler et al. 2010 (2001)). Zugehörige Individuen profitieren von der Gemeinschaft und der gegenseitigen Unterstützung. Szenen funktionierten für die Befragten deshalb als Ersatzfamilie, als Freund_innenkreis und Lebensmittelpunkt. Sie lösten sich dort vom Ideal der traditionell-bürgerlichen, heterosexuellen Kleinfamilie und entledigten sich einer rigiden Sexualmoral, um Neues ausprobieren zu können. Einige der erwähnten Szenen ermöglichten es, Sexpartys zu besuchen, eigene geschlechtliche Repräsentation zu modifizieren und/oder ein eigenes politisches Bewusstsein zu entwickeln.[276] Szene-Orte boten demzufolge Begegnungen und Auseinandersetzungen mit Personen, die ähnliche Erfahrungen hatten oder machen wollten, und sie boten ein Terrain, in dem sich die Befragten willkommen, sicher und geborgen fühlten. Dort wurden sie politisch aktiv und konnten gemeinsam mit Anderen Solidarität, Freude und Spaß erleben. In ihren Szenen verbrachten viele der Befragten einen Großteil ihrer (Frei-)Zeit und einzelne betonten, sich fast ausschließlich in Szenekontexten zu bewegen. Diese Personen hatten kaum Kontakt zu Personen außerhalb dieser Zusammenhänge:

---

273 Die meisten Befragten fühlten sich mindestens einer Szene zugehörig. Zugehörigkeitsgefühle veränderten sich entsprechend der Veränderungen in ihren eigenen Lebensphasen und Bedürfnissen.

274 Die Punk-Szene wurde bereits 1979 von Dick Hebdige untersucht (Hebdige 1979). Punk war eine die Normalisierung herausfordernde Praxis. Nach Dunja Brill nutzten viele Punks diese Idee des Widerstandes und der Subversion als eine »*self-fulfilling prophecy*« und damit » als Identifikationsfolie für ihre subkulturellen Praxen« (Brill 2008: 104).

275 Kleidungsstile, Verhaltenskodexe, Musikrichtungen, Räumlichkeiten, Idole und politische Positionen bestimmten über Zugehörigkeit und Nicht-Zugehörigkeit. Dabei sind Szenen in der Regel darauf ausgerichtet, sich selbst zu stilisieren und einen gemeinsamen Erlebnisraum zu schaffen (Hitzler o.J.).

276 Andere wichtige Gemeinsamkeiten waren die politischen Ziele, das gemeinsame Konsumieren berauschender (illegalisierter) Substanzen oder das Entwickeln einer spezifisch eigenen Partykultur etc.

»Also, ich bin schon mit 15 sozusagen aus allen normalen heterosexuellen oder sonst was Zusammenhängen raus, und das war zeitlich, das war so eine Zeit, in der habe ich hauptsächlich so eine Techno-Welt betreten und die immer weiter ausgebaut.«

Sich von der heteronormativen Welt zu distanzieren und nur in Szenen politische, freundschaftliche und berufliche Kontakte zu gestalten, war ein Kennzeichen der Narrationen. David Dreyer tauschte, als er erwachsen war, seine lesbische Zugehörigkeit mit der Welt der Techno-Szene. Dort genoss er die Freiheiten geschlechtlicher Inszenierungen und konnte erleben, wie Musik es möglich machte, andere Grenzen der Ungleichheit zu überwinden. In den folgenden Jahren eröffnete er gemeinsam mit Freund_innen seinen eigenen Szene-Club. Dabei war die Wahl der Techno-Szene kein Zufall, denn mit Hilfe der (kommerzialisierten) Individualisierung war Techno ein Gebiet, in dem sich auch Geschlechter zu Beginn mit weniger Konformitätsdruck konstituieren konnten (Bradby 1993; Currid 1995).

Ein anderer Interviewpartner setzte sich für Dragräume ein. Dort war es für ihn und andere Besucher_innen möglich, Geschlecht jenseits eindeutiger Zuschreibungen zu leben. Motivation und Kreativität waren die Antriebsfedern, neue Treffpunkte zu schaffen. Dies wurde als Ausweg gesehen, sich einen eigenen kulturell-politischen Begegnungsraum zu schaffen, den nicht wenige als »Heimat«, Ruhepol und als Basis für das eigene Leben begriffen.[277] Durch Szene-Zugehörigkeiten wurde es möglich, sich in einer geschlechtlichen Repräsentation zu zeigen, die zweigeschlechtliche Grenzen überschritt. Die Interviewpartner_innen fanden dort soziale Anerkennung im Verbünden mit anderen. Oft wurden deshalb die eigenen Außenseiter_innen-Erfahrungen durch den Kontakt mit Szenen relativiert, und Viele entwickelten dort zum ersten Mal Selbstachtung. Eine Interviewpartnerin vor ihrer Transition zur Frau viele Jahre als Familienvater in einer Kleinstadt gelebt. Ihren ersten Besuch einer Gothic-Party in der Großstadt erlebte sie deswegen als psychische Entlastung:

»Ha, ich stand dann zum ersten Mal auf der Party und sah zum ersten Mal Männer in Strapsen und ein Pärchen, wo beide ein weißes Hochzeitskleid anhatten. Ich dachte: Da seid ihr! Irgendwie geht's hier weiter.«

Das nicht-normative Paar in weiß und die »Männer in Strapsen« erweckten die verlorene Lebenslust der Interviewpartnerin wieder. Ihr wurde plötzlich bewusst, dass für sie ihr Lebensweg an diesen Orten und mit diesen Begeg-

---

277 Der Begriff der ›Heimat‹ wurde im Datenmaterial mehrmals beschreibend für Szenen genannt. Der Begriff ist hier nicht auf eine völkische Zugehörigkeit bezogen, sondern verweist auf die entlastende Funktion eines Ortes, der einem Zuhause gleicht, in dem sich die Interviewpartner_innen zugehörig, geborgen und aufgehoben fühlten.

nungen weitergehen konnte. Das zeigt, dass Kontakte mit Gleichgesinnten in Szenen den Alltag für viele der Befragten erleichtern konnten. Noch Jahre nach dem Eintritt in eine Szene, war diese Zugehörigkeit, selbst wenn sie nicht mehr aktuell war, von Bedeutung. Orte, an denen Strapse getragen wurden, an denen Männer sich in Röcken und Kleidern präsentierten und nicht heteronormative Inszenierungen und respektvolles Miteinander ausprobierten, wirkten ermutigend und steigerten das Selbstbewusstsein. Denn dort wurden die Verschiedenheiten geschlechtlicher Orientierungen an den Grenzen der Zweigeschlechtlichkeit anerkannt. Ausgewählte Szenen veranschaulichen, inwiefern diese Begegnungen zu wichtigen Stützen und Wegmarkierungen in lebensweltlichen Übergangsphasen wurden:

> »Und erst in den 90ern und als ich auf eine Trans-Tagung gegangen bin und auf eine Gruppe stieß, die sich sehr intensiv mit dem Thema Geschlecht und auch mit dem Thema Nicht-Geschlecht auseinandersetzte, fiel mir plötzlich auf –, und da ist mein Problem! Also, bzw. die sprechen das an, was mich die ganze Zeit nervt. Weil ich auch die andere Rolle nicht erfüllen kann und will. Und dann plötzlich stand ich da und dachte: Okay, es gibt so viele Möglichkeiten [Geschlecht zu leben], ich sollte darüber nachdenken, wie es auch sein könnte. Und seitdem geht es mir auch deutlich besser. Auch was mein –, was eben dieses Selbstfinden und Durcheinandersein und so angeht. Weil, plötzlich war ich viel weniger durcheinander. Denn plötzlich konnte ich feststellen, ich bin ich!! Das ging vorher nicht.«

Der Kontakt mit der Trans-Szene durch die Teilnahme an einer Konferenz führte dazu, dass die_der Interviewpartner_in sich geschlechtlich neu orientieren und verorten konnte. Ihr_m wurde plötzlich bewusst, dass sie_er sich nicht als entweder Frau oder Mann positionieren musste, sondern dass sie_er eine eigene geschlechtliche Orientierung entwickeln konnte. In Bezug auf Geschlecht hatte sie_er Verbündete gefunden, die sich ebenfalls geschlechtlich nicht binär verorteten.

Szene-Räume wurden allerdings häufig als Transiträume genutzt. Transiträume wurden in dem Wissen betreten, dass sie temporär sind oder aber sie entpuppten sich erst in der Rückschau als Übergangsräume. Im Transit war die Zugehörigkeit zu einer Szene auf bestimmte Phasen des Lebens beschränkt. Dennoch entstanden dort geschlechtliche Freiräume, die Thematisierung von (sexuellen) Leidenschaften und durch kritische Haltungen gegenüber heteronormativen Geschlechterverhältnissen wichtige biografische Erfahrungen. War ein Szene-Lebensabschnitt zu Ende, so verließen einige der Befragten diese Szenen, um sich anderen Interessen zu widmen. Aber selbst obwohl einige der Interviewpartner_innen sich der feministischen, der Queer- oder Lesben-Szenen zum Zeitpunkt der Interviews nicht mehr zugehörig fühlten, war die Zeit der Zugehörigkeit im Interview noch wirkmächtig. Denn sie berichteten von geschlechtlichen, sexuellen und politischen Auseinandersetzungen, die wichtige Wendepunkte in ihrem Leben markierten. Eine biografische Vergangenheit in Szenen verlor erst dann ihre akute Bedeutung, wenn sich die Befragten a) von den eigenen Themen um Geschlecht und Sexualität gelöst hatten und andere Interessen an Bedeutung gewannen und b) aus einer identitären Klammer einer Szene bewusst lösen wollten oder mussten, weil die wahrgenommenen Dogmen und Abgrenzungen in der Szene ihnen nicht mehr einleuchteten oder ihren Selbstkonstituierungen nicht mehr entsprachen. Dies geschah beispielsweise, als der Transmann Manuel Rosenberg nicht mehr der Lesben-Szene zugehörig sein konnte und wollte, weil die Position des Transmannes eine lesbische Orientierung ausschloss. Oder wenn Felicitas Meransi als (noch) männlich gelesene Transfrau nicht in ein »FrauenLebensTrans-Wohnprojekt« einziehen durfte, weil sie nicht der geschlechtsidentitären Ausrichtung des Projekts entsprach.

Szenezugehörigkeiten hatten für die Mehrzahl der Befragten eine tiefe persönliche, soziale und politische Bedeutung, die mit positiven Erinnerungen, Freund_innenschaften und politischer Organisation verknüpft waren. Dies wurde selten von den Interviewpartner_innen infrage gestellt, obwohl im selben Atemzug gewaltsame und ausgrenzende Erfahrungen sowie Mobbing innerhalb der Szenen zum Thema gemacht wurden. Denn nicht nur der Wahrnehmung des – wie Lee Parker betont, nicht »so krassen Normierungsdruck(s)« in Szenen – widersprachen einige Befragte, sondern sie kritisierten auch die internen Ausschlussmechanismen, die sie dort vorfanden. Im Folgenden wird exemplarisch die Queer-Szene in den Blick genommen.

5.3.2 Die Queer-Szene als ambivalenter Raum

In Deutschland ist die Queer-Szene[278] als politisch-kulturelles Feld aus einem akademischen Diskurs hervorgegangen, der sich auf ein identitätskritisches Subjektverständnis und herrschaftskritische Gesellschaftskritik der *Queer Theory* bezieht (vgl. Rauchut 2008: 82-93). Hierzu zählen beispielsweise eine Offenheit und eine inklusive Haltung gegenüber verschiedenen Geschlechtern, ethnisierten und rassifizierten Zugehörigkeiten, sozialer Herkunft und gegenüber verschiedenen Sexualitäten.[279] Gemessen an diesem Anspruch und in der

---

278 Eine singuläre Queer-Szene existiert streng genommen nicht. Der Begriff bezieht sich auf eine Gesamtheit der Personen in Initiativen, Arbeitsgruppen, Kollektiven und Personengruppen, die sich im Sinne der *Queer-Politics* und *-Theory* organisieren. Die hier gemachten Aussagen über diese Szenen waren in Narrationen um Diskriminierung und Gewalt eingebettet. Ich gebe zu bedenken, dass nicht gezielt zur Queer-Szene geforscht wurde, sondern dass sie im Kontext der Anfrage zum Thema gemacht wurde.

279 Die Queer-Szene wird als vorwiegend akademische und weiß-dominierte Szene wahrgenommen. Stimmen, nicht nur von *Trans-of-Colors*, kritisieren diese Homogenität, die

Absicht der identitären Loslösung steht sie im Kontrast zu fast jeder anderen Szene, denn diese basieren auf identitären Verhaftungen. Über die Hälfte der Interviewpartner_innen bewegte sich vorwiegend in einer lokalen Queer-Szene. Sie berichteten von ein- und ausschließenden Mechanismen, woraus ich schließe, dass viele von ihnen queere Orte als ambivalente Räume wahrnahmen.

Die Zugehörigkeit zur Queer-Szene bot zunächst lang ersehnte Gelegenheiten, in ihren eigenen geschlechtlichen und sexuellen Selbstkonstituierungen zu erscheinen, die außerhalb dieser Szenen oft unsichtbar gemacht, ignoriert, angegriffen und dethematisiert wurden. Queere Räume wurden deshalb als außergewöhnliche Akzeptanzorte beschrieben. Um dies überzeugend darzustellen, wählten die Befragten die narrative *Figur eines fiktiven geschlechtlichen Außens* (Ipk), von der sie sich als Besucher_innen queerer Räume abgrenzten. Diese Figur bündelte inhaltlich und normativ alles, was sie als Szene-Angehörige ablehnten. Diese Ablehnung betraf jene Normalität, die mit den Begriffen wie heteronormativ, langweilig, unauffällig, uninteressant, ggf. gewaltsam und diskriminierend beschrieben wurde. Anders formuliert war die Queer-Szene für die Befragten das nicht-normative, positive Innen, das einer normativen Wirklichkeit des negativen Außens, konträr gegenüberstand. Dieses einfache Dichotomisieren und Hierarchisieren war eine entscheidende Grundlage für das eigene Wohlfühlen in der gewählten Szene. So war die Rede z.B. von »normalen« bzw. »heteronormative[n] Mensch[en]«, von Personen, die »normal Mainstream halt sind«, von »so ein Stinos [Stinknormale], [in] so einer stinknormalen Welt mit ganz normalen heterosexuellen Biografien.«[280] Alle diese Textbeispiele waren im Erzählen über das eigene Selbst eingebettet, wobei sich dieses durch das negative Außen in der Narration stabilisierte. Die Personen außerhalb der Szene wurden als Akteur_innen mit »normalen« – gemeint sind zweigeschlechtliche und heterosexuelle – Vorstellungen von Geschlecht und Sexualität wahrgenommen. In diesen Äußerungen zeigt sich eine Umkehrung der eigenen Abwertung, denn die Vorstellung einer generalisierenden Normalität anderer Menschen wurde vorverurteilt oder gelegentlich lächerlich gemacht, womit zugleich die Aufwertung der eigenen Position einherging. Graubereiche fanden in diesen Denkweisen kaum Widerhall. Das heißt, hier wurde auf simple Dichotomien geschlechtlicher und sexueller Anormalität und Normalität zurückgegriffen, die der Mann-Frau-Gegenüberstellung formal nahestehen. Die strikte Abgrenzung gegenüber »normalen« Menschen,

---

anschlussfähig für rassistische Ressentiments sei (Böhmelt et al. 2009; 3.4.3 Hegemonie in der Marginalisierung)

280 Zur Sehnsucht nach Normalisierung auf Seiten der Befragten: vgl. 8.2 »Da hat kein Hahn nach gekräht.« – Wider der eigenen Erwartung

ermöglichte den Interviewpartner_innen im Interview moralische Überlegen-heit zu demonstrieren. Der systematisch ausschließende Charakter der Queer-Szene, der dadurch kenntlich gemacht wurde, beruhte demnach darauf, sich von einer Gesamtheit gesellschaftlicher Normalität abzugrenzen. Allerdings missfiel einigen Interviewpartner_innen die Idealisierung des eigenen queeren Seins, die sie in der Szene wahrnahmen. Der Interviewpartner Lee Parker be-tonte beispielsweise: »Ich bin ja nicht cooler dadurch, dass ich Trans bin.« Er entkoppelte damit seine geschlechtliche Orientierung selbst von der morali-schen Höherbewertung dieser. Und die Interviewpartnerin Ann Aulitz hielt sich aufgrund der Dichotomien von Ein- und Ausschluss von der Queer-Szene fern: »Ich weigere mich, da rumzuhängen. Queer-Szene ist nichts für mich! (Lachen). Das tut mir leid!«

Die Queer-Szene wurde für die meisten der queer lebenden und sich zu-gehörig fühlenden Befragten zu einem Ort der Begegnung unter Gleichen in Abgrenzung von einer fiktiven normalen Masse. Die Geschlechterforscherin Dunja Brill betont, dass statt dichotomer Geschlechtlichkeiten innerhalb der Szene der Dualismus »queer« versus »unqueer« aufgemacht werde (Brill 2008: 112). Dabei unterliegt die Queer-Szene einer »in queeren Zirkeln verbreitete(n) Privilegierung von Differenz im Sinne einer Idealisierung von Ousider Status« (ebd.: 112).

> »Anstatt Unterdrückungspraxen prinzipiell zu überwinden, konstruieren queere Diskurspraxen also häufig ihre eigene(n) Hierarchien, deren makrosoziale und insbesondere mikrosoziale (d.h. szeneinterne) Implikationen nicht zwangsläufig progressiv sind« (Brill 2008: 112).

Die Befragten bestätigten diese These. Brad Berg schilderte exemplarisch, dass sie als Butch oder als Lesbe keine geschlechtliche oder sexuelle Selbstkonstituie-rung dargestellt habe, die bei anderen queeren Aktivist_innen mit Wohlwollen und Anerkennung aufgenommen wurde. Brad Bergs gewählte geschlechtliche Selbstbezeichnung wirkte auf die anderen *Queers*[281] scheinbar veraltet:

> »Und dann später bin ich ja auch in einer Queer-Szene total mit Leuten anein-andergeraten und habe richtig, richtig Ärger mit Leuten gekriegt, weil es da eben auch wieder so eine Zuschreibung gibt, von ganz bestimmten Gruppen und ich falle aus diesen Gruppen raus, weil ich habe mal versucht z.B. einen Butch-Club zu gründen, weil ich meinte: Ey, ihr seid doch alle meine Freunde. Ihr seid doch alle Butch. Wir könnten doch einen Butch-Club (Kichern und Tuscheln der anderen Gruppendiskussionteilnehmer_innen). Und dann haben mir alle – sie-ben Leute – gesagt ›Ich bin ja keine Butch, weil...‹– ›Ich bin auch keine Butch weil...‹– ›Und ich bin auch keine Butch, weil ich trage manchmal Lippenstift

---

281 Der Ausdruck ›Queers‹ meint die Personen, die sich der Queer-Szene zugehörig oder mit ihr assoziieren fühlen.

und wenn eine Sissy-Butch, wenn überhaupt [die anderen kichern] und wenn, dann...‹ Und ich so: ›Habt ihr alle eine Meise?‹ Aber dann habe ich das akzeptiert. Wenn die meinen, die wollen nicht, weil das nicht cool ist und da will sich keiner reinordnen und ich meine, ich habe die ganze Trans-Geschichte, wie sich das entwickelt hat, mitgekriegt und ich, ich habe mir auch öfter die Frage gestellt: Ja, ist das jetzt so, was ich machen sollte oder nicht? Aber ich bin halt immer wieder zu dem Schluss gekommen: Du, nee, das ist nicht mein Film! Weil, weil, das ist einfach nicht mein Film.«

Binnenhierarchien innerhalb der Queer-Szene führten dazu, dass einer geplanten Veranstaltung mit dem Namen »Butch-Club« mit Skepsis begegnet wurde. Brad Berg stieß mit ihrer geschlechtlichen Selbstverortung und ihrem Engagement auf einhellige Ablehnung. Das wunderte sie, weil sie identitätskritisch dachte, alle Anwesenden könnten sich spielerisch mit der geschlechtlichen Selbstbezeichnung verbinden. Sie selbst hatte schließlich auch überlegt, ob sie sich nicht auch als Transperson verorten könnte, was sie schlussendlich aber ablehnte (»Du, nee, das ist nicht mein Film!«). Trans-Zugehörigkeiten wurden als eine in der Queer-Szene favorisierte Form der Geschlechtlichkeit dargestellt. Innerhalb der Szene erlange demzufolge eine richtig gewählte Zugehörigkeit eine hohe Popularität. Die Reaktionen der oben dargestellten Gruppe waren nicht identitätskritisch sondern möglicherweise eher trendorientiert, wie ein_e Interviewpartner_in vermutete:

> »Ich bin nicht Trans, ich bin nicht das, also lesbisch, weil das gibt's ja gar nicht mehr, weil das ist ja Old School und deshalb total uncool.«

In kritischen Urteilen zur Queer-Szene lehnten auch andere Interviewpartner_innen den hohen Stellenwert der *Coolness* als Verhaltenskodex ab. Die selbstinszenierte Gelassenheit und eine Haltung des ›Everything goes‹ in der Queer-Szene ergebe sich aus dem Anspruch des Sex-Positivismus[282] und der Wahrnehmung, einer geschlechtlichen Avantgarde anzugehören. Die Queer-Szene wurde von einigen Interviewpartner_innen als Orte von Einschluss- und Ausschlussmechanismen, anpassenden Verhaltens und stereotypen Aussehens gesehen, was durchaus im Widerspruch zum Anspruch einer identitätskritischen politischen Bewegung steht. Eine Konsequenz der Coolness, die mit Sprachlosigkeit und mit Verhinderung von Begegnung einherging, war die Implementierung von Binnenhierarchien, die sich über identitätsnahe Selbstbe-

---

282 Sex-Positivismus stammt aus der feministischen Bewegung der USA, die Vertreter_innen dieser Bewegung sind im Gegensatz zu vielen anderen Feminist_innen pro Pornografie eingestellt. In den berühmten ›Feminist Sex Wars‹ in den USA Anfang der achtziger Jahre standen neben der Pornografie, die Sexarbeit, der Sadomasochismus und Sexualität im Mittelpunkt. Sex-Positivismus ist keine einheitliche Strömung, sondern hat sich längst ausdifferenziert.

zeichnungen erschloss. Es entstanden in den Augen einiger Befragter identitäre Homogenisierungen innerhalb der Szene, die auf der einen Seite politisches Verbünden möglich machten und auf der anderen Seite die Szene vom heteronormativen Mainstream entkoppelten oder je nach Perspektive auch isolierten. Andere kritische Töne von queeren Aktivist_innen gegenüber der eigenen Szene lauteten, dass die Codierungsstandards in Kleidung, Gewohnheiten, politischen Meinungen und Schönheitsidealen einen Anpassungsdruck erzeugen würden. Das mir vorliegende Material unterstützt in diesem Zusammenhang die These, dass >queer< sich für viele Befragte zu einer identitären Selbstmarkierung entwickelt hatte, was sich sowohl im Sprechen über die Queer-Szene als auch in identitären Selbstverortungen widerspiegelte. Ein Transmann schilderte, dass er »einfach so eine Queer-Identität« habe.

Das heißt, queere Orte und die Zugehörigkeit zur Szene spielten eine herausragende Rolle, denn sie verhalfen zur eigenen Positionierung und Selbstfindung. Aber die Zugehörigkeit zur Queer-Szene entstand in Abgrenzung zur Fiktion der Normalität. Das (vorrangig geschlechtliche und sexuelle) Außenseiter_innentum wurde für viele zum durchaus ersehnten, identitären, nonkonformem Zuhause. Damit scheiterte die identitätskritische Queer-Szene im Erleben der Befragten notwendigerweise an ihrem eigenen Anspruch. Oder wie Dunja Brill pointiert formuliert, wenn im Kontext der Theoretisierung betont werde, dass auf der einen Seite die poststrukturalistischen, identitätskritischen Ansprüche seien und auf der anderen Seite der »Fokus auch auf der Selbstermächtigung von nicht-normativen sexuellen Identitäten wie Butches/Femmes, Drag Kings, Tunten, Transgender etc. – also gerade auf der Bestärkung marginalisierter Subjektivitäten und Identifikationen« liege (Brill 2008: 108), führe dies zu einer fundamentalen Ambiguität. Diese Mehrdeutigkeit beruht nicht nur auf dem Spannungsbogen zwischen der Identitätskritik und der Bestärkung marginalisierter Subjektkonstituierungen, sondern wird außerdem durch den Sex-Positivismus der Szene begünstigt. Sex-positive Aktivist_innen stellen sich gegen die bürgerlichen sozialen Normen der Monogamie und der Heteronormativität, indem sie Sexualität zwischen Menschen jenseits dieser sexuellen Beziehungsgefüge propagieren und dazu aufrufen, verschiedene Formen der Sexualität als Chancen der Begegnung zu verstehen. Deshalb zählen zur Queer-Szene beispielsweise »Bondage, Discipline, Dominance, Submission, Sadism and Masochism«-Aktivist_innen, die mit ihren Stimmen jene Sexualitäten sichtbar machen, die für sie in das nicht-identäre und heteronormativitätskritische Konzept der Queer Theory passen (Bauer 2007).[283] Ebenso prägend sind

---

283 BDSM-Praktiken beruhen auf Freiwilligkeit und gegenseitiger Anerkennung. Beispielsweise die seit den neunziger Jahren aufgestellten >*safe, sane and consensual* (ssc)-Regeln< bezeugen dies (vgl. Weiss 2011: viii).

queere Praxen der Polyamory, die dem Konzept der Monogamie gegenübergestellt werden (Easton/Hardy 2009; Schroedter/Vetter 2010). Die vermittelte
sex-positive, polygame und polyamouröse Haltung der Queer-Szene fand bei
zahlreichen Interviewpartner_innen Anklang und führte zum Wohlfühlen innerhalb der Szene. So beschrieb sich ein_e Interviewpartner_in exemplarisch
indirekt als sex-positive_r Aktivist_in, indem sie_er betonte, die Monogamie
abzulehnen und mehrere Beziehungspartner_innen zu haben. Andere zeigten
mir Fesselbilder (Bondage) aus der eigenen sexuellen Praxis, bezogen sich im
Gespräch auf Erfahrungen in *Darkrooms*[284] auf Sex-Partys, berichteten vom
sadomasochistischen Experimentieren oder der zufälligen Entdeckung einer
anderen fetischisierten Sexualitätsform als individuelle Entlastung. Vielfältige
sexuelle Praxen und Erfahrungen stellten für die Befragten einen sinnlichen
Bruch mit den normativen Vorgaben der Sexualität dar. Die Queer-Szene bot
eine Möglichkeit der Partizipation in einer Gemeinschaft, die diese Leidenschaft, Vorlieben und Einstellungen teilte oder akzeptierte.[285] Diese neuen
Erkenntnisse und sexuellen Erfahrungen schufen individuelle Chancen, um
die eigene sexuelle Aktivität zu entdecken, zu leben, wiederzubeleben oder zu
erweitern. Doch dies ist nur die eine Seite der Queer-Szene. Auf der anderen
Seite existierten Positionen queerer Aktivist_innen, die einen Zusammenhang
zwischen der sex-positiven Offenheit und szeneinternen (sexualisierten) Übergriffen sahen. Für einen Interviewpartner waren beispielsweise

> »Queer-Partys (...) häufig eine totale Katastrophe. Ich finde, naja, nur weil ich
> auf eine Queer-Party gehe, heißt das noch nicht, dass ich von allen angefasst wer-
> den will.«

Unerwünschtes sexualisiertes Verhalten war somit auch in queeren Räumen
vorzufinden. Einige Besucher_innen nutzten queere Partys, um ihnen unbe-

---

284 Als ›Darkroom‹ wird hier ein nur wenig erleuchteter Raum bezeichnet, in dem es
zu (anonymen, spontanen oder verabredeten) Sex-Kontakten mit einer oder mehreren
Personen kommen kann. Darkrooms existieren sowohl für lesbische Frauen, für schwule
Männer, Heterosexuelle als auch in queeren Kontexten (Bauer 2005, 2007).
285 Michel Foucault war Teil der schwulen SM-Szene in Kalifornien. Für ihn war, so betonte er in einem Interview, 1982 »SM (...) die reale Schaffung neuer Möglichkeiten von
Lust, von denen Leute früher keine Vorstellung hatten. Die Vorstellung, daß SM etwas
mit einer tiefliegenden Gewalt zu tun hat, daß SM-Praktiken die Befreiung dieser Gewalt
oder Aggression sind, ist dumm. Wir wissen ganz genau, daß es nicht aggressiv ist, was solche Leute tun; sie erfinden neue Möglichkeiten von Lust mit merkwürdigen Teilen ihrer
Körper – durch die Erotisierung ihrer Körper. Das ist ein kreatives Projekt, das vor allem
durch die – wie ich es nenne – Desexualisierung der Lust gekennzeichnet ist« (Foucault
2005 (1984a), Nr. 358: 912f). Das heißt, dass diese Formen der Sexualität etwas Grenzüberschreitendes beinhalteten. Für die lesbische SM-Kultur konstatierte er beispielsweise
das Überschreiten der Weiblichkeitsgrenzen (ebd.: 917f).

kannte Personen direkt nach der geschlechtlichen und sexuellen Orientierung zu fragen, den Körperkontakt zu suchen, sexualisierte Sprache im Gespräch zu benutzen oder sogar direkt nach Sexualkontakten zu fragen. Für einige der Berfragten existierte an dieser Stelle ein Zusammenhang mit dem Sex-Positivismus der Szene:

>Ich glaube, das hat auch was mit dem Sex-Positiven zu tun. Irgendwie das –, ich glaube, das spielt alles so zusammen irgendwie. Dass man alles was so mit Sexualität zu tun hat, man so nach außen drehen muss und irgendwie sehr körperlich werden muss. Und man einen total positiven Zugang dazu hat. Und irgendwie Trans darin ja auch was total Spannendes hat, weil man stellt ja irgendwie die Zweigeschlechtlichkeit infrage.«

Die sex-positive Haltung der queeren Personen führe dazu, dass in queeren Räumen eine sexualisierte Körperlichkeit existiere. Während einige diesen Kontakt genau an diesen Orten suchen, ist dieses Verhalten wiederum keineswegs für alle Besucher_innen angenehm. Dabei ist sicherlich schwer zu unterscheiden, wer mit welcher Absicht Szene-Räume nutzt, weil schließlich grundsätzlich jede_r an den Veranstaltungen teilhaben kann. Nach Lee Parker und anderen Befragten seien insbesondere auffallende Personen, wie Drag Queens und Frauen mit Bart in diesem Kontext für viele Besucher_innen queerer Räume interessant, nicht zuletzt weil sie qua ihrer geschlechtlichen Repräsentation Zweigeschlechtlichkeit infrage stellten. Ob es sich bei dieser Bewunderung um das Infragestellen oder die Reproduktion von Abweichungen als Faszination handelt, muss offen bleiben.[286] Empirisch zeigte sich, dass eine Atmosphäre innerhalb queerer Räume problematisiert wurde, welche die Intimsphäre verletzenden Grenzüberschreitungen begünstigen kann. Die_der Interviewpartner_in Charly Croce wurde auf einer Veranstaltung beispielsweise bewundernd auf ihren_seinen Bart angesprochen:

>Also da bin ich gespalten, ob ich das jetzt gut finde, dass es den [queeren] Raum gibt oder nervt es mich halt auch –. Weil einerseits gibt es den Raum, der queer ist, der als so ein sensibler Raum für mehr als zwei Geschlechter definiert ist. Und bin da halt extra genervt, weil ich da auch definieren muss, wie und wer ich eigentlich bin, ohne dass Leute mich jetzt wirklich kennen.«

Die_der Interviewpartner_in machte die Erfahrung, dass es auch in queeren Räumen kein Jenseits von Geschlechterstereotypen gibt. Ihr_sein Bart wurde

---

286 Dabei geht es um die Faszination der_s als fremd gelesenen sexuell Anderen. Eine Teilnehmerin vom Transgenialen-CSD 2013 in Berlin erzählte, dass am Straßenrand zahlreiche Passant_innen und Tourist_innen standen, die gezielt Fotoaufnahmen von der Parade machten. Hier zeigte sich gleichermaßen die gesellschaftliche Alltäglichkeit, mit der Menschen heute andere Menschen fotografieren und dokumentieren, um das Geschehen virtuell zu verbreiten.

auch in queeren Räumen, wenngleich bewundernd, so doch kommentiert. Ähnlich wie in der Episode von Lee Parker musste sie erfahren, dass einige Anwesende in queeren Räumen sehr unvorsichtig mit Grenzen und Intimsphären ihres Gegenübers umgehen.[287] Neben den Fragen nach einer identitären Verortung wurde Charly Croce auf ihren_seinen Bart angesprochen, der als ein Merkmal für Mut und Extravaganz gelesen wurde. Kommentare wie »Alle so: Boah geil, dass Du den [Bart] hast stehen lassen!« verweisen darauf, dass sie ihr_sein Aussehen mit Verwunderung wahrnahmen und sie_ihn für ihren_seinen Mut lobten. Charly Croce war genervt von dieser Art der Anerkennung: Auf einem »transpositiven« Ladyfest[288], das von Transpersonen organisiert worden war, hatte sie_er sich so lange wohlgefühlt bis sie_er von einem Unbekannten »plötzlich gefragt« wurde, welche Hormone sie_er denn einnehme. Die Direktheit der Anfrage verstörte sie nachhaltig, denn sie_er empfand sie als Eingriff in ihre_seine Intimsphäre.

Andere Interviewpartner_innen entwickelten ebenfalls ein Unbehagen in queeren Räumen und vermieden Besuche der politischen und kulturellen Veranstaltungen der Szene, denn sie weigerten sich, mit der sex-positiven und sexualisierten Haltung anderer Gäste umgehen zu müssen.

Die Offenheit und die Inhalte queerer Szenen führen somit auch zu Verletzungen der Intimsphäre und zu sexualisierten Übergriffen. Das bedeutet, dass es nicht allein der gefürchtete Blick von außen war, der die Queer-Szene für die Befragten zu einem unangenehmen Ort machen konnte. Stattdessen bemängelten einige eine Binnenstruktur der Anpassung und des Konformitätsdrucks, durch den Trends, Verhaltensweisen und die eigene Privilegierung (mindestens innerhalb von Szenen) manifestiert wurden. Insgesamt zeigten sich zwei gegen-

---

287 Die Räume der Queer-Szene bilden keine abgeschlossenen Einheiten, denn sie sind geschlossen und offen zugleich. Das heißt, interessierte Personen können bei Interesse queere Veranstaltungen besuchen, vorausgesetzt sie verhalten sich den Codes entsprechend adäquat und respektvoll. Dies führt dazu, dass nicht alle Anwesenden queer denkende Personen oder gar Aktivist_innen sind. Anwesend sind neben Aktivist_innen immer auch Sympathisant_innen und Gäste. Es ist denkbar, dass diskriminierende oder anmaßende Verhaltensweisen überwiegend von jenen Personen stammten, die sich nicht innerhalb der Szene verorten, wahrscheinlich ist das entlang dem Datenmaterial allerdings nicht, weil die sprachlich Diskriminierenden den Interviewpartner_innen oft zumindest vage bekannt waren.

288 Ladyfeste sind politisch-kulturelle Veranstaltungen, die vorrangig von Frauen bzw. Transpersonen organisiert werden. Dabei wird Wert darauf gelegt, dass die eingeladenen Künstler_innen sich auf die Riot-Grrrl-Bewegung und auf das Konzept des *Do-It-Yourself* (DIY) beziehen. Zumeist werden Konzerte, Vorträge und Workshops zu verschiedenen musikkulturellen Themen angeboten. Die Idee der Ladyfeste entstand in den USA aus der Kritik, dass die Musik-Szenen vorwiegend männlich dominiert sind und es eigener Orte bedarf, um Frauen (und Transpersonen) auf der Bühne zu sehen. Mittlerweile existieren Ladyfeste in Europa, beispielsweise in Berlin, Hamburg, Rostock, Leipzig, Wien, Madrid (Groß 2007).

sätzliche Empfindungen: Die Queer-Szene bot Sicherheit, Fürsorge, politische Verbündete und Freund_innenschaften sowie relative Diskriminierungs- und Gewaltfreiheit auf der einen Seite und zugleich Unwohlsein, Dominanzdenken, Einengung, Grenzüberschreitungen, Trendorientierung und (sexualisierte) Verletzungen der Intimsphäre auf der anderen Seite.

5.3.3 Szenen als Orte des identitären Engdenkens

Selbst gewählte Szenen waren nicht nur Enklaven der Friedlichkeit, sondern auch Orte der Gewalt. In den Narrationen werden zahlreiche Situationen aus linksalternativen Szenen erzählt, in denen ausgegrenzt, verbal diskriminiert oder körperlich angegriffen wurde: Zwei Interviewpartner_innen berichteten davon, dass sie in Folge von Gerüchten innerhalb der Queer-Szene, von anderen Queers ausgegrenzt wurden und bestimmte Orte nicht mehr besuchen konnten. Einer Interviewpartnerin wurde aufgrund ihrer körperlichen Überlegenheit und Größe nicht geglaubt, dass der Vorwurf ihrer Ex-Freundin, sie geschlagen zu haben, nicht zutraf. Die vermeintliche Information, sie sei eine gewalttätige Person, führte dazu, dass sie sich sofort von allen örtlichen Szene-Orten ausgeschlossen fühlte, da ihr dort offen mit Skepsis und Ablehnung begegnet wurde. Die Ambivalenz der Narration, in der die Eindeutigkeit von Täterin und Opfer nicht geklärt war, wurde in eine einseitige Parteinahme für das vermeintliche Opfer überführt.[289]

Zumeist wurden Ambivalenzen, die sich aus einer identitären Engführung ergaben in der feministischen und in der lesbischen Szene deutlich. Interviewpartner_innen, die sich zuvor in einer dieser beiden Szenen verortet hatten, wurden damit konfrontiert, dass sie auf der Basis ihrer geschlechtlichen Nonkonformität diskriminiert wurden. In beiden Szenen hatten jene Personen, die sich nicht einer eindeutig weiblichen Geschlechts- und Sexualitätskategorie zuordneten auch nach jahrelanger Zugehörigkeit keinen Platz mehr: Manuel Rosenberg hatte mit der Entscheidung zur Geschlechtertransition gleichsam dafür gesorgt, dass er sich, zunächst unbewusst, mehr und mehr aus der lesbischen Szene entfernte. Schließlich schrieb er an seinen lesbischen Bekanntenkreis eine E-Mail und verabschiedete sich von ihnen. Er erhielt nur eine einzige Antwort von einer Bekannten, die ihm viel Glück für die Zukunft wünschte und sogar

---

289 Dieses Verhalten entspricht dem Konzept der feministischen Definitionsmacht, die bei einer (sexualisierten) Gewalttat bei dem Opfer verortet wird. Die Definitionsmacht ist eine linksalternative Antwort auf die Erfahrung der Infragestellungen der Opfer sexualisierter Gewalttaten (Antisexismusbündnis Berlin/AG Gender Killer 2008). Dieses Paradigma kann allerdings in der selbstorganisierten Praxis in politischen Szenen im Umkehrschluss dazu führen, dass die Vorwürfe an bestimmte Personen nicht überprüft oder hinterfragt werden dürfen. Einzig das Erleben und die Erfahrung der_s Betroffenen wird anerkannt.

in Aussicht stellte, sich nochmal zu treffen. Für ihn war diese geringe Resonanz ein schwerer Rückschlag: »Damals bin ich, glaube ich, mit dieser Verletzung rausgegangen, weil ich sprachlos war.« Der Wegfall identitärer Sicherheiten führte bei jenen, die eine Szene verließen, zu einem wachsenden Desinteresse an den spezifischen Inhalten, den identitär sich verortenden Personen und den Ritualen dieser Szenen.[290] Es entstand ein Desinteresse aneinander, wie das zitierte Beispiel veranschaulicht. Darüber hinaus berichteten die Befragten von erlebtem Misstrauen und von Distanzierungen. Ein_e Interviewpartner_in wurde von den Organisator_innen eines ›Lesbentreffen[s]‹ für einen Vortrag eingeladen. Dort saß sie_er während eines Plenums als Zuhörende_r in einem überfüllten Hörsaal, wo fast – aber nur fast – jeder Platz belegt war:

> »Und da waren rechts von mir zwei Plätze frei und links von mir waren zwei Plätze frei. Ich glaube, die haben mich für eine Transfrau gehalten. Und die wollten, diese feministischen Lesben wollten neben einer Transfrau in Anführungsstrichen nicht sitzen.«

Die körperliche Distanz der anderen Teilnehmerinnen drückte mindestens Skepsis gegenüber der_m Interviewpartner_in aus. Die Erfahrung zeigt exemplarisch, dass sich geschlechtlich nonkonforme Personen in identitären Szenen ausgeschlossen fühlen mussten und dass sie aktiv ausgeschlossen wurden: Vier Interviewpartner_innen berichteten von Mobbing-Erfahrungen in der sich linksalternativ verstehenden feministischen Szene. Ein_e Interviewpartner_in outete sich beispielsweise in der Ausbildung zur feministischen Kampfkunst Wendo als Transperson. Dies führte, weil in dieser feministischen Ausbildung zur Wendo-Trainerin traditionell nur Frauen zugelassen sind, zu einer Krise in der Ausbildungsgruppe. Doch es waren nicht die Trainer_innen, die sich nach dem Trans-Coming-out der_s Interviewpartner_in empörten, sondern der Protest kam von anderen Teilnehmerinnen der Ausbildung. Es kam zu Ausbildungsabbrüchen, Androhungen von Gerichtsverfahren und schlussendlich zu einer außergerichtlichen Einigung. Einige Teilnehmerinnen skandalisierten, dass ihr »Vergewaltigungstrauma« durch die Anwesenheit der_s Interviewpartner_in »reaktiviert« werde.

Die_der Interviewpartner_in war in der Folge gezwungen, sich und die eigene geschlechtliche Orientierung zu thematisieren, was dafür sorgte, dass sie_er sich in der Schusslinie der empörten Teilnehmerinnen befand.[291] Gleichzeitig war sie_er verbalen Angriffen seitens einiger Teilnehmerinnen ausgesetzt. Ge-

---

290 Als Ausnahme berichteten einzelne Interviewpartner_innen davon, dass sie ihre Kontakte zu einzelnen Personen aus Szenen aufrechterhalten haben, nachdem sie die Szene verlassen hatten.

291 Diese personalisierte Erklärungsnot der anderen Teilnehmerinnen kann ebenfalls als Zwangsouting interpretiert werden.

rüchte hinter ihrem_seinem Rücken führten nicht nur dazu, dass Arbeitskontakte von einem Tag auf den anderen abgebrochen wurden, sondern ein Teil der Teilnehmerinnen versuchte außerdem, die_den Interviewpartner_in von der Ausbildung auszuschließen. Schlussendlich brachen einige der Teilnehmerinnen nach kontroversen Diskussionen die Ausbildung ab, als ihnen die Rückzahlung ihres bisherigen Teilnahmebeitrags garantiert wurde. Unterstützung erhielt die_der Interviewpartner_in von den Trainerinnen des Kurses, die betonten, dass die Übersetzung von ›Wendo‹ ›der Weg‹ sei und wenn der aus den Geschlechterkategorien raus führe, sei das ein möglicher und akzeptierter Weg.

Mehrmals grenzten sich queere Aktivist_innen und Befragte vom »Altfeminismus« ab, wie dieses Phänomen in der Szene-Sprache genannt wurde. Lucky Kankoke sagte allerdings nicht ohne Selbstironie, dass er » altfeministische Frauen« durchaus auch verstehen könne,

> »die auch Grund haben, Männern zu misstrauen und was ich auch verstehe, die sich dann nicht den Einzelfall nochmal neu angucken, so. Die gleich sagen: ›Hm, Mann, lieber nicht.‹ Ja. Oder: ›Männer nehmen jetzt die wenigen Ressourcen weg, die wir endlich erkämpft haben nach so und so vielen Jahren Frauenbewegung‹. Ich kann das alles nachvollziehen.«

Zwischen frauenpolitischem Engagement und dem Aktivismus zu geschlechtlicher Nonkonformität liege oft eine Kluft, die das gegenseitige Verständigen erschwere. Während auf der einen Seite z.B. frauenpolitische Themen, aber auch Diskriminierung von und Gewalt gegen Frauen zum Thema gemacht werden, kämpfen auf der anderen Seite geschlechtlich nonkonforme Personen für eine erste soziale Anerkennung. Nur selten existieren produktive und anerkennende Annäherungen, so betonten zahlreiche Interviewpartner_innen. Dies führte allerdings immer dann zu Spannungen, wenn politische oder auch finanzielle Interessen aufeinanderstießen. Die feministische und lesbische Szene und ihre Kämpfe wurden in vielen Narrationen respektvoll gewürdigt, aber zum Relikt vergangener Tage gemacht. Die Anerkennung beruhte auf dem Gedanken, dass diese Frauen für die sozialen Kämpfe seit den späten sechziger bis in die neunziger Jahre (und darüber hinaus) verantwortlich waren. Trotzdem misstrauten einige Interviewpartner_innen der identitären Engführung der historisch älteren Szenen und den zugehörigen Aktivist_innen. Dabei handelte diese Distanzierung nicht nur von der Kritik an Identitätsfixierung. Der Verlust der Altershomogenität, die Verschiebung der Inhalte und Bedeutungen sowie die sich divers entwickelnden Lebensformen und Lebenskonzepte sorgten ebenfalls dafür, dass sich feministische und queere Szenen vielerorts scheinbar analog zu diversen Altersgruppen, Zeitepochen, populären Geschlechtertheorien (Musikstilen) und analog zu den politisch notwendigen Inhalten zur Veränderung der Geschlechterverhältnisse und deren Trends verhielten.

5.3.4 Schutz durch Abgrenzung

Szenen stellten für die meisten der Befragten vorrangig eine Art Zuhause dar, in dem sich individuelle und geschlechtliche Transit- und Freiräume entwickelten. In den jeweiligen Szenen war es vielen Personen möglich, ihre geschlechtliche und/oder sexuelle Orientierung in einem geschützten Rahmen zu entfalten. Einige erlebten beispielsweise die Queer-Szene als inspirierend und befreiend, weil dort zum ersten Mal ihre geschlechtliche Position als Nicht-Frau oder Nicht-Mann gewürdigt und anerkannt wurde. Andere zeigten sich von der Offenheit der Geschlechterverständnisse wie z.B. in der Gothic- oder der Punk-Szene angezogen. Die jeweilige Szene bot ihnen Schutz vor Diskriminierung und Gewalt und ermöglichte Begegnungen mit Gleichgesinnten. Allerdings deuteten die Berichte von Binnenhierarchien darauf hin, dass sich auch innerhalb dieser Szenen keine vollständig identitätskritischen Plattformen oder geschlechterneutralen Räume entwickelt haben und dass sich keine der genannten Szene jenseits der geschlechtlichen Gewaltverhältnisse stellen konnte. Ihre identifizierende und politische Kraft erhielten sie durch massive Abgrenzungen gegenüber anderen fiktiven oder generalisierenden Personengruppen bzw. gegenüber anderen Szenen. Einige queere Aktivist_innen grenzten sich beispielsweise von »Altfeminist_innen« und Lesben ab, wobei sie sich durchaus positiv und identitär auf eine eigene queere Selbstkonstituierung bezogen. Queer versus unqueer wurde zur entscheidenden Dichotomie der Abgrenzung. Insgesamt – und hier zeigt sich der Doppelcharakter der Abgrenzung – beruhte der szeneinterne Schutz vor Diskriminierung und Gewalt auf diesen Abgrenzungsprozessen. Das Gefühl der Geborgenheit in Szenen wiederum trug dazu bei, sich selbst mit dem Ort und den Personen sowie den Inhalten zu identifizieren. Damit wurden Codes und Verhaltensweisen zu identifizierenden Attributen der nicht nur geschlechtlichen und politischen Selbstbestimmung. Im Zusammenspiel von Abgrenzung und Identifizierung innerhalb einer Szene überwog der persönliche Schutz die Diskriminierungen und Gewaltwiderfahrnisse, die ebenfalls innerhalb der Szene stattfanden. Die widerstrebenden Gefühle in Szenen reichten vom Genervtsein bis hin zur bitteren Enttäuschung. Szenen versprachen, Orte der Prävention von Gewalt und der gemeinsamen Erfahrung zu sein, wohingegen die Interviews zeigten, dass sie das Versprechen nicht uneingeschränkt einlösten. Auf der Erfahrungsebene glichen Szenen abgekapselten Sphären im heteronormativen Raum. Auch zahlreiche Differenzierungen zwischen und innerhalb der Szenen führten zu Unbehagen bei den Interviewpartner_innen. Einige Befragte kritisierten, dass Trans oder queer innerhalb der Queer-Szene zu einer eigenständigen Identität avancierte. Ein_e Interviewpartner_in urteilte, dass queere Räume, nicht nur »anders«, sondern »doppelt und dreifach anders« seien. Sie_er fasste zusammen: »Und dann ist mir das einfach too much, und dann habe ich da halt keinen Bock drauf«. Das exponierte Anderssein gehört entlang dieser Wahrnehmung zum Repertoire der Szene-Zugehörigkeit. In dieser Logik wird die Abgrenzung gegenüber einer abstrakten Normalität zum Zwang.

5.4 Zwischenergebnis III: Allgegenwärtiger Konformitätsdruck

Die Analyse der drei verletzungsoffenen Sphären Sprache, Architektur und Szene bezüglich geschlechternonkonform-feindlicher Diskriminierung und Gewalt bot ein widersprüchliches Bild. Aus der empirischen Perspektive zeigt sich die Dominanz des dichotomen Denkens, das zu schnellen Urteilen und Stabilisierungen der Macht- und Herrschaftsverhältnisse im Alltag beitrug. Dies geschah in diskriminierender Absicht auf Täter_innen-Seite ebenso, wie in erklärender Absicht von Seiten der Interviewpartner_innen. Das permanente Dichotomisieren in der diskriminierenden Wahrnehmung der Geschlechter und Sexualitäten kann als Ausdruck eines allgegenwärtigen, heteronormativen Konformitätsdrucks interpretiert werden.[292] Dieser zeigt sich in der Sprache, indem ihr wortwörtlich die Begriffe für jene Gewaltphänomene fehlten, die sie zu beschreiben versucht. Demzufolge wiederholten und nutzten Täter_innen und heteronormative Akteur_innen bewusst und unbewusst historische, geschlechtliche Diskriminierungsformen. Aus ihrer Perspektive war es vermutlich in der Tat austauschbar, ob sie eine Person als »Mädchen«, als »Schwuchtel« oder als »Transe« beschimpften. Ihre Taten erfolgten in der Absicht der Benennung einer wahrgenommenen nonkonformen Andersartigkeit.

Der heteronormative Konformitätsdruck zeigte sich außerdem in der zweigeschlechtlichen Architektur als ein manifestes und dichotomes Ausschlussprinzip. In Sprache und Architektur werden gesellschaftspolitische Herrschaftsverhältnisse eingeschrieben, die zur sozialen Konstruktion von Außenseiter_innen beitragen und als Verletzung oder Bedrohung wahrgenommen wurden. Sprache und Architektur sind damit Agenten der Unsichtbarkeit, die nonkonforme Repräsentationen als soziale Praxen und durch soziale Regulierung zwingen zu verschwinden.

Die Zugehörigkeit zu Szenen bot demgegenüber aus der Sicht der Befragten zunächst befreiende Möglichkeiten, und begünstigte es, als geschlechtlich nonkonforme Person existieren zu können. Doch auch die Zugehörigkeit zu

---

292 Auf einen Konformitätsdruck innerhalb sozialer Praxen, welche die traditionelle Männlichkeit betreffen, machen Patricia Gagné und Richard Tewksbury bereits 1998 in ihrer Studie mit 65 MtF-Transsexuellen aufmerksam: Der Druck, sich traditioneller Männlichkeit anzupassen entstehe besonders dann, wenn Interaktionen mit Personen erfolgen, die geschlechtliche Konformität erwarten (vgl. Gagné/Tewksbury 1998: 86).

verschiedenen Szenen wurde mehrdeutig und ambivalent erlebt. Zwar boten sie oft temporäre Geborgenheit und Verständnis für die Mehrheit der Interviewpartner_innen, aber in ihnen fand zugleich Ab- und Ausgrenzung statt. Die viel beachtete Queer-Szene grenzte sich von der Gesamtheit einer fiktiven Geschlechternormativität ab, während die lesbischen, feministischen Szenen sich tendenziell komplementärgeschlechtlich orientierten. Die Idee, in einer Szene geschlechtliches Sein zu revolutionieren oder nachhaltig zu verändern, fand in den hier analysierten Wahrnehmungen der Befragten kaum einen Niederschlag. Szenen, insbesondere die Queer-Szene, boten für die Befragten vorrangig ambivalente Orte zwischen Anpassung und Utopie. In ihnen existierte ebenfalls situativ ein dichotomer Konformitätsdruck – wenngleich unter anderem Vorzeichen, denn in Ablehnung an und dem Hass auf die Abstraktion der Geschlechternormativität wurden die eigenen Szenen zum notwendig komplementär positionierten Anderen im Gleichen. Außerdem berichteten die Befragten von heteronormativen und sexualisierten Übergriffen, selbst in jenen Szenen, die sich heteronormativitätskritisch präsentierten. Trotz aller Bemühungen waren auch diese Orte nie frei von diskriminierenden Sexualisierungen, Reduzierungen und Verallgemeinerungen. In der zweigeschlechtlichen Sprache und durch die anachronistische Architektur wie auch in der Suche nach sozialer Anerkennung in Szenen spiegelt sich empirisch ein ubiquitäres Erleben und Erfahren des heteronormativen Konformitätsdrucks wider.

6. Sexualisierte Gewalt als Instrument der Eindeutigkeit

In sexualisierten Gewaltsituationen[293] unterdrückt eine Person eine andere, indem sie sexuelle oder sexualisierte Handlungen an ihr gegen ihren Willen vollzieht. Im Sinne der symbolischen Wirkung der sexualisierten Gewalt steht bei diesen Gewaltdelikten demzufolge die Demütigung der Opfer im Vordergrund (vgl. Künzel 2005: 124). Deshalb wird in den sexualisierten Gewalttaten das Verhältnis von Unterdrückungsmacht, Kontrolle und Abhängigkeiten fokussiert.[294]

Nahezu alle Interviewpartner_innen berichteten von sexualisierter verbaler Belästigung, körperlichen Gewaltdelikten mit Verletzungen der psychosozialen Integrität oder Vergewaltigungen. Unter Vergewaltigung verstehe ich im Folgenden eine penetrierende Handlung, die gegen den Willen einer Person zum Ziel der Dominanz vollzogen wird. Sie geht über die direkte Körperverletzung hinaus, indem die psychosoziale und psychologische Integrität der Person angegriffen wird (vgl. Smaus 1994: 85; Künzel 2003: 269). Nach Christine Künzel ist »die Vergewaltigung der ultimative sexistische Gewaltakt, in dem sich die Geschlechterdifferenz auf radikalste und auch brutalste Weise manifestiert« (Künzel 2003: 271). Sexuelle Nötigungen und Vergewaltigungen werden in § 177 und 178 StGB geahndet. In § 184 g ist das zu schützende Rechtsgut das Maß der Erheblichkeit der »sexuellen Handlung«. Eine Defi-

---

293 Der Begriff der sexuellen Gewalt betont den Aspekt der sexuellen Befriedigung der Täter_innen. Demgegenüber nutze ich den Ausdruck der sexualisierten Gewalt, weil dieser primär auf die ausgeübte Gewalt und die Dominanz abzielt, der eine sexuelle Komponente innewohnt (vgl. Hageman-White 1997: 28).

294 Die Thematisierung sexualisierter Gewalt jenseits von Selbsthilfegruppen startete in den siebziger Jahren in den USA mit der Studie *Gegen unseren Willen* von Susan Brownmiller (1978 (1975)). In der Bundesrepublik Deutschland der achtziger Jahre begann die Diskussion vorrangig in den Frauen- und Geschlechterstudien mit dem Ziel, das Sexualstrafrecht zu reformieren. Es folgten Auseinandersetzungen in Medizin, Rechts-, Kunst- und Literaturwissenschaften. Zwar wurden zunächst aus feministischer und frauenpolitischer Perspektive Frauen und Mädchen als Opfer fokussiert, aber seit der Jahrtausendwende werden in der kritischen Männlichkeitenforschung auch Jungen und Männer verstärkt als Betroffene von sexualisierter Gewalt in den Blick genommen (vgl. Künzel 2005: 121f). Die bis dahin anzutreffenden Verkürzungen von ›Mann ist gleich Täter‹ und ›Frau ist gleich Opfer‹ wurden zunehmend dekonstruiert (Künzel 2005; Jungnitz et al. 2007). Der institutionalisierte Umgang mit sexualisierter Gewalt ist ein zentrales feministisches Thema (z.B. Haug 1994; Roth 1997; Dackweiler/Schäfer 2002; Hageman-White 2002). Seit ca. 2010 findet es Einzug in eine breitere Öffentlichkeit, weil Missbrauchsfälle in reformpädagogischen Schulen, in Internaten und durch christliche Priester in Kirchengemeinden aufgedeckt wurden (z.B. Wiljens 2010; Rau et al. 2013). Studien zur sexualisierten Gewalt jenseits eines eindeutigen Geschlechts existieren allerdings bislang nicht.

nition wird nicht angeführt. Die »Straftaten gegen die sexuelle Selbstbestimmung« § 174 bis 184 StGB werden als Offizialdelikte behandelt, sodass ein einmal zur Anzeige gebrachter Vorwurf nicht mehr durch die Ankläger_innen gestoppt werden kann: Kriminalpolizei und Staatsanwaltschaft müssen dem Vorwurf nachgehen. Fast alle der hier aufgeführten sexualisierten Gewalttaten wurden allerdings nie vor einem Gericht verhandelt.

Den empirischen Gewalttaten war gemein, dass sie an den Intimsphären der Interviewpartner_innen ansetzten und somit für die Betroffenen mit Scham- und Ohnmachtsgefühlen besetzt waren. Die geschlechtlichen Orientierungen der Interviewpartner_innen standen im Zusammenhang mit den Gewalttaten, aber sie bildeten in keinem Fall die monokausale Ursache, die zur Gewalt führte. Sexualisierte Gewalt war vielmehr das Resultat des Zusammenspiels aus dem Gedankengebäude und Handlungspotenzial der Täter_innen, der (situativen) Handlungsmacht aller beteiligten Akteur_innen, gesellschaftlicher Herrschaftsverhältnisse wie Heteronormativität, Rassismus, Klassismus, der Struktur des Ortes, der lokalen Normalität der Produktion von (Gender-) Outlaws, des Widerstandes sowie der Diskurse um Gewalt und Geschlecht. Die Täter_innen der interpersonalen sexualisierten Gewalt waren sowohl Bekannte, Beziehungspartner_innen und Freund_innen als auch unbekannte Personen.[295]

Ausgehend vom empirischen Material werden zwei zentrale Aspekte in den Narrationen zu sexualisierter Gewalt beleuchtet: Es werden die Nähe zur homosexuellenfeindlichen Gewalt (6.1) und die Kontinuität der sexualisierten Demütigungen von sexualisierten Anfragen bis zur körperlichen sexualisierten Gewalt herausgearbeitet (6.2). Sexualisierte Gewalt war ein zentrales Instrument zur Reproduktion des *Privilegs geschlechtlicher Eindeutigkeit* (Ipk) dar (6.3).

6.1 »Ey, bist du schwul?« – Die Nähe zur Homosexuellenfeindlichkeit

Die Nähe geschlechternonkonform-feindlicher und homosexuellenfeindlicher Gewalttaten beleuchte ich anhand der empirischen Relevanz im Codierverfahren: die Besonderheit der Widerfahrnisse gelesener Transfrauen[296], die Gefahr der interpersonalen Gewalt nach heterosexistischen Anmachen und die Bru-

---

295 Zu den Täter_innen sexualisierter Gewalt: z.B. Deegener 1995; Brinkmann/Hoffmann 2003

296 Mit dem Begriff ›gelesene Transfrauen‹ kennzeichne ich, dass sich die angegriffenen Personen nicht alle selbst als Transfrauen verorten. Mit anderen Worten: Eine Person kann unabhängig von ihrer geschlechtlichen oder sexuellen Orientierung gelesene Transfrau werden.

talität in Situationen sexualisierter Straßengewalt. Sexualisierte, homosexuellenfeindliche Gewalt und Genderbashing überlappten, ergänzten und widersprachen sich, sodass die Mehrdimensionalität der Gewaltphänomene deutlich wurde.

6.1.1 Sexualisierte Belästigungen als (gelesene) Transfrau

Sexualisierte Belästigungen[297] als gelesene Transfrauen wurden als ein zentrales Problem aus der Sicht der Befragten anerkannt. Betroffen waren Frauen, die nicht eindeutig als Frauen gelesen wurden. Die Interviewpartnerin Felicitas Meransi klagte, dass die »armen« Transfrauen die auf »Homophobie« begründete Gewalt zu spüren bekämen. Dies bestätigten andere Befragte, wenn sie unterstrichen, dass das Risiko, von Gewalt betroffen zu werden, für Transfrauen höher sei als für Transmänner.[298] Die ausgewerteten Interviews zeugen von zahlreichen sexualisierten Situationen, in denen die Weiblichkeit der Personen offen angezweifelt wurde. Zwei Motive tauchten zusätzlich in diesen Gewaltnarrationen auf: der Statusverlust durch fehlende Männlichkeit und die Annahme der sexuellen Verfügbarkeit. Jene Befragten, die sich aus einer Männlichkeit heraus für eine lesbare geschlechtliche Position der Weiblichkeit entschieden, waren fast durchgängig mit Statusverlust in Beruf, im Freund_innenkreis und in den Familien konfrontiert. Diesen sozialen Abstieg erlebten die Befragten auch im Alltag, insbesondere in öffentlichen sexualisierten Anmachen:

> »Das war eine Gruppe von Jugendlichen, die waren ziemlich jung, die standen vorm Supermarkt und ich hatte halt Gemüse gekauft und irgendwie Zucchini oder so dabei. Da haben sie gemeint: ›Hö, die schiebt der sich gleich hinten rein.‹ Echt so fürchterlich. Das hat mich echt so wütend gemacht. Das war die Geschichte, wo ich dann einen Spiegel zerschlagen habe. Und dann hat es halt ewig lang geblutet und ich hatte kein Pflaster. Das war schon ziemlich fürchterlich.«

---

297 Unter sexueller Belästigung verstehe ich jene Schilderungen, in denen sexuelle Handlungen unmittelbar zu erkennen sind, oder sie sich erst aus dem Kontext der Narrationen ergeben und damit Teil der Interpretation sind.

298 Diese Position der Interviewpartner_innen ist empirisch mit dieser Studie nicht zu belegen. Internationale Studien zeigen, dass Transfrauen sich in der Eigenwahrnehmung im öffentlichen Raum weniger bedroht fühlten als Transmänner (Lombardi et al. 2001; Moran/Sharpe 2004; Lombardi 2009). Ich vermute allerdings, dass der Fokus in den meisten Forschungen auf Transfrauen liegt und die Erfahrungen und Gewaltwiderfahrnisse von Transmännern als historisches Phänomen bislang kaum beachtet wurden. Das heißt, möglicherweise werden Widerfahrnisse von Personen mit einem weiblichen Geburtsgeschlecht in Forschungen noch immer vernachlässigt.

SonyaBen Ferners Weiblichkeit wurde nicht anerkannt und sie wurde stattdessen als schwuler Homosexueller gelesen. Die sexualisierte Belästigung liegt in der spöttischen Behauptung der Jugendlichen, in der sie eine Verbindung zwischen der Zucchini und Analverkehr herstellten. Analverkehr gilt im Alltagsverständnis als zumeist schwul gelesene Sexualpraxis zwischen zwei Cis-Männern. Der artifizielle Penis (Dildo) aus Gemüse steht für sexuelle, schwule Aktivität. Es lag in dieser beleidigenden Anrufung (»Hö, die schiebt der sich gleich hinten rein«) gleichsam ein öffentliches Bekenntnis der Jugendlichen für eine homosexuellenfeindliche Sexualmoral. Ob die Jugendlichen gezielt Ressentiments gegen geschlechtlich nonkonforme Varianzen zum Ausdruck bringen wollten, ist unklar. Zu vermuten ist, dass die Jugendlichen wegen der nonkonformen geschlechtlichen Repräsentation der Transfrau irritiert waren und in der Folge demütigend handelten und sich dabei zur sprachlichen Provokation und Diskriminierung legitimiert fühlten. Ihre Wahrnehmung der verlorenen oder angezweifelten Männlichkeit äußerte sich in der sexualisierten, homosexuellenfeindlichen Anrufung.

In einem ähnlichen Beispiel sprachlicher Diskriminierung beschimpften junge Männer eine Transfrau aus einem fahrenden Auto heraus als »Dildo«. Die Interviewpartnerin war noch zum Zeitpunkt des Interviews entsetzt über diesen verletzenden Zuruf. In dieser Anrufung wurde der (künstliche) Dildo stilistisch zum pars pro toto, der das Ganze (die Interviewpartnerin als Person) lächerlich machen sollte.[299] Die Interviewpartnerin wurde auf ein unechtes, nicht authentisches, männliches Glied reduziert. Für die männlichen Personen im Auto bedeutete die verbale Belästigung vermutlich Spaß, Ausleben einer Aggression, eine Intensivierung des Gruppengefühls und/oder eine Vergewisserung ihrer Männlichkeiten (z.B. Meuser 2002; Connell/Messerschmidt 2005). Für die Befragte bedeutete die Beleidigung das Infragestellen ihrer eigenen geschlechtlichen und sexuellen Orientierung und eine situative Infragestellung und Nicht-Anerkennung ihrer Weiblichkeit.

Konkurrenz unter Männlichkeiten war aus der Sicht der (gelesenen) Transfrauen ein Motor für die widerfahrenen Auseinandersetzungen. Für SonyaBen Ferner existierte in diesem Zusammenhang eine direkte Verbindung zwischen Härte, Heterosexualität und Männlichkeit. Bei heterosexuellen Männern, die

---

299 Der Dildo entbehrt als Sexspielzeug der Natürlichkeit im alltagssprachlichen Sinne. Für Dildo-Nutzer_innen bedeutet er Vergnügen, Genuss und Freude. Dabei wird der ausgewählte Dildo, den es in unterschiedlichen Formen, Farben und Größen gibt, nicht unbedingt als Penis-Ersatz genutzt. In der Mehrheitsgesellschaft wird der Dildo jedoch als unzulängliches Substitut für einen Penis gelesen. Ganz anders sieht es die Philosophin Beatriz Preciado. Sie kritisiert provokant in ihrem Werk *Kontrasexuelles Manifest* (2003) den Gegensatz zwischen essenziell (Penis) und konstruktivistisch (Dildo): »Alles ist Dildo. Auch der Penis« (Preciado 2003: 61).

sie sexuell belästigten habe ein »Sadismus (...), einen Mann, der nicht richtig männlich ist, zu demütigen« existiert. Die Angreifenden würden dann gezielt Transfrauen durch Aggressivität, Demütigung und körperliche Gewalt erniedrigen. Sie übten dabei durch sexualisierte Belästigung heteronormativen Konformitätsdruck auf die gelesene Transfrau aus. Aus dem Motiv der wahrgenommenen verlorenen Männlichkeit bzw. der ignorierten Weiblichkeit heraus konnten unerwartet gefährliche Situationen entstehen. Die interqueere Kendra Fraschen war in der folgenden Situation von Straßenbauarbeitern als Transfrau gelesen worden:

> »Dann bin ich an einer Baustelle vorbeigelaufen. Da kamen vier Bauarbeiter raus. Und meinten so: ›Ja, Süße, wo gehst du denn so hin?‹ Wo ich so dachte: Sind die blöd, wegen einer Frau machen die –, bis ich erst mal kapiert habe, dass sie mich gar nicht als Frau sondern als Transfrau wahrgenommen haben. Da meinte ich zu denen: Ich bin eine Frau. In Anführungsstrichen. – ›Ja, klar bist du eine Frau. Ich bin auch eine Frau. Na, komm mal her, Süßer, wir zeigen dir mal richtig, wo es abgeht.‹«

Die Bauarbeiter vermuteten, dass die_der Befragte männlich – im Sinne eines essenzialistischen Geschlechts – war, sodass ihr_sein feminines Outfit in ihren Augen nicht passte. Diese Diskrepanz legitimierte aus ihrer Perspektive die sexualisierte Anrufung. Auf deren empörte Antwort, sie sei eine Frau, reagierten die Bauarbeiter mit gehässiger Ironie, in der sie Kendra Fraschen als Mann zeigen wollten, »wo es abgeht«. Einer der Männer erwiderte lakonisch, dann sei auch er eine Frau. Obwohl die_der Interviewpartner_in sich in der Situation weiblich definierte, um sich zu schützen, sprachen die Bauarbeiter sie_ihn mit »Süßer« an. Diese männliche Ansprache signalisierte, dass die Situation sehr gefährlich zu werden drohte. Kendra Fraschen war als gelesene Transfrau (respektive als weiblicher Cis-Mann oder Homosexueller) für diese Bauarbeiter ein ›falscher Mann‹. Die Situation wurde damit zu einem Männlichkeitsritual der Dominanz. Dass die_der Befragte als Transfrau gelesen wurde, offenbarte sich ihr_m erst durch die verletzenden Worte, die bereits auf ein Spiel mit sexueller Zwangsverfügbarkeit hinwiesen. Es ist denkbar, dass die Bauarbeiter ihre eigene homosexuellen- und transfeindliche Aggression unverblümt auslebten, denn sie wollten mit der_m Interviewpartner_in in eine vermutlich anzügliche oder gewaltsame Auseinandersetzung gehen (»wo es abgeht«). Was genau sie im Sinn hatten, kann aus dieser Narration nicht geschlossen werden. Meines Erachtens aber lag im Subtext das Potenzial einer verbal angedrohten Gruppengewalt, die der Vergewaltigung nahe steht.[300] Die_der Interviewpartner_in

---

300 Diese Androhung erinnert an jene Vergewaltigungen, die euphemistisch als ›corrective rape‹ bezeichnet werden. Dieser Gewaltakt erfolgt in der Absicht, die sexuelle Orientierung des lesbischen Opfers zu ändern oder sie (das Opfer) mindestens zu bestrafen

verließ nach dem Wortwechsel zügig den Ort des Geschehens, um weiteren Auseinandersetzungen zu entgehen. Der nonkonformen Weiblichkeit und geschlechtlichen Nonkonformität wurde durch diese diskriminierende Dethematisierung der Raum genommen, indem Kendra Fraschens geschlechtliche Orientierung auf die Figur der Betrüger_in (Bettcher 2006) reduziert wurde.

Außerdem berichteten (gelesene) Transfrauen neben Belästigungen im öffentlichen Raum von sexualisierten Körperverletzungen und Vergewaltigungen im Rahmen häuslicher Gewalt. Exemplarisch führe ich das Verhältnis der Transfrau Yve Bernstein zu ihrem (ehemaligen) Lebenspartner an:

>»Klar. Wissen Sie, ich habe nur Schläge gekriegt. Nur Schläge. Wenn ich nicht funktioniert habe [haut auf den Tisch], wie er sich das vorgestellt hat, wie eine Frau zu funktionieren hat, seiner Mentalität nach, habe ich Schläge gekriegt. (...) – Jemand, der ihm den ganzen Tag den Arsch abwischt. Ihn massieren. (...) Ich kann mich erinnern, da hat er, da war er im Büro und hat gesagt:>Ey, blas mir einen.< Da habe ich gesagt: Gut, ich blas dir einen, aber, ich müsste eigentlich was tippen. – Da hat er mir eine gegongt. Und hat mich an den Haaren genommen und mich so lange, ja, er hat mich regelrecht –. Sein Schwanz ist steif geworden, als ich Nasenbluten gekriegt habe. Da habe ich dann gesagt: Du bist pervers. Das hat mit Liebe nichts mehr zu tun. – >Nee, mir geht einer ab, wenn es dir weh tut.< – Ja. Da habe ich gesagt: Dann musst du an deinem Charakter arbeiten.«

In dieser Sequenz wurden zwei sich ergänzende Gewaltphänomene beschrieben: die körperliche Gewalt durch den Partner, wenn die Befragte nicht entlang der Vorgaben ihres Partners als Frau funktionierte, und die sexualisierte Gewalt in der Paarbeziehung, in der sexuelle Verfügbarkeit und Qualen im Mittelpunkt standen. Yve Bernstein versuchte vorsichtig, die sexualisierte Nötigung durch den Verweis auf ihre ausstehende Bürotätigkeit (»ich müsste eigentlich was tippen«) abzuwenden. Der Versuch der von Gewalt Betroffenen, eine sexualisierte Gewalttat mit dem Hinweis auf andere Tätigkeiten abzuwenden, ist als Verhaltensweise aus der Viktimologie bei Vergewaltigungen bekannt. Doch der Täter zog seine Partnerin mit Zwang an sich heran und zeigte sich durch ihr Leiden erregt, denn die Demütigung und der Schmerz der Befragten führten zu Überlegenheitsgefühlen und zur sexuellen Lust des Partners. Die Aufforderung der Befragten, dass ihr Partner an seinem Charakter arbeiten müsse, bleibt in der Narration seltsam distanziert und kann als ein Zeugnis der Ohnmacht der Befragten angesichts der Gewaltsituation gedeutet werden. Ob es zu der Gewalttat kam, oder ob sich die Interviewpartnerin ge-

---

(Kelly 2009). Der Begriff wird bislang für den südafrikanischen Kontext genutzt, aber diese Form der Sexualdelikte ist in vielen Ländern anzutreffen. Verbalisierungen, die ähnliches Gedankengut beinhalten, sind auch in Deutschland Alltag, wenn beispielsweise behauptet wird, eine Lesbe müsse nur zum >richtigen Sex<, gemeint ist heterosexueller Sexualverkehr, bekehrt werden.

gen den Oralverkehr erfolgreich gewehrt hat, blieb offen. Durch die Erzähl-struktur, in der die Gewaltanwendung (Haare ziehen und die Betonung der Erregung) und das Leid auffällt, ist vermutlich von Zwangssexualität jenseits eines Einvernehmens auszugehen. Mehr noch, Yve Bernsteins Hoffnung auf familiäre Wärme und auf eine respektvolle Beziehung hatte sich zerschlagen. In einer weiteren Passage erwähnte sie, dass ihr Lebensgefährte sie nach einer Auseinandersetzung mit dem Satz »Für das Geld warst du gut, du Tunte!« beleidigte. Der Partner demütigte seine Partnerin damit als Prostituierte. Die Herabwürdigung bekräftigt, dass es sich in der Beziehung um ein Ausbeutungs- und Abhängigkeitsverhältnis handelte. Die Gewaltbeziehung beruhte auf der sexuellen und beruflichen Dominanz des Mannes gegenüber seiner Partnerin, die er zusätzlich als Arbeitskraft ausbeutete. Der sich nach Liebe, Kindern und Familie sehnenden Interviewpartnerin versprach er die Hochzeit und die Ad-option von Kindern, wobei es zu beidem nie kam.

Es zeigt sich im Datenmaterial, dass die Täter_innen im Gewalthandeln be-absichtigten, den Statusverlust ihrer weiblichen Trans-Opfer durch sexualisierte Diskriminierung und Gewalt festzuschreiben. Sie reagierten beispielsweise auf nonkonforme Weiblichkeit, wenn sie ihren subjektiven Vorstellungen von Weib-lichkeit im besonderen Maße nicht entsprach. Und sie fühlten sich als Mann ei-ner ›nicht wahren Frau‹ überlegen und schienen Freude und Lust an der Demü-tigung zu empfinden. Sie beriefen sich stets auf Spuren eines eindeutigen, wahren und normativen Geschlechts, das im Gewalthandeln zum Leitmotiv für die Wahrnehmung der *Deviantisierung* werden konnte. Zusammenfassend waren bei sexualisierten Gewalttaten gegen (gelesene) Transfrauen mehrere Aspekte charakteristisch: (1) die Minderwertigkeit des gelesenen, geschlechtlich non-konformen Geschlechts der vermeintlichen Opfer gegenüber dem eindeutigen, männlichen Geschlecht der Täter, (2) misogynes Gedankengut, (3) ein hohes Maß an destruktiver Aggressivität und Handeln zwischen (aggressiver) Lust und Aggressivität seitens der Täter und (4) die Legitimaion dieser Gewalt entweder als Männlichkeitsritual oder als heteronormatives – und damit vermeintlich zu-lässig aggressives – Gewalt- und Dominanzverhalten in Beziehungsanfragen.

6.1.2 Gefahr durch enttäuschten Heterosexismus

Der Crossdresser Kim Valentin berichtete in der Gewaltnarration »Plexiglas-haltestelle« von der heterosexistischen Kontinuität sexualisierter Gewalt. In diesem Abschnitt werden anhand der Interviewsequenz die Interdependenz von Heterosexismus, Homosexuellenfeindlichkeit und Genderbashing fokus-siert und Wendepunkte herausgearbeitet, die zur Eskalation der Gewaltsitu-ation beitrugen. Der Crossdresser Kim Valentin und seine Lebensgefährtin wa-ren an jenem späten Abend zu Fuß auf dem Weg nach Hause:

»So das war halt, da war ich halt mit meiner Freundin unterwegs. (...) Es war ein Freitagabend. So um elf, wir kamen irgendwo her, egal, wir –, genau, wir wollten dann mit der Straßenbahn zu mir nach Hause fahren. Und meine Freundin hatte noch ein Fahrrad dabei, was sie vor sich hergeschoben hatte und wir sind eine längere Straße langgelaufen. Und dann kamen irgendwann zwei Typen hinter uns her. Ältere, vielleicht so 40. Einer war so, ja einen hätte man für einen Nazi halten können, war aber, glaube ich, noch nicht mal unbedingt einer, auf jeden Fall kurze Haare, Springerstiefel und der andere hatte eher so lange Haare, ja so Proll, ja so prollig vielleicht, etwas alkimäßig vielleicht auch. Keine Ahnung irgendwie und genau, die sind dann hinter uns her, und erst haben wir die gar nicht gesehen. Und dann haben die gerufen und ich dachte auch, das sind viel jüngere Leute. Und ich dachte eher an so Hip-Hopper. Und die meinten, ob wir Drogen kaufen wollten. Und ich meinte so scherzhaft, drehte mich um: Was habt ihr denn für welche? – Und das war aber nur, wie sich herausgestellt hat, nur so ein Eröffnungsspruch. Und dann haben die wohl gedacht, es war ja schon dunkel, da haben die wohl gedacht, dass wir zwei Frauen sind. So. Dann sind die erst hinter uns her und haben uns –, na ich sag mal, normal sexistisch angemacht. Angebaggert, so: ›Na, Süße?‹ und so. Und sind dann genau, so ein bisschen zu uns aufgeschlossen irgendwie.«

Die heterosexistische Situation wurde für den Interviewpartner und seine Freundin durch die Anrufung »Na, Süße?« und durch das räumliche Aufschließen der Männer zunehmend zu einer Bedrohungssituation. Kim Valentin bewertete das Verhalten zu diesem Zeitpunkt allerdings noch »normal sexistisch«, denn diese alltäglichen Anmachen von Männern, die ihn als Frau lesen, kannte er bereits aus anderen Situationen, so dass er mit heterosexistischen Widerfahrnissen im Alltag vertraut war. Zusätzlich zu Kim Valentins geschlechtlicher Inszenierung als Crossdresser sorgten vermutlich die Dunkelheit und die räumliche Distanz dafür, dass die Männer Kim Valentin eindeutig weiblich gelesen haben. Näher an das Paar herantretend, erkannten die Männer in Kim Valentin plötzlich einen Mann, was einen entscheidender Wendepunkt in der bis dahin noch heterosexistischen Situation markierte:

»Und [die beiden Männer] merkten dann irgendwann, dass ich ein Typ bin. Und dann ist das so gekippt in dieses: ›Ey, Schwuchtel!‹ und so. Und da ist dann auch die Aufmerksamkeit, erst lag die auf uns beiden, zwei hübsche Mädels mäßig und dann ging es eigentlich nur noch um mich, und dann haben sie halt immer so Sprüche gemacht und wir sind dann immer weitergelaufen. Und die halt auch. Und die haben dann so verschiedene Spielchen gemacht, die sind dann so 20 cm –, die waren beide auch ziemlich groß auch, dann sind sie 20 cm hinter uns gelaufen, so was, dann haben sie uns so spaliermäßig, einer vorne und einer hinten ran, und immer so weiter und wir konnten auch gar nicht mehr richtig kommunizieren, weil die immer so sehr nah dran waren auch. Und haben uns nach einer Zeit auf jeden Fall ziemliche Angst gemacht. Das war schon klar, dass meine Freundin Angst hatte, und ich hatte ziemliche Angst. Und wir haben versucht, die zu ignorieren. Aber wie gesagt, entweder sind die so im Trippelschritt hinter uns her und die waren halt zwei Köpfe größer oder einer vorne einer hinten. Ganz strange und war schon klar, dass die auch zusammengehören. Insofern waren wir auch so eingekreist.«

Die Aufmerksamkeit der Männer wechselte von der Anmache zweier Frauen nun auf Kim Valentin als schwulen Mann, denn sie beleidigten ihn mit homosexuellenfeindlichen Anrufungen (»Ey, Schwuchtel!«). Zu diesem Zeitpunkt verknüpften die Täter ihre Wahrnehmung einer femininen Männlichkeit oder einer falschen Weiblichkeit mit ihrem Ressentiment der Homosexuellenfeindlichkeit und zeigten sich nun offen dominant und aggressiv. Kim Valentin und seine Freundin bekamen Angst und fühlten sich von den ihnen körperlich überlegenen Männern eingekreist. Die zuvor heterosexistische Anmache wurde durch die Gender-Irritation der Täter zur homosexuellenfeindlichen Attacke, deren Schärfe zunahm. Das ist insofern interessant, als in der heteronormativen Logik der Zweigeschlechtlichkeit Kim Valentin und seine Freundin nun ein heterosexuelles Paar darstellten. Dies wurde von den Angreifern nicht berücksichtigt, sondern ihr Hass fokussierte sich weiter auf die Person mit der effiminierten Männlichkeit. Schließlich verstärkten die Täter ihre Bemühungen, das Paar zu ängstigen, indem sie eine grenzüberschreitende, bedrängende körperliche Nähe suchten. Es ist naheliegend, dass sie in ihrer eigenen Männlichkeit verunsichert waren, weil sie einen Mann angeflirtet hatten. Ob sie dabei einen eigenen homophilen oder bisexuellen Impuls abwehrten, muss offen bleiben. Der Argumentation Talia Mae Bettchers zufolge fühlten sich diese Angreifer wahrscheinlich betrogen und sahen sich dadurch zur Gewalt legitimiert (Bettcher 2006).[301] Durch den wahrgenommenen Betrug sahen sie demzufolge ihre eigene heterosexuelle Männlichkeit bedroht. An diesem Wendepunkt eskalierte schließlich die Situation und schlug in körperliche und lebensbedrohliche Gewalt um:

> »Und dann sind wir halt zu dieser Straßenbahnhaltestelle und naja, das war dann auch so eine Situation, die haben im Prinzip die ganze Zeit irgendwelche Sprüche gemacht über mich und mich auch immer so angefasst, von oben quasi, weil die ja so groß waren. An die Schulter so: >Na, Kleiner?<, oder: >Ey, bist du schwul?< und so, und ich hatte halt mehrmals gesagt, er soll mich nicht anfassen, und meine Freundin halt auch und das haben sie halt immer wieder gemacht. Also, sie sind zuerst körperlich geworden, sage ich mal. Meine Freundin hat den einen irgendwann geschubst und gemeint: Ey, lass, hör mal auf, du fasst den jetzt nicht mehr an!, so.«

Das Verhalten der Angreifer war provokant und auf Eskalation ausgerichtet. Durch Anfassen und fortlaufende Beleidigungen suchten die Täter zu diesem Zeitpunkt gezielt die körperliche Auseinandersetzung. Die Aufforderungen, die Provokationen und insbesondere das Anfassen zu unterlassen, führten ins

---

301 vgl. 2.2.4 Die_der Betrüger_in

Leere. Schließlich stieß Kim Valentins Partnerin den einen Täter von ihrem Partner weg. Doch die Täter verfolgten das Paar trotzdem weiter. Als Kim Valentin und seine Freundin kurz danach die Haltestelle erreichten, glaubten sie sich in Sicherheit, weil die beiden Angreifer zunächst weiterliefen. Sie gesellten sich für einen kurzen Moment erleichtert zu den anderen wartenden Fahrgästen an der »Plexiglashaltestelle«. Aber plötzlich kehrten die beiden Männer um und sahen nicht von der Absicht einer körperlichen Auseinandersetzung ab:

> »Und dann ging das halt richtig los. Dann haben die richtig, das war dann zwei gegen zwei, und ich hatte dann diesen Kurzhaarigen da, der, das war an so einer Plexiglashaltestelle, der so mit seinen Springerstiefeln auf mich eingetreten hat, also ich lag nicht auf dem Boden, ich stand noch so, und meine Freundin hatte noch ihr Fahrrad. Und sie hatte halt den anderen Typen an den Hacken und hat (...) ihn dann irgendwann über ihr Fahrrad geschmissen, der lag dann irgendwann auf dem Boden. Dann habe ich den halt getreten. Im Prinzip war das aber so, dass wir uns gar nicht gegenseitig helfen konnten. Und irgendwann habe ich gesehen, es gab auch so witzige Momente, aber das war auch sehr horrormäßig, irgendwann habe ich gesehen, dass meine Freundin auf dem Boden liegt und der andere Typ auf ihr drauf. Und ich konnte aber auch nicht weg, weil ich so eingeklemmt in dieser Bushalte stand und der andere Typ halt permanent mit seinen Springerstiefeln, ich war halt nur noch so [geduckte, schützende Haltung einnehmend]. Und [ich] habe nur noch gesehen, meine Freundin liegt jetzt auch noch auf dem Boden. Und ich konnte nicht aus dieser Ecke raus, ich konnte mich nur noch schützen sozusagen. Aber irgendwann stand dann dieser Typ da, die Reihenfolge ist vielleicht etwas durcheinander, und dann habe ich es irgendwie geschafft, diese zwei halt an mich ranzuziehen, und sie unter meine Arme zu klemmen und ich konnte nichts mehr machen, aber meine Freundin hat denen dann abwechselnd auf den Kopf gehauen: boing, boing, boing. (...) Also, wir haben auch eine Menge abgekriegt, aber auch ganz schön ausgeteilt. Wir haben uns schon ganz gut zu wehren gewusst, sage ich mal, aber es war schon so ein Gefühl, wenn die zu viert gewesen wären, hätten sie uns totgeschlagen.«

Kim Valentin und seine Partnerin wurden getreten und geschlagen und sie wehrten und widersetzten sich den Angreifern auf vielfältige Art und Weise. Die Schlägerei fühlte sich für den Interviewpartner »horrormäßig« an. Er und seine Freundin hatten zwischendurch »Todesangst«, denn die Angreifer waren von grenzenlosem Hass erfüllt. Erst als eine Straßenbahn nahte, verschwanden sie und Kim Valentin und seine Freundin riefen die Polizei, die mit mehreren Einsatzfahrzeugen den Tatort erreichte, als die Schlägerei bereits beendet und die Täter längst verschwunden waren. Keine_r der Wartenden an der Haltestelle hatte eingegriffen.

Eine strafrechtliche Verfolgung unterblieb, obwohl noch am Tatort ein Zeuge der Polizei die Identität und den Wohnort der Angreifer mitteilte. Aber Kim Valentin und seine Partnerin waren bezüglich der rechtlichen Situation verunsichert, weil sie schließlich ebenfalls zugeschlagen hatten und weil sie ein nur geringes Vertrauen in Polizei und Justiz mitbrachten. Da kein finanzieller Schadensersatz von den Tätern zu erwarten war und sie erfuhren, dass die beiden Männer der Polizei hinlänglich bekannt waren, siegte ihre Sorge, dass die Angreifenden als potenzielle Wiederholungstäter im Gefängnis landen könnten. Aus diesen Gründen sahen sie schließlich von einer Anzeige ab.

Diese einzelne Interviewsequenz verdeutlicht die Mehrdimensionalität der Gewaltmotivation der Gewalt gegen geschlechtlich nonkonforme Personen: Heterosexismus, homosexuellen- und geschlechternonkonform-feindliche Gewaltmotivationen überlagerten einander und zeigten sich in verschiedenen Diskriminierungs- und Gewaltformen: in der sexualisierten, sprachlichen Diskriminierung von Weiblichkeit und Homosexualität und in der körperlichen Gewalt sowie im verbalen und körperlichen Widerstand. Der Ausgangspunkt, der vermutlich die Brutalität der Gewalt und das Bedürfnis nach Rache aus der Sicht der Täter legitimierte, war die enttäuschte heterosexistische Flirt-Situation zu Beginn der Auseinandersetzung. Das verachtende Potenzial gegenüber nonkonformen Frauen bzw. nonkonformen Männern führte zu einer Verkettung und Unentscheidbarkeit von heteronormativen, misogynen, homosexuellenfeindlichen und transfeindlichen Denk- und Handlungsweisen auf Seiten der gewaltbereiten Täter.

6.1.3 Von der Brutalität der Straßengewalt

Situationen sexualisierter Straßengewalt zeigten sich nicht nur als Verkettung verschiedener Gewaltmotivationen und Ressentiments, sondern sie fielen auch durch eine besondere Brutalität auf. Mehrfach wurde berichtet, dass das eigene Leben dabei in Gefahr geriet. Die vertiefende Fragestellung lautet deshalb für diesen Abschnitt: Welche weiteren Dimensionen – neben der Figur der Betrüger_in wie im vorangegangen Kapitel veranschaulicht – förderten das besondere Ausmaß bzw. die Brutalität dieser Gewalttaten? Um erste Antworten zu erhalten, wurden drei relevante Sequenzen analysiert: (1) die Narration der fliegenden Pflastersteine, (2) die Erinnerung an eine Schlägerei auf einer Verkehrskreuzung und (3) die Geschichte, wie es zum Schädelbasisbruch kam.

(1) Ein_e Interviewpartner_in wollte nach dem Besuch einer großen Christopher-Street-Day-Parade in einer nahegelegenen Kleinstadt übernachten. Am späten Abend in der Dämmerung wählte sie_er vom kleinstädtischen Bahnhof einen Weg durch eine abseits gelegene Wohnsiedlung und durch ein Kleingartengebiet, um ihre_seine Unterkunft zu erreichen. Auf dem Nachhauseweg kam sie_er an einer Gruppe Jugendlicher vorbei, die in der Nähe eines Jugendtreffs auf einer Brücke standen:

»Nun war ich aber in der Walachei und lief am Jugendtreff vorbei. (...) Dass ich mir in dem Moment sehr deutlich meines Äußeren bewusst war und auch sehr deutlich der Tatsache, dass kurz neben mir diverse, teilweise auch angetrunkene Jugendliche, größtenteils auch noch mit migrantischem Hintergrund sich aufhalten. Für die mein doch relativ aufreizendes Outfit, vielleicht auch so etwas wie ein Signal sein könnte. Und rückwirkend betrachtet bin ich mir sehr sicher, dass ich das auch ausgestrahlt habe. Das Gefühl der Angst.«

In der Einsamkeit der Umgebung stufte die_der Befragte die eigene Aufmachung als Gefährdungspotenzial ein. Als sie_er bemerkte, dass der Weg an einem Jugendtreff vorbeiführte, war ihr_m sehr bewusst, dass verschiedene Realitäten aufeinandertreffen würden: Alkoholisierte, kleinstädtische Jugendliche zum Großteil mit migrantischem Hintergrund in der Nähe ihres Jugendtreffs und Tamma Katz ohne migrantischen Hintergrund in » relativ aufreizende(r)« Kleidung fernab von ihrem_seinem Zuhause in abgeschiedener Umgebung.[302] Sie_er fürchtete eine enthemmte und aggressive Stimmung ihr_m gegenüber, die unmittelbar mit ihrer_seiner geschlechtlichen Repräsentation zusammenhängen könnte:

»Und das Allerschlimmste war, ich lief auf eine Brücke zu, über einen kleinen schönen Fluss, und ich konnte nicht erkennen, wer sich auf der Brücke befand, weil die Sonne so dermaßen tief stand. Dass ich nichts sah. So gar nichts. Ich sah auch die Brücke nicht.«

Die_der Interviewpartner realisierte die Gefahr im Sonnenuntergang und lief trotz der verhinderten Sicht weiter, weil sie_er zu diesem Zeitpunkt bereits weit entfernt von jeglicher Hilfe war und weil sie_er wegen der Sonneneinstrahlung das Fehlen von Fluchtwegen jenseits der Brücke nicht bemerkte. Auf der Brücke angekommen, waren sich die_der Befragte und die Jugendlichen räumlich sehr nah, weshalb sich in diesem Moment die Situation emotional zuspitzte:

»Habe mir nur gedacht: Bitte, bitte, lass nichts passieren. Aber dieses >Bitte, bitte, lass nichts passieren<, das steht ja sehr deutlich auf meiner Stirn in so einer Situation. Plus mein Aussehen. Und es passierte witziger Weise erst auch überhaupt nichts.«

Die innerlich formulierte Bitte war, so fühlte es die_der Befragte zumindest, allgegenwärtig und spürbar. Sie offenbarte ihre_seine pure Angst. Doch die Jugendlichen ließen sie_ihn die Brücke ohne Zwischenfall passieren. Aber als sie_er die Brücke gerade hinter sich gelassen hatte, prallte der erste Pflasterstein neben ihr_m auf:

»Die bewarfen mich mit Pflastersteinen! Das war so krass. Pflastersteine. Also nicht mit diesen riesigen Pflastersteinen, sondern mit diesen kleinen quadratischen. (...) Der erste Pflasterstein schlug irgendwie einen halben Meter neben mir ein.«

---

302 vgl. 3.4.3 Hegemonie in der Marginalisierung

Die_der Interviewpartner_in entfernte sich schnellen Tempos von den Jugendlichen, doch beim Weitergehen wurde sie_er doch von einem Pflasterstein am Ohr getroffen. Außerdem schlugen zwei weitere Steine neben ihr_m auf dem Boden ein. Sie_er blutete, schaute nicht zurück, sondern ging ihren Heimweg weiter und konnte sich, ohne von den Jugendlichen verfolgt zu werden, in ihre_seine Unterkunft retten. Dort fiel sie_er benommen und schockiert auf das Bett, während sich ihre_seine Gedanken um die »fliegenden Pflastersteine« kreisten. Sie_er realisierte schließlich, dass die Jugendlichen ihr_m mit den Steinen eine dauerhafte Schädigung oder eine tödliche Verletzung hätten zufügen können.[303]

Denkbar ist, dass diese Jugendlichen aus Langeweile handelten und dabei ihre vom Alkohol enthemmten Ressentiments spontan und vermutlich ohne direkte Tötungsabsicht auslebten. Für diese Interpretation spricht, dass sie die_den Interviewpartner_in nicht verfolgten. Die_der Befragte erlebte allerdings eine traumatisierende und lebensbedrohliche Situation. Zum Zeitpunkt des Interviews war sie_er nachhaltig erschüttert ob der ihr_m widerfahrenen Brutalität der Jugendlichen, die bleibende Schädigungen durch eine Kopfverletzung oder sogar ihren_seinen Tod in Kauf genommen hatten.[304]

Die Brutalität speiste sich aus einer Melange aus Geschlechterdifferenzierungen, Wahrnehmung von Nonkonformität, Altersdifferenzen, Beschaffenheit des Ortes, Konsum von Drogen, Gruppengröße, Herkunft der Angreifenden und aus der Einsamkeit der_s Angegriffenen sowie der emotionalen Selbstkonstituierung aller Beteiligten. Die Bedingungen hatten sich aus einer Perspektive der_s von Gewalt betroffenen Interviewpartner_in stetig zugespitzt und konstituierten einen günstigen Rahmen für Gewalt.

(2) Während es sich in der vorangegangenen Gewaltnarration noch um einen relativ spontanen Angriff handelte, kam es zu der folgenden Situation von Straßengewalt nach verbalen Auseinandersetzungen: Der Transmann Tom Herz besuchte gemeinsam mit einem Freund die Geburtstagsparty einer Drag Queen in einer Diskothek. Als sie diese spät in der Nacht verlassen wollten, hörten sie zufällig am Eingang Beleidigungen. Eine Gruppe junger Erwachsener regte sich »lautstark im O-Ton über die ekelhaften Schwuchteln« auf. Tom

---

303 Erst später zeigte die_der Befragte das Verhalten der Jugendlichen an, was zu einer weiteren Erfahrung von Diskriminierung führte.

304 Inwiefern diese jugendlichen Gewalttäter_innen die Konsequenzen ihrer Gewalttaten kalkulierten, muss offen bleiben. Nach Ferdinand Sütterlütys Studie zu jugendlichen Gewaltkarrieren sind Ziele und Mittel im Gewalthandeln situationsabhängig. Seine Erkenntnisse legen nahe, dass auch gewaltbereite Jugendliche situativ die möglichen Konsequenzen der Handlungen kaum oder gar nicht reflektiert haben (Sütterlüty 2003).

Herz forderte die Gruppe auf, mit diesen Beleidigungen aufzuhören. Seine Wut war groß, denn schließlich war er an einem Ort, an dem verschiedene geschlechtliche und sexuelle Orientierungen präsent waren und gemeinsam feierten. Unmittelbar nach seiner Intervention wurde ihm ins Gesicht geschlagen (»zwei auf die Fresse«). Es entstand eine handgreifliche Auseinandersetzung, in der die Angreifenden riefen: »Ihr scheiß Schwuchteln, ihr seid doch auch Schwuchteln und fickt euch in den Arsch.« Ein Türsteher bereitete der Auseinandersetzung ein vorläufiges Ende, woraufhin Tom Herz und sein Freund die Diskothek endgültig verließen. Die auffällige Gruppe wurde indes des Ortes verwiesen. Allerdings begegneten Tom Herz und sein Freund dieser Gruppe an der nächsten Verkehrskreuzung wieder, wo die homosexuellenfeindlichen Beleidigungen fortgesetzt wurden. Als Reaktion schlug Tom Herz' Freund plötzlich einer der pöbelnden Personen eine Glasflasche über den Kopf. Daraufhin überschlugen sich die Ereignisse und der Interviewpartner erinnerte sich nur noch daran, dass er gemeinsam mit seinem Freund schließlich mehrere Minuten auf der Straße lag und von den Angreifern am ganzen Körper getreten wurde. Keine_r der nächtlichen Passant_innen griff in das Geschehen ein. Nach »drei Minuten« und als »jeder schon bestimmt 20 Tritte gegen den Kopf hatte« ließen die Angreifer auf Anraten ihrer Freundinnen von ihren Opfern am Boden ab. Als schließlich die Polizei erschien, realisierte Tom Herz nur noch, dass ihm und seinem Freund Handschellen angelegt wurden.

Die Beleidigungen gegenüber der Drag Queen sowie die anderen verbalen Attacken waren homosexuellen- und dragfeindlich motiviert. Die Abwertung als schwuler Mann stand wiederum im Einklang mit der Degradierung und Reduzierung einer geschlechtlichen Nonkonformität. Ähnlich wie in der ersten Situation ist diese Gewalttat von äußerster Brutalität gekennzeichnet. Wiederum gab es auch von den Zuschauenden keine Hilfeleistungen, außer dem verspäteten Rückruf der Gewalttäter durch die Freundinnen. In den vorliegenden Daten ging die interpersonale Gewalt in brutalen Formen im öffentlichen Raum oft von Jugendgruppen oder von Gruppen junger Erwachsener aus, wobei die körperlichen Übergriffe ausschließlich von mehreren männlichen Akteuren erfolgten. Demgegenüber existierten vereinzelt Gewaltsituationen, in denen in einer interpersonalen Eins-zu-eins-Situation das Leben der Befragten von den Täter_innen aufs Spiel gesetzt wurde.

(3) In der dritten ausgewählten Gewaltnarration wurde eine Interviewpartnerin von einem Familienvater, der Beamter eines Spezialeinsatzkommandos (SEK) außer Dienst war, brutal zusammengeschlagen. Der Sonntagnachmittag endete für die Interviewpartnerin mit einem lebensbedrohlichen Schädelbasisbruch:

»Sonntags nachmittags im Bahnhof. Ja, da bin ich in die S-Bahn gestiegen und bin da von einem Typen irgendwie angemacht worden, der irgendwie meinte: ›Ey, was bist du denn? Mann oder Frau?‹ (...) Auf jeden Fall war das eine sehr, sehr, sehr krasse Situation und ich bin dann zu dem hingegangen und habe dem eine Ohrfeige gegeben und das war ganz schlecht, weil, was ich nicht wusste, war, dass er irgendwie SEK-spezialausgebildeter Bulle ist, in seiner Freizeit, der mit seiner Frau unterwegs ist, und der hat mich dann nach allen Regeln der Kunst, also Jiu-Jitsu, konnte ich noch identifizieren, vom Kampfstil, hat er mich komplett verprügelt. Da war ein Kopfstoß und ich hatte einen Schädelbruch, und er hat mich dann halt hinterher sofort verhaftet. Da kamen dann halt die Bullen vom Bahnhof und haben mich auch verhaftet und haben mich dann richtig verhaftet, mit Handschellen, weiß der Geier, und haben dann aus meiner Jacke irgendwie meinen Pass raus geholt und sind halt die ganze Zeit davon ausgegangen, dass ich ein Typ bin und haben dann erst geschnallt sozusagen: ›Ui, du bist ja eine Frau.‹ So! Und in dem Moment fanden sie das dann selber so ein bisschen strange und weil die das dann wieder nicht so cool fanden, glaube ich, dass der mich so krass verkloppt hat.«

Der Familienvater hatte die Befragte mit der Frage und der Art der Fragestellung nach ihrer Geschlechtlichkeit provoziert.[305] Sie reagierte mit einer Ohrfeige, woraufhin der SEK-Beamte als ausgebildeter Kämpfer die Befragte niederschlug und ihr einen Schädelbasisbruch zufügte. In dieser Gewaltsequenz hat die Autorität des SEK-Beamten, der in seiner Freizeit der Interviewpartnerin eine schwere Kopfverletzung zufügte, eine hohe Bedeutung. Und für die Interviewpartnerin gab es keinen Zweifel:

»Der hat ganz klar versucht, mich umzubringen.« Als sie am Boden lag, verhaftete der Beamte außer Dienst sein Opfer und übergab sie am nächsten Bahnhof den örtlichen Bahnhofsbeamt_innen. Der Täter erstattete eine Anzeige wegen Körperverletzung, weshalb es zu einem Gerichtsverfahren kam: »Aber dieser Typ, der hatte mich dann auch angezeigt und es zog dann auch ein Gerichtsverfahren nach sich, weil er mich ja wegen körperlicher Gewalt angezeigt hatte, natürlich, was Bullen ja immer machen. Wenn die Scheiße bauen, dann zeigen die dich wegen dem an. Und dann haben die mich auch gleich verhaftet und ich hatte keine Gelegenheit, mir einen Zeugen zu suchen, obwohl die ganze Bahn proppe voll war mit Leuten. (...) Er hat sich darauf rausgeredet, im Gerichtsverfahren, dass er dachte, dass ich ein Typ bin. Aber es war so klar, denn das ging aus der Situation hervor, dass er wusste, dass ich entweder ein Typ oder eine Frau bin. Also, dass er sich ganz klar darüber war, dass ich eben nicht klar zuzuordnen bin. Also, dass das eine ganz klare transphobe, Schrägstrich homophobe Übergriffigkeit war und dass er mich in dem vollen Bewusstsein, in dem Moment, wo er mich verprügelt hat, muss ihm klar gewesen sein, dass ich kein Typ bin.«

Im Gerichtsverfahren legitimierte der Täter seine Tat mit der Begründung, er habe nicht erkannt, dass er eine Frau geschlagen und getreten habe, denn er

---

305 vgl. 6.2.1 Vorstufen sexualisierter Gewalt

hätte sein Opfer für einen Mann gehalten. Die Annahme als Schutzbehauptung wirkt irritierend. Denn dass es unter Männern legitim sei, nach einer Ohrfeige die andere Person lebensgefährlich zu verletzen, ist mindestens fragwürdig. Die Interviewpartnerin hatte im Verfahren keine Zeug_innen, weil sie aufgrund ihrer Verletzung nicht in der Lage war, Kontakt zu anderen Passagieren der S-Bahn aufzunehmen. Aber eine Videoaufnahme der Überwachungskamera aus dem Innern der Bahn zeigte im Verfahren den Anwesenden die Brutalität des Beamten gegenüber seinem bereits wehrlosen Opfer und das Verfahren wurde nicht zuletzt deswegen schließlich eingestellt:

> »Es [das Verfahren] wurde eingestellt, weil der Staatsanwalt, der eigentlich ihn hätte verteidigen sollen, zu ihm gesagt hat: ›Herr Socke, was Sie uns hier gesagt haben, hat weder Hand noch Fuß, an Ihrer Stelle würde ich jetzt den Mund halten und nehmen Sie sich einen Anwalt!‹ Weil, der ist da ohne Anwalt auf-getaucht und hat sechs Bullenkollegen mitgebracht als Zeugen und seine Frau war leider nicht zugegen und die wurden alle nicht verhört und ich glaube, dass darüber der Staatsanwalt ganz froh war, so ehrlich, ganz unter uns, und das war einfach nur Glück, weil die Richterin wollte mich total verknacken und die hat sich auch nicht auf einen Freispruch eingelassen, was bedeutete wiederum, dass ich ihn nicht verklagen konnte.«

Die Strafanzeige gegen die Interviewpartnerin wegen Körperverletzung be-gann und endete mit dieser ersten Anhörung vor Gericht. Das hier dokumen-tierte exemplarische Anzeigeverhalten von Polizist_innen bei eigenem Fehlver-halten oder zum Kaschieren der eigenen Gewaltausübung wird eingesetzt, um sich vor den Anzeigen ihrer Opfer zu schützen. Durch dieses Anzeigeverhalten und durch die Zeug_innenschaft der Kolleg_innen, führen diese Verfahren oft zu Verurteilungen der von Polizeigewalt betroffenen Personen oder zu Ein-stellungen nach § 153 a, sodass die Vergehen der Polizist_innen nicht mehr geahndet werden können und illegitim erlebte Gewalt von Individuen nicht reklamiert werden kann (Pelzer/Ostermeier 2011; Herrnkind 2011, Lüdtke et al. 2011).[306]

In allen Gewaltnarrationen berichteten die Befragten von unterlassener Hilfeleistung und dem Erleben grenzenloser Gewalt, von Täter-Opfer-Ver-drehungen, insbesondere dann, wenn sie sich nach einer Provokation gewehrt hatten. In keinem Fall griffen Zuschauer_innen oder Passant_innen interve-nierend ein. Einzig die Freundinnen aus der Täter_innen-Gruppe in der Ge-

---

306 So setzt sich beispielsweise *Amnesty International* ebenso wie der Europarat und die Vereinten Nationen für unabhängige mediale Kontrollen in Polizeistationen ein. Damit soll »rechtswidrige Polizeigewalt« bekämpft werden. Anlass für diese Forderung bot die mangelhafte und manipulierte Beweislage im Prozess gegenden verantwortlichen Polizis-ten im Fall des Asylbewerbers Oury Jalloh, der 2005 unter bis zuletzt ungeklärten Um-ständen in seiner Haftzelle verbrannte (Amnesty International 2010).

waltnarrationen von Tom Herz, bewogen die Angreifer der Gruppe, die Tritte auf die am Boden liegenden Personen einzustellen. Die Brutalität der männlichen Täter und ihrer – auf den ersten Blick passiv erscheinenden – weiblichen Begleitungen basierte in allen ausgewählten Beispielen offensichtlich auf Homosexuellen- und Transfeindlichkeit. Doch waren die Begleiterinnen wirklich nur passive Zuschauerinnen? Es ist denkbar, dass die Rolle der Begleitung der männlichen Personen für die Brutalität des Gewalthandelns eine bedeutsame Rolle spielte. Dies wäre dann der Fall, wenn die Gewaltsituationen durch männliches Konkurrenzgerangel, Infragestellen der eigenen (Täter-)Männlichkeiten oder schlicht durch heteronormatives Imponiergehabe motiviert gewesen wären. Dann hätten die weiblichen Personen dazu beigetragen, dass die Täter glaubten, ihre geschlechtlichen Positionen stärker betonen zu müssen, wobei ein Scheitern der (Täter-)Männlichkeiten in der Konkurrenz mit geschlechtlich nonkonformen Personen nicht vorgesehen war. Die Täter agierten mit destruktiver Aggressivität und nahmen dabei sogar bleibende Schädigungen der Gesundheit und die Lebensgefährdung ihrer Opfer in Kauf. Außerdem entstand die Brutalität der Gewalt in einem Aufeinandertreffen von Emotionen: In der Situation mit den Pflastersteinen traf die Angst und Sorge der_s Befragten auf jugendliche Langeweile und geschlechtliche Ressentiments; in der zweiten Narration traf verbaler Widerstand auf eine irritierte, gewaltbereite Gruppe junger Erwachsener und in der letzten Situation traf individualisiertes Genervtsein (veräußerlicht durch die Ohrfeige, welche die Interviewpartnerin dem Fragenden verabreichte) auf gewaltbereite Respektlosigkeit gegenüber geschlechtlich nonkonformen Personen. Die brutalen Konfrontationen im öffentlichen Raum prägten nachhaltig das weitere Leben der Interviewpartner_innen, denn sie verloren ihr Sicherheitsgefühl an öffentlichen Orten und fühlten sich darüber hinaus nach diesen Erfahrungen von der Polizei und der Justiz ungerecht behandelt oder im Stich gelassen. Die Erfahrungen von Täter-Opfer-Verdrehungen trugen dazu bei, dass dieses Misstrauen nicht entkräftet wurde. Das Gewaltmonopol und die Autorität der Polizei wurden von vielen Interviewpartner_innen fortan selbst dann gemieden, wenn sie abermals von körperlicher oder sexualisierter Gewalt betroffen wurden. Das zeigt sich beispielsweise im generell verhaltenen und geringen Anzeigeverhalten geschlechtlich nonkonformer Betroffener von Gewalttaten.

6.1.4 Homosexuellenfeindlichkeit als Variabel

Geschlechternonkonform- und homosexuellenfeindliche Gewalt liegen nah beieinander. Eine wesentliche Grundlage der Diskriminierungen und Gewalt ist dabei, auf einen Nenner gebracht, die Konstruktion einer_s Anderen, welche_r sich aus Täter_innen-Perspektive dem eigenen heteronormativen

Ordnungsraster entzieht. Diese Konstruktion einer_s Anderen bedient sich der Homosexuellenfeindlichkeit, weil das Ressentiment zur Homosexualität eine stereotype Bezugsgröße darstellt.[307] Demgegenüber sind Trans- und Intersexualität sowie weitere geschlechtliche Nonkonformitäten kaum bekannt.

Die Ablehnung gegenüber Homosexualität ist zu einer Variablen geworden, die viele der Gewaltsituationen im Genderbashing rahmt. In stereotypen Worthülsen wurde alles, was geschlechtlich und sexuell jenseits der heterosexuellen Mehrheit erschien und als anders interpretiert wurde, mit benannt. So wurde Homosexualität bei vielen Angreifer_innen zu einem Oberbegriff für jedes von der Normalität abweichende wahrgenommene sexuelle und geschlechtliche Lebenskonzept. Es fungierte im Feld der Diskriminierung und Gewalt als versprachlichte, diskriminierende Generalisierung geschlechtlich nonkonformer Personen. Im Zuge der Ver-Anderungen wurde zugleich ein hohes Aggressions- und Gewaltpotenzial sichtbar. Somit avancierte ein stereotypes und ablehnendes Verständnis von Homosexualität zu einem vieldeutigen Sammelbecken für hassmotiviertes Denken und Gewalttaten gegen eine Vielfalt geschlechtlicher und sexueller Existenzweisen. Dass diese Gewalt aber nicht homosexuellenfeindlicher Gewalt entspricht, wurde anhand der Empirie deutlich.

Dabei tauchte auf Seiten der Täter_innen durchaus eine Art Vernichtungswille auf, während auf Seiten der Interviewpartner_innen eine tiefe Demütigung und nachhaltige Verunsicherung stattfand. Geschlechternonkonform-feindliche interpersonale, sexualisierte Straßengewalt weist somit zusammengefasst folgende Charakteristika auf: (1) Die Inhalte von Homosexualität, Transsexualität und Intersexualität und anderen geschlechtlichen Varianzen wurden im Gewalthandeln verwechselt oder ihre Differenzierung erschienen den Täter_innen unbekannt oder unerheblich. (2) Der Bezug zur Homosexualität ermöglichte den Täter_innen eine sprachliche Ausdrucksweise für etwas Unsagbares und etwas ihnen Unbekanntes. (3) Die Täter_innen sexualisierter Gewaltformen im öffentlichen Raum waren überwiegend männliche Jugendliche oder junge Erwachsene, wobei (teilweise) Frauen begleitend anwesend waren. In Bezug auf die Brutalität der Gewalttaten wirkte sich ihre Präsenz vermutlich konfliktverstärkend aus. (4) Die Bedeutung der Figur der Betrüger_in stellte ein zentrales Eskalationsmotiv dar. (5) In den Gewaltsituationen waren Opfer nicht immer nur Opfer und Täter_innen nicht immer nur Täter_innen. Stattdessen wehrten sich die Befragten, wovon sie oftmals selbstbewusst und zufrieden berichteten. (6) Sexualisierte, sprachliche Auseinandersetzungen wurden aus der Sicht der Interviewpartner_innen ebenfalls als bedrohlich empfunden.

---

307 vgl. 2.2.1 Die_der Homosexuelle

(7) In jeder Situation existierten Eskalationsmomente und Wendepunkte. Diese zeigten sich nonverbal, verbal und/oder durch körperliche Grenzüberschreitungen. Sie besaßen das Potenzial, die Gefährlichkeit der Situation zu steigern. (8) Situative Konstituierungen der brutalen Gewaltsituationen und interaktive, psychosoziale, emotionale Prozesse interagierten und wirkten sich so auf das Ausmaß der Gewalt aus.

6.2 »Bist du ein Mann oder eine Frau?« – Das Kontinuum der Demütigungen

Das Infragestellen der eigenen geschlechtlichen Orientierung und der binären Geschlechtlichkeit (z.B. Bist du Mann oder Frau?) wird im Folgenden als alltagsweltliche Vorstufe sexualisierter Gewalt analysiert, weil hier bereits der Zweifel an geschlechtlicher Nonkonformität auftauchte. Schließlich werden jene Gewalttaten in den Blick genommen, in denen die Genitalien der von Gewalt Betroffenen für die Täter_innen bedeutsam wurden. Hier zeigt sich ein Kontinuum der Demütigungen, das von alltäglichen heteronormativen Verhaltensweisen bis zur manifesten, sexualisierten Gewalt reicht. Für die Befragten war sexualisierte Gewalt eine Verfügbarmachung, die aus ihrer Perspektive mit der eigenen geschlechtlichen Orientierung zusammenhing. Deshalb reagierten sie häufig mit Wut, Scham und Schuldgefühlen. Sexualisierte Gewalt zeigte sich außerdem androzentristisch und bezog sich auf die *Figur der geschlechtlichen Kontinuität* insbesondere dann, wenn es darum ging, Beweise für die eigene Geschlechtlichkeit bieten zu müssen.

6.2.1 Vorstufen sexualisierter Gewalt

Die Verletzungen der Intimsphären der Befragten im Alltag bezeichne ich als Vorstufen sexualisierter Gewalt. Respektlosigkeit drückte sich – häufig spontan – in grenzüberschreitendem Verhalten und belästigenden Fragen aus. Die Vorstufen sexualisierter Gewalt waren streng genommen zugleich sexualisierte Übergriffe, denn es wurden Intimsphären verletzt, ohne dass zuvor eine erforderliche gegenseitige Vertrauensbasis geschaffen worden ist. Zudem wurden vorhandene Hierarchien nicht transparent gemacht oder es bestanden direkte Abhängigkeitsverhältnisse, wodurch die Fragen ihre Legitimation erhielten. In diesen Situationen fehlte es stets an Empathie auf der Seite der Fragenden.

Für eine Person, die Intimitäten im institutionalisierten Rahmen preisgibt oder preisgeben muss, müsste in einer respektvollen Begegnung jederzeit die Möglichkeit bestehen, das Gespräch, die Untersuchung oder die Befragung ablehnen oder abbrechen zu können, um sich einer Überschreitung der eigenen Intimitätsgrenzen zu entziehen. Diese Möglichkeit war jedoch aus Sicht der

Befragten kaum oder gar nicht vorhanden. Der Protagonist in der folgenden Narration war ein berühmter Chirurg, der als Spezialist für Genitaltransformationen in Szene-Kreisen deutschlandweit bekannt war. Der Interviewpartner Manuel Rosenberg hatte ihn wegen seiner guten Reputation als möglichen Operateur für die geplante Peniskonstruktion ausgewählt.

»Der [Arzt] war irgendwie komisch. Da saß ich halt eben und [ich] wusste ja schon: Okay, hier geht es irgendwie ans Eingemachte. Insofern war ich drauf vorbereitet, ich war aber nicht darauf vorbereitet –, er meinte dann also: ›Ja gut, dann ziehen Sie mal Ihre Hosen aus.‹ Und dann gucken wir mal, so ungefähr. Und dann stand ich also in der Unterhose und ich habe dann irgendwie so einen Stuffer drin. (...) Und hatte den jetzt nicht irgendwie so festgemacht, der war einfach in der Unterhose drin. Und der Arzt hat halt nicht gesagt: ›Jetzt ziehen Sie bitte ihre Unterhose aus‹, sondern zieht da einfach selber: ›Gucken wir mal!‹ Dabei fiel der (Lachen) Stuffer dann runter. Und so im Nachhinein betrachtet, ist es irgendwie komisch, aber in der Situation war es natürlich unglaublich peinlich.«

Der Chirurg entblößte den Interviewpartner ohne Vorankündigung in der Absicht, seine Genitalien zu sichten. Damit demonstrierte er – möglicherweise nicht-intendiert – sowohl das Hierarchie- als auch das Abhängigkeitsverhältnis zwischen ihm und Manuel Rosenberg. Das Verhalten ist qua ärztlicher Profession legitimiert und durch die Notwendigkeit des ärztlichen Blicks, mit dessen Hilfe er ein Urteil über die Genitalien fällen würde, aus Sicht von Patient_innen unausweichlich.[308] Manuel Rosenberg war diesem Blick plötzlicher als erwartet ausgeliefert und er erlebte das Verhalten als eine unterordnende Dominanzdemonstration, der er sich nicht entziehen konnte.

In der Tradition des 20. Jahrhunderts waren es Ärzt_innen, die eines von zwei Geschlechtern zuschrieben und Abweichungen der definierten Norm pathologisierten. Dabei wurde der ärztliche Blick zu einer Technologie des Wissens, dem die geschlechtliche Verortung der Patient_innen untergeordnet wurde (vgl. Hirschauer 1993: 71-74; Foucault 1996 (1963): 121-136). Manuel Rosenbergs Arzt konnte deshalb darauf zählen, dass sein spontanes und grenzüberschreitendes Verhalten qua Fachkompetenz nicht angreifbar war. Der Interviewpartner wertete dieses Verhalten demgegenüber als »Übergriff«, denn

---

308 Geschlechtsbewertungen und -einteilungen sind gemeinhin Aufgabe der Medizin. Darin ändert auch das Personenstandsgesetz in seiner veränderten Fassung vom 1. November 2013 mit der rechtlichen Anerkennung intersexuell geborener Babys nichts. Stefan Hirschauer (1993) beschreibt in historischer Perspektive, dass seit der Einführung des BGB die Bestimmungsrechte über die Geschlechteridentität von der Justiz auf die Medizin verlagert wurden. Damit wurde das alte Konzept des ›Überwiegens‹ eines Geschlechts als ausschlaggebendes Argument der juristischen Praxis ausgehebelt. Die Person erhielt im Rahmen dieser Überlegungen jenes Geschlecht zugewiesen, dessen Merkmale augenscheinlich überwogen (vgl. Hirschauer 1993: 73f).

»als Arzt und auch in der Situation finde ich, kann er nicht einfach hingehen und hier mir einfach die Unterhose runterziehen.« Der ärztliche Blick auf seine Genitalien führte zu Unbehagen, das sich aus der Intimität der Situation ergab. In dieser Respektlosigkeit zeigte sich ein pragmatischer Umgang mit der Intimsphäre des Patienten, der sich ethischer Fürsorge und der Aufklärung im medizinischen Sinne entzog.

Eine andere Vorstufe sexualisierter Gewalt zeigte sich in harmlos erscheinenden Fragestellungen, die zu tiefen Verletzungen oder Verunsicherungen führten, selbst wenn die fragende Person die verletzende Absicht nicht intendiert hatte. Da Fragen zur persönlichen Sexualität in der Regel im moralischen Diskurs tabuisiert sind, stellen sie ohne ein aufeinander bezogenes Vertrauensverhältnis eine Respektlosigkeit dar und bieten Verletzungspotenzial. Für die Befragten wurden solche Fragen zu Widerfahrnissen im Alltag. Sie wurden auf offener Straße nach der praktizierten Sexualität und nach einer eindeutigen geschlechtlichen Zuordnung gefragt. Rhetorische Fragen wie «Bist du ein Mann oder eine Frau?« oder »Mit wem gehst du ins Bett?« kennzeichneten die Sichtbarkeit einer Nonkonformität, die zu Irritationen führte.[309] Die Antwort auf die Frage nach dem Geschlecht wurde dann zu einem erklärenden Zwang und zur Voraussetzung für eine zwischenmenschliche Interaktion mit der_m Fragenden. Beim plötzlichen Aufeinandertreffen wunderten sich beispielsweise Kinder, wenn sie den Crossdresser Kim Valentin in der Straßenbahn sahen. Zumeist reagierten die Erziehungsberechtigten verlegen und beschämt auf die kindlichen Fragen nach dessen Geschlecht und entschuldigten sich für diese vermeintliche Unhöflichkeit. Der Interviewpartner fühlte sich, trotz der in kindlichen Fragen fehlenden Intention, zu verletzen, gedemütigt und war zugleich von sich selbst genervt, dass bereits der Ausdruck der Verwunderung von Kindern seine Persönlichkeit infrage stellen konnte. Neben all diesen Aufforderungen im Alltag, Intimitäten preiszugeben, ist die fragende Respektlosigkeit ein konstituierendes Moment des medizinisch-juristischen Systems im Umgang mit geschlechtlicher Nonkonformität, was sich an dem komplexen System aus Begutachtungen und Gutachten zeigt. Die Präsenz von Fragen nach geschlechtlicher oder sexueller Orientierung in alltäglichen Interaktionen ist Zeugnis einer heteronormativen Grundstruktur, deren Verletzungsgrad weder gesellschaftlich noch individuell beachtet wird. Der diskriminierende, voyeuristische und gewaltsame Aspekt dieser Fragen, die ohne gegenseitiges Vertrauensverhältnis gestellt wurden, führte bei den Befragten oft zu Unbehagen, Selbstzweifeln und Angstzuständen. Einige von ihnen zogen sich aus so-

---

309 Ein Originalzitat im Interview mit Kim Valentin lautet: »Das ist auch unglaublich, die Hemmschwelle in private Intimbereiche scheint da auch gen Null zu tendieren. Also da wird man öffentlich am helllichten Tag nach Sexualpraktiken gefragt.«.

zialen Feldern zurück und vermieden jeglichen Außenkontakt. Begegnungen mit heteronormativen Funktionsträger_innen schüchterten ein, weil es deren anerkannte Aufgabe ist, in dem jeweiligen Kontext, Intimitäten zu erfragen und Nicht-Offensichtliches in Erfahrung zu bringen.[310] Dabei fehlte vielen Funktionsträger_innen die Sensibilität für respektvolle und sensible Umgangsformen. Die eigene Unwissenheit und von Faszination und Ungläubigkeit genährte Neugierde wurden auf den Schultern der Befragten ausgetragen. Die Narrationen über diese alltäglichen, diskriminierenden Verhaltensweisen verweisen auf ein Kontinuum der sexualisierten Gewalt bis in die Grundstruktur der medizinischen, juristischen und psychologischen Auseinandersetzungen und bis in den persönlichen Alltag hinein. Sie verdeutlichen den präventiven Handlungsbedarf, der sich aus der alltagsweltlichen Dethematisierung anderer Geschlechter und Lebenswirklichkeiten ergibt, denn zusammenfassend existierte für die Befragten kein gesicherter Schutz der Intimsphäre.

6.2.2 Die Genitalien als Beweis

Die Verbindung und Übereinstimmung zwischen einem geschlechtlichen Körper und einer entsprechenden geschlechtlichen Repräsentation erweist sich in zahlreichen Gewaltnarrationen als wesentlich. Ich lege deshalb im Folgenden die Aufmerksamkeit auf jene sexualisierten Diskriminierungs- und Gewaltsituationen, in denen nicht der gesamte Körper, sondern im Besonderen der genitale Status als konkretes oder indirektes Indiz für die Entstehung von Gewaltwiderfahrnissen bedeutsam gemacht wurde. Der genitale Status der Befragten entzog sich entweder der körperlichen Einteilung in entweder >weiblich< oder >männlich< oder er stand in keinem Bezug zur geschlechtlichen Repräsentation und Orientierung.[311] Die eigenen Genitalien waren medizinisch beispielsweise nicht eindeutig klassifiziert worden oder sie korrespondierten nicht mit der eigenen geschlechtlichen Positionierung, sodass ihre Wirksamkeit als geschlechtlicher Bedeutungsträger in diesem Zusammenhang überwiegend als Belastung empfunden wurde. Dieses Unbehagen entwickelte sich manchmal in der Pubertät, beim ersten Sexualkontakt oder auch in der Begegnung mit Ärzt_innen. Ein Gynäkologe teilte einem Interviewpartner, der zu dem Zeitpunkt 14 Jahre alt war, mit, dass mit ihm als Mädchen etwas nicht stimme. Er gab ihm den kryptischen Ratschlag, dass er, wenn der »Leidensdruck« zu groß sei, sich bitte nochmal melden solle. Außer dieser vagen Andeutung erhielt der Interviewpartner zu diesem Zeitpunkt keine Informationen. Erst Monate später

---

310 vgl. 7. Effekte der Dethematisierung in Medizin und Justiz
311 Im Folgenden werden selbst die codierten Namen der Interviewpartner_innen ausgelassen, um die Integrität der Befragten zu schützen.

verstand er, was der Gynäkologe ihm damals eigentlich hatte mitteilen wollen. Der Arzt hatte offensichtlich eine enge Scheidenöffnung festgestellt, weshalb er darauf hinweisen wollte, dass es möglicherweise zu Schwierigkeiten bei (hetero-)sexueller Penetration kommen könnte.[312] Er hatte also die untersuchten Genitalien heteronormativ interpretiert und reagierte mit dem klassifizierten Wissen um eine geschlechtliche Abweichung schweigend und verheimlichend, indem er eine physiologische Störung andeutete, ohne sie zu benennen. Es muss offen bleiben, ob der Arzt aufgrund der Diagnose selbst verunsichert war, sicher aber ist, dass die Situation seine Handlungskompetenz überstieg. In dieser Überforderung reproduzierte er folgende Stereotype: a) Der Patient ist ein Mädchen, b) dieses Mädchen hat im Bereich der Vagina eine Fehlbildung, c) sie wird das Verlangen entwickeln, (hetero-)sexuelle Penetration erleben zu wollen, und d) er könne ihr als Arzt dabei helfen, das zu ermöglichen. Der Interviewpartner wurde wegen dieses ärztlichen Unvermögens in quälender Unwissenheit gelassen. Dieses ärztliche Verhalten hinterließ seinerseits ein verunsicherndes Gefühl und die Gewissheit, dass sein Körper nicht normal sei. Dieser Effekt ähnelt den – von Hirschauer (1993) in seiner Studie zur Transsexualität – mit dem Ausdruck der »namenlosen Verwirrung« (Hirschauer 1993: 336) etikettierten Suchbewegungen der Betroffenen, die im ärztlichen Kontakt eine Selbstentfremdung erfahren und sich selbst fragen: ›Was ist eigentlich mit mir los?‹ In solchen Situationen wurden die Befragten zu unwissend gemachten Objekten in einem heteronormativen Normierungsprozess.

Objektivierung und die Entfremdung vom eigenen Körper zeigte sich ebenso in phalluszentrierter körperlicher Gewalt. Darin diente die Sichtbarkeit eines genitalen Status den Täter_innen als körperlicher Beweis für eine geschlechtliche Zuordnung. Dies veranschaulicht die folgende Situation, in der ein_e Interviewpartner_in auf der Straße plötzlich von einer »Jugendgang mit migrantischem Hintergrund«[313] angegriffen wurde:

> »Die [Jugendlichen] fanden auch, sie müssten rausfinden, welchen Geschlechts ich bin, und dazu ist witziger Weise immer diese Stelle im Körper wesentlich. Und das ist nicht lustig, von sechs Jugendlichen angefasst zu werden. Da habe ich mich dann irgendwie losreißen können und bin dann gerannt.«

Verschiedene Faktoren trugen aus der Perspektive der_s Interviewpartner_in zur Gewaltsituation bei: die abgelegene Seitenstraße, die eigene geschlechtliche Nonkonformität, die Anzahl der Angreifenden, das Alter und die ethnische

---

312 Suzanne J. Kessler beschreibt einen Paradigmenwechsel in Bezug auf geschlechtsangleichende und -verändernde Operationen: Zunächst war im 20.Jahrhundert die Funktionalität von Gonaden ausschlaggebend, heute stehe die heterosexuelle Funktionalität von Genitalien im Vordergrund« (Kessler 2002 (1998): 105).

313 vgl. 3.4.3 Hegemonie in der Marginalisierung

Zugehörigkeit der Angreifenden (eine Gruppe von sechs migrantischen Jugendlichen) sowie das fehlende Selbstbewusstsein an diesem Tag. Die Jugendlichen richteten ihre Aggressivität gegen die geschlechtliche Repräsentation der_s Interviewpartner_in und ertasteten beim Angriff ihre_seine Genitalien, um ein eindeutiges körperliches Genital-Geschlecht herauszufinden und um davon ausgehend auf eine geschlechtliche Zugehörigkeit zu schließen. Unklar ist, ob das überhaupt das Ziel war oder ob nicht bereits die Absicht der Demütigung motivierend genug wirkte, die_den Interviewpartner_in zu attackieren. Für die Gruppe der Angreifer war die Demütigung ihres Opfers eine Chance, sich der Zugehörigkeit zur eigenen sozialen männlichen Gruppe zu vergewissern (Meuser 2002) und gleichzeitig konnten sie die Existenz einer unnatürlichen Natürlichkeit im Sinne eines postgender Cyborgs ausschließen. Der_m Befragten hingegen wurde bewusst gemacht, dass ihre_seine geschlechtliche Orientierung einzig auf den genitalen Status reduziert wurde.

In einer weiteren Gewaltsituation ging die_derselbe Interviewpartner_in abends alleine zu ihrer_seiner Wohnung. Anhand ihres_seines Äußeren sei sie_er »definitiv nicht [einem Geschlecht] zuzuordnen« gewesen. Auf dem Nachhauseweg begegneten ihr_m zwei junge Männer »mit Migrationshintergrund«, woraufhin sie_er auf die andere Straßenseite ging. Doch die beiden jungen Männer wechselten ebenfalls die Straßenseite, sodass es zu einer direkten Konfrontation kam, in der die_der Interviewpartner_in zum Oralsex gezwungen wurde:

> »Also, wir waren zu dritt, und weit und breit war da niemand. (Seufzen). Ja. Deren Problem war tatsächlich, dass sie mich nicht einordnen konnten. Das ist eben die Kehrseite der Medaille. Irritation (...) kann auch mal ganz positiv ausgehen, führt aber eher dazu, dass das als negativ empfunden wird, das was irritiert als nicht positiv. Und genau das passiert. Weil die testeten dann aus, was ich für ein Geschlecht habe. Letztendlich durfte ich dem einen dann noch einen blasen ohne Kondom.«

Nächtliche Einsamkeit (entlegener Ort), die geschlechtliche Nonkonformität, die wahrscheinlich auf geschlechternonkonform-feindliche Wertsysteme im Denken der Täter traf, die Anzahl der Täter und das Geschlecht, Alter und die Ethnizität der Angreifenden waren aus der Sicht der_s Befragten entscheidende Faktoren für die Entstehung dieses Gewaltakts. Die Angreifer gaben vor, herausfinden (»testen«) zu wollen, welche Genitalien ihr Opfer besitzt und zwangen sie_ihn zum Oralsex. Hierfür nutzten sie ihre zahlenmäßige und heteronormative Überlegenheit aus.

In dieser Situation war die Sichtbarkeit der Genitalien nur ein Eskalationsmoment für die Gewalt. Vermutlich lasen die Täter die_den Interviewpartner_in als geschlechtlich nonkonforme Person und/oder Homosexuelle_r, was ihnen Legitimation genug war, sie sexualisiert zu erniedrigen. Die Gewalttat blieb ohne Strafverfolgung, weil die_der traumatisierte Interviewpartner_in sich erst Wochen später wieder an das Geschehen erinnerte, sodass die Täter nicht mehr gefunden und belangt werden konnten.

Talia Mae Bettcher spricht von der fehlenden »Authentizität« eines Geschlechts, sodass die Täter die_den Interviewpartner_in vermutlich als geschlechtliche Betrüger_in gelesen haben. Aus diesem vermeintlichen Betrug schöpften sie ihre Legitimation für alle Phasen dieses brutalen, sexualisierten Gewaltakts. In der Situation zeigt sich aber auch die Angst vor einer geschlechtlichen Uneindeutigkeit, die als postgender Cyborg möglich geworden ist und die es aus heteronormativer Perspektive zu erniedrigen gilt.

Sexualisierte Gewalttaten, in der die Sichtbarkeit von Genitalien für Täter_innen als vorläufiger Beweis herbeigezogen wurden, fanden auch im institutionalisierten Rahmen statt. So berichtete eine Interviewpartnerin, die als Transfrau in Untersuchungshaft war, exemplarisch von widerfahrener sexualisierter Diskriminierung und Gewalt durch Polizeibeamte und den zuständigen Richter:

> »Ich bin von männlichen Polizeibeamten vor dem Richter abgetastet worden. An meiner Brust. Da hat er gesagt: ›Ohh, das war aber schön, ohh. Titten, ohh, ich kann gar nicht genug davon kriegen.‹ Das werde ich nie vergessen. – Der Richter hat dagesessen, hat genüsslich gegrinst. Und ich musste meinen Rock runterziehen. Ich habe einen Rock angehabt an dem Tag. Den musste ich runterziehen, also nackt, also mit meiner Vagina vor dem Richter gestanden habe. Das hat dem aber überhaupt nichts gemacht. (...) [Der Richter kommentierte:] ›Sie sind doch ein Mann, Sie haben sich doch nur die Eier abschneiden lassen.‹«

Die Sequenz handelt von der geschlechtlichen Logik in jenen Momenten, wo genitale Nacktheit im Feld der geschlechternonkonform-feindlichen Gewalt auftaucht. Im Rahmen der Einweisung in die Untersuchungshaft wurde die Interviewpartnerin gezwungen, sich auszuziehen, nicht zuletzt um ihr Geschlecht zu beweisen. Der Untersuchungsrichter kommentierte die Genitalien der Befragten mit den obszönen Worten, dass sie ein Mann sei und sich doch nur die »Eier« (Hoden) habe abschneiden lassen. Ihm reichten die Eindeutigkeit des vor ihm entblößten Körpers und die Sichtbarkeit der Vagina nicht aus, denn er verwies auf die Historizität des Körpers und damit auf das Geburtsgeschlecht der Befragten. Mit Hinweis auf eine fehlende Kontinuität wurde die Weiblichkeit der Befragten also trotz der Sichtbarkeit der genitalen Anpassung infrage gestellt. Die diskriminierende Behandlung der Transfrau war sexualisiert, herablassend, spöttisch und menschenverachtend. In dieser Abhängigkeitssituation wurde die Interviewpartnerin zum Opfer und zur Zeugin einer mehrfachen heteronormativen und sexualisierten Gewalt- und Dominanzdemonstration. Selbst ihre genitale Eindeutigkeit als Frau bot keinen ausreichenden Schutz vor Diskriminierung. Das Wissen um die Historizität der Körper reichte aus, um die Interviewpartner_innen auf ihr Geburtsgeschlecht zu reduzieren.

Den Genitalien wurden in Gewaltsituationen also zwei Bedeutungen zugewiesen: (1) Sie waren potenziell bedrohliche Körperteile und besaßen aus Sicht der Täter_innen eine Beweiskraft, denn ihr Interesse an der Kenntnis der Genitalien stillten sie, indem sie sie ertasteten oder die Entblößung erzwangen. (2) Aber auch trotz der Kenntnis oder gerade wegen der Kenntnis, fügten die Täter in manchen Situationen den Interviewpartner_innen sexualisierte Gewalt zu. Das ist die Paradoxie der Situation. Bereits in (dem Versuch) der verbalisierten oder körperlich erzwungenen Offenlegung der Genitalien wurde die erste Gewalttat vollzogen, der nachgelagert – so die stete Gefahr – weitere sexualisierte Handlungen folgen konnten. Jene Täter, die eine Geschlechtlichkeit einer anderen Person infrage stellten, fühlten sich also zunächst legitimiert, sich ein Bild von den Genitalien zu machen. Der Penis und die Vagina wurden dann zum Stigma der geschlechtlichen Nonkonformität. Sie sind wirkungsvolle und zugleich entkräftete Symbole einer Zweigeschlechtlichkeit, deren Offenlegung stets die persönlichen Intimsphären massiv verletzte. Die Gewalttaten wirkten wie eine Abstrafung für die fehlende Übereinstimmung von geschlechtlicher Repräsentation und Genitalien. In ihnen manifestiert sich die Missachtung der Opfer vor allem dadurch, dass sie durch Zwang für die Neugierde, Verunsicherung, Wut, und für das Erniedrigungspotenzial der Täter verfügbar gemacht wurden.

6.2.3 Sexualisierter Zwang zwischen Verfügbarkeit und Schuldentlastung

Insgesamt berichteten fünf Interviewpartner_innen von sexualisiertem Zwang und Vergewaltigungen. Dieser Abschnitt richtet das Augenmerk auf die Imagination sexueller Verfügbarkeit und der relativierenden Schuldentlastung der Täter_innen durch die Befragten. Die Interviewpartner_innen mussten lernen, mit der Selbstverständlichkeit umzugehen, dass sie an vielen Orten als sexuell verfügbare Personen wahrgenommen wurden. Nicht nur in privaten, öffentlichen und institutionalisierten Räumen, sondern auch in queer- und linksalternativ orientieren Szene-Orten war dieses Motiv zu erkennen.[314] Ein_e Befragte_r erzählte, dass sie_er in einer Diskothek »an die Wand gedrückt worden [sei]« und plötzlich eine Hand auf ihrer_seiner Brust hatte und zum Zungenkuss gezwungen wurde. Allerdings fanden die meisten se-

---

314 vgl. 5.3 »Ich bin ja nicht cooler, weil ich Trans bin.« – Im Zwiespalt der soziokulturellen Szenen

xualisierten Gewalttaten im Nahbereich statt: Eine Person schilderte zum Ende des Interviews, dass ein Onkel sie_ihn als Kind »angegrabbelt« habe und mit dem Finger in ihre_seine Scheide eingedrungen sei. Ein anderer Interviewpartner berichtete, dreimal Opfer sexualisierter Gewalt geworden zu sein. Er ist nach einer Party von einem Freund sexuell »missbraucht« worden. Der Interviewpartner stellte sich selbst die Frage, ob die widerfahrene sexualisierte Gewalt ihn als Transperson oder als Frau hatte demütigen sollen. Während des Gewaltakts hatte er sich »schlafend« gestellt. Das Gewaltverhalten schockierte und überraschte ihn, weil er von einer Vertrauensbasis mit diesem Freund ausgegangen war, die er zuvor nie angezweifelt hatte. Der Täter sei bis dato ein »linker, reflektierter Typ« gewesen. Es erfolgte auch in diesem Fall keine offizielle Strafverfolgung, weil der Interviewpartner den politischen Freund_innenkreis des Täters informierte, die sich um eine Auseinandersetzung kümmern sollten. So entstand eine Unterstützer_innen-Gruppe, die es sich zur Aufgabe gemacht hatte, den Täter mit der Tat zu konfrontieren und ihn zur Reflexion zu zwingen.[315] Allerdings führte der Prozess mit dem Täter dazu, dass die Bedürfnisse des Betroffenen aus dem Blick gerieten. Eine bei dem Täter später psychiatrisch diagnostizierte »Sexsucht«, bedeutete deshalb für den Interviewpartner keine psychische oder emotionale Entlastung.

Für die Forschung interessant ist das Motiv der sexuellen Verfügbarkeit, das hier innerhalb einer vertrauensvollen Freundschaftsbeziehung auftauchte. Vertrauen und Abhängigkeiten wurden gezielt ausgenutzt. Das zeigte sich im Besonderen in Institutionen wie im Gefängnis und im Krankenhaus. Transsexuelle Haftinsass_innen werden erst nach einer Transition nach dem TSG in der geschlechtlichen Haftanstalt ihrer geschlechtlichen Orientierung entsprechend inhaftiert. Für andere Personen mit geschlechtlichen Varianzen ist bislang keine Regelung vorhanden (Schammler 2008). Darüber hinaus besteht zwischen Gefängnisärzt_innen und den Insass_innen grundsätzlich ein besonderes Abhängigkeitsverhältnis. Hiervon sind im besonderen Maße Transper-

---

315 Der Täter gehörte einer linksalternativen Szene an. Die Mehrheit der Personen in linksradikalen oder undogmatisch linken Gruppen lehnt das staatliche Bestrafungs- und Sanktionssystem ab. Eine sexistische Struktur wird hier als gesellschaftliche Normalität erkannt, dem auch die staatlichen Institutionen unterliegen. Staatliche Strafverfolgung wird zudem kritisiert, weil sie bei sexualisierter Gewalt zu milde und zu täterorientiert agiere. Die sekundäre Viktimisierung (Licht 1989; Kirchhoff 1994) der Betroffenen im Strafverfahren wird außerdem zum Anlass genommen, sich selbst der Fälle von sexueller und sexualisierter Gewalt innerhalb der jeweiligen Szenen anzunehmen. Es entwickeln sich dort eigene Umgangsformen mit Strafe, Wiedergutmachung und Auseinandersetzung. (z.B. Avanti – Projekt undogmatische Linke o.J.; Antisexismusbündnis Berlin/AG Gender Killer 2008; Antisexismusbündnis Berlin/Gruppe Antisexistische Praxis 2008). Leider führt dieser Umgang häufig – ebenso wie im Justizsystem – zu einer zum Teil nachhaltigen Stigmatisierung von Betroffenen und Täter_innen.

sonen betroffen, die z.B. auf ihre Hormonvergabe angewiesen sind. Eine der Befragten berichtete davon, dass sie im Kontext dieses Abhängigkeitsverhältnisses von dem behandelnden Anstaltsarzt vergewaltigt wurde:

>»Ich bin zum Arzt gekommen, dann sofort. Der sollte entscheiden, ob ich da bleiben darf. Und dann hat er gesagt: >Ich muss mal eine Genitaluntersuchung durchführen.< Und dann fing es an. Hm. Er hat sich, er hat mich mit seinen Fingern penetriert und ich bin nicht die einzige Frau. Ich habe ihm gesagt: Nein. Nein heißt Nein. – Da muss er sich dran halten. Gleich, ob er Arzt ist oder nicht. Und mein Martyrium hat zwei Stunden gedauert. Das ist aufgenommen worden. In die Akte. Auch in meine Gefangenen-Personalakte. Und in meine Krankenakte. Und da steht wortwörtlich drin, dass ich so viele blaue Flecken an den Oberschenkeln gehabt habe, und Risse an der Vagina und Zigarettenkippen in den Oberschenkel gebrannt, dass man davon ausgehen kann, dass ich vergewaltigt worden bin. Das haben die reingeschrieben.«

Der Anlass der Begegnung zwischen Gefängnisarzt und Interviewpartnerin war ein medizinischer Gesundheitscheck und eine medizinische, geschlechtliche Überprüfung, um ihren Verbleib im Frauengefängnis zu legitimieren. Die Interviewpartnerin wurde vom Gefängnisarzt vergewaltigt. Ihre Verletzungen infolge der sexualisierten Gewalttaten wurden dokumentiert. In der Nacht bluteten die Wunden der Interviewpartnerin stark, sodass die zuständige Vollzugsbeamtin sie am nächsten Morgen beim Aufschluss in bösartigem Ton zur Reinlichkeit aufforderte: »Ja, können Sie nicht mal das Blut aus dem Bett machen? Kannst du dich noch nicht mal waschen, du Ferkel?!«. Die Interviewpartnerin bekam noch am selben Tag hohes Fieber. Trotz der Erkrankung ließ der Gefängnisarzt sie abermals in seine Praxisräume holen und drohte ihr, bei der Hormonvergabe Fehler zu machen, um sie durch eine Vergiftung zum Schweigen zu bringen. Dann sei »eben halt beim Spritzen von Hormonen was schiefgegangen«. Schließlich kündigte er an, er könne ihr die Hormone grundsätzlich verweigern. – Durch die Solidarität mit anderen Inhaftierten war es ihr möglich, sich in der Haftzeit gegen weitere Diskriminierungen und Gewalttaten des Arztes zur Wehr zu setzen. Er verlor als Konsequenz seine Anstellung, nachdem auch andere Frauen ihre Widerfahrnisse mit dem Arzt zur Anzeige gebracht hatten.

Das Motiv der sexualisierten Verfügbarkeit ist ein Merkmal sexualisierter Gewalt. Es betrifft im besonderen Maße geschlechtlich nonkonforme Personen, weil ihnen qua Nonkonformität der Subjektstatus abgesprochen wird. Die von Gewalt Betroffenen fühlten sich selbst verantwortlich und schuldig zugleich. Vor diesem Hintergrund bauten die Interviewpartner_innen in den Narrationen eine Vielzahl von Gewalt relativierenden Aspekten ein. Diese erklärten auf der einen Seite den Rahmen und die begünstigenden Bedingungen der Gewalt. Auf der anderen Seite waren dies relativierende Schuldzugeständnisse der Betroffenen, in denen sie einen eigenen Anteil am Gewaltgeschehen vermuteten und diese Reflexion zur Erklärung der Gewalthandlungen der Angreifenden heranzogen. Exemplarisch für dieses Motiv des relativierenden Eigenverschuldens ist die Begegnung einer Interviewpartnerin mit einem Taxifahrer: Des Nachts fuhr die Befragte nach einem Fest mit einem Taxi nach Hause. Im Alkoholrausch plauderte sie mit dem Taxifahrer und berichtete fröhlich davon, dass sie auf der Party ihren Schwarm getroffen habe und sehr verliebt sei. Am Zielort angekommen zog der Taxifahrer sie plötzlich zu sich und versuchte, sie zu küssen. Die Befragte wehrte diese sexuelle Nötigung ab, indem sie ihn wegstieß, aus dem Auto ausstieg und das Taxigeld in den Fußbodenbereich des Autos warf. Im Nachhinein bewertete sie die Situation als nur wenig gefährlich. Zwar betonte sie rechtfertigend, dass sie dem Fahrer gegenüber keine »Einladung« gegeben habe, sich ihr körperlich zu nähern. Aber sie war sich in der Retrospektive nicht mehr sicher, inwiefern sie nicht auch selbst für den Übergriff mitverantwortlich war. Relativierend räumte sie ein, dass sie schließlich die Themen Liebe und Verliebtsein angesprochen habe, dass sie offensichtlich angetrunken war und dass sie schließlich erst in der Nacht nach Hause fuhr. Mit dieser Argumentation relativierte und entschuldigte sie das sexualisierte Verhalten des Taxifahrers und übernahm indirekt einen Teil der Verantwortung für den versuchten sexualisierten Übergriff. Deshalb meldete sie diesen Vorfall weder der Taxizentrale noch der Polizei, sodass das sexualisierte Verhalten keine arbeits- oder zivilrechtlichen Konsequenzen für den Taxifahrer nach sich zog.

Die eigene Unsicherheit bezüglich der Schuldfrage in einem Gewaltwiderfahrnis konnte von Freund_innen genährt werden, wenn diese die geschlechtliche Repräsentation mokierten, und rieten, sich anders zu kleiden, um der Diskriminierung und Gewalt zu entgehen. Die Frage nach der Mitverantwortlichkeit in der Debatte vor dem Strafgericht als Argument der Verteidigung ist relevant. Dort wird nicht selten die_der Angeklagte eines Sexualverbrechens verteidigt, indem die Mitverantwortlichkeit der_s Nebenkläger_in für den Sexualakt betont wird (Künzel 2003). Dadurch werden Zweifel an der Eindeutigkeit der Gewalttat und an der Glaubwürdigkeit der Nebenklage gesät, um einen Schuldspruch bestenfalls abzuwenden oder um ein >in dubio pro reo< zu erreichen. Das Motiv der relativierenden Mitverantwortung und Eigenverschuldung tritt im Feld sexualisierter Gewalt gegen geschlechtlich nonkonforme Personen im besonderen Maße auf, weil die Subjektkonstituierungen der Betroffenen bereits vor den Gewalthandlungen durch die stetigen Auseinandersetzungen in einer heteronormativen Gesellschaft psychisch instabil, bereits beschädigt und brüchig waren. Diese Unsicherheit begünstigt die Reflexion auf eine eigene Verantwortlichkeit für das ablehnende, gewaltsame und sexualisierte Verhalten anderer.

6.2.4 Androzentrismus und kontinuierliche Geschlechtskörper

Sexualisierte Gewalt setzt an den Intimsphären der Befragten an. Sie wurde als ein Instrument der Dominanz- und der Lustgewinnung eingesetzt, das sich nicht nur auf die häusliche/familiäre Sphäre beschränkte, sondern – wie aufgezeigt – auch in Institutionen wie dem Gefängnis zum Einsatz kam. Die Befragten waren mit tradierten Geschlechterkonstellationen konfrontiert, wie das Verhältnis einer Interviewpartnerin zu ihrem (ehemaligen) gewalttätigen Lebensgefährten exemplarisch veranschaulichte. Darin reproduzierte sich ein heteronormatives Machtgefälle zwischen Mann und Frau, in dem die Partnerin als vermeintliches Eigentum des Mannes agieren sollte und der Mann als Leitfigur mindestens temporär anerkannt wurde. Als Eroberer setzte er die sexuelle Verfügbarkeit seiner Partnerin voraus. Diese und andere Formen eines androzentristischen Geschlechterverhältnisses etablierten sich in alltäglichen Interaktionen und konnten sich – wie empirisch gezeigt wurde – im sexualisierten Gewalthandeln manifestieren. Die Betroffenen wiederum reagierten mit Scham, Angst und Ohnmacht, die dafür sorgten, dass ihnen (zumindest temporär) adäquate Handlungsoptionen fehlten. Soweit allerdings reiht sich die hier analysierte Gewalt in die Erkenntnisse und Theoretisierungen sexualisierter Gewalttaten gegenüber Frauen und Männer ein (Abel 1988; Enders 1995; Hageman-White 2002; Rossilhol 2002; Brinkmann/Hoffmann 2003; Bettcher 2006). Aber was ist das Besondere an den sexualisierten Gewalttaten im untersuchten Feld?

Die Ergebnisse zeigen, dass die brüchige Geschlechtlichkeit der Befragten verstärkt zum Anlass genommen wurde, um ihre spezifische gewählte Männlichkeit oder ihre Weiblichkeit zum Verschwinden zu bringen und sie auf ein vermeintliches Geschlecht zu reduzieren, das nicht ihrer geschlechtlichen Orientierung entsprach. Dadurch entstanden potenzierte Verletzungsgefahren. Die nonkonforme oder gelesene Geschlechtlichkeit wurde durch die sexualisierten Gewalttaten zerstört oder der Verfügbarkeit untergeordnet. Gedemütigt wurde besonders eine nicht konforme Weiblichkeit. Ihr wurde im besonderen Maße Verfügbarkeit, Unterlegenheit und mangelnde Authentizität unterstellt. Dies korrespondiert mit den homophoben Postulaten ›hegemonialer Männlichkeit‹ (Connell 2010 (1999)). Jene Anteile der geschlechtlichen Orientierung der Betroffenen, die nicht auf die Wahrnehmungsfolie der Täter_innen zugeschnitten war, wurden in den Situationen dem sexualisierten Spott, der Entblößung und Degradierung freigegeben. Der Körper und der Anspruch der Eindeutigkeit war ein zentraler Ausgangspunkt für die hier thematisierte sexualisierte Gewalt. Selbst ein Körper, dessen Genitalien eindeutig erschienen, konnte der Lüge bezichtet werden, wenn er sich der Kontinuität als eindeutiges Geschlecht entzog. Wer einmal Mann war, kann in diesem Gewaltdiskurs nie

Frau werden. Wieder scheint die *Figur der geschlechtlichen Kontinuität* dafür Sorge zu tragen, dass geschlechtliche Nonkonformität dethematisiert wird. Im sexualisierten Gewalthandeln findet demzufolge durch die geschlechtlichen Reduktionen und durch die Demütigungen ein materialisiertes Verschwinden statt, das sich als Motiv der Eigenverschuldung sogar in die Selbstkonstituierungen und in die Interpretationen der Widerfahrnisse einschreiben konnte.

6.3 Zwischenergebnis IV: Das Privileg geschlechtlicher Eindeutigkeit

Dieses Kapitel hat gezeigt, dass die zentralen Bausteine für sexualisierte Diskriminierungen und Gewalt bereits im alltäglichen heteronormativen Handeln angelegt sind. Aus der Sicht der Interviewpartner_innen gehören deshalb Fragen nach einer Geschlechtlichkeit (Bist du Mann oder Frau?) selbstverständlich zum sexualisierten Bereich im Untersuchungsfeld. Es existiert in dieser Lesart eine Kontinuität sexualisierter Gewalt, die vom Alltag bis hin zu körperlichen Übergriffen reicht. Die Analyse verweist auf ein *Privileg der geschlechtlichen Eindeutigkeit* (Ipk), das im Gewalthandeln legitimierend wirkt. Doch was genau meint hier das *Privileg der geschlechtlichen Eindeutigkeit*?

Das Privileg entspringt den Ideen von wahrem Geschlecht und geschlechtlicher Täuschung. Es ist denjenigen Personen vorbehalten, die geschlechtlich konform existieren können und wollen. Es verweist auf die Normativität, ein eindeutiges Geschlecht inszenieren zu müssen und ist an einen Subjektstatus gekoppelt, der eine uneingeschränkte gesellschaftliche Teilhabe vorsieht.[316] Das Privileg produziert damit gesellschaftliche Hierarchien und Ausschlüsse und ist als Konzept für die Kontrolle aller konformen und nonkonformen Geschlechter mitverantwortlich. Es ist unsichtbar, weil es allgegenwärtig ist, weil es biologisch fundiert erscheint, und weil die Idee des essenzialistischen Geschlechts theoretisch, wissenschaftlich und im neoliberalen Alltagsverständnis als Parallelität und Komplementarität von Frauen und Männern Bestand hat. Der Penis ist männlich, die Vagina weiblich, wenn sie nicht künstlich hergestellt wurden. Vorrangige Inhaber_innen des Privilegs waren Täter_innen und heteronormative Funktionsträger_innen, wiewohl auch jene Kinder und Erziehungsberechtigte, die fragend versuchten, ihre Umwelt zweigeschlechtlich zu verstehen. Außerdem sind insbesondere die Zuschauer_innen und die schweigenden Mehrheiten Inhaber_innen dieses Privilegs, indem sie keine reflexiven Fragen zu Geschlecht und Sexualität stellen und damit zur Dethematisierung geschlechtlicher Nonkonformität beitragen.

---

316 Die Teilhabe kann eingeschränkt sein, weil Geschlecht nie als singuläre Kategorie bedeutsam wird. Geschlecht interagiert z.B. mit Ethnizität, sozialer Herkunft, Mobilität (z.B. Burgess-Proctor 2006; Walgenbach 2007; Nash 2008).

Mit Blick auf die sexualisierte Gewalt ist das *Privileg der geschlechtlichen Eindeutigkeit* der konventionelle Bezugsrahmen, auf den sich die Täter beziehen konnten. Der Rahmen ist ein Produkt normativer Zweigeschlechtlichkeit mit der Prämisse einer Renaissance des körperlichen und des genitalen Status. Sexualisierte Gewalt zeigt sich als ein Versuch der körperlichen, sexuellen Eliminierung geschlechtlicher Nonkonformität oder mindestens der Unterwerfung der geschlechtlich nonkonformen Personen unter eine individuelle, institutionelle und strukturelle *heteronormative Hegemonie* (Ludwig 2012). Das Privileg ist eine normalisierte Konstante sozialer Zugehörigkeit. Sie sorgt dafür, dass Personen mit intelligiblen Geschlechtern (also geschlechtlich privilegierte Personen) über jene ohne geschlechtlich eindeutige Zugehörigkeit urteilen (können). Die Verbindung aus Binarität von Geschlecht und *Privileg der geschlechtlichen Eindeutigkeit* führt zu diskriminierenden und gewaltsamen Handlungen, die bislang wegen der Omnipräsenz des Privilegs kaum wahrgenommen werden konnten. Die Wirkmächtigkeit des Privilegs trägt dazu bei, dass Bedingungen und Ursachen der sexualisierten Gewalt für die Betroffenen selbst undurchsichtig erscheinen können. Sexualisierte Gewalt verstetigt demnach hierarchische Geschlechterverhältnisse, wenn Frauen/Mädchen und Männer/Jungen zum Opfer werden, und reproduziert so die hierarchische, dualistische Annahme der Zweigeschlechtlichkeit. Sie reproduziert geschlechtliche Binarität auch dann, wenn geschlechtlich nonkonforme Personen zum Opfer werden. Denn obwohl sexualisierte Gewalt öffentlich angeprangert wird und Präventionsprogramme versuchen, die Zahl der Opfer sexualisierter Gewalt zu reduzieren und obwohl sie als Offizialdelikt der rechtlichen Strafverfolgung unterliegt, kommt ihr, so zeigen die Ergebnisse, eine die Zweigeschlechtlichkeit und Heteronormativität wahrende und – das muss an dieser Stelle ergänzt werden – eine geschlechtliche Nonkonformität verhindernde Funktion zu.

7. Effekte der Dethematisierung in Medizin und Justiz

15 der 22 Befragten schilderten diskriminierende und gewaltsame Situationen im Kontakt mit Fachkräften aus Medizin, Psychologie, Justiz und Krankenkassen[317]. In den Begegnungen waren die Befragten abhängig (gemacht worden) von den Einschätzungen der Akteur_innen dieser sozialen Instanzen. Für Transpersonen, die sich nach dem Transsexuellengesetz (TSG) behandeln ließen[318], und für intersexuell markierte Personen[319] waren dies uneingeschränkt Zwangskontakte. Vom subjektiven Erleben, von Erfahrungen und Widerfahrnissen und von den Effekten dieser institutionell verankerten Begegnungen handelt dieses Kapitel. Zunächst thematisiere ich das Erleben von ›Entmündigungen‹ im Kontakt mit dem Gesundheitssystem (7.1) und untersuche das Verhältnis der Befragten zur Justiz, die als Wegbereiterin und Kontrollinstanz anerkannt war (7.2). Im Zwischenergebnis werden die Widerfahrnisse der Befragten als Spuren institutionalisierter, eugenischer Gewalt interpretiert (7.3).

7.1 »Sonst könntest du ja als Mann schwanger werden.« – Medizinische Entmündigung

Die Behandlungsqualität geschlechtlich nonkonformer Personen war vom fachlichen Wissen, den Fähigkeiten und der Empathie der Mediziner_innen, Richter_innen und der Angestellten der Krankenkassen bzw. des Medizinischen Dienstes der Krankenkassen abhängig. Obwohl Narrationen zu verständnisvollen Begegnungen auftauchten, scheinen insgesamt diskriminierende und gewaltsame Situationen in der Begegnung mit Fachkräften aus dem Gesundheitsbereich ebenso wahrscheinlich wie eine respektvolle Begegnung. ›Entmündigung‹ war ein Effekt einer nicht freiwillig angefragten Bevormundung durch Dritte, die charakteristisch für diskriminierende Zusammentreffen war. Konkret wurde von pathologisierenden Widerfahrnissen berichtet und die Willkür operativer Maßnahmen bei intersexuell geborenen Personen herausgestellt. Im Exkurs wird die soziale Rolle der Erziehungsberechtigten thematisiert, denn die fehlende oder vorhandene Unterstützung geschlecht-

---

317 Die Krankenkassen werden hier zu den Normierungsinstanzen gezählt, weil sie im Erleben der Interviewpartner_innen als normalisierende und regulierende Institutionen wahrgenommen wurden.

318 Von unmittelbaren Erfahrungen mit dem TSG berichteten zehn der 22 Interviewpartner_innen.

319 Von eigenen Erfahrungen mit Intersexualität als Pathologisierung berichteten drei Interviewpartner_innen.

lich nonkonformer Personen als Babys und Kinder entschied im Kontakt mit Normierungsinstanzen wesentlich über die Intensität der Verletzungen. Die Praxis der medizinischen Begutachtung veranschaulicht anschließend die normierende Funktion der Krankenkassen. Resümierend charakterisiere ich die institutionalisierten Entmündigungspraktiken als Diskriminierungs- und Gewaltwiderfahrnisse, die das Kontrollieren und Normalisieren der Grenzgeschlechter zum Ziel haben.

7.1.1 Soziale Kontrolle durch Pathologisierung

Transsexuelle, intersexuell geborene und andere geschlechtlich nonkonforme Personen gelten im Rahmen institutionalisierter Produktion von geschlechtlicher Wahrheit[320] in Justiz und Medizin als ›krank‹, als ›körperlich und/ oder psychisch gestört‹. Die Weltgesundheitsorganisation (WHO) definiert in ihren ICD-10 Standards im Kapitel fünf *Mental and behavioural disorders* (2010) Transsexualismus als psychische Störung. Intersexualität wird medizinisch als *Disorder of Sex Development* (DSD)[321] bezeichnet. Bundesdeutsche

---

320 Die »Produktion der Wahrheit« bezeichnet hier nach Foucault das Kräftespiel der institutionalisierten Macht, die auf die Menschen Einfluss im Sinne eines ›Richtig oder Falsch‹ einnehmen kann (Foucault 2005 (1980), Nr. 278: 34). Deshalb ist jede Beziehung zur Wahrheit auch eine Beziehung zum Selbst einer Person, denn das Selbst ist von den Möglichkeiten der Wahrheit begrenzt (vgl. Butler 2007: 33f). Ein Hinterfragen dieser Wahrheit ist nach Butler zugleich ein Hinterfragen des eigenen »ontologischen Status« (Butler 2007: 34).

321 *Disorders of Sex Development* (DSD) ist eine medizinische Kategorie intersexuell geborener Personen. Im Sinne des Deutschen Ethikrats steht die Abkürzung DSD für *Differences of Sexual Developement*, um der pathologisierenden Konnotation des eigentlichen Begriffs entgegenzuwirken (vgl. Wunder 2012: 35). Darunter werden beispielsweise jene medizinischen Phänomene gefasst, die von der Idee zweigeschlechtlich normativer Genitalien, normativer Chromosomenpaare oder Hormontätigkeiten abweichen, wie z.B. XY-Frauen und androgenresistente Personen. Da aber nicht alle DSD-Betroffenen von einer eigenen Zwischengeschlechtlichkeit ausgehen, wird der Begriff von einigen Betroffenen abgelehnt. In dieser Untersuchung wird trotzdem nicht zwischen AGS (Adrenogenitales Syndrom) und Intersexualität unterschieden, weil die Interviewpartner_innen dazu nicht gezielt befragt worden sind. Der Deutsche Ethikrat unterscheidet zwischen beiden Phänomenen, wie deren Online-Erhebung zeigt (Bora 2012, Wunder 2012): Während AGS-Betroffene kaum von Diskriminierungen berichteten, waren intersexuell geborene Personen von der »Tabuisierung des Themas Intersexualität« betroffen. Sie schilderten »Probleme mit der binären Geschlechtseinordnung, berichteten von körperlicher Gewalt, von fehlender Aufklärung, von der Verwechselung mit Transsexualität, von falscher medizinischer Behandlung und [von] beruflichen Nachteilen« (vgl. Bora 2012: 19). Es existieren Unterschiede in der Lebenszufriedenheit von intersexuell geborenen Personen und behandelten Personen mit AGS. 34 % der intersexuell markierten (75 % der Personen mit AGS) bezeichneten ihre »Lebenszufriedenheit« als hoch, während 53 % der Personen mit Intersexualität (12 % der Personen mit AGS) sie niedrig einschätzten (vgl. Bora

medizinische, psychologische und juristische Richtlinien fußen auf diesen pathologisierenden Definitionen.[322] >Pathologisierung< ist im Folgenden nicht auf ein rein medizinisches Verständnis reduziert, da sie sich im medizinischen Diskurs ebenso wie im Alltagsverständnis widerspiegelte. Im Alltagsverständnis stellte sie eine konventionelle Ausprägung der sozialen Kontrolle dar, die geschlechtliche Konformität und Homogenisierungsprozesse anrief, diese als Kopie der Kopie reproduzierte und fortschreibend legitimierte. Geschlechtliche Pathologisierungen erfolgten somit im direkten Kontakt mit den zuständigen Instanzen und im privaten, familiären Alltag. In beiden Fällen tragen sie zu Prozessen der gesellschaftlichen und subjektiven Ver-Anderung bei. Ein Beispiel für das Zusammenspiel von gesellschaftlichen und subjektiven Ver-Anderungsprozessen zeigt die folgende Narration. Eine Interviewpartnerin wurde als 14-jähriger Jugendlicher von ihrer Mutter in die Psychiatrie eingewiesen:

>Bei mir ging ja alles Mögliche daneben, weil ich mit den Autoritäten nicht klar kam. Und ich vermute auch, ich hätte mich ganz anders entfalten können, wenn ich das [die Transition] mal früher angepackt hätte. Weil, so war ich immer total verschüchtert und unsicher und ängstlich. Und null Selbstbewusstsein. Ja und die tyrannische Mutter hat mich mit 14, weil ich nicht mehr mit ihr gesprochen habe, in die Psychiatrie gesteckt. Mit Gewalt. Und mein Vater hat mich wieder rausgeholt. Und das hat das Selbstbewusstsein noch wesentlich angeknackst. Und dann hatte ich eben auch immer die Angst, wenn ich es anpacke mit der Transsexualität, dann stecken die mich gleich wieder in die Psychiatrie. Weil, ich hatte

---

2012: 23ff). Das Sample der Ethikrat-Untersuchung umfasste 101 Personen mit AGS und 65 Personen mit der Diagnose Intersexualität. Allerdings wurden viele Fragebögen der von AGS-betroffenen Kinder vermutlich unter Hilfestellung der Erziehungsberechtigten ausgefüllt (vgl. ebd.: 8f). Dies könnte dazu geführt haben, dass die Erfahrungen der Kinder und Jugendlichen mit AGS nicht adäquat abgebildet wurden: Einerseits treten diskriminierende und gewaltsame Widerfahrnisse erst später im Leben auf bzw. werden erst später wahrgenommen und andererseits könnten die Fragebögen die Perspektive der beteiligten Eltern widerspiegeln.

322 Die international anerkannten Gutachter_innenstandards (*Standards of Care* (SoC)) wurden erstmals 1979 von der *World Professional Association for Transgender Health* formuliert und werden seitdem stetig aktualisiert. 1997 veröffentlichte die *Deutsche Gesellschaft für Sexualforschung* (DGfS) die deutschsprachigen >Standards zur Behandlung und Begutachtung von Transsexuellen<. Die SoC stellen eine praxisorientierte Handreichung für Medizin, Psychologie und Justiz dar, die den Anspruch hat, die Begutachtung und die Behandlung Transsexueller zu vereinheitlichen, wobei sie rechtlich nicht bindend sind. Die Befragten dieser Studie kritisierten die SoC, weil sie die Autorität der Gesundheitsinstanzen nicht infrage stellt und weil sie ohne die Beteiligung und damit ohne das Expert_innenwissen von Betroffenen formuliert wurden. Vor dem Hintergrund der 7. Version der *Standards of Care* der *World Professional Association for Transgender Health* werden die Leitlinien von der Institution selbst als überholt bezeichnet (http://dgfs.info/behandlungsempfehlungen-geschlechtsdysphorie.de, Stand: 19.12.2014). Aktuell werden sie neu entwickelt (vgl. http://dgfs.info/category/leitlinienentwicklung, Stand: 29.12.2014).

ja nichts gemacht gehabt. Meine Mutter hat mich einmal ohne Vorwarnung voll getreten und dann habe ich zurückgetreten, das hat ausgereicht. Und die anderen Kinder in der Psychiatrie, das waren fast alles Lehrerkinder, die nicht so wollten wie die Eltern. Und es hat sich sowieso rumgesprochen, weil meine beiden Eltern Lehrer an den Schulen waren, galt ich überall als >der Verrückte<.«

Ein Autoritätskonflikt mit Eltern war in dieser biografischen Erinnerung der Anlass für eine frühzeitige Erfahrung von Pathologisierung als psychisch Erkrankter. Die Befragte deutete ein konfliktreiches Verhältnis zu ihrer Mutter an und geriet als Jugendlicher in eine körperliche Auseinandersetzung mit ihr. Daraufhin ließ die Mutter ihren Sohn in die Psychiatrie einweisen. Vorangegangen waren Eltern-Kind-Konflikte und gegenseitiges Nicht-Verstehen. Diese Zwangsmaßnahme blieb der Interviewpartnerin als einschneidendes, adoleszentes Erlebnis der Psychopathologisierung nachhaltig in Erinnerung. Sie galt fortan nicht nur in ihrem Zuhause, sondern auch in der Schule als »der Verrückte«.

Seit sie sich sicher war, transsexuell zu sein, plagte sie die Angst, wieder in die Psychiatrie eingewiesen zu werden, wenn sie ihre geschlechtliche Selbstkonstituierung als Transsexuelle offen preisgeben würde. Diese Angst war ein Grund dafür, dass sie erst im Alter von 30 Jahren in der Lage war, in die geschlechtliche Transition zu gehen. Die hier konstruierte Nähe von Ungehorsam, Psychopathologisierung der Transsexualität und Strafe (Einweisung in die Psychiatrie) beeinflussten ihren Lebensweg und ihre geschlechtliche Selbstkonstituierung nachhaltig. Die Angst vor einer abermaligen Entwürdigung als >Verrückte< verhinderte über Jahrzehnte ein sexuell und geschlechtlich selbstbestimmtes Leben. Die internalisierte Angst vor automatisierter Pathologisierung als Transfrau war aus den persönlichen Widerfahrnissen, aus dem Wissen um die Nähe von Transsexualität und Wahnsinn und vermutlich aus der pathologisierenden medizinischen Definition entstanden. Lucky Kankoke bestätigte pointiert: »Ja, dir wird automatisch eine Nähe, nur weil du Trans bist, zu anderen psychischen Krankheiten unterstellt.« Reik Schreiber schilderte ebenfalls aus seiner Erfahrung, dass die Diagnose Intersexualität von Mediziner_innen auch als psychische Erkrankung eingestuft wurde. Den intersexuell markierten Befragten war außerdem bekannt, dass ihre Daten als Personen für Forschungszwecke ohne Autorisierung freigegeben wurden und dass sie Opfer von gesundheitsschädigenden Testverfahren waren (und werden konnten):

> »Also, man wird als Intersexueller registriert in einer Kartei, die sozusagen anonym ist, aber natürlich mit einer Patientennummer und das kann man natürlich nachverfolgen zu Forschungszwecken. Das ist so in Deutschland. (...) Ja, wenn ein Forschungsprojekt zu Intersexualität gestartet wird, dann können die mit ihrem Forschungsprojekt auf diese Datei zugreifen und der Punkt ist, das weiß man normalerweise nicht. Das weiß ich, weil ich politisch aktiv bin und weil ich die

entsprechenden Leute kenne. (...) Und wenn ich das nicht wäre, dann wäre ich auch jetzt mit den Diagnosen, die ich habe, komplett verloren, ja. Weil die Ärzte haben teilweise keine Ahnung, es werden einem Tests empfohlen, die gefährlich sind. Man wird komplett katalogisiert. Also, zum Beispiel der ACTH-Test, das ist ein Test für Leute die AGS [Adrenogenitales Syndrom] haben, das ist ein Beispiel. Aber es gibt noch einen, der darin besteht, dass die Cortisolproduktion der Nebennieren überprüft wird. Und das leicht Absurde daran ist, dass wenn –, also dieser Test wird auch noch versucht zu machen, auch wenn jemand die Diagnose schon hat, also wenn sozusagen die genetische Diagnose schon besteht und die Langzeitfolgen sind nicht wirklich klar, und vor allem ist der Test total unsinnig, denn wenn jemand wirklich AGS hat, also man muss den Test in der Follikelphase[323] machen, wenn jemand wirklich AGS hat, dann hat der irgendwie eine Follikelphase, wenn überhaupt, vielleicht dreimal im Jahr. Das heißt, man weiß sowieso nie, wann zu welcher Phase man gerade diesen Test macht. (...) Also das Messergebnis kannst du im Prinzip in den Müll schmeißen. (...). Ja, zum Beispiel auch die Klassifizierung von sogenannten vergrößerten Klitoris, einer sogenannten vergrößerten Klitoris, also da wird sozusagen immer eine Schönheits-OP empfohlen. Solche Dinge. Also, das ist eben so ein Bereich von Gewalt, den ich in Teilen eben auch erlebt habe, aber zum Teil eben auch Dinge, die nicht nur meine eigenen Erfahrungen sind. Aber was es natürlich bewirkt, ist, dass man durch diese Tabuisierung und dieses Unterschwellige und dieses zu merken, dass da eine Art Machtdiskurs ist, irgendwie, dessen man Gegenstand [ist], ich sage jetzt mal nicht Opfer, dessen Gegenstand! Das ist natürlich eine Erfahrung von psychischer Gewalt, was eine extreme Verunsicherung und ein extremes Nicht-Bescheid-Wissen über die eigene Lage und gleichzeitig eine Pathologisierung ist. Weil ich meine, es ist ja nicht so, als wäre man krank.«

>Entmündigung< taucht in dieser Sequenz dreimal auf: als unwissend gemachte_r Patient_in, deren_dessen sensible Daten freigegeben werden (können), als menschliches Versuchsobjekt, das in der medizinischen Behandlungspraxis Experimenten ausgesetzt wird, und als entsubjektivierter »Gegenstand« eines medizinischen Diskurses, welcher theoretisch und praktisch gesellschaftlich ausgrenzend wirkt. Intersexuell geborene Menschen werden mittels einer »Patientennummer« registriert und die Daten können zu Forschungszwecken freigegeben werden. Externe Personen haben als Expert_innen Zugriff auf sensible Daten, die keinem Datenschutz unterliegen. Als Interviewerin hakte ich in dieser Passage mehrmals ein und reagierte auf das Erzählte mit Fassungslosigkeit. Der Interviewpartner versicherte, dass die Daten auf Anfrage zu Forschungszwecken freigegeben werden und bekräftigte die Aussagen an anderer Stelle mit der unklaren Angabe einer laufenden Forschung zu Intersexualität

---

323 Als Follikelphase werden die ersten zwei Wochen eines Menstruationszyklus von durchschnittlich einem Monat Dauer bezeichnet. In dieser Phase reifen in einem Eierstock ein oder mehrere Eifollikel heran (vgl. Hoffmann-La Roche Aktiengesellschaft et al. 2003: 634f).

(»ich weiß nicht, ob das die Hamburger sind, die das machen«).[324] Von der Nutzung der Daten wisse er als politischer Aktivist, andere intersexuell geborene Personen würden davon nichts wissen (wollen). In der Behandlungspraxis würden außerdem gesundheitsschädigende Testverfahren durchgeführt. Als Beispiel für einen verantwortungslosen Umgang mit intersexuell geborenen Personen führte der Interviewpartner den »ACTH-Test«[325] sowie die Überprüfung der »Cortisolproduktion der Nebennieren«[326] an, wobei die möglichen Langzeitfolgen der Verfahren noch nicht erforscht worden seien. Operationen zur Verkleinerung der Klitoris lehnte er ebenfalls rigoros ab, weil sie die Betroffenen nur schädigen statt ihnen zu nutzen. Sie seien mit einer »Schönheits-OP« vergleichbar und würden damit vorrangig normierend wirken.[327]

Somit summieren sich die negativen Folgen der Pathologisierung intersexuell geborener Menschen, weil sie durch die bisherigen Behandlungen den körperlichen oder psychischen Zustand Betroffener nicht verbessert, sondern im Gegenteil verschlimmert. Schließlich – und hier liegt aus der Sicht der Befragten das eigentliche Fehldeuten – ist Intersexualität keine Erkrankung, die in jedem Fall einer Diagnose bedarf (»ich meine, es ist ja nicht so, als wäre man krank«). Stattdessen vergrößerten die Behandlungen aus Sicht der betrof-

---

324 Es ist wahrscheinlich, dass der Interviewpartner sich auf die sogenannte *Hamburger Intersex Studie* der Lübecker und Hamburger Universitätskliniken bezog, die von 2002 bis 2009 im Rahmen eines DFG-Projekts finanziert wurde (www.sexualforschung-hamburg. de, Stand: 29.12.2014). Parallel dazu fanden andere Studien statt, wie die Evaluationsstudie des Vereins *Netzwerk Intersexualität*, die vom BMBF von 2004 bis 2008 gefördert wurde (www.netzwerk-dsd.uk-sh.de/index.php?id=home, Stand: 29.12.2014). Die Studiendaten wurden laut eigenen Angaben auf freiwilliger Basis in Interviews und Fragebögen erhoben. Im Interview mit der Hamburger Forscher_innengruppe fragte die Initiative *AG Intersex 1-0-1* nach den Gründen für eine Pathologisierung des »Anderssein[s]«. In der Antwort hieß es u.a., dass die Forscher_innen die Konzepte wie »Störung« oder »Problem« gar nicht verwenden, aber dass dennoch medizinische Eingriffe manchmal überlebensnotwendig seien (vgl. AG Intersex 1-0-1 (2005): 4f).

325 ›Adrenogenitales Syndrom‹ (AGS) ist medizinisch gesehen eine Störung die Nebennieren/Keimdrüsen betreffend. AGS ist ein »Krankheitsbild« infolge der »Überproduktion androgener Steroidhormone durch die Nebennierenrinde«. Es gibt medizinisch drei Vorstufen der AGS-Formen: ›21-Hyroxylasemangel‹, ›17-beta-Hydroxylasedefekt‹ und ›3-beta-Hydroxysteroid-Dehydrogernasedefekt‹. AGS-Diagnosen gehen mit unterschiedlichen Formen der Feminisierung und Virilisierung der Betroffenen einher (vgl. Hoffmann-La Roche Aktiengesellschaft et al. 2003: 25f). ACTH ist ein adrenocorticotropes Hormon. Der ACTH-Test wird bei Verdacht auf Nebennierenrindeninsuffizienz und auf heterozygote bzw. nicht klassische Formen des adrenogenitalen Syndroms (AGS) angewandt. Der Test wird bei Personen, die Follikel herausbilden (häufig Frauen), in der Follikelphase durchgeführt.

326 Cortisol ist ein natürliches (und »halbkünstlich« herstellbares) Hormon der Nebennierenrinde (Hoffmann-La Roche Aktiengesellschaft et al. 2003: 367).

327 vgl. 7.1.2 Operative Eingriffe bei intersexuell markierten Personen

fenen Personen das Leid und ermöglichten überhaupt erst die Degradierung zum (Forschungs-)Objekt. Die Gesamtheit der Pathologisierungen bewirkte außerdem eine nachhaltige Beschädigung des Selbstwertgefühls. Insgesamt wurde diese Gesamtheit von den Interviewpartner_innen eindeutig als »Gewalt« empfunden und benannt. Die Befragten betonten, dass ihre Interessen, Bedürfnisse und ihr Wohlbefinden nicht im Vordergrund der Behandlungen standen und dass sie sich mit ihren Positionen nicht in Forschungen wiederfinden. Außerdem erlebten sie die Pathologisierungen der geschlechtlichen Variationen als Kontrollmechanismus, der eine binäre Geschlechterkonformität legitimierte und der sie zur Existenz als anders Geschlechtliche in Eindeutigkeit zwang. Dabei war die Nähe zum Wahnsinn den meisten Befragten bewusst und sie fürchteten diese nicht zuletzt als eine sich internalisierende Option für ihr Selbst. Der Transmann Reik Schreiber erinnerte sich in diesem Zusammenhang an die Worte einer Transfrau, die er in einem Artikel gelesen hatte und die konträr zu der weitverbreiteten Annahme der psychischen Instabilität von geschlechtlicher Nonkonformität steht:

> »(...) da sagt nämlich eine Transfrau: ›Um transsexuell zu sein, muss man psychisch sehr stabil sein.‹ Und das ist, glaube ich, auch ein Ding, dass nämlich die, wie soll ich sagen, die Leute, die ich kenne und die Leute, die psychisch stabil sind. Das heißt, das sind die Leute, die es irgendwie gebacken gekriegt haben, ihrer Umwelt zu begegnen, dabei nicht unter die Räder zu kommen, irgendwie sich nicht von der Brücke zu stürzen und nicht in der geschlossenen Anstalt zu sitzen.«

Psychische Stabilität ist eine Voraussetzung, um geschlechtliche Nonkonformität leben zu können. Viele, die den Weg nicht meistern können, kämpfen mit Depressionen oder wählen den Suizid, der ihnen als einziger Ausweg erscheint.[328] Das heißt, dass geschlechtlich nonkonforme Personen entgegen der bisherigen Annahmen bezüglich der Erkrankung und psychischen Instabilität vielmehr als stabile gesellschaftliche Subjekte anerkannt werden müssen. Mit Hilfe dieser Anerkennung könnten geschlechtlich nonkonforme Personen dem Teufelskreis aus Infragestellungen, Dethematisierungen, Reduzierungen auf geschlechtliche Ver-Anderung und automatisierter Pathologisierung entkommen. Dass die Sichtbarkeit und die Quantität der Geschlechtervielfalt zunimmt, ist ein erster Hinweis darauf, dass heute mehr Personen wider der komplementären Binarität ihr Geschlecht offen leben (können). Wenngleich diese Sichtbarkeit noch auf bestimmte Sphären, Orte und Begegnungen beschränkt ist, so können diese *Zonen der Bewohnbarkeit* als Orte der Existenz tendenziell dann entstehen, wenn Akzeptanz und Anerkennung den sozialen Raum bestimmen.[329]

---

328 vgl. 4.1.4 Autoaggression und Suizidabsichten
329 Heteronormative Geschlechterverhältnisse werden allerdings nicht durch die Sichtbarkeit von geschlechtlicher Nonkonformität ausgehebelt. *Zonen der Bewohnbarkeit* sind

7.1.2 Operative Eingriffe bei intersexuell markierten Personen

Operationen von intersexuell geborenen Babys und Kindern und die Sicht auf diese Operationen als »Genitalverstümmelungen« werden im Folgenden anhand des empirischen Materials diskutiert. Außerdem befasse ich mich mit jenen Narrationen, in denen von der Gonadenentnahme (Gonadektomie) bei erwachsenen Personen berichtet wurde. Die dargestellten medizinischen Eingriffe bilden allerdings nur einen Bruchteil jener medizinischen Interventionen ab, von denen intersexuell geborene Personen betroffen sein können (Kessler 2002 (1998); Klöppel 2010, Verein intersexuelle Menschen e.V. 2011; Deutscher Ethikrat 2012).[330] Ich biete einen kurzen Einblick in das Erzählen und Rekonstruieren dieser Menschenrechtsverletzungen aus Sicht geschlechtlich nonkonformer Personen, um die Funktionsweisen der ausgewerteten narrativen Darstellungen dazustellen.

Geschichtlich waren Behandlungen von intersexuell geborenen Personen in den letzten sechs Jahrzehnten stets umstritten, wobei genitalchirurgische Eingriffe auf die Methoden und Theorien des US-amerikanischen *Baltimore Hopkins Hospitals* aus den 1950er Jahren zurückgehen. Der pädiatrische Endokrinologe Lawsen Wilkons führte Genitaloperationen an intersexuell geborenen Kindern durch, während der Psychologe John Money und seine Forscher_innenngruppe untersuchten, wie die psychosexuelle Entwicklung dieser Kinder verlief.[331] Die Forschenden kamen zu dem Ergebnis, dass die Operationen erfolgreich dazu führten, dass sich die operierten Kinder mit »ihrer [eindeutigen, neuen] Geschlechterrolle identifizierten« und »ein angepasstes Verhalten und eine heterosexuelle Orientierung« (Klöppel 2012: 32) entwickelten. Die frühkindliche Sozialisation entsprechend der vereindeutigten Genitalien wurde somit als Garant für eine heteronormative psychosexuelle Entwicklung gelesen. Alsbald wurden Eingriffe an intersexuell geborenen Babys und Klein-

---

kein Garant für sich grundlegend verändernde Geschlechterverhältnisse, denn heteronormatives Denken ist z.B. im Recht, in der Medizin, in Biologie, in Bildung, in der Politik, im Konsum, in alltagsweltlichen Konventionen und in sozialen Normen verwurzelt. Allerdings bietet die Sichtbarkeit geschlechtlicher Nonkonformität das gesellschaftliche Erinnern an geschlechtliche Diversität und das Erinnern an das verdeckte Leid, welches die Zugehörigkeit zu einem Geschlecht bedeuten kann.

330 Zu genitalchirurgischen Eingriffen: vgl. http://blog.zwischengeschlecht.info/post/2012/03/23/Genitalverstuemmelung-typische-Diagnosen-und-Eingriffe, Stand: 29.12.2014).

331 Endokrinologie als Teilbereich der Inneren Medizin befasst sich mit der Entwicklung von Hormonen. Zu den Krankheiten, die in diesem Fachgebiet behandelt werden, zählen Schilddrüsenüber- und -unterfunktionen ebenso wie Auffälligkeiten der Sexualhormone sowie die hormonelle Behandlung von Transsexualität. Viele der Interviewpartner_innen berichteten vom Besuch bei einer_m Endokrinolog_in, um dort zum ersten Mal Hormone verschrieben zu bekommen.

kindern in vielen Ländern zum Standard. In Deutschland war bis in die sechziger Jahre noch die medizinisch-psychologische Haltung ausgeprägt, dass sich eine psychosexuelle Entwicklung von Kindern am subjektiven Empfinden zu orientieren habe und nicht durch genitalchirurgische Eingriffe zu bewirken sei (vgl. Klöppel 2012: 31). Aber spätestens am Ende der 1960er Jahre setzte sich auch in beiden Teilen Deutschlands die Behandlungspraxis aus Baltimore durch, nicht zuletzt, weil der Psychologe John Money den pränatalen Einfluss der Hormone auf eine geschlechtliche Entwicklung nicht mehr kategorisch ausschloss. Die Folge der medizinisch-psychologischen Herangehensweise waren und sind institutionalisierte, genitalchirurgische Operationen an Babys und Kleinkindern in Deutschland und weltweit. Sie führen zu körperlichen und psychischen Beschädigungen der Betroffenen (z.B. Kessler (2002) 1998; Klöppel 2010; Zehnder 2010; Intersexuelle Menschen e.V. 2011; Deutscher Ethikrat 2012).

Keine_r der Interviewpartner_innen der vorliegenden Studie berichtete davon, selbst als Baby oder Kleinkind einer genitalchirurgischen Operation unterzogen worden zu sein. Sie wurden stattdessen als adoleszente bzw. als erwachsene Person intersexuell markiert. Eine der später intersexuell markierten Befragten war beispielsweise bei der Geburt als Mädchen gelesen worden, weil ihre_seine äußeren Genitalien keine Auffälligkeit aufwiesen. Im Interview bezog sie_er sich auf die Widerfahrnisse anderer intersexuell geborener Personen und betonte:

»(...) die haben ganz fiese Erfahrungen gemacht mit diesen ganzen Operationen, die sie als Kinder bekommen, damit die normiert werden. Die werden ja regelrecht normiert«.

In den geführten Gesprächen wurden Operationen an intersexuell geborenen Babys und Kindern von vielen Befragten thematisiert, ohne dass sie sich auf eigene Erfahrungen bezogen. Das Sprechen über die Operationen Unmündiger erfüllte die Funktion, als pars pro toto für die medizinisch legitimierten Beschädigungspraxen an intersexuell geborenen Personen zu fungieren. Ein_e der Interviewpartner_innen stellte sie in den Kontext sexualisierter Gewalt und von Verstümmelungspraktiken anderer patriarchaler Gesellschaften:

»Für mich macht das keinen Unterschied, ob ein intersexuelles Kind genitalbeschnitten wird oder ein afrikanisches Kind –, bei beiden Kindern sind es aus der Tradition begründete Beschneidungen, rituelle Beschneidungen.«[332]

---

332 Suzanne J. Kessler analysiert drei Legitimationsmuster für genitalchirurgische Operationen an Kindern: Die Operation rettet das Leben, sie steigert die Lebensqualität des Kindes oder sie muss aus ästhetischen Gründen erfolgen (vgl. Kessler 2002 (1998): 34).

Geschlechtsangleichende Genitaloperationen an intersexuell geborenen Babys in deutschen Krankenhäusern werden in dieser Passage mit religiösen oder ethnischen Ritualen auf dem afrikanischen Kontinent verglichen. Beide Praxen werden gleichermaßen verurteilt. Diese Argumentationslinie tauchte mehrfach auf und deckt sich mit den Eindrücken und Forderungen von Menschenrechtsorganisationen und Selbsthilfegruppen, welche die Praxis an intersexuell geborenen Kindern als »Genitalverstümmelungen« bezeichnen.[333] Interessant an diesem Vergleich ist, dass auf der einen Seite eine kulturalisierende und homogenisierende Verallgemeinerung der Genitalverstümmelung (»afrikanisches Kind«[334]) einer medizinischen legitimierten Praxis in Deutschland (»intersexuelles Kind«) gegenübergestellt wird. Die Gemeinsamkeit ist ohne Zweifel die körperliche und psychische Beschädigung des Kindes. In beiden Praktiken zeigt sich die adultistische Praxis der Unterordnung des kindlichen Willens unter eine gesellschaftliche geschlechtliche Norm. Entscheidende Unterschiede beider Verfahren werden in dieser Vereinfachung nicht aufgegriffen und so verkürzt der Vergleich sowohl die Kritik an Genitalverstümmelungen als auch die Kritik an der Normierung intersexuell geborener Babys und Kinder. Gleichzeitig reproduziert er ein für Rassismus anschlussfähiges, binäres Denken, indem »Afrika« als unüberschaubares, fremdes, unzivilisiertes, barbarisches »Land« auftaucht, dem ein ›noch nicht ganz‹ zivilisiertes Europa gegenübersteht (Castro Varela/Dhawan 2005; Ngubia Kuria 2010; Liebhart 2010). Dies begünstigt eine aus weiß-deutscher, eurozentrischer und auch aus frauenpolitischer Perspektive einhellige Verurteilung der Genitalverstümmelungen als ferne, unzivilisierte Praxis. Beide Phänomene als »Genitalverstümmelungen« gleichzusetzen verweist auf den Glauben an die Kraft des Humanismus und der Zivilisation. Das heißt, die Argumentation reproduziert rassistische Stereotype und Verallgemeinerungen. Rassismuskritischer wäre es, den praktischen Umgang mit Intersexualität oder mit weiblicher Genitalver-

---

333 Laut dem Verein *Zwischengeschlecht e.V.* werden 90 % aller intersexuell geborenen Babys einer geschlechtsvereindeutigenden Operation unterzogen (vgl. http://zwischengeschlecht.org/post/Menschenversuche-ohne-Ethik, Stand: 29.12.2014).

334 Emily Ngubia Kuria bietet im Gegenzug zu kolonialen, stereotypen Vorstellungen von Afrika in Deutschland folgende Beschreibung des Kontinents: »Afrika ist eine Ansammlung von vielen verschiedenen Ländern, Nationalstaaten, Völkern mit verschiedenen Sprachen, Kulturen und Hautfarben (...). Die willkürliche Einteilung in Nationalstaaten durch die weißen Kolonialmächte nahm keine Rücksicht auf die sehr deutlichen kulturellen und sprachlichen Grenzen, welche die verschiedenen Nationen in Afrikas bis dahin getrennt hatten. (...) Schwarz ist auch nicht die homogene Hautfarbe (oder Identität) der Menschen (...). Es gibt weiße afrikanische Menschen, asiatische Menschen, die Afrikaner_innen sind, arabische Menschen sowie Schwarze Menschen. Es gibt viele Sprachen (nicht Dialekte) (...). Macht Eure Hausaufgaben!« (Ngubia Kuria 2010: 236f).

stümmelung in zwei konkreten Ländern zu vergleichen. Der Vergleich von der Normierung intersexuell geborener mit Genitalverstümmelungen auf dem afrikanischen Kontinent muss vorrangig in seiner Intention der Skandalisierung gelesen werden. Er verfolgt die Absicht, das Thema Intersexualität aus der Dethematisierung in den Diskurs zu befördern.

Mehrfach wurde darauf hingewiesen, dass eine angemessene Aufklärung der Erziehungsberechtigten durch die zuständigen medizinischen Fachkräfte nicht stattfindet. Die überforderten Erziehungsberechtigten werden nur selten sensibel begleitet. So zeigt sich beispielsweise eine Unkenntnis bezüglich der Behandlungsdauer. Viele Eltern gingen beispielsweise davon aus, dass es sich bei den genitalchirurgischen Korrekturen um einen einmaligen Eingriff handeln würde.[335] Aber am Beispiel des Bougierens[336] intersexuell geborener Kinder ohne oder mit engem Scheideneingang zeigt sich, dass die das Gewebe öffnende Operation zumeist nur der erste Schritt einer langjährigen, dauerhaften und oft schmerzhaften Behandlungsprozedur darstellt. Beim Bougieren erhalten Patient_innen Dehnkörper verschiedener Größen, die sie im Innern des Hohlgewebes bzw. des Scheideneingangs tragen müssen, damit sich eine Neo-Vagina bilden kann. Die Dehnkörper verhindern dabei das Zuwachsen der Wunde:

> »Da werden ja dann die sogenannten Vaginalöffnungen, so sie nicht funktional normal in Anführungsstrichen sind, werden die dann auch noch operiert und geöffnet und bougiert. (...) Bougiert heißt, da werden sozusagen medizinische Dildos eingeführt, damit die [Wunde sich] weitet. Damit die sozusagen heterosexuellen Geschlechtsverkehr haben können. Das sind auch so Sachen, die gemacht werden dann. Und die Leute, die so was erlebt haben, die können dir ganz andere Storys erzählen. Das ist mir also erspart geblieben. Aber da ist ganz viel Leiden mit verbunden.«

Während bei vielen intersexuell geborenen Menschen das Bougieren als eine medizinisch notwendig erscheinende Maßnahme dargestellt wird, um ein genitales, weibliches Geschlecht zu formen, ist es für viele Transpersonen, die sich dafür entscheiden, als Frau zu leben, eine erwünschte genitalchirurgische Operation im Rahmen der Geschlechtertransition. Trotzdem ist das Bougieren in beiden Fällen der Trans- und Intersexualität ein Verfahren zur Herstel-

---

335 vgl. 7.1.3 Exkurs: Die Verantwortung von Erziehungsberechtigten

336 Das Bougieren ist medizinisch eine »Stenosenaufdehnung mittels Bougie«. Eine Bougie (franz. Wachskerze) wiederum ist eine »gerade oder gekrümmte, starre oder flexible, stabförmige, eventuell geknöpfte Dehnsonde verschiedener Dicke (...) zur Anwendung bei Hohlorgan-Stenosen« (vgl. Hoffmann-La Roche Aktiengesellschaft et al. 2003: 256). Der Fachbegriff ist nicht auf chirurgisch-plastische Genitaloperationen beschränkt, sondern beschreibt jegliches Weiten von menschlichen Hohlräumen, wie beispielsweise das Dehnen der Speiseröhre.

lung einer Neo-Vagina, die so gedehnt wird, dass sie im Erwachsenenalter im Idealfall heteronormativ einen Penis ummanteln kann. Das Bougieren soll die heterosexuelle Penetration ermöglichen. Obwohl zahlreiche geschlechtlich nonkonforme und geschlechtlich konforme Menschen existieren, deren Körper nicht in der Lage ist – oder deren Begehren es nicht ist –, diese Formen der heterosexuellen Penetration auszuüben, bleibt diese heteronormative Annahme und Reduzierung von Sexualität beharrlich bestehen.[337] Entscheidend ist, dass der Trans-Behandlung eine selbstbestimmte Entscheidung zugrunde liegt, während bei intersexuell geborenen Kindern die Erziehungsberechtigten entscheiden müssen, wie zu verfahren ist (Plett 2003, 2014). In jedem Fall wird eine Entsprechung von geschlechtlich eindeutigen Genitalkörpern, (anvisierter) geschlechtlicher Orientierung und möglicher Heterosexualität konstruiert.

Darüber hinaus wurden einige Befragten damit konfrontiert, dass in ihrem Körper Gonaden (Hoden)[338] entdeckt wurden, die unter dem diagnostischen Vorwand des Tumorrisikos operiert und entnommen werden (sollten). Die negativen Folgen von Gonadektomien für die einzelnen Patient_innen sind gravierend, während das Tumorrisiko wiederum in Studien nicht hinreichend belegt ist. Ein Tumorrisiko als legitimierendes Argument für Gonadektomien basiert auf der Adaption der Erkenntnisse weniger Studien, ohne diese kritisch zu hinterfragen (vgl. Plett 2014: 11ff). Medizinisch entspricht dieses Vorgehen einer Kastration; das heißt die betroffenen Menschen werden unter einem diagnostisch fragwürdigen Vorwand kastriert: Ein_e Interviewpartner_in war im Alter von 23 Jahren wegen Beschwerden in ein Krankenhaus gekommen, wo ihr_m nach der Untersuchung offenbart wurde, dass sie_er das »falsche Geschlecht« habe, denn im medizinischen Sinne sei sie_er gar keine Frau. In den Untersuchungen waren bei ihr_m männliche Gonaden (Hoden) gefunden und XY-Chromosomen festgestellt worden. Die Gonaden (Hoden) wurden ihr_m unter dem Vorwand der drohenden und möglicherweise bereits einsetzenden Entartung zu einem malignen Tumor entnommen:

> »Ich gehöre auch [zu jenen Personen], die eigentlich einen Arzt nur noch aufsuchen, wenn es nicht anders geht. Vertrauen, Urvertrauen oder so was, das kenne ich nicht. Obwohl ich ja nun spät kastriert worden bin. Mit 23 hat man mich gonadektomiert. Man hat mir gesagt, (...) ich hätte Hoden, also ich hatte das fal-

---

337 Auch unabhängig von ihrer geschlechtlichen Orientierung haben Menschen anatomisch sehr verschiedene Körper. Dies führt zu verschiedenen Formen der Sexualität. Es existiert keine Kausalität zwischen einem zweigeschlechtlich, anatomischen Körper und dem Wunsch nach heterosexueller Penetration.

338 Medizinisch betrachtet, ist eine männliche Gonade der Hoden (Testis) und eine weibliche der zumeist paarige Eierstock (Ovarium). Beide produzieren Sexualhormone und Keimzellen (vgl. Hoffmann-La Roche Aktiengesellschaft et al. 2003: 731). In den Interviews war mit dem Ausdruck Gonade stets der Hoden (Testis) gemeint.

sche Geschlecht, ich hatte Hoden, diese Hoden würden in jedem Fall entarten, das Risiko wäre 50 %, dass diese Hoden in meinem Bauchraum mich umbringen werden. Genau das hat der Arzt zu mir gesagt. >Und diese Hoden werden Ihnen den Krebs bringen<, hat er zu mir gesagt. Und >Sie sind schon ziemlich alt, wenn es nicht schon zu spät ist.< Und >Ich empfehle Ihnen, sofort zu operieren<. Dass meine Hoden komplett und gesund waren, und sie die dreifache Menge von Testosteron produziert haben, das habe ich jetzt erst vor kurzem erfahren. (Pause) Denn der Arzt hat zu mir gesagt, meine Hoden wären schon vergrößert. Was immer das heißt. Ich wusste das damals nicht. Aber wenn jemand das sagt: >Die sind schon mal vergrößert!< Was immer das heißt. Ich wusste das damals nicht.«

Die Entdeckung des »falschen Geschlecht[s]« durch eine späte chromosomale Bestimmung per Blutentnahme und die innen liegenden Gonaden (Hoden) wurden vom Arzt als ein Problem gelesen. Die Hoden seien bereits vergrößert, betonte er, und stellte nüchtern in Aussicht, dass Krebstumoren das Leben der_s Befragten verkürzen würden. Die_der Interviewpartner_in stimmte der Operation mit dieser Angst im Nacken zu. Dass die Aussagen des Arztes eine unzulässige Dramatisierung des Befundes darstellten, erfuhr sie_er erst Jahre später: Ihr_m waren völlig intakte Organe entnommen worden.[339] Die_der Befragte wurde durch die Organentnahme zu einer chronisch kranken Person gemacht, die täglich eine hohe Menge des Hormons Testosteron benötigt, um den Mangel auszugleichen, der durch die fehlenden Gonaden erst entstanden war. Das Ziel der Behandlung war nicht der Erhalt oder die Wiederherstellung einer körperlichen Gesundheit, sondern es ging auf der einen Seite darum, präventiv Krebstumoren zu verhindern und auf der anderen Seite um die körperliche Herstellung eines eindeutigen Geschlechts. Kendra Fraschen berichtete Ähnliches von Widerfahrnissen von Bekannten, die in Bezug auf ihre Gonaden von Ärzt_innen »regelrecht betrogen und belogen« wurden. Sie_er selbst entkam dieser Operation:

> »[Der Arzt sagte:] >So was müsste man jetzt nicht unbedingt operieren bei Ihnen.< – Wo ich so dachte: Moment mal, was erzählt der mir da eigentlich? Der will mir meine Organe entfernen, ja, was ist das? Ja fast schon Organraub. Ich muss mal überlegen. Ich hatte dann so Ängste, ja, überlege mal wirklich, ich meine, normalerweise dürfen die das ja wirklich nicht. Aber ich hatte dann schon so Ängste, wo ich dachte: Boh, wenn ich jetzt einen Blinddarm kriege und ich werde eingewiesen ins Krankenhaus und die machen den Unterleib auf, dann denken die nachher, weißte so, da bin ich eh am Wühlen, so wie beim Auto in der Reparaturwerkstatt. Du bringst den Wagen weg, damit sie dir, sagen wir mal, den Vergaser einstellen, dann holst ihn wieder ab und die sagen: >Ja, wir haben Ihnen auch schon mal die Bremsbeläge ausgewechselt. Das war auch mal wieder fällig<, ja.«

---

339 Der behandelnde Arzt zeigte sich auch Jahre nach der kastrierenden Operation bei einer Aussprache nicht einsichtig, sondern beharrte weiter darauf, richtig gehandelt zu haben.

Die_der Interviewpartner_in stellte Kastrationen von intersexuell geborenen Personen in ein globales System von menschenverachtendem Verhalten, Kriminalität und medizinischem Gewinnstreben. Ihr_m kam die Offenheit, ggf. auch die Unsicherheit des behandelnden Arztes zu Gute, der ihr_m gegenüber betonte, dass ihre Gonaden nicht unbedingt entfernt werden müssten. Es scheint, als habe sie_er durch einen Zufall, selbst entscheiden können, was mit ihrem_seinem Körper passierte. Dennoch blieb ihr_m die Sorge, dass ihre_seine Gonaden ungefragt >mitentfernt< werden könnten, wenn es beispielsweise zu einer Blinddarmoperation käme. Der Vergleich mit einer Autowerkstatt veranschaulicht ihre_seine Skepsis Mediziner_innen gegenüber, die aus ihrer_seiner Perspektive nicht zwischen erteiltem Auftrag und eigenmächtigem normativen Handeln unterscheiden können und so ihre_seine körperliche Integrität bei jedem Krankenhausbesuch gefährden würden.

Andere Personen, so betonte die_der Befragte, wurden gezielt von Ärzt_innen getäuscht und betrogen. Einigen wurde erzählt, dass sie Zysten an den Eierstöcken hätten, so dass diese entfernt werden müssten. »Dabei sind das gar keine Eierstöcke [gewesen]. Weil die gar keine Eierstöcke haben, verstehst du? Die haben Gonaden [Hoden]«. Die Keimdrüsen (intakte Organe) wurden von den Ärzt_innen mit dem Begriff der Eierstöcke und der Zyste[340] in Verbindung gebracht. Dass es sich dabei um Hoden handelte, wurde der_m Patient_in verschwiegen.[341] Das bedeutet, um gesunde Organe zu entfernen, waren Ärzt_innen in der Lage, performativ Organe zu erfinden und ihnen eine Anomalie anzudichten. Mehr noch: Einigen Interviewpartner_innen wurde vorenthalten, dass ihr Körper in der Lage war, Keimzellen zu produzieren. Historische Analysen zeigen, dass viele medizinische Fachkräfte von jeher davon ausgingen, dass Hermaphroditen stets unfruchtbar seien (vgl. Klöppel 2010: 269). Auch eine Behandlung der Fruchtbarkeit wurde kaum in Betracht gezogen. Eher wurde der Hermaphrodismus in die Nähe eugenischer Fortpflanzungsselektion gebracht (vgl. ebd. 268ff). Diese Nähe wiederum ist – so zeigen die empirischen Narrationen – in den medizinischen Praktiken immer noch aktuell. Die heteronormativen Selbstverständlichkeiten der ärztlichen Argumentation belegen aus Sicht der Befragten außerdem, dass die Ärzt_innen – vorsichtig formuliert – keine fachlichen und sozialen Kompetenzen im Umgang mit geschlechtlich nonkonformen Personen und deren Körpern vorzuweisen

---

340 Eine Zyste ist allerdings eine durch eine »Gewebekapsel abgeschlossener, ein-oder mehrkammeriger Gewebehohlraum« mit flüssigem Inhalt (vgl. Hoffmann-La Roche Aktiengesellschaft et al. 2003: 2019).

341 Dabei ist davon auszugehen, dass gelernte Ärzt_innen in der Lage sind, auf Ultraschallbildern Eierstöcke von Hoden zu unterscheiden. Dies wurde mir von mehreren praktizierenden Fachärzt_innen bestätigt.

hatten. Ihr heteronormatives Handeln war ein konstituierender Bestandteil ihrer Profession. Es ist wahrscheinlich, dass die Praxen der *fiktiven Pathologisierung*, in der Hoden zu Eierstöcken mit Zysten wurden, für Ärzt_innen sowohl eine Lösungsstrategie als auch eine individuelle Entlastungspraxis darstellte. Sie führten neben der Konstituierung von binärer Geschlechtlichkeit dazu, dass, wie das Beispiel der Gonadektomie eindrücklich zeigt, in funktionierende Körper eingegriffen wurde und dass die Chance auf Fortpflanzung eliminiert wurde. Eine Gonadektormie bedeutete somit Krebsprävention, Gender-Regulierungspraxis und Unfruchtbarkeit. Mehr noch, die Praxis der Infertilisation war für Transsexuelle, die eine Personenstandsänderung beantragen wollten, bis 2011 im TSG gesetzlich vorgesehen.

Keine der Interviewpartner_innen stellte die Verantwortung der Mediziner_innen an diesen normierenden Praxen infrage. Im Sprechen über Ärzt_innen, Psycholog_innen und Angestellen der Krankenkassen dominierte das Misstrauen, das Unverständnis über die ungenügenden Fachkenntnisse und der Ärger über deren mangelnde soziale Kompetenzen. Von einem respektvollen Umgang mit intersexuell geborenen Menschen im medizinischen Kontext wurde in den Interviews nicht berichtet. Ein_e Interviewpartner_in verglich Mediziner_innen im Kontext von Intersexualität mit »Schlachtergesellen« und wies ihnen eine das Leben und Fleisch zerteilende Profession zu. In ihren_seinen Augen waren Chirurg_innen schlichte Erfüllungsgehilfen einer normativen Annahme, die sich in normativer Verantwortung sehen: »Die fühlen sich berufen, durch die Gesellschaft beauftragt.« Das heißt, aus der Sicht der_s Befragten stand außer Frage, dass Zweigeschlechtlichkeit den sozialen und legitimierenden Grundpfeiler für die gewaltsamen medizinischen Behandlungspraxen darstellt.

7.1.3 Exkurs: Die Verantwortung von Erziehungsberechtigten

Die Verantwortung der Erziehungsberechtigten im Prozess der genitalchirurgischen Operationen von Babys und Kindern wurde in den Interviews mehrfach kritisch in den Blick genommen. Die persönlichen Erfahrungen der Befragten mit Eltern und Erziehungsberechtigten waren von einem Mangel an Begleitung und Zuwendung in der Kindheit und der Adoleszenz bestimmt. Grund genug, in diesem Exkurs die Verantwortungsebenen, die Erfahrungen und die Widerfahrnisse mit Erziehungsberechtigten darzustellen. Zunächst tauchten im empirischen Material vorrangig häusliche Diskriminierung und Gewalt auf. Zumeist wurden die Eltern und Erziehungsberechtigten als uninformierte, desinteressierte, ignorante und in mindestens drei Erzählungen zutiefst gewaltsame Personen dargestellt.[342] Körperliche Gewaltanwendung, die von den Erziehungsberechtigten ausging, fand vorwiegend in der Adoleszenz statt. So berichteten die Interviewpartner_innen von Schlägen, von lebensgefährlichem Stoßen von der Treppe, und ein_e Interviewpartner_in berichtete, »fast erwürgt« und ein anderes Mal massiv getreten worden zu sein.[343] Keine_r schilderte eine enge, ermutigende oder anerkennende Praxis im Umgang mit der jeweiligen geschlechtlichen Nonkonformität in der Kindheit oder in der Adoleszenz. Allerdings berichteten drei Interviewpartner_innen von kooperativen Eltern, die sich unterstützend verhielten, als ihre nun erwachsenen Kinder in die Transition gingen. Der Transmann Lucky Kankoke schilderte anerkennend seine Erfahrungen mit den Eltern:

> »Die [Eltern] sind eigentlich supercool. (...) Ja, meine Familie ist jetzt nicht hochgebildet, die kommen aus ganz einfachen Verhältnissen, aber die haben so das Herz auf dem rechten Fleck und wollen dass ihre Kinder glücklich sind und dass sie sich selbst verwirklichen und merken dann sofort, wenn man glücklich ist und wenn man nicht glücklich ist. Und merken auch, wenn einem der Transweg gut tut und wenn es für einen ist, dann ist das auch gut so.«

Den Eltern des Interviewpartners war das Wohlergehen des eigenen Kindes wichtiger als gängige Konventionen. Für sie standen das Glück und die Zufriedenheit ihres Kindes an erster Stelle. In der Bewertung des Interviewpartners (»supercool«) zeigt sich die Dankbarkeit, die er gegenüber diesem wohlwollenden Verhalten empfand. Jene Befragten, die gute Erfahrungen mit ihren Eltern(-teilen)/Erziehungsberechtigten gemacht hatten, waren bereits erwachsen, als sie sich offen für einen geschlechtlich und/oder sexuell nonkonformen Weg entschieden haben. Vermutlich ist das Alter der Kinder mitentscheidend dafür, wie umsichtig Eltern(-teile)/Erziehungsberechtigte mit nonkonformen sexuellen und geschlechtlichen Lebensentscheidungen umgehen können.

---

342 Das diskriminierende und gewaltsame Verhalten der Eltern und Erziehungsberechtigten endete nicht unbedingt dann, wenn die Befragten erwachsen geworden waren. Auch gegenüber ihren erwachsenen Kindern zeigten sich Eltern ignorant und manchmal gewaltsam. Allein die Diversität der gewaltsamen/diskriminierenden (und anerkennenden) Reaktionen von Eltern(-teilen)/Erziehungsberechtigten und Herkunftsfamilien/ Geschwistern geschlechtlich nonkonformer Personen wäre eine eigene Studie wert. Besonders sind die Eltern(-teile)/Erziehungsberechtigten intersexuell geborener Babys und transsexueller Kleinkinder in den Blick zu nehmen, weil ihre kurzfristigen Entscheidungen (über Operationen, ihre Reaktionen und erzieherischen Maßnahmen in der frühen Kindheit) wie aufgezeigt weitreichende Folgen haben (können).

343 Diese häusliche Gewalt wurde in den Interviews zumeist nur kurz erwähnt und nicht ausgeführt. Die Widerfahrnisse der Kindheit und Adoleszenz waren aus der Sicht der Befragten nie fahrlässige Situationen, sondern wurden als gezielte Attacken und auch als Mordversuche wahrgenommen und in den Zusammenhang mit ihrer geschlechtlichen Nonkonformität gestellt.

Im Kontakt mit Normierungsinstanzen wie Medizin und Justiz sind die Eltern/Erziehungsberechtigten für ihre Kinder insbesondere in der Kindheit und in der Adoleszenz zentral. Die Motivationen von Erziehungsberechtigten, (sich) eine Operation des Kindes zu erlauben, wurden allerdings von den Befragten sehr unterschiedlich wahrgenommen. Kendra Fraschen kritisierte beispielsweise, dass viele Erziehungsberechtigte den Operationen ihrer intersexuell geborenen Kinder zustimmten, weil sie Angst davor hätten, dass ihr Kind zukünftig »sozial ausgegrenzt« werde.[344] Mit anderen Worten: Eine gesellschaftliche Vorstellung der Stigmatisierung von intersexuell geborenen Personen ist der Auslöser dafür, den eigenen bzw. den anvertrauten Kindern Operationen zuzumuten, deren Ausgang die selbstbestimmte geschlechtliche und sexuelle Entwicklung verunmöglicht oder einschränkt. Freya Jung berief sich auf viele Gespräche mit Eltern intersexuell geborener Kinder und stellte heraus, dass die meisten Erziehungsberechtigten es am Anfang der Diagnose unterließen, für ihre Kinder Partei zu ergreifen. Trotzdem betonte sie_er, dass es sicherlich ein »Märchen« sei, dass Eltern(-teile)/Erziehungsberechtigte »Beschneidungen« an ihren Kindern befürworteten. Sie würden sich oft eine schnelle und wirksame Lösung wünschen und viele, aber nicht alle, würden deshalb sozusagen im Affekt dem medizinischen Weg vertrauen:

> »[Es gibt auch] Eltern, die dann auch Zweifel haben, ob die Beratung [der Mediziner_innen], wirklich so gut war. Denn sie [die Empfehlung zur Operation] wird den Eltern meistens alternativlos unterbreitet. Die sagen ja: ›Kann man da was machen?‹ – ›Natürlich kann man da was machen. Wissen Sie was? Vertrauen Sie uns, wir machen das.‹ Und dann: ›Unterschreiben Sie mal hier.‹ Und fertig. Und das machen die. Da wird nicht darüber geredet, dass sich dieser Mensch erst mal entwickeln müsste, eigentlich auch ein Recht hat auf eine eigene Identität. Auf eine Selbstverortung. Zu sagen: ›Ja, ich sehe zwar ein bisschen anders aus, meine Klitoris ist ein bisschen anderes, oder mein Penis ist ein bisschen anders.‹ Oder: ›Ich habe weder Penis noch Klitoris‹, dann ist das auch in Ordnung. ›Ich fühle mich aber wohl und ich habe mich auf den Weg zu mir gemacht. Und ich kann gut mit mir leben.‹ Das können viele Männer und Frauen nicht.«

Das Selbstbestimmungsrecht der Kinder, die Fürsorge und Verantwortlichkeit der Eltern(-teile)/Erziehungsberechtigten werden in dieser Praxis durch die Interaktion ausgehebelt. Die Sorge um das eigene Kind wandelt sich in

---

344 Diese Angst der Erziehungsberechtigten vor sprachlicher Diskriminierung (›Teasing‹, deutsch: Hänselei) wurde zum Argument von Ärzt_innen. Dies dokumentierte Suzanne J. Kessler bereits 1998, wobei sie hervorhob, dass es hierzu und zu den Effekten jener nicht-operierten Personen kein empirisches Material gäbe. Es sei deshalb nicht nachzuvollziehen, warum es keine Programme gegen diese Hänseleien geben würde, sondern das Problem in den Geschlechtern der Babys und Kindern gesehen würde, die dieser Hänselei potenziell ausgesetzt sind (vgl. Kessler 2002 (1998): 34f).

die Hoffnung auf eine schnelle, medizinische, lösungsorientierte Behandlung. Wichtig ist in diesem Zusammenhang der Hinweis der Rechtswissenschaftlerin Konstanze Plett: In diesen Situationen der Entscheidung handelt es sich stets um eine »Dreieckskonstellation«, in der Eltern, Betroffene und behandelnde Mediziner_innen interagieren. Die Eltern sind zwar auch betroffen, aber »auf eine ganz andere Weise als ihre Kinder« (Plett 2012: 2). Innerhalb dieser triadischen Verunsicherung erhalten die Selbstbestimmungsrechte des Kindes keinen Raum. Unter medizinrechtlichen Aspekten wäre es deshalb angezeigt, die Eltern(-teile)/Erziehungsberechtigten von dieser Ausnahmesituation zu befreien und keine Behandlung der Kinder durchzuführen (vgl. ebd.). Die_der Interviewpartner_in Freya Jung bestätigt, dass es bei dieser medizinischen Praxis keinesfalls um ein »Kindeswohl« gehen kann, denn »am Ende bleibt etwas Zerschnittenes, Entschlechtliches, das wahrgenommen wird [und] durch äußeren Anschein, als normal angesehen werden könnte.«

Medizinische Akteur_innen nahmen die körperlichen und psychosozialen Verletzungen ebenso wie die Gefahr eines lebenslangen Leids von intersexuell geborenen Kindern in Kauf. Nach Freya Jungs Erfahrungen arbeiteten viele diagnostisch »stümperhaft«. Einige Ärzt_innen behaupteten, so die_der Befragte weiter, dass die Erziehungsberechtigten die treibende Kraft für die operativen Behandlungen ihrer Kinder seien. Aber diesen Behauptungen misstraute sie_er, denn eine widersinnige Operation würde schließlich auch dann nicht unternommen, wenn die Erziehungsberechtigten noch so sehr drauf bestünden. Stattdessen – so die Meinung der_s Befragten – müssten die Ärzt_innen durchaus von der Richtigkeit ihres Tuns überzeugt sein, wenn sie dementsprechend handelten.

Die Verletzungen, die den Kindern früh zugefügt werden, können das Vertrauensverhältnis zu den Erziehungsberechtigten nachhaltig (zer-)stören. Freya Jung schilderte aus ihren_seinen Erfahrungen, dass Kinder im Erwachsenenalter ihre Eltern und ehemaligen Erziehungsberechtigten durchaus zur Verantwortung ziehen und ihr damaliges Tun oder Unterlassen der Handlungen hinterfragen:

> » ›Mama, was war da eigentlich los? Warum hast du das da eigentlich gemacht? Warum hast du das eigentlich –, warum hast du mich da alleine gelassen?‹ [Die Antwort der Eltern sei dann oft:] ›Was sollten wir denn tun? Wir wussten es doch nicht besser. Und der Arzt wird das schon richtig gemacht haben. Der hat das nur gemacht, um –, der wollte das Beste für dich. Wir alle wollten das Beste für dich.‹«

Einige hilflose Erziehungsberechtigte solidarisierten sich nach Freya Jung nicht nur situativ sondern auch in der Rückschau zum gegenwärtigen Zeitpunkt »eher mit den Tätern (...) als mit den eigenen Kindern«. Dies führe zu starken

Belastungen in der Beziehung zum Kind, denn intersexuell geborenen Kindern und Jugendlichen werde durch diese Entsolidarisierung und fehlende Verantwortung »der Rest an sozialem Umfeld nochmal genommen«. Wieder taucht die Einsamkeit und die Isolation geschlechtlich nonkonformer Personen und die mangelnde Aufklärung oder Thematisierung von Geschlecht jenseits binärer Annahmen auf. Die meisten Erziehungsberechtigten der Befragten ließen ihre geschlechtlich nonkonformen Kinder, als sie jung waren, mit ihren Fragen, Bedürfnissen und Repräsentationswünschen allein. Die mangelnde Parteilichkeit von Erwachsenen für die sexuelle und geschlechtlich selbstbestimmte Entwicklung – so zeigen die Narrationen – führte bei den Betroffenen zu fehlendem Vertrauen in sich und in andere. Diesen Vertrauensverlust erlitt besonders der Großteil jener Befragten, der sich bereits früh Unterstützung vom nahen Umfeld gewünscht hatte und familiäre oder verwandtschaftliche Anerkennung ihrer sexuellen und geschlechtlichen Orientierung Zeit ihres Lebens kaum oder gar nicht erlebt hatte. Die Psychologin Katinka Schweizer stellte in der Anhörung vor dem Deutschen Ethikrat zur Intersexualität heraus: »Es braucht aufgeklärte und starke Eltern, die ihre intersexuellen Kinder lieben und ihre Besonderheiten akzeptieren« (Schweizer 2012: 32).[345] Diese Aussage gilt erweitert für alle Kinder mit geschlechtlicher Nonkonformität. Die Daten zeigen, dass die Erfahrungen mit Eltern und Erziehungsberechtigten überwiegend von Schweigen, Skepsis, Ablehnung oder Ambivalenz gekennzeichnet waren. Die Eltern(-teile) und Erziehungsberechtigten wurden, unabhängig vom aktuellen Verhältnis zu ihren Kindern, zum Thema gemacht, denn sie standen für Erwartungshaltungen, Vertrauensverlust und für eine unerfüllte Sehnsucht nach bedingungsloser Zuneigung, liebevoller Zuwendung, Anerkennung und Respekt. Dies veranschaulicht abschließend die »Birnenbaum«-Sequenz, in der Freya Jung über ein Kunstwerk reflektierte, das in ihrer_seiner Wohnung hing. Mit Blick auf die künstlerisch gestaltete Holzscheibe berichtete sie_er von dem Birnenbaum im Garten ihrer_seiner Eltern. Die folgende Sequenz zeigt, wie nachhaltig und fortlaufend das Verhältnis zu den Eltern sich im Schmerz und in der Frage des Umgangs mit den Eltern heute ausdrücken kann:

> »Da war ich voll, da war ich kurz vor der Explosion. Vor der inneren Explosion und das ist eine Scheibe, eine Baumscheibe, eines Baumes, im Garten meiner Eltern. Es war ein alter Birnenbaum. Und da ist der Blitz eingeschlagen. Und da ist der Baum geborsten. Und dann hat mein Vater, dann habe ich zu meinem Vater

---

345 Seit 2012 existiert das *TransKinderNetz* (Trakine). Internationale Eltern von transsexuellen minderjährigen Kindern schlossen sich in dieser Selbsthilfegruppe zusammen, um mit den familiären Erfahrungen und Widerfahrnissen im Alltag nicht alleine zu sein. Ihr Ziel ist es, den Kindern ein glückliches Leben ohne Stigmatisierungen zu ermöglichen (www.trans-kinder-netz.de, Stand: 29.12.2014).

gesagt: ›Du Papa, das ist so ein wichtiger Baum bei uns, schneide mir da ein paar Scheiben runter, die will ich mal irgendwann bemalen.‹ Dann habe ich die in den Keller gelegt, dann sind die natürlich, da habe ich nicht aufgepasst, habe die nicht feucht gehalten, dann sind die geborsten. In sich. Dann habe ich das raufgeholt. Ich habe mir das so angeguckt. Und habe die mit so einem Band zusammengewickelt. Und unten in den Keller gelegt. (...). Dann habe ich gedacht: Genauso bist du jetzt im Moment. Es ist wie so eine Bombe, die Lunte, die ist sehr natürlich und überhaupt nicht künstlich irgendwie, und irgendwann explodiert es. Und es war ja tatsächlich auch so. Es war drei Jahre vor der Explosion. Aber das ist wie so (...) ein Ereignis, das ganz langsam wächst.«

Die_der Befragte reflektierte ihre_seine psychische Entwicklung und ihre_ seine Nähe zum Elternhaus. Der Birnenbaum ist in der analysierten Sequenz ein Symbol für die Nähe zu den eigenen Eltern. Die »Explosion«, der »Blitz« und das »geborstene« Holz stehen demgegenüber für die Entwicklungsphasen der Distanz. Ihre_seine starke innere Anspannung lag zeitlich vor dem Einschlagen des Blitzes in den elterlichen Birnenbaum. Diese plötzliche Naturgewalt entspricht in der Erzählung der Entladung der jahrelangen hohen inneren Anspannung. Nach dem Blitzeinschlag bat die_der Interviewpartner_in den Vater, den für ihre_seine Familie wichtigen Baum zu zerstückeln und ihr_m ein paar Scheiben des Holzes für die Herstellung eines Kunstwerks zu geben. Die_ der Interviewpartner_in legte das Holz in den Keller und vergaß die Pflege des Materials, sodass es abermals aufplatzte. Der Birnenbaum erfuhr also eine dreifache Zerstückelung: durch den Blitz, durch die Säge des Vaters und dann durch die Vernachlässigung in Freya Jungs Keller. Erst in dem Moment, als die_ der Interviewpartner_in das geborstene Holz betrachtete, bemerkte sie_er, dass ihr_sein psychischer Zustand dem des Holzes ähnlich war, denn »irgendwann explodiert(e)« diese innere Anspannung. Hier verändert sich die Perspektive in der Narration. Waren der Birnenbaum und das zerstückelte Holz zunächst ein Symbol für die sich zerstückelte Nähe zu den Eltern, steht das Holz nun für Befreiung, für etwas, was aus der inneren Anspannung herausführt. Die Loslösung aus der elterlichen Nähe, die Betrachtung dieser Nähe aus der Distanz und die Fähigkeit, diese Beziehung neu zu gestalten, sind Instrumente aus dem psychischen Werkzeugkasten, welche Freya Jung benötigte, um sich befreien zu können. Sie_er beschrieb die Explosion der inneren Anspannung und das Herausbrechen aus dem Tabu der Intersexualität als »ein Ereignis, das langsam wächst«. Und damit war ihre_seine prozesshafte Befreiung das Gegenteil eines Blitzeinschlages oder einer Explosion, die in Sekundenschnelle zerstören können. Es brauchte Zeit, wie das Holz Zeit zum Reifen gebraucht hatte. Damit steht diese figurative Narration für die Intensität und Prozesshaftigkeit der Befreiung von der inneren Anspannung als intersexuell geborene Person und steht gleichzeitig für ein neues, ambiguitätstolerantes Verhältnis in distanzierter Nähe zu den Eltern.

7.1.4 Medizinische Gutachten und die Relevanz der Krankenkassen

Wenn sich eine Transperson für eine geschlechtliche Veränderung des Körpers entschließt und ihre Krankenkasse darüber informiert, fordert diese medizinische Gutachten für die potenzielle Kostenübernahme an.[346] Begutachtet wird die Situation durch den Medizinischen Dienst der Krankenkassen (MDK), der eine Stellungnahme auf der Basis der Aktenansicht und der vorliegenden medizinischen Gutachten verfasst.[347] Das Manual zur Begutachtung des Medizinischen Dienstes ist entlang der Klassifizierungen der WHO in der ICD-10 und der American Psychiatric Association (APA) im *Diagnostic and Statistical Manual of Mental Disorders* (DSM-IV) formuliert.[348] Die medizinischen Gutachten wiederum dienen der diagnostischen Klärung und umfassen beispielsweise eine »somatische Ausschlussdiagnostik«, »die klinisch-psychiatrische Diagnostik und Differenzialdiagnostik«, »ggf. psychiatrische und somatische Begleiterkrankungen und deren Behandlungsstand«, »die aktuelle Lebenssituation« und »das Erreichen der (...) Psychotherapieziele«, wie »innere Stimmigkeit und Konstanz des Identitätsgeschlechts in der individuellen Ausgestaltung«, »Lesbarkeit der gewünschten Geschlechtsrolle (Identitätsgeschlecht)« und eine »realistische Einschätzung der Möglichkeiten und Grenzen der hormonellen/operativen Behandlung« (vgl. Medizinischer Dienst des

---

346 Die Krankenkassen agieren dabei unterschiedlich. Das erschwert die Prozesse der Kostenübernahme, wobei es zugleich individuelle Handlungsspielräume ermöglicht. Eine Krankenkasse kann beispielsweise bereits zu Beginn einer Hormonvergabe über eine Transidentität informiert werden. Ein Teil der Interviewpartner_innen berichtete, dass ihnen die Hormone vor der Mitteilung an die Krankenkassen ohne Widerstände auf Rezept verschrieben wurden. Das bedeutet, dass medizinische Stellungnahmen in den hier beschriebenen Fällen erst dann relevant wurden, als es um die Genehmigung und Finanzierung von beispielsweise Epilationen, Stimmlagen- und Kehlkopfkorrekturen, Mastektomie, Hysterektomie, Penis-/Vaginalkonstruktionen oder Hilfsmittelversorgung ging (vgl. Medizinischer Dienst des Spitzenverbandes Bund der Krankenkassen 2008: 3).

347 Hinweise zur Begutachtung sind von der MDK-Gemeinschaft, dem GKV-Spitzenverband sowie den Bundesverbänden der Krankenkassen erarbeitet worden und haben u.a. zum Ziel, auch »falsch-positive« Diagnosen zu vermeiden und damit den »Schutz des/der Versicherten« zu gewährleisten (Medizinischer Dienst des Spitzenverbandes Bund der Krankenkassen 2008: 6). Betroffene oder (betroffene) Expert_innen sind mit ihren Positionen nicht vertreten, was zu Kritik von Seiten der queer-trans Initiativen führt (z.B. TransInterQueer: www.transinterqueer.org, Stand: 29.12.2014).

348 Die *American Psychiatric Association* (APA) gibt einen statistisch begründeten Diagnoseschlüssel für psychische Erkrankungen heraus. Dieses *Diagnostic and Statistical Manual of Mental Disorders* (DSM) klassifiziert auch die sogenannten Geschlechtsidentitätsstörungen.

Spitzenverbandes Bund der Krankenkassen 2008: 16f; 9). Die Begutachtung durch den Medizinischen Dienst ist für die Kostenübernahme durch die Krankenkassen eine notwendige Voraussetzung.[349] Die Unternehmen der Krankenkassen haben damit einen kommerziellen Einfluss im institutionalisierten medizinisch-juristischen Verfahren.[350] Die Befragten charakterisierten das Verfahren als kompliziert, aufwändig und entmündigend. Die konkrete Praxis der Untersuchungen erlebten sie als Verletzungen der Intimsphäre. Lucky Kankokes Beschreibungen boten einen exemplarischen Einblick, wie er die medizinische Diagnostik erlebte:

>»Also, ich musste mich jetzt nicht ausziehen, aber sie [die Ärztin] hat dann schon abgehört und Blutdruck gemessen und irgendwelche Bewegungsübungen gemacht. Ja, wo man sich denkt: Das können Sie sich eigentlich echt sparen. Das hat nichts mit Trans zu tun. Ich bin ein gesunder Mensch, das kann mir auch ein anderer Arzt bestätigen. Ich werde die Operation überleben. Und ich glaube, es ist einfach, um nur nochmal abzuchecken, wie Trans du wirklich bist, so. Auf einer körperlichen Ebene, was echt eine Grenzüberschreitung ist, [das] ist auch eine Form von Gewalt.«

Für den Interviewpartner waren die Untersuchungen eine Farce, denn seine Gesundheit hätte er sich bevorzugt von einer_m Mediziner_in seines Vertrauens bestätigen lassen können. Für ihn war sie zudem eine weitere Instanz der sozialen Kontrolle, in der abermals überprüft wurde, wie ernst ihm sein Anliegen der Transition war. Dieses als Gewalt und Diskriminierung empfundene medizinische Vorgehen war kein Einzelfall: Die Transfrau Felicitas Meransi kritisierte, dass sie sich »im Hintern rumfriemeln« hatte lassen müssen. Sie prangerte die Analuntersuchung an, die sie in der Praxis der Kostenübernahme-Verfahren durch die Krankenkassen als »Standard« bezeichnete. Hätte sie die Untersuchung verweigert, wäre sie, so ihre Befürchtung, in Konflikte mit der Krankenkasse geraten. Die Anal-Untersuchung erfolgt offiziell, um intersexuelle Varianzen ausschließen zu können, denn der Ausschluss einer Intersexualität im Fall einer zu diagnostizierenden Transsexualität gehört zur Differenzialdiagnose (vgl. Medizinischer Dienst des Spitzenverbandes Bund der Krankenkassen 2008: 8). Aktivist_innenkreise betonen allerdings, dass eine Intersexualität ein Transiti-

---

349 Diese Kostenübernahme des MDK/der Krankenkassen sind unabhängig von den psychologischen Gutachten der Vornamens- und Personenstandsänderung. Doch verweisen MDK/KK oftmals irrtümlich auf einen Zusammenhang dieser Verfahren, der nicht gegeben ist (vgl. www.transmann.de, Stand: 29.12.2014).
350 In einer Erhebung des Deutschen Ethikrats von 2012 gibt ca. ein Fünftel der befragten intersexuell geborenen Personen an, Abrechnungs- und Bewilligungsprobleme mit der Krankenversicherung zu haben. Besonders problematisch war ganz konkret die geschlechterbinäre Ansprache der Krankenkassen. Insgesamt wurden 42 Personen befragt (vgl. Bora 2012: 21).

onsverfahren nach dem TSG gar nicht ausschließt.[351] Mit Nachdruck kritisierte auch der Transmann Lee Parker die Notwendigkeit, seinen Körper für diverse Beweiserhebungen im Transitionsverfahren zur Verfügung zu stellen:

>»Ich habe eine Chromosomanalyse, ich habe ein gynäkologisches Gutachten, dass bei mir alles körperlich fit ist (...). Das finde ich eh, das musste ich auch in der Uniklinik machen, in Unterwäsche irgendwelche sinnfreien Untersuchungen machen. Man muss die Nase anfassen mit geschlossenen Augen und irgendwie rückwärtslaufen – nur so ein Quatsch.«

Der Interviewpartner rückte chromosomale Tests, Sichtbarkeit der Genitalien und die Überprüfung des Hormonhaushalts als Verfahren zur geschlechtlichen Diagnostik in den Mittelpunkt. Die medizinischen Anforderungen belasteten und ärgerten ihn, und er distanzierte sich davon. Alle Interviewpartner_innen, die sich einer solchen Untersuchung unterziehen mussten, erlebten sie als eine Form der Diskriminierung. Die Körper, das Bewusstsein über den Körper und die geschlechtliche Orientierung wurden fremd-klassifiziert und bürokratischen Verfahrensweisen, zweigeschlechtlichem Fachwissen und technischen Mess- und Verfahrensweisen untergeordnet. Die Messwerte orientierten sich dabei an einer Normalverteilung in einem augenblicklichen soziokulturellen und technischen Verständnis von Zweigeschlechtlichkeit.[352] Die Würde und das Selbstbestimmungsrecht der befragten Personen wurden durch die Praxis der Medizinischen Dienste der Krankenkassen und der ausführenden Mediziner_innen in diesen Verfahren eingeschränkt.

7.1.5 Heteronormatives Kontrollieren und Normalisieren

Stigmatisierungen und Ausgrenzungen beruhen, so zeigte sich empirisch, auch auf der Pathologisierung geschlechtlicher Variabilität. Effekte der differenzie-

---

351 vgl. Positionspapier des TransMann zum TSG, (Transmann 1999): Der Verein für Transgender Personen schreibt beispielsweise: »Der Ausschluss der Diagnose GIS bei Vorliegen einer Intersexualität (wie im ICD-10 und im DSM-IV) ist unter Experten nach wie vor umstritten«, (http://www.transx.at/Pub/PsychoDifferentialdiagnostik. php, Stand: 29.12.2014). In den veralteten deutschen *Standards of Care* von 1997 heißt es bereits: »Diese Kriterien entsprechen weitestgehend jenen, die in den international gebräuchlichen Klassifikationssystemen der Krankheiten (DSM-IV ICD-10) genannt werden. Im Unterschied zu diesen Klassifikationssystemen wird jedoch ein intersexuelles Syndrom nicht zwingend als Ausschlusskriterium betrachtet. Allerdings sollte in derartigen Fällen geprüft werden, ob anstelle des Transsexuellengesetzes die Regelung des § 47 Personenstandsgesetz (›Irrtümliche Geschlechtsfeststellung zum Zeitpunkt der Geburt‹) anzuwenden ist« (Becker et al. 1997).
352 Zur Veränderung von Geschlecht(-smessungen) entlang der zeitgenössischen, technischen Erkenntnisse vgl. z.B. Hirschauer 1993: 25-29, ebd. 321-352; Foucault 1998 (1978): 7-11; Voß 2010: 237-311, ebd. 2011: 122-164; Klöppel 2010: 299-301. Zur methodischen Problematik biologischer Theorien: vgl. Fausto-Sterling 1988 (1985).

renden, automatisierten und fiktiven Pathologisierung waren widerfahrene Entmündigung, Objektivierung und Normalisierung der Interviewpartner_innen im medizinischen und im alltäglichen Kontext. Pathologisierungen als soziale Kontrolle in und jenseits gesundheitspolitischer Instanzen bargen in den Augen der Befragten: (1) die Gefahr der psychischen Destabilisierung, (2) die gefährliche Nähe zur stigmatisierenden ›Verrücktheit‹, (3) das Risiko der Internalisierung der Abwertungs- und Absonderungsprozesse, und (4) die unmittelbare Gefahr der körperlichen und psychischen Schädigung. Positiv vermerkt wurde die Kostenübernahme der Behandlungen von Transpersonen durch die Krankenkassen, wenngleich das Verfahren selbst Anlass für fundierte Kritik bot. Die heteronormativen Akteur_innen dieses Kontrollprozesses waren medizinische und psychologische Fachkräfte, sowie Angestellte von Krankenkassen. Sie sind verantwortlich, die Richtlinien aus der ICD-10 oder dem DSM-IV sowie gängige medizinische Wissensstände und Handlungsoptionen in die Praxis umzusetzen.

Der Exkurs zu den Erziehungsberechtigten ergänzte die Sicht auf die Gesundheitsinstanzen, weil viele Interviewpartner_innen die notwendige elterliche Unterstützung in Kindheit und Adoleszenz vermisst hatten. Gerade in den Interaktionen mit Gesundheitspersonal sind Eltern(-teile)/Erziehungsberechtigte nur selten als Anwält_innen für ihre Kinder wahrgenommen worden, obwohl genau das aus der Sicht der Befragten ihre wichtigste Aufgabe gewesen wäre.

Geschlechtliche Nonkonformität unterliegt der gesundheitspolitischen Stigmatisierung und Entmündigung. Heteronormatives Kontrollieren und Normalisieren sorgt für die Markierung der Abweichung im normativen System der reproduktiven Zweigeschlechtlichkeit. Dies zeigt seinen menschenverachtenden Ausdruck exemplarisch in den medizinischen Begutachtungen, in den chirurgisch-plastischen Eingriffen, wie in der Sterilisation und in den Gonadektomien intersexuell geborener Menschen. Diese Normalisierungsmechanismen haben zwei verdeckte Wirkungsweisen: (1) sie bieten die Möglichkeit und/oder sie organisieren den Zwang, das eigene Geschlecht zu vereindeutigen und (2) sie regulieren und verhindern die Nachkommenschaft von Trans- und intersexuell geborenen Personen. Oder anders formuliert: Die Ergebnisse zeigen, dass die Norm der binären Zweigeschlechtlichkeit als eindeutiger Körper und die heterosexuelle Fruchtbarkeit für diese Gesellschaft mehr wiegt als die persönliche Entscheidungsfreiheit, sich geschlechtlich und sexuell selbstbestimmt entwickeln zu können.

7.2 »Weil man könnte ja Terrorist sein« – Das Verhältnis zur Justiz

Neben den Gesundheitsinstanzen spielt die Justiz für jene Interviewpartner_innen, die sich mit gesetzlichen Rahmenbedingungen des Transsexuellengesetzes (TSG) auseinandersetzen mussten, eine zentrale Rolle. Dieses Unterkapitel handelt von den diskriminierenden Widerfahrnissen und der Kritik an der rechtlichen Umsetzungspraxis des Transsexuellen- und des Personenstandsgesetz, von den Erfahrungen und Bewertungen der psychologischen Praxis der Begutachtung, die eine Voraussetzung für die Vornamens- und Personenstandsänderung darstellen und von konkreten Begegnungen mit Richter_innen vor Gericht. Daran anknüpfend erläutere ich die Bedeutung von Vernetzung und beleuchte das Phänomen des reaktiven, performativen Sprechens im Trans-Narrativ. Abschließend werden jene Stimmen ausgewertet, die eine bürokratische Vereinfachung und eine bislang vermisste Ambiguitätstoleranz innerhalb der rechtlichen Verfahren fordern.

7.2.1 Kritik an der rechtlichen Kontrolle

Das Transsexuellengesetz (TSG) wurde von fast allen Interviewpartner_innen kritisiert.[353] Es verletze Menschenrechte, und einige machten darauf aufmerksam, dass dieses Gesetz schon mehrmals vom Bundesverfassungsgericht gerügt worden sei. Verschiedene Bundesverfassungsgerichtsurteile haben in der Tat seit der Verabschiedung des Gesetzes dazu geführt, dass es zu einschneidenden Veränderungen kam: So wurde beispielsweise die Altersbeschränkung, die zu Beginn bei 25 Jahren lag, aufgehoben (BVerfG 60, 123 1982) und das Recht auf Vornamen und eine entsprechende Ansprache anerkannt (BVerfG 2 BvR 1833/95 1996). Außerdem wurde 2011 die »Vornahme (chirurgischer) Angleichungsmaßnahmen« und auch die Fortpflanzungsunfähigkeitsklausel aufgehoben (BVerfG BvR 128, 109 2011; vgl. Adamietz 2012: 17ff). Als besonders diskriminierend empfanden die Interviewpartner_innen, dass Aktivist_innen und Stimmen von geschlechtlich nonkonformen Personen aus Interessens- und Selbsthilfegruppen bei der Erstellung der gesetzlichen Maßnahmen und Regelungen nie einbezogen wurden. Die individuellen Auswirkungen der Gesetze wurden im Sprechen über sie zum Maßstab der Bewertung. Für den Transmann Lee Parker hatte das Personenstandsgesetz beispielsweise

---

353 Einzig der Transmann Manuel Rosenberg wertete positiv, dass sein Transitionsverfahren (medizinisch und juristisch) in den Nullerjahren dieses Jahrtausends im Vergleich zur Praxis der achtziger Jahre schneller durchgeführt wurde. Sein bester Freund hatte damals zehn Jahre warten müssen, bis seine Transition beendet war. Seine eigene Transition dauerte nur dreieinhalb Jahre. Weitere positive Stimmen zum Ablauf des Verfahrens waren im Datenmaterial nicht vorhanden.

keine Bedeutung, wohingegen er das TSG wegen der Unfruchtbarkeitsklausel (bis 2011) für den weitreichenden Verlust seiner Selbstbestimmung verantwortlich machte:

> »(...) ich brauche eine Personenstandsänderung nicht. Also ich persönlich nicht, ich habe gerade nicht vor zu heiraten. Für andere Personen kann das dann schon wieder wichtiger sein. Ja, und dafür musst du halt in Deutschland unfruchtbar sein. Sonst könntest du ja als Mann schwanger werden, das wäre ganz furchtbar.«[354]

Hier zeigt sich die enge und unmittelbare Verflechtung von Medizin und Justiz, die sich bis zum Januar 2011 besonders in der gesetzlich vorgeschriebenen Fortpflanzungunfähigkeit der transitionierenden Personen zeigte. Der Interviewpartner kämpfte zum Zeitpunkt des Interviews (2010) mit seinem Arzt und Gutachter bezüglich der damals noch geltenden gesetzlich verankerten Norm der Infertilisation. Sein ironischer Einwand, der Männlichkeit mit potenzieller Schwangerschaft verbindet, beinhaltet eine Kritik am Kern des heteronormativen Verständnisses von monogamen, heterosexuellen Paarbeziehungen in Justiz und Medizin. Der Interviewpartner wehrte sich konkret gegen diese heteronormative Auflage des Gesetzgebers:

> »Einer meiner Gutachter will mir jetzt auch aufquatschen, dass ich meine Eierstöcke entfernen lasse. Weil das ja wichtig sei, warum auch immer. Also, er ist der Meinung irgendwie, ich brauche die ja eh nicht und ich glaube, für ihn gehört das zum Transsein dazu, dass man dann auch alles will. Da bin ich auf jeden Fall gerade noch am Kämpfen.«

Der ärztliche Akteur wurde hier als treibende Kraft der juristisch verordneten Unfruchtbarkeit Transsexueller dargestellt. Er versuchte den Interviewpartner davon zu überzeugen, sich sterilisieren zu lassen. Lee Parkers Nicht-Entsprechen-Wollen wird so zu einem »Kampf«, in dem er um Anerkennung seiner gewählten sexuellen und geschlechtlichen Selbstkonstituierung streiten muss. Der Transmann Lucky Kankoke wertete die verordnete Unfruchtbarkeit eindeutig als

> »Menschenrechtsverletzung per se: Dass du unfruchtbar sein musst, ist eine Euthanasie einer ganz bestimmten Bevölkerungsgruppe, finde ich: ›Sie dürfen sich nicht fortpflanzen. Lebensunwertes Leben ist das‹.«

Michel Foucault analysiert die Sexualität jener Subjekte, deren Absicht nicht auf Zeugung gerichtet ist, als Anormalität, die sich »weder [auf] Heimat noch [auf] Gesetz« berufen kann (Foucault 1997 (1977): 12). Diese Anormalitä-

---

354 Dieses Interview wurde 2010 geführt. Für diese Studie ist bedeutsam, dass 16 der 18 Einzelinterviews vor dem Bundesverfassungsgerichtsurteil im Januar 2011 stattfanden, in dem der Zwang zur Fortpflanzungsunfähigkeit aufgehoben worden ist (BVerfG BvR 128, 109 (2011).

ten werden »gleichzeitig gejagt, verleugnet und zum Schweigen gebracht« (ebd.). Dieser Gedanke ist auf die verordnete Infertilisation im Falle der Antragstellung einer Personenstandsänderung von transsexuellen Personen zu übertragen. Denn die jahrzehntealte Praxis im TSG führte zu einer Reihe von legalisierten Kastrationen und Sterilisationen, um nicht zuletzt die Existenz geschlechtlich nonkonformer Personen in ihrer Uneindeutigkeit einzugrenzen. Lucky Kankoke knüpfte in seiner oben zitierten Aussage an das nationalsozialistische Euthanasie-Programm an: Geschlechtlich nonkonforme Personen seien vor diesem Hintergrund rechtlich gesehen »lebensunwertes Leben«. Damit spielte er begrifflich auf die Euthanasie im NS-Staat an, in dem systematische Massentötungen und Zwangssterilisationen im Rahmen der ›Aktion T4‹, der ›Aktion Brandt‹ und der Kindereuthanasie durchgeführt wurden (Aly et al. 1985; 1987). Es handelte sich dabei um flächendeckende Zwangsinfertilisation und die gezielte Ermordung jener Personen, die sozial als »lebensunwertes Leben« konstruiert wurden (Benz et al. 2001 (1997); Obermann-Jeschke 2008).[355] Lucky Kankoke zog eine Parallele zwischen der nationalsozialistischen Euthanasie und der Gesetzgebung zur Transsexualität (bis Anfang 2011). Auch die_der Interviewpartner_in Tamma Katz stellte das TSG und das PStG als »Sondergesetze« infrage. Mit dem gewählten Ausdruck baute sie_er ebenfalls eine Nähe zu nationalsozialistischen »Sondergesetzen« – wie z.B. den »Nürnberger Rassengesetzen« – im Nationalsozialismus auf, welche die völlige Entrechtung der jüdischen Deutschen, der Roma und Sinti und anderer Ethnien zum Ziel hatten. Im Interview stolperte Tamma Katz über ihre_seine Wortwahl, entschied sich aber dann, bei der Bezeichnung zu bleiben, um letztendlich die Abschaffung des TSG als ein diskriminierendes »Sondergesetz« zu befürworten. Die exemplarischen Vergleiche kennzeichnen das Empfinden der Interviewpartner_innen bezüglich der bestehenden Gesetze: Sie fühlten sich gesellschaftlich, sozial und rechtlich ausgeschlossen und ihnen wurde gesetzlich bis 2011 die Wahl zwischen nur Vornamensänderung mit Fortpflanzungsoption oder komplette Personenstandsänderung ohne Fortpflanzungsoption gelassen. Mit Blick auf die bis 2011 andauernde Sterilisations-/Kastrationspraxis ist festzuhalten, dass geschlechtliche Nonkonformität bis zu diesem Zeitpunkt einem heteronormativen Fruchtbarkeitsdogma

---

355 Als psychisch krank geltende Personen wurden systematisch umgebracht, medizinisch notwendige Hilfeleistungen für psychisch Erkrankte wurden systematisch unterlassen, es fanden Zwangssterilisationen, Folter, Menschenexperimente und Tötungen statt. Viele wurden durch Verhungern und Verdursten getötet. In der sogenannten ›Aktion T4‹ sollte das Erbgut des deutschen Volkes durch Leben vernichtende Maßnahmen möglichst »rein« gehalten werden. Durch diese Logik sollte die Tötung an psychisch Kranken legitimiert werden. Im Nationalsozialismus wurden ca. 100.000 Menschen allein in deutschen Psychiatrien ermordet (vgl. Obermann-Jeschke 2008: 102-107)

unterlag, in dem die Fortpflanzung vorrangig den Personen mit Komplementärgeschlecht und heterosexueller Orientierung vorbehalten war.[356]

Neben den Verweisen auf Menschenrechtsverletzungen, auf die Stigmatisierung Transsexueller nicht zuletzt durch Zwangsinfertilität und das Gefühl der institutionalisierten Ausgrenzung, wiesen einige Interviewpartner_innen ergänzend darauf hin, dass das gesamte Transitionsverfahren ihnen schon im Verlauf und im Nachhinein oft undurchsichtig erschien. Auch im Erzählen waren sie sich beispielsweise ob der Anzahl der Gutachten unsicher, sie verwechselten die Namen der Fachkräfte, die Orte und Fachrichtungen, und es hatte den Anschein, als wollten oder konnten sich einige an den konkreten Ablauf der Transition nicht mehr erinnern. Dieses Nicht-Erinnern konnte sich sowohl aus der Komplexität des Verfahrens als auch aus der Verdrängung der positiven, negativen und widersprüchlichen Erfahrungen speisen. Die Kritik der Befragten lautete, dass die Verfahren der Normierungsinstanzen keiner einheitlichen Regelung unterlagen, sodass jeder Transitionsweg zu einem sehr persönlichen, intimen, individuellen Lebens- und oft auch Leidensweg werden konnte.

Allerdings bot die mangelnde Standardisierung auch Spielräume. So erleichterte der Austausch über solidarische, fachlich kompetente Ärzt_innen und Anwält_innen sowie über kooperierende Krankenkassen bzw. Filialen der Krankenkassen den individuellen Transitionsweg und den individuellen Kontakt mit den Gesundheitsinstanzen. Möglichkeiten zur Selbstermächtigung waren angesichts der Gesetze, der Vorurteile und der konkreten Interaktionen mit heteronormativen Funktionsträger_innen eine entscheidende Voraussetzung, um handlungsfähig zu bleiben bzw. zu werden. Solidarische Erfahrungen widersprechen nicht der Notwendigkeit der Vereinfachung der Transitionsverfahren, deren Absicht es sein müsste, Selbstermächtigung und Selbstgestaltung nicht mehr zu behindern. Insgesamt wurden im Datenmaterial sowohl das TSG als auch das PStG als Menschenrechtsverletzungen und als stigmatisierende Anachronismen kritisiert. TSG und PStG trugen in der Wahrnehmung der Befragten dazu bei, die alltäglichen Verletzungen und Dis-

---

356 Eine Besonderheit bildete von jeher die Elternschaft lesbischer Paare. Ihnen war oft die Möglichkeit gegeben, Kinder zu bekommen. Eine künstliche Befruchtung hingegen ist aktuell vorrangig heterosexuellen Paaren gestattet, finanziert wird sie sogar bei zahlreichen Krankenkassen nur bei verheirateten, heterosexuellen Paaren. Dies führt dazu, dass eine lesbische Mutterschaft bislang auf offiziellem Wege in Deutschland nur mit einem freiwilligen Samenspender im privaten Kontext möglich ist. Rechtlich möglich ist seit dem Lebenspartnerschaftsgesetz, dass das Kind der Partnerin adoptiert werden kann. Andere Formen lesbischer und schwuler Elternschaft sind in Deutschland bislang nicht möglich, allerdings ist ein erstes mediales Interesse hinsichtlich schwuler Väter (jenseits der Stiefkind-Adoption) zu verzeichnen. Diese Cis-Männer haben ihre Kinder außerhalb Deutschlands von einer Leihmutter austragen lassen (Schmitz 2013).

kriminierungen gegen geschlechtlich nonkonforme Personen zu legitimieren. Sie wurden als komplexe, rechtliche Gebilde wahrgenommen, die unmittelbar an den medizinischen Diskurs anknüpften und die persönliche Selbstbestimmung einschränkten. Auffallend war, dass es im empirischen Material keine kritischen Diskussionen um andere gesetzliche Regelungen gab, die über diese beiden Gesetze hinausgingen.

7.2.2 Zur Beurteilung psychologischer Gutachten

Für eine Entscheidungsfindung des Gerichts bei einem Antrag zur Vornamens- bzw. zur Personenstandsänderung müssen zwei vom Gericht beauftragte psychologische Gutachten vorgelegt werden. In diesen Gutachten sollen nach § 1 TSG folgende Aspekte gewährleistet werden: (1) die Bescheinigung der Glaubhaftigkeit der Antragsteller_innen, (2) die Bestätigung, dass die Person bereits drei Jahre in ihrem Wunschgeschlecht gelebt hat, (3) die Unveränderbarkeit des gegengeschlechtlichen Zugehörigkeitsgefühls sowie (4) die Beurteilung ohne medizinische Aussagen und ohne Absprache mit einer_m zweiten Gutachter_in.[357] Bestätigen die psychologischen Gutachten und schließlich die_der Richter_in den Zwang der_s Antragstellenden, so bewilligt das Gericht den Antrag. Die psychologischen Gutachten und die Entscheidung vor Gericht spielten für die betroffenen Interviewpartner_innen bezüglich der rechtlichen Anerkennung eine ähnlich herausragende Rolle wie die Begutachtung durch den Medizinischen Dienst der Krankenkassen. Die Befragten kritisierten insbesondere drei Aspekte der Praxis psychologischer Gutachter_innen: (1) die fehlende Fachkompetenz, (2) die mangelnde Qualität der Gutachten und (3) die finanziellen Kosten, die für sie entstanden. Die Transfrau Cornelia Ionesc erhielt zunächst ein erstes, befürwortendes Gutachten von einer »Pflichttherapeutin«, die sie als »super Frau« mit »etwas weiterem Horizont« erlebt hatte, während sie beim zweiten Gutachter weniger Glück hatte:

> »[Dort wurde] ich einfach erst mal stundenlang interviewt (...) von dem Assistenzarzt. (...). Und dann soll man halt warten, während er dem Professor im Büro dann alles erklärt. Weil einem ja der Professor das Gutachten schreiben muss und nicht er. Und man hört dann halt mit, wie die beiden sich im Büro über einen unterhalten – er da draußen. So nach dem Motto: ›Er da draußen glaubt, er ist eine Frau und glauben wir ihm das oder nicht?‹ Das fand ich schon hart, das war eigentlich heftiger als das Anspucken [von dem sie zuvor berichtet hatte], weil von den beiden Personen hätte ich mehr erwartet.«

Die Interviewpartnerin wird mit Respektlosigkeit konfrontiert, denn sie wird zur ohnmächtigen Zeugin des Gesprächs zwischen Assistenz- und Oberarzt, in

---

357 Zur Kritik: vgl. Deutsche Gesellschaft für Transidentität und Intersexualität (dgti) (2008).

dem ihre Glaubwürdigkeit als transsexuelle Patientin bewertet wird. Vermutlich fühlten sich die männlichen Fachkräfte der Patientin in doppelter Hinsicht überlegen: in Bezug auf ihre eindeutige Männlichkeit und in Bezug auf ihre medizinische Fachkompetenz.[358] Die diagnostische Einschätzung unterscheidet >echte< von >unechter< Transsexualität, was konkret die Befürwortung bzw. die Ablehnung der Transition nach sich ziehen kann. In der Tendenz waren Gutachten aus der Sicht der Befragten immer eine Glaubensfrage. Ob ihnen allerdings >geglaubt< wurde, entzog sich dem Handlungsspektrum der Befragten, sodass der Ausgang unabhängig von ihren Gefühlen und ihrer Entschlossenheit für sie nicht unmittelbar zu beeinflussen war. Die Fachkräfte reduzierten aus der Sicht der Befragten die Bewertung auf die Einschätzung der Authentizität des geschlechtlichen Transitionsvorhabens.

Obwohl die Dominanz und Handlungsmacht in diesen Begegnungen eindeutig auf Seiten der Psycholog_innen und Psychiater_innen lag, tauchte im Interview eine selbstermächtigende und selbstbewusste andere Form der Glaubensfrage auf, die von den Interviewpartner_innen ausging. Sie waren sich unsicher, ob sie überhaupt die Kompetenz der Expert_innen anerkennen sollten? Viele zweifelten an den fachlichen und sozialen Fähigkeiten der zuständigen Expert_innen. Die Befragten hatten bestenfalls ein ambivalentes Verhältnis gegenüber den Fachkräften, was zu einem sich wechselseitig verstärkenden Prozess des Misstrauens werden konnte.[359] Lee Parker war beispielsweise wegen seines ersten Treffens mit dem Psychiater verärgert; den er aufgrund seines guten Rufs ausgewählt hatte:

> »Nein, eigentlich generell erzähle ich Leuten nach zehn Minuten nicht irgendwas davon, was für sexuelle Phantasien ich habe, wenn ich Sex habe oder mich selbst befriedige und ob ich das überhaupt tue oder sonst irgendwas. Ich fand auch nicht, dass das irgendwas mit dem Thema zu tun hat. Aber das sind auch so seine Hauptfragen bei dem Gutachten, was ich voll daneben finde.«

---

358 Die Teilnahme an der vorliegenden Studie war für die Befragten möglicherweise eine Chance, zum ersten Mal Missstände in der psychologischen Begutachtung offen anzusprechen. In den Situationen selbst waren sie vom Urteil der Psychologen abhängig, sodass sie (und andere Befragte) das Verhalten in der Situation nicht kritisieren konnten.

359 Hirschauer konstatiert im Verhältnis von Glaubwürdigkeit und Zweifel einen Transsexualität konstituierenden Aspekt: indem der Zweifel durch die Medizin oder Psychiatrie dazu führt, dass sich die_der Antragsteller_in entschlossener und noch eindeutiger zeigt, kommt es zu einer gegenseitigen Bestätigung geschlechtlicher Vorstellungen. Beide Seiten nähern sich dadurch stetig an. Diese Entschlossenheit der Antragstellenden würde schlussendlich als »Geschlechtsidentität« und schließlich als »Reifung eines Entschlusses« oder als »Zulassen« einer neuen Transsexualität verstanden (vgl. Hirschauer 1993: 332ff).

Der Psychiater interessierte sich ohne Umwege für die gelebte und fantasierte Sexualität des Interviewpartners, was dieser »total übergriffig« fand. Er sah keinen Zusammenhang zwischen seinem sexuellen Begehren und seiner geschlechtlichen Orientierung. Die Psychopathologisierung in Verbindung mit nonkonformem Geschlecht und Sexualität tritt hier unvermittelt zu Tage.[360] Jede Form der sexuellen und geschlechtlichen Selbstbestimmung wurde durch die Notwendigkeit der psychologischen Gutachten und den Zwangszugeständnissen in den Begegnungen unterhöhlt. Die Willkür der Gutachter_innen und das Sprechen über Intimsphären begünstigte eine situative Verletzungsoffenheit.

Außerdem wurde die fehlende Qualität der Gutachten kritisiert: Felicitas Meransis Gutachten war orthografisch auffallend fehlerhaft und wesentliche biografische Bezüge waren aus ihrem selbstverfassten Lebenslauf falsch abgeschrieben worden. So wurde beispielsweise aus einem Freund, der für ihr Trans-Coming-Out von Bedeutung war, in dem Gutachten eine Freundin. Dies führte dazu, dass die Interviewpartnerin zwei gerichtliche Gutachten hatte, die sich inhaltlich in wesentlichen Punkten unterschieden. Doch die Empörung der Befragten ging noch weiter: Das Erstellen von Gutachten war in ihren Augen »leicht verdientes Geld« und sie bedauerte, nicht selbst Psychologin geworden zu sein, um von dieser Methode des Geldverdienens ebenfalls zu profitieren. Die Voraussetzungen für diesen Job waren ihrer Meinung nach übersichtlich: »Man braucht eigentlich nur eine Sekretärin und muss eine Unterschrift druntersetzen können. Und kriegt dann 1.000 € oder so.« Hier klingt an, dass der finanzielle Aufwand für die betroffenen Personen beträchtlich war und dass sich die Kosten in ihren Augen weder in der Qualität noch in einem psychologisch therapeutischen und beratenden Nutzen bezahlt gemacht hatten. Die Vorstellung einer hohen Gewinnspanne auf Seiten der Medizin und der Psychologie wurde mehrmals problematisiert. Es sei mittlerweile ein »Markt« oder eine »Lobby« entstanden, in der einige wenige ein »Monopol« hätten. Eine Transfrau vermutete, dass diese Personen unmittelbar an den Gesetzesentwürfen mitarbeiten würden, denn sie hätten sicherlich kein eigenes Interesse daran, die »Einnahmequelle« abzukappen. Und auch ein Tansmann sah im psychologischen Gutachter_innenwesen eine »Geldmachmaschine«:

> »Ich habe am Anfang [die Psychologin] gefragt: ›Wie viele Termine?‹ (...) – ›Sagen wir, mehr als drei oder vier brauchen wir nicht.‹ Sage ich: Okay, ich halte Sie beim Wort, weil ich muss die alle selber bezahlen. (...) So viel zu Begutachterstandards, weil du ja schon vor der Begutachtung weißt, wie viele Termine du brauchst, oder so. Und dann hatte ich mit einer eigentlich meine drei Termine

---

360 vgl. 6.2 »Bist du ein Mann oder eine Frau?« – Das Kontinuum der Demütigungen

gehabt und dann ruft die mich an und sagt: ›Ja (...) haben Sie Zeit, nochmal zu kommen, ich habe mir überlegt, da hätte ich noch ein paar Fragen.‹ – Ach, ich dachte, die hätten wir beim letzten Mal beantwortet? – ›Nee, neee, mir ist morgen jemand ausgefallen, ich hätte dann nochmal ein paar Fragen.‹ Ich so: Alles klar, ich komme morgen. Ich will mein Gutachten nicht gefährden, kein Problem. Sie können Ihre drei oder vier Fragen noch stellen.«

Die Therapeutin forderte entgegen der Absprache einen weiteren (kostenpflichtigen) Sitzungstermin ein. Der Interviewpartner folgte der Aufforderung trotz des zusätzlichen finanziellen Aufwands, weil er Sorge hatte, dass die Therapeutin ihm sonst ein negatives Gutachten für sein Transitionsverfahren ausstellen würde. Dies veranschaulicht exemplarisch, dass die Begegnungen nicht von Vertrauen oder (psychologischem) Erkenntnisgewinn für die Interviewpartner_innen geprägt waren, sondern aus Sicht der Befragten den profitorientierten Charakter eines monetären Ablasshandels trugen.[361] Die Mischung aus finanziellen Interessen der Expert_innen, der Abhängigkeit der Befragten von befürwortenden Gutachten und ihr Wunsch nach bestmöglichen Operationsergebnissen wirkte sich auf die Antragstellenden psychisch (und finanziell) belastend aus: Sie unterlagen der Beliebigkeit und den verschiedenen Graden der Professionalität der Gutachter_innen und Mediziner_innen, weshalb sie dem Fachpersonal gegenüber oft eine misstrauische Grundhaltung einnahmen. Dabei wünschten sie sich im Transitionsverfahren stets nur eine faire und bezahlbare Behandlung, um bestmögliche Ergebnisse zu erhalten. Sie fühlten sich oft verletzt und selbst dann, wenn sie einen Service erwarteten, für den sie schließlich bezahlt hatten, begegnete man ihnen wenig klient_innenfreundlich.[362] Im Transitionsverfahren fühlten sich viele der Befragten dem Handeln der Expert_innen ohnmächtig ausgeliefert. Die Angst, von Expert_innen Hindernisse in den Weg der Transition gelegt zu bekommen, war sehr groß.

Geschlechtlich nonkonformen Personen wurde im Transitionsprozess außerdem vorgeworfen, dass ihre Transidentität einem Eigenverschulden gleichkomme. Mit diesem Vorwurf stigmatisiert, verwirke nach Lucky Kankoke jede betroffene geschlechtlich nonkonforme Person den Anspruch auf ein entsprechendes Qualitätsniveau der Behandlung. Der Tenor sei dann: »Selber schuld, du bist doch Trans, du wolltest es doch so.« In diesem Zusammenhang kri-

---

361 Eine Transfrau schilderte ein Beispiel von konkretem Missbrauch durch die Abhängigkeit vom medizinischen Fachpersonal. Ein berühmter Arzt – so gab sie Auskunft – lasse sich eine »Orgasmusgarantie« mit 2.000 € extra bezahlen. Ebenso lukrativ wirkte sich für den Arzt eine spezielle, plastisch-chirurgische Operation der inneren Schamlippen aus, die er sich extra bezahlen lasse.

362 Hierin liegt natürlich ebenso die gegenteilige Chance, dass die Gutachter_innen, gerade weil die Antragstellenden selbst zahlen und damit auch Kund_innen sind, tendenziell positive Gutachten verfassen.

tisierte er mit Blick auf die psychische Gesundheit der Antragstellenden die psychologischen und medizinischen Gutachter_innen-Standards als Gesamtpaket. Die andauernde »Begutachtung« von verschiedenen Instanzen in Medizin und Justiz führe dazu, dass viele ihre Persönlichkeit selbst infrage stellen würden:

> »Bei diesen Begutachtungsstandards finde ich es sehr interessant, dass irgendwie Transsexuelle oder Transgenderleute, die diesen Weg wählen, ihren Charakter komplett verlieren oder aufgeben müssen zumindest für eine Zeit, weil ständig über sie verhandelt wird und über sie gesprochen wird. Und sie werden bewertet von außen, von Mediziner_innen als Instanz, um ihnen die Diagnose zu stellen, und dann aber auch nochmal vom Gericht, um ihnen wirklich offiziell den Stempel drauf zu geben: ›Ja, du darfst deinen Vornamen ändern‹.«

Die Betroffenen nahmen während der Begutachtungen die Einschränkung oder den Verlust ihrer Persönlichkeit in Kauf, weil sie sich in einen lange andauernden Entmündigungsprozess begeben (haben). Es fand ein ›Sprechen über sie‹ statt, das einem ›Sprechen mit ihnen‹ gegenüberstand. Ihre Persönlichkeit wurde stets unter dem Gesichtspunkt der Pathologisierung verhandelt. Das Sprechen über die Befragten verhinderte die Anerkennung und Wahrnehmung der subjektiven Bedürfnisse. Deshalb wurden die Betroffenen entlang einer heteronormativen Folie, in die Idee der Transsexualität als Geschlechterwechsel integriert, von zahlreichen Fachkräften klassifiziert und in ihrer geschlechtlichen Glaubwürdigkeit bewertet.

7.2.3 Begegnungen vor Gericht

Eine besondere Bedeutung kam dem persönlichen Aufeinandertreffen mit den Richter_innen zu, denn nicht selten bereitete die bevorstehende Begegnung mit einer_m Richter_in den befragten Transpersonen große Sorgen. Dies war der Ort der Entscheidung eines jeden Transitionsprozesses, der sich zumeist über Monate, oft über Jahre, erstreckt hatte. Nicht selten wurde eine positive Entscheidung des Antrags auf Vornamensänderung und/oder Personenstandsänderung mit großer Erleichterung gefeiert und führte zum Lösen einer jahrelangen inneren Anspannung. Da aber die zuständigen Richter_innen den Antragstellenden zumeist unbekannt waren, versuchten die meisten Befragten, sich mit einem möglichst eindeutigen Passing auf die Begegnung einzustellen, um die_den Richter_in optisch, im Verhalten und als Gesamteindruck von ihrer_seiner geschlechtlichen Orientierung zu überzeugen. Dabei bestimmten drei Gefühle das Erleben vor Gericht: (1) die Angst vor der Begegnung, (2) die Zufriedenheit mit paternalistischen Richter_innen und (3) die konfuse Verunsicherung bezüglich der Zuständigkeiten und Handlungsoptionen der Justiz.

Exemplarisch für die Angst vor der Begegnung und die aufeinander verweisende Wahrnehmung von Medizin und Justiz steht die folgende Passage. Darin berichtete die Transfrau SonyaBen Ferner, wie sie bereits seit einiger Zeit Verhaltensweisen trainierte, um vor Gericht eindeutig als Frau zu ›passen‹. Für ihre Begegnung mit der_m Richter_in wolle sie sich gezielt effimisieren, um mit ihrer geschlechtlichen Repräsentation zu überzeugen:

> »Ich habe die Vornamensänderung, die habe ich vor ein paar Wochen beantragt und nächste Woche habe ich den Gerichtstermin deswegen. Das dauert dann noch ein paar Monate. Diese Woche sind jetzt zehn Wochen die Hormone [eingenommen]. Ich werde nächste Woche anfangen, vor allem für die Richter und die Gutachter und so, dass ich ein bisschen weiblicher rumlaufe, dann endlich mal die Rasur, dann Nassrasur, mache. Ich habe immer Angst gehabt, weil meine ganzen Bewegungen waren so unsicher, dass ich immer Angst hatte, dass das dann danebenging.«

Die Passage handelt von der strategischen und internalisierten Selbstdisziplinierung der Interviewpartnerin.[363] Sie veranschaulicht zugleich die Unsicherheit und Furcht, vor der_m zuständigen Richter_in, nicht als Frau anerkannt zu werden. Die Interviewpartnerin kombinierte die medizinischen und rechtlichen Verfahren miteinander, weil sie beide nicht als differenzierte Verfahren wahrnahm. Sie sorgte sich um ihre geschlechtliche Repräsentation vor Gericht, da sie erst seit wenigen Wochen Hormone einnahm. Medizinische und juristische Verfahren verwiesen also nicht nur rechtlich aufeinander, sondern sie interagierten auf der Ebene der individuellen Erfahrungen und Sorgen der Betroffenen. Die Verfahren in Medizin und Justiz bildeten strukturell und individuell erfahrbar ein interdependentes, komplexes und entmündigendes Kontrollsystem geschlechtlicher Nonkonformität, an welchem neben der Vielzahl an (zu überzeugenden) Expert_innen aus Medizin, Justiz, Psychologie und Krankenkassen auch die Befragten selbst beteiligt waren.

---

363 In der Behandlung ist die geschlechtliche Selbstkonstituierung ein wesentlicher Bestandteil der sozialen Konstruktion von Transsexualität. Stefan Hirschauer wies nach, dass der Eigensinn der Transsexuellen seinen Ursprung nicht in den eigenen Bedürfnissen hatte, sondern bereits vor der Aufnahme der Behandlung die Medizin ihren Einfluss auf die geschlechtliche Produktion der Personen ausübt (vgl. Hirschauer 1993: 328ff). Damals aber galt die Durchführung der genitalplastischen Operationen als Beweis für die »Echtheit einer Geschlechtszugehörigkeit« (ebd.). Die Operation galt als die »Entrichtung eines Normalisierungtributs«, andere nonkonforme Geschlechter wurden als Alternativen abgewertet (ebd.). In vielerlei Hinsicht hat sich deshalb aktuell das Verfahren selbst im Rahmen des TSG vervielfältigt und verläuft, wie die empirischen Aussagen hier belegen, weit weniger stringent. Für Hirschauer gab es für geschlechtlich nonkonforme Personen damals nur die Alternativen von »stillen Lösungen« und »subkulturellen Lebensstilen« (vgl. ebd.: 343).

Die Begegnungen vor Gericht wurden von den widersprüchlichen und paternalistischen Verhaltensweisen der Richter_innen bestimmt. Der Antrag einer Befragten wurde beispielsweise in einem informellen Rahmen mit dem zuständigen Richter bearbeitet, wo »eigentlich alles super [war], also vor Gericht«. Sie war erleichtert, dass ihr Antrag bewilligt wurde. Dennoch musste der Antragsbewilligung – so zitierte sie den Richter – eine Prüfung durch die Behörde für Innere Sicherheit folgen.

> »Der [Richter] macht einen – der weist einen noch mal darauf hin, dass die Unterlagen erst mal an die Behörde für Innere Sicherheit gehen, weil man könnte ja Terrorist sein und die ganze Prozedur nur deshalb machen, weil man da was auf dem Kerbholz hat. Das wird nochmal abgeklopft. Der war halt nett. Der wollte wissen, wie ich mit meinem Sohn klarkomme, ob das Outing alles gut funktioniert hat, wie ich finanziell dastehe usw. Das war eher eine väterliche Geschichte.«

Die Überführung der Unterlagen an die Behörde für Innere Sicherheit entsprach dem Misstrauen der Befragten, die wiederum von einem staatlichen Misstrauen gegenüber geschlechtlicher Nonkonformität ausging. Sie ironisierte die Aussage des Richters mit den Worten »man könnte ja Terrorist sein«. Trotz dieser Anordnung wirkte ihr Verhältnis zum Richter in dieser Retrospektive entspannt. Er hatte sie mit persönlichen Fragen und privaten Themen adressiert und fragte beispielsweise, ob ihr Coming-out gegenüber ihrem Sohn reibungslos verlaufen sei. Der Befragten gefiel die fürsorgliche und paternalistische Annäherung, die sich für sie nicht diskriminierend anfühlte. Obwohl sie intime Fragen zu beantworten hatte und die prüfende Behörde für Innere Sicherheit einen Vorbehalt darstellte, der an eine anachronistisch anmutende Kriminalisierung von geschlechtlich nonkonformen Personen erinnerte, war die Erinnerung der Befragten an diese Begegnung positiv.

Paternalismus vor Gericht paarte sich in mehreren Narrationen mit Erfahrungen einer unvermittelt erwirkten Nähe durch die Richtenden. Felicitas Meransi fand es allerdings befremdlich, dass sie sich mit dem Richter zum Einstieg über thailändische Operationen für Transsexuelle unterhalten musste. Der Richter versuchte sich vermutlich in vertrauensbildender Gesprächsführung, indem er sein Fachwissen anführte und erst im Anschluss Ausschnitte aus Felicitas Meransis Intimsphäre erfragte. Die Interviewpartnerin stellte resigniert fest, dass sie es im Zuge der Transition gewohnt sei, »mit wildfremden Leuten [über intime Themen] zu reden«, sodass die Anhörung mit dem Richter sie zwar irritiert hatte, aber für sie qua Gewöhnung nicht diskriminierend und verletzend wirkte.

Vorrangig reagierten die Befragten, die Gerichtstermine wahrgenommen hatten, erleichtert, wenn die Begegnungen vor Gericht endlich als (vorläufigen) Schlusspunkt der jahrelangen, geschlechtlichen Transition hinter ihnen lagen. Vor diesem Hintergrund wirkten die Richter_innen auf die Interview-partner_innen interessiert, sorgend, paternalistisch und nur geringfügig grenz-überschreitend, obwohl sie Entscheidungsgewalt besaßen und die Hierarchien im Verfahren von keiner_m Befragten jemals angezweifelt wurden. Für die Be-troffenen stand vor Gericht abermals alles auf dem Spiel, was sich nicht zuletzt in ihrer Angst vor den Terminen und ihren Anpassungsleistungen ausdrückte, denn ihre Vornamensänderung, ggf. ihre Personenstandsänderung und min-destens eine Beurteilung ihrer (geschlechtlichen) Glaubwürdigkeit oblag in diesem Moment nur noch der_m Richtenden.

7.2.4 Exkurs: Strategisches Informieren, Vernetzen und Sprechen

Die soziale Konstruktion der Transsexualität entsteht nach Hirschauer aus dem Interagieren von Expert_innenwissen, von ärztlichen und psychologi-schen Begutachtungen, Selbsterklärungen und medizinischen Behandlungen (Hirschauer 1993).[364] Verschiedene Strategien tauchten aus der Sicht der Be-fragten im Umgang mit dem Gutachter_innenwesen, mit den Mediziner_in-nen und den Richter_innen auf. Allen voran nutzten sie das Aneignen von medizinischem und rechtlichem Fachwissen, partizipierten in solidarischen Selbsthilfenetzwerken und wussten um die strategische Verwendung des Trans-Narrativs. Eine Vielzahl der Interviewpartner_innen erweiterte demzufolge ei-gene Kenntnisse, passte ihr Verhalten und/oder ihre biografischen Inhalte im Trans-Narrativ strategisch den Anforderungen im Verfahren an, um möglichst wenig Probleme mit der Vornamens- und Personenstandsänderung zu haben. So besaßen viele der Befragten ausgeprägte Kenntnisse über aktuelle Opera-tions- und Behandlungsmethoden und über heteronormativ erwünschte Ar-gumentationslinien. Das heißt, den Mediziner_innen, Richter_innen und Psycholog_innen saß eine oft bestens informierte Klientel gegenüber. Einige Interviewpartner_innen verfügten nach Selbsteinschätzung über ein deutlich aktuelleres medizinisches und rechtliches Wissen als die Expert_innen, de-nen sie sich mit ihrem Anliegen anvertrauen sollten. Felicitas Meransi hatte sich beispielsweise ihre Gutachter_innen nach den Praxiserfahrungen anderer

---

364 Nach Stefan Hirschauer wirkt sich insbesondere das Behandlungsprogramm auf Transsexuelle so aus, dass die Diagnostik, die therapeutische Behandlung und der rich-terliche Beschluss so lange miteinander wirken, bis das transsexuelle Geschlecht sozial produziert wurde: »Das Behandlungsprogramm konstituiert einen Verifikationszusam-menhang. In diesem wird das Geschlecht einer Person so lange überprüft, bis es hervorge-bracht wurde. Und die Transsexualität dieser Person wird so lange beurteilt, bis sie in einer neuen Geschlechtszugehörigkeit verschwindet: Geschlechtswechsler, die sich noch in den eigenen vier Wänden verstecken und sich nicht dem Sichtbarmachen durch das Behand-lungsprogramm unterzogen haben, existieren sozial kaum als Transsexuelle« (Hirschauer 1993: 324f).

Transpersonen ausgewählt, was allerdings keine erhöhte Fachkompetenz mit sich brachte, denn sie urteilte, dass deren Wissensstand mindestens um »zehn Jahre veraltet« war. Von hoher Bedeutung war das Wissen um das normative Trans-Narrativ. Demgemäß ist eine Trans-/transsexuelle Person nach der Transition heterosexuell und begehrt das Komplementärgeschlecht. Transsexuelle gelten in dieser Logik als ›Geschlechterwechsler‹ und sie verweisen auf eine geschlechtlich geschlossene Identität (als Mann oder als Frau), die sich durch biografische Kontinuität auszeichnet. Die_der Antragstellende zeigt sich in diesem Narrativ entschlossen und unbeirrbar. Sie_er verweist am besten darauf, dass sie_er schon seit der Kindheit oder Jugend überzeugt war, dass das angestrebte Geschlecht seiner eigentlichen Identität entsprach.[365] Die empirischen Erfahrungen zeigen, dass es sich auch aktuell noch günstig auswirkt, wenn diese Logik gegenüber Ärzt_innen und Psycholog_innen nicht unterbrochen wird. Damit wird das Trans-Narrativ zu einer aktiven Reaktion der Befragten auf den veralteten Wissensstand der Expert_innen, denn dieser ist eine Folge früher Ideen und Auseinandersetzungen um ›wahre‹ Transsexualität nach Harry Benjamin (1966).[366] Die Konstruktion der ›wahren‹ Transsexualität beinhaltet demzufolge die Ablehnung der eigenen Genitalien, frühe Infragestellung der geschlechtlichen Zugehörigkeit zum Geburtsgeschlecht und heterosexuelles Begehren (vgl. Benjamin 1966: 25-28; Sharpe 2010: 90). Dieses Erklärungsmuster ist eine Möglichkeit, den medizinisch-juristischen Normierungsinstanzen gezielt eine geschlechtliche Wahrheit und Eindeutigkeit zur Transsexualität zu liefern. Die Kenntnis sowie das strategische Einsetzen dieses Wissens stellten eine wirksame und einfache Handlungspraxis der Befragten dar, um als Antragsteller_in den anachronistischen, fachlichen Erwartungen der Expert_innen zu entsprechen. Strategisches Wissen nutzte insbesondere dann, wenn die eigene Geschlechtlichkeit von vereindeutigenden Vorstellungen abwich: Die meisten Interviewpartner_innen berichteten davon, dass sie vor der Transition kein eindeutiges Geschlecht besaßen und nicht vorhatten, in ein anderes, eindeutiges Geschlecht nach der Transition zu wechseln.[367] Ge-

---

365 Zur *Figur der geschlechtlichen Kontinuität*: vgl. 3.2.1 Geschlecht als dichotome Normvorgabe.

366 Der Sexualwissenschaftler und Endokrinologe Harry Benjamin unterschied 1966 verschiedene Typen der Transvestiten und Transsexuellen, wobei jeweils die dritte Stufe der geschlechtlichen Orientierung als ›wirklich‹ bzw. als ›wahr‹ gekennzeichnet wurde. Es sind jene Transvestiten bzw. Transsexuellen, die in seiner Skala als »Type III true TV [Transvestiten]« und »Typ VI TS [Transsexuelle], High intensity« auftauchen (Benjamin 1966: 22, vgl. ebd.: 21-24).

367 Strategisches Handeln mit Wissen setzt den Zugang zu Bildungsressourcen und ein hohes Selbstbewusstsein voraus, womit hier naheliegt, dass die in diesem Kontext zitierten Interviewpartner_innen überwiegend aus sogenannten bildungsnahen Herkunftsfamilien

schlecht, das war für sie ein prozesshaftes Sein und Werden.[368] Den Betroffenen waren die alltäglichen Geschlechterspielregeln in dem Maße bewusst, dass sie diese – gleich Werkzeugen aus einem Werkzeugkasten – in der Begegnung gezielt einsetzen konnten. Das sogenannte Trans-Narrativ war ein Erzählstrang, in welchem die medizinisch und juristisch vorgegebene Klarheit eines Geschlechterwechsels im Verfahren rezitiert wurde. Dabei wurden durchaus ganze Biografien neu erfunden oder für die Situation neu interpretiert.

Um das eigene Transitionsverfahren nicht zu gefährden, wählten die Befragten ihre Gutachter_innen oft selbst aus. Der Austausch von Erfahrungen in Unterstützungsnetzwerken führte dazu, dass sie meistens transsensible Fachkräfte kontaktieren konnten. Dies verringerte die Gefahr, dass sie unfreiwillig an eine Instanz gerieten, die sich auf das Trans-Narrativ berief. Einem Transmann war es beispielsweise im Vorhinein wichtig, seine Trans-Persönlichkeit nicht temporär – auch nicht im Kontakt mit den offiziellen Gutachter_innen – in eine transsexuelle Selbstkonstituierung durch ein Trans-Narrativ einzutauschen:

»Also, wo man [den Gutachter_innen] nicht sagen muss: Und ich möchte auch einen Penisaufbau, sondern dann sagen kann, dass man sich tatsächlich als Transgender versteht, weil ich wollte nicht lügen müssen in meinem Gutachten und so wie viele es einfach machen, weil es einfacher ist, ist ja klar. Sie erzählen dann dieses Trans-Narrativ und dann ist gut. Ich wollte dazu halt nicht beitragen.«

Der Interviewpartner weigerte sich, eine normative Transsexualität herzustellen. Für ihn kam dieses Verhalten einer Lüge gleich, weil seine geschlechtliche Wahrheit eine andere war. Wer sich nicht dem Trans-Narrativ beugte, riskierte allerdings Probleme im Verfahren nach dem TSG, das schließlich nicht für Transgender-Personen, sondern für Transsexuelle eingeführt worden ist.[369] Außerdem berichteten einzelne Interviewpartner_innen von homosexuellenfeindlichen Ressentiments, denn einige Gutachter_innen lehnten es ab, mit ihrem Gutachten dazu beizutragen, Lesben und Schwule zu konstituieren, indem sie der geschlechtlichen Transition zustimmten. Transpersonen sind in deren Vorstellung normativer Transsexualität zumindest ›nach‹ der Transition nie homosexuell. Eine Transfrau machte beispielsweise ihrem Gutachter

---

stammen. Gender und Klasse finden hier in ihrer Interdependenz ihren Ausschlag im Umgang mit Medizin, Justiz und Psychologie.

368 vgl. 3.2 Geschlecht aus Sicht der Interviewpartner_innen

369 Die Gutachten wurden, so betonte der Interviewpartner, im wissenschaftlichen Bereich evaluiert und erforscht. Lucky Kankoke unterstrich, dass die Materialien dieser Studien auf »Zwangsbegutachtung« basierten, was zu keinen validen Ergebnissen führen könne. Es blieb in der Recherche allerdings leider unklar, auf welche Studien sich der Interviewpartner bezog.

gegenüber aus ihrer sexuellen Vorliebe für Frauen kein Geheimnis. Im schriftlichen Gutachten wurde postwendend ihre Homosexualität kritisch erwähnt, wobei der Gutachter den Antrag dennoch befürwortete. Die Interviewpartnerin erfuhr erst im Nachhinein, dass andere Betroffene ihre Homosexualität oder Vorliebe für ein gleiches oder ähnliches Geschlecht nicht erwähnt hatten, um die Logik ihrer biografischen Inhalte im Sinne des Trans-Narrativs, nicht zu gefährden.

In Bezug auf die Praxis der medizinischen und juristischen Verfahren legten die meisten Interviewpartner_innen eine Haltung des Aushaltens an den Tag. Es kam zur verstärkten Aneignung von Fachwissen und zur Verwendung subversiver Konformitätslügen in Bezug auf Heterosexualität und Geschlecht. Die Interviewpartner_innen selbst wurden im Verfahren als individuelle Persönlichkeit kaum gehört. Sie fühlten sich häufig ohnmächtig, da ihre Stimme zwar abgefragt wurde, aber kein Gewicht erhielt. Dieses Erleben bezogen sie besonders auf die Eins-zu-Eins-Begegnungen mit jenen psychologischen und psychiatrischen Fachkräften, die sie nicht selbst ausgewählt hatten.

7.2.5 Entlastung durch bürokratische Vereinfachungen und Ambiguitätstoleranz

Insgesamt stellten die Auseinandersetzung mit den Gesetzen und der Kontakt mit juristischen Expert_innen Stressfaktoren für Transpersonen dar. So erklärt sich das politische Anliegen, dass die Vornamensänderung eine unbürokratische Behördenangelegenheit beim Standesamt werden soll, um das Verfahren zu vereinfachen. Weitere Forderungen lauteten: der Wegfall der Zwangs-Unfruchtbarkeit bzw. die Entschädigungszahlungen für die Infertilität nach der Gesetzesänderung, ein neues oder gar kein TSG mehr, der Verzicht auf das Gutachter_innenwesen, die freie Ärzt_innenwahl, und die Möglichkeit zur unbürokratischen Transition über ein ärztliches Attest, zumindest solange die medizinische Diagnose Transsexualität existiert. Mindestens aber müssten die Kosten für Atteste und Gutachter_innen reduziert bzw. aufgehoben werden. Die Abschaffung des TSG, so gaben einige Befragte zu bedenken, sollte erst dann erfolgen, wenn die offenen Fragen bezüglich der Finanzierbarkeit von Behandlungen und Operationen geklärt worden seien. Mit Blick auf das Personenstandsgesetz formulierte ein Interviewpartner das politische Anliegen knapp und deutlich: »Die Personenstandsänderung, das ist das, was sowieso weg gehört.«[370]

---

370 Dies deckt sich mit Reformforderungen von Aktivist_innen bezüglich des TSGs (vgl. Bundesweiter Arbeitskreis TSG-Reform 2012).

Entbürokratisierung der Transitionsverfahren ist ein erster Schritt, um im Sinne der psychischen Gesundheit der Transpersonen die bisherigen Prozesse der Entmündigung, der Abhängigkeit von Expert_innen und der potenziellen Demütigung und Diskriminierung zu reduzieren. Die Aussagen der Befragten waren von individueller Sehnsucht und politischen Forderungen nach einem sozial anerkannten Status geprägt. Dabei hatten die individuellen Erfahrungen mit der Justiz und die verschiedenen Widerfahrnisse stets unmittelbare Auswirkungen auf die Selbstnormierungsprozesse der Befragten, die sich den Standards und Erwartungen der Expert_innen vielfach anpassten, um dem heteronormativen Druck überhaupt standhalten zu können. Deshalb könnte eine flächendeckende anerkennende, professionelle Haltung in Justiz und Medizin in Bezug auf geschlechtlich nonkonforme Personen antidiskriminierend wirken. Diese hätte eine Abkehr von der normativen Vorstellung einer Trans-Persönlichkeit, von der Zurückweisung der Heteronormativität im psychologischen und juristischen Verfahren und die Entwicklung einer professionellen Ambiguitätstoleranz zum Inhalt. Letztere würde es ermöglichen, dass sich, solange juristische und medizinische Verfahren notwendig erscheinen, jede Person vor Gericht oder in der Begutachtung geschlechtlich widersprüchlich und verschieden repräsentieren könnte.

7.3 Zwischenergebnis V: Spuren eugenischer Gewalt

Eugenik ist die Anwendung der wissenschaftlichen Lehre der Genetik (Erbanlagen) auf die Belange der Gesundheits- und Bevölkerungspolitik.

> »Die Eugenik entwickelt sich als ein medizinisch-politisches Projekt, das eine staatliche Verwaltung des Heiratens und der Geburten beinhaltet, um die Fortpflanzung zu optimieren. Dabei setzt die Optimierung als Bezugspunkt ein System von Norm und Abweichung voraus« (Obermann-Jeschke 2008: 42).

Eugenische Gewalt wird in der deutschen Geschichte zumeist in dem Zusammenhang mit Gewalt im Nationalsozialismus genannt. Jene Anknüpfungspunkte an eugenische Gewalt, von der in dieser Studie die Rede ist, sind in der Art und Weise, im Bezug zur Staatlichkeit und im Ausmaß der Menschenrechtsverletzungen sowie in der Anzahl der Betroffenen von der Eugenik im nationalsozialistischen Staat jedoch grundsätzlich verschieden. Kennzeichen der aktuellen Transformationen der Eugenik sind nach Dorothee Obermann-Jeschke: (1) die Bezüge zur Evolutionstheorie und zur Genetik, (2) die Akzeptanz der genetischen Grundlagen und Erkenntnisse und (3) die Verknüpfung von individuellen Selbsttechniken mit staatlichen Normierungspraxen (vgl. ebd.: 217ff).

»Auf diese Weise ist es möglich, dass heute über eine reproduktive Selbstauslese und über ein prophylaktisches Selbstmanagement genetischer Risiken eine Normalisierung der Gesellschaft erreicht wird, die als staatlich eugenisches Programm wahrscheinlich nicht akzeptiert werden würde« (Obermann-Jeschke 2008: 229).

Individuen müssen selbst tätig werden, Erfolg und Misserfolg, Zugehörigkeit und Ausschluss werden zum Gut oder Makel der Einzelnen, in der jede_r für ihren_seinen Erfolg, für Akzeptanz und für das eigene Subjekt verantwortlich gemacht wird. Die Normalisierung ist längst nicht mehr Teil einer staatlichen Verordnung, sondern wird zur individuellen Verantwortung, deren Ziel eine Selbstoptimierung im Sinne von Gesundheit, gesellschaftlicher Teilhabe und Arbeitskraft darstellt. Hiervon zeugt auch die längst überfällig gewesene Abschaffung des Infertilitätsdogmas im TSG, das bis zum Januar 2011 Bestand hatte.

Die Befragten erfuhren als Transpersonen in der Transition und im Zuge von medizinischen Behandlungen als intersexuell geborene Personen, dass ihre geschlechtliche und sexuelle Selbstkonstituierung eingeschränkt oder verunmöglicht wurde.[371] Das individualisierte Ver-Andertwerden qua genetischem, biologischem, medizinischem Befund und/oder juristischer Entscheidung wurde stets von Ansprüchen und Erwartungen hegemonialer Heteronormativität begleitet. So konnten aktuelle Formen eugenischer Gewalt entstehen, in der *Selbsttechnologien* und medizinisch-psychiatrische Normierungsangebote Hand in Hand gehen. Die subjektiv verletzenden Anpassungsleistungen (der *Selbsttechnologien*) als Gewalt und Autoaggression zu verstehen, bedeutet, sie als eine Facette von Genderbashing anzuerkennen. Im Sinne der ›Biomacht‹[372] nach Foucault zeigt sich hier die Wirkmächtigkeit der regulierenden Normali-

---

371 Eugenische Gewalt mit dem Ziel, das geschlechtliche Erbgut prä- oder postnatal zu beeinflussen ist denkbar, aber ist nicht im Material aufgetaucht. Medizinische Praxen der pränatalen Eugenik werden z.B. im Verfahren der In-Vitro-Fertilisation und Pränataldiagnostik angewandt, allerdings sind embryonale Experimente mit menschlichen Zellen bislang in Deutschland verboten.

372 Zur ›Biomacht‹: Michel Foucault interessierte sich für die Art und Weise, in der Machtprozesse durch, in und auf das Leben von Gruppen und Bevölkerungen wirken. In *Der Wille zum Wissen* entwickelt Foucault hierfür die Biomacht, die sich als Macht »Leben zu machen oder in den Tod zu stoßen« zeigt, was eine Umdrehung der alten Macht, »sterben zu machen oder leben zu lassen« bedeutet (Foucault 1997 (1977): 165). Mit anderen Worten ist die Biomacht ein Machttyp, der sich auf die Regulierung individualisierter Subjekte und Körper spezialisiert hat. Während auf der einen Seite der Mensch als Dressurobjekt in Schule, Armee oder Fabrik in wirtschaftliche Produktionsprozesse eingebunden und geformt wird, wird er auf der anderen Seite durch eine Machttechnologie kontrolliert und reguliert, die sich institutionell organisiert auf die Bevölkerung und die Biologie bezieht (vgl. Foucault 1997 (1977): 166f; Lemke 1997: 330). Die Biomacht als Konzept verweist somit auf ein Machtgefüge, das sich in Foucaults Konzeptionen der juridischen Macht, der Disziplinarmacht und der Gouvernementalität einreiht (vgl. Gehring 2008: 230f).

sierung, die sich längst nicht mehr nur repressiv und autoritär zeigt. Entlang der Entscheidung der Voraussetzungen zum Leben erreicht sie jede_n Einzelne_n, um somit eine demografische Gesamtheit zu regulieren, denn sie ist in der Lage, »Leben zu machen und sterben zu lassen« (Foucault 1992: 28). Die Spuren der eugenischen Gewalt in Medizin und Justiz verstehe ich damit als einen konstitutiven Teil jener das Leben regulierenden Biomacht, die unmittelbar an (weiblichen) Fruchtbarkeits- und heteronormativen Fortpflanzungsideologien ansetzt, ohne dass sie dabei auf staatliche Verordnungen zurückgeführt werden müssen. Im Gegenteil, eindeutige Infertilitätsdogmen werden – so ist auch für die Zukunft anzunehmen – nach und nach verschwinden.

Eugenische Gewalt zeigte sich empirisch dort, wo nicht das Wohlergehen und die Freiwilligkeit der Patient_innen und Antragstellenden im Mittelpunkt der Behandlung oder des Verfahrens standen. Es zeigte sich dort, wo Erbgut zählte, wo Fortpflanzung reguliert wurde, wo der Körper heterosexuell normiert wurde und wo die Kontrolle der (genitalen) Organe, des Hormonhaushalts und der heteronormativen Sexualität im Vordergrund standen. Eugenische Gewalt spiegelte sich außerdem in den Selbstoptimierungsabsichten der Befragten wider. Dies war beispielsweise dann der Fall, wenn die Befragten wissentlich einer Kastration oder Sterilisation zustimmten, die der Motivation einer internalisierten Aneignung heteronormativer Selbstverständlichkeiten entsprang oder aus der Unterordnung unter gesetzliche Vorgaben erfolgte.

Die Akteur_innen in Medizin, Justiz und Psychologie handelten – so lässt das Material vermuten – im Sinne der geschlechtlichen Konformität, weil sie an heteronormative Selbstverständlichkeiten glaubten, weil ihnen interdisziplinäres Fachwissen fehlte oder weil sie mit geringer Empathie ausgestattet waren. Damit wuchs die Gefahr, dass sich die Verletzungsoffenheit der Patient_innen in diesen Begegnungen potenzieren konnte. Jede Bewertung, jede Untersuchung durch eine_n Expert_in stellte für die Befragten einen konstitutiven Baustein in dem Set der eigenen geschlechtlichen Orientierung dar und zwang einzelne zur Abkehr von der eigenen Selbstkonstituierung. Gleichsam lauerte in jeder Begegnung die Gefahr für Diskriminierung und Gewalt. Mit anderen Worten: Heteronormativität zeigte sich in den medizinisch-juristischen Verfahren als ein facettenreiches und durchaus offenes Zwangssystem: Es bestand die Möglichkeit, Respekt zu erfahren und es bestand die Möglichkeit, von institutionalisierten Diskriminierungs- und Gewaltwiderfahrnissen betroffen zu werden. Die eugenische Komponente der Gewalt wohnte dem erwünschten Transitionsverfahren und der medizinischen Behandlungen von Transsexualität und Intersexualität einem Damoklesschwert gleich inne.

8. Von der (Un-)Möglichkeit des Happy Ends

In den vorangegangenen Kapiteln wurden zunächst die Auswirkungen geschlechternonkonform-feindlicher Diskriminierung und Gewalt auf die Selbstkonstituierungsprozesse[373] und schließlich die Erfahrungen mit Diskriminierungs- und Gewaltwiderfahrnissen dargestellt und analysiert[374]. Dieses Kapitel schließt die empirische Untersuchung ab, indem jene Ergebnisse aus der Analyse präsentiert werden, die das Potenzial haben, den gesamten Untersuchungsgegenstand neu zu rahmen. Thema dieses Kapitels sind zwei auffallende und wiederkehrende Formen der Narrationen: die Wiedergabe dramatischer Ereignisse, die Dritte erlebt hatten und in denen die_der erzählende Interviewpartner_in keine aktive Rolle gespielt hatte (8.1) und die Berichte über positive Entwicklungen und anerkennende Situationen (8.2). Die zugrundeliegende Frage lautet, ob die Befragten mit Blick auf geschlechternonkonform-feindliche Diskriminierung und Gewalt tendenziell eine gegenwärtige Möglichkeit (Hoffnung, Reduzierung der Gewalt) oder Unmöglichkeit (Resignation, Verschärfung der Gewalt) zum Happy End sehen. Die Analyse verweist auf einen ambivalenten Spannungsbogen im Sprechen über Diskriminierung und Gewalt, der die Selbstkonstituierungsprozesse und die Diskriminierungs- und Gewaltwiderfahrnisse neu rahmt (8.3).

8.1 »… und haben versucht, ihre Silikon-Brüste zu zertreten.« – Narrative Angsträume

Zahlreiche Interviewpartner_innen führten Gewalterzählungen Dritter an, die mindestens eine dramatisierende Komponente beinhalteten. So stellte sich mir die Frage, inwiefern diesen Narrationen bedeutsame Hinweise und kollektive Botschaften für den Forschungsgegenstand innewohnten. Sie knüpften dabei an Erfahrungen von Dritten an, sodass die erzählende Person nicht für den logischen Verlauf der Geschichte verantwortlich gemacht werden kann. Einige Facetten der Gewalterzählungen entsprachen biografischen Wendepunkten der Befragten. Oder sie standen den eigenen Erfahrungen kontrastierend gegenüber. Dabei funktionierten sie stets anekdotenhaft, das heißt, sie zeigten symbolisch die massive Bedrohung, die allerorts für geschlechtlich nonkonforme Personen existiert. Zwei Narrationen mit Erfahrungen von Dritten

---

373 vgl. 3. Die Sicht der Interviewpartner_innen auf Geschlecht, Gewalt und Widerstand; 4 Materialisierung der Dethematisierung als Einschreibungen in das Selbst
374 vgl. Kapitel 5 bis einschließlich 7 dieser Studie

werden exemplarisch fokussiert: (1) Die Absicht des Zertretens von Silikon-Brüsten, (2) eine verbalisierte Befürwortung der gezielten Tötungsabsicht geschlechtlich nonkonformer Personen.[375] Die erste Narration handelt vom Hass auf nonkonforme Weiblichkeiten und dem Versuch der Vernichtung des vermeintlich Künstlichen und wurde von einer Interviewpartnerin als eine Nacherzählung einer Passage aus einem Internet-Forum angekündigt: Eine transsexuelle Protagonistin wurde auf dem Weg zum Transsexuellen-Stammtisch von Jugendlichen bedroht. Sie solle nicht wieder als Frau »verkleidet« in ihrer Nähe erscheinen, denn sonst würden sie sie beim nächsten Aufeinandertreffen verprügeln. Einen Monat später kam es zur nächsten Begegnung:

> »Und sie ist halt nächsten Monat wieder als Frau, natürlich schon, weil sie ja jetzt schon nach der OP ist, zum Stammtisch gegangen. Und dann haben die [Jugendlichen] sie sich vorgenommen und haben sie halt zusammengetreten und haben versucht, ihre Silikon-Brüste zu zertreten. Und hätte die zum Beispiel diesen Brustaufbau, diese Implantate nicht unter dem Muskel gehabt, (...) dann hätten sie das vielleicht auch geschafft. Und ich weiß es auch von einer Freundin, die (...) auf einer Party war. Die mit ihrer Freundin morgens nach Hause gegangen ist und die wurde da zusammengetreten. So, das war jetzt eine Biofrau. Einfach nur dadurch, dass es zwei Frauen sind, die Hand in Hand nach Hause gehen. Bei ihr hat man auch versucht, die Brüste zu zertreten. Dass also, wenn dir so was passiert und du hast Implantate drin und die halten das nicht, dann –, ich möchte nicht wissen, wie man dann aussieht. Wenn dann doch das Silikon freigesetzt wird. Also, man hört immer wieder von schlimmen Fällen, ich weiß aber nicht, was sich dazu addiert an Sagengeschichten.«

Neben der Nicht-Beteiligung der Interviewpartnerin fällt der hohe physische Verletzungsgrad, der Schmerz, das Ausgeliefertsein der Opfer sowie die Bosartigkeit, Brutalität und der Vernichtungswille der Angreifenden ins Auge. Dabei handelten beide Gewalttaten, die von der Stammtisch-Besucherin und die von der Freundin der Interviewpartnerin, von der (versuchten) Zerstörung der Brüste einer Frau. Brüste als Bestandteil von Weiblichkeit und weiblicher Schönheitsideale ziehen einen Großteil ihrer sexuellen Aussagekraft aus einer androzentrischen Weltsicht und kulturellen Interpretation, in der sie in dieser Gesellschaft zu sexualisierten Symbolen heteronormativen Begehrens gemacht werden. Sie werden mit Fruchtbarkeit, Weiblichkeit, Sexualität, sexuellem Begehren, mütterlicher Versorgung und Fürsorge assoziiert. Das heißt, nicht nur die Zerstörung des Gewebes und körperliche Schädigung der Opfer, sondern auch die Kenntnis um die verschiedenen Bedeutungsebenen

---

375 Inwiefern diese Inhalte in konkreten Ereignissen verifizierbar sind, ist nicht von vorrangigem Interesse, weil sie in der Absicht analysiert werden, welche Funktionen sie für den Untersuchungsgegenstand besitzen.

der Brüste machen aus den zitierten Gewaltereignissen besonders schockierende Erzählungen.

Beide Gewalttaten können als Versuch gedeutet werden, Weiblichkeit, Sexualität und Fruchtbarkeit der angegriffenen Person zu vernichten. Der Hass, die Intensität dieser Situation und die Vernichtungsabsichten der Täter treten offen zutage. Die Narration schockiert bereits durch die Brutalität der Absicht der Gewalttat, obwohl es in den dargestellten Situationen nicht zum realen Zertreten der Brüste kam. Außerdem werden im Erzählen Silikon- und Cis-Frau-Brüste auf den ersten Blick nicht unterschieden, obwohl die längeren Ausführungen über das Zertreten der Silikon-Brüste den Zuhörer_innen eine konkretere Vorstellung vermittelt als dass sie die Vorstellung von der beschädigten Brust einer Cis-Frau darstellt. Somit sind in der Erzählung multiple Bedeutungsebenen bezüglich des Gewaltgeschehens und der Sicht der Interviewpartnerin zu finden: (1) Es existieren sehr ausgeprägte Gewaltformen, aber (2) die Erzählerin ist kein Opfer dieser zerstörerischen Gewalt, denn davon sind andere transsexuelle und lesbische Frauen betroffen und (3) die Brüste werden zum Angriffsziel gemacht, unabhängig davon ob sie aus Silikon geformt sind oder nicht und dies trägt dazu bei, dass alle Frauen verwundbar werden. Zunächst einmal gelingt es der Interviewpartnerin, eine Distanz zu den Erzählungen aufzubauen, was insbesondere durch den abschließenden Verweis auf die potenzielle Unglaubwürdigkeit (»Sagengeschichten«) vorangetrieben wird. Die Interviewpassage endet also mit der für die Erzählende und für die Zuhörer_innen erleichternden Vermutung, dass das alles möglicherweise gar nicht wahr sein könnte. Nichtsdestotrotz bleibt durch die Wiedergabe der Erfahrungen Dritter das Thema der Angst vor Diskriminierung und Gewalt im Diskurs. Da sich die Interviewpartnerin mit allen Identitätsstrukturen der Passage (als Lesbe, Transfrau und Frau) identifiziert, spiegeln sich hier auch die Angsträume der Befragten wider. Die Interviewpartnerin war sich zum Zeitpunkt des Interviews noch unsicher, ob sie sich als Transfrau Brustimplantate einsetzen lassen würde. Somit veranschaulicht sie in dieser Passage zum einen ihre Sorge, dass eine fehlende Natürlichkeit (durch potenzielle Silikon-Brüste) zur Angriffsfläche werden könnten, so dass ihre Weiblichkeit von Dritten abgesprochen und zerstört werden könnte. Zugleich betonte sie, dass auch homosexuelle Cis-Frauen zum Angriffsziel werden. Die Symbolnarration der zertretenden Brüste verweist somit zum einen inhaltlich auf eine narrative Brutalität der Vernichtung transsexueller und künstlicher Geschlechtsmarkierungen und steht gleichzeitig für eine misogyne, homo- und transsexuellenfeindliche gesellschaftliche Grundhaltung, von der verschiedene Formen von Weiblichkeit betroffen sind. Außerdem verweist die Passage deutlich auf die individuelle Angst der Interviewpartnerin vor der ›Entlarvung‹ einer fehlenden, geschlechtlichen

Authentizität. Es stellt die allgegenwärtige Differenzierung von Echtheit und Künstlichkeit und die Infragestellung eines authentischen Geschlechts als Gefahrenpotenziale heraus.

Vom hasserfüllten Sprechen über Transsexuelle handelt die zweite ausgewählte Narration. Eine Interviewpartnerin berichtete von einem transsexuellen Freund eines Freundes, der auf einem Flohmarkt von einem Standbetreiber angefeindet wurde:

>»Ja, und der [Freund] hat mir das Härteste erzählt (…): Ja, ein Freund von mir, der ist transsexuell, der wird jetzt zur Frau. Und er hat nur eine negative Reaktion bekommen. Das war von so einem anderen, so einem Standbetreiber auf dem Flohmarkt und der hat gemeint: ›Ja, so Leute –, ich gehe arbeiten dafür, dass die von meinen Steuergeldern das bezahlt kriegen, dass auch noch, ich finde, denen müsste man in der Charité[376] eine Spritze geben, dass die dann sterben, dann werden die Organe von denen gespendet.‹«

In der Erzählung empört sich der Standbesitzer angesichts seiner Konfrontation mit einer transsexuellen Person über den Missbrauch von Steuergeldern, benennt den Wunsch nach gezielten Tötungen von Transsexuellen in einem Berliner Krankenhaus und spricht sich für eine Verwendung der transsexuellen Körper über den Tod hinaus aus (postmortale Organentnahme). Dabei verschwimmt die konkrete Flohmarktsituation vor dem Hintergrund der Gewaltfantasien, die der Standbesitzer äußert. Die Passage erinnert deshalb abermals an das Euthanasie-Programm und die Massenvernichtungen in Konzentrationslagern sowie die Verwertung der lebenden und toten Menschenkörper in der menschenverachtenden Industrie des Nationalsozialismus. Mit der schockierenden, Menschenrechte verletzenden Androhung wird die Passage zu einer dramatischen Narration, deren Inhalt sich von der eigentlichen Erzählung der sprachlichen Diskriminierung auf dem Flohmarkt abhebt. Sie erzählt von Menschen, die geschlechtlich nonkonforme Personen verachten und die sie nicht lebendig sehen und erleben wollen. Im Rezitieren der Erfahrung trägt die Interviewpartnerin – ähnlich wie in der vorangestellten Passage zu zertretenen Brüsten – zur Reproduktion der kollektiven und eigenen Angsträume bei, die sie in dieser Passage als geschlechternonkonform-feindliche Denkräume anderer präsentiert.

Erzählungen Dritter dramatisierten den Untersuchungsgegenstand, wobei sie Themen wie Vernichtung von Weiblichkeit und Transsein sowie die Alltäglichkeit der geschlechtlich nonkonformen Lebensbedrohung bestätigten

---

376 Gemeint sind die Charité-Kliniken in Berlin, die heute gemeinsam mit Charité-Centren, mit Forschungsabteilungen und zahlreichen Instituten das staatliche Großunternehmen *Charité-Universitätsmedizin Berlin* bilden (vgl. http://www.charite.de/charite/organisation, Stand: 29.12.2014).

und diesen Gedanken in dramatischen Narrationen konservierten. Gleichzeitig besaßen auffallende Dramatisierungen das Potenzial, etwas über sich und die eigenen Angsträume auszusagen. Angsträume als ein Aspekt der eigenen Selbstkonstituierung konnten so mitgeteilt werden. Dramatische Narrationen waren vorrangig nie Zeugnisse gefürchteter, bevorstehender Ereignisse, sondern verwiesen auf eine Omnipräsenz persönlicher Angsträume. Dabei handelten die Narrationen häufig von der Vernichtung und/oder Bloßstellung von Körper(-teilen), weil der Körper als Ort der Subjektivation für das eigene Wohlergehen und das Empfinden zentral ist. Die Vorstellung von Angriffen auf eigenen Körper als Ort des Selbst, der zum Teil neu gestaltet worden war, wirkte besonders beängstigend. Allerdings äußerten sich die Befragten nicht nur figurativ, sondern auch direkt zu ihren kontinuierlichen Gefühlen: »Es ist natürlich ständig dann die Angst dabei« und »obwohl mir noch nie was passiert ist, aber es ist halt immer so, Alarmanlage an«.

Doch nicht allen Interviewpartner_innen war die Angst vor Ausgrenzung und Gewalt immanent, denn einige verurteilten gerade die Reproduktion der Angst als konstitutives Moment der Tabuisierung von sexueller und geschlechtlicher Vielfalt, was in ihren Augen Diskriminierung und Gewalt begünstige und damit das »soziale Aus« Vieler erst ermögliche und befördere:

> »Die Tabuisierung [der Intersexualität] ist nochmal so ein Thema. (...) ich glaube, das ist eigentlich die entscheidende Geschichte. Dass man durch dieses, dadurch dass diese Intersexualität, dieser Zustand dieser Körper, der Möglichkeit dass man irgendwo auf dieser Weltkugel ist und dann nicht in eine Schublade passt, dass ich darüber nicht reden dürfte, weil es mich sonst in ein soziales Aus stellt, das ist, als wenn man einen Menschen in eine Gästetoilette einschließt. Und ich sage: Du pass mal auf. Kein Mucks. Solange du da drin bleibst, ist alles wunderbar, aber bitte schön, wenn du dich da rauswagst, dann werden alle über dich herfallen. Dann werden sie dich ins soziale Aus schieben. Dass man damit schon im sozialen Aus ist, darüber redet keiner. Dass man im Grunde genommen außerhalb dieser großen Gemeinschaft der Menschheit ausgestoßen worden ist und auf einer kleinen Insel sitzt, komplett ohne Kontakte, gefüttert wird mit Zuneigung und menschlicher Liebe, solange man die Klappe hält. Dass das der Preis sein soll dafür, ist so unsinnig wie ungerecht.«

Während dramatische Narrationen in den Interviews dazu gereichten, die Dethematisierung geschlechtlicher Nonkonformität und die Angst vor physischer Vernichtung zu thematisieren und zu reproduzieren, betonte die_der Interviewpartner_in Freya Jung, dass es eigentlich darum gehe, sich von der Angst zu lösen und sich nicht mit dem Wenigen zufriedenzugeben, was die Gesellschaft intersexuell geborenen, bzw. geschlechtlich nonkonformen Personen allgemein bietet. Während in den dramatisierenden Erzählungen der Abneigung, dem Hass und der internalisierten Angst stärkeres Gewicht zukam, handelt diese Passage von dem individuellen und gesellschaftlichen Einschluss in eigenen Angsträumen. Es zeigte sich in den Interviews das vielschichtige Bedrohungsszenario, das aus angstmachenden, gewaltsamen Ereignissen, angstvoller Anpassung an gegebene Verhältnisse (als Einschluss auf einer Gästetoilette) und der Reproduktion der Dethematisierung bestand. Angst war mindestens temporär ein bestimmendes Lebensgefühl der geschlechtlich nonkonformen Befragten, das mit den Gefühlen von Isolation und Einsamkeit korrespondierte. Demgegenüber standen allerdings zahlreiche Narrationen, in welchen die Interviewpartner_innen von Ereignissen mit Happy End und positiven Entwicklungen berichteten.

8.2 »Da hat kein Hahn nach gekräht.« – Wider die eigene Erwartung

Überraschend in der Analyse war, dass einige Interviewpartner_innen in ihren Narrationen den Forschungsgegenstand relativierten. In mehreren Interviews wurden wiederholt sowohl persönliche Happy-End-Sequenzen präsentiert als auch auf ein sich verbesserndes, gesellschaftliches Klima für geschlechtlich nonkonforme Personen hingewiesen. Zu meiner Irritation erwähnten drei Interviewpartner_innen zu Beginn des Interviews außerdem, dass ihnen »glücklicherweise« nicht viel »passiert« sei. Damit stellte sich die Frage: Ist wirklich alles besser geworden und steuert das Thema geschlechternonkonform-feindliche Diskriminierung und Gewalt aktuell auf ein baldiges Happy End hin? Oder hat die Relativierung im Erzählprozess andere Funktionen?

Die erste Frage ist aufgrund der Forschungslage nicht zu beantworten, weil keine Erhebungen zum Vergleich existieren. In den Selbsteinschätzungen der Interviewpartner_innen in Bezug auf die Aktualität ihrer aktuellen Diskriminierungs- und Gewaltwiderfahrnisse blickten alle, außer der androgynen Lesbe Johanna Vosen und dem Crossdresser Kim Valentin, auf eine aktuell verringerte Anzahl an persönlichen Widerfahrnissen. Die_der nicht-idente Tamma Katz reflektierte beispielsweise: »Im Prinzip (...) [komme ich] doch im Moment super gut durch. Und (...) ohne [mich] wirklich nicht richtig intensiv leugnen zu müssen.« Auch die_der interqueere Kendra Fraschen konstatierte, dass sie_er mit zunehmendem Alter deutlich weniger als nonkonforme Person infrage gestellt werde, und die Transfrau Cornelia Ionesc betonte: »Also, ich hatte ja schon [in der Mail] geschrieben, dass ich so ein paar Sachen gehabt habe, Sachen, die nicht so schön waren. Aber das Positive überwiegt schon.« Dennoch stellte sie heraus, dass es Gewalt und Morde an Transpersonen und »homophobe Angriffe« wohl gäbe, dass diese aber woanders stattfänden, denn sie sei davon verschont geblieben. »Sowas« könne mal auftreten, betonte sie außerdem im beiläufigen Tonfall. Hier trifft das individualisierte Empfinden relativer Sicherheit auf die überlieferte Kenntnis entfernter Gewalt. Zwar explizierte die Interviewpartnerin ihre Angstgefühle, aber sie sah sich selbst nicht gefährdet, was beispielsweise ihre fehlende Angst vor einer Vergewaltigung veranschaulicht: Die Befragte nahm an, dass sie sich zumindest gegenüber einer_m Einzeltäter_in schon zu wehren wüsste.[377] Nach Freya Jung liegt, wie bereits dargestellt, die eigentliche Grundlage von Diskriminierung und Gewalt in der »Tabuisierung« der Intersexualität, die zu einer Angststruktur führe. Die Angst selbst aber sei unbegründet.

Die relativierenden Haltungen bezüglich des Forschungsthemas geben erste Hinweise darauf, dass die Befragten Prozesse der Normalisierung, Möglichkeiten zur diskriminierungsarmen Existenz und beruhigende *Zonen der Bewohnbarkeit* wahrnahmen. Für diese Sichtweise waren individuelle, biografische Erfolge und Erfahrungen von Unterstützung ausschlaggebend. Handlungsbetont führten ein Sich-Einmischen, ein Sich-Behaupten und ein Sich-Zeigen zu persönlichen Erfolgen, womit sich die Befragten akzeptierter und glücklicher fühlten. Das Beispiel von einem Empowerment-Workshop zeigt, dass die Unterstützung und das Lob anderer sich sehr positiv auswirken können. Nach einem Workshop bedankten sich zwei Transpersonen bei der_m Interviewpartner_in, die_der den Kurs geleitet hatte. Sie betonten, dass sie bereits viele Gewaltwiderfahrnisse erlebt hatten und dass sie für ihre persönliche Auseinandersetzung mit Gewalt im Workshop viel hatten mitnehmen können. Die wertschätzende Haltung der Teilnehmer_innen wirkte sich nachhaltig auf das Engagement der_s Interviewpartner_in aus:

> »Das nehme ich heute noch mit. Weil ich dann fröhlich werde und denke: Wow, wenn ich solchen Leuten irgendwas geben konnte, dann – einmal Schulter klopfen – dann freue ich mich halt auch.«

Während die_der Befragte hier selbst zur unterstützenden Kraft wurde, erhielt ein anderer Transmann von einer Transmann-Selbsthilfegruppe ein bestärkendes Feedback, als er der Gruppe mitteilte, dass er sich zur Transition entschlossen habe. Die Perspektive und der Erfahrungsschatz der anderen Stammtisch-Personen halfen ihm, seinen Mut wiederzufinden, um sich auf die körperlichen und daran anschließenden Veränderungen in seinem Leben zu freuen. Ebenso bestätigend wurde von mehreren Interviewpartner_innen akzeptierendes Verhalten Dritter erlebt, die das Geschlecht nicht zum zentralen Thema der Begegnung oder Auseinandersetzung gemacht hatten. Lee Parker genoss es beispielsweise, sich in seinem Freund_innenkreis nicht mehr verste-

---

377 Gleichsam reproduzierte sie Angsträume. Diese oft widersprüchlichen Einschätzungen in einem Interview waren fast überall anzutreffen. Eine (Un-)Möglichkeit der Normalisierung spiegelte sich auch darin wider.

cken oder verstellen zu müssen. Und Zoe Rheas besaß als Frau mit Bart nur einen Personalausweis mit einem Foto ohne Bart. Sowohl der Besuch eines Fotostudios als auch der Besuch der Meldebehörde war ihr so unangenehm, dass sich die Beantragung eines neuen Personalausweises über einen langen Zeitraum hingezogen hatte. Schließlich ging sie mit Automaten-Passfotos zur Meldebehörde, wo sie von der Aufgeschlossenheit der behördlichen Mitarbeiter_innen überrascht wurde:

> »Ich habe ganz normal meinen neuen Personalausweis mit Bart gekriegt, da hat kein Hahn nach gekräht. Das war dann auch ein richtig gutes Gefühl. Ich habe jetzt einen Personalausweis, wo mein Name drin steht, wo mein Foto unverkennbar –, das bin ich, und ich bin jetzt legal oder so. (...). Und ich merke halt, dass ganz viel so Selbstdiskriminierung auch abläuft.«

Den unerwarteten Anerkennungserfolg drückte sie in dem Ausruf »ich bin jetzt legal« aus. Analog zu den Erfahrungen von Transpersonen, die eine Transition nach dem TSG beendet haben und ihren Vornamen bzw. ihren Personenstand haben ändern lassen, verweist diese erfahrene ›Legalität‹ auf eine mit Erleichterung quittierte Rechtmäßigkeit und Existenzberechtigung. »Selbstdiskriminierung« als Moment der Vorsicht und als Resultat der permanenten Omnipräsenz einer Angststruktur gehörte zu den Erfahrungen der meisten Befragten ebenso dazu, wie die Erfahrung, dass unerwartet *Zonen der Bewohnbarkeit* auftauchten. Wenn Kontakte mit Behörden günstig verliefen und keine diskriminierenden Praxen wahrgenommen wurden, wurde dies von zahlreichen Interviewpartner_innen lobend hervorgehoben. Zoe Rheas verurteilte generalisierend ihre vorangegangenen Ängste als selbstgemachte »Selbstdiskriminierung«, das heißt, dass sie davon ausging, dass ihre Angst von jeher unbegründet gewesen sei.

Demgegenüber konstatierte Lucky Kankoke, dass die Behörden mit ihm zwar auch »extrem korrekt und sehr professionell« umgegangen seien, aber – so gab er einschränkend zu bedenken –, dass dies wohl im individuellen Fall auf die_den Sachbearbeiter_in ankomme. Auch Manuel Rosenberg blieb Autoritätspersonen gegenüber skeptisch, obwohl er feststellte, dass er »zu 90, 95 Prozent immer gute Erfahrungen gemacht« hat, »nicht nur mit Ärzten sondern überhaupt mit anderen Menschen.« Positive Erfahrungen reichten aber in der Regel nicht aus, um das bisherige Misstrauen, das sich im Laufe des Lebens aufgebaut hatte, abzulegen. Trotzdem steigerte positive Anerkennung aus dem privaten Umfeld explizit das Selbstbewusstsein. Jene Interviewpartner_innen, die als Kinder, Jugendliche oder als Erwachsene Geschwister, Eltern, Großeltern oder andere enge Bezugspersonen hinter sich wussten und dauerhafte Bindungen erfahren hatten, konnten zumeist selbstbewusst und gestärkt ihren geschlechtlichen Weg gehen. Es waren – so argumentierte Zoe Rheas ähnlich wie

Freya Jung – aus ihrer Sicht oft ihre eigenen Ängste, die sie selbst beschränkten, denn das Widerfahren von Diskriminierung fände zumeist in den psychischen Angsträumen statt. Mit dieser persönlichen Erkenntnis gestärkt gelang es der Befragten, in einigen Kontaktsituationen eine humorvolle Gelassenheit zu entwickeln, wie der Besuch eines Elternabends in der Klasse ihrer Tochter zeigte:

>»Und ich ging rein und habe gesagt: Hallo, ich bin Zoe. Und die [eine Mutter] guckte mich so an und sagte: >Oh T'schuldigung. Der Bart sah so echt aus. (Lachen).< Da habe ich gesagt: Der Bart ist echt! (Lachen). >Oh, T'schuldigung, das tut mir jetzt total leid.< Also, ich habe überhaupt nicht gesehen, warum ihr jetzt das irgendwie leid tun sollte. Und warum das peinlich sein sollte. Und habe das nicht so richtig gecheckt, aber bei ihr war das so, da hat eine Frau ein Problem und ich habe das jetzt, sie drauf angesprochen. (...) Und sie guckte mich dann immer wieder an und meinte: >T'schuldigung, ich muss dich immer wieder angucken.< Aber mir ist das lieber drüber zu reden, als das jetzt unterzubuttern. (...) Habe ich null Probleme damit. Weder, dass ich das super angenehm noch super unangenehm empfinde. Also, ich sehe einfach, da ist eine Sehgewohnheit, die gebrochen wird. Und die brauchen da jetzt erst mal ein bisschen und je mehr sie solche Menschen sehen, je mehr verändern sich auch solche Sehgewohnheiten.«

Positive Erfahrungen stärkten das Selbstbewusstsein der Interviewpartner_innen. Dabei war es unerheblich, wo diese Erfahrungen gemacht wurden. Dennoch waren sie stets von der eigenen psychischen Konstitution abhängig. Mit Selbstbewusstsein ausgestattet, wurden Diskriminierung und Gewalt zu einer fast nicht erwarteten Reaktion von außen. Dies bot Zeit zum Wohlfühlen, in der die Befragten mindestens nicht angegriffen oder infrage gestellt wurden. Diese exemplarischen Ausführungen der positiven Narrationen verdeutlichen die Spielräume in denen zwischen Angst und eigener Handlungsmacht ein individuelles Verhältnis zur *heteronormativen Hegemonie* hergestellt wurde. Gute Erfahrungen boten Entlastungs- und Selbstermächtigungsmomente, die im Kontrast zu den erzählten Widerfahrnissen standen. Sie interagierten mit den narrativen Angsträumen: Denn wenn diese in den Hintergrund traten, konnte sich das subjektiv positiv, beruhigend und wohltuend auswirken. Wider die eigene Erwartung – so zeigen die Narrationen mit Happy End – existierten für viele Interviepartner_innen Möglichkeiten, als geoutete, sichtbare geschlechtlich nonkonforme Person gesellschaftlich zu partizipieren. Diese Erfahrung trug dazu bei, dass einige Befragte vermuteten, dass die Angst vor Diskriminierung und Gewalt in ihrer Psyche entstehen würde, die wiederum von tabuisierenden Diskursen beeinflusst worden sei. Die empirischen Daten veranschaulichen allerdings, dass es sich bei Genderbashing nicht um ein vorrangig psychisches Phänomen der geschlechtlich nonkonformen Betroffenen in einem heteronormativen Dispositiv handelt, sondern dass Genderbashing sich in verschiedenen Formen der Gewalt darstellt und mit verschiedenen Akteur_innen entsteht.

Daran anknüpfend stellt sich die Frage, inwiefern die in den positiven Narrationen auftauchende Normalisierung als Anerkennung von geschlechtlicher Nonkonformität überhaupt haltbar ist? Oder wohnt der Virulenz der Narrationen mit gutem Ausgang nicht eine andere Grundstruktur inne? Denn, wie bereits ausgeführt, wurden >normal< und >Normalität< in den Interviews häufig abwertend mit heteronormativem Hegemoniedenken gleichgesetzt, sodass vor diesem Hintergrund der positive Bezug auf Erfahrungen der Normalisierung als gewalt- und diskriminierungsfreie Räume mindestens überraschen muss. Allerdings verweist die Normalisierung hier nicht auf eine Abgrenzung von anderen, sondern sie steht im Kontext der Interviews zu Gewalt und Diskriminierung für die Sehnsüchte der Befragten, die kontrastierend zu den Widerfahrnissen Raum erhielten: An erster Stelle stand der Wunsch nach Teilhabe und Anerkennung in einer heteronormativen Realität. Mit Normalisierung meinten die Befragten den Erhalt einer grundlegenden und nicht hinterfragbaren Existenzberechtigung, die ihnen nicht genommen werden kann. Mit Normalisierung meinten sie außerdem Ruhe vor herabwürdigenden Praktiken. Zweitens sehnten sie sich nach einem Zustand der Gelassenheit, oder sie wünschten sich zumindest das psychische Vermögen, innere und äußere Widersprüche aushalten zu können. Drittens ermöglichte das Sprechen über Verbesserungen und Normalisierungen die Freude an (zukünftigen) Begegnungen mit anderen Personen, ohne dass ihre geschlechtliche Position infrage gestellt würde. So stellte beispielsweise Tamma Katz über ihr_sein Leben in der Nachbar_innenschaft zufrieden fest:

>»Also die Leute freuen sich, wenn ich da bin. Und ich bin mir sicher, sie machen sich keine Gedanken, wenn ich da mit Bart auflaufe oder ohne oder wie ich mit ihnen rede oder sonst irgendwas. Weil, es ist einfach okay. Ich bin einfach.«

Viertens wollte kein_e Interviewpartner_in ausschließlich als Opfer gelesen werden. Es war ihnen wichtig, ihr Leben jenseits der Problemorientierung darzustellen. Hierfür spielte manchmal das Aushalten und das sich-Abfinden mit der heteronormativen Gesellschaft eine entscheidende Rolle. Vielen erschien es dienlich, ihre eigenen geschlechtlichen Prozesse der Veränderungen und der Selbstbehauptungen, die stets zeit- und kraftraubend waren, nicht abermals zum zentralen Problem zu erheben. Es trat an diese Stelle ein Effekt der Gewöhnung als Produkt einer Normalisierung, wie eine Transfrau mit Blick auf die Fragen zu ihrer Intimsphäre von außen resigniert feststellte: »Also (...) irgendwie habe ich mich auch dran gewöhnt, wie für normal befunden.«. Fünftens war der Blick auf die eigene Biografie von der Idee der persönlichen Weiterentwicklung geprägt. Dies beeinflusste, dass viele der Befragten sich glücklich schätzten, weil aus ihrer Perspektive das Schlimmste bereits hinter ihnen lag. Deshalb blickten die meisten Interviewpartner_innen auf eine zufriedenstellende Gegenwart und auf eine glücksversprechende Zukunft, von der sie annahmen, dass sie diese in vielen Bereichen selbst würden gestalten können.

>Und ich kann sagen, seit ich das [die Transition] angepackt habe, ist eigentlich die glücklichste Zeit in meinem Leben bis jetzt. Ich war eigentlich vorher, seit der Pubertät oder etwas vorher sogar noch, war ich eigentlich unglücklich. Aber seitdem wird alles besser dadurch. (...) Es geht mir jeden Tag besser.«

Die Sehnsüchte nach Glück und die Selbstwirksamkeit der eigenen Entscheidungen, wie sie in dieser Sequenz auftauchten, verweisen auf die Handlungsspielräume zwischen Opfersein und Happy-End-Konstruktion. So hofften viele auf eine Egalität ihrer geschlechtlich nonkonformen Orientierung in der *heteronormativen Hegemonie*, in der die Grenze zwischen Konformität und Nonkonformität überwunden werden würde. Dabei gelang es den meisten Befragten, die sich nicht in einer geschlechtlich eindeutigen Position einrichteten (bzw. einrichten konnten), allerdings nicht, dauerhaft einen Platz innerhalb der *heteronormativen Hegemonie* zu beanspruchen, weil in dieser Formation zwar ein Einrichten des Anderen erlaubt war, der Status des Otherings aber fortbestand. Diesen Fortbestand bedauerte eine Interviewpartnerin mit Blick auf ihre geschlechtliche Selbstbezeichnung als Transfrau:

>Also ist so, transsexuell ist so, kann man nichts gegen machen. (...) Das heißt, nur Frau beschreibt mich halt nicht, weil ich das Problem ja schon mitbringe, transsexuell.«

Diese Erfahrung steht exemplarisch für die Unmöglichkeit zum Happy End aus Sicht der Befragten. Denn ihre geschlechtliche Selbstkonstituierung werde, so glaubte die zitierte Befragte, stets ambivalent gedeutet und gleichbleibend zum »Problem« erhoben. Es zeigt auch, dass Gender als »soziale Institution« (Lorber 1994) und die geschlechtliche Interaktion im »*doing gender*« (West/Zimmerman 1987) dazu führen, dass die Diskriminierung geschlechtlicher Nonkonformität nicht durch eine individualisierte Repräsentation gebrochen wird. Im Gegenteil, geschlechtlich nonkonforme Personen haben sogar das reproduzierende Potenzial, als permanent Ver-Anderte auf die Normativität der Zweigeschlechtlichkeit zu verweisen.

Durch die Berücksichtigung der positiven Ereignisse zeigte sich das gestärkte Selbstbewusstsein und die Hoffnung der Befragten auf weitere Reduzierungen der Stigmatisierungen, Diskriminierungen und Gewalt. Gleichzeitig stellten die Wahrnehmungen von Verbesserungen positive Wendepunkte in den Gewaltnarrationen dar. Das Sprechen über Diskriminierung und Gewalt fand somit im Spannungsfeld zwischen Dramatisierung, Normalisierung und dem Wissen um eine Unmöglichkeit zum Happy End statt.

8.3 Zwischenergebnis VI: Erweiterte Perspektiven auf Genderbashing

Es stellt sich abschließend die Frage, inwiefern sich das Untersuchungsfeld anders darstellt, weil die Berichte von dramatisierenden Erfahrungen Dritter oder die Präsenz von wichtigen Erfahrungen der Normalisierung ergänzend zum Verstehen von Genderbashing analysiert wurden. Das Sprechen über Gewalt und Diskriminierung bedeutete auch das Sprechen über Verbesserungen, über Erfolge, über Freude und Erlebnisse von Glück. Das bedeutet, mit Hilfe der Normalisierungsnarrationen veranschaulichten die Befragten die Möglichkeit zum situativen, subjektiven Happy End, in dem sich das Empfinden von Glück und Anerkennung bereits einstellen konnte. Dramatisierenden Narrationen wohnte die Funktion der Wiedergabe von kollektiven Angsträumen inne. Gleichzeitig verweisen sie inhaltlich auf ein Potenzial ungeheurer Brutalität, deren Ausbruch von den Befragten stets gefürchtet wurde. Dramatisierende Narrationen Dritter könnten auch als Hinweis der Befragten an mich gelesen werden, dass das Feld der Diskriminierung und Gewalt gegen geschlechtlich nonkonforme Personen noch viel größer und brutaler ist, als bisher angenommen und als im Kontext dieser Studie aufgezeigt. So oder so wird deutlich, dass die Analyse der Diskriminierung und Gewalt an den Grenzen der Zweigeschlechtlichkeit hiermit nicht schließt, sondern hier anfängt.

Als Erkenntnis ist festzuhalten, dass die positiven Erfahrungen und die dramatischen Gewaltnarrationen das Forschungsfeld in mehrere Richtungen erweiterten: Die Erfahrungen von sozialer Ausgrenzung und dem Potenzial der Vernichtung wurden um die Perspektive der individuellen Angsträume erweitert. In den Erfahrungen der sozialen Anerkennung zeigte sich die Präsenz von und die Sehnsucht nach Glück, ohne in der permanenten Ver-Anderung verhaftet bleiben zu müssen, und es zeigte sich der Wunsch nach psychischer Gelassenheit und physischer Unversehrtheit.

Genderbashing wurde aus Sicht der Befragten als ein bislang unterbelichtetes Phänomen im widersprüchlichen Spannungsfeld aus Erfahrung und Widerfahren von Dramatisierung, Anerkennung und Normalisierung gesehen. In einer resignifizierten Forschungsperspektive wirken deshalb – so lässt sich das Ergebnis dieses Kapitels auf eine kurze Formel bringen – das individuelle Streben nach Glück und das Damoklesschwert der Angst vor Ver-Anderung, Diskriminierung und Gewalt konstituierend.

9. ›Neue‹ Geschlechter und Gewaltforschung
[Schlussbetrachtungen]

> »Was wäre, wenn neue Formen von Gender möglich sind? Wie
> würde sich das auf unsere Lebensweisen und auf die konkreten
> Bedürfnisse der menschlichen Gemeinschaft auswirken? (...) Die
> Genderformen, an die ich denke, existieren schon lange, sie wur-
> den allerdings nicht zugelassen für den Bereich der Begriffe, wel-
> che die Realität regieren. Es ist also die Frage nach einem neuen
> legitimierenden Lexikon für die Genderkomplexität, die wir
> schon seit langem gelebt haben, das im Recht, in der Psychiatrie,
> in der Sozial- und Literaturwissenschaft zu entwickeln ist. Da die
> Normen, welche die Realität regieren, diesen Formen von Gen-
> der die Realität versagt haben, werden wir sie notwendigerweise
> neu nennen müssen« (Butler 2009b (2004): 55f).

Die untersuchte Diskriminierung und Gewalt verstehe ich als Normverlängerung der Zweigeschlechtlichkeit und der Zwangsheterosexualität (kurz: der
Heteronormativität). Bedeutsam für die empirische Erfassung von Diskriminierung und Gewalt war, was meine Interviewpartner_innen als Diskrimini-
rung und Gewalt deuteten. Ihre Wissensproduktion, ihr Erzählen über Diskriminierung und Gewalt, war mein Datenmaterial. Eine Besonderheit in diesem Kontext war, dass ich von Diskriminierungs- und Gewaltwiderfahrnissen
sprach, um die Verletzung und Unfreiwilligkeit der Gewalt und Diskriminierung zu betonen und um sich vom affirmativen Begriff der Diskriminierungs-
und Gewalt*erfahrung* abzugrenzen.

Genderbashing erschien bisher zu unbedeutend, zu vielschichtig, zu nah an
homosexuellenfeindlicher Gewalt oder zu speziell, weil angeblich nur Wenige
betreffend. Die vorliegende Studie wendet sich mit ihren Ergebnissen gegen
diese Annahmen und verweist zugleich empirisch auf eine Verbindung zu anderen Formen geschlechtsbezogener Gewalt und auf eine bislang versteckte,
fixierende Kraft dieser Diskriminierung und Gewalt innerhalb der flexibilisierten, heteronormativen Geschlechterverhältnisse. Genderbashing ist nicht nur
ein Effekt heteronormativer Gesellschaftsstrukturen, sondern beruht auf einem
komplexen Zusammenspiel von sozialen Konventionen, Interaktionen, subjektiven Handlungsweisen, Denkstrukturen und Subjektkonstituierungen an der
Schnittstelle von (mindestens) Geschlecht und Sexualität. Vor diesem Hintergrund expliziere ich abschließend zentrale Erkenntnisse, die erste Anknüpfungspunkte für die Entwicklung einer gegenstandsbezogenen Theorie bieten
(9.1), stelle theoretische Impulse für die Weiterentwicklung geschlechtersensibler Gewaltforschung dar (9.2) und reflektiere die Grenzen und Möglichkeiten

bisheriger Präventionskonzepte der Bildungs- und Aufklärungsarbeit in der Absicht, Prävention normativitätskritisch zu ergänzen (9.3).[378]

9.1 Genderbashing – zentrale Ergebnisse

In den Interviews zeigten sich die Befragten als handlungsmächtige Individuen, die ebenso von Gewaltwiderfahrnissen berichteten wie von Widerstand. Empirisch wurde ausgeführt, dass sowohl gewaltsame Interaktionen als auch identitäre und normative Regulierungen verletzend wirken konnten. Die Analyse der Diskriminierung und Gewalt orientierte sich am subjektiven Erleben von Verletzung und Degradierung, das im Zusammenhang mit der eigenen geschlechtlichen Nonkonformität wahrgenommen wurde. Trotzdem war die Forschung nie nur eine Studie über Opfer, die passiv von Gewalt bedroht waren, denn ihre Handlungsmächtigkeit wurde berücksichtigt und das Sprechen über Gewalt und Diskriminierung sowie die Ereignisse von Gewalt und Diskriminierung wurden als interaktive Beziehung erlebt und als soziale Erfahrung gesellschaftlicher Geschlechterverhältnisse interpretiert.

Verletzungen im Alltag

Geschlechtliche Konformität war im Alltag allgegenwärtig, denn heteronormative Konventionen waren stets spürbar und verursachten Verletzungen. Sprachliche Diskriminierungen waren ein Aspekt verletzender Alltagserfahrungen. Sie tauchten in Fragen, >lockeren< Bemerkungen oder in Witzen >verpackt< auf und entbehrten oft der Gewalt intendierenden Eindeutigkeit. Ihren verletzenden Gehalt bemerkten die Befragten manchmal sogar erst in der Reproduktion der Situationen beim narrativ-episodischen Erzählen. Negative Erfahrungen, die in sozialen Räumen gemacht wurden, in denen sich die Befragten bis dato geschützt gefühlt hatten, erschütterten sie. Dies betraf z.B. das eigene Zuhause und den eigenen Freund_innenkreis, in dem u.a. häusliche und sexualisierte Gewalt stattfand. Zum Nahbereich zählten neben persönlich nahestehenden Personen ebenso soziokulturelle Szenen (wie z.B. die Gothic-, Punk- oder Queer-Szene), in denen – wider Erwarten – geschlechtlicher Konformitätsdruck ausgeübt wurde, obwohl sich die Befragten an diesen Orten vor Zuschreibungen und Diskriminierungen sicher wähnten. Die Interviewpartner_innen profitierten nicht vom *Privileg der geschlechtlichen Eindeutigkeit*[379] , womit jene normativen Mechanismen und sozialen Konventionen gemeint sind, die tagtäglich dafür Sorge tragen, dass die Zugehörigkeit zu

---

378 Die Erkenntnisse wiederholen nicht die Ergebnisse aus den Resümees der einzelnen Kapitel, sondern stellen eine ergänzende theoretisierende Betrachtung der Studie dar.

379 vgl. 6.3 Zwischenergebnis IV: Das Privileg geschlechtlicher Eindeutigkeit

(nur) einem Geschlecht Vorteile und Zugänge zur gesellschaftlichen Partizipation bietet. Sie waren demgegenüber als Frau mit Bart, als Transmann, als nicht-idente Person, als androgyne Lesbe oder als Crossdresser sichtbar. Dabei war dies für die Meisten kein soziales Protesthandeln, sondern eine Frage des alltäglichen Seins. Die Nicht-Teilhabe am Privileg war demzufolge keine Wahl, sondern entsprang einer gelebten und gefühlten geschlechtlichen und sexuellen Existenzweise, die im Privileg nicht vorgesehen ist. Dies erklärt auch, warum es aus der Sicht der Befragten zu jeder Zeit und an jedem Ort möglich war, Betroffene_r von Diskriminierung und Gewalt bzw. Akteur_in in einem Diskriminierungs- oder Gewaltereignis zu werden.

Institutionalisiertes Normieren

Auf struktureller Ebene erlebten die Befragten Normierungs- und Normalisierungsprozesse in Medizin und Justiz als diskriminierend. Das strikte Primat der Zweigeschlechtlichkeit führte sowohl zu körperlichen (mitunter chronischen) Erkrankungen, als auch zu psychischen Verletzungen und zu Traumatisierungen. Für viele intersexuell geborene Personen bedeutete der gesellschaftliche Konformitätsdruck menschenrechtsverletzende Eingriffe in den eigenen Körper.[380] Während die Medizin durch die normierenden Behandlungen und Operationen an intersexuell geborenen Personen und durch die soziale Kontrollfunktion im Transitionsprozess im Zentrum der Kritik stand, wurde die Justiz zumeist als normregulierende Instanz resignativ in Kauf genommen. Allerdings waren sowohl die psychiatrischen als auch die medizinischen Erfahrungen mit Gutachten, die auch im justiziellen Verfahren angeführt wurden, aus Sicht der meisten Befragten Regulierungsmaßnahmen mit dem Potenzial zur Demütigung. Grundsätzlich war deshalb das Verhältnis zu Normierunginstanzen, insbesondere jene der Medizin, Justiz, Polizei, Krankenkassen und Bildungsinstitutionen, von Skepsis und Misstrauen bestimmt. In der Begegnung mit den heteronormativen Funktionsträger_innen dieser Instanzen waren die Erfahrungen der Befragten von Respekt und Akzeptanz ihrer geschlechtlich nonkonformen Existenzweise gegenüber ebenso wahrscheinlich wie das Widerfahren von Diskriminierung.

Regelmäßige Ausnahmesituationen als Normverlängerung

Die empirischen Formen von Genderbashing im öffentlichen Raum reichten von Ignoranz über Beleidigungen und Drohungen bis hin zu Tötungsversuchen. Auffallend waren die Hassmotivationen der Angreifenden und die Steigerungsformen der Gewalt, die sogar in lebensgefährliche Situationen münde-

---

380 vgl. 7.1.2 Operative Eingriffe bei intersexuell markierten Personen; 7.3 Zwischenergebnis V: Spuren eugenischer Gewalt

ten. Ein besonderes Augenmerk wurde auf das hohe Vorkommen sexualisierter Diskriminierung und Gewalt gelegt. Intime Fragen zum eigenen Geschlecht oder zur Sexualität stellten Vorstufen sexualisierter Gewalt dar. Denn in diesen Gewaltsituationen wurden die Befragten zu Frauen, zu Männern, zu Homosexuellen gemacht: Ihre geschlechtliche Nonkonformität wurde temporär zum Verschwinden gebracht, indem sie körperlich auf ein eindeutiges Geschlecht reduziert wurden.[381] Empirisch wurde Gewalt in verschiedenen Formen ausdifferenziert und das Zustandekommen der Gewalterfahrungen in einem engen, naheliegenden oder in einem nur losen Zusammenhang mit der eigenen geschlechtlichen Nonkonformität gesehen. Selten wurde der Zusammenhang monokausal betrachtet, stets aber fühlten sich die Befragten in den diskriminierenden und gewaltsamen Situationen als geschlechtlich und sexuell Andere markiert und degradiert. Nach Butler findet auch in diesen Situationen Anerkennung statt, indem durch die Destruktion und das Verwehren ein geschlechtliches Selbst entsteht. Die gewaltsame Konstruktion des geschlechtlich Ver-Anderten tauchte dabei in verschiedenen Dimensionen auf: (1) In den interaktiven Prozessen der Diskriminierungs- und Gewaltwiderfahrnisse, (2) im strukturellen Prozess des Vergessen-gemacht-werdens nicht-binärer Sexualitäten und Geschlechter, (3) in den Gefühlen der Ausgrenzung, der Verletzungsoffenheit, der Isolation und den Fremdheitsgefühlen gegenüber dem konträr erlebten Rest der Gesellschaft, und (4) im Selbst-Ver-Andern als eine Materialität *heteronormativer Hegemonie* (Ludwig 2012).

Zur Bedeutung fehlender Begleiter_innen

In den Beispielen häuslicher Gewalt durch Eltern(-teile)/Erziehungsberechtigte kam es zu Schlägen, Psychopathologisierungen und familiären Ver-Anderungen, das heißt zur Zuschreibung der Außenseiter_innen-Rolle innerhalb der Herkunftsfamilie. Das Verhalten der eigenen Eltern(-teile)/ Erziehungsberechtigten wurde in der Mehrzahl kritisch wahrgenommen, da diese ihren Fürsorge- und Unterstützungsauftrag aus Sicht der Befragten nicht eingelöst hatten.[382] Sogar noch im Erwachsenenalter kam es deshalb bei zahlreichen Interviewpartner_innen, die den Kontakt zu der Verwandtschaft nicht abgebrochen hatten, zu innerfamiliären Spannungen und Auseinandersetzungen. Elterliche Vernachlässigung wurde besonders intensiv empfunden, wenn die Befragten bereits in ihrer Kindheit oder Adoleszenz mit Formen institutioneller Ver-Anderung konfrontiert worden waren. Dies konnte intersexuell markierte Personen ebenso treffen wie jene, die bereits früh durch ihr geschlecht-

---

381 vgl. 6. Sexualisierte Gewalt als Instrument der Eindeutigkeit
382 Vgl. 7.1.3 Exkurs: Die Verantwortung von Erziehungsberechtigten

lich nonkonformes Verhalten für Dritte auffällig geworden waren. Positive Erfahrungen mit Eltern(-teilen)/Erziehungsberechtigten, in denen diese sich als wohlwollende Begleiter_innen ihrer Kinder zeigten, waren die Ausnahme. Andere Vertrauenspersonen, Vorbilder oder Identifikationsfiguren standen durch die strukturelle Dethematisierung vielfältiger geschlechtlicher und sexueller Existenzweisen nicht zur Verfügung. Dieses Fehlen führte zu massiven Verunsicherungen und manifestierte als frühe Lebenserfahrung bei Vielen das Gefühl, Außenseiter_innen zu sein.

Heteronormative Akteur_innen und Täter_innen

Wer waren die Täter_innen und heteronormativen Akteur_innen der Diskriminierung und Gewalt? Diese scheinbar leichte Frage, war mit Blick auf das empirische Material nicht einfach zu beantworten. Aufgrund der methodologischen und methodischen Herangehensweise folgt allerdings, dass nur wenig über die Motivationen, Absichten und Selbstkonstituierungen der Täter_innen und Funktionsträger_innen ausgesagt werden kann. Hier besteht explizit weiterer Forschungsbedarf. Folgende Erkenntnisse lassen sich jedoch aus dem Erzählten gewinnen: Die angreifenden Personen im Nahbereich der häuslichen und sexualisierten Gewalt waren überwiegend Verwandte wie Eltern(-teile)/ Erziehungsberechtigte, Geschwister oder Freund_innen. Die Täter_innen in den Fällen der physischen Gewalt im öffentlichen Raum waren zumeist jung und männlich und den von der Gewalt Betroffenen bis dato zumeist unbekannt. Die Interviewpartner_innen berichteten in diesem Zusammenhang auch von migrantischen und von neofaschistisch-orientierten Täter_innen.[383] Die Funktionsträger_innen in Justiz, Medizin, Polizei, Bildung und Krankenkassen wurden nicht ethnisch gekennzeichnet, was ein Hinweis darauf sein könnte, dass diese vorwiegend als weiß-deutsche Personen gelesen wurden, oder dass ihre professionelle Funktion die Ethnizität überlagerte. Auch die Täter_innen sexualisierter Gewalt wurden im Gegensatz zu der Gruppe der Täter_innen im öffentlichen Raum zwar geschlechtlich (männlich), aber nie religiös oder ethnisch markiert. Beide Personengruppen wurden vorrangig in ihrer (bisherigen) freundschaftlichen oder in ihrer beruflichen Position anerkannt. Diskriminierendes und gewaltsames Verhalten der heteronormativen Funktionsträger_innen – jenseits der Operationen an intersexuell geborenen Personen – wurde nur indirekt als mangelndes Wissen, fehlende Professionalität oder individuelles Fehlverhalten angezeigt. Für intersexuell geborene Personen waren jene Mediziner_innen, die zur Pathologisierung von Intersexualität beitragen, allerdings Handlanger des normativen binärgeschlechtli-

---

383 vgl. 3.4.3 Hegemonie in der Marginalisierung

chen Irrglaubens. Funktionsträger_innen wurden als Übermittler_innen und Ausführende diskriminierender Strukturen betrachtet, womit allerdings die persönliche Verantwortung der Funktionsträger_innen abgeschwächt wurde. Dies geschah ungeachtet des individuellen Handlungsspielraums, der in Justiz, Medizin und Bildung für Einzelne existiert und auch den Erfahrungen der Befragten entsprach.es fand demzufolge eine Hierarchisierung der Täter_innen und heteronormativ agierenden Akteur_innen statt. Während die einen aus Sicht der Befragten überwiegend aus Hass und verletzter Männlichkeit heraus handelten, waren die anderen, die Fachkräfte, durch die Rationalität der Institutionen als Ausnahmen geschützt. Mit Blick auf die Gesamtheit der empirischen Diskriminierungs- und Gewaltnarrationen, denen ein erweiterter Gewaltbegriff zugrunde gelegt wurde, zeigen sich allerdings keine auffälligen Differenzen in der Altersstruktur oder in der geschlechtlichen und ethnischen Zuordnung der Täter_innen und heteronormativ agierenden Akteur_innen. Alle nutzten das (un-)bewusste *Privileg der geschlechtlichen Eindeutigkeit*[384], um geschlechtliche Nonkonformität als Abweichung zu kommentieren, zu bewerten, abzuwerten und zu behandeln.

Sprechen über Gewalt: Zentrale Symbolik der Zweigeschlechtlichkeit

Die Manifestation von zwei Geschlechtern wurde in drei symbolischen Narrationen wiederkehrend als zentrale Bedingung für Genderbashing dargestellt: (1) Erzählungen über öffentliche Toiletten, (2) Erzählungen über das traditionelle Denken im Dorf bzw. in der Kleinstadt und (3) Erzählungen über die Operationen an intersexuell geborenen Kindern. Die öffentlichen Toiletten stehen für die architektonische, territoriale Differenzierung in Männer- und Frauen-Räume. Diese bieten sinnliche Erfahrungen fixierter Geschlechtertrennung und veranschaulichen als kollektive Narrationen das Gewaltförmige der Geschlechterverhältnisse.[385] Zudem führten Erfahrungen mit der Mentalität in Dörfern und Kleinstädten dazu, dass diese als Nicht-Orte für geschlechtliche Nonkonformität charakterisiert wurden. Öffentliche Toiletten, Dörfer und Kleinstädte stellten sinnlich erfahrbare *Zone(n) der Unbewohnbarkeit* (vgl. Butler 1997 (1993): 23) dar, denn an diesen Orten wurde Anerkennung als Resultat strikter Heteronormativität erfahren: Nur wer sich einem Geschlecht zugehörig fühlt, ist oder nur ein Geschlecht darstellt und im Idealfall heterosexuell lebt, erfuhr dort qua Privileg Anerkennung. Die genitalchirurgischen Operationen an intersexuell geborenen Kindern standen symbolisch für die Dethematisierung von Körpern jenseits der geschlechtlichen Eindeutigkeit

---

384 vgl. 6.3 Zwischenergebnis IV: Das Privileg geschlechtlicher Eindeutigkeit
385 vgl. 5.2.2 Toiletten als Metapher der Zweigeschlechtlichkeit

und verwiesen auf gewaltsame Vorgehensweisen in zweigeschlechtlicher Medizin und Justiz.

Allerdings wohnte diesem Sprechen über Zweigeschlechtlichkeit in Gewaltnarrationen eine Vereinfachung inne: So entzogen sich die geschlechtlichen Selbstkonstituierungen der Befragten beispielsweise einer Vorstellung geschlechtlicher Dichotomie. Denn sie hatten im eigenen Körper, im Sprechakt des Coming-out und im Reagieren auf das Wahrgenommen-werden vielfältige Praktiken entwickelt, um sich geschlechtliche Existenzräume, *Zonen der Bewohnbarkeit*, zu schaffen. Mit diesen *Technologien des Selbst* agierten sie an den Grenzen zur Anerkennung der eigenen Subjektivität und zugleich an den Grenzen zur Diskriminierung und Gewalt. Gleichzeitig tauchte im Sprechen über Gewalt und Geschlecht *Fiktion der Geschlechternormativität* auf, die sich in den vereinfachenden Symboliken widerspiegelte. Das bedeutet, hier war ein eigentümlicher Funktionswiderspruch anzutreffen, denn auf der einen Seite bot sich die Chance, in und durch Sprache auf Diskriminierung und Gewalt hinzuweisen, und gleichzeitig konnte die eigene geschlechtliche Selbstkonstituierung nur als Negation expliziert werden. Dies geschah oft, ohne inhaltliche Bestimmungen vornehmen zu müssen oder vornehmen zu können.[386] Dieses Paradox ist dem Sprechen und der Analyse von Genderbashing immanent.

Zentrale Stereotypen

Die Alltäglichkeit heteronormativer Bedingungen und Stereotypenbildung rahmt das Untersuchungsfeld. Dabei zeigt sich ein Kontinuum zwischen ubiquitärem Konformitätsdruck[387] und Genderbashing, das auf drei interagierenden, stereotypen Achsen aufbaut (vgl. Grafik).

Misogynie spielte in jenen Gewaltsituationen eine Rolle, in denen Weiblichkeit aus dem heteronormativen Rahmen zweigeschlechtlicher Normativität herausfiel. Von Misogynie betroffen waren somit effiminierte Männlichkeiten sowie maskulinisierte Weiblichkeiten und verschiedene Personen im Graubereich dieser Selbstbezeichnungen. Die Ablehnung von Weiblichkeit tritt in der hiesigen Gesellschaft oft als Ironie oder Überformung auf und zeigt sich damit als vermeintlicher Spaß. Eine Folge ist, dass das destruktive Ausleben misogyner, heteronormativer Machtverhältnisse auch in der Degradierung und Verspottung nonkonformer Weiblichkeiten zu finden ist.[388] Misogynie zeigt sich aber nicht nur im unmittelbaren Gewalthandeln, sondern auch in der

---

386 vgl. 3.5 Zwischenergebnis I: Geschlechternormativität als Fiktion
387 vgl. 5.4 Zwischenergebnis III: Allgegenwärtiger Konformitätsdruck
388 Es ist zu vermuten, dass diese nonkonformen Weiblichkeiten als Grundlage für Misogynie gleichbleibend auch jene Frauen betreffen, die in dem situativen Kontext als abweichend gelesen werden. Sie werden dann als ›dicke‹«, ›hässliche‹, ›behinderte‹, ›blonde

Abbildung 2: Dreieck zentraler Stereotypen

Ablehnung
geschlechtlicher
Nonkonformität

Homosexuellen-
feindlichkeit

Misogynie
als Ablehnung
von Weiblichkeit

Brutalität der Taten, die zum Teil sogar einen existenziellen Vernichtungswillen offenbarten, wie die empirische Narration einer Transfrau veranschaulicht, deren Arbeitskollege ihr androhte, ihre Vagina zu zerschießen. Gewaltakte der Vergewaltigung waren dabei ein Ausdruck der Dominanz und Ermächtigung über konforme und nonkonforme Weiblichkeit.

Darüber hinaus spielt die Misogynie bei der Abwertung männlicher Homosexueller eine entscheidende Rolle, weil es das vermeintliche Entdecken von weiblichen Anteilen im Wesen eines gelesenen Mannes ist, das dazu führen kann, das er_sie mit Verspottung und Gewalt konfrontiert werden kann. Homosexuellenfeindlichkeit fußt wegen der verbreiteten Annahme und Illusion, schwule und lesbische Orientierungen seien für Dritte als Weiblichkeit bzw. als Männlichkeit erkennbar, auch auf Verachtung derselben. Das bedeutet, dass sowohl in misogynen als auch in homosexuellenfeindlichen Diskriminierungen und Gewalttaten vermutlich jene abgestraft werden, die aus der Sicht der Angreifenden zu viel oder zu wenig Weiblichkeit bzw. Männlichkeit repräsentieren.

Die dritte Achse des Dreiecks bildet die diffuse Ablehnung geschlechtlicher Nonkonformität. Da sie in die Nähe zur Homosexuellenfeindlichkeit gestellt oder sogar mit ihr verwechselt wird, ist ihre Ausprägung dethematisiert.[389] Die empirischen Daten zeigen, dass die drei Vorurteilsachsen ein interdependentes Verhältnis eingehen. Vor dem Hintergrund *heteronormativer Hegemonie* führen soziale Praxen der Diskriminierung und Gewalt zu einer Melange ver-

---

und doofe< Frauen usw. etikettiert. Weiblichkeit jenseits der Fiktion der Gesundheit, Schönheit und Perfektion wird so zur stets möglichen, misogynen Angriffsfläche.
389 vgl. 6.1 »Ey, bist du schwul?« – Die Nähe zur Homosexuellenfeindlichkeit

schiedener Vorurteilsstrukturen, wobei sich die Gewaltmotivationen für die Betroffenen mal mit und mal ohne und stets mit einem sich verschiebenden inhaltlichen Schwerpunkt darstellten. Das macht Genderbashing zu einem Reproduktionsfeld geschlechterstereotyper und dichotomisierender Annahmen. Diese funktionieren voneinander abhängig und tauchen intersektional mit Rassismus, Klassismus, Abelismus und der Dichotomie von Gesundheit und Krankheit auf. Das heißt: Wird die Gewalt intersektional betrachtet, erhöht dies an dieser Stelle die Anzahl der Achsen und die Dimensionalität der Vorurteilsstrukturen sowie der konstitutiven Ungleichheitskategorien.

Die Vorurteilsachsen korrespondieren mit vier, sich wiederholenden Figuren der Ver-Anderung. Täter_innen und heteronormative Akteur_innen nahmen Bezug auf die_den Homosexuelle_n, auf den Zwitter als monströse Figur, auf die_den postgender Cyborg und auf die_den geschlechtliche_n Betrüger_in als Angstfiguren. Diese Surrogat-Figuren dienten in den situativen Gewaltwiderfahrnissen als Ausdruck der unspezifischen Ablehnung der Nonkonformität. Mit diesen sprachlichen Figuren wurde versucht, die Angesprochenen in den Diskriminierungs- und Gewaltsituationen zu Außenseiter_innen zu machen und sie jenseits einer sozialen Wirklichkeit zu platzieren. Somit wurden im Diskriminierungs- und Gewalthandeln *Deviantisierungen* geschaffen, die sich auch aus historischen Differenzierungen zentraler Dichotomien ableiten lassen: Hetero- und Homosexualität, biologische/medizinische Eindeutigkeit/Uneindeutigkeit, Natur/Kultur sowie Wahrheit/Lüge. Sie wirkten bis in die geschlechtlichen Selbstkonstituierungen der Befragten hinein und sind vermutlich gleichzeitig bewusst oder unbewusst gefürchtete Momente der Selbstkonstituierungen vieler Geschlechter, insbesondere jener, die sich geschlechtlich konform verstehen.

Anerkennungsverlust und die Abhängigkeit von Dritten

In den Kernfeldern Körper, Coming-out und Umgang mit der eigenen Sichtbarkeit als geschlechtlich nonkonforme Person trat zutage, dass eine Abhängigkeit von der Anerkennung Dritter entscheidend für die individuelle Selbstkonstituierung ist. Deutlich wurde, dass bereits die Auseinandersetzungen mit dem eigenen Körper, die Verlautbarungen über die geschlechtliche Orientierung und der Umgang mit den neugierigen, interessierten und abwertenden Blicken von Dritten zu einschreibenden Verletzungen führen konnten. Die Suche nach Anerkennung barg demnach zugleich die Gefahr der Verletzung. Der eigene Körper wurde darin zu einem Schlüsselmoment, denn an ihm manifestierte sich die Frage nach persönlicher und gelesener Übereinstimmung von geschlechtlicher Orientierung und identitärem Selbst, die nicht notwendig binärgeschlechtlich ausfallen musste. In Coming-out-Narrationen zeigte sich eine Notwendigkeit zur geschlechtlichen Selbstbestimmung, die sowohl für das Wohlbefinden als auch für die finanzielle und soziale Existenz grundlegend waren. Gleichzeitig war das Geständnis somit auch ein internalisierter Zwang, der individuell als Befreiung erlebt wurde. Fehlende Anerkennung des Körpers, (die Notwendigkeit) der geschlechtlichen Verortung in Sprache und das (gefühlte) Kommentiert-werden durch Blicke führten zu individualisierten, häufig ambivalenten Prozessen zwischen Anpassung an heteronormativen Konventionen und Widerstand gegen heteronormative Einschränkungen.[390]

Geschlechtlich nonkonforme Subjekte, die der unkalkulierbaren Gefahr der Gewalt auch aufgrund ihrer geschlechtlichen Selbstkonstituierung und ihres potenziell brüchigen Subjektstatus ausgesetzt waren, sehnten sich nach Anerkennung, die sowohl affirmativ als auch destruktiv auftauchen konnte. Das bedeutet, das auch eine Verletzung, eine Sichtbarkeit in einem Gewaltwiderfahrnis, ein Spüren von Schmerz im autoaggressiven Moment dazu beitragen konnte, sich Anerkennung zu verschaffen.[391] Die permamente Gefahr begünstigte zudem den Umstand, dass viele der Befragten für vielschichtige Ausgrenzungs-, Stigmatisierungs-, Diskriminierungs- und Gewalttaten verletzungsoffen gemacht worden sind. Ihre Anerkennung als Grenzsubjekte in dieser Studie reproduziert zweigeschlechtliche Verhältnisse, indem sie auf die Verletzungsoffenheit hinweist. Aber sie macht es möglich, dass strukturelle Diskriminierungen und interpersonale Gewaltphänomene besprechbar und sichtbar gemacht werden können. Die immanente Ver-Anderung durch Thematisierung von Anerkennungsprozessen in Diskriminierungs- und Gewaltwiderfahrnissen bedeutet deshalb zugleich die Möglichkeit von Sichtbarkeit und Ausgrenzung der geschlechtlichen und sexuellen Vielfalt.

Genderbashing ist …

Genderbashing nach Viviane K. Namaste lehnte sich an *Queerbashing* in Canada und in den USA an. Namaste fokussierte Transsexuelle als Erweiterung zu lesbischen und schwulen Personen, die von Gewalt (Queerbashing) im öffentlichen Raum betroffen waren. Demgegenüber befasst sich Genderbashing in dieser Studie mit Gewalt und Diskriminierung gegenüber einer heterogenen Vielfalt geschlechtlicher Nonkonformität und beschränkt sich nicht auf Widerfahrnisse und Erfahrungen im öffentlichen Raum. Genderbashing ist in dieser Studie der Begriff für alle interaktiven und/oder institutionalisierten Diskriminierungs- und Gewaltwiderfahrnisse, in denen Aushandlungsprozesse

---

390 vgl. 4. Materialisierungen der Dethematisierung als Einschreibung in das Selbst
391 vgl.2.1.3 Anerkennung und *Zone der Unbewohnbarkeit*

um geschlechtlich nonkonforme Anerkennung stattfinden und Verletzung widerfahren wurde.

Genderbashing – so zeigen die empirischen Ergebnisse dieser Studie – ist an der Schnittstelle von (mindestens) Sexualität und Geschlecht eine fixierende Achse im heteronormativen Spiel. Es fixiert die flexibilisierten Geschlechterverhältnisse und unterstützt sie in ihrer zweigeschlechtlichen, heterosexuellen Merkmalsetzung, indem es die Dethematisierung der Vielfalt geschlechtlicher und sexueller Existenzweisen und die Unsagbarkeit mittels Surrogat-Figuren möglich macht. Die diskursive Dethematisierung erscheint als Leerstelle oder als Tabuisierung, obwohl gerade diese Konzepte beitragen, Heteronormativität zu konstituieren. Dies wiederum fördert die Dethematisierung der Normalität zweier Geschlechter, weil das Andere als Abweichung und/oder als Tabu im Gespräch ist. Genderbashing ist also ein Produkt weitreichender geschlechtlicher und sexueller Normalisierungs- und Naturalisierungsprozesse. Das Untersuchungsfeld ist das Produkt einer Normverlängerung heteronormativer Verhältnisse, das von einer mehrfachen Dethematisierungspraktik (der Diskriminierung und Gewalt, der geschlechtlichen Vielfalt, der Tabuisierung und der Normalisierung) und einer historisch flexiblen Kontinuität der geschlechtlichen Anerkennung formal und inhaltlich strukturiert wird.

In den Diskriminierungs- und Gewaltwiderfahrnissen finden Reproduktionen der Normalitätsvorstellungen im Kontext einer *heteronormativen Hegemonie* statt, die sich insbesondere durch geschlechtliche und sexuelle Eindeutigkeit, Wahrheit und Authentizität widerspiegeln. Zugleich sind im Genderbashing Orte der Anerkennung (Butler) und die Möglichkeit zur subversiven Resignifizierung (Butler) zu finden. Genderbashing ist damit auch ein Raum für subversive Fehlaneignungen, denn dort besteht auch die Möglichkeit, Geschlechter neu zu zeigen und ihre Bedeutungen zu verschieben. Anerkennung findet ebenso in der Bestätigung wie in der Destruktion statt. Stets können in diesem Spannungsfeld, wie ausgewählte Beispiele zeigen, geschlechtliche Irritationsräume entstehen.

Indikator für Genderbashing ist die Verletzung und der Schmerz der Befragten. Dabei hat sich gezeigt, dass die (poteziellen) Verletzungen der Diskriminierung und Gewalt durch Dethematisierung in den geschlechtlichen und sexuellen Selbstkonstituierungen der geschlechtlich nonkonformen Personen eingeschrieben sind. Genderbashing ist Baustein und Effekt *heteronormativer Hegemonie* und kann zum Moment der Resignifizierung heteronormativer Ordnungsstrukturen werden. Als dethematisiertes und unsagbares Gewaltfeld wird Genderbashing im Zitat sichtbar und ist damit empirisch einholbar und gesellschaftlich thematisierbar.

9.2 Poststrukturalistische Interventionen
[Forschungsrelevante Impulse]

Die vorliegende Gewaltstudie bot Analysen von Macht- und Herrschaftsverhältnissen an der Schnittstelle von Gewalt, Geschlecht und Sexualität und erforschte Genderbashing gegenstandsbezogen als Zwischenraumphänomen. Die Studie ist ohne eindeutige Wahrheit von Geschlecht, ohne strikte Definition von Diskriminierung und Gewalt und ohne eine rigide Begrenzung des Untersuchungsfeldes ausgekommen. Nachfolgend stelle ich aus den Zwischenräumen ausgewählte Denkimpulse zum Weiterdenken für geschlechtersensible Gewaltforschung und feministische Kriminologie dar.[392] Hierfür fokussiere ich (1) das *Subjekt der Fälschung* (Ipk) und (2) das diskontinuierliche Verhältnis von Geschlecht und Sexualität. Die Ausführungen ergänzen bisherige Auseinandersetzungen im Forschungsfeld *Gewalt und Geschlecht*.

9.2.1 Das *Subjekt der Fälschung*

Es gibt Subjekte, die gibt es gar nicht. Die leben nach Judith Butler als »verworfene Wesen« in einer *Zone der Unbewohnbarkeit* (Butler 1997 (1993): 23). Jene sozialen Gruppen, die Butler vor 20 Jahren in diesem sozialen Aus gesehen hat, verfügen entlang meiner empirischen Studie über einen mehr oder weniger anerkannten Subjektstatus. Allerdings veranschaulichen die Daten, dass geschlechtlich nonkonforme Subjekte sich oft an den Grenzen der gesellschaftlichen Anerkennung bewegen, sodass soziale Ausgrenzung nicht zwangsläufig dauerhaft, wohl aber temporär stattfindet. Geschlechtlich nonkonforme Personen können unter dieser Maßgabe inmitten einer heteronormativen Gesellschaft leben.

Der eigene Subjektstatus stellte im Empfinden der Befragten keine kohärente und kontinuierliche Einheit dar; er zeigte sich widersprüchlich in Bezug auf dichotome Unterscheidungen zwischen Opfern und Täter_innen, zwischen Geschlecht und Nicht-Geschlecht, zwischen konform- und nonkonform. Stattdessen erschlossen die Befragten die Grauzonen dieser Spannungsfelder oder bewegten sich in ihrer Wahrnehmung gelegentlich sogar außerhalb dieser Pole. Das führte dazu, dass das Subjektsein selbst als ambivalente Konstruktion und umkämpftes Feld empfunden wurde. Dem oblag eine innere Widersprüchlichkeit, die der Auseinandersetzung mit der Gefährdung des

---

392 Zwar sind die hier ausgeführten Schlussfolgerungen für das gesamte Feld der Sozialwissenschaften und der Kriminologie bedeutsam, aber ich gehe aber davon aus, dass diese wissenschaftlichen Teildisziplinen unmittelbar von den Erkenntnissen profitieren können. Zur methodologischen Inspiration der Gewaltforschung als Beziehungsanalyse: vgl. 1.2 Queer-feministische gegenstandsbezogene Methodologie.

Subjektstatus qua eigener geschlechtlicher Nonkonformität entsprang. Denn in der Unentscheidbarkeit des Subjektstatus liegt ein Verlassen des konkreten, identitären Rahmens, der dem anerkannten geschlechtlichen Subjekt als Orientierung dienen soll/kann. Die Orientierung an sozialen Identitäten war für die befragten Subjekte zeitlich begrenzt, sie fiel ganz weg oder sie bot an Wendepunkten in ihrem Leben Desorientierungen, Isolation und Schmerz. Die Suche nach Identitäten oder nach einem Jenseits-von-Identitäten war somit von Ambivalenzen, von strategischen Anpassungen und sprachlichen Aneignungen geprägt. Das bedeutet, im Kontext der *Technologien des Selbst* nach Foucault wurde das Subjekt partiell als gestaltbares Moment des Selbst wahrgenommen, dem als determiniertes Objekt im geschlechtsbezogenen Gewalthandeln der Verlust von sozialer Anerkennung drohte. Diesen Mitwirkungsprozessen und Ambivalenzen Raum zu geben, führt in Wissenschaft und Forschung dazu, die Konstituierung von Subjekten in Gewaltsituationen um biografische Rekonstruktionen zu ergänzen. Zwar vermag die biografisch orientierte Gewaltforschung es, die Subjektpositionen, das Gewalterleben und Gewalthandeln in den Blick zu nehmen, aber eine biografisch-dekonstruktive Herangehensweise könnte ergänzend dazu narrative, biografische Wendepunkte und Spuren von Auslassungen suchen, die Selbstverständlichkeiten und Tabuisierungen sichtbar machen. Das Spektrum von Geschlecht und Gewalt ist somit nicht nur als ein situatives, interaktives und strukturelles Aufeinandertreffen verschiedener Kräfte zu interpretieren, sondern nähert sich erst durch die Betrachtung von unabgeschlossenen Subjektkonstituierungen einem Verständnis vom komplexen Verhältnis von Gewalt und Geschlecht. Für die kriminologische und sozialwissenschaftliche Betrachtung bedeutet dies, die Unabgeschlossenheit des Subjekts sowie dessen Brüchigkeit in den individuellen Selbstkonstituierungen und die Vielfalt der intersektionalen Zugehörigkeiten zusätzlich zur situativen Diskriminierung und Gewalt zu betrachten. Das Verhältnis von Subjektstatus und Gewaltwiderfahrnissen ist dabei jenseits der zuschreibenden Dichotomien von Täter_in und Opfer ins Verhältnis zu setzen (Messerschmidt 2005). Es geht über die biografische Erforschung des Zusammenhangs hinaus, weil die Diskontinuität und Unabgeschlossenheit der subjektiven, biografischen Rekonstruktion ebenso Raum erhält wie die Dramaturgie, Spontaneität und Relativität der situativen Diskriminierung und Gewalt.

9.2.2 Das diskontinuierliche Verhältnis von Geschlecht und Sexualität

Geschlecht tauchte wider die dauerhafte, starre Trennung von wahrem und falschem Geschlecht, wider die Eindeutigkeit und Uneindeutigkeit und wider die Differenzierung zwischen >natürlich< und >künstlich< auf. Die folgende Abbildung versucht die strikte, dualistische Vorstellung von Geschlecht in der sozialwissenschaftlichen Gewaltforschung zu lösen und zu erweitern. Die dargestellten Grenzen (der einzelnen Felder) sind als semipermeable Membranen zu verstehen, sodass die aufgezeigten Geschlechterräume nicht als fixierte, sondern als dynamische, diskontinuierliche Orte der Kennzeichnung jenseits der Ausschließlichkeit zu verstehen sind. Deutlich wird die Dynamik außerdem entlang der gestrichelten horizontalen Linie, die eine vorläufige Grenze zwischen anerkannten und (noch nicht) anerkannten Geschlechtern (oben rechts in der Grafik) markiert. Die Felder ohne Inhalt verweisen auf die Unvollständigkeit der genannten Geschlechterräume und darauf, dass sich diese geschlechtlich und sexuell weiter verschieben und in Sprache und in ihrer Materialisierung in Bewegung sind.

Im gestrichelten Rahmen sind jene geschlechtlichen Konstruktionen eingefasst, die soziokulturell und rechtlich qua Pathologisierung und qua Gesetzgebung (zumindest zum Teil) anerkannt sind. Es ist zu erkennen, dass sich dieser Rahmen im Kontinuum der geschlechtlichen Konformität und Nonkonformität, also innerhalb dieser binären Logik bewegt: Denn auch Transsexuali-

Abbildung 3: Geschlechtliche und sexuelle Orientierungen im Kontext von Diskriminierung und Gewalt

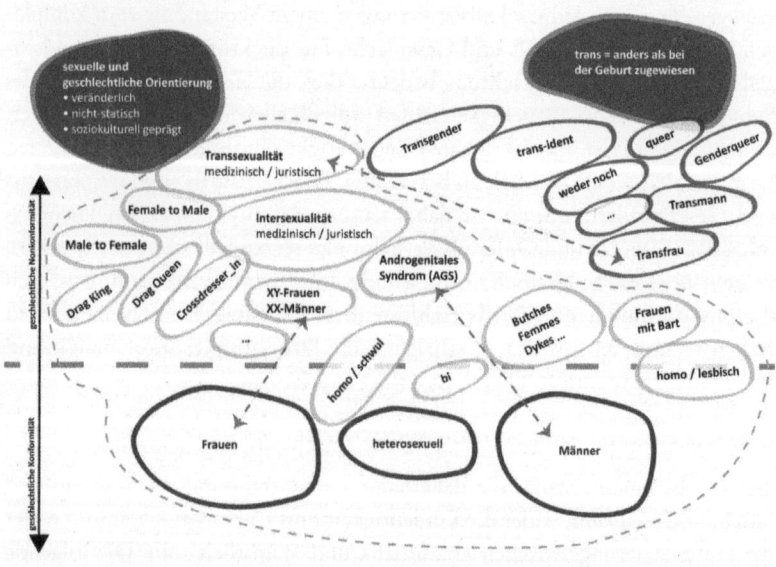

tät und Intersexualität, ebenso wie Travestie und Crossdressing gehören als ein >Gegenüber< bereits in die Sphäre binärer Geschlechterverhältnisse. Die gestrichelte Horizontale verweist auf jenes Denkgefüge der materialisierten *heteronormativen Hegemonie*, das diese Teilbereiche strikt trennt und doch bereits die Homosexualität in den Übergangsbereich zur Nonkonformität verschiebt. Außerhalb des gestrichelten Rahmens befinden sich jene sexuellen und geschlechtlichen Selbstbezeichnungen, die bis dato keiner sozialen oder rechtlichen Anerkennung und Regulierung unterliegen. Dies ist ein Bereich der hegemonial vollständig vergessen gemachten Geschlechter (oben rechts in der Grafik). Das heißt, dieser Bereich ist bislang fast komplett von sozialer und rechtlicher Anerkennung ausgeschlossen. Dunkelgrau umrandet sind jene Geschlechterräume eindeutiger Zugehörigkeiten. Personen dieser geschlechtlichen Orientierungen können ebenfalls von Diskriminierung und Gewalt als Frauen/Mädchen bzw. als Männer/Jungen betroffen sein. Geschlechtliche und sexuelle Orientierungen sind somit entscheidende Marker in Diskriminierungs- und Gewaltwiderfahrnissen.

Alle Geschlechterräume, obwohl in Grautönen unterschiedlich abgesetzt, entbehren einer klaren Grenzziehung, denn zwischen allen Feldern, die auftauchen, existieren Grenzfelder und Überschneidungen mit anderen Bereichen. Angedeutet wird dies durch exemplarische Pfeile, die darauf hinweisen, dass soziale und identitäre bzw. Identität negierende Zugehörigkeiten oft in verschiedenen Feldern gleichzeitig auftauchen können. Dies führt zu dynamischen Mehrfachzugehörigkeiten an der Schnittstelle von sexuellen und geschlechtlichen Orientierungen. Deshalb stellt die Grafik eine Momentaufnahme der Prozesshaftigkeit von Geschlecht und Sexualität im Kontext von gewaltsamen Geschlechterverhältnissen dar, in der Personen die parzellierten Räume von Geschlecht und Sexualität überschreiten (können). Die Grenzüberschreitung – auch das soll die Abbildung andeuten – wird damit zur Möglichkeit. Geschlecht ist Werden (statt vorrangig Sein), Überschreitung, Hinausgehen und Veränderung. Dies schließt allerdings das individuelle Gefühl des >Geschlecht-Seins< nicht aus, wie die empirische Analyse gezeigt hat. Körper, Geschlecht, Sexualität werden diskontinuierlich erlebt, erfahren, verändert und gelassen und können sich zugleich stabil als eigentliches Sein äußern.[393] Die möglichen Zugehörigkeiten zu Geschlecht und Sexualität sind in Bewegung geraten. Geschlechtliche Nonkonformität als Beispiel für die Prozesshaftigkeit

---

393 Dies bedeutet allerdings nicht, dass Prozesshaftigkeit von Geschlecht eine einfache soziale Praxis ist. Im Gegenteil, Veränderung oder Vervielfältigung einer geschlechtlichen Orientierung kann zu einem das Leben und die psychosoziale Situation umwälzenden Prozess werden.

von Geschlecht wird dabei, das zeigen die aktuellen Diskurse um Transsexualität und Intersexualität, weiter an Bedeutung gewinnen.[394]

Übertragen auf geschlechtersensible Gewaltforschung bedeutet das, sich empirisch von der als selbstverständlich angenommenen zweigeschlechtlichen Ausrichtung zur Erfassung von Diskriminierungs- und Gewaltwiderfahrnissen zu verabschieden. Dies öffnet den Blick für andere geschlechtliche Personen ebenso wie für nonkonforme Anteile innerhalb bereits wahrgenommener Gewaltwiderfahrnisse. Diese Anerkennungen plurarer geschlechtlicher und sexueller Subjektpositionen jenseits von Veropferung und Ver-Anderung können nicht nur für die geschlechtersensible Gewaltforschung und feministische Kriminologie wegweisend sein, denn das Verlassen dichotomer geschlechtlicher und sexueller Selbstverständlichkeiten könnte als Prinzip der Dekonstruktion von Dichotomien auch die Anzahl jener Studien drastisch verringern, die im Aufzeigen von ethnischer, klassistischer und körperlicher Ver-Anderung dichotome Macht- und Herrschaftsverhältnisse reproduzieren.

Für die geschlechtersensible Gewaltforschung in Soziologie, Gender Studies und Kriminologie ist aber nicht nur der neue Forschungsinhalt, sondern auch die sich abzeichnende Neufassung des Verhältnisses von Gewalt und Geschlecht wegweisend: (1) Im Spektrum von Gewalt und Geschlecht beeinflusst die Normativität von Heterosexualität das Verhältnis. In der Interdependenz mit Zweigeschlechtlichkeit hat sie bei allen Formen heteronormativer Gewalt Einfluss. Dabei könnte eine entselbstverständlichte Perspektive auf normative Geschlechter und Sexualitäten helfen, *heteronormative Hegemonien* zu hinterfragen. (2) Im Verhältnis von Gewalt und Geschlecht spielt die Auslegung des Gewaltbegriffs eine entscheidende Rolle. Ein weiter Gewaltbegriff begünstigt dabei den Raum für Entdeckungen im Untersuchungsfeld, um das Verhältnis kontextuell neu zu bestimmen. (3) Studien zum Verhältnis von Gewalt und Geschlecht sollten an der Schnittstelle von Geschlecht und Sexualität anfangen. Zusätzlich müssten die sozialen Kategorien interdependent verstanden werden, sodass die Komplexität von Diskriminierungs- und Gewaltsituationen berücksichtigt wird. Und schließlich: (4) Inwiefern auch die Dichotomie von Konformität und Nonkonformität dekonstruiert werden müsste und inwiefern dies für den jeweiligen Untersuchungsgegenstand von Bedeutung ist, müssen zukünftige Forschungen ergründen. Sicher ist, dass das Verhältnis von

---

394 Die Mehrdimensionalität von Geschlecht aus intersektionaler Perspektive bleibt in dieser Darstellung allerdings unberücksichtigt. So wäre die Darstellung mit Hilfe weiterer Folien auf das Bild von Geschlecht an der Intersektion mit Sexualität zu vervollständigen. Das Ergebnis wäre eine parzellierte, komplexe Darstellung von Mehrfachzugehörigkeiten und in Bezug auf die Präsenz von Ungleichbehandlungen, die Darstellung von parzellierten Mehrfachdiskriminierungen.

Gewalt, Geschlecht und Sexualität von normativen Strukturen, den beteiligten Individuen und vom jeweiligen situativen Ereignis abhängig ist und Studien zu Gewalt und Geschlecht ambivalent sind, weil sie infrage stellen, aufmerksam machen, zur Prävention beitragen und zugleich Gewaltverhältnisse reproduzieren (können).

Im Spektrum von Gewalt, Sexualität und Geschlecht zu forschen, bedeutet, sich diesem Komplex als eine Form dynamischer Verhältnisse zu nähern. Die bislang fehlende Thematisierung geschlechtlich nonkonformer Subjekte, die mangelnde Komplexität im Verhältnis von Gewalt und Geschlecht, die Missachtung des Körpers, das Ausblenden der Gefühle der Betroffenen, die fehlende Empathie der Mehrheitsgesellschaft für marginalisierte Gruppen und das Ausblenden der Selbstkonstituierungsprozesse als *Technologien des Selbst* nach Foucault sowie das Vergessen der Biografien und der bislang gemachten Erfahrungen könnten Bausteine zukünftiger Gewaltforschungen werden. Sie könnten Ansporn zur Reflexion liefern und ergänzendes Potenzial haben.

Innovative Analysen sollten parallel dazu die Frage klären, wie sich geschlechtliche und sexuelle Normalitäten konstituieren, welche Prozesse Normalisierung hervorrufen, wie sich diese manifestieren und welche stabilisierenden und subversiven Mechanismen existieren. Dabei sind Gewaltforschungen aufgefordert, der drohenden Gefahr zu entgehen, nonkonforme, delegitimierte Subjekte als ver-anderte Personen und ihr Gewaltwiderfahren, Gewalterfahren und ihre Gewaltbereitschaft im Kontrast zur unbenannten Normalität zu reproduzieren. Denn die geschlechtlich und sexuell Anderen sind nur anders, weil das ›normale‹ Geschlecht und die ›normale‹ Sexualität in ihrer geschlechtlichen und sexuellen Eindeutigkeit als Normalität naturalisiert existiert und nur selten als Teil der Analyse infrage gestellt werden.

9.3 Gewaltprävention und normativitätskritische Bildung [Praktische Wendungen]

Präventive Handlungsempfehlungen und Gewaltforschungen erfolgen in der Absicht, zur Reduzierung von interpersonaler Gewalt beizutragen. Allerdings ist Genderbashing kein anerkanntes Problemfeld, denn bislang hat sich das Phänomen geschlechtlicher Nonkonformität und damit auch Genderbashing qua Dethematisierung noch weitestgehend selbst reguliert. Deshalb stehen Präventionskonzepte zu dieser Diskriminierung und Gewalt noch aus. Allerdings existieren Präventionskonzepte mit der Absicht der Reduzierung homosexuellenfeindlicher Diskriminierung und Gewalt. Darin wird auf die identitären Gruppen der Lesben, Schwulen und Bisexuellen Bezug genommen und nur selten werden diese Gruppen um Transpersonen oder um andere geschlechtlich nonkonforme Menschen erweitert. Das bedeutet, in zahlreichen Projekten wird die Abweichung von Heterosexualität zwar thematisiert, aber ihr Zusammenhang mit der Repräsentation von Geschlecht und mit dem Verhältnis von Geschlecht und Sexualität bleiben unerkannt und/oder werden nicht fokussiert. Deshalb geht es in diesen Projekten zumeist um die Akzeptanz von veranderten Sexualitäten und kaum um ver-anderte Geschlechter.

In der jüngeren Studie zur Lebenssituation von Transsexuellen in Nordrhein-Westfalen von Fuchs et al. werden zur Reduzierung der Gewalt gegen Transsexuelle allerdings zentrale präventive Ideen angeführt (Fuchs et al. 2012): So empfehlen die Autor_innen die Integration von Transsexualität als Thema in die schulischen Lehrpläne, die Implementierung von Leitfäden in der Verwaltung, im Gesundheitswesen und in der Pädagogik, die Neufassung von Verwaltungsvorgängen zur Bewahrung der Rechte von Transsexuellen, eine gesellschaftlich verankerte Aufklärungsarbeit, die Unterstützung von Selbsthilfegruppen, die Qualifizierung von (betroffenen, zukünftigen) Fachkräften durch Betroffene, die Förderung der Auseinandersetzungen zum Thema in Polizei und Beratungsstellen, die Vereinfachung der Antragstellung im Zuge des Transsexuellengesetzes, weitere Gesetze gegen Diskriminierung, die Einrichtung einer fachlichen landesweiten Koordinationsstelle, die Förderung von Forschung zum Thema und einen Ausbau des Schutzes der Gesundheit von transsexuellen Personen (vgl. Fuchs et al. 2012: 17-20). Da die »sozialen Konventionen« durch »Verordnungen und durch gesetzliche Regelungen« stabilisiert werden, erscheint es den Autor_innen dringlich, den Nutzen und die Grenzen der normativen Prinzipien zu hinterfragten, um den Lebensverhältnissen transsexueller Menschen gerecht werden zu können (Fuchs et al. 2012: 20). Dass zu der Verbesserung der Lebenssituationen und zur Reduzierung der Gewalt gegenüber Transsexuellen auch die Änderung der bisherigen rechtlichen Standards zählt, die sich vorrangig auf Zweigeschlechtlichkeit und Heterosexualität beziehen, erscheint vor diesem Hintergrund selbstverständlich. Allerdings bleibt die *Studie zur Lebenssituation von Transsexuellen in Nordrhein-Westfalen* auf das Feld der Transsexualität beschränkt. Trotzdem ist ein Transfer der aufgezeigten Präventionsideen in das Feld der geschlechternonkonform-feindlichen Diskriminierung und Gewalt möglich, denn im übertragenen Sinne gelten die Handlungsempfehlungen für die konkrete Prävention von Genderbashing, wenn die Vorschläge aus der identitären Fokussierung auf eine soziale Gruppe (Transsexuelle) gelöst werden. Dies bedeutet, dass Selbsthilfeorganisationen, Lebensverhältnisse und Gesetze, die sich auf andere Formen geschlechtlicher Nonkonformität beziehen, selbstverständlich in die Handlungsempfehlungen integriert werden müssen. Die Prävention hätte in der Folge die Stärkung aller geschlechtlich nonkonformen Personengruppen im alltäglichen, bildungspolitischen, juristischen, medizinischen und soziokulturellen Diskurs zum Ziel. Hierfür sind finanzielle und ideelle Unterstützungsleistungen der bisherigen Strukturen, angefangen von Selbsthilfegruppen bis hin zu Beratungsangeboten notwendig, wobei – analog zu den Positionen in der NRW-Studie – die Beteiligungen der von Genderbashing betroffenen Personen gestärkt und ausgebaut werden müssen. Zur Reduzierung von Genderbashing braucht es also konkrete, psychosoziale und rechtliche Präventions- und Antidiskriminierungsprojekte.

Doch aus der oben skizzierten Argumentation heraus, müssen sich bestehende Konzepte zur Minimierung der Diskriminierung und Gewalt gegenüber Transsexualität und Homosexualität die Frage gefallen lassen, inwiefern sie selbst Gewalt-Diskurse restabilisieren, weil in den Präventionskonzepten die Betroffenen der Gewalt zu sozial konstruierten Abweichenden gemacht werden. Obwohl in herkömmlichen Bildungs- und Aufklärungskonzepten die Absicht verfolgt wird, die marginalisierten sozialen Gruppen in einen Normalisierungsdiskurs einzubinden, werden sie gleichwohl ver-andert. Das bedeutet, dass die Perspektive auf die Außenseiter_innen und das Werben für eine Akzeptanz der Anderen als Bestärken der Entscheidbarkeit wirkt. Diesem Dilemma entkommt die konkrete Gewaltprävention nur selten. Deshalb braucht es zur Reduzierung von Genderbashing meines Erachtens ergänzend normativitätskritische Perspektiven und Anknüpfungspunkte (s.a. Pohlkamp 2014).

In der folgenden Konzeption der Unentscheidbarkeit, des Weder-Noch, gehe ich konsequenterweise über den konkreten Präventionsgedanken hinaus. Denn eine Reduzierung von Genderbashing zum Ziel zu haben, bedeutet nicht weniger als den Versuch, den Diskurs um geschlechtliche Eindeutigkeit zu benennen und zu resignifizieren. Ich denke, dass ein Schlüssel für eine Reduzierung von Genderbashing zunächst in der Bewusstwerdung von geschlechtlicher Normativität und Normalisierung liegt. Konzeptionell müsste normativitätskritische präventive Bildung neue Schritte wagen, die sich aus dem Phänomen des Genderbashings, der Homosexuellenfeindlichkeit, aber auch aus der Gewalt gegen Mädchen/Frauen und gegen Jungen/Männer ergeben. Die Ziele sind die Schaffung von Anerkennungsstrukturen für geschlechtliche und sexuelle Diversität, die Betrachtung der eigenen Beteiligung an gesellschaftlichen Diskriminierungs- und Ausschlussprozessen, die Reduzierung von Diskriminierungs- und Gewaltsituationen als auch die Reflexion der eigenen Handlungsoptionen. Normativitätskritische Bildung müsste die Diversität und Gleichbehandlung verschiedener Existenzweisen zum Ausgangspunkt und zum Ziel haben und intersektionale Diskriminierungsformen (Mehrfachdiskriminierungen) ebenso zum Thema machen, wie verschiedene geschlechtliche und sexuelle Existenzweisen. Die folgenden Überlegungen zur Konzeption diversitätssensibler Bildung zum Verhältnis von Gewalt und Geschlecht ergänzen bestehende Präventionskonzepte, die sich auf die Dichotomien von Mehrheit versus Minderheit und Norm versus Abweichung einlassen (müssen) und/oder die sich ausschließlich auf identitäre Zugehörigkeiten beziehen und diese infrage stellen.

Es muss in einem ersten Schritt darum gehen, binäre Geschlechterstereotype und ihre Auswirkungen zu reflektieren und zu kritisieren. Dabei sollte der ubiquitäre Konformitätsdruck ebenso wie das *Privileg der geschlechtlichen Eindeutigkeit* thematisiert werden. Dieser Fokus hat nicht die Integration geschlechtlicher Varianzen in einen Normalisierungsdiskurs zum Ziel, sondern er beschäftigt sich mit der Kritik an unsichtbar gemachten heteronormativen Gesellschaftsstrukturen, die sich in Verhalten, Sprache und im Denken als naturalisierte Normalisierung eingeschrieben haben. Zunächst muss die Mehrdimensionalität und Vielfalt von geschlechtlichen und sexuellen Existenzweisen erarbeitet werden. Dabei sollte die Frage beantwortet werden, warum bestimmte Personen ver-andert werden. Dies erfolgt in der konkreten Absicht, langfristige Möglichkeiten zu schaffen, mehrdimensionale Geschlechtlichkeit und sexuelle Orientierung zu denken und den verschiedenen Existenzweisen Möglichkeitsräume zu eröffnen, indem singuläre Wahrheit, Eindeutigkeit und Stereotypie der Normativität und Normalisierung dekonstruiert werden. Dabei sollten die eigene biografische Erzählung von Geschlecht und die Erfahrungen eigener (Un-)Eindeutigkeit im Mittelpunkt der Auseinandersetzungen stehen. Schließlich kann die Sprache in ihrer zweigeschlechtlichen Ausprägung analysiert werden und es wird versucht, jene Phänomene zu erfassen, die sich unmittelbar der Sprache und damit dem Denken entziehen. Sprache wird als Instrument der Gleichbehandlung und als Mittel der Verletzung benannt. Verletzungen mit und durch Sprache können so thematisiert werden. Ziel ist es, temporäre Räume für Resignifizierungen von Sprache und Denken zu eröffnen. Inhaltlich wird das Verhältnis von Gewalt, Geschlecht, Sexualität und Ver-Anderung thematisiert, wobei der Begriff der Gewalt für die Beteiligten so gefasst werden kann, dass er die subjektive Bandbreite der beschädigenden Erfahrungen erfassen kann. Ausgehend von den (eigenen) Verletzungen in und durch Sprache, wird Gewalt als ein Phänomen anerkannt, welches das Selbst verletzen und sich als Erfahrung von Schmerz einschreiben kann. Damit gerät die Bedeutung der Verletzlichkeit in den Blick. Ausgehend nicht nur von dem Schmerz der geschlechtlich und sexuell Ver-Anderten, sondern ausgehend auch vom Schmerz der von geschlechtlicher Eindeutigkeit ausgeht, erfolgt die Thematisierung der Fortschreibung und Reproduktion der Diskriminierung und Gewalt. Das bedeutet, dass in der normativitätskritischen Bildungsarbeit die Mehrheit geschlechtlicher Eindeutigkeit in der Wirkungsweise und normativen Kraft thematisiert wird. Das Verhältnis von Gewalt, Sexualität und Geschlecht ist dann weniger ein Zusammenspiel von Eindeutigkeiten, als vielmehr ein relatives Bedingungsgefüge, das sich der alleinigen, negativen Konnotation der Gewalt, der Beschränkung auf physische Gewalt, dem Vergessen des Schmerzes und der Eindeutigkeit entzieht.

Warum, so könnte die selbstreflexive Frage lauten, können sich Personen heteronormativ stabil, eindeutig, sicher und offensichtlich als Frauen und Männer repräsentieren? Normativitätskritische Antidiskriminierungsarbeit in der Bildung ist als Reflexion der eigenen Position im heteronormativen Gefüge und die Überprüfung der Selbstverständlichkeiten, der sozialen Konventionen und des bislang Erlernten zu begreifen. Diese Herangehensweise wirbt nicht primär für die soziale Anerkennung Ver-Anderter, sondern sie fokussiert die Beteiligungspraxen Aller in dominanz- und herrschaftskritischer Perspektive, um die Konstituierungsmechanismen der geschlechtlichen und sexuellen Differenzierungen in den Blick zu nehmen.

Eine erste praktische normativitätskritische Prävention könnte bereits pränatal, in der Dekonstruktion der geschlechtlichen Erwartungshaltungen der werdenden Eltern(-teile) schon in der Schwangerschaft erfolgen. Geschlechtersensible Aufklärungsarbeit, Geschlecht als Prozess und Geschlecht als Diskontinuität zum Bestandteil der Vorbereitung auf eine zukünftige Elternschaft zu machen, erscheint heute noch als ein fast utopisches Anliegen. Aber in ihm läge eine Chance, über die soziale Konstruktion der geschlechtlichen Vielfalt zu informieren.[395] Eine frühe Aufklärung und/oder pädagogische Begleitung der erziehenden Personen und zuständigen Fachkräfte könnte ein erster Schritt sein, um nicht nur intersexuell geborene und transsexuelle Kinder zu unterstützen, sondern es könnte die psychosoziale Entwicklung aller Kinder (das heißt aller Geschlechter) erleichtern und zu mehr Geschlechtervielfalt ohne Ausgrenzung und Gewalt beitragen.

---

395 Zur Intersexualität existiert vom Verein Intersexuelle Menschen e.V. ein Ratgeber für Hebammen (http://intersexuelle-menschen.net/pdf/Hebammenbroschuere.pdf, Stand: 29.12.2014).

Glossar

Im Glossar werden (mehrfach) verwendete Fachbegriffe der vorliegenden Studie in alphabetischer Reihenfolge erklärt. Einschränkend gebe ich bezüglich des Erklärungsgehalts zu bedenken, dass Sprache reduziert und in jeder begrifflichen Thematisierung sowie in der verkürzten Darstellung Dethematisierungen verborgen liegen. Wenn Fachbegriffe gezielt namentlich gekennzeichnet oder mit einer Quelle versehen sind, verwende ich sie im Rahmen dieser Studie entsprechend den angeführten Autor_innen. Das Symbol ▸ verweist auf eine ergänzende Eintragung im Glossar.

Adrenogenitales Syndrom (AGS) ist eine medizinische Bezeichnung, die eine Fehlfunktion der Nebenniere darstellt, welche zu einer geringen Corisolproduktion führt. AGS existiert in verschiedenen Formen, wobei diese zu » männlichem und weiblichem Pseudohermaphroditismus mit Salzverlustsyndrom « führen können und diese sind behandlungsbedürftig (Hoffmann-La Roche Aktiengesellschaft et al. 2003: 25f). Ob das Syndrom bei einem neugeborenen Baby existiert, wird in Deutschland standardisiert im Neugeborenen-Screening in den ersten Tagen nach der Geburt getestet. (▸Intersexualität).

Anerkennung ist nach Judith Butler der Ruf nach dem menschlichen Miteinander und die Möglichkeit zur Existenz in dieser Gesellschaft: »Bestimmte Menschen werden als eingeschränkt menschlich anerkannt, und diese Form der eingeschränkten Anerkennung führt nicht zu einem bewältigbaren Leben. Bestimmte Menschen werden überhaupt nicht als menschlich anerkannt, was zu einer weiteren Ordnung nicht lebbaren Lebens« führt (Butler 2009 (2004a): 11). In der Anerkennung als einem »Ort der Macht« wird die Verschiedenheit der Menschen verhandelt, wobei Anerkennung zugesprochen oder vorenthalten werden kann (vgl. ebd.). (▸Intelligibel/Intelligibilität, ▸*Zonen der Bewohnbarkeit*, ▸*Zone der Unbewohnbarkeit*).

Asexualität ist eine Eigenbezeichnung für eine ▸sexuelle Orientierung und meint das Unterlassen der aktiven, sexuellen Annäherung sowie die Abwesenheit von sexuellem Begehren. Es charakterisiert nicht vorrangig Personen, die keine Sexualität leben (z.B. Haefner 2011; Bogaert 2012; Sigusch 2013; Asexual Explorations: www.asexualexplorations.net/home/about.html. Stand: 29.12.2014; AVENde: http://www.asexuality.org/de, Stand: 29.12.2014).

Binarität: Zweiteilung, Zweiwertigkeit. (▸Geschlechterbinarität).

Biologisches Geschlecht: ►Sex. (►Cis-Frau, ►Cis-Mann, ►Heteronormativität).

Bisexuelle Orientierungen/Bisexualität: Als bisexuell bezeichnen sich zumeist jene Personen, die aus einer geschlechtlich eindeutigen Position heraus sexuelle Liebesbeziehungen mit Frauen und Männern eingehen. (►Cis-Frau, ►Cis-Mann, ►sexuelle Orientierung, ►Pansexualität).

Butch ist eine Selbstbezeichnung für eine maskulin auftretende, zumeist lesbisch, ►bisexuell oder ►pansexuell lebende Person, die sich geschlechtlich weiblich orientiert und/oder sich als Frau bezeichnet (Munt/Smyth 1998; Volcano/ Dahl 2008; Fuchs 2009). Ein mögliches Äquivalent zu dieser geschlechtlichen Orientierung ist ►Femme. Heute sind beide Selbstbezeichnungen, Butch und Femme, zum einen weniger stark verbreitet und zum anderen weniger dichotom besetzt. (►Drag, ►Lesbe, ►Männlichkeit).

›*Cis*‹ kommt von lateinisch ›diesseits‹. (►Cis-Frau, ►Cis-Mann).

Cis-Frau bezeichnet eine Person, die einen als eindeutig charakterisierten geschlechtlichen ►Körper als Frau und die entsprechende Selbstkonstituierung (im selben Geschlecht) ihr Eigen nennt. Der Begriff wird häufig (fälschlicherweise) äquivalent mit dem ►biologischen Geschlecht verwendet. In dieser Studie wird er nicht in dieser biologistischen Grundtendenz genutzt. Das bedeutet beispielsweise, dass ►Transfrauen qua Selbstbezeichnung als Cis-Frauen anerkannt anerkannt werden, ohne dass ihr Geburtsgeschlecht eindeutig weiblich war. (►Cis-Mann, ►Geburtsgeschlecht, ►Sex, ►Trans).

Cis-Mann bezeichnet eine Person, die einen als eindeutig charakterisierten geschlechtlichen ►Körper als Mann und die entsprechende Selbstkonstituierung (im selben Geschlecht) sein Eigen nennt. In dieser Studie wird er allerdings nicht in seiner biologistischen Grundtendenz verwendet. Das bedeutet beispielsweise, dass ►Transmänner qua Selbstbezeichnung als Cis-Männer anerkannt werden, ohne dass ihr Geburtsgeschlecht eindeutig männlich war. (►Cis-Frau, ►Geburtsgeschlecht, ►Sex, ►Trans).

Coming-out ist ein Prozess, in dem die zuvor dethematisierte oder versteckte Homosexualität vor einzelnen Personen oder vor Personengruppen öffentlich gemacht wird. Es ist sowohl ein individueller Prozess als auch ein politisches Mittel zur Sichtbarmachung homosexueller Existenz- und Lebensweisen (Gagné et al. 1997; Baird 2004; Woltersdorff 2005). Der Begriff stammt von der amerikanischen Redewendung *coming out of the closet*, das wörtlich übersetzt so viel wie » aus dem Kleiderschrank herauskommen « heißt und für die Entscheidung zur Sichtbarkeit steht. In dieser Studie wird vorrangig das *geschlechtliche Coming-out* untersucht, wobei es sich um ein ▸Geständnis der ▸geschlechtlichen Orientierung als z.B. Transperson oder als intersexuell geborene Person zumeist gegenüber emotional oder beruflich bedeutsamen Personen handelt. (▸geschlechtliche Orientierung, ▸Geständnis, ▸Outing, ▸Selbstkonstituierung, ▸Wahrheit, ▸Wahrheitsspiele).

Crossdressing bezeichnet eine repräsentative Praxis jener Personen, die ihre geschlechtliche Inszenierung (Kleidung, Mimik, Make-up, Auftreten, etc.) in einem ihnen nicht zugeschriebenen Geschlecht wählen. Crossdresser_innen streben oft keine Veränderungen des eigenen ▸Körpers (beispielsweise durch Operationen) an. Ein veraltetes Wort für Crossdressing ist den pathologisierenden Begriff des ▸Transvestitismus der ▸*International Statistical Classification of Diseases and Related Health Problems* (ICD-10) (F65.1 »Fetischistischer Transvestitismus«) verweist. (▸Geburtsgeschlecht, ▸Travestie).

Dekonstruktion ist eine mehrdimensionale Sichtweise auf einen Untersuchungsgegenstand, welche die Übereinstimmung und Entsprechung von Zeichen, Sprache und Bedeutung hinterfragt. Hierfür werden die Bausteine eines Untersuchungsgegenstands zerlegt und ihre Gesamtheit zunächst aufgelöst. Dies erfolgt in der Absicht, (noch) Unentdecktes und Dethematisiertes zu erforschen. Es handelt sich nicht um eine Auflösung von Untersuchungsgegenständen, sondern vielmehr um eine methodologische und methodische Perspektive, die es ermöglicht, von Selbstverständlichkeiten verdeckte Leerstellen im Diskurs zu entdecken. Als philosophisches Verfahren geht die Dekonstruktion auf den poststrukturalistischen Philosophen Jacques Derrida zurück (Derrida 1999 (1972)), der von Husserl, Heidegger und Hegel beeinflusst wurde (vgl. Wartenpfuhl 2000: 132ff).

(Das) *Diagnostic and Statistical Manual of Mental Disorders* (DSM-IV, DSM-V) ist eine Handreichung der *American Psychiatric Association* (APA), in der statistisch fundierte Diagnoseschlüssel für psychische Erkrankungen aufgeschlüsselt werden. Das Manual wird in regelmäßigen Abständen überarbeitet. Die aktuelle Version wurde am 18. Mai 2013 veröffentlicht (vgl. http://www.dsm5.org/about/Pages/Default.aspx, Stand: 29.12.2014). Das DSM-V klassifiziert auch die sogenannten ▸*Gender Identity Disorders* (Geschlechtsidentitätsstörungen). In Deutschland werden zahlreiche psychische Störungen nach diesem US-amerikanischen Klassifizierungssystem diagnostiziert. Es ergänzt das System der ▸*International Statistical Classification of Diseases and Related Health Problems* (ICD-10).

(Die) *Différance* (Jacques Derrida) verweist im Gegensatz zur *Différence* auf die verschiebende Funktion der Bedeutung im Wiederholen der Bezeichnungen. Der Vokal a in der Schreibung verweist auf die Bedeutungsbewegung in jedem differenzierenden Prozesses (ebd.: 51). Die Différance »ist nicht. Sie ist kein gegenwärtig Seiendes, so hervorragend einmalig, grundsätzlich oder transzendent man es wünschen mag. Sie beherrscht nichts, waltet über nichts, übt nirgends eine Autorität aus« (Derrida 1999 (1972): 50f). (▸Subversive Resignifizierung).

Diskriminierung meint die Benachteiligung, Verunglimpfung und Beleidigung von Personen oder Gruppen aufgrund persönlicher oder gruppenspezifischer Merkmale. In den Rechtswissenschaften und in der Kriminologie bedeutet der Begriff zumeist die soziale Ungleichbehandlung im Sinne des Rechts. In Deutschland regelt seit 2006 das *Allgemeine Gleichbehandlungsgesetz* den Schutz vor Diskriminierung im Arbeitsleben und im Zivilrecht (Hieronymus 2007; Hormel/Scherr 2010). In der Soziologie und der sozialwissenschaftlich orientierten Kriminologie hingegen wird Diskriminierung vorrangig als soziale Benachteiligung einer Person verstanden. Dabei wird außerdem in der Intersektionalitätsforschung davon ausgegangen, dass sich verschiedene Diskriminierungsformen nicht potenzieren oder addieren, sondern eine neue Form der sozialen Diskriminierung darstellen. (▸Intersektionalität).

Diskriminierung und Gewalt gegen geschlechtliche Nonkonformität – (▸Diskriminierung, ▸Genderbashing, ▸Gewalt).

(Ein) *Diskurs* ist nach Michel Foucault eine Gesamtheit, der für eine Zeitepoche spezifische Formen der Wahrnehmung von einem Wirklichkeitsbereich. Er entsteht aus sprachlichen und nicht-sprachlichen Praktiken und Technologien, die sich gegenseitig beeinflussen. Zu ihm zählen z.B. das Denken, das Fühlen, das Handeln, Körperpraxen, Literatur, Wissenschaft, Rechte, Gesetze und staatliche Organisationen. Ein Diskurs kann eine Gesellschaft, eine soziale Gruppe oder auch Individuen beeinflussen und ist immer geschichtlich kontextualisiert. Dabei hat der Diskurs keine inhaltliche Ausrichtung, sondern vereint Widersprüchliches in sich (vgl. Konersmann 2003 (1991): 82).

Dispositiv (Michel Foucault) ist eine »heterogene Gesamtheit, bestehend aus Diskursen, Institutionen, architektonischen Einrichtungen, reglementierenden Entscheidungen, Gesetzen, administrativen Maßnahmen, wissenschaftlichen Aussagen, philosophischen, moralischen und philanthropischen Lehrsätzen, kurz, Gesagtes sowie Ungesagtes (...). Das Dispositiv selbst ist das Netz, das man zwischen diesen Elementen herstellen kann« (Foucault 2003 (1977), Nr. 206: 392). Nach Foucault sind Beispiele für Dispositive der Umgang mit Einsperrung/Strafen, mit Sexualität, mit Verrücktheit und Anormalität in einer Gesellschaft. Die Entstehung von Dispositiven ist an eine Funktion gebunden, die das Dispositiv zum Netz werden lässt (vgl. Ruoff 2009: 101f). Die strategische Richtung eines Dispositivs ist aber den Prozessen aber vorgelagert, denn deren Wirkung kann nicht vorausgesagt werden (Foucault 2003 (1977), Nr. 206).

Doing Gender ist ein in den späten achtziger Jahren von Candace West und Don H. Zimmerman entwickeltes ethnomethodologisches Konzept: Geschlecht wird in der alltäglichen Interaktion im Tun hergestellt. Die soziale Kategorie Geschlecht wird so zum integralen Bestandteil des sozialen Handelns. Dabei wird die Entstehung der binären Verschiedenheit der Geschlechter im Herstellungsprozess sichtbar gemacht und die Analyse auf die soziale Konstruktion von Geschlecht als Differenzkategorie gelenkt (West/Zimmerman 1987). Die Dechiffrierung der Mikropraktiken erweiterte das bis dato dominante feministische Theorem der strukturellen Sex-Gender-Unterscheidung. (▸*Doing Difference*, ▸*Sex Category*, ▸Sex-Gender-Theorem).

Doing Difference ist ein ethnomethodologisches Konzept der sozialen und interaktiven Konstruktion von Differenzierungen, die hierarchische Unterscheidungen ermöglichen. Das interaktive Konzept des *Doing Difference* macht mit Blick auf soziale Praktiken darauf aufmerksam, dass nicht nur ▸*Gender*, sondern ebenso *Race* und *Class* soziale Ungleichheiten qua Differenzierung hervorrufen und dass ihr Interagieren als Diskriminierungskategorien zu verschiedenen Formen der Unterdrückung führen (West/Fenstermaker 1995). In Anerkennung der Konzepte um *Doing Gender* und *Doing Difference* entstanden zahlreiche Folgekonzepte, wie z.B. D*oing Masculinity, Doing Ethnicity, Doing Intersectionalty, Doing Diversity.* (▸Intersektionalität).

Drag meint eine häufig an ▸Stereotype erinnernde ▸geschlechtliche Inszenierung in Kleidung und Verhalten. Drag kann als humorvolle Parodie auf Geschlechterstereotype und/oder als künstlerische Inszenierung von konformen Geschlechtern auf nonkonforme Art und Weise verstanden werden. ▸Drag Kings und ▸Drag Queens bedienen sich dabei der maskulinen oder femininen Kostümierung eines Geschlechts, wobei das zugewiesenen ▸Geburtsgeschlecht ohne Bedeutung ist (▸Crossdressing, ▸Transvestitismus).

Drag King ist eine Selbstbezeichnung von zumeist – aber nicht notwendigerweise – crossdressenden Cis-Frauen. Das heißt, Drag Kings sind »dressed up like a man«. Ihre ▸geschlechtliche Orientierung visualisieren sie dauerhaft oder temporär maskulinisiert. Ihr zugewiesenes Geburtsgeschlechts ist nicht notwendig komplementär und die sexuellen Orientierungen sind verschieden. (▸Crossdressing, ▸Drag, ▸Drag Queen, ▸Männlichkeit).

Drag Queen ist eine Selbstbezeichnung von zumeist – aber nicht notwendigerweise – crossdressenden Männern. Das heißt, Drag Queens sind »dressed up like a woman«. Ihre ▸geschlechtliche Orientierung visualisieren sie dauerhaft oder temporär feminisiert. Ihr zugewiesenes Geburtsgeschlechts ist nicht notwendig komplementär und die sexuellen Orientierungen sind verschieden. (▸Crossdressing, ▸Drag, ▸Drag King, ▸Transsexualität, ▸Transfrauen, ▸Weiblichkeit).

Effimisierung meint den Prozess der ▸Feminisierung des ▸geschlechtlichen Ausdrucks, in dem intendiert oder nicht-intendiert der Bezug zum Männlichen bestehen bleibt. (▸Effiminer Mann).

Effiminer Mann bezeichnet eine Person, die als Mann gelesen wird, deren ▸geschlechtliche Repräsentation sich aber auch auf Weiblichkeit bezieht. Effiminierte Männer werden häufig als schwule Männer gelesen. (▸Effimisierung, ▸Feminisierung, ▸Lesbarkeit von Geschlecht, ▸Männlichkeit, ▸Sichtbarkeit, ▸Schwule, ▸Virilisierung).

Feminisierung (Verweiblichung) beschreibt den visuell-körperlichen und innerpsychischen Prozess von Personen, die sich beispielsweise durch ihr ▸Passing, durch Hormone oder geschlechtsangleichende oder -verändernde Operationen der femininen ▸geschlechtlichen Repräsentation nähern. (▸Effiminisierung, ▸Virilisierung).

Femme ist eine Selbstbezeichnung der sexuellen und geschlechtlichen Orientierung von Personen. Femmes inszenieren sich betont weiblich und bevorzugen lesbische oder ▸pansexuelle Beziehungen. Ein mögliches Äquivalent zu dieser Orientierung ist die ▸Butch. (▸Lesbe, ▸Schwuler).

(Die) *Figur der geschlechtlichen Kontinuität* (Ipk) ist die sprachliche Praxis der Herstellung einer Kontinuität zwischen biografischer Erinnerung und Rekonstruktion der aktuellen geschlechtlichen nonkonformen, konformen oder ▸nicht-identen Position. Mit Hilfe dieser Figur kann eine ›logische‹ Geschichte von biografischer Geschlechterproduktion erzählt werden, die sich auf die ▸*heterosexuelle Matrix* bezieht. (▸Trans-Narrativ).

Frau zu Mann/Female to Male (FtM)-Transsexueller ist eine Selbstbezeichnung jener Personen, die z.B. durch Operationen, Hormonbehandlungen und veränderter ▸geschlechtlicher Repräsentation von ihrem sozial zugewiesenes ▸Geburtsgeschlecht (Frau) in das komplementäre soziale Geschlecht (Mann) wechseln, bzw. die sich ihrem >eigentlichen< Geschlecht angleichen. (▸Mann zu Frau/Male to Female (MtF)-Transsexuelle, ▸Wahre Transsexualität).

Geburtsgeschlecht (auch: Hebammengeschlecht) meint die ▸binäre Erstzuweisung von Geschlechtszugehörigkeit bei der Geburt, die zumeist qua Augenschein und im Zweifel per Chromosomenanalyse erfolgen kann. Außerdem werden beim Neugeborenen-Screening die Hormonwerte eines Neugeborenen standardisiert überprüft, um ein ▸Adrenogenitales Syndrom (AGS) auszuschließen oder behandeln zu können. (▸Intersexualität).

Gelesenes Geschlecht (▸Lesbarkeit von Geschlecht).

Gender meint das soziale Geschlecht, das als Effekt der heteronormativen Machtverhältnisse überwiegend ▸binär strukturiert und wahrgenommen wird. Das soziale Geschlecht existiert ebenso als materieller Körper, der in Körperpraxen zum Ausdruck kommt (vgl. Maihofer 1995: 85f; kritisch zur Genealogie des Begriffs: Klöppel 2010: 602ff). Gender meint in dieser Studie die soziokulturelle Konstruktion von Geschlecht in Gesellschaft und steht hier für eine Vielfalt an geschlechtlichen Positionen. (▸Geschlecht, ▸Geschlechtliche Repräsentation, ▸Sex, ▸Sex-Gender-Theorem, ▸*Sex Category*).

Genderbashing meint in Anlehnung an Viviane K. Namaste (2000) die Gesamtheit der Diskriminierung und Gewalt an den Grenzen der Zweigeschlechtlichkeit. Der Begriff umfasst verschiedene interpersonale und institutionelle Diskriminierungs- und Gewaltformen, in denen ▸geschlechtliche Nonkonformität aus Sicht der Befragten eine Rolle spielt (▸Diskriminierung, ▸Gewalt).

Geschlecht ist eine gesellschaftliche Ordnungskategorie, die Menschen in dieser Gesellschaft überwiegend in Frauen und Männer aufteilt. Sie wird zumeist als Gesamtheit der ▸geschlechtlichen Repräsentation von Dritten interpretiert und als Eigenschaft, Identität oder Existenzweise einer Person gelebt und gefühlt. Im soziologischen Sinne ist die Kategorie Geschlecht – entsprechend dem Begriff ▸Gender – eine sozial konstruierte, hierarchisierende Differenzierungsebene. Geschlecht ist in dieser Studie zu ▸Genderbashing aus der Sicht der Befragten der Prozess des Geschlecht-Verhandelns, des Geschlecht-Reflektierens, des Geschlecht-Verteidigens, des Geschlecht-Veränderns und Geschlecht-Seins. (▸*Doing Gender*, ▸Lesbarkeit von Geschlecht, ▸Sichtbarkeit).

Geschlechterbinarität (▸Binarität, ▸Geschlecht, ▸Geschlechtliche Eindeutigkeit).

Geschlechterdualismus (▸Binarität, ▸Geschlechtliche Eindeutigkeit).

Geschlechternonkonform-feindliche Diskriminierung und Gewalt ist ein Synonym für ▸Genderbashing.

Geschlechtliche Eindeutigkeit/geschlechtliche Konformität ist die entweder männliche oder weibliche ▸geschlechtliche Orientierung. Analog dazu wird der Begriff der geschlechtlichen Konformität genutzt. (▸Geschlechtliche Nonkonformität, ▸Intelligible Geschlechter, ▸Wahrheit).

Geschlechtliche Inszenierung/Geschlechterinszenierung steht für die Gesamtheit der geschlechtlichen Darstellungen, das heißt, wie eine Person sich beispielsweise mit dem eigenen ▸Körper, mit Kleidung und Schminke, Verhaltens- und Ausdrucksweisen geschlechtlich zeigt und/oder sich bewusst oder unbewusst ver(un)eindeutigt. Das Bemühen um geschlechtliche Inszenierung liegt bei der Person selbst, die Interpretation hängt von der Interaktion und der Bewertung durch Dritte ab. (▸*Doing Gender*, ▸Geschlechtlicher Ausdruck, ▸Geschlechtliche Repräsentation, ▸VerUneindeutigung).

Geschlechtliche Konformität ist ein Synonym für ▸geschlechtliche Eindeutigkeit. (▸Geschlechtliche Nonkonformität).

Geschlechtliche Nonkonformität ist der Sammelbegriff für jene Geschlechter, die sich selbst an den Grenzen der Zweigeschlechtlichkeit verorten. Im Gegensatz zum Sammelbegriff ▸Transgender, ist der Begriff zum Beispiel für intersexuell geborene Menschen und andere geschlechtlich nonkonforme Lebens- und Existenzweisen offen. Geschlechtlich nonkonforme Akteur_innen leben und agieren im Innersten der Gesellschaft und zeitgleich an den Grenzen der Zweigeschlechtlichkeit. Das heißt, sie bewegen sich nicht ausschließlich in einer ▸*Zone der Unbewohnbarkeit* (Butler), sondern schaffen permanente ▸*Zonen der Bewohnbarkeit* (Ipk). (▸Intersexualität, ▸Geschlechtliche Eindeutigkeit, ▸Transgender).

Geschlechtliche Orientierung (Ipk) meint die geschlechtlichen Selbstbezeichnungen der Interviewpartner_innen, die sich als Prozesse der Vergeschlechtlichung im Kontext dauerhafter und/oder temporärer Positionierungen, die notwendig binär-geschlechtlich kommuniziert werden, zeigen. Der Begriff der >geschlechtlichen Orientierung< wird eingeführt, um ▸Geschlecht für Vorstellungen jenseits binärer Reduzierungen von Geschlechtsidentität zu öffnen. Er umfasst die prozessuale Annahme von Geschlecht als nicht-essenzialistisches und diskontinuierliches Moment der Selbstkonstituierung. (▸Geschlecht, ▸Sexuelle Orientierung).

Geschlechtlicher Ausdruck meint die Art und Weise, mit der Personen ihr Geschlecht intendiert oder nicht-intendiert kommunizieren. Der geschlechtliche Ausdruck als kommunizierte geschlechtliche Zugehörigkeit oder Nicht-Zugehörigkeit ist ein Aspekt der ▸geschlechtlichen Repräsentation. Im Unterschied zur ▸geschlechtlichen Inszenierung, verweist der geschlechtliche Ausdruck auf das Gesamtkonzept der geschlechtlichen Wirkung eines Subjekts (▸*Doing Gender*, ▸Geschlechtliche Inszenierung, ▸*Sex Category*, ▸VerUneindeutigung).

Geschlechtliche Repräsentation bezeichnet das Zusammenspiel aus ▸geschlechtlicher Inszenierung, ▸geschlechtlicher Orientierung und ▸geschlechtlichem Ausdruck. Ihre Absicht ist, die ▸Lesbarkeit von Geschlecht auf die eigene ▸Selbstkonstituierung abzustimmen, wobei offen bleibt, ob sie binär, ▸trans oder ▸nicht-ident erfolgen soll. Die Lesbarkeit von Geschlecht ist dabei stets von Dritten abhängig. Nach Antke Engel kann diese Repräsentation auch als politische Intervention verstanden werden, wenn sie in der sozialen Bedeutungsproduktion und in der lokalen Wirklichkeit neue Verbindungen schafft, die sich konfrontativ auf normative Vorgaben beziehen (vgl. Engel 2002: 235). (▸Passing).

(Der Begriff) *Geschlechterverhältnisse* steht stets im Plural, weil ▸Geschlecht in Bezug von Macht- und Herrschaftsverhältnissen interdependent und jenseits ▸binärer Logiken gedacht wird. Unter dem Begriff >Geschlechterverhältnisse< werden die strukturellen, gesellschaftlichen Bedingungen der Organisation von Geschlecht als Gesamtheit (von Recht, Interaktionen, Institutionen, Politik etc.) verstanden. Der Begriff wird außerdem im Plural verwendet, weil sich die Geschlechterverhältnisse nie statisch, sondern stets komplex zeigen und von den lokalen Akteur_innen, Bedingungen und Normen bestimmt sind. Mit dem Begriff der Geschlechterverhältnisse wird Geschlecht als strukturierende Ordnung plural, mehrdimensional und ▸intersektional konzipiert. Die Analyse dieser Verhältnisse ist ein zentraler Gegenstand der Geschlechterforschungen.

Geschlechtsidentität meint die psychisch-soziale Ausprägung eines Geschlechts analog zu geschlechtlichen ▸Körpern, die im Mainstream zwischen weiblich und männlich unterschieden werden. Neuere Forschungen lassen auch andere Geschlechtsidentitäten wie ▸Transgender und ▸Intersexualität zu. Gemeinhin ist im medizinisch-psychologischen, pädagogischen und juristischen Sinne jede konstante Abweichung von der Zweigeschlechtlichkeit eine ▸Geschlechtsidentitätsstörung und damit pathologisch. Nach Judith Butler ist die Geschlechtsidentität keine innere versteckte und keine äußere offensichtliche Facette der Subjekte, sondern ein von »heterosexistischen Zwängen reguliertes Spiel« (Butler 1997: 321). In dieser Studie, die von den geschlechtlichen Selbstbezeichnungen der Befragten ausgeht, wird dieser Begriff wegen seiner inhaltlichen Verengung nur dann verwendet, wenn er empirisch auftaucht oder zitierten Studien verwendet wird. (▸Gender, ▸Geschlechtsidentitätsstörung, ▸Heterosexismus, ▸*International Statistical Classification of Diseases and Related Health Problems* (ICD-10)).

Geschlechtsidentitätsstörung/Gender Identity Disorder (GID) verortet den Wunsch nach körperlicher Transformation als psychische Erkrankung. Der Begriff umschreibt formale Diagnosen für Personen, die von *Gender Dysphoria* betroffen sind (vgl. Sharpe 2010: 93; Wartenpfuhl 2000). Geschlechtsidentitätsstörungen sind nach den Vorgaben des ▸DSM-IV/V und des ▸*International Statistical Classification of Diseases and Related Health Problems* (ICD-10)) klassifiziert. Beide Standardisierungen sind in Deutschland anerkannt. (▸Geschlechtsidentität.

Gewalt umfasst ▸psychische, ▸physische Beschädigungen und ▸Diskriminierung ebenso wie erlebte, gezielt ausgrenzende Widerfahrnisse im Kontakt mit den Normierungsinstanzen der Krankenkassen, Polizei, Justiz und Medizin. Formen der empirischen Gewalt waren beispielsweise: Autoaggressionen, interpersonale Straßengewalt, ▸sexualisierte Gewalt und ▸sprachliche Diskriminierung. Gewalt verlängert jene ▸heteronormativen Verhältnisse, die aus der Sicht der Befragten Verletzungen der eigenen Integrität verursachen. (▸Genderbashing, ▸Normen).

Häusliche Gewalt meint Gewaltwiderfahrnisse, die im sozialen Nahfeld stattfinden. Sie umfasst die Gewalt gegen Kinder, die Gewalt in Partner_innenschaften und die Gewalt zwischen einander nahestehenden Personen. Empirisch überlagert sie sich in dieser Studie mit ▸sexualisierter Gewalt.

Hermaphrodismus ist eine veraltete Bezeichnung für Menschen, deren ▸Körper sich nicht auf eine binär-geschlechtliche Zuweisung beschränken lassen. Die Begriffe ›Hermaphrodismus‹, ▸›Intersexualität‹ und ▸›Zwitter‹ werden in diesem Kontext analog genutzt. Gemeint ist mit diesen Begriffen in dieser Studie eine sozial konstruierte, markierte, geschlechtliche Position, die sich weder körperlich noch psychisch auf binäre Zweigeschlechtlichkeit beruft bzw. berufen kann.

Heteronormative Funktionsträger_innen sind in dieser Studie jene Personen, die als Vertreter_innen ihrer Berufsgruppe und/oder ihrer sozialen Institution (z.B. Krankenhaus, Schule, Krankenkasse) in den Interviews auftauchen.

Heteronormative Gewalt ist der Sammelbegriff für jene Formen der ▸Gewalt, in denen zugewiesene, abgewiesene oder dethematisierte Geschlechtszugehörigkeiten eine signifikante Rolle spielen. Er umfasst nicht nur die Gewalt gegen Mädchen und Frauen und gegen Jungen und Männer, sondern auch Gewalt gegen homosexuelle und geschlechtlich nonkonforme Personen. (▸Genderbashing).

Heteronormative Hegemonie (Gundula Ludwig) – In Anlehnung an Antonio Gramscis Begriff der Hegemonie und Judith Butlers Konzept der *heterosexuellen Hegemonie* geht Gundula Ludwig von der Existenz einer *heteronormativen Hegemonie* aus (vgl. Ludwig 2012: 115ff). Es existiert, so Ludwig, eine breite gesellschaftliche heteronormative Zustimmung, weil sich Geschlecht in der naturalisierten Wahrnehmung und Reproduktion der Zweigeschlechtlichkeit der ▸Körper und der ▸Heterosexualität zeigt. Die Zustimmung basiert nach Ludwig auf der individuellen Orientierung an geschlechtlichen Normalisierungsprozessen, in denen die Individuen die Bedeutung von ›männlich‹ bzw. ›weiblich‹ nicht infrage stellen. Gleichzeitig dominieren in den anerkannten Formen der Wissensgenerierung und Artikulation wie z.B. in Glaubensgemeinschaften oder in den Naturwissenschaften jene Diskurse, die diese Annahme transportieren und reproduzieren (vgl. ebd.: 116f). Dennoch zeigt sich die *heteronormative Hegemonie* historisch veränderbar, stets flexibel und für Widersprüche offen. Nach Antke Engel liegt in der politischen »Strategie der [identitären] VerUneindeutigung« eine Möglichkeit, der »hegemonialen Konsensbildung« als Nichtübereinstimmung entgegenzuwirken (Engel 2002: 232).

Heteronormativität ist jene gesellschaftliche Struktur, in der Zweigeschlechtlichkeit und ▸Heterosexualität zur dominanten geschlechtlichen und sexuellen ▸Norm erhoben werden. Diese ▸Normativität zeigt sich in der Dominanz von ▸*heterosexueller Matrix* und ▸*heteronormativer Hegemonie*. Diese beinhaltet die Annahme der Kongruenz von Sex, Gender und gegengeschlechtlichem Begehren. Eine Kritik an Heteronormativität beinhaltet somit ein Infragestellen der binären Strukturen, in denen ein Entweder-Frau-oder-Mann und ein Entweder-homo-oder-heterosexuell zur einzigen geschlechtlichen oder sexuellen Position erhoben wird.

Heterosexualität bezeichnet eine individuelle sexuelle Orientierung und eine strukturelle Form der sexuellen Dominanz. Personen leben heterosexuell, wenn sie sich gegengeschlechtlich orientieren, wobei sich eine Person geschlechtlich männlich und die andere weiblich konstituiert. Das Konzept beruht auf Komplementarität und geschlechtlicher Differenz (►Geschlechtliche Orientierung, ►*Heteronormative Hegemonie*, ►*Heterosexuelle Matrix*, ►Sexuelle Orientierung).

Heterosexismus bezeichnet die Ablehnung und Diskriminierung von Personen, die sich der Dominanz und den Codes der ►Heteronormativität widersetzen. Sie schließt die Abwertung von ►Homosexualität, von homophilen, ►bisexuellen, ►transgender ►u.v.a.m. Praktiken und Begehren ebenso mit ein, wie die Abwertung von Frauen, die dem gewünschten Bild von Heterosexualität nicht entsprechen oder sich den heterosexuellen Anforderungen widersetzen, indem sie auf heterosexuelle Avancen nicht reagieren. Heterosexismus ist eine Diskriminierungsform, die sich in institutionellen, gesellschaftlichen und individuellen Denk- und Verhaltensweisen zeigen kann und die die Dominanz der ►Heterosexualität stützt. (►Genderbashing, ►Misogynie).

(Die) *Heterosexuelle Matrix* ist nach Judith Butler ein grundlegendes Konzept für ein Geschlechterverhältnis, in dem die Existenz von zwei Geschlechtern gesichert ist und die geschlechtliche Zugehörigkeit zwischen ►Sex und ►Gender übereinstimmend verläuft und in der das Begehren komplementär konzipiert ist. Das heißt, Sex entspricht einem soziokulturellen Geschlecht (Gender), und das sexuelle Begehen bezieht sich auf das Gegengeschlecht. Die *heterosexuelle Matrix* ist eine »imaginäre Logik« (Butler 1997: 328f) und »steht (...) für das Raster der kulturellen Intelligibilität, durch das die Körper, Geschlechtsidentitäten und Begehren naturalisiert werden. (...) Damit die Körper eine Einheit bilden und sinnvoll sind, muss es ein festes Geschlecht geben, das durch eine feste Geschlechtsidentität zum Ausdruck gebracht wird, die durch die zwanghafte Praxis der Heterosexualität gegensätzlich und hierarchisch definiert ist« (Butler 1991: 219 f). In dieser ►Normativität können nach Butler erst ►intelligible Geschlechter entstehen. (►Geschlechtsidenität, ►*Heteronormative Hegemonie,* ►Heterosexualität, ►Homosexualität).

Homosexualität bezeichnet die gleichgeschlechtliche Zuneigung, Liebe und Sexualität als soziokulturelles Phänomen. Es setzt in der Regel die Zugehörigkeit zu einem von zwei Geschlechtern voraus, sodass in dieser Vorstellung Frauen sexuelle Verhältnisse/Beziehungen mit Frauen eingehen, während Männer sexuelle Verhältnisse/Beziehungen mit Männern eingehen. Gleichzeitig verdeckt der Begriff der Homosexualität die Existenz von lesbischen Frauen, denn der Begriff wird im alltäglichen Sprachgebrauch fälschlicherweise oft mit ›schwul‹ gleichgesetzt oder verwechselt. Homosexualität ist trotz ihrer Marginalisierung und trotz der ▸Homosexuellenfeindlichkeit ein konstituierender Aspekt ▸heteronormativer Verhältnisse.

Homosexuellenfeindlichkeit meint die Diskriminierung und Gewalt sowie die feindlichen Gefühle gegenüber Personen, die als Lesben oder Schwule gelesen werden. Er steht für jene physischen und psychischen Angriffe, die auf der Basis dieser Annahme erfolgen und betrifft somit keinesfalls nur Personen, die sich selbst als Homosexuelle bezeichnen. Gemeinhin wird diese Gewalt als Hasskriminalität/Hate Crime verstanden. Homosexuellenfeindlichkeit ist nach Stefanie Soine ein »konsistenter Bestandteil« der hiesigen Gesellschaft und dient der Verteidigung geschlechtlicher Normalitätsvorstellungen (Soine 2002: 147, 153). Sie bedient sich der brüchigen ▸Geschlechtsidentitäten, weil die »homosexuellenfeindliche Angst davor, homosexuelle Handlungen zu begehen, da, wo sie existiert, oftmals auch eine panische Angst davor ist, das richtige Geschlecht zu verlieren (kein wahrer oder richtiger Mann mehr zu sein oder keine wahre oder richtige Frau mehr zu sein)« (Butler 1997: 326f). (▸Genderbashing, ▸Heterosexismus, ▸Wahrheit, ▸Wahrheitsspiele).

Institutionalisierte Diskriminierung und Gewalt meint jene verletzenden Praxen, in denen ▸heteronormative Funktionsträger_innen aus Normierungsinstanzen als diskriminierende und gewaltsame Akteur_innen aktiv werden. Gemeint sind systematische Verhaltensweisen heteronormativer Akteur_innen, die sie als Vertreter_innen der Institutionen und der Professionen an den Tag legen. Die Grenzen zur interpersonalen, ▸physischen und ▸psychischen Diskriminierung und Gewalt sind fließend. (▸Diskriminierung, ▸Genderbashing).

International Statistical Classification of Diseases and Related Health Problems (ICD-10) bezeichnet die medizinisch-psychologische Diagnosefibel der Weltgesundheitsorganisation. Darin heißt es zum Transsexualismus: »F 64.0 Transsexualism: A desire to live and be accepted as a member of the opposite sex, usually accompanied by a sense of discomfort with, or inappropriateness of, ones anatomic sex, and a wish to have surgery and hormonal treatment to make

ones body as congruent as possible with ones preferred sex« (http://apps.who.
int/classifications/icd10/browse/2010/en#/F60-F69, Stand: 29.12.2014).
Die ICD-10 bietet Diagnosen für ►Intersexualität, wie beispielsweise: »F
64.9 Gender identity disorder, unspecified«, »E 34.5 Androgen resistance
syndrome«, »Q 56 Indeterminate sex and pseudohermaphroditism«, »Q 99
Other chromosome abnormalities, not elsewhere classified« (http: // apps.
who.int/classifications/icd10/browse /2010/en, Stand: 29.12.2014). (►AGS,
►Transsexualität, ►XY-Frau, ►XX-Mann).

Intelligibel/Intelligibilität: Wörter und Ausdrücke, die sofort einen Sinn erge-
ben. Begriffe wie *Tier, Zirkus, Frau, Terrorist* oder Fukushima sind intelligible
Ausdrücke. Die jeweiligen Begriffe erhalten ihre Bedeutung aus ihrem histo-
rischen Kontext und aus dem jeweiligen ►Diskurs (vgl. Villa 2003: 59-76).
Die Begriffe erscheinen in einer sozialen Wirklichkeit als einzige, logische
Möglichkeit, wobei sie zugleich das Potenzial besitzen, ein anderes Denken
ins Abseits zu schieben, um hegemoniale Bedeutungsketten zu produzieren.
(►Anerkennung, ►Dekonstruktion, *Heteronormative Hegemonie*, ►Intelligible
Geschlechter).

Intelligible Geschlechter (Judith Butler) sind jene Imitationen, die sich in der
►*heterosexuellen Matrix* als männlich und zugleich als weiblich und hetero-
bzw. homosexuell zuordnen lassen (vgl. Butler 1991: 38). Judith Butler spricht
von »heterosexueller Fixierung« als einer »Matrix der Intelligibilität«, wobei sie betont, dass nicht nur das »Sagbare«, sondern auch das »Unsagbare«
Bedeutung erlange (ebd.: 38, 121). (►Anerkennung, ►Intelligibel/Intelligibi-
lität).

Intersektionalität/insektional ist ein Konzept, dass das Interagierens verschiedener sozialer Ungleichheiten und Diskriminierungsformen in den Blick nimmt
und so auf Leerstellen bisheriger Betrachtungen verweist. Intersektionalität bezeichnet außerdem eine kritische Analyseperspektive, die die Komplexität der
interagierenden Ungleichheitskategorien in den Blick nimmt. Intersektionale
Konzepte beruhen auf Auseinandersetzungen mit und Kritiken von Schwarzen Feminist_innen an singulären Betrachtungen der Kategorie Geschlecht als
Ungleichheitskategorie (Combahee River Collective 1982 (1977); Crenshaw
1989; Walgenbach 2007; Davis 2008; Winkler/Degele 2009).

Intersexualität ist ein medizinisch-psychiatrischer Sammelbegriff für ►ge-
schlechtliche Varianzen, die sich körperlich/anatomisch zeigen. Die Begriffe
>Intersexualität< und >intersexuell geborene< Personen werden in dieser Un-

tersuchung als Sammelbegriffe für jene Personen genutzt, die medizinisch im Laufe ihres Lebens intersexuell gelabelt wurden und damit als Personen mit verschiedenen geschlechtlichen körperlichen Merkmalen markiert wurden. >Hermaphrodismus< und >Zwitter< sind in der Formulierung aufgehoben. Intersexualität ist dabei der medizinische Fachterminus für eine Vielzahl an verschiedenen geschlechtlichen Phänomenen. Wegen der Ungenauigkeit und des pathologischen Gehalts des Terminus wird dieser von vielen Aktivist_innen abgelehnt. Ich verwende diesen Begriff deshalb nicht im medizinischen, sondern im sozial-konstruktivistischen Sinne. Das bedeutet, dass er eine Folge von normativen Zuweisungsprozessen benennt und keinen essentiellen Ursprung markiert. (►Adrenogenitales Syndrom (AGS), ►Hermaphrodismus, ►*International Statistical Classification of Diseases and Related Health Problems* (ICD-10), ►Körper, ►Othering, ►XY-Frauen, ►Zwitter).

Inter(sexuellen)feindlichkeit meint die Diskriminierung, Gewalt und feindliche Ablehnung gegenüber Personen, die als intersexuell geborene Personen gelesen oder klassifiziert werden und wegen dieser Lesart und Klassifizierung diskriminiert, angegriffen oder abgelehnt werden. (►Intersexualität).

(Der) *Körper* ist nach Judith Butler eine ►Materialisierung performativer Anrufungen, deren Grundlage in Anlehnung an Foucaults Machtverständnis produktive und normative Machtverhältnisse sind. Judith Butlers dekonstruktive Perspektive auf den Körper enthob diesen der Naturhaftigkeit und entledigte ihn von seiner zwangsläufigen binärgeschlechtlichen Sinnhaftigkeit. Der Körper wird zum »Schauplatz der Möglichkeiten« (Villa 2003: 84). Butler stellt so die Produktion geschlechtlicher Binarität im Körper qua biologischer Grundlage infrage (Butler 1997). (►Dekonstruktion, ►Geschlechtliche Repräsentation, ►Intelligibel/Intelligibilität, ►Macht, ►Materialisierung, ►Performativität).

Lesbarkeit von Geschlecht/als Geschlecht gelesen werden steht für die Wahrnehmung und Einteilung der ►geschlechtlichen Repräsentation und Orientierung in eine kategoriale Zuordnung von ►Geschlecht durch Dritte. Die Lesbarkeit von Geschlecht bzw. die Tatsache als ein Geschlecht gelesen zu werden, bezieht sich auf die permanente visuelle Wahrnehmung der Zugehörigkeit zu einer geschlechtlichen Orientierung durch Dritte. Das gelesene Geschlecht zeigt sich unabhängig der eigenen Absichten der Darstellung der ►geschlechtlichen Orientierung. Dabei wird Geschlecht automatisch zumeist binär wahrgenommen. Wird aber eine Geschlecht uneindeutiger wahrgenommen, so entstehen Irritationen, die auch stereotype Rückschlüsse auf eine vermeintliche ►sexuelle Orientierung hervorrufen können. (►Effiminer Mann, ►Maskuline Frau, ►*Sex Category*).

Lesbe ist sowohl eine Selbst- als auch eine Fremdbezeichnung. Personen verwenden sie, wenn sie sich geschlechtlich als Frau konstituieren und sich ihr Begehren vorwiegend auf Frauen richtet. Lesbische Lebensweisen haben keinen notwendig identitätskritischen Bezug zur ►Heteronormativität. Der Begriff taucht sowohl als Selbstbezeichnung als auch als Fremdbezeichnung und Beleidigung in ►sprachlichen Diskriminierungen auf. (►Homosexualität, ►Homosexuellenfeindlichkeit, ►Schwuler).

LGBT ist ein Kürzel, das für Lesbian (►Lesbe), Gay (►schwul), ►Bisexuell, ►Transgender steht.

Macht ist nach Michel Foucault aus der repressiven und juridischen Vorstellung von Macht als Herrschaft herausgelöst. Sie ist bei Foucault vielgestalt, aber in seinen späten Arbeiten stets produktiv und allgegenwärtig. In einem Kräftespiel existiert die Macht als verändernde und verschiebende strategische Wirkung: »Macht ist der Name, den man einer komplexen strategischen Situation in einer Gesellschaft gibt« (Foucault 1997 (1977): 114). Macht hat keinen Ort, denn »die Macht ist überall« (ebd.). In diesem Sinne ist die Macht den gesellschaftlichen Verhältnissen immanent, das heißt, dass sie nicht verloren oder bewahrt werden kann (ebd.: 115). Charakteristikum der Macht ist somit weniger die Vorstellung von Gewalt als viel allgemeiner ein »mögliches oder tatsächliches, zukünftiges oder gegenwärtiges Handeln« (Foucault 2005 (1982), Nr. 306: 285). Innerhalb dieser strategischen Machtkonzeption sieht Foucault in dem Panoptismus, die Pastoralmacht, die Biomacht und die Gouvernementalität als zentrale Kräfte (vgl. Ruoff 2009: 154). Diese produktive Machtkonzeption sieht vor, dass demzufolge auch Widerstand kein der Macht entgegengesetztes Konzept darstellen kann. Anknüpfungspunkte für Widerstand sind im Machtnetz stets gestreut vorhanden (vgl. Foucault 1997 (1977): 116ff). Macht war für Foucault vorrangig als eine »Objektivierungsform« für die Subjektwerdung interessant, wobei die Machtanalyse ein Desiderat seines Erkenntnisinteresses darstellt (Foucault 2005 (1982), Nr. 306: 269f).

Männlichkeit ist eine sozialwissenschaftliche Dimension der Kategorie ►Geschlecht. Träger_innen von Männlichkeit können alle Geschlechter sein. Sie kann als relationales Konglomerat aus zugewiesenen Merkmalen, Charaktereigenschaften und Verhaltensweisen gefasst werden, dem eine ►Weiblichkeit komplementär gegenübergestellt wird. In Bezug auf Männlichkeit zeigt sich im Alltagsverstehen aber kaum eine strikte Dichotomie und Stereotypie von Zweigeschlechtlichkeit, denn es ist besprechbar, dass Männlichkeit sehr verschieden repräsentiert und gelebt werden kann. Männlichkeit als wissenschaftliches Analyseinstrument wird mit einem Mannsein oder mit >als Mann leben< oft verwechselt. (►Effiminisierung, ►Feminisierung, ►Virilisierung, ►Weiblichkeit).

Mann zu Frau/Male to Female (MtF)-Transsexuelle ist eine Selbstbezeichnung jener Personen, die z.B. durch Operationen, Hormonbehandlungen und veränderter ►geschlechtlicher Repräsentation von ihrem sozial zugewiesenes ►Geburtsgeschlecht (Mann) in das komplementäre soziale Geschlecht (Frau) wechseln, bzw. die sich ihrem >eigentlichen< Geschlecht angleichen. (►Transsexualität). (►Wahre Transsexualität, ►Frau zu Trans/Female to Male (FtM)-Transsexuelle).

Maskuline Frau bezeichnet eine Person, die als Frau gelesen wird, deren ►geschlechtliche Repräsentation sich aber auch auf ►Männlichkeit und auf die Repräsentation als Mann bezieht. Diese Personen werden häufig als lesbischlebende oder burschikose Frauen gelesen. (►Effiminer Mann, ►Lesbarkeit von Geschlecht, ►Lesbe, ►Virilisierung).

Materialisierung ist nach Judith Butler ein Prozess, in dem sich produktive Machtverhältnisse in gesellschaftliche Verhältnisse und Subjekte einschreiben, ohne dass die ►Körper dem vorgelagert sind. Materialisierung meint die Transformation von produktiven Machtverhältnissen in und durch performative Sprache in gesellschaftliche Formen. Nach Butler werden geschlechtliche Körper in und durch Machtverhältnisse (Diskurse und Sprache) produziert (vgl. Butler 1997 (1993): 24ff). Materie als Begriff fasst den »Prozeß der Materialisierung, der im Laufe der Zeit stabil wird, so daß sich die Wirkung von Begrenzung, Festigkeit und Oberfläche herstellt« (ebd.: 32). Körper sind somit trotz der Illusion der Eindeutigkeit und Stabilität etwas »Gewordenes« (ebd.). Dem Konzept zufolge sind die geschlechtlichen Körper kein Beweis für hegemoniale Zweigeschlechtlichkeit, sondern sie geben Zeugnis über die normative Kraft der Zweigeschlechtlichkeit. Materialisierungen liegen ►Normen und regulierende Praktiken zugrunde und diese erweisen sich wiederum als konstituierend für heteronormative ►Geschlechterverhältnisse. (►Heteronormativität, ►Macht, ►Performativität), ►Sex).

Mobbing umfasst jene systematischen Diskriminierungen und psychischen Ausgrenzungen am Arbeitsplatz, in der Schule bzw. in Peer-Gruppen, deren Ziel die Demütigung und Schikane der betroffenen Person darstellt.

Monogamie bezeichnet die (sexuelle) Liebe zweier Personen in ihrer Ausschließlichkeit.

(Eine) *Neo-Vagina* ist im medizinischen Sinne eine »künstliche Scheide« (Hoffmann-La Roche Aktiengesellschaft et al. 2003: 1303). Die Bildung einer Neo-Vagina erfolgt im Rahmen einer geschlechtlichen ▸Transition oder als Folge der Gynatresie, mit der verschiedene »krankhafte (...) Verschlüsse des Geschlechtstraktes der Frau« gemeint sind (Hoffmann-La Roche Aktiengesellschaft et al. 2003: 749). Der operative Eingriff der Bildung einer Scheide wird auch als »Vaginalplastik« bezeichnet (Deutscher Ethikrat 2012a: 196). Anschließend ist zumeist ein Bougieren mit Dilatoren notwendig. Dilatoren sind glatte Stäbe oder Kegel in verschiedenen Größen, die das Zusammenwachsen der Neo-Vagina verhindern sollen.

Nicht-ident ist eine geschlechtliche Selbstbezeichnung und Orientierung, die sich jeglicher Zuordnung und Fixierung entzieht. (▸Geschlechtliche Orientierung).

Normalisierung ist der Prozess und der Effekt der Durchsetzung von ▸Normen. Der Begriff umfasst verschiedene Formen der Foucaultschen produktiven ▸Macht: Disziplinierung, Regulierung, Selbst-Regulation und Biomacht (vgl. Engel 2002: 73). (▸*Heteronormative Hegemonie*, ▸*Technologien des Selbst*).

Normativität bezeichnet die Gesamtheit der ▸Normen, die einer permanenten Bewegung unterliegt. Diese Beweglichkeit ist selten offensichtlich, aber sie zeigt sich in der Resignifizierung der Zitate, der ▸Materialisierungen und der Effekte. Als rigide Normativität taucht sie besonders in Gesetzen (zum Beispiel im Personenstandgesetz, im Transsexuellengesetz) und in regulierenden Bestimmungen, die als universelle Regeln anerkannt sind, auf (vgl. Engel 2002: 75).

Normen wirken als soziale Praktiken normalisierend und sind oft wegen ihrer handlungsleitenden Selbstverständlichkeit schwer zu entziffern. »Die Norm regiert die soziale Intelligibilität einer Handlung. Aber sie ist mit der Handlung, die sie regiert, nicht identisch« (Butler 2009 (2004c): 73). Diese Latenz der Normen sorgt dafür, dass dem »Sozialen ein Gitter der Lesbarkeit« auferlegt wird, denn die »Frage, was außerhalb der Norm liegt, erweist sich als gedankliches Paradoxon« (ebd.: 73). Explizite Normen sind sichtbar und erkennbar, wie beispielsweise das Verbot der Anwendung von körperlicher Gewalt (außerhalb des Gewaltmonopols). ▸Heteronormativität als Normgefüge zeigt sich sowohl latent (z.B. in der naturalisierten Selbstverständlichkeit der Existenz von nur zwei Geschlechtern) als auch explizit (wie z.B. in der Diskriminierung und fehlenden rechtlichen Gleichstellung von anderen Geschlechtern). (▸Gewalt, ▸Normalisierung).

Östrogene/östrogene Hormone werden medizinisch gesehen bei Frauen und bei Männern (aus medizinischer Sicht in geringerer Dosis) gebildet (vgl. Hoff-mann-La Roche Aktiengesellschaft et al. 2003: 1358). Andere Geschlechter werden in den Beschreibungen nicht berücksichtigt. Gemeinhin werden sie wegen der unterschiedlichen Anhäufung bei Frauen und Männern im Alltags-verständnis irreführend als weibliche Hormone bezeichnet. (▸Testosteron).

Othering (Ver-Anderung) bezeichnet das Differenzieren von einer oder meh-reren Personen von einer anderen Gruppe, wobei der Ausgangspunkt und der Effekt eine hierarchische Klassifizierung des Eigenen und des kolonialisierten Fremden ist. Das Konzept stammt von der postkolonialen Theoretikerin Gaya-tri Chakravorty Spivak und unterstreicht die Herstellung von Herrschaft durch das Othering (Ver-Anderung) der Nicht-Weißen, in der Absicht, den Status Quo zu erhalten, Dominanz herzustellen und um Herrschaft zu verstetigen (Spivak 1985, 1996 (1985)). Othering ist eine Voraussetzung für Gewalthan-deln, Abwertung, Unterdrückung und Folter, von der identifizierbar gemachte Gruppen betroffen sind. Hier bezieht sich der Begriff nicht auf das ethnische und rassifizierte Othering sondern – entlang der empirischen Erkenntnisse – auf ein geschlechtliches und sexuelles Othering. Diesen Prozessen liegt ein Ste-reotypieren und Generalisieren in diskriminierender Absicht zugrunde. Julia Reuter nutzt den deutschen Begriff der »Ver-Anderung«, der in dieser Studie analog genutzt wird (vgl. Reuter 2002: 186ff).(▸Intersektionalität).

Outing ist die sprachliche Kurzform für Coming-out-Prozesse.

Pansexualität ist eine selbstermächtigende Eigenbezeichnung für eine ▸sexuelle Orientierung, die sich nicht an der identitären Geschlechtlichkeit ihres Gegen-übers orientiert. ›Pan‹ (griechisch) steht für *alles, umfassend.*

Passing ist eine geschlechtlich vereindeutigende Praxis geschlechtlich nonkon-former Personen, um in der angestrebten ▸Lesbarkeit des Geschlechts akzep-tiert zu werden. Hierfür werden beispielsweise Kleidung, Gang oder Stimme auf ein zumeist ▸eindeutiges Geschlecht ausgerichtet. Der Resultat von gelin-gendem Passing kann die ▸Unsichtbarkeit ▸geschlechtlicher Nonkonformität sein. Passing ist somit nie ein alleiniges Handeln und Repräsentieren der ›pas-senden‹ Person, sondern kann als primär visueller Diskurs bezeichnet werden, der hegemoniale Differenzierungen von geschlechtlichem und rassifiziertem Wissen materialisiert (vgl. Ahmed 2005: 170f). (▸Geschlechtliche Nonkon-formität, ▸Sichtbarkeit, ▸Rassifizieren, ▸VerUneindeutigung).

Performativität (Judith Butler) ist die zitierende (sprachliche) Wiederholung der zugleich einschränkenden und Möglichkeiten zur Überschreitung bietenden ▸Normen, in denen Bedeutungsverschiebungen erfolgen können (vgl. Butler 1997: 321). Durch die ständigen Wiederholungen erzeugt Performativität jene Wirkungen, die sie zuvor benannt hat, und ermöglicht das Verschieben der Grenzen (vgl. ebd.: 22). (▸Différance, ▸Körper, ▸Materialisierung, ▸Sex, ▸Subversive Resignifizierung).

Poststrukturalismus: Im Poststrukturalismus ist die Sprache für den sozialen Wandel von Bedeutung. Im poststrukturalistischen Denken wurde nach dem *Linguistic Turn* Sprache zum Zentrum philosophischer Auseinandersetzungen. Als *Linguistic Turn* wird ein Paradigmenwechsel in den Wissenschaften verstanden, womit eine »endgültige Erfassung der Welt auch in einem linguistischen Sinne verwehrt bleibt« (Rauchhut 2008: 13). Ein zentrales Charakteristikum der Sprache ist damit ihre Unfassbarkeit, die ihr als System innewohnt. Der Kontext einer Sprechsituation bekommt (im Kontrast zur strukturalistischen Annahme) eine Bedeutung: »Bedeutung ist nichts in der Sprache als Differenz der Zeichen Enthaltendes, sondern etwas Konstruiertes, im Diskurs bzw. im Gebrauch der Sprache Hergestelltes« (Hornscheidt 2005: 230). Sprache bietet die »Dynamik der Bedeutungsaushandlung in der konkreten Sprechsituation« (ebd.: 230).

Physische (körperliche) Diskriminierung und Gewalt meint jene sprachlichen und nicht-sprachlichen Handlungspraxen, die gezielt die körperliche Integrität der Betroffenen beeinträchtigt. Sie geht oft mit ▸psychischer Diskriminierung und Gewalt einher und überlappt sich mit anderen Bezeichnungen von Gewalt wie beispielsweise mit ▸sexualisierter und ▸häuslicher Gewalt.

Polyamory meint offene und verantwortungsvolle Liebesbeziehungen zu mehreren Personen, die sexuell sein können, aber nicht müssen (Vetter/Schroedter 2010). ›Poly‹ (griechisch) steht für *viele*. (▸Monogamie, ▸Polygamie, ▸Sexuelle Orientierung).

Polygamie meint die parallele sexuelle Beziehung zu mehreren Personen jenseits der Ausschließlichkeit zweier beteiligter Personen. (▸Monogamie, ▸Polyamory, ▸Sexuelle Orientierung).

(Das) *Privileg der geschlechtlichen Eindeutigkeit* (Ipk) meint die Gesamtheit der Vorteile, die eine eindeutige Geschlechtlichkeit in dieser Gesellschaft mit sich bringt. Durch die heteronormative Struktur wird das *Privileg der geschlechtli-*

chen Eindeutigkeit ebenso wie das Feld der ▸geschlechtlichen Nonkonformität weitestgehend dethematisiert. Es erscheint als Selbstverständlichkeit, einem eindeutigen Geschlecht anzugehören.

Psychische Diskriminierung und Gewalt meint jene Abwertungspraxen, die auf das Selbstverständnis und auf das Selbstbewusstsein der Person abzielen. Diese Widerfahrnisse können sich in die ▸Selbstkonstituierung der betroffenen Person einlagern. (▸Physische (körperliche) Diskriminierung und Gewalt).

Queer bezeichnet nach Judith Butler das offene Verhältnis von Stabilität und Variabilität im Rahmen performativer Anrufungen (vgl. Butler 1997: 310f). Ursprünglich war Queer eine diskriminierende Anrufung der geschlechtlichen ▸Ver-Anderung von Homosexuellen in den USA. Es gelang der sozialen Bewegung der Homosexuellen und Transmenschen, diesen Begriff selbstermächtigend umzudeuten und damit seinen Sinngehalt zu verschieben (vgl. Rauchut 2008: 75-79). Vielfach wird er außerdem als Synonym für lesbisch und schwul Lebende sowie gelegentlich auch für ▸LGTB (Lesbian, Gay, Transgender, Bisexual) genutzt. Der Ausdruck ›queer‹ wird in dieser Studie als offene, identitätskritische Variable genutzt, die, wenn sie eine starre Bedeutung zugewiesen bekäme, ihre Aussagekraft verlöre. (▸Performativität, ▸Queer Theory).

Queer-feministisch bezeichnet nach Antke Engel die Parallelität und Gleichberechtigung von ▸Queer Theory und feministischer Kritik an Geschlechterdualität und Geschlechterhierarchie, die nicht immer im queeren Denken aufgehoben ist (vgl. Engel 2002: 10).

Queer Theory bezeichnet identitätskritische und ▸intersektionale Auseinandersetzungen mit gesellschaftlichen Machtverhältnissen. Ihre Absicht ist die Analyse der Bedingungen normativer Konstituierungen und die Suche nach Interventions- und Widerstandspotenzialen. Theoretisch beziehen sich die Positionen der Queer Theory auf ▸poststrukturalistische Annahmen, weshalb der Philosophin Judith Butler ein besonderer Einfluss zugesprochen wird. Die US-amerikanischen sozialen Bewegungen der Homosexuellen und Transpersonen (Gruppen wie *Queer Nation, Act Up* und *Lesbian Avengers*) waren ihr bewegungspolitischer Hintergrund (vgl. Rauchut 2008: 51-58). In der deutschsprachigen Debatte waren die Zugänge zu ▸Queer und Queer Theory demgegenüber zunächst akademisch.

Rassifizieren meint den Prozess des diskriminierenden Differenzierens auf der Basis von ▸Rassismus.

Rassismus ist ein hegemoniales System zur Unterdrückung von Personen auf der Basis von ethnisierten oder rassifizierten Unterscheidungsmerkmalen. Rassismus ist ein historischer Effekt des Kolonialismus, der dazu führte, dass kolonialisierte Menschen von den Kolonialmächten mit Höher- und Minderbewertungen, Versklavungen, Ausbeutung und Ausrottungen von Ethnien und sozialen Gruppen konfrontiert wurden. Millionenfach führte dies zum Freiheitsentzug und zur Vernichtung von Menschen. Das Wirken dieses hegemonialen Systems strukturiert auch aktuell noch gesellschaftliche Prozesse, produziert Kriege, beeinflusst ▸Subjektkonstituierungen und dominiert Macht- und Herrschaftsverhältnisse. (▸Rassifizieren).

Resignifizieren meint das wiederholte Bezeichnen und Verschieben von Bedeutungen in und durch Sprache als soziale Praxis. (▸Subversive Resignifizierung).

Schwul ist eine Selbstbezeichnung, die jene Personen verwenden, die sich geschlechtlich als Mann konstituieren und deren Begehren sich vorwiegend auf Männer richtet. Als Fremdzuschreibung ist ›Schwuler‹ zumeist eine diskriminierende Anrufung, die sich auf die ▸Lesbarkeit des Geschlechts oder die Lesbarkeit schwuler Sexualität (beispielsweise durch Küsse) beziehen kann. Schwule Lebensweisen haben keinen automatisch identitätskritischen Bezug zur ▸Heteronormativität. Der Begriff wird hier vorwiegend als ▸sprachliche Diskriminierung rezitiert. (▸Effimisierung, ▸Homosexualität, ▸Homosexuellenfeindlichkeit, ▸Lesbe).

(Das) *Selbst* bezeichnet nach Foucault einen individualisierten Zustand der Subjektivierung, in welcher der Mensch ein begriffliches Verständnis seiner Person hat und dies in der Form eines Geständnisses verlautbaren kann (vgl. Foucault 2003 (1978), Nr. 232: 692). Dabei betont Foucault, dass die »Entdeckung des Selbst« im Christentum ein wechselseitiges Bedingungsgefüge darstellt: »Je mehr wir die Wahrheit über uns selbst entdecken, umso mehr sollen wir auf uns selbst verzichten; und je mehr wir auf uns verzichten wollen, umso mehr müssen wir die Wirklichkeit in uns selbst zutage fördern.« (Foucault 2005 (o.J.), Nr. 295: 211f). (▸Selbstkonstituierung, ▸Subjektivation, ▸*Technologien des Selbst*, ▸Wahrheit).

Selbstkonstituierung verbindet das ▸Selbst mit einer temporären ▸Wahrheit als Form der normativen Aushandlung. Die Selbstkonstituierung interagiert mit anderen ▸Macht- und Herrschaftsverhältnissen, sodass die entstehenden Subjekte stets auch ein Produkt ihrer Durchsetzung und ▸Materialisierung darstellen. Das Selbst unterscheidet sich vom Subjekt insofern, als dass dem

Selbst ein innerer Bezug zur Handlungsmacht und zur eigenen Konstituierung unterliegt, während das Subjekt eine gesellschaftliche Positionsbeschreibung darstellt, die an soziale, rechtliche und kulturelle Anerkennung gekoppelt ist.

Selbsttechnologien ▸*Technologien des Selbst.* (▸Selbst, ▸Selbstkonstituierung,).

Sex (biologisches Geschlecht) bezeichnet die geschlechtliche Zugehörigkeit, die sich an Erkenntnissen aus der Biologie, aus der Medizin und an der Interpretation der geschlechtlichen ▸Materialisierung der ▸Körper orientiert. Die zugrundeliegenden Erkenntnisse für die Dichotomie der Geschlechter unterliegen allerdings einem ständigen Wandel, wobei der Glaube an die Existenz von nur zwei Geschlechtern im Alltagsverständnis zumeist ungebrochen erscheint. Sex wird medizinisch durch Genitalien (▸Geburtsgeschlecht) und im Zweifelsfall durch Chromosomen und Hormone bestimmt (zu historischen und aktuellen Geschlechtertheorien: vgl. Voß 2011: 68-164). Die normative Annahme einer natürlichen Zweigeschlechtlichkeit ist eine doppelte »regulierende Praxis, die Körper herstellt, [und] die sie beherrscht« (Butler 1997: 21). Das hegemoniale Wissen trägt dazu bei, jene ▸Körper zu produzieren, die zumeist als binäre Geschlechter wahrgenommen und interpretiert werden. (▸Gender, ▸*Heteronormative Hegemonie* ▸Intersexualität, ▸Lesbarkeit von Geschlecht, ▸Personenstand, ▸*Sex Category*).

Sex Category verweist auf die wahrgenommene soziale Zuweisung bzw. Überprüfung von Geschlecht (West/Zimmerman 1987). Sie ist die Lesart der ▸geschlechtlichen Repräsentation. Die *Sex Category* ergänzt das ▸Sex-Gender-Theorem, indem die kategoriale ▸Lesbarkeit von Geschlecht als ein soziales Moment der Zuweisung in den Herstellungsprozess von Geschlecht einbezogen wird. (▸Sex, ▸Gender, ▸*Doing Gender*, ▸*Doing Difference*).

(Das) *Sex-Gender-Theorem* war ein zentrales Konzept im westlichen Feminismus. ▸Sex wurde als biologische Bestimmbarkeit von dem soziokulturellen Geschlecht (▸Gender) abgekoppelt, das heißt ein soziales Geschlecht wurde jenseits eines biologischen Determinismus' anerkannt. Diese Sicht öffnete zunächst den Zugang für Theorien und Forschungen ohne eine deterministische Zweigeschlechtlichkeit. Später wurde das Konzept für das Verhaftetsein am ▸biologischen Geschlecht kritisiert und weitestgehend in seiner Bedeutsamkeit infrage gestellt (Butler 1991; kritisch zur Kategorie Gender: Klöppel 2010). (▸*Doing Difference,* ▸*Doing Gender,* ▸*Sex Category*).

Sexualisierte Gewalt ist jenes Gewalthandeln, in dem sexualisierte Vorgänge, Sprache oder Instrumente bedeutsam sind. Das vorrangige Ziel sexualisierter

Gewalt ist die Dominanz, die Degradierung und die Demütigung der_s Betroffenen. Zur sexualisierten Gewalt gehören »sowohl die Befriedigung sexueller Wünsche auf Kosten eines Opfers oder gegen dessen Willen, wie auch alle Verletzungen, die aufgrund einer vorhandenen geschlechtlichen Beziehung (oder zwecks Durchsetzung einer solchen) zugefügt werden« (Hageman-White et al. 1997: 28). (▸Genderbashing, ▸Häusliche Gewalt).

Sexuelle Orientierung bezieht sich im heteronormativen Sinne auf ▸Heterosexualität, ▸Homosexualität und ▸Bisexualität. Die Äußerung einer sexuellen Orientierung benennt ein bevorzugtes, sexuelles Beziehungsverhältnis, das sich auf die eigene und die geschlechtliche Zugehörigkeit der Partner_in(nen) bezieht, wobei sich heterosexuell lebende Personen in den meisten Zusammenhängen nicht aktiv outen müssen. Sexuelle Orientierung wird in dieser Studie als prozessuale und offene Kategorie verstanden und damit nicht auf Homo-, Bi- und Heterosexualität beschränkt. (▸Coming-out, ▸Geschlechtliche Orientierung, ▸Heteronormativität).

Sichtbarkeit (geschlechtliche) meint die Wahrnehmung jener geschlechtlich nonkonformen Existenzweisen, die hegemonial der sozialen ▸Anerkennung entbehren müssen. Aus der Perspektive der von ▸Genderbashing Betroffenen bedeutet Sichtbarkeit, dass sie sich sozial akzeptiert fühlen und ihre Integrität als geschlechtlich nonkonforme Person gewahrt wird. (▸Anerkennung, ▸Passing, ▸Unsichtbarkeit).

Sprachliche Diskriminierung umfasst verbale Beleidigungen und Diskreditierungen, die vorrangig auf Sprache als verbalisierte und non-verbalisierte Praxis basieren. (▸Diskriminierung, ▸Genderbashing).

Stereotype reduzieren eine Person oder Personengruppe auf eine Eigenschaft oder Zuschreibung, indem sie eine Wahrnehmung verallgemeinern. Sie vereinfachen, erzeugen normative Selbstverständlichkeiten und reproduzieren vorgefertigte Urteile.

Stigma war in der Antike ein in die ▸Körper geschnittenes oder gebranntes Zeichen, das seine Träger_innen als moralisch auffällige oder schlechte Menschen markierte. Verbrecher_innen, Sklav_innen oder Verräter_innen wurden so gekennzeichnet (vgl. Goffman 1975 (1967): 9). Eine soziologische Definition von Stigma lautet nach Erving Goffman: »Ein Individuum, das leicht im gewöhnlichen sozialen Verkehr hätte ausgenommen werden können, besitzt ein Merkmal, das sich der Aufmerksamkeit aufdrängen und bewirken kann, daß wir uns bei der Begegnung mit diesem Individuum von ihm abwenden, wodurch der Anspruch, den seine anderen Eigenschaften an uns stellen, gebrochen wird. Es hat ein Stigma, das heißt, es ist in unerwünschter Weise anders, als wir es antizipiert hatten« (Goffman 1975 (1967): 13). Die Markierung mit einem Stigma erfolgt somit von außen und brandmarkt Personen in einer Gesellschaft als Andere. (▸Othering, ▸Stigmatisierung).

Stigmatisierung bezeichnet den markierenden Prozess, der die Person mit dem stigmatisierenden Merkmal zur_zum Außenseiter_in macht. (▸Stigma).

Subversive Resignifizierung ist nach Judith Butler die Möglichkeit, in normative Vorgänge mit dem Ziel der Verschiebung der Bedeutung zu intervenieren. Nach Butler kann durch die performative, das heißt durch die wiederholte Fehlaneignung veränderndes und subversives Potenzial entstehen (vgl. Butler 1998: 64). (▸Différance, ▸Performativität, ▸Resignifizieren, ▸VerUneindeutigung).

Subjektivation bedeutet die Konstituierung und die Unterwerfung des Subjekts zugleich. Judith Butler geht in Anlehnung an Foucault davon aus, dass keine Subjektwerdung ohne Unterwerfung erfolgen kann. Das Subjekt ist die »sprachliche Bedingung (...) seiner Existenz und Handlungsfähigkeit« (Butler 2001: 15). Dies führt dazu, dass die Vorstellung eines autonomen Subjekts innerhalb der gesellschaftlichen Verhältnisse obsolet wird, weil das Subjekt stets ein Produkt relativer, normativer Vorgaben ist und erst mittels der sprachlichen Anrufung, der ▸Performativität, existieren kann (Butler 2001). Der Zusammenhang von produktiver ▸Macht und Identität ist für diese Studie von herausragender Bedeutung, weil er den Fokus auf die von ▸Gewalt betroffenen Subjekte und deren ▸Selbstkonstituierungen lenkt. Die Machtbeziehungen treffen sich im gemeinsamen Ort der körperlichen Subjekte, durch den hindurch sie sich materialisieren. Subjekte sind demnach Ausdruck und Schauplatz der Macht zugleich (Butler 2001). (▸Materialisierung).

Technologien des Selbst/Selbsttechnologien bezeichnen nach Foucault jene Formen der ▸Selbstkonstituierung, die sich im Spannungsfeld der Machtverhältnisse zwischen Unterwerfung und Konstituierung entwickeln. Die Praktiken tragen zur selbstreferenziellen Subjektkonstituierung bei. Sie ermöglichen einem Menschen »aus eigener Kraft oder mit Hilfe anderer eine Reihe von Operationen an seinem Körper oder seiner Seele, seinem Denken, seinem Verhalten und seiner Existenzweise vorzunehmen, mit dem Ziel, sich so zu verändern, dass er einen gewissen Zustand des Glücks, der Reinheit, der Weisheit, der Vollkommenheit oder der Unsterblichkeit erlangt« (Foucault 2005 (1988a), Nr. 363: 968). (▸Macht, ▸Selbst, ▸Subjektivation).

Testosteron ist ein »androgen wirksames« Geschlechtshormon, dessen Synthese im Hoden und im Ovar (Eierstock), in der Nebennierenrinde und in der Leber erfolgt (Hoffmann-La Roche Aktiengesellschaft et al. 2003: 1810f). Gemeinhin gilt Testosteron als männliches Hormon, obwohl alle ▸Körper dieses Hormon in unterschiedlichen Dosen produzieren müssen. (▸Östrogene).

›*Trans*‹ wird als Adjektiv, Präfix oder als Substantiv genutzt. ›Trans‹ (lateinisch) steht für *jenseits* und *über etwas hinausweisend*. Es meint in Bezug auf Geschlecht ›anders als bei der Geburt zugewiesen‹. Trans ist auch ein Kürzel und Indikator für ▸Transgender und/oder ▸Transsexualität. Es bezeichnet Aktivitäten, Subjektbeziehungen und Selbstbezeichnungen, in denen eine Erfahrung oder ein Verständnis über das normative Verständnis von Geschlecht hinaus Bedeutung erlangt. (▸Geschlechtliche Nonkonformität, ▸Intersexualität).

Transgender wird gemeinhin als Oberbegriff für ▸geschlechtliche Nonkonformität genutzt. Dies gilt besonders für Publikationen aus dem US-amerikanischen Raum, wobei diese Bezeichnung auch für europäische und deutsche Studien übernommen wird. Darüber hinaus meint der Begriff gezielt jene Personen, die sich selbst als Transgender bezeichnen. Transsexuelle Personen bezeichnen sich zum Teil auch als transgender. Andere wiederum lehnen diese Bezeichnung für sich ab und bestehen darauf, transsexuell zu sein. In zahlreichen Publikationen wird Transsexualität unter Transgender subsumiert (vgl. Gagné/Tewksbury 1998: 81; Namaste 2000: 1; Bettcher 2007: 46). Transgender ist allerdings keine pathologisierende Kategorie wie beispielsweise der Begriff der ▸Transsexualität (vgl. Bettcher 2007: 46). In der vorliegenden Forschungsarbeit ist nicht Transgender sondern ▸geschlechtliche Nonkonformität der Sammelbegriff für die hier Befragten, nicht zuletzt weil seine doppelte Verwendung verwirrend wirkt. Der Begriff ›Transgender‹ wird in dieser Studie somit als individualisierte Selbstbezeichnung genutzt. (▸Trans, ▸Transident, ▸Transsexualität).

Transfeindlichkeit meint die Ablehnung und die Angriffe, die sich gegen Transmenschen und gegen jene, die als ▸Trans gelesen werden, richten. (▸Lesbarkeit von Geschlecht, ▸Transgender, ▸Transsexuellenfeindlichkeit, ▸Transphobie).

TransInterfeindlichkeit meint die Ablehnung, die Diskriminierung und die Gewalt gegenüber intersexuell geborenen Personen und gegenüber Transmenschen und gegenüber solchen, die als intersexuell geborene Personen oder Transpersonen gelesen werden. (►Intersexualität, ►Transgender, ►Transphobie, ►Transfeindlichkeit).

Trans-ident ist eine Selbstbezeichnung jener Personen, die eine transsexuelle oder eine transgender Selbstkonstituierung gewählt haben oder die darauf verweisen, dass sie sich jenseits klassischer Zugehörigkeiten verorten. Oft werden in der Fachliteratur trans-ident, Transidentität und Transsexualität gleichgesetzt (vgl. z.B. Deutscher Ethikrat 2012a: 196).

(Das) *Trans-Narrativ* ist eine Selbstermächtigungsstrategie und temporäre Anpassungsleistung geschlechtlich nonkonformer Personen, die während der geschlechtlichen ►Transition genutzt wird. Es ist eine strategisch verwendete, biografische Narration, in der sich auf die traditionelle Annahme der ►wahren Transsexualität bezogen wird. Das Trans-Narrativ wird verwendet, um beispielsweise gegenüber medizinischen und juristischen Fachkräften eine Vereinfachung und Beschleunigung des eigenen Transitionsverfahren zu erreichen. Allerdings betont Bernice Hausmann, dass Narrative, die ein ontologisches Gender vermuten lassen, sich auf den Status quo gesellschaftlicher Verhältnisse beziehen und eine Festschreibung der hierarchischen Bipolarität im patriarchalen Gefüge darstellen (vgl. Hausman 2001: 486). (►Empowerment, ►Passing, ►Widerstand).

Transsexualität ist die alltagssprachliche Form der medizinisch als »Transsexualismus« bezeichneten Pathologisierung, die den anerkannten statistischen Diagnosefibeln ►*Diagnostic and Statistical Manual of Mental Disorders* (DSM-IV/V) und ►*International Statistical Classification of Diseases and Related Health Problems* (ICD-10) folgt. Der Begriff dient darüber hinaus als geschlechtliche Selbstbezeichnung. Die *Transsexualität als soziale Konstruktion* ist nach Stefan Hirschauer (1993) ein Ergebnis aufeinander treffender Akteur_innen, Wissensformen, kontingenter Praktiken und Organisationsformen in einer Gesellschaft. (►Transfrau, ►Transgender, ►Transmann, ►Mann zu Frau/Male to Female (MtF)-Transsexuelle. ►Frau zu Mann/Female to Male (FtM)-Transsexueller).

Transition bezeichnet den Prozess der Veränderung des ►Körpers und (Anpassung) der geschlechtlichen Selbstverortung an die eigene Erfahrung der Geschlechtszugehörigkeit. Dies muss nicht notwendigerweise ein ›Geschlechterwechsel‹, eine Geschlechtsangleichung oder -annäherung an ein normatives Geschlecht sein. Es kann auch ein ganz eigener Prozess des Wechsels, des

Veränderns mit und ohne Operationen und/oder mit und ohne Hormoneinnahme bedeuten. Transitionen können im Zusammenhang mit dem ▸Trans-
sexuellengesetz (TSG) die Veränderung des Körpers (durch Operationen und
Hormone), des Vornamens, oder auch die Umschreibung der amtlichen Dokumente, die Änderung des ▸Personenstandes und der veränderte Eintragung der
Geschlechterzugehörigkeit bedeuten. Den Verlauf und die angestrebten Maßnahmen einer Transition entscheiden die Transitionierenden aktuell im gesetzlichen und medizinischen Rahmen weitestgehend selbst. Allerdings sind ihre
individuellen Möglichkeiten von den bewilligten medizinischen Maßnahmen
und Behandlungen sowie besonders von einer potenziellen Kostenübernahme
durch die Krankenkassen abhängig.

Transfrau ist eine geschlechtliche Selbstbezeichnung für verschiedene Geschlechter. Zumeist wurde Transfrauen ein männliches ▸Geburtsgeschlecht
zugewiesen, und sie leben nun sozial und ggf. auch rechtlich anerkannt als
Frau. Die Identifikationen mit dem weiblichen Geschlecht verlaufen ebenso
wie die ▸geschlechtlichen Repräsentationen unterschiedlich. (▸Transgender,
▸Transmann, ▸Transsexualität).

Transmann ist eine geschlechtliche Selbstbezeichnung für verschiedene Geschlechter. Zumeist wurde Transmännern ein weibliches ▸Geburtsgeschlecht
zugewiesen, und sie leben nun sozial und ggf. rechtlich anerkannt als Mann.
Die Identifikationen mit dem männlichen Geschlecht verlaufen ebenso wie die
▸geschlechtlichen Repräsentationen unterschiedlich. (▸Transgender, ▸Trans-
frau, ▸Transsexualität).

Transphobie bezeichnet eine ▸Angst vor geschlechtlicher Nonkonformität.
Damit referiert der Begriff nicht automatisch auf die Angst vor Transpersonen,
sondern er bezieht sich auf die Angst vor Attributen, Verhaltensweisen, Identitäten, die jenseits der Zweigeschlechtlichkeit identifiziert werden, die eine_n
Betrachter_in irritieren, verunsichern oder destruktiv-aggressiv werden lassen
können. Transphobie ist eine Angststruktur, die zur Diskriminierung und Gewalt gegen Transpersonen führen kann. Als Angststruktur hat sie das Werte-
system der Angreifer_innen im Fokus. Sie ist allerdings keineswegs das einzige
Motiv für transfeindliche Gewalt. Vernachlässigt werden dabei institutionelle
und normative, transsexuellenfeindliche Strukturen, Bedingungen und Subjektpositionen aller an der sozialen Konstruktion der Angststruktur und an
Diskriminierung sowie Gewalt Beteiligter. (▸Transfeindlichkeit, ▸TransInter-
feindlichkeit).

Travestie bezeichnet das künstlerische Verkleiden von Personen in einem anderen Geschlecht, wobei sich die Darstellungsform vorrangig auf die Künste in Literatur, Schauspiel und Musik beschränkt. (▸Crossdressing, ▸Drag, ▸Drag King, ▸Drag Queen).

Transvestitismus ist der pathologisierende Ausdruck für Formen des Crossdressings. (▸Diagnostic and Statistical Manual of Mental Disorders (DSM-IV/V)).

Unsichtbarkeit (geschlechtliche) meint die fehlende Wahrnehmung und das Verdecken von nonkonformen ▸geschlechtlichen Orientierungen und anderen uneindeutigen und nonkonformen Existenzweisen, die der affirmativen ▸Anerkennung entbehren müssen. Aus der Perspektive der von ▸Genderbashing Betroffenen meint Unsichtbarkeit oft die Anpassungsleistung an bestehende, zweigeschlechtliche Normvorstellungen in der Absicht, die eigene Integrität zu wahren und sich vor Diskriminierung und Gewalt schützen zu können. (▸Passing, ▸Sichtbarkeit).

Ver-Anderung ▸Othering.

VerUneindeutigung meint subjektive Prozesse der bewussten Distanzierung und fehlenden Anpassungsleistung an binäre ▸Normen und Identitäten des Ein- und Ausschlusses. Methodologisch meint VerUneindeutigung außerdem das Vermeiden fixierter Forschungsfelder und Forschungsgegenstände. Antke Engel sieht darüber hinaus in der politischen »Strategie der VerUneindeutigung« ein Potenzial, in heteronormative Normalisierungsprozesse intervenieren zu können. Dies ermögliche, sich jenseits identitärer Kohärenz solidarisch zusammenzuschließen, ohne die »Bedingung der Unentscheidbarkeit des Politischen« aufgeben zu müssen (Engel 2002: 235).

Virilisierung (Vermännlichung) meint den körperlichen und psychischen Prozess der Annäherung an eine männliche ▸geschlechtliche Repräsentation. Dies erreichen Personen beispielsweise durch gezieltes ▸Passing, durch Hormoneinnahme oder durch geschlechtsangleichende oder -verändernde Operationen. Dieser Prozess kann freiwillig oder unfreiwillig ablaufen. (▸Effemisierung, ▸Feminisierung, ▸Männlichkeit, ▸Passing).

Wahre Transsexualität beinhaltet die individuelle Ablehnung der eigenen Genitalien, die frühe Infragestellung der geschlechtlichen Zugehörigkeit zum ▸Geburtsgeschlecht und heterosexuelles Begehren (vgl. Sharpe 2010: 90;

Benjamin 1966: 25-28). Wahre Transsexualität bezeichnet im ►Stereotyp das Gefangensein im falschen ►Körper (für ►Mann-zu-Frau-Transsexuelle: »trapped in a man's body« (Benjamin 1966: 19)). (►Frau-zu-Mann-Transsexuelle, ►Transgender, ►Trans-Narrativ, ►Transsexualität).

Wahrheit ist nach Foucault ein Effekt der produktiven Macht, die es vermag, in ›wahr‹ und ›falsch‹ zu regulieren und den Diskurs damit zu beeinflussen: »Mein Problem besteht darin herauszufinden, wie die Menschen sich, und zwar sich selbst und die anderen, durch die Produktion von Wahrheit regieren. Unter Produktion von Wahrheit verstehe ich (...) nicht die Produktion wahrer Aussagen, sondern die Einrichtung von Bereichen, in denen die Praktik von wahr und falsch zugleich reguliert und gültig sein kann« (Foucault 2005 (1980), Nr. 278: 34). (►Wahrheitsspiele).

Wahrheitsspiele sind bei Michel Foucault jene Aushandlungsprozesse in ►Dispositiven, in denen eine Entscheidung zwischen ›wahr‹ und ›falsch‹ erfolgen kann. Foucault fragt danach, wie Wahrheit (also wie dieses wahre Wissen) in ihrer Entscheidbarkeit produziert wird und wie sich die Wahrheit bestimmter Diskursbereiche in die Subjekte einschreibt (vgl. Foucault 2005 (1980); Nr. 278: 34, ebd. 2005 (1984), Nr. 356: 904). (►Wahrheit; ►Subversive Resignifizierung).

Weiblichkeit ist eine wissenschaftliche Dimension der Kategorie ►Geschlecht. Der Begriff verweist aus soziologischer Perspektive auf die Analyse der Geschlechterverhältnisse und auf kontextbezogene, normative Erwartungen an Träger_innen von Weiblichkeit. Sie kann als relationales Konglomerat aus zugewiesenen Merkmalen, Charaktereigenschaften und Verhaltensweisen gefasst werden. Weiblichkeit kann sich jenseits der Dichotomie sehr unterschiedlich darstellen. Häufig wird Weiblichkeit allerdings mit einem Frausein oder mit ›als Frau leben‹ verwechselt. Demgegenüber können Träger_innen von Weiblichkeit alle Geschlechter sein. (►Effiminisierung, ►Feminisierung, ►Männlichkeit, ►Virilisierung).

Widerstand und widerständige Praxis sind hier jene heteronormativen Handlungs- und Selbstkonstituierungspraxen, mit Hilfe derer die Interviewpartner_innen sich als geschlechtlich nonkonforme Personen zeigen oder verstecken können. Zur widerständigen Praxis zählt das konkrete Abwehren von (vermuteten) Diskriminierungs- und Gewaltpraxen und dies zeigt sich in ►geschlechtlichen Repräsentationen, in Sprache und in darüber hinausweisenden, alltäglichen Interaktionen. Widerstand konstituiert sich im Untersuchungsfeld nur auf den ersten Blick komplementär zur heteronormativen Ausgangsbasis; entlang des foucaultschen Machtbegriffs aber ist der Widerstand dem Phänomen ▸Genderbashing immanent. (▸Genderbashing, ▸Heteronormativität, ▸Macht).

XX-Mann bezeichnet eine Person, deren ▸geschlechtliche Repräsentation zwar männlich gelesen wird, deren Chromosomensatz aber XX-Chromosomen aufweist, nach denen sie entlang aktueller medizinischer Klassifizierungen weiblich eingeordnet werden müssten (vgl. kritisch: Voß 2010). (▸Intersexualität, ▸Lesbarkeit von Geschlecht). Der Ausdruck kann eine geschlechtliche Selbstbeschreibung und/oder medizinische Fremdzuweisung sein.

XY-Frau bezeichnet eine Person, deren ▸geschlechtliche Repräsentation zwar weiblich gelesen wird, deren Chromosomensatz aber XY-Chromosomen aufweist, nach denen sie medizinisch männlich klassifiziert werden müssten (kritisch: Voß 2010, 2011). Der Ausdruck kann eine gewählte geschlechtliche Selbstbeschreibung und/oder medizinische Fremdzuweisung sein. (▸Intersexualität, ▸Sex Category).

Zone der Unbewohnbarkeit (Judith Butler) – Das ›Ich‹ kann bei Butler in Anlehnung an Althusser erst dadurch entstehen, dass es gerufen, benannt oder angerufen wird, wodurch der diskursive Effekt der Subjektbildung entstehen kann (vgl. Butler 1997: 23, 310). Butlers Bewohner_innen der *Zone der Unbewohnbarkeit* sind ohne Subjektstatus, denn sie bilden jenes Außen von Subjekten, die verworfen werden. Die *Zone der Unbewohnbarkeit* ein imaginärer Raum, in dem sich jene geschlechtlichen Existenzweisen tümmeln, denen der Subjektstatus versagt bleibt. Ihre Aufgabe als Verworfene ist die Begrenzung des Subjektbereichs. Die *Zone der Unbewohnbarkeit* steht damit im Kontrast zu jenen Räumen, in denen sich ▸intelligible Geschlechter aufhalten (vgl. Butler 1997: 23). Antke Engel kritisiert dieses dualistische Modell, da die Existenz der ▸geschlechtlichen Orientierungen jenseits dieser Zone in ihren Augen längst gelebter Alltag sei und da sie nicht, wie Butler 1991 noch behauptet, vorrangig in der Utopie oder der Parodie zu suchen seien (Engel 2002: 29). (▸Selbstkonstituierung; ▸Subjektivation).

Zonen der Bewohnbarkeit (Ipk) meint jene Sphären im heteronormativen Alltag, in dem die Befragten als Subjekte bestehen konnten und sichtbar waren, ohne infrage gestellt zu werden. Sie tauchen inmitten heteronormativer Selbstverständlichkeiten auf und waren manchmal so plötzlich wieder verschwunden, wie sie entstanden waren. Sich in *Zonen der Bewohnbarkeit* aufzuhalten, bedeutete für die Befragten, sich sicher, geborgen und akzeptiert zu fühlen. Geschlechtlich-nonkonforme Selbstkonstituierungen berichteten von *Zonen der Bewohnbarkeit*, in denen sie längst zu intelligiblen Subjekten geworden waren, obwohl wie ihre Selbstkonstituierungen zumeist nur latent, brüchig und im Widerspruch zur ▸*heteronormativen Hegemonie* zeigen können.

Zwitter sind allgemein eine Bezeichnung für biologische Lebewesen mit Mehrgeschlechtlichkeit. Es ist außerdem die historische Bezeichnung für Personen mit mehrdeutigen Geschlechterkörpern. (▸Hermaphrodismus, ▸Intersexualität).

Literatur- und Referenzverzeichnis

Abel, Maria H. (1988): Vergewaltigung – Stereotypen in der Rechtsprechung und empirische Befunde, Berlin: Beltz.

Adamietz, Laura (2011): Geschlecht als Erwartung. Das Geschlechtsdiskriminierungsverbot als Recht gegen Diskriminierung wegen der sexuellen Orientierung und der Geschlechtsidentität, Baden-Baden: Nomos.

Adamietz, Laura (2012): Geschlechtsidentität im deutschen Recht, in: Aus Politik und Zeitgeschichte 62 (20-21), 15-21.

Adler, Freda (1979): The Criminology of Deviant Women, Boston u.a.: Houghton Mifflin Harcourt.

AG Intersex 1-0-1 (Hg.) (2005): 1-0-1_intersex@hamburger_forschergruppe_intersexualität, www.intersex-forschung.de/interview.html. Stand: 25.12.2014.

AG Queer Studies (Hg.) (2009): Verqueerte Verhältnisse – Intersektionale, ökonomiekritische und strategische Interventionen, Hamburg: Männerschwarm.

Ahmed, Aischa (2005): »Na ja, irgendwie hat man das ja gesehen«. Passing in Deutschland – Überlegungen zu Repräsentation und Differenz, in: Eggers, Maureen M.; Kilomba, Grada; Piesche, Peggy; Arndt, Susan (Hg.): Mythen, Masken und Subjekte. Kritische Weißseinsforschung in Deutschland, Münster: Unrast, 270-282.

Althoff, Martina; Kappel, Sybille (1995): Geschlechterverhältnis und Kriminologie, Kriminologisches Journal, 5. Beiheft, Weinheim/München: Juventa.

Althusser, Louis (1977): Ideologie und ideologische Staatsapparate – Aufsätze zur marxistischen Theorie, Hamburg/Berlin: VSA.

Aly, Götz; Ebbinghaus, Angelika; Hamann, Mathias; Pfäfflin, Friedemann; Preissler, Gerd (1985): Aussonderung und Tod – Die klinische Hinrichtung der Unbrauchbaren, Berlin: Rotbuch.

Amnesty International (2010): Menschenrechtsorganisation: Trotz Verurteilung fehlt umfassende Aufklärung im Fall Oury Jalloh – Amnesty für unabhängige Untersuchung bei rechtswidriger Polizeigewalt, www.amnesty.de/presse/2012/12/13/amnesty-fuer-unabhaengige-untersuchungen-bei-rechtswidriger-polizeigewalt?destination=node%2F2. Stand: 25.12.2014.

Antidiskriminierungsstelle des Bundes (2012): Fakten zur Gleichstellung von eingetragenen Lebenspartnerschaften (20.08.2012), http://www.antidiskriminierungsstelle.de/SharedDocs/Aktuelles/DE/2012/FAQ-eingetragene-lebenspartnerschaften-20120820.html. Stand: 29.12.2014.

Antisexismusbündnis Berlin/AG Gender Killer (2008): XXY – ... zwischen den Geschlechtern?, http://asbb.blogsport.de/2008/03/14/ueber-definitionsmacht. Stand: 25.12.2014.

Antisexismusbündnis Berlin/Gruppe antisexistischer Praxis (2008): Was tun wenn's brännt? Zum Umgang mit sexueller Gewalt, http://asbb.blogsport.de/2008/03/23/was-tun-wennas-braennt-zum-umgang-mit-sexueller-gewalt. Stand: 25.12.2014.

Atlas, Marco (2010): Die Femminielli von Neapel – Zur kulturellen Konstruktion von Transgender, Frankfurt M./New York: Campus.

Attia, Iman (2009): Die »westliche Kultur« und ihr Anderes – Zur Dekonstruktion von Orientalismus und antimuslimischem Rassismus, Bielefeld: transcript.

Austin, John L. (1962): How to Do Things with Words, Oxford: Clarendon Press, http:// metaphilo.org/Livres/Austin%20-%20How%20to%20do%20things%20with%20 words.pdf. Stand: 25.12.2014.

Avanti – Projekt undogmatische Linke (o. J.): Vorläufiger Leitfaden zum Umgang mit sexueller Gewalt, http://avanti-projekt.de/sites/default/files/Leitfaden.pdf. Stand: 25.12.2014.

Baacke, Dieter; Volkmar, Ingrid; Dollase, Rainer; Dressing, Uschi (1988): Jugend und Mode – Kleidung als Selbstinszenierung, Opladen: Leske und Budrich.

Baader, Meike S. (2009): Öffentliche Kleinkinderziehung in Deutschland im Fokus des Politischen. Von den Kindergärten 1848 zu den Kinderläden in der 68er Bewegung, in: Ecarius, Jutta; Carola Groppe, Carola; Malmede, Hans (Hg.): Familie und öffentliche Erziehung. Theoretische Konzeptionen, historische und aktuelle Analysen, Wiesbaden: VS Verlag für Sozialwissenschaften, 267-289.

Baird, Vanessa (2004): Sex. Love and Homophobia, London: Amnesty International.

Balzer, Carsten (LaGrata, Carla) (2008): Gender-Outlaw-Triptychon – Eine ethnologische Studie zu Selbstbildern und Formen der Selbstorganisation in den Transgender-Subkulturen Rio de Janeiros, New Yorks und Berlins, www.diss.fu-berlin.de/diss/ receive/FUDISS_thesis_000000005722. Stand: 25.12.2014.

Bauer, Robin (2005): When Gender Becomes Safe, Sane and Consensual – Gender Play as a Queer BDSM-Practice, in: Yekani, Elahe Haschemi; Michaelis, Beatrice (Hg.): Quer durch die Geisteswissenschaften. Perspektiven der Queer Theory, Berlin: Querverlag, 73-86.

Bauer, Robin (2007): »Daddy liebt seinen Jungen« – Begehrenswerte Männlichkeiten in Daddy/Boy-Rollenspielen queerer BDSM-Kontexte, in: Bauer, Robin; Hoenes, Josch; Woltersdorff, Volker (Hg.): Unbeschreiblich männlich – Heteronormativitätskritische Perspektiven, Hamburg: Männerschwarm, 168-178.

Bauer, Robin; Hoenes, Josch; Woltersdorff, Volker (Hg.) (2007): Unbeschreiblich männlich – Heteronormativitätskritische Perspektiven, Hamburg: Männerschwarm.

Baumgartinger, Persson P. (2008): Lieb[schtean] Les[schtean], [schtean] du das gerade liest... Von Emanzipation und Pathologisierung, Ermächtigung und Sprachveränderungen, Liminalis 2008_02, www.liminalis.de/2008_02/Liminalis-2008-Baumgartinger.pdf. Stand: 25.12.2014.

Becker, Sophinette; Dannecker, Martin; Hauch, Margret; Schmidt, Günter; Sigusch, Volkmar (1997): Standards der Behandlung und Begutachtung von Transsexuellen der Deutschen Gesellschaft für Sexualforschung, der Akademie für Sexualmedizin und der Gesellschaft für Sexualwissenschaft, http://transgender.at/infos/richtlinien/ std-d.html. Stand: 25.12.2014.

Belgin, Tayfun (Hg.) (2005): Harem – Geheimnis des Orients [Katalog zur Ausstellung Harem – Geheimnis des Orients, Kunsthalle Krems, 14. August – 13. November 2005], Krems in Österreich: Kunsthalle Krems.

Belknap, Joanne (2007 (2001)): The Invisible Women – Gender, Crime, and Justice, Belmont, Ca.: Thomson Wadsworth.

Benjamin, Harry (1966): The Transsexual Phenomenon, New York: The Julian Press.

Benjamin, Jessica (1996): Die Fesseln der Liebe – Psychoanalyse, Feminismus und das Problem der Macht, Frankfurt M.: Fischer.

Benjamin, Jessica (2002): Das Schatten des Anderen – Intersubjektivität – Gender – Psychoanalyse; Frankfurt M. u.a.: Stroemfeld.

Benz, Wolfgang; Graml, Hermann; Weiß, Hermann (Hg.) (2001 (1997)): Enzyklopädie des Nationalsozialismus, München: Deutscher Taschenbuch Verlag.

Bereswill, Mechthild (2011): Gewalt-Verhältnisse – Geschlechtertheoretische Perspektiven, in: Kriminologisches Journal 43 (1), 10-24.

Bettcher, Talia M. (2006): Understanding Transphobia – Authenticity and Sexual Violence, in: Scott-Dixon, Krista (Hg.): Trans/Forming Feminisms, Toronto: Sumach, 203-210.

Bettcher, Talia M. (2007): Evil Deceivers and Make-Believers – On Transphobic Violence and the Politics of Illusion, in: Hypatia – A Journal of Feminist Philosophy 22 (3), 43-65.

Bischoff, Eva (2011): Kannibale-Werden – Eine postkoloniale Geschichte deutscher Männlichkeit um 1900, Bielefeld: transcript.

Bleibtreu-Ehrenberg, Gisela (1977): Antihomosexuelle Strafgesetze – Zur Biographie eines Vorurteils, in: Lautmann, Rüdiger (Hg.): Gesellschaft und Homosexualität, Frankfurt M.: Suhrkamp, 61-92.

Bochenek, Michael; Knight, Kylie (2012): Nepal's Third Gender and the Recognition of Gender Identity, in: JURIST-Hotline, Apr. 23, 2012, http://jurist.org/hotline/2012/04/bochenek-knight-gender.php. Stand: 25.12.2014.

Bogaert, Anthony F. (2012): *Understanding Asexuality*, Lanham, MD: Rowman & Littlefield.

Böhmelt, Agnes; Kämpf, Katrin M.; Mergl, Matthias (2009): Alles so schön bunt hier! Rassifizierte Diskurspraxen und Weißsein in queeren Zeiten, in: Gender Bulletin Texte 36, 5-24, www.gender.hu-berlin.de/publikationen/gender-bulletins/texte-36. Stand: 25.12.2014.

Bohnsack, Ralf (1989): Generation, Milieu und Geschlecht – Ergebnisse aus Gruppendiskussionsverfahren mit Jugendlichen, Opladen: Leske und Budrich.

Bohnsack, Ralf (1996): Gruppendiskussionen – Neue Wege einer klassischen Methode, in: Zeitschrift für Sozialisationsforschung und Erziehungssoziologie, 16 (3), 323-326.

Bora, Alfons (2012): Zur Situation intersexueller Menschen – Bericht über die Online-Umfrage des Deutschen Ethikrates, Berlin: Deutscher Ethikrat.

Bornstein, Kate; Bergman, S. Bear (Hg.) (2010): Gender Outlaws – The Next Generation, Berkeley in California: Seal.

Bradby, Barbara (1993): Sampling Sexuality – Gender, Technology and the Body in Dance Music, in: Popular Music 12 (2), 155-176.

Brandstetter, Manuela (2009): Gewalt im sozialen Nahraum – Zur Logik von Prävention und Vorsorge in ländlichen Sozialräumen, Wiesbaden: VS Verlag für Sozialwissenschaften.

Brauckmann, Jannik (2002): Mannwerden und heterosexuelle Partnerschaften von Frau-zu-Mann-Transsexuellen, Gießen: Psychosozial-Verlag.

Braun, Christina von (2001): Blut als Metapher in Religion und Kunst – Vortrag Evangelischer Kirchentag Frankfurt am 15. Juni 2001, www.culture.hu-berlin.de/cvb/_pdf/ blut.pdf. Stand: 25.12.2014.

Breger, Claudia (2005): Identität, in: Braun, Christina von; Stephan, Inge (Hg.): Gender@ Wissen – Ein Handbuch der Gender-Theorien, Weinheim/Basel: Böhlau, 47-65.

Breuer, Franz (2009): Reflexive Grounded Theory – Eine Einführung für die Forschungspraxis, Wiesbaden: VS Verlag für Sozialwissenschaften.

Brill, Djuna (2008): Queer Theory und kritische Subkulturforschung – Ein überfälliger Brückenschlag, in: Bulletin des Zentrums für transdisziplinäre Geschlechterforschung 26, 104-125, www.gender.hu-berlin.de/publikationen/gender-bulletins/ texte-36. Stand: 25.12.2014.

Brill, Katherine; Pepper, Rachel (2011): Wenn Kinder anders fühlen – Identität im anderen Geschlecht – Ein Ratgeber für Eltern, München/Basel: Ernst Reinhardt.

Brinkmann, Elfi; Hoffmann, Sandy (Hg.) (2003): Handbuch sexuelle Gewalt, Moers: Brendow und Sohn.

Brinkmann, Lisa; Schweizer, Katinka; Richter-Appelt, Hertha (2007): Behandlungserfahrungen von Menschen mit Intersexualität – Ergebnisse der Hamburger Intersex-Studie, in: Gynäkologische Endokrinologie 5 (4), 235-242.

Britton, Dana M. (2004 (2000)): Feminism in Criminology – Engendering the Outlaw, in: Chesney-Lind, Meda; Pasko, Lisa (Hg.): Girls, Women and Crime – Selected Readings, Thousand Oaks/London/New Dehli: Firebrand Press, 61-74.

Browne, Kath; Lim, Jason (2008): Count Me In Too – LGBT Lives in Brighton & Hove – Domestic Violence & Abuse – Additional Findings Report December 2007, https:// www.brokenrainbow.org.uk/sites/default/files/Count%20Me%20In%20Too%20 Domestic%20Violence%20Report%20December%202007.pdf. Stand: 25.12.2014.

Browne, Kath; Nash, Catherine J. (Hg.) (2010): Queer Methods and Methodologies – Intersecting Queer Theories and Social Science Research, Farnham England/Burlington USA: Ashgate.

Brownmiller, Susan (1978 (1975)): Gegen unseren Willen – Vergewaltigung und Männerherrschaft, Frankfurt M.: Fischer.

Bucholtz, Mary (2000): The Politics of Transcription, in: Journal of Pragmatics 32, 1439-1465, http://icar.univ-lyon2.fr/ecole_thematique/tranal_i/documents/Buscholz_ Transcription.pdf. Stand: 25.12.2014.

Buchterkirchen, Ralf (2007): Maneo Opfertelefon auf Feindbildsuche, in: Rosige Zeiten, Oktober/November 2007, http://schwule-seite.de/politics_schwuler_rassismus. htm. Stand: 25.12.2014.

Budde, Jürgen (2005): Männlichkeit und gymnasialer Alltag – Doing Gender im heutigen Bildungssystem, Bielefeld: transcript.

Bühl, Achim (2010): Islamfeindlichkeit in Deutschland – Ursprünge/Akteure/Stereotype, Hamburg: VSA.

Bührmann, Andrea (1995): Das authentische Geschlecht – Die Sexualitätsdebatte der neuen Frauenbewegung und die Foucaultsche Machtanalyse, Münster: Westfälisches Dampfboot.

Bundesministerium der Justiz (Hg.) (2006): Hasskriminalität – Vorurteilskriminalität. Projekt Primäre Prävention von Gewalt gegen Gruppenangehörige – insbesondere junge Menschen (Band 1, Endbericht der Arbeitsgruppe), Berlin: Bundesministerium der Justiz

Bundesweiter Arbeitskreis TSG-Reform (2012): Forderungspapier zur Reform des Transsexuellenrechts, www.tsgreform.de/wp-content/uploads/2012/06/Forderungspapier_AK-TSG-Reform_1.6.201211.pdf. Stand: 25.12.2014.

Burgess-Proctor, Amanda (2006): Intersections of Race, Class, Gender, and Crime, in: Feminist Criminology 1 (1), 27-47.

Buschbaum, Balian (2011): Blaue Augen bleiben blau – Mein Leben, Frankfurt M.: Fischer.

Butler, Judith (1991): Das Unbehagen der Geschlechter, Frankfurt M.: Suhrkamp.

Butler, Judith (1995 (1993)): Kontingente Grundlagen – der Feminismus und die Frage der »Postmoderne«, in: Benhabib, Seyla; Butler, Judith; Cornell, Drucilla; Fraser, Nancy (Hg.): Der Streit um Differenz – Feminismus und Postmoderne in der Gegenwart, Frankfurt M.: Fischer, 31-58.

Butler, Judith (1997 (1993)): Körper von Gewicht, Frankfurt M.: Suhrkamp.

Butler, Judith (1998): Hass spricht – zur Politik des Performativen, Berlin: Berlin Verlag.

Butler, Judith (2001): Psyche der Macht – das Subjekt der Unterwerfung, Frankfurt M.: Suhrkamp.

Butler, Judith (2007): Kritik der ethischen Gewalt, Frankfurt M.: Suhrkamp.

Butler, Judith (2009 (2004)): Die Macht der Geschlechternormen, Frankfurt M.: Suhrkamp.

Butler, Judith (2009 (2004a)): Einleitung – Gemeinsam handeln, in: Butler, Judith: Die Macht der Geschlechternormen, Frankfurt M.: Suhrkamp, 9-33.

Butler, Judith (2009 (2004b)): Außer sich: Über die Grenzen sexueller Autonomie, in: Butler, Judith: Die Macht der Geschlechternormen, Frankfurt M.: Suhrkamp, 35-69.

Butler, Judith (2009 (2004c)): Gender-Regulierungen, in: Butler, Judith: Die Macht der Geschlechternormen, Frankfurt M.: Suhrkamp, 71-96.

Butler, Judith (2009 (2004d)): Ist Verwandtschaft immer schon heterosexuell?, in: Butler, Judith: Die Macht der Geschlechternormen, Frankfurt M.: Suhrkamp, 167-213.

Butler, Judith (2009 (2004e)): Sehnsucht nach Anerkennung, in: Butler, Judith: Die Macht der Geschlechternormen, Frankfurt M.: Suhrkamp, 215-246.

Butler, Judith (2009 (2004f)): Körperliche Geständnisse, in: Butler, Judith: Die Macht der Geschlechternormen, Frankfurt M.: Suhrkamp, 261-280.

Carter, David (2004): Stonewall – The Riots That Sparked the Gay Revolution, New York: St. Martins Griffin.

Castro Varela, Maria do Mar; Dhawan, Nikita (2005): Postkoloniale Theorie – Eine kritische Einführung, Bielefeld: transcript.

Castro Varela, Maria do Mar; Dhawan, Nikita; Engel, Antke (Hg.) (2011): Hegemony and Heteronormativity – Revisiting The Political in Queer Politics, Farnham England/Burlington USA: Ashgate.

Charmaz, Kathy (2006): Constructing Grounded Theory – A Practical Guide Through Qualitative Analysis, London/Thousand Oaks/New Dehli: Sage.

Clarke, Adele E. (2005): Situational Analysis – Grounded Theory After the Postmodern Turn, Thousand Oaks/London/New Dehli: Sage.

Clarke, Adele E. (2007): Feminisms, Grounded Theory and Situational Analysis, in: Sharlene Nagy Hesse-Biber (Hg.): The Handbook of Feminist Research – Theory and Praxis, Thousand Oaks/New Dehli/London: Sage, 345-370.

Clements-Nolle, Kristen; Marx, Rani; Katz, Mitchell (2006): Attempted Suicide among Transgender Persons – The Influence of Gender-based Discrimination and Victimization, in: Journal of Homosexuality 51 (3), 53-69.

Coffey, Judith; Emde, V. D.; Emerson, Juliette; Huber, Jamie et al. (Hg.) (2008): queer leben – queer labeln? (Wissenschafts-)kritische Kopfmassagen, Freiburg im Breisgau: Fördergemeinschaft wissenschaftlicher Publikationen von Frauen e.V..

Cohan, D.; Lutnick, A.; Davidson, P.; Cloniger, C. et al. (2006): Sex Worker Health – San Francisco Style, in: Sexually Transmitted Infections 82 (2), 418-422.

Cohen-Kettentis, Peggy T. (2007): Das transsexuelle Gehirn, in: Lautenbacher, Stefan; Güntürkün, Onur; Hausmann, Markus (Hg.): Gehirn und Geschlecht, Heidelberg/Berlin: Springer, 125-141.

Combahee River Collective (1982 (1977)): A Black Feminist Statement, in: Hull, Gloria T.; Scott, Patricia B.; Smith, Barbara (Hg.): But Some of Us Are Brave – Black Women's Studies. Old Westbury/New York: The Feminist Press, 13-22.

Council of Europe/Commissioner for Human Rights (2011): Discrimination on Grounds of Sexual Orientation and Gender Identity in Europe, Strasbourg: Council of Europe Publishing. http://www.coe.int/t/Commissioner/Source/LGBT/LGBT-Study2011_en.pdf. Stand: 29.12.2014.

Connell, Robert (Raweyn) (2010 (1999)): Der gemachte Mann – Konstruktion und Krise von Männlichkeiten, Wiesbaden: VS Verlag für Sozialwissenschaften.

Connell, Raweyn; Messerschmidt, James W. (2005): Hegemonic Masculinity – Rethinking the Concept, in: Gender and Society 19 (6), 829-859.

Cook, Guy (1990): Transcribing Infinity – Problems of Context Interpretation, in: Journal of Pragmatics 14 (1), 1-24.

Corbin, Juliet M.; Strauss, Anselm (2008 (1990)): Basics of Qualitative Research – Techniques and Procedures for Developing Grounded Theory, Los Angeles/London/New Dehli/Singapore: Sage.

Crenshaw, Kimberlé (1989): Demarginalizing the Intersection of Race and Sex – A Black Feminist Critique of Antidiscrimination Doctrine, Feminist Theory and Antiracist Politics, in: The University of Chicago Legal Forum, 139-167.

Currah, Paisley; Juang, Richard M.; Minter, Shannon P. (Hg.) (2006): Transgender Rights, Minneapolis/London: University of Minnesota Press.

Currid, Brian (1995): »We are Family« – House Music and Queer Performativity, in: Case, Sue-Ellen; Brett, Philip; Foster, Susan L. (Hg.): Cruising the Performative – Interventions into the Representation of Ethnicity, Nationality, and Sexuality, Bloomington/Indianapolis: Indiana University Press, 165-196.

Czollek, Carola Leah; Perko, Gurdun; Weinbach, Heike (2012): Praxishandbuch Social Justice und Diversity – Theorien, Training, Methoden, Übungen, Weinheim, Basel: Beltz Juventa.

Dackweiler, Regina-Maria; Schäfer, Reinhild (Hg.) (2002): Gewalt-Verhältnisse – Feministische Perspektiven auf Geschlecht und Gewalt, Frankfurt M./New York: Campus.

Dahrendorf, Ralf; Abels, Heinz (2010 (1970)): Homo Sociologicus – Ein Versuch zur Geschichte, Bedeutung und Kritik der Kategorie der sozialen Rolle, Wiesbaden: VS Verlag für Sozialwissenschaften.

Daly, Kathleen (2004 (1997)): Different Ways of Conceptualizing Sex/Gender in Feminist Theory and their Implications for Criminology, in: Chesney-Lind, Meda; Pasko, Lisa (Hg.): Girls, Women, and Crime. Selected Readings, Thousand Oaks/London/New Dehli: Sage, 42-60.

Davis, Kathy (2008): Intersectionality as Buzzword: A Sociology of Science Perspective on What Makes a Feminist Theory Successful, in: Feminist Theory 9 (1), 67-85.

Deegener, Günter (1995): Sexueller Mißbrauch – Die Täter, Weinheim: Beltz.

Degele, Nina (2005): Queeres Farbebekennen, in: Brand, Ruth; Degele, Nina (Hg.): Queering Gender – Queering Society, Freiburg im Breisgau: jos fritz, 311-315.

Degele, Nina (2008): Gender/Queer Studies – Eine Einführung, München: UTB Fink.

Demmerling, Christoph; Landweer, Helge (2007): Philosophie der Gefühle – Von Achtung bis Zorn, Stuttgart/Weimar: Metzlersche Verlagsgesellschaft.

Denzin, Norman K. (2005 (2000)): Symbolischer Interaktionismus, in: Flick, Uwe; Kardorff, Ernst; Steinke, Ines (Hg.): Qualitative Forschung – Ein Handbuch, Reinbek bei Hamburg: Rowohlt, 136- 150.

Derrida, Jacques (2000 (1972)): Die Schrift und die Differenz, Frankfurt M.: Suhrkamp.

Derrida, Jacques; Engelmann, Peter (1986): Positionen – Gespräche mit Henri Ronse, Julia Kristeva, Jean-Louis Houdebine, Guy Scarpetta, Graz u.a.: Böhlau.

Derrida, Jacques (1999 (1972)): Randgänge der Philosophie, Wien: Passagen.

Derrida, Jacques (1999a (1972)): Die Différance, in: Derrida, Jacques: Randgänge der Philosophie, Wien: Passagen, 31-56.

Dethloff, Nina (2014): Adoption durch gleichgeschlechtliche Lebenspartner- und partnerinnen, in: Forum Sexualaufklärung und Famlienplanung 1/2014, 37-39.

Deutscher Ethikrat (Hg.) (2012): Dokumentation – Intersexualität im Diskurs, Berlin: Deutscher Ethikrat.

Deutscher Ethikrat (Hg.) (2012a): Intersexualität – Stellungnahme vom 23. Februar 2012, Berlin: Deutscher Ethikrat.

Deutsche Gesellschaft für Transidentität und Intersexualität (dgti) (2008): Offener Brief an Gutachter im TSG-Verfahren, www.dgti.org/index.php?option=com_content&view=article&id= 177. Stand: 25.12.2014.

Dietze, Gabriele; Brunner, Claudia; Wenzel, Edith (Hg.) (2009): Kritik des Okzidentalismus: transdisziplinäre Beiträge zu (Neo-)Orientalismus und Geschlecht, Bielefeld: transcript.

Distelhorst, Lars (2007): Umkämpfte Differenz – Hegemoniekritische Perspektiven der Geschlechterpolitik mit Butler und Laclau, Berlin: Parodos.

Dobler, Jens (Hg.) (1993): Schwule, Lesben, Polizei – Vom Zwangsverhältnis zur Zweck-Ehe?, Berlin: Verlag rosa Winkel.

Dücker, Elisabeth von (Hg.) (2005): Sexarbeit – Prostitution – Lebenswelten und Mythen, Bremen: Edition Temmen.

Easton, Dossie; Hardy, Janet W. (2009): The Ethical Slut – A Roadmap for Relationship Pioneers, Berkeley/California: Celestial Arts.

Eckert, Penelope; McConnell-Ginet, Sally (2003): Language and Gender, Cambridge: Cambridge University Press.

Edsall, Nicholas C. (2003): Toward Stonewall – Homosexuality and Society in the Modern Western World, Charlottesville: University of Virginia Press.

Elsuni, Sarah (2011): Geschlechtsbezogene Gewalt und Menschenrechte – Eine geschlechtertheoretische Untersuchung der Konzepte Geschlecht, Gleichheit und Diskriminierung im Menschenrechtssystem der Vereinten Nationen, Baden-Baden: Nomos.

Emirbayer, Mustafa; Mische, Ann (1998): What is Agency?, in: American Journal for Sociology 103 (4), 962-1023.

Enders, Ursula (Hg.) (1995): Zart war ich, bitter war's – Handbuch gegen sexuelle Gewalt an Mädchen und Jungen, Köln: Kiepenheuer und Witsch.

Engel, Antke (1997): Ene mene meck und du bist weg – Über die gewaltsame Herstellung der Zweigeschlechtlichkeit, http://fmt.blogsport.de/zwitter/ene-mene-meck-und-du-bist-weg-ueber-die-gewaltsame-herstellung-der-zweigeschlechtlichkeit. Stand: 25.12.2014.

Engel, Antke (2002): Wider die Eindeutigkeit – Sexualität und Geschlecht im Fokus queerer Politik der Repräsentation, Frankfurt M./New York: Campus.

Engel, Antke (2005): Entschiedene Interventionen in der Unentscheidbarkeit – Von queerer Identitätskritik zur VerUneindeutigung als Methode, in: Hardes, Cilia; Kahlert, Heike; Schindler, Delia (Hg.): Forschungsfeld Politik, Wiesbaden: VS Verlag für Sozialwissenschaften, 261-282.

European Union Agency for Fundamental Rights (FRA) (2013): European Union Lesbian, Gay, Bisexual and Transgender Survey, Luxembourg: Publications Office of the European Union.

Fausto-Sterling, Anne (1988 (1985)): Gefangene des Geschlechts? Was biologische Theorien über Mann und Frau sagen, München: Piper.

Fausto-Sterling, Anne (2009): Die Neugestaltung von Race – DNS und die Politiken der Gesundheit, in: AG gegen Rassismus in den Lebenswissenschaften (Hg.): Gemachte Differenz, Münster: Unrast, 82-129.

Ferchhoff, Wilfried (2013): Musikalische Jugendkulturen in den letzten 65 Jahren – 1945-2010, in: Heyer, Robert; Wachs, Sebastian; Paltentien, Christian (Hg.): Handbuch Jugend – Musik – Sozialisation, Wiesbaden: Springer, 19-123.

Flaake, Karin (2002): Verletzungsoffenheit als lebensgeschichtlich prägende Erfahrung von Mädchen und jungen Frauen, in: Dackweiler, Regina-Maria; Schäfer, Reinhild (Hg.): Gewalt-Verhältnisse –Feministische Perspektiven auf Geschlecht und Gewalt, Frankfurt M./New York: Campus, 161-170.

Flick, Uwe (1996): Das episodische Interview – Konzeption einer Methode, in: Flick, Uwe: Psychologie des technisierten Alltags, Opladen/Wiesbaden: Westdeutscher Verlag, 157-165.

Flick, Uwe (2011 (2004)): Triangulation – Eine Einführung, Wiesbaden: VS Verlag für Sozialwissenschaften.

Fonow, Mary M.; Cock, Judith (Hg.) (1991): Beyond Methodology – Feminist Scholarship as Lived Research, Bloomington: Indiana University Press.

Foucault, Michel (1992): Leben machen und sterben lassen – Die Geburt des Rassismus, in: Reinfeldt, Sebastian; Schwarz, Richard (Hg.): Bio-Macht, in der Reihe: Duisburger Institut für Sprach- und Sozialforschung (DISS)-Texte Band 25, 27-50.

Foucault, Michel (1994 (1977)): Überwachen und Strafen, Frankfurt M.: Suhrkamp.

Foucault, Michel (1996 (1963)): Die Geburt der Klinik – eine Archäologie des ärztlichen Blicks, Frankfurt M.: Fischer.

Foucault, Michel (1997 (1977)): Der Wille zum Wissen – Sexualität und Wahrheit 1, Frankfurt M.: Suhrkamp.

Foucault, Michel (1998 (1978)): Über Hermaphrodismus – Der Fall Barbin, Frankfurt M.: Suhrkamp.

Foucault, Michel (2003 (1976)): Nr. 192 Gespräch mit Michel Foucault, in: Foucault, Michel: Dits et Ecrits. Schriften III, Frankfurt M.: Suhrkamp, 186-213.

Foucault, Michel (2003 (1977)): Nr. 206 Das Spiel des Michel Foucault, in: Foucault, Michel: Dits et Ecrits. Schriften III, Frankfurt M.: Suhrkamp, 391-429.

Foucault, Michel (2003 (1977a)): Nr. 197 Die Machtverhältnisse gehen in das Innere der Körper über, in: Foucault, Michel: Dits et Ecrits. Schriften III, Frankfurt M.: Suhrkamp, 298-309.

Foucault, Michel (2003 (1978): Nr. 232 Die analytische Philosophie der Politik, in: Foucault, Michel: Dits et Ecrits. Schriften III, Frankfurt M.: Suhrkamp, 675-695.

Foucault, Michel (2003 (1977-1978): Nr. 239 Die »Gouvernementalität« (Vortrag), in: Foucault, Michel: Dits et Ecrits. Schriften III, Frankfurt M.: Suhrkamp, 796-823.

Foucault, Michel (2005 (1966): Die Heterotopien. Der utopische Körper, Frankfurt M.: Suhrkamp.

Foucault, Michel (2005 (1980)): Nr. 278 Diskussion vom 20. Mai 1978, in: Michel Foucault: Dits et Ecrits. Schriften IV, Frankfurt M.: Suhrkamp, 25-43.

Foucault, Michel (2005 (o. J.)): Nr. 295 Sexualität und Einsamkeit (Vortrag), in: Foucault, Michel: Dits et Ecrits. Schriften IV, Frankfurt M.: Suhrkamp, 207-219.

Foucault, Michel (2005 (1982)): Nr. 306 Subjekt und Macht, in: Foucault, Michel: Dits et Ecrits. Schriften IV, Frankfurt M.: Suhrkamp, 269-294.

Foucault, Michel (2005 (1984)): Nr. 343 Archäologie der Leidenschaft, in: Foucault, Michel: Dits et Ecrits. Schriften IV, Frankfurt M.: Suhrkamp, 734-746.

Foucault, Michel (2005 (1984a)): Nr. 356 Die Ethik der Sorge um sich als Praxis der Freiheit, in: Foucault, Michel: Dits et Ecrits. Schriften IV, Frankfurt M.: Suhrkamp, 875-902.

Foucault, Michel (2005 (1984b)): Nr. 358 Michel Foucault, ein Interview. Sex, Macht und die Politik der Identität, in: Foucault, Michel: Dits et Ecrits. Schriften IV, Frankfurt M.: Suhrkamp, 909-924.

Foucault, Michel (2005 (1988)): Nr. 362 Wahrheit, Macht, Selbst. Ein Gespräch zwischen Rux Martin und Michel Foucault (25. Oktober 1982), in: Foucault, Michel: Dits et Ecrits. Schriften IV, Frankfurt M.: Suhrkamp, 959-966.

Foucault, Michel (2005 (1988a)): Nr. 363 Technologien des Selbst, in: Foucault, Michel: Dits et Ecrits. Schriften IV, Frankfurt M.: Suhrkamp, 966-999.

Foucault, Michel (2007): Die Anormalen: Vorlesungen am Collège de France (1974-1975), Frankfurt M.: Suhrkamp.

Frankfurter Rundschau (1988): Aufgespießt, Frankfurter Rundschau 29. Juni 1988, Nr. 148.

Franzen, Jannik; Sauer, Arn (2010): Benachteiligung von Trans*Personen, insbesondere im Arbeitsleben – Expertise im Auftrag der Antidiskriminierungsstelle des Bundes, www.antidiskriminierungsstelle.de/SharedDocs/Downloads/DE/publikationen/benachteiligung_von_trans_personen_insbesondere_im_arbeitsleben.pdf. Stand: 26.12.2014.

Freud, Sigmund (1958 (1905): Der Witz und seine Beziehung zum Unbewußten, Fischer: Frankfurt/M..

Frketić, Vlatka; Baumgartinger, Persson P. (2008): Transpersonen am österreichischen Arbeitsmarkt, diskursiv – Verein zur Verqueerung gesellschaftlicher Zusammenhänge, Wien, http:// diskursiv.at/uploads/media/transpersonenamoearbeitsmarkt.pdf. Stand: 26.12.2014.

Fuchs, Sabine (2009): Femme! radikal – queer –feminin, Querverlag: Berlin.

Fuchs, Sabine (2009a): Femme ist eine Femme ist eine Femme... Einführung in den Femmeinismus, in: Fuchs, Sabine (2009): Femme! Radikal – queer – feminin, Berlin: Querverlag, 11-46.

Fuchs, Wiebke; Ghattas, Dan Christian; Reinert, Deborah; Widmann, Charlotte (2012): Studie zur Lebenssituation von Transsexuellen in Nordrhein-Westfalen, Lesben- und Schwulenverband/Landesverband NRW, www.lsvd.de/fileadmin/pics/Dokumente/TSG/Studie_NRW.pdf. Stand: 26.12.2014.

Gagné, Patricia; Tewksbury, Richard; McGaughey, Deanna (1997): Coming-out and Crossing Over – Identity Formation and Proclamation in a Transgender Community, in: Gender and Society 11 (4), 478-508.

Gagné, Patricia; Tewksbury, Richard (1998): Conformity Pressures and Gender Resistance among Transgendered Individuals, in: Social Problems 45 (1), 81-101.

Garland, David (2008): On the Concept of Moral Panic, in: Crime Media Culture 4 (1), 9-30.

Gebauer, Karl (2007): Mobbing in der Schule, Weinheim: Beltz.

Gehring, Petra (2008): Bio-Politik/Bio-Macht, in: Kimmler, Clemens; Parr, Rolf; Schneider, Ulrich J. (Hg.): Foucault Handbuch – Leben – Werk – Wirkung, 230-232.

Geisenhanslüke, Achim; Mein, Georg (Hg.) (2009): Monströse Ordnungen – Zur Typologie und Ästhetik des Anormalen, Bielefeld: transcript.

Gender-Pac (1997): The First National Survey of Transgender Violence, New York: Gender-Pac.

Genschel, Corinna (1996): Fear of a Queer Planet – Dimensionen lesbisch-schwuler Gesellschaftskritik, in: Das Argument 216 (4), 525-537.

Gildemeister, Regine (2005 (2000)): Geschlechterforschung (Gender Studies), in: Flick, Uwe; Kardorff, Ernst von; Steinke, Ines (Hg.): Qualitative Forschung – Ein Handbuch, Reinbek bei Hamburg: Rowohlt, 213-233.

Gildemeister, Regine; Wetterer, Angelika (1992): Wie Geschlechter gemacht werden – Die soziale Konstruktion der Zweigeschlechtlichkeit und ihre Reifizierung in der Frauenforschung, in: Knapp, Gudrun-Axeli; Wetterer, Angelika (Hg.): Traditionen-

Brüche – Entwicklungen feministischer Theorie, Freiburg im Breisgau: Kore, 201-254

Girshick, Lori B. (2008): Transgender Voices – Beyond Women and Men, Hanover/London: University Press of New England.

Glaser, Barney G. (1992): Basics of Grounded Theory Analysis, Mill Valley, Ca.: Sociology Press.

Glaser, Barney G.; Strauss, Anselm L. (1965): Awareness of Dying, Chicago: Aldine Publishing Co..

Glaser, Barney G.; Strauss, Anselm L. (1967): The Discovery of Grounded Theory – Strategies for Qualitative Research, Mill Valley, Ca.: Sociology Press.

Global Action for Trans Equality (2012): English Translation of Argentina's Gender Identity Law as approved by the Senate of Argentina on May 8, 2012, http://globaltransaction.files. wordpress.com/2012/05/argentina-gender-identity-law.pdf. Stand: 26.12.2014.

Goffman, Erving (1975 (1967)): Stigma – Die Techniken der Bewältigung beschädigter Identität, Frankfurt M.: Suhrkamp.

Graumann, Carl-Friedrich; Wintermantel, Margret (2007): Diskriminierende Sprechakte. Ein funktionaler Ansatz, in: Hermann, Steffen K.; Krämer, Sybille; Kuch, Hannes (Hg.): Verletzende Worte – Die Grammatik sprachlicher Missachtung, Bielefeld: transcript, 147-177.

Grimm, Stephanie (1998): Die Repräsentation von Männlichkeit im Punk und Rap, Tübingen: Staufenburg.

Groombridge, Nic (1999): Perverse Criminologies – The Closet of Doctor Lombroso, in: Social Legal Studies 8 (4), 531-548.

Groß, Melanie (2007): Ladyfeste – (Queer-)feministischer Widerstand, Feministisches Institut Hamburg, www.feministisches-institut.de/ladyfeste. Stand: 26.12.2014.

Grotjahn, Martin (1974 (1957)): Vom Sinn des Lachens– Psychoanalytische Betrachtungen über den Witz, den Humor und das Komische, München: Kindler.

Gugutzer, Robert (2013 (2004)): Soziologie des Körpers, Bielefeld: transcript.

Günzel, Stephan (2008): Wahrheit, in: Kammler, Clemes; Parr, Rolf; Schneider, Ulrich J. (Hg.): Foucault Handbuch – Leben – Werk – Wirkung, Stuttgart: J.B. Metzler, 296-300.

Habermann, Friederike (2008): Der homo oeconomicus und das Andere – Hegemonie, Identität und Emanzipation, Baden-Baden: Nomos.

Haefner, Carol (2011): Asexual Scripts – A Grounded Theory Inquiry into the Intrapsychic Scripts Asexuals Use to Negotiate Romantic Relationships, Institute of Transpersonal Psychology, Palo Alto.: Proquest, Umi Dissertation Publishing.

Hageman-White, Carol; Rerrich, Maria S. (Hg.) (1988): FrauenMännerBilder – Männer und Männlichkeit in der feministischen Diskussion, Bielefeld: AJZ.

Hageman-White, Carol; Kavemann, Barbara; Ohl, Dagmar (Hg.) (1997): Parteilichkeit und Solidarität – Praxiserfahrungen und Streitfragen zur Gewalt im Geschlechterverhältnis, Bielefeld: Kleine.

Hageman-White, Carol (2002): Gender-Perspektiven auf Gewalt in vergleichender Sicht, in: Heitmeyer, Wilhem; Hagan, John (Hg.): Internationales Handbuch der Gewaltforschung, Opladen/Wiesbaden: Westdeutscher Verlag, 124-149.

Hahnemann, Andy; Weyand, Björn (Hg.) (2009): Faszination – Historische Konjunkturen und heuristische Tragweite eines Begriffs, Frankfurt M.: Peter Lang.

Halberstam, Judith (1998): Female Masculinity, Durham/London: Duke University Press.

Halperin, David M. (2003): Ein Wegweiser zur Geschichtsschreibung der männlichen Homosexualität, in: Kraß, Andreas (Hg.): Queer denken, Frankfurt M.: Suhrkamp, 171-220.

Hammarberg, Thomas (2009): Human Rights and Gender Identity – Issue Paper by Thomas Hammarberg, Council of Europe Commissioner for Human Rights, https://wcd.coe.int/com.instranet.InstraServlet?Index=no&command=com.instranet.CmdBlobGet&InstranetImage=1824655&SecMode=1&DocId=1433126&Usage=2. Stand: 29.12.2014.

Haraway, Donna (1995 (1985)): Ein Manifest für Cyborgs – Feminismus im Streit mit den Technowissenschaften, in: Haraway, Donna: Die Neuerfindung der Natur – Primaten, Cyborgs und Frauen, Frankfurt M./New York: Campus, 33-72.

Haraway, Donna (1995 (1985a)): Situiertes Wissen: Die Wissenschaftsfrage im Feminismus und das Privileg der partialen Perspektive, in: Haraway, Donna: Die Neuerfindung der Natur – Primaten, Cyborgs und Frauen, Frankfurt M./New York: Campus, 73-97.

Haraway, Donna (1997): Modest_Witness@Second_Millenium. FemaleMan_Meets_Oncomouse – Feminism and Technoscience, New York: Routledge.

Hark, Sabine (1999 (1996)): Deviante Subjekte – Die paradoxe Politik der Identität, Opladen: Leske und Budrich.

Hark, Sabine (2005): Queer Studies, in: Braun, Christina von; Stephan, Inge (Hg.): Gender@ Wissen – Ein Handbuch der Gendertheorien, Köln/Weimar/Wien: Böhlau, 285-303.

Hark, Sabine (2008 (2004)): Lesbenforschung und Queer Theorie – Theoretische Konzepte, Entwicklungen und Korrespondenzen, in: Becker, Ruth; Kortendiek, Beate (Hg.): Handbuch Frauen- und Geschlechterforschung, Wiesbaden: VS Verlag für Sozialwissenschaften, 108-115.

Haug, Frigga (1975): Kritik der Rollentheorie und ihre Anwendung in der bürgerlichen deutschen Soziologie, Frankfurt M.: Fischer.

Haug, Frigga (1994): Zur Einführung – Versuche einer Rekonstruktion der gesellschaftstheoretischen Dimension der Mißbrauchsdebatte, in: Forum Kritische Psychologie 33, 6-21.

Hayn, Evelyn; Hornscheidt, Antje L. (2010): >Exotisch<, in: Nduka-Agwu, Adibeli; Hornscheidt, Antje L. (Hg.): Rassismus auf gut Deutsch – Ein kritisches Nachschlagewerk zu rassistischen Sprachhandlungen, Frankfurt M.: Brandes und Apsel, 122-126.

Hebdige, Dick (1979): Subculture. The Meaning of Style, London: Methuens.

Heinrichs, Gesa (2001): Bildung, Identität, Geschlecht – Zum Ansatz einer postfeministischen Bildungstheorie. Eine Einführung, Königstein/Taunus: Ulrike Helmer.

Heitmeyer, Wilhelm; Hagan, John (2002): Internationales Handbuch der Gewaltforschung, Opladen/Wiesbaden: Westdeutscher Verlag.

Helfferich, Cornelia (2012): Einleitung – Von roten Heringen, Gräben und Brücken: der Versuch einer Kartierung von Agency-Konzepten, in: Bethmann, Stephanie (Hg.):

Agency – Qualitative Rekonstruktionen und gesellschaftstheoretische Bezüge von Handlungsmächtigkeit, Weinheim/Basel: Beltz Juventa, 9-39.

Hempel, Leon; Krasmann, Susanne; Böckling, Ulrich (Hg.) (2010): Sichtbarkeitsregime – Überwachung, Sicherheit und Privatheit im 21. Jahrhundert, Wiesbaden: VS Verlag für Sozialwissenschaften.

Herrman, Steffen K.; Krämer, Sybille; Kuch, Hannes (Hg.) (2007): Verletzende Worte – Die Grammatik sprachlicher Missachtung, Bielefeld: transcript.

Herrnkind, Martin (2011): Der Amnesty Polizeibericht 2010: Menschenrechtsrecherche und ihr Nutzen für die Polizeiforschung, in: Kriminologisches Journal 43 (3), 206-223.

Hesse-Biber, Sharlene N.; Yaiser, Michelle (Hg.) (2004): Feminist Perspectives on Social Research, Oxford/New York: Oxford University Press.

Hier, Sean P. (Hg.) (2011): Moral Panic and the Politics of Anxiety, London/New York: Routledge.

Hieronymus, Andreas (2007): Diskriminierung erkennen und handeln! Ein Handbuch für Beratungsstellen und MigrantInnenorganisationen auf der Grundlage des Allgemeinen Gleichbehandlungsgesetzes (AGG), migration.works – Zentrum für Partizipation, Hamburg: migration.works.

Hildenbrand, Bruno (2005 (2000)): Anselm Strauss, in: Flick, Uwe; Kardorff, Ernst von; Steinke, Ines (Hg): Qualitative Forschung – Ein Handbuch, Reinbek bei Hamburg: Rowohlt, 32-42.

Hirschauer, Stefan (1993): Die soziale Konstruktion der Transsexualität, Frankfurt M.: Suhrkamp.

Hirschauer, Stefan (2010): Die Exotisierung des Eigenen – Kultursoziologie in ethnografischer Einstellung, in: Wohlrab-Sahr, Monika (Hg.): Kultursoziologie – Paradigmen – Methoden – Fragestellungen, Wiesbaden: VS Verlag für Sozialwissenschaften, 207-226.

Hitzler, Roland; Bucher, Thomas; Niederbacher, Arne (2010 (2001)): Leben in Szenen – Formen jugendlicher Vergemeinschaftung heute, Wiesbaden: VS Verlag für Sozialwissenschaften.

Hitzler, Ronald (o.J): Forschungsfeld >Szenen< – Konzept einer explorativ-interpretativen (Jugend-)Kultur-Forschung, www.hitzler-soziologie.de/szeneforschung.htm. Stand: 26.12.2014.

Höll, Barbara; Lederer, Klaus; Niendel, Bodo (Hg.) (2013): queer.macht.politik – Schauplätze gesellschaftlicher Veränderungen, Hamburg: Männerschwarm.

Holzleithner, Elisabeth (2012): Emanzipatorisches Recht – ein Widerspruch in sich?, in: Gender Initiativkolleg (GIK) (Hg.): Gewalt und Handlungsmacht – Queer_Feministische Perspektiven, Frankfurt M./New York: Campus, 226-241.

Hormel, Ulrike; Scherr, Albert (2010): Einleitung: Diskriminierung als gesellschaftliches Phänomen, in: Hormel, Ulrike; Scherr, Albert: Diskriminierung. Grundlagen und Forschungsergebnisse, Wiesbaden: VS Verlag für Sozialwissenschaften, 7-20.

Hörhammer, Dieter (1984): Die Formation des literarischen Humors – Ein psychoanalytischer Beitrag zur bürgerlichen Subjektivität, München: UTB Fink.

Hornscheidt, Antje L. (2005): Sprache/Semiotik, in: Braun, Christina von; Stephan, Inge (Hg.): Gender@Wissen – Ein Handbuch der Gender-Theorien, Köln/Weimar/Wien: Böhlau, 220-238.

Huber, Jamie-Lee (2010): Singing It Out: Riot Grrrls, Lilith Fair, and Feminism, in: Kaleidoscope – A Graduate Journal of Qualitative Communication Research. 9, Article 5, http://opensiuc.lib.siu.edu/cgi/viewcontent.cgi?article=1018&context=kaleidoscope. Stand: 26.12.2014.

Human Rights Watch (Hg.) (2008): »We Need a Law for Liberation« – Gender, Sexuality, and Human www.hrw.org/reports/2008/turkey0508/turkey0508webwcover.pdf. Stand: 26.12.2014.

Human Rights Watch (Hg.) (2011): Controlling Bodies, Denying Identities – Human Rights Violations against Trans People in the Netherlands, www.hrw.org/sites/default/files/reports/ netherlands0911webwcover.pdf. Stand: 26.12.2014.

Hüttermann, Jörg (2010): Entzündungsfähige Konfliktkonstellationen – Eskalations- und Integrationspotentiale in Kleinstädten der Einwanderungsgesellschaft, Weinheim/München: Juventa.

Imbusch, Peter (2002): Der Gewaltbegriff, in: Heitmeyer, Wilhelm; Hagan, John: Internationales Handbuch der Gewaltforschung, Opladen/Wiesbaden: Westdeutscher Verlag, 26-57.

Internationale Vereinigung Intergeschlechtlicher Menschen (IVIM) (2012): Presseerklärung der Internationalen Vereinigung Intergeschlechtlicher Menschen (IVIM) zur Stellungnahme »Intersexualität« des Deutschen Ethikrats vom 23.02.2012, www.intersexualite.de/uploads/ pdfdaten/ivim_PM_ethikrat_stellungnahme_2012.pdf. Stand: 26.12.2014.

Iseler, Katharina (2010): Kinderläden – Fallstudien zum Fortbestand sozialpädagogischer Organisationen, Münster: Waxmann.

Jaeggi, Eva; Faas, Angelika; Mruck, Katja (1998): Denkverbote gibt es nicht! Vorschlag zur interpretativen Auswertung kommunikativ gewonnener Daten, http://psydok. sulb.uni-saarland.de/volltexte/2004/291/pdf/ber199802.pdf. Stand: 26.12. 2014.

Jagose, Annamarie (2001): Queer Theory –Eine Einführung, Berlin: Querverlag.

Jaursch-Hanke, Cornelia (2011): Androgenmangel bei Frauen: Wann klinisch relevant?, www.kup.at/kup/pdf/10153.pdf. Stand: 26. 12.2014.

Jordon, Kirsten (2010): Kognitive Neurowissenschaften – Gehirn zwischen Sex und Gender – Frauen und Männer aus neurowissenschaftlicher Perspektive, in: Steins, Gisela (Hg.): Handbuch Psychologie und Geschlechterforschung, Wiesbaden: VS Verlag für Sozialwissenschaften, Wiesbaden, 87-104.

Jungnitz, Ludger; Lenz, Hans-Joachim; Puchert, Ralf; Puhe, Henry et al. (Hg.) (2007): Gewalt gegen Männer – Personale Gewaltwiderfahrnisse von Männern in Deutschland, Opladen/Farmington Hills: Barbara Budrich.

Jurtela, Silvia (2007): Häusliche Gewalt und Stalking – Die Reaktionsmöglichkeiten des österreichischen und deutschen Rechtssystems, Innsbruck u.a.: Studien-Verlag.

Kämmerer, Tanja (2010): Weder Mann noch Frau – Hijras – eine Untersuchung zum Dritten Geschlecht in Indien, Marburg: Tectum.

Kamper, Dietmar; Wulf, Christoph (1986): Der unerschöpfliche Ausdruck – Einleitende Gedanken, in: Kamper, Dietmar; Wulf, Christoph (Hg.): Lachen – Gelächter – Lächeln – Reflexionen in drei Spiegeln, Frankfurt M.: Syndikat, 7-14.

Kelle, Udo (2005): >Emerge< vs. >Forcing< of Empirical Data? A Curcial Problem of »Grounded Theory« Reconsidered, in: Forum Qualitative Sozialforschung 6

(2), www.qualitative-research.net/index.php/fqs/article/view/467/1001. Stand: 26.12.2014.

Kelly, Annie (2009): Raped and Killed for Being a Lesbian: South Africa Ignores Corrective Attacks, in: The Guardian, 12 March 2009, www.guardian.co.uk/world/2009/mar/12/eudy-simelane-corrective-rape-south-africa. Stand: 26.12.2014.

Kenagy, Gretchen P. (2005): Transgender Health – Findings from Two Needs Assessment Studies in Phildelphia, in: Health and Social Work 30 (1), 19-26.

Kessler, Suzanne J. (2002 (1998)): Lessons from the Intersexed, New Brunswick/New Jersey/London: Rutgers University Press.

Kessler, Suzanne J.; McKenna, Wendy (1998 (1978)): Gender – An Ethnomethodological Approach, Chicago/London: University of Chicago Press.

Klinger, Cornelia; Knapp, Gudrun-Axeli (2005): Achsen der Ungleichheit Achsen der Differenz – Verhältnisbestimmungen von Klasse, Geschlecht, »Rasse«/Ethnizität, in: Transit – Europäische Revue (29), www.iwm.at/read-listen-watch/transit-online/achsen-der-ungleichheit-achsen-der-differenz. Stand: 26.12.2014.

Klöppel, Ulrike (2010): XX0XY ungelöst – Hermaphroditismus, Sex und Gender in der deutschen Medizin. Eine historische Studie zur Intersexualität, Bielefeld: transcript.

Koch, Michaela (2008): Language and Gender Research from a Queer Linguistic Perspective – A Critical Evaluation, Saarbrücken: Dr. Müller.

Kolbe, Angela (2008): Empowerment durch Recht? Intersexualität im juristischen Diskurs, in: Liminalis 2008_2, 4-23, www.liminalis.de/2008_02/Liminalis-2008-Kolbe.pdf. Stand: 26.12.2014.

Kolbe, Angela (2010): Intersexualität, Zweigeschlechtlichkeit und Verfassungsrecht – Eine interdisziplinäre Untersuchung, Baden-Baden: Nomos.

Könemann, Sophia; Stähr, Anne (Hg.) (2011): Das Geschlecht der Anderen – Figuren der Alterität: Kriminologie, Psychiatrie, Ethnologie und Zoologie, Bielefeld: transcript.

Konersmann, Ralf (2003 (1991)): Der Philosoph mit der Maske – Michel Foucaults L'orde du discours, in: Foucault, Michel: Die Ordnung des Diskurses, Frankfurt M.: Fischer, 51-94.

Kowal, Sabine; O'Connell, Daniel C. (2005 (2000)): Zur Transkription von Gesprächen, in: Flick, Uwe; Kardorff, Ernst von; Steinke, Ines (Hg.): Qualitative Sozialforschung – Ein Handbuch, Reinbek bei Hamburg: Rowohlt, 437-446.

Krämer, Sybille (2007): Sprache als Gewalt oder: Warum verletzen Worte?, in: Herrman, Steffen K.; Krämer, Sybille, Kuch, Hannes (Hg.): Verletzende Worte – Die Grammatik sprachlicher Missachtung, Bielefeld: transcript, 31-48.

Kraß, Andreas (Hg.) (2003): Queer Denken, Frankfurt M.: Suhrkamp.

Kraß, Andreas (2003a): Queer Studies – eine Einführung, in; Kraß, Andreas (Hg.) (2003): Queer Denken, Frankfurt M.: Suhrkamp, 7-28.

Kraß, Andreas (2011 (2007)): Der heteronormative Mythos, in: Bereswill, Mechthild; Meuser, Michael; Scholz, Sylka (Hg.): Dimensionen der Kategorie Geschlecht – Der Fall Männlichkeit, Münster: Westfälisches Dampfboot, 136-151.

Krasmann, Susanne (1997): Andere Orte der Gewalt, in: Kriminologisches Journal, 6. Beiheft, 85-102.

Krasmann, Susanne (2004): Die Materialität der Gewalt. Oder: Warum die Kategorie des Raumes für eine politische Soziologie der Gewalt nützlich sein könnte, in: Kriminologisches Journal 36 (2), 109-126.

Krasmann, Susanne; Scheerer, Sebastian (1997): Die Kritische Kriminologie und das Jahrhundert der Gewalt, in: Krasmann, Susanne; Scheerer, Sebastian (Hg.): Die Gewalt in der Kriminologie, Weinheim: Juventa, 3-15.

Kreuzer, Claudia (2007): Offener Brief von Claudia Kreuzer an das Netzwerk Intersexualität, http://blog.zwischengeschlecht.info/post/2007/09/18/Offener-Brief-von-Claudia-Kreuzer-an-das-Netzwerk-Intersexualit%C3%A4t. Stand: 26.12.2014.

Kreuzträger, Ilka (2011): »Tunte sein ist ein schönes Werkzeug«, in: die tageszeitung, 7. Februar 2011, www.taz.de/!65450. Stand: 26.12.2014.

Künzel, Christine (2003): Vergewaltigungslektüren – Zur Codierung sexueller Gewalt in Literatur und Recht, Frankfurt M./New York: Campus.

Künzel, Christine (2005): Gewalt/Macht, in: Braun, Christina von; Stephan, Inge (Hg.): Gender@Wissen – Ein Handbuch der Gender-Theorien, Köln/Weimar/Wien: Böhlau, 117-138.

Laclau, Ernesto; Mouffe, Chantal (2000): Hegemonie und radikale Demokratie – Zur Dekonstruktion des Marxismus, Wien: Passagen.

Lakotta, Beate (2002): Ihre Tochter ist ein Sohn, in: Der Spiegel 45/2002, www.spiegel.de/ spiegel/print/d-25604185.html. Stand: 26.12.2014.

Lakotta, Beate (2007): Fehler in der Himmelsfabrik, in: Der Spiegel 4/2007, www.spiegel.de/spiegel/print/d-50263565.html. Stand: 29.12.2014.

Landeshauptstadt München Koordinierungsstelle für gleichgeschlechtliche Lebensweisen (Hg.) (2011): »Da bleibt noch viel zu tun....!« – Befragung von Fachkräften der Kinder- und Jugendhilfe zur Situation von lesbischen, schwulen und transgender Kindern, Jugendlichen und Eltern in München, www.muenchen.de/rathaus/Stadtverwaltung/Direktorium/Koordinierungsstelle-fuer-gleichgeschlechtliche-Lebensweisen/Jugendliche-Lesben-und-Schwule/Befragung.html. Stand: 29.12.2014.

Lautenbacher, Stefan; Güntürkün, Onur; Hausmann, Markus (2007): Gehirn und Geschlecht – Neurowissenschaft des kleinen Unterschieds zwischen Frau und Mann, Berlin/Heidelberg: Springer.

Lautmann, Rüdiger (Hg.) (1977): Seminar: Gesellschaft und Homosexualität, Frankfurt M.: Suhrkamp.

Leblanc, Lauraine (1999): Pretty in Punk – Girls' Gender Resistance in a Boys Subculture, New Brunswick/New York/London: Rutgers Univ. Press.

Legewie, Heiner; Schervier-Legewie, Barbara (2007): »Forschung ist harte Arbeit, es ist immer ein Stück Leiden damit verbunden. Deshalb muss es auf der anderen Seite Spaß machen«, in: Mey, Günter; Mruck, Katja (Hg.): Grounded Theory Reader, Köln: Zentrum für Historische Sozialforschung, 69-92.

Lembke, Ulrike (2011): Zur Situation von Menschen mit Intersexualität in Deutschland – Stellungnahme, www.ethikrat.org/dateien/pdf/lembke-stellungnahme-intersexualitaet.pdf. Stand: 29.12.2014.

Lemke, Thomas (1997): Eine Kritik der politischen Vernunft – Foucaults Analyse der modernen Gouvernementalität, Berlin/Hamburg: Argument.

Leonard, Eileen B. (1982): Women, Crime and Society, New York u.a.: Longman.

Leonhardt, Helmut; Kahle, Werner; Platzer, Werner; Spitzer, Gerhard (1991): Taschenatlas der Anatomie, Band 2 – Innere Organe, Stuttgart: Georg Thieme.

LesMigraS – Antigewalt und Antidiskriminierungsbereich der Lesbenberatung Berlin e.V. (Hg.) (2012): »...nicht so greifbar und doch real« – Eine quantiative und qualitative Studie zu Gewalt- und (Mehrfach-)Diskriminierungserfahrungen von lesbischen, bisexuellen Frauen und Trans* in Deutschland,www.lesmigras.de/tl_files/lesbenberatung-berlin/Gewalt%20%28DokusAufsaetze...%29/Dokumentation%20Studie%20web_sicher.pdf. Stand: 29.12.2014.

Lewis, Reina (2004): Rethinking Orientalism – Women, Travel, and the Ottoman Harem, London/New York: Tauris.

Liebhart, Karin (2010): ›Europa‹, in: Nduka-Agwu, Adibeli; Hornscheidt, Antje L. (Hg.): Rassismus auf gut Deutsch – Ein kritisches Nachschlagewerk zu rassistischen Sprachhandlungen, Frankfurt M.: Brandes und Apsel, 299-303.

Lindemann, Gesa (1993): Das paradoxe Geschlecht – Transsexualität im Spannungsfeld von Körper, Leib und Gefühl, Frankfurt M.: Fischer.

Lombardi, Emilia L.; Wilchins, Riki A.; Priesing, Dana; Malouf, Diana (2001): Gender Violence: Transgender Experiences with Violence and Discrimination, in: Journal of Homosexuality 42 (1), 89-101.

Lombardi, Emilia L. (2009): Varities of Transgender/Transsexual Lives and Their Relationship with Transphobia, in: Journal of Homosexuality 56 (8), 977-992.

Lorber, Judith (1994): Paradoxes of Gender, New Haven/London: Yale University Press.

Lorey, Isabell (2010): Foucault – Monstrologische Grenzen und die Gewalt des Diskurses, in: Herrmann, Steffen K.; Krämer, Sybille; Kuch, Hannes (Hg.): Philosophien sprachlicher Gewalt, Weilerswist: Velbrück Wissenschaft, 258-271.

Löschper, Gabi; Smaus, Gerlinda (1999): Das Patriarchat und die Kriminologie, Kriminologisches Journal, 7. Beiheft, Weinheim/München: Juventa.

Lüdtke, Alf; Reinke, Herbert; Sturm, Michael (Hg.) (2011): Polizei, Gewalt und Staat im 20. Jahrhundert, Wiesbaden: VS Verlag für Sozialwissenschaften.

Ludwig, Gundula (2012): Hegemonie, Diskurs, Geschlecht – Gesellschaftstheorie als Subjekttheorie, Subjekttheorie als Gesellschaftstheorie, in: Dzudzek, Iris; Kunze, Caren; Wullweber, Joscha (Hg.): Diskurs und Hegemonie, Bielefeld: transcript, 105-126.

Maihofer, Andrea (1995): Geschlecht als Existenzweise: Macht, Moral, Recht und Geschlechterdifferenz, Königstein/Taunus: Ulrike Helmer.

Maneo – das schwule Anti-Gewalt-Projekt in Berlin (Hg.) (2009): Gewalterfahrungen von schwulen und bisexuellen Jugendlichen und Männern in Deutschland – Ergebnisse der Maneo Umfrage 2007/2008, www.maneo-toleranzkampagne.de/pdf/maneo-umfrage2-bericht.pdf. Stand: 29.12.2014.

Marcus, Sara (2011): Girls to The Front: The True Story of the Riot Grrrl Revolution, New York: Harper Perennial.

Mason, Gail (1996): Are You a Boy or a Girl? (Hetero)sexism and Verbal Hostility, http://aic.gov.au/media_library/publications/proceedings/27/mason.pdf. Stand: 29.12.2014.

Mason, Gail (2002): The Spectacle of Violence: Homophobia, Gender and Knowledge, London/New York: Routledge.

Medizinischer Dienst des Spitzenverbandes Bund der Krankenkassen e.V. (Hg.) (2008): Begutachtungsanleitung – Geschlechtsangleichende Maßnahmen bei Transsexualität, www.mds-ev.org/media/pdf/RL_Transsex_2009.pdf. Stand: 29.12.2014.

Mernissi, Fatima (2002): Der Harem in uns – Die Furcht vor dem anderen und die Sehnsucht der Frauen, Freiburg im Breisgau: Herder.

Messerschmidt, James W. (2006): Masculinities and Crime: Beyond a Dualistic Criminology, in: Renzetti, Claire M.; Goodstein, Lynne; Miller, Susan (Hg.): Rethinking Gender, Crime, and Justice – Feminist Readings, Los Angeles: Roxy, 29-43.

Meuser, Michael (2002): »Doing Masculinity« – Zur Geschlechtslogik männlichen Gewalthandelns, in: Dackweiler, Regina-Maria; Schäfer, Reinhild (Hg.): Gewalt-Verhältnisse – Feministische Perspektiven auf Geschlecht und Gewalt, Frankfurt M./ New York: Campus, 53-78.

Meuser, Michael (2009): Geschlecht und Gewalt – Zur geschlechtlichen Konstruktion von Verletzungsmacht und Verletzungsoffenheit, in: Inhetveen, Katharina; Klute, Georg (Hg.): Begegnungen und Auseinandersetzungen, Köln: Köppe, 304-323.

Mey, Günter; Mruck, Katja (Hg.) (2007): Grounded Theory Reader, Köln: Zentrum für Historische Sozialforschung.

Mey, Günter; Mruck, Katja (Hg.) (2007a): Grounded Theory Methodologie – Bemerkungen zu einem prominenten Forschungsstil, in: Mey, Günter; Mruck, Katja (Hg.): Grounded Theory Reader, Köln: Zentrum für Historische Sozialforschung ,11-39.

Moran, Leslie J.; Sharpe, Andrew N. (2004): Violence, Identity and Policing: The Case of Violence against Transgender People, in: Criminal Justice 4 (4), 395-417.

Motmans, Joz; Biolley, Inès de; Debunne, Sandrine (2010): Being Transgender in Belgium – Mapping the social and legal situation of transgender people, http://igvm-iefh. belgium.be/fr/binaries/34%20-%20Transgender_ENG_tcm337-99783.pdf. Stand: 29.12.2014.

Müller, Klaus (2012): Gedenken und Verachtung – Zum gesellschaftlichen Umgang mit der nationalsozialistischen Homosexuellenverfolgung, in: Eschebach, Insa (Hg.): Homophobie und Devianz – weibliche und männliche Homosexualität im Nationalsozialismus, Berlin: Metropol, 115-138.

Munt, Sally; Smyth, Cherry (1998): Butch/Femme – Inside Lesbian Gender, London: Cassell.

Namaste, Viviane K. (2000): Genderbashing: Sexuality, Gender, and the Regulation of Public Space, in: Namaste, Viviane K.: Invisible Lives, London/New York: Routledge, 135-156.

Naffine, Ngaire (1997): Feminism and Criminology, Cambridge/Oxford: Polity Press.

Nash, Jennifer C. (2008): Re-thinking intersectionality, Feminist Review 89, 1-15, www. palgrave-journals.com/fr/journal/v89/n1/pdf/fr20084a.pdf. Stand: 29.12.2014.

Nduka-Agwu, Adibeli; Sutherland, Wendy (2010): >Schwarze, Schwarze Deutsche<, in: Nduka-Agwu, Adibeli; Hornscheidt, Antje L. (Hg.): Rassismus auf gut Deutsch – Ein kritisches Nachschlagewerk zu rassistischen Sprachhandlungen, Frankfurt M.: Brandes und Apsel, 85-90.

Nehring, Neil (1997): Popular Music, Gender, and Postmodernism – Anger Is an Energy, Thousand Oaks, Ca./London/New Dehli: Sage.

Nemoto, Tooru; Operario, Don; Keatley, JoAnne; Han, Lei; Soma, Toho (2004): HIV Risk Behaviors among Male-to-Female Transgender Persons of Color in San Francisco, in: American Journal of Public Health 94 (7), 1193-1199. www.hawaii.edu/ hivandaids/USA/CA/Com/ HIV/SF/HIV_Risk_Behaviors_Among_Male-to-Female_Transgender_Persons_of_Color _in_San_ Francisco.pdf. Stand: 29.12.2014.

Neuber, Anke (2009): Die Demonstration, kein Opfer zu sein – Biographische Fallstudien zu Gewalt und Männlichkeitskonflikten, Baden-Baden: Nomos.

Nghi Ha, Kien (2010): >People of Colour<, in: Nduka-Agwu, Adibeli; Hornscheidt, Antje L. (Hg.): Rassismus auf gut Deutsch – Ein kritisches Nachschlagewerk zu rassistischen Sprachhandlungen, Frankfurt M.: Brandes und Apsel, 80-84.

Ngubia Kuria, Emily (2010): »AFRIKA!« – Seine Verkörperung in einem deutschen Kontext, in: Nduka-Agwu, Adibeli; Hornscheidt, Antje L. (Hg.): Rassismus auf gut Deutsch – Ein kritisches Nachschlagewerk zu rassistischen Sprachhandlungen, Frankfurt M.: Brandes und Apsel, 223-237.

Nieden, Susanne zur (2012): Der homosexuelle Staatsfeind – Zur Radikalisierung eines Feindbildes im NS, in: Eschebach, Insa (Hg.): Homophobie und Devianz – Weibliche und männliche Homosexualität im Nationalsozialismus, Berlin: Metropol, 23-34.

Obermann-Jeschke, Dorothee (Hg.) (2008): Eugenik im Wandel – Kontinuitäten, Brüche und Transformationen. Eine diskursgeschichtliche Analyse, Münster: Unrast.

Ochs, Elinor (1979): Transcription as theory, in: Schieffelin, Bambi B.; Ochs, Elinor (Hg.): Developmental Pragmatics, New York: Academic Press, 43-72.

Offen, Susanne (2013): Achsen adoleszenter Zugehörigkeitsarbeit – Geschlecht und sexuelle Orientierung im Blick politischer Bildung, Wiesbaden: Springer.

Ohms, Constanze (2000): Gewalt gegen Lesben, Berlin: Querverlag.

Ohms, Constanze (2003): Hasskriminalität gegen Lesben und Schwule, in: Forum Kriminalprävention 4/2003, 44-45.

Parr, Rolf (2009): Monströse Körper und Schwellenfiguren als Fazinations- und Narrationstypen ästhetischen Differenzgewinns, in: Overthun, Rasmus; Geisenhanslüke, Achim; Mein, Georg (Hg.): Monströse Ordnungen – Zur Typologie und Ästhetik des Anormalen, Bielefeld: transcript, 19-42.

Peglow, Katja (2011): Riot Grrrl revisited – Geschichte und Gegenwart einer feministischen Bewegung, Mainz: Ventil.

Pelzer, Robert; Ostermeier, Lars (2011): Die Kontrolle von Polizeigewalt und das Problem der Legitimität des polizeilichen Gewalteinsatzes am Beispiel des 1. Mai 2009 in Berlin Kreuzberg, in: Kriminologisches Journal 43 (3), 186-205.

Piercy, Marge (1991): He, She, and It, New York: Knopf.

Plebuch-Tiefenbacher, Lore; Flaake, Karin (2000): Geschlechterfrage in der Schule – Wie wird (Zwei-)Geschlechtlichkeit gelebt?, Weinheim: Deutscher Studien-Verlag.

Plett, Konstanze (2003): Intersexualität als Prüfstein – Zur rechtlichen Konstruktion der Zweigeschlechtlichkeit, in: Heinz, Kathrin; Thiessen, Barbara (Hg.): Feministische Forschung –
nachhaltige Einsprüche, Opladen: Leske und Budrich, 323-336.

Plett, Konstanze (2003a): Intersexuelle – Gefangen zwischen Recht und Medizin, in: Kohler, Frauke; Pühl, Katharina (Hg.): Gewalt und Geschlecht – Konstruktionen, Positionen, Praxen, Opladen: Leske und Budrich, 21-41.

Plett, Konstanze (2009): Intersex und Menschenrechte, in: Deutsches Institut für Menschenrechte (Hg.): Sexuelle Selbstbestimmung als Menschenrecht, Baden-Baden: Nomos.

Plett, Konstanze (2011): Zur Situation von Menschen mit Intersexualität in Deutschland – Stellungnahme, www.ethikrat.org/dateien/pdf/plett-stellungnahme-intersexualitaet.pdf. Stand: 29.12.2014.

Plett, Konstanze (2012): Stellungnahme für die öffentliche Anhörung des Bundestagsausschusses für Familie, Senioren, Frauen und Jugend zum Thema »Intersexualität« am 25. Juni 2012, Ausschussdrucksache 17 (139181d-neu), www.bundestag.de/bundestag/ausschuesse17/a13/anhoerungen/archiv/2012/Intersexualitaet/Stellungnahmen/17_13_181d-neu.pdf. Stand: 29.12.2014.

Plett, Konstanze (2014): W, M, X – schon alles? Zu der neuen Vorschrift im Personenstandsgesetz und der Stellungnahme des Deutschen Ethikrats zu Intersexualität, in: Psychosozial 37 (I/135), 7-15.

Pohlkamp, Ines (2014): Queer-dekonstruktive Perspektiven auf Sexualität und Geschlecht, in: Schmidt, Friederike; Schondelmayer, Anne-Christin; Schröder, Ute B. (Hg.): Selbstbestimmung und Anerkennung sexueller und geschlechtlicher Vielfalt – Lebenswirklichkeiten, Forschungsergebnisse und Bildungsbausteine, Wiesbaden: Springer, S.75-87.

polymorph – Arbeitsgruppe zur Kritik der zweigeschlechtlichen Ordnung (2002): (K)ein Geschlecht oder viele? Transgender in politischer Perspektive, Berlin: Querverlag.

Popitz, Heinrich (2009 (1986)): Phänomene der Macht, Tübingen: Mohr.

Possemeyer, Ines (2000): Interview: Plädoyer für ein drittes Geschlecht, www.free-blog.in/intersex/44279/Michel+Reiter+-+Interview:+Pl%E4doyer+f%FCr+ein+drittes+ Geschlecht.html. Stand: 29.12.2014.

Preciado, Beatriz (2003): Das Kontrasexuelle Manifest, Berlin: b_books.

Raab, Heike (1998): Foucault und der feministische Poststrukturalismus, Dortmund: Edition Ebersbach.

Raffnsøe, Sverre; Gudmand-Hoyer, Marius; Thaning, Morton (Hg.) (2011): Foucault – Studienbuch, Paderborn: UTB Fink.

Raithelhuber, Eberhard (2011): Übergänge und Agency – Eine sozialtheoretische Reflexion des Lebenslaufkonzepts, Opladen/Berlin/Framington Hills: Barbara Budrich.

Ramazanoğlu, Caroline; Holland, Janet (Hg.) (2002): Feminist Methodology: Challenges and Choices, London/Thousand Oaks/New Dehli: Sage.

Rau, Thea; Fegert, Jörg M.; Rehmann, Peter (2013): Sexuelle Gewalt an Schulen, in: Kinder- und Jugendschutz in Wissenschaft und Praxis 58 (1), 20-24.

Rauchut, Franziska (2008): Wie queer ist Queer? Sprachphilosophische Reflexionen zur deutschsprachigen akademischen »Queer«-Debatte, Königstein/Taunus: Ulrike Helmer.

Reback, Cathy; Simon, Paul A.; Bemis, Cathleen C.; Gatson, Bobby (2001): The Los Angeles Transgender Health Study: Community report, Los Angeles: Authors, http://friendscommunitycenter.org/documents/LA_Transgender_Health_Study.pdf. Stand: 29.12.2014.

Reichertz, Jo (2005 (2000)): Abduktion, Deduktion und Induktion in der qualitativen Sozialforschung, in: Flick, Uwe; Kardorff, Ernst von; Steinke Ines (Hg.): Qualitative Sozialforschung – Ein Handbuch, Reinbek bei Hamburg: Rowohlt, 276-286.

Reichertz, Jo (2010): Abduction: The Logic of Discovery of Grounded Theory, in: Forum Qualitative Sozialforschung 11 (1), www.qualitative-research.net/index.php/fqs/article/view/1412/2903. Stand: 29.12.2014.

Reiter, Birgit-Michel (1998): »It's Easier to Make a Hole Than to Build a Pole« – Genitale Korrekturen an intersexuellen Menschen, in: kassiber (34), www.nadir.org/nadir/initiativ/kombo/k_34isar.htm. Stand: 29.12.2014.

Reiter, Michel (2000): »Ein normales Leben ermöglichen«, in: Gigi – Zeitschrift für sexuelle Emanzipation 8, 8-12.

Renzetti, Claire M.; Goodstein, Lynne; Miller Susan L. (2006): Rethinking Gender, Crime, and Justice – Feminist Readings, Los Angeles: Roxy.

Renzetti, Claire M.; Goodstein, Lynne (Hg.) (2009): Women, Crime, and Criminal Justice – Original Feminist Readings, New York: Oxford University Press.

Reuter, Julia (2002): Ordnungen des Anderen – Zum Problem des Eigenen in der Soziologie des Fremden, Bielefeld: transcript.

Richter-Appelt, Hertha (2005): Heilige und Hure – Reflexionen über Männerfantasien, in: Dücker, Elisabeth von (Hg.): Sexarbeit – Prostitution – Lebenswelten und Mythen, Bremen: Edition Temmen, 195-196.

Risser, J. M. H.; Shelton, A.; McCurdy, S.; Atkinson, J. et al. (2005): Sex, Drugs, Violence, and HIV Status among Male-To-Female Transgender Person in Houston, TX, in: International Journal of Transgenderism 8 (2/3), 67-74.

Hoffmann-La Roche AG; Urban & Schwarzenberg (Hg.) (2003 (1984)): Roche Medizin Lexikon, München: Urban und Fischer.

Rommelspacher, Birgit (1995): Dominanzkultur – Texte zu Fremdheit und Macht, Berlin: Orlanda.

Rosenthal, Gabriele (1995): Erlebte und erzählte Lebensgeschichte – Gestalt und Struktur biographischer Selbstbeschreibungen, Frankfurt M./New York: Campus.

Rossilhol, Jean-Baptiste (2002): Sexuelle Gewalt gegen Jungen – Dunkelfelder, Marburg: Tectum.

Roth, Gabriele (1997): Zwischen Täterschutz, Ohnmacht und Parteilichkeit – Zum institutionellen Umgang mit »Sexuellem Mißbrauch«, Bielefeld: Kleine.

Rubin, Gayle (1975): The Traffic in Women: Notes on the Political Economy of Sex, in: Reiter, Rayna R. (Hg.): Toward an Anthropology of Women, New York: Monthly Review Press, 157-210.

Ruoff, Michael (2009 (2007)): Foucault-Lexikon, Paderborn: UTB Fink.

Ruthchild, Carole (1997): Don't frighten the horses! A Systemic Perspective on Violence against Lesbians and Gay Men, in: Mason, Gail; Tomsen, Stephen (Hg.): Homophobic Violence, Sydney: Hawkins Press, 77-90.

Sarre, Rich; Tomsen, Stephen (1997): Violence and HIV/AIDS: Exploring the Link between Homophobic Violence and HIV/AIDS as a Gay Desease, in: Mason, Gail; Tomsen, Stephen (Hg.): Homophobic Violence, Sydney: Hawkins Press, 77-90.

Schammler, Anja (2008): Transsexualität und Strafvollzug – Die Störung der geschlechtlichen Identität von Strafgefangenen als strafvollzugsrechtliches Problem, Berlin: Berliner Wissenschafts-Verlag.

Scharmacher, Benjamin (2004): Wie Menschen Subjekte werden – Einführung in Althussers Theorie der Anrufung, Marburg: Tectum.

Sigusch, Volkmar (2013): Sexualitäten – Eine kritische Theorie in 99 Fragmenten, Frankfurt/M.: Campus.

Schirmer, Uta (2010): Geschlecht anders gestalten – Drag Kinging, geschlechtliche Selbstverhältnisse und Wirklichkeiten, Bielefeld: transcript.

Schmidt, Anja (2006): Geschlecht und Sexualität, in: Foljanti, Lena; Lembke, Ulrike (Hg.): Feministische Rechtswissenschaft – Ein Studienbuch, Baden-Baden: Nomos, 174-192.

Schmidt, Volker (2010): Androgyner Anarchist, in: Frankfurter Rundschau, 18. März 2010, 40.

Schmitz, Thorsten (2013): Und siehe, es war gut, in: Magazin der Süddeutschen Zeitung, 16/2013; http://sz-magazin.sueddeutsche.de/texte/anzeigen/39839/Und-siehe-es-war-sehr-gut. Stand: 29.12.2014.

Schroedter, Thomas; Vetter, Christina C. (Hg.) (2010): Polyamory – Eine Erinnerung, Stuttgart: Schmetterling.

Schröter, Susanne (2002): FeMale – Über Grenzverläufe zwischen den Geschlechtern, Frankfurt M.: Fischer.

Schuster, Nina (2010): Andere Räume – Soziale Praktiken der Raumproduktion von Drag Kings und Transgender, Bielefeld: transcript.

Schütze, Fritz (1983): Biographieforschung und narratives Interview, in: Neue Praxis (13) 3, 283-293.

Schweizer, Katinka (2012): Intersexualität anerkennen statt auslöschen, in: Deutscher Ethikrat (Hg.): Dokumentation – Intersexualität im Diskurs, Berlin: Deutscher Ethikrat, 29-32.

Schweizer, Katinka; Richter-Appelt, Hertha (Hg.) (2012): Intersexualität kontrovers – Grundlagen, Erfahrungen, Positionen, Gießen: Psychosozial.

Scott-Dixon, Krista (Hg.) (2006): Trans/Forming Feminism – Transfeminist Voices Speak Out, Toronto: Sumach.

Sedgwick, Eve Kosofsky (1993 (1985)): Between Men – English Literature and Male Homosocial Desire, New York: Columbia University Press.

Seubert, Annabelle (2012): Das graue Geschlecht, die tageszeitung 27./28. Oktober 2012, 22-23.

Sharpe, Andrew N. (2006 (2002)): Transgender Jurisprudence: Dyshoric Bodies of Law, London/New York: Cavendish.

Sharpe, Andrew N. (2010): Foucaults Monsters and the Challenge of Law, New York: Routledge.

Sh_e (2003): Performing the Gap – Queere Gestalten und geschlechtliche Aneignung, http://arranca.org/ausgabe/28/performing-the-gap. Stand: 29.12.2014.

Silvester, Karen (2009): Die besseren Eltern?! oder Die Entdeckung der Kinderläden – Eltern-Kind-Initiativen im zeitgeschichtlichen Vergleich 1967-2004, Eltern-Erwartungen und -Erfahrungen, http://d-nb.info/997288914/34. Stand: 29.12.2014.

Silvestri, Marisa; Crowther-Dowey, Chris (2008): Gender and Crime: Key Approaches to Criminology, London u.a.: Sage.

Singelnstein, Tobias; Stolle, Peer (2006): Die Sicherheitsgesellschaft – Soziale Kontrolle im 21. Jahrhundert, Wiesbaden: VS Verlag für Sozialwissenschaften.

Sitzer, Peter (2009): Jugendliche Gewalttäter – Eine empirische Studie zum Zusammenhang von Anerkennung, Missachtung und Gewalt, Weinheim/München: Juventa.

Skinner, Tina; Hester, Marianne; Malos, Ellen (2005): Methodology, Feminism and Gender Violence, in: Skinner, Tina; Hester, Marianne; Malos, Ellen (Hg.): Researching Gender Violence – Feminist Methodology in Action, Devon UK: William Publishing, 1-22.

Smaus, Gerlinda (1994): Physische Gewalt und die Macht des Patriarchats, in: Kriminologisches Journal 26 (2), 82-104.

Soine, Stefanie (2002): Das heterosexistische Geschlechterdispositiv als Produktionsrahmen für die Gewalt gegen lesbische Frauen, in: Dackweiler, Regina-Maria; Schäfer, Reinhild (Hg.): Gewalt-Verhältnisse – Feministische Perspektiven auf Geschlecht und Gewalt, Frankfurt M./New York; Campus, 135-159.

Spiewak, Martin; Verlinden, Britta (2012): »Wie eine Kastration«, in: Die Zeit, 12. Januar 2012, www.zeit.de/2012/03/M-Intersex-Streitgespraech. Stand: 29.12.2014.

Spivak, Gayatari C. (1985): The Rani of Sirmur: An Essay in Reading the Archives, in: History and Theory Vol. 24 (3), 247-272.

Spivak, Gayatri C. (1996 (1985)): Subaltern Studies: Deconstructing Historiography, in: Spivak, Gayatri C.: The Spivak Reader – Selected Works of Gayatri Chakravorty Spivak, New York, London: Routledge, 203-235.

Stammberger, Birgit (Hg.) (2011): Monster und Freaks – Eine Wissensgeschichte außergewöhnlicher Körper im 19. Jahrhundert, Bielefeld: transcript.

Stein-Hilbers, Marlene; Holzbecher, Monika; Klodwig, Bernadette; Kroder, Uta et al. (1999): Gewalt gegen lesbische Frauen – Studie über Diskriminierungs- und Gewalterfahrungen, Düsseldorf: Ministerium für Frauen, Jugend, Familie und Gesundheit des Landes Nordrhein-Westfalen.

Stegmüller, Wolfgang (1970): Unvollständigkeit und Unentscheidbarkeit – Die metamathematischen Resultate von Gödel, Church, Kleene, Rosser und ihre erkenntnistheoretische Bedeutung, Wien/New York: Springer.

Stoller, Robert J. (1968): Sex and Gender: On the Development of Masculinity and Femininity, New York: Science House.

Stoller, Silvia (2008): Latentes Geschlechterwissen, in: Wetterer, Angelika (Hg.): Geschlechterwissen und soziale Praxis – Theoretische Zugänge – empirische Erträge, Ulrike Helmer: Königstein/ Taunus, 64-95.

Stotzer, Rebecca L. (2009): Violence against Transgender People: A Review of United States Data, in: Aggression and Violent Behavior 14, 170-179.

Strauss, Anselm L. (1987): Qualitative Analysis for Social Scientists, Cambridge: University Press.

Strothmann, Luise (2012): Jede Bluse eine Mondlandung, in: die tageszeitung 23.-25. April 2012, http://www.taz.de/!69565. Stand: 29.12.2014.

Strothmann, Luise (2012a): Normal, anders, stolz, in: die tageszeitung 27./28. Oktober 2012, 21.

Stryker, Susan (2006): (De)Subjugated Knowledges, in: Stryker, Susan; Whittle, Stephen (Hg.): Transgender Studies Reader, London/New York: Routledge, 1-17.

Sugano, Eiko; Nemoto, Tooru; Operario, Don (2006): The Impact of Exposure to Transphobia on HIV Risk Behavior in a Sample of Transgendered Women of Color in San Francisco, in: AIDS and Behavior 10 (2), 217-225.

Supp, Barbara von; Brandt, Andrea (2007): Und Gott schuf das dritte Geschlecht, Der Spiegel 47/2007, www.spiegel.de/spiegel/print/d-54002246.html. Stand: 29.12.2014.

Sutterlüty, Ferdinand (2003): Gewaltkarrieren – Jugendliche im Kreislauf von Gewalt und Missachtung, Frankfurt M./New York: Campus.

Sylvain, Cabala de; Balzer, Carsten (2008): Die Sylvain-Konventionen: –Versuch einer »geschlechergerechten« Grammatik-Transformation der deutschen Sprache, in: Liminalis 2008_02, www.liminalis.de/2008_02/Liminalis-2008-Sylvain-Balzer.pdf#page=1&zoom=auto,0,842. Stand: 29.12.2014.

Thilmann, Pia; Witte, Tania; Rewald, Ben (Hg.) (2007): Drag Kings – Mit Bartkleber gegen das Patriarchat, Berlin: Querverlag.

TransInterQueer (TrIQ) (2011): Pressemitteilung – Transsexuellengesetz: Wieder keine Reform! www.transinterqueer.org/archiv_cms/uploads/PM_TrIQ_TSG.pdf. Stand: 29.12.2014.

TransInterQueer (TrIQ) (2011a): Menschenrechtsverletzung gestoppt: Bundesverfassungsgericht kippt den Kastrations-Zwang im TSG! Pressemitteilung von TransInterQueer e.V. zum Urteil des Bundesverfassungsgerichts (28.01.2011), http://www.transinterqueer.org/aktuell/menschenrechtsverletzung-gestoppt-bundesverfassungs-gericht-kippt-den-kastrations-zwang-im-transsexuellengesetz. Stand: 29.12.2014.

TransMann (1999): Positionspapier des TransMann zum TSG, www.transmann.de/formalien/pospaptsg.shtml. Stand: 29.12.2014.

Totha, Trutz von (Hg.) (1997): Soziologie der Gewalt, Opladen/Wiesbaden: Westdeutscher Verlag.

Truschkat, Inga; Kaiser-Belz, Manuela; Reinartz, Vera (2007): Grounded Theory Methodologie in Qualifikationsarbeiten – Zwischen Programmatik und Forschungspraxis – am Beispiel des Theoretical Samplings, in: Mey, Günter; Mruck, Katja (Hg.): Grounded Theory Reader, Köln: Zentrum für Historische Sozialforschung, 232-257.

Tübinger Institut für frauenpolitische Sozialforschung e.V. (Hg.) (1998): Den Wechsel im Blick – Methodologische Ansichten feministischer Sozialforschung, Pfaffenweiler: Centaurus.

Turner, Lewis; Whittle, Stephen; Combs, Ryan (2009): Transphobic Hate Crime in the European Union, IGLA-Europe: Brussels, www.ucu.org.uk/media/pdf/r/6/transphobic_hate_crime_in_eu.pdf. Stand: 29.12.2014.

Uecker, Karin (2002): Hat das Lachen ein Geschlecht? Zur Charakteristik von komischen weiblichen Figuren in Theaterstücken zeitgenössischer Autorinnen, Bielefeld: Aisthesis.

Valera, R. J.; Sawyer, R. G.; Schiraldi, G. R. (2000): Violence and Post Traumatic Stress Disorder in a Sample of Inner City Street Prostitutes, in: American Journal of Health Studies 16 (3), 149-155.

Veith, Lucie (2007): Offener Brief von Lucie Veith an das Netzwerk Intersexualität, http://blog. zwischengeschlecht.info/post/2007/09/18/Offener-Brief-von-Lucie-an-das-Netzwerk-Intersexualitat. Stand: 29.12.2014.

Verein Interesexuelle Menschen e.V./XY-Frauen (2011): Parallelbericht zum 5. Staatenbericht der Bundesrepublik Deutschland zum Internationalen Pakt der Vereinten Nationen über wirtschaftliche, soziale und kulturelle Rechte (CESDR), www.intersexuelle-menschen.net/pdf/Sozialpakt_deutsche_Fassung_mit_Fallstudien.pdf. Stand: 29.12.2014.

Verein Intersexuelle Menschen e.V./XY-Frauen; Humbold Law Clinic (Hg.) (2011): Parallelbericht zum 5. Staatenbericht der Bundesrepublik Deutschland – Übereinkommen gegen Folter und andere grausame, unmenschliche oder erniedrigende Behandlung oder Strafe (CAT), www.intersexuelle-menschen.net/pdf/CAT_Parallel-Report_Intersex_2011_DE.pdf. Stand: 29.12.2014.

Villa, Paula-Irene (2003): Judith Butler, Frankfurt M./New York: Campus.

Villa, Paula-Irene (2010): Butler-Subjektivierung und sprachliche Gewalt, in: Kuch, Hannes; Herrmann, Steffen K. (Hg.): Philosophien sprachlicher Gewalt, Weilerswist: Velbrück Wissenschaft, 408-427.

Villa, Paula-Irene (2013): Subjekte und ihre Körper – Kultursoziologische Überlegungen, in: Graf, Julia; Ideler, Kristin; Klinger, Sabine (Hg.): Geschlecht zwischen Struktur und Subjekt – Theorie, Praxis, Perspektiven, Opladen/Berlin/Toronto: Barbara Budrich, 59-78.

Volcano, Del Lagrace; Dahl, Ulrika (2008): Femmes of Power – Exploring Queer Feminities, London: Serpents Tail.

Völling, Christiane; Dombrowe, Julia (2010): Ich war Mann und Frau – Mein Leben als Intersexuelle, Köln: Fackelträger.

Voß, Heinz-Jürgen (2010): Making Sex Revisited – Dekonstruktion des Geschlechts aus biologisch-medizinischer Perspektive, Bielefeld: transcript.

Voß, Heinz-Jürgen (2011): Geschlecht – Wider die Natürlichkeit, Stuttgart: Schmetterling.

Waldschmidt, Anne (2004): Normalität, in: Bröckling, Ulrich; Krasmann, Susanne; Lemke, Thomas (Hg.): Glossar der Gegenwart, Frankfurt M.: Suhrkamp, 190-196.

Walgenbach, Katharina; Dietze, Gabriele; Hornscheidt, Antje; Palm, Kerstin (Hg.) (2007): Gender als interdependente Kategorie – Neue Perspektiven auf Intersektionalität, Diversität und Heterogenität, Opladen/Farmington Hills: Barbara Budrich.

Walgenbach, Katharina (2007): Gender als interdependente Kategorie, in: Walgenbach, Katharina; Dietze, Gabriele; Hornscheidt, Antje; Palm, Kerstin (Hg.): Gender als interdependente Kategorie – Neue Perspektiven auf Intersektionalität, Diversität und Heterogenität, Opladen/Farmington Hills: Barbara Budrich, 23-64.

Warner, Michael (1991): Fear of a Queer Planet – Queer Politics and Social Theory, Minneapolis u.a.: University of Minneapolis Press.

Wartenpfuhl, Birgit (2000): Dekonstruktion von Geschlechtsidentität – transversale Differenzen – Eine theoretisch-systematische Grundlegung, Opladen: Leske und Budrich.

Wasilewski, Katja (2012): Mobbing an weiterführenden Schulen – Ursachen, Prozesse und wie die Schulen reagieren können, Hamburg: Diplomica.

Weber, Philippe (2008): Der Trieb zum Erzählen – Sexualpathologie und Homosexualität 1852-1914, Bielefeld: transcript.

Weinberg, M. S.; Shaver, M. S.; Williams, C. J. (1999): Gendered Sex Work in the San Francisco Tenderloin, in: Archives of Sexual Behavior 28 (6), 502-521.

Weiss, Margot (2011): Techniques of Pleasure: BDSM and the Circuits of Sexuality, Durham/London: Duke University Press.

West, Candace; Fenstermaker, Sarah (1995): Doing Difference, in: Gender and Society 9 (1), 8-37.

West, Candace; Zimmerman, Don H. (1987): Doing Gender, in: Gender and Society 1 (2), 125-151.

Wetterer, Angelika (2009): Gender-Expertise, feministische Theorie und Alltagswissen – Grundzüge einer Typologie des Geschlechterwissens, in: Riegraf, Birgit; Plöger, Lydia (Hg.): Gefühlte Nähe faktische Distanz – Geschlecht zwischen Wissenschaft und Kompetenz – Perspektiven der Frauen- und Geschlechterforschung auf die »Wissensgesellschaft«, Opladen/Farmington Hills: Barbara Budrich, 81-99.

Whittle, Stephen; Turner, Lewis; Al-Alami, Maryam (2007): Engendered Penalties: Transgender and Transsexual Peoples Experiences of Inequality and Discrimination, www.pfc.org.uk/pdf/EngenderedPenalties.pdf. Stand: 29.12.2014.

Whittle, Stephen; Turner, Lewis; Combs, Ryan; Rhodes, Stephenne (2008): Transgender EuroStudy: Legal Survey and Focus on the Transgender Experience of Health Care, Brussels: IGLA-Europe, http://tgeu.org/sites/default/files/eurostudy.pdf. Stand: 29.12.2014.

Wilchins, Riki (2004): Queer Thoery, Gender Theory – An Instant Primer, Los Angeles: Alyson Books.

Wilchins, Riki; Taylor, Taneika (2007): 50 under 30 – Masculinity and the war on Americas youth – A human rights report, http://iambecauseweare.files.wordpress.com/2007/05/50u30.pdf. Stand: 29.12.2014.

Wilchins, Riki; Taylor, Taneika (2008): 70 under 30 – Masculinity and the war on Americas youth – A human rights report, http://de.scribd.com/doc/101473531/70-Under-30-Masculinity-and-the-War-on-America-s-Youth. Stand: 29.12.2014.

Wiljens, Myriam (2010): Die Verantwortung und Aufgaben von Bischöfen und Ordensoberen angesichts sexuellen Missbrauchs von Minderjährigen in der Kirche, in: Goertz, Stephan; Ulonska, Herbert (Hg.): Sexuelle Gewalt – Fragen an Kirche und Theologie, Münster: Lit, 147-175.

Willoughby, Brian L. B.; Hill, Darryl B.; Gonzalez, Cesar A.; Lacorazza, Allessandra; et al. (2010): Who Hates Gender Outlaws? A Multisite and Multinational Evaluation of the Genderism and Transphobia Scale, in: International Journal of Transgenderism 12 (4), 254-271.

Winkler, Gabriele; Degele, Nina (2009): Intersektionalität – Zur Analyse sozialer Ungleichheit, Bielefeld: transcript.

Wissenschaftlicher Beirat im Namen des Arbeitskreises Junger KriminologInnen (Hg.) (2011): Kriminologisches Journal 43 (1), Weinheim/München: Juventa.

Wolf, Burkhardt (2008): Panoptismus, in: Kammler, Clemes; Parr, Rolf; Schneider, Ulrich J. (Hg.): Foucault – Handbuch – Leben – Werk – Wirkung, Stuttgart: J.B. Metzler, 279-284.

Woltersdorf, Volker (2005): Coming out – Die Inszenierung schwuler Identitäten zwischen Anpassung und Auflehnung, Frankfurt M./New York: Campus.

Wood, Ruth I.; Stanton, Stephen J. (2012): Review – Testosterone and Sport: Current Perspectives, in: Hormones and Behavior 61, 147-155.

Woolf, Virgina (1997 (1928)): Orlando, Wiesbaden: Fischer.

Woweries, Jörg (2009): Anmerkungen über Intersexualität, Luxembourg-Mühlenbach: Maison des Associations.

Wunder, Michael (2012): Intersexualtiät – Leben zwischen den Geschlechtern, in: Aus Politik und Zeitgeschichte 62 (20-21), 34-40.

Wyss, Shannon E. (2004): »This was my hell«: The violence experienced by gender nonconforming youth in US high schools, in: International Journal of Qualitative Studies in Education 17 (5), 709-730.

Young, Robert J. C. (2003): Postcolonialism – A Very Short Introduction, New York: Oxford University Press.

Zehnder, Kathrin (2010): Zwitter beim Namen nennen – Intersexualität zwischen Pathologie, Selbstbestimmung und leiblicher Erfahrung, Bielefeld: transcript.

Zentrum für Transdisziplinäre Geschlechterstudien/AK Feministische Sprachpraxis (Hg.) (2011): Feminismus schreiben lernen, Frankfurt M.: Brandes und Aspel.

Zerling, Clemens (2012): Lexikon der Tiersymbolik – Mythologie, Religion, Psychologie, Klein Jasdow: Drachenverlag.

Verzeichnis der Internetseiten

ABQueer – Aufklärung und Beratung zu lesbischen, schwulen, bisexuellen und transgender Lebensweisen: www.abqueer.de. Stand: 29.12.2014.

American Psychiatric Association – DSM-5 Developement: www.dsm5.org/about/Pages/Default.aspx. Stand: 29.12.2014.

Asexual Explorations: www.asexualexplorations.net/home/about.html. Stand: 29.12.2014.

AVENde: http://www.asexuality.org/de. Stand: 29.12.2014.

Butler, Judith lehnt Zivilcouragepreis ab: http://transgenialercsd.wordpress.com/2010/06/19/judith-butler-lehnt-zivilcouragepreis-ab. Stand: 29.12.2014.

Charité-Universitätsmedizin Berlin: http://www.charite.de/charite/organisation. Stand: 29.12.2014.

Dee, Georgette: www.agentur-charis.de/georgette-dee. Stand: 29.12.2014.

Deutscher Ethikrat zu Intersexualität: http://www.ethikrat.org/intersexualitaet. Stand: 29.12.2014.

Deutsche Gesellschaft für Sexualforschung (DGfS): http://dgfs.info/behandlungsempfehlungen-geschlechtsdysphorie.de. Stand: 29.12.2014.

Deutsche Gesellschaft für Sexualforschung (DGfS): Leitlinienentwicklung Geschlechtsdysphorie, http://dgfs.info/category/leitlinienentwicklung. Stand: 29.12.2014.

Genderneutrale Pronomen (Blog): http://genderneutralpronoun.wordpress.com. Stand: 29.12.2014.

Gladt – mehrsprachig – queer – unabhängig: www.gladt.de. Stand: 29.12.2014.

Heger, Anna: Pronomen ohne Geschlecht (Blog). http://annaheger.wordpress.com/pronomen. Stand: 29.12.2014.

Hornscheidt, Lann (Homepage): www.lannhornscheidt.com. Stand: 29.12.2014.

International Statistical Classification of Diseases and Related Health Problems (ICD-10): http://apps.who.int/classifications/icd10/browse/2010/en. Stand: 29.12.2014.

International Statistical Classification of Diseases and Related Health Problems (ICD-10): Transsexualität, http://apps.who.int/classifications/icd10/browse/2010/en#/F60-F69. Stand: 29.12.2014.

Intersexuelle Menschen e.V.: www.intersexuelle-menschen.net. Stand: 29.12.2014.

Intersexuelle Menschen e.V.: Hebammenbroschüre, http://intersexuelle-menschen.net/pdf/Hebammenbroschuere.pdf. Stand: 29.12.2014.

Jones, Olivia: www.olivia-jones.de/wordpress. Stand: 29.12.2014.

Konnys Lesbenseiten: www.lesben.org. Stand: 29.12.2014.

Lesben- und Schwulenverband: Wieder keine Gleichstellung im Adoptionsrecht, http://www.lsvd.de/newsletters/newsletter-2014/wieder-keine-gleichstellung-im-adoptionsrecht.html. Stand: 29.12.2014.

Lesbische/bisexuelle Migrant_innen und Schwarze Lesben und Trans-Menschen (LesMigraS e.V.): www.lesmigras.de. Stand: 29.12.2014.

Limenalis – Journal for Sex/Gender Emancipation and Resistance (bis 2008): www.liminalis.de. Stand: 29.12.2014.

Netzwerk Intersexualität, Klinikum Kinder- und Jugendmedizin Lübeck: www.netzwerk-is.de. Stand: 29.12.2014.

Planet Running Net: http://www.planet-running.net/bin/content/details.php?id=1364. Stand: 29.12.2014.

Portal für Szenenforschung: www.jugendszenen.com. Stand: 29.12.2014.

Project »Remembering Our Dead«: www.gender.org/remember. Stand: 29.12.2014.

ReachOut Berlin – Opferberatung und Bildung gegen Rechtsextremismus, Rassismus und Antisemitismus: www.reachoutberlin.de. Stand: 29.12.2014.

Sexualforschung am Universitätsklinikum Eppendorf (UKE) in Hamburg: www.sexualforschung-hamburg.de. Stand: 29.12.2014.

Transgender Europe: http://tgeu.org. Stand: 29.12.2014.

Transgenialer CSD in Berlin: http://transgenialercsd.blogsport.de. Stand: 29.12.2014.

TransInterQueer e.V.: www.transinterqueer.org. Stand: 29.12.2014.

TransKinderNetz (Trakine): www.trans-kinder-netz.de. Stand: 29.12.2014.

TransMann: www.transmann.de. Stand: 29.12.2014.

TransX – Verein für Transgender Personen: www.transx.at/Pub/PsychoDifferentialdiagnostik.php. Stand: 29.12.2014.

Universitätsklinikum Heidelberg zum Neugeborenenscreening: www.klinikum.uni-heidelberg.de/fileadmin/medienzentrum/Vorlagen/downloads/Arbeitsproben/080929KIN_BR_SF_Neugeborenenscreening_klein.pdf. Stand: 29.12.2014.

Verein Intersexuelle Menschen e.V.: www.intersexuelle-menschen.net. Stand: 29.12.2014.

Wigstöckel: www.wigstoeckel.com. Stand: 29.12.2014.

World Professional Association for Transgender Health: Standards of Care, http://dgfs.info/behandlungsempfehlungen-geschlechtsdysphorie. Stand: 29.12.2014.

Yogyakarta Prinzipien: www.yogyakartaprinciples.org. Stand: 29.12.2014.

Zwischengeschlecht: www.zwischengeschlecht.org. Stand: 29.12.2014.

Zwischengeschlecht: Intersex-Genitalverstümmelungen (IGMs) in Kinderkliniken: Typische Diagnosen und Eingriffe, http://blog.zwischengeschlecht.info/post/2012/03/23/Genitalverstuemmelung-typische-Diagnosen-und-Eingriffe. Stand: 29.12.2014.

Zwischengeschlecht: Menschenversuchen, http://zwischengeschlecht.org/post/Menschenversuche-ohne-Ethik. Stand: 29.12.2014.

Verzeichnis der Film- und Audioquellen

Chaiken, Ilene (2004-2009): The L-Word – Wenn Frauen Frauen lieben (Serie in sechs Staffeln), USA.

Claussen, Jakob; Putz, Uli (2013): Der Tod macht Engel aus uns allen (Film aus der Reihe: Polizeiruf 110), Deutschland, Erstausstrahlung ARD am 14.07.2013.

Dolan, Xavier (2012): Laurence Anyways (Film), Kanada.

Dombrowe, Britta Julia (2010): Tabu Intersexualität – Menschen zwischen den Geschlechtern (Dokumentation), Frankreich/Deutschland, Erstausstrahlung Arte am 23.08.2012.

Goslicki, Sonja (2010): Altes Eisen (Film aus der Reihe: Tatort), Deutschland, Erstausstrahlung ARD am 18. September 2013.

Meletzky, Franziska; Müller, Jutta (2011): Zwischen den Ohren (Film aus der Reihe: Tatort), Deutschland, Erstausstrahlung ARD am 18. September 2011.

Müller, Burkhard (2013): Weder Frau noch Mann oder beides (Radiobeitrag Deutschlandfunk), www.dradio.de/dlf/sendungen/kulturheute/2028144. Stand: 29.12.2014.

Peirce, Kimberly (1999): Boys don't cry (Film), USA.

Puenzo, Lucía (2007): XXY (Film), Argentinien.

Parlamentsmaterialien

Abgeordnetenhaus Berlin Drs. 16/14436 (2010): Kleine Anfrage der Abgeordneten Anja Kofbinger (Bündnis 90/Die Grünen) vom 21. Mai 2010 und Antwort: *Umgang mit Intersexualität und Intersexuellen in Berlin.*

Bremische Bürgerschaft Drs. 17/1561 (2010): Antrag der Fraktionen Bündnis 90/Die Grünen, der SPD, der CDU, DIE LINKE und der FDP: *Die Rechte intersexueller Menschen schützen und gesellschaftliche Akzeptanz schaffen.*

Bremische Bürgerschaft Drs. 18/537 (2012): Kleine Anfrage der Fraktion Bündnis 90/Die Grünen vom 21. Juni 2012 und Antwort Senat: *Unterstützung für intersexuelle Menschen und deren Angehörige.*

BT-Drs. 13/5757 (1996): Kleine Anfrage der Abgeordneten Christina Schenk und der Gruppe der PDS: *Genitalanpassungen in Deutschland.*

BT-Drs. 14/5425 (2001): Kleine Anfrage der Abgeordneten Christina Schenk und der Fraktion der PDS: *Intersexualität im Spannungsfeld zwischen tatsächlicher Existenz und rechtlicher Unmöglichkeit.*

BT-Drs. 14/5627 (2001): Antwort der Bundesregierung auf die Kleine Anfrage der Abgeordneten Christina Schenk und der Fraktion der PDS, Drs. 14/5425: *Intersexualität im Spannungsfeld zwischen tatsächlicher Existenz und rechtlicher Unmöglichkeit.*

BT-Drs. 14/6259 (2001): Antrag der Abgeordneten Christina Schenk, Dr. Ilja Seifert, Rosel Neuhäuser, Dr. Ruth Fuchs und der Fraktion der PDS: *Forschungen zur Lebenssituation intersexueller Menschen.*

BT-Drs. 16/4147 (2007): Kleine Anfrage der Abgeordneten Dr. Barbara Höll, Karin Binder, Katja Kipping, weiterer Abgeordneter und der Fraktion Die Linke: *Rechtliche Situation Intersexueller in Deutschland.*

BT-Drs. 16/4322 (2007): Antwort der Bundesregierung auf die Kleine Anfrage der Abgeordneten Dr. Barbara Höll, Karin Binder, Katja Kipping, weiterer Abgeordneter und der Fraktion Die Linke, Drs. 16/4147. *Rechtliche Situation Intersexueller in Deutschland.*

BT-Drs. 16/4287 (2007): Kleine Anfrage der Abgeordneten Dr. Barbara Höll, Karin Binder, Katja Kipping, weiterer Abgeordneter und der Fraktion Die Linke: *Situation Intersexueller in Deutschland.*

BT-Drs. 16/4786 (2007): Antwort der Bundesregierung auf die Kleine Anfrage der Abgeordneten Dr. Barbara Höll, Karin Binder, Katja Kipping, weiterer Abgeordneter und der Fraktion Die Linke, Drs. 16/4287. *Situation Intersexueller in Deutschland.*

BT-Drs. 16/1780 (2006): *Entwurf eines Gesetzes zur Umsetzung europäischer Richtlinien zur Verwirklichung des Grundsatzes der Gleichbehandlung.*

BT-Drs. 16/12769 (2009): Kleine Anfrage der Abgeordneten Dr. Barbara Höll, Dr. Kirsten Tackmann und der Fraktion Die Linke: *Zur Situation intersexueller Menschen in der Bundesrepublik Deutschland – Rechtliche und statistische Aspekte.*

BT-Drs. 16/13269 (2009): Antwort der Bundesregierung auf die Kleine Anfrage der Abgeordneten Dr. Barbara Höll, Dr. Kirsten Tackmann und der Fraktion Die Linke, Drs. 16/12769: *Zur Situation intersexueller Menschen in der Bundesrepublik Deutschland – Rechtliche und statistische Aspekte.*

BT-Drs. 17/5528 (2011): Antrag der Abgeordneten Monika Lazar, Volker Beck (Köln), Kai Gehring, Kerstin Andreae, Birgitt Bender, Katja Dörner, Ingrid Hönlinger, Memet Kilic, Sven-Christian Kindler, Maria Klein-Schmeink, Tom Koenigs, Agnes Krumwiede, Jerzy Montag, Dr. Konstantin von Notz, Tabea Rößner, Claudia Roth (Augsburg), Krista Sager, Dr. Gerhard Schick, Wolfgang Wieland, Josef P. Winkler und der Fraktion Bündnis 90/Die Grünen: *Grundrechte von intersexuellen Menschen wahren.*

BT-Drs. 17/9088 (2012): *Stellungnahme des Deutschen Ethikrates Intersexualität.*

BT-Drs. 17/11624 (2012): Kleine Anfrage der Abgeordneten Birgitt Bender, Maria Klein-Schmeink, Monika Lazar, Dr. Harald Terpe, Elisabeth Scharfenberg, Ingrid Hönlinger, Memet Kilic, Sven-Christian Kindler, Dr. Konstantin von Notz, Josef P. Winkler und der Fraktion Bündnis 90/Die Grünen: *Umsetzung der den Bereich Medizin betreffenden Empfehlungen des Deutschen Ethikrats aus der Stellungnahme zur Intersexualität.*

BT-Drs. 17/11855 (2012): Antwort der Bundesregierung auf die Kleine Anfrage der Abgeordneten Birgitt Bender, Maria Klein-Schmeink, Monika Lazar, weiterer Abgeordneter und der Fraktion Bündnis 90/Die Grünen, Drs. 17/11624: *Umsetzung der den Bereich Medizin betreffenden Empfehlungen des Deutschen Ethikrats aus der Stellungnahme zur Intersexualität.*

BT-Drs. 17/12851 (2013): Antrag der Abgeordneten Monika Lazar, Volker Beck (Köln), Kai Gehring, Ingrid Hönlinger, Memet Kilic, Jerzy Montag, Dr. Konstantin von Notz, Claudia Roth (Augsburg), Ulrich Schneider, Wolfgang Wieland, Josef P. Winkler und der Fraktion Bündnis 90/Die Grünen: *Grundrechte von intersexuellen Menschen wahren.*

BT-Drs. 17/14014 (2013): Beschlussempfehlung und Bericht des Ausschusses für Familie, Senioren, Frauen und Jugend (13. Ausschuss) a) zu dem Antrag der Abgeordneten Christel Humme, Petra Crone, Angelika Graf (Rosenheim), weiterer Abgeordneter und der Fraktion der SPD – Drs. 17/13253 –Rechte intersexueller Menschen stärken, b) zu dem Antrag der Abgeordneten Dr. Barbara Höll, Diana Golze, Jan Korte, weiterer Abgeordneter und der Fraktion DIE LINKE – Drs. 17/12859 – Grundrechte von intersexuellen Menschen wahren c) zu dem Antrag der Abgeordneten Monika Lazar, Volker Beck (Köln), Kai Gehring, weiterer Abgeordneter und der Fraktion BÜNDNIS 90/DIE GRÜNEN – Drs. 17/12851 – Grundrechte von intersexuellen Menschen wahren d) zu der Unterrichtung durch den Deutschen Ethikrat – Drs. 17/9088 – Stellungnahme des Deutschen Ethikrates zu Intersexualität.

BT-Plenarprotokoll 17/143 (2011): 17. Wahlperiode – 143. Sitzung Berlin, Donnerstag den 24. November 2011. Beratung des Antrags der Abgeordneten Monika Lazar, Volker Beck (Köln), Kai Gehring, weiterer Abgeordneter und der Fraktion Bündnis 90/Die Grünen: *Grundrechte von intersexuellen Menschen wahren*, 17174-17181.

Thüringer Landtag Drs. 6/927 (2012): Große Anfrage Fraktion BÜNDNIS 90/DIE GRÜNEN – Drs. 6/927: *Situation von lesbischen, schwulen, bisexuellen, transgender und intersexuellen Menschen (LSBTI) in Sachsen-Anhalt.*

Thüringer Landtag 6/1240 (2012a): Antwort der Landesregierung auf die Große Anfrage Fraktion Bündnis 90/Die Grünen, Thüringer Landtag Drs. 6/927: *Situation von lesbischen, schwulen, bisexuellen, transgender und intersexuellen Menschen (LSBTI) in Sachsen-Anhalt.*

Bundesverfassungsgerichtsentscheidungen

BVerfG, Beschluss vom 16. August 1982 (»Junge Transsexuelle«), BVerfGE 60, 123.

BVerfG, Beschluss vom 26. Januar 1993 (»Transsexuelle II«), BVerfGE 88, 87.

BVerfG, Beschluss vom 15. August 1996 (»Anrede Transsexueller«), StAZ 1997, 270-271.

BVerfG, Beschluss vom 6. Dezember 2005 (»Transsexuelle III«), BVerfGE 115, 1.

BVerfG, Beschluss vom 18. Juli 2006 (»Transsexuelle IV«), BVerfGE 116, 243.

BVerfG, Beschluss vom 27. Mai 2008 (»Transsexuelle V«), BVerfGE 121, 175.

BVerfG, Beschluss vom 5. Dezember 2008, (»Vornamenswahl«), www.bundesverfassungsgericht.de/SharedDocs/Entscheidungen/DE/2008/12/rk20081205_1bvr057607.html. Stand: 26.12.2014.

BVerfG, Beschluss vom 11. Januar 2011 (»Lebenspartnerschaft von Transsexuellen«), BVerfGE 128, 109.

EuGH, Rs. C-117/01 (K.B. gegen The National Health Service Pensions Agency und The Secretary of State for Health), Slg. I-541, Schlussanträge, Nr. 28 (mit zugehörigen Endnoten)

Gesetze, Verwaltungsvorschriften

Allgemeines Gleichbehandlungsgesetz (AGG) vom 14. August 2006 (BGBl. I S. 1897), zuletzt geändert durch Art. 8 des Gesetzes vom 3. April 2013 (BGBl. I S. 610).

Bürgerliches Gesetzbuch (BGB), neugefasst durch Bekanntmachung vom 2. Januar 2002 (BGBl. I S. 42, 2909; 2003, 738), zuletzt geändert durch Art. 1 des Gesetzes vom 22. Juli 2014 (BGBl. I S. 1218).

Gesetz über die Änderung der Vornamen und die Feststellung der Geschlechtszugehörigkeit in besonderen Fällen (Transsexuellengesetz – TSG) vom 10. September 1980 (BGBl. I S. 1654), zuletzt geändert durch Art. 1 des Gesetzes vom 17. Juli 2009 (BGBl. I S. 1978). § 8 Abs. 1 Nr. 3 und 4 nach Maßgabe der Entscheidung des Bundesverfassungsgerichts vom 11. Januar 2011 bis zum Inkrafttreten einer gesetzlichen Neuregelung nicht anwendbar (BGBl I 2011 S. 224).

Gesetz über die Eingetragene Lebenspartnerschaft (Lebenspartnerschaftsgesetz – LPartG), Art. 1 des Gesetzes vom 16. Februar 2001 (BGBl. I S. 266); zuletzt geändert durch Artikel 2 des Gesetzes vom 20. Juni 2014 (BGBl. I S. 786).

Gesetz über die freiwillige Kastration und andere Behandlungsmethoden vom 15. August 1969 (BGBl. I 1969, 1143, nichtamtliche Abkürzung: KastrG), zuletzt geändert durch Art. 85 des Gesetzes vom 17. Dezember 2008 (BGBl. I S. 2586).

Gesetz zum zivilrechtlichen Schutz vor Gewalttaten und Nachstellungen (Gewaltschutzgesetz – GewSchG), Art. 1 des Gesetzes vom 11. Dezember 2001 (BGBl. I S. 3513).

Grundgesetz für die Bundesrepublik Deutschland (GG) vom 23. Mai 1949 (BGBl. I S. 1), zuletzt geändert durch Art. 1 des Gesetzes vom 11. Juli 2012 (BGBl. I S. 1478).

Charta der Grundrechte der Europäischen Union in der Fassung 2010, Amtsblatt der Europäischen Union vom 30. März 2010, C 83/389 (2010/C 83/02).

Paßgesetz (PaßG) vom 19. April 1986 (BGBl. I S. 537), zuletzt geändert durch Art. 8 des Gesetzes vom 25. Juli 2013 (BGBl. I S. 2749).

Personenstandgesetz (PStG) vom 19. Februar 2007 (BGBl. I S. 122), zuletzt geändert durch Art. 3 des Gesetzes vom 28. August 2013 (BGBl. I S. 3458).

PStG-VwV: Allgemeine Verwaltungsvorschrift zum Personenstandsgesetz (PStG-VwV) vom 29. März 2010, in: Bundesanzeiger 2010 (Jg. 62), Nr. 57a, geändert durch die Allgemeine Verwaltungsvorschrift zur Änderung der Allgemeinen Verwaltungsvorschrift zum Personenstandsgesetz (PStG-VwV-ÄndVwV) vom 3. Juni 2014, Bundesanzeiger (BAnz AT 12.06.2014 B1).

Gesetz zur Änderung personenstandsrechtlicher Vorschriften (Personenstandsrechts-Änderungsgesetz – PStRÄndG) vom 14. Mai 2013 (BGBl. I S. 1122, 2440).

Danksagung

Mein größter Dank gilt den Interviewpartner_innen! Für unbezahlbare Unterstützung und für das Ermutigen zum Weitermachen und Fertigstellen danke ich: Uta Ratz, Axel Wehausen mit Bela Yael, Jasamin Boutorabi, Ose Leendertz, Kathrin Herold, Mo Urban, Antje Krueger, Christine Kirchhoff, Udo Gerheim, Maren Hauck, Petra Kaiser, Alex Sott, Andrea Vogel, Alex Vollmert, Prof. Dr. phil. Susanne Krasmann, Prof. Dr. iur. Konstanze Plett, dem Arbeitskreis Rosa Queer, meiner Bremer Bürogemeinschaft, den Mittelbohnen, Imke Wehausen, meinen Geschwistern, meinen Eltern sowie allen Freund_innen und Kolleg_innen, mit denen ich auf Tagungen, in Arbeitsgruppen und auf Partys diskutieren durfte. Mein letzter Dank gilt der *Rosa-Luxemburg-Stiftung*, durch deren Promotionsstipendium dieses Dissertationsprojekt realisiert werden konnte.

Marie-Christina Latsch

_ Mind the Gap

Einblicke in die Geschichte und Gegenwart queerer
(Lebens)Welten

Großformat A4
164 Seiten | 19,80 € | ISBN 978-389771-304-8

Queere Identitäten und Stragien im Wandel der
Zeit

_ *Mind the gap* schafft Raum für Menschen und Handlungen, die nicht den heterosexuellen Normen von Körper, Geschlecht und Begehren entsprechen.

Das Buch erzählt, wann, wo und wie diese Menschen ihre Lebenskonzepte in eigener Form umgesetzt und damit gewaltig an den scheinbar so starren Kategorien Mann und Frau, Homo und Hetero gerüttelt haben und es heute noch tun.
Gestalterisch knüpfen das Buch als auch die im Buch enthaltenen Collagen an die Theorie des ›Gender-CopyLeft‹ an, wonach kein echtes Geschlecht existiert, sondern das Geschlecht veränderbar und beliebig manipulierbar ist und auf verschiedene Arten neu erzeugt werden kann.

Audre Lorde

ZAMI
Eine neue Schreibweise meines Namens
Eine Mythobiografie

328 Seiten | 18.00 Euro | ISBN 978-3-89771-603-2

In ZAMI erschafft die afroamerikanische Dichterin eine neue Form, die Mythobiografie, eine Verknüpfung von Elementen aus Autobiografie, Mythologie und Historie - und schafft auf diese Weise neue Zugänge zur Entdeckung weiblicher Identität. Zami ist auf der Karibikinsel Carriacou, der Heimat von Lordes Mutter, ein Begriff für die Liebe und Freundschaft unter Frauen. In Lordes Lebensgeschichte spielen Carriacou und Grenada, Orte von Licht, Sonne und Frauenzentriertheit, eine ebenso bestimmende Rolle wie Harlem, der amerikanische Rassismus, die McCarthy Ära und das New Yorker Künstler- und Lesbenmilieu der fünfziger Jahre.

UNRAST Verlag • Postfach 8020 • 48043 Münster

www.unrast-verlag.de • E-Mail: info@unrast-verlag.de

UNRAST

Affront (Hg.)

Darum Feminismus!

Diskussionen und Praxen

288 Seiten | 18.00 € ISBN 978-3-89771-303-1

Bestandsaufnahme und Perspektiven eines radikalen Feminismus

Die Texte des Autorinnenkollektivs bringen uns >Basics< feministischer Theorie und Praxis näher. Dabei geht es darum, verschiedene (links-)radikale feministische Ansätze zusammenzuführen und diese Überlegungen auf Themenbereiche allgemeiner linker Politik anzuwenden:

»Das Buch war dringend notwendig! (...) und ist weithin zu empfehlen.«

Monika Jarosch | aep-info

»Nach dem Lesen dieses Buches ist die Frage >Warum Feminismus?< völlig überflüssig! «

Andrea Strübe | kritisch-lesen

Melanie Groß & Gabriele Winker (Hg.)

Queer- | Feministische Kritiken neoliberaler Verhältnisse

192 Seiten | 14.00 € ISBN 978-389771-302-4

Seit den 1990er Jahren ist die feministisch und queerfeministisch orientierte Wissenschaft in Deutschland stark mit ihren eigenen theoretischen Grundlagen beschäftigt. Es gab vielfältige Erkenntnisse sowohl aus komplexen theoretischen Debatten als auch aus akribischer empirischer Arbeit. Wie lassen sich mit diesen vorliegenden Erkenntnissen feministischer und queer-feministischer Wissenschaft neoliberale Entwicklungen verstehen, die mit Ungleichheiten, fehlender Anerkennung oder geringer gesellschaftlicher Teilhabe bestimmter Gruppen von Menschen einhergehen? Daran schließt sich die Frage an, welche queer-|feministischen Handlungsperspektiven sich aus diesem Verständnis entwickeln lassen.

Mit Beiträgen von: Stefanie Bentrup, Kathrin Englert, Kathrin Ganz, Dorothee Greve, Melanie Groß, Christiane Wehr und Gabriele Winker

UNRAST Verlag • Postfach 8020 • 48043 Münster

www.unrast-verlag.de • E-Mail: info@unrast-verlag.de

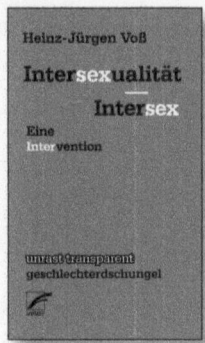